Innovationsmanagement in Bauunternehmen

Entwicklung eines organisatorischen Gestaltungsmodells zur Generierung innovativer baulicher Gesamtlösungen

Andreas Hartmann

Institut für Bauplanung und Baubetrieb ETH Zürich
Bereich Baubetriebswissenschaften und Bauverfahrenstechnik
Prof. Dr.-Ing. G. Girmscheid

vdf Hochschulverlag AG an der ETH Zürich

Dissertation 15173, Eidgenössische Technische Hochschule Zürich,
Zürich, 2003

Herausgeber

Prof. Dr.-Ing. Gerhard Girmscheid
Institut für Bauplanung und Baubetrieb
ETH Zürich
Professur für Baubetriebswissenschaften
und Bauverfahrenstechnik

Autor

Dr. sc. techn. Andreas Hartmann
Institut für Bauplanung und Baubetrieb
ETH Zürich

Bibliografische Information Der Deutschen Bibliothek
Die Deutsche Bibliothek verzeichnet diese Publikation in der
Deutschen Nationalbibliografie; detaillierte bibliografische
Daten sind im Internet über http://dnb.ddb.de abrufbar

ISBN 3 7281 2932 1

Geleitwort

Lag die betriebliche Innovationstätigkeit der Bauwirtschaft bislang deutlich unter dem volkswirtschaftlichen Durchschnitt, verlangen die Kunden der Bauwirtschaft jedoch heute hinsichtlich Werterhaltung und Rendite verstärkt innovative, lebenszyklusorientierte bauliche Lösungen. Die veränderten Anforderungen des Baumarktes lassen sich wie folgt charakterisieren:

- Die Kunden der Bauwirtschaft sind der steigenden Dynamik globalisierter Märkte verstärkt ausgesetzt. Daher verlangen sie von der Bauwirtschaft kundenfreundliche, schnittstellenarme Gesamtlösungen.
- Aufgrund des Wettbewerbsdrucks und zur Erhaltung der Standvorteile fordern sie von der Bauwirtschaft eine hohe Werterhaltung und Rendite über den gesamten Lebenszyklus baulicher Anlagen.
- Gleichzeitig reduziert sich die Nutzungsdauer technischer Gebäudeausrüstungen sowie des Nutzerausbaus aufgrund immer kürzerer Produktlebenszyklen. Daher verlangen Bauherren und Nutzer eine hohe und kostengünstige Nutzungsflexibilität.
- Infrastrukturbauten werden zunehmend privatisiert, um die wirtschaftliche Effizienz zu steigern und den Standortvorteil zu verbessern. Indem Infrastrukturen privaten Betreibern zeitlich überlassen werden, sollen bei sinkenden Haushaltsmitteln die Nutzen-Kosten-Effizienz gesteigert und mögliche Synergien im Wertschöpfungsprozess baulicher Anlagen genutzt werden.

In diesem veränderten Umfeld haben Unternehmen der Bauwirtschaft bisher kaum Lösungsansätze entwickelt, die erkennen lassen, wie die Strukturveränderungen der Wirtschaft genutzt, die Kundenanforderungen besser und nachhaltiger erfüllt und daraus komparative Konkurrenzvorteile geschaffen werden können. Der Versuch, den geänderten Anforderungen mit dem traditionellen Projektabwicklungsformen zu begegnen, hat nur den Preiswettbewerb beschleunigt und die strukturellen Probleme der Bauwirtschaft offenbart. Das in den ausgedehnten Lebenszyklusanforderungen der Kunden liegende Innovationspotential wurde von den Akteuren der Bauwirtschaft bis heute nicht dazu genutzt, Kundenvorteile zu generieren und sich gleichzeitig von den Wettbewerbern zu differenzieren.

Die vorliegende Arbeit basiert auf dem in der Professur Baubetriebswissenschaften und Bauverfahrenstechnik konzipierten Forschungsansatz „Systemanbieter Bau – SysBau“. Der Forschungsansatz hat das Ziel, durch die Integration von Planung, Ausführung und Betrieb in neue Leistungssysteme die in Bezug auf die Lebenszyklusorientierung baulicher Systeme suboptimalen Bauprozesse zu verbessern. So sollen Anreizsysteme für die Generierung innovativer baulicher Gesamtlösungen erzeugt und damit letztlich der Kundennutzen erhöht werden.

Die Arbeit geht im Rahmen dieses Forschungsansatzes insbesondere den Fragen nach, warum die Bauwirtschaft nur wenige Innovationen hervorbringt, was die determinierenden Bedingungen der bauwirtschaftlichen Innovationstätigkeit sind und welches Innovationspotential der bauliche Wertschöpfungsprozess bereithält. Ihr wissenschaftlicher Gehalt besteht darin, dass sie das bis heute ungeklärte Phänomen der im volkswirtschaftlichen Durchschnitt in der Schweiz und Europa unterrepräsentierten Innovationstätigkeit der Bauwirtschaft mit Hilfe qualitativer empirischer Untersuchungen und denklogischer Ansätze systematisch erforscht und erklärt. Mit der Arbeit wird aufgezeigt, wie die fragmentierte Leistungsvergabe im Bauprozess das Innovationspotential der Unternehmen auf einzelne Gewerke und Prozesse reduziert. Gleichzeitig werden die bauwerks- und prozessbezogenen Innovationspotentiale baulicher Gesamtlösungen dargestellt und unter Berücksichtigung herrschender interner und externer Bedingungsgrössen die Spielräume der unterschiedlichen Leistungsanbieter zur Realisierung innovativer Lösungen veranschaulicht. Die Arbeit schafft damit die Grundlage, auf der sich theoretische Erklärungsansätze zur Innovationstätigkeit in der Bauwirtschaft weiterentwickeln lassen.

Ferner stellt die Arbeit aufbauend auf den empirisch gewonnenen und theoriegeleiteten Erkenntnissen Handlungsempfehlungen zur strategischen und organisatorischen Gestaltung der Innovationstätigkeit von Bauunternehmen zur Verfügung. Sie zeigt auf, welches Differenzierungspotential Bauunternehmen im Rahmen von Gesamtleistungsangeboten besitzen und mit welchen Gestaltungsmassnahmen die Unternehmen dieses Potential nutzen können. Die baubetriebliche Praxis kann damit auf eine systematische und theoretisch fundierte Entscheidungsgrundlage zurückgreifen, um ihre marktdifferenzierenden Innovationsaktivitäten auf ihr spezifisches Leistungsangebot auszurichten und die den Bauprozessen inhärenten Innovationsmöglichkeiten zu erschliessen.

Zürich, im Juli 2003

Prof. Dr.-Ing. Gerhard Girmscheid

Vorwort

Nach Abschluss meines Studiums des Bauingenieurwesens an der Technischen Universität Braunschweig nahm ich die Herausforderung an, eine Dissertation zum Thema Innovationsmanagement in Bauunternehmen am Institut für Bauplanung und Baubetrieb der ETH Zürich anzufertigen. In der Auseinandersetzung mit dieser Thematik zeigte sich schnell, dass die baubetriebliche Innovationstätigkeit von der Forschung bisher weitgehend vernachlässigt wurde. Die Forschungsarbeit besass deshalb selbst ausgesprochen innovative Momente und entsprechend waren neben der Freude über viel versprechende Lösungen ebenso Rückschläge und Neuanfänge zu verbuchen. Umso mehr hat die tatkräftige Unterstützung von verschiedenen Personen zum erfolgreichen Gelingen der Arbeit beigetragen, für die ich mich an dieser Stelle bedanken möchte.

Mein besonderer Dank gilt meinem Doktorvater Professor Dr.-Ing. Gerhard Girmscheid, der mich zu dieser Arbeit anregte und mir die notwendigen Freiräume gab, um diese interessante, aber auch komplexe Thematik erfolgreich bearbeiten zu können. Sein fachlicher und persönlicher Rat half mir, so manche Hürde bei der Erstellung der Dissertation zu meistern. Für das von ihm entgegengebrachte Vertrauen bedanke ich mich recht herzlich.

Bei Professor Dipl.-Ing. Eckart Schneider möchte ich mich für die Übernahme des Korreferats bedanken. Durch seinen anderen Blickwinkel auf die Thematik hat er der Arbeit wertvolle Impulse gegeben.

Danken möchte ebenso den Unternehmen und Vertretern der Bauwirtschaft, die durch ihr umfangreiches, in Interviews, Diskussionsrunden und schriftlichen Befragungen eingebrachtes Praxiswissen wesentlich zum Erfolg der Arbeit beigetragen haben. Ohne ihren vielfältigen Input wäre die Gesamtproblematik baubetrieblicher Innovationen nur ansatzweise zu erhellen gewesen.

Nicht zuletzt haben auch die vielen interessanten Diskussionen mit anderen Doktoranden vor allem in den Forschungsseminaren des Instituts zu einer kritischen Auseinandersetzung mit der eigenen Arbeit geführt. Darüber hinaus half die freundschaftliche und kollegiale Atmosphäre am Institut, den öfter notwendigen Abstand zur Forschungsarbeit zu gewinnen, um mit neuer Kraft die Dissertation weiter auszuarbeiten zu können.

Zürich, im Juli 2003 Andreas Hartmann

Inhaltsübersicht

Zusammenfassung

Innovationen spielen als Wettbewerbsinstrument für Bauunternehmen bis anhin nur eine untergeordnete Rolle. In den letzten 10 Jahren ist jedoch eine steigende Dynamik der bauwirtschaftlichen Rahmenbedingungen zu verzeichnen, die von Bauunternehmen eine verstärkte Fähigkeit und Bereitschaft zum Innovieren erfordert. Insbesondere mit der Kundenforderung nach lebenszyklusoptimierten baulichen Gesamtlösungen gewinnt eine bewusste und gezielte Innovationstätigkeit von Bauunternehmen zunehmend an Relevanz. Um die Herausforderung zur Generierung innovativer baulicher Gesamtlösungen annehmen zu können, sind von den Unternehmen strategisch bedeutsame Innovationen zu identifizieren und in effizient gestalteten Innovationsprozessen zu realisieren. Das bedeutet gleichzeitig, dass von den Unternehmen ein baubetriebliches Innovationsmanagement zu etablieren ist, das Innovationen zum Ziel unternehmerischen Handelns erhebt.

Bislang hat die Innovationsforschung dieses organisatorische Gestaltungsproblem von Bauunternehmen ebenso vernachlässigt wie seine Einordnung in den Gesamtzusammenhang eines baubetrieblichen Innovationsmanagements. Mit der in der vorliegenden Arbeit verfolgten Entwicklung eines organisatorischen Gestaltungsmodells zur Generierung innovativer baulicher Gesamtlösungen soll diese Forschungslücke geschlossen werden. Grundlage der Modellentwicklung bilden zum einen empirisch explorative Untersuchungen, die in Form von Fallstudien bei zwei Schweizer Bauunternehmen, bei einem Schweizer Bauzulieferer und bei professionellen Kunden der Schweizer Bauwirtschaft durchgeführt wurden. Zum anderen werden zur Modellbildung verschiedene organisationstheoretische Ansätze herangezogen, um die komplexe Problemstellung vorzustrukturieren und die empirisch gewonnenen Erkenntnisse problemlösungsorientiert fassen zu können.

Das entwickelte Gestaltungsmodell hält zunächst Aussagen zum Innovationspotential baulicher Gesamtlösungen bereit. Das umfasst Aussagen zu den Innovationsaufgaben, die aus einer lebenszyklusorientierten Betrachtung von Bauwerken hervorgehen, und zu den Innovationsbedingungen, die eine Realisierung dieser Innovationsaufgaben beeinflussen. Darüber hinaus lassen sich aus dem Modell verschiedene strategische Handlungsempfehlungen zur Definition der für Bauunternehmen langfristig relevanten Innovationsaufgaben und zur Festlegung der Aufgabenbewältigung ableiten. Darauf aufbauend liefert das Modell intra- wie interorganisatorische Handlungsempfehlungen für die Generierung innovativer baulicher Gesamtlösungen durch Bauunternehmen und für die Institutionalisierung des Innovationsmanagements in Bauunternehmen.

Summary

Up to now for construction companies innovations have played a minor role as an instrument in competition. However, the changes of the conditions in the construction sector over the last 10 years require an increased capability and willingness of construction companies to innovate. The increasing importance of deliberate innovation activities of construction companies is particularly a result from the demand of construction clients for total constructional solutions, which are optimized regarding the whole life cycle of the constructed facility. In order to accept the challenge of generating innovative constructional solutions, construction companies have to identify strategically relevant innovations and have to realize these innovations by efficiently designed innovation processes. That means at the same time that the companies have to install an innovation management, which declares innovation to be an entrepreneurial aim.

Innovation research has up to now neglected this problem of designing the organization in construction companies and has not examined the problem from the perspective of innovation management. By developing an organizational design model for generating innovative constructional solutions this thesis intend to fill the gap in research. On the one hand the basis for developing the model is formed by empirical examinations, which were carried out as case studies involving two Swiss construction companies, one Swiss supplier of the construction industry and professional clients of the Swiss construction industry. On the other hand different approaches to organizational theory were used to structure the examination and to arrange the results from the case studies for solving the organizational problem.

First, the developed model describes the innovation potential of total constructional solutions. That encompasses the innovative tasks, which result from a life cycle orientated view of constructed facilities, and the innovation conditions, which influence the realization of these innovative tasks. Furthermore, different strategic suggestions for defining the innovative tasks which are relevant for construction companies in the longer term and for laying down the way of managing the innovative tasks can be deduced from the model. Based on this, the model provides inter- and intra-organizational recommendations for generating innovative constructional solutions and for institutionalizing the innovation management in construction companies.

Inhaltsverzeichnis

Bildverzeichnis

Register of Illustrations

Tabellenverzeichnis

Register of Tables

Abkürzungsverzeichnis

Abschn.	Abschnitt
AG	Aktiengesellschaft
ARGE	Arbeitsgemeinschaft
BOT	Build Operate Transfer
bzw.	beziehungsweise
ca.	circa
DIN	Deutsches Institut für Normung
d.h.	das heisst
etc.	et cetera
evtl.	eventuell
f.	folgende
ff.	fortfolgende
F&E	Forschung und Entwicklung
Fr.	Schweizer Franken
GU	Generalunternehmer
i.d.R.	in der Regel
i.e.S.	im engeren Sinne
i.w.S	im weiteren Sinne
LM95	Leistungsmodell 95
Mio.	Million(en)
PPP	Private Public Partnership
SIA	Schweizerischer Ingenieur- und Architekten-Verein
SysBau	Systemanbieter Bau
TU	Totalunternehmer
u.a.	unter anderem
usw.	und so weiter
vgl.	vergleiche
VDI	Verein Deutscher Ingenieure
z.B.	zum Beispiel
z.T.	zum Teil

Teil A: Grundlegung der Arbeit

1 Problemstellung

1.1 Paradigmawechsel in der Bauwirtschaft als Problemauslöser

Seit jeher haben sich Unternehmen mit wechselnden technischen, wirtschaftlichen und sozialen Anforderungen an ihre Leistungen und Leistungserbringungsprozesse auseinanderzusetzen. In dynamischen Umwelten zeichnet sich unternehmerisches Handeln dadurch aus, dass die sich wandelnden Anforderungen nicht nur frühzeitig erkannt, sondern gleichsam aktiv mitgestaltet werden. Ein wesentliches Gestaltungsmittel, das Unternehmen dafür zur Verfügung steht, sind ***Innovationen***. Vielmehr noch werden Innovationen zur unabdingbaren Voraussetzung für den zukünftigen unternehmerischen Erfolg, denn durch die Neugestaltung der Unternehmensleistungen und -prozesse kann sich ändernden Anforderungen angepasst werden bzw. lassen sich abzeichnende Anforderungswechsel antizipieren.[1] Oder in Anlehnung an SCHUMPETER: Um die ausgefahrenen Bahnen der statischen Wirtschaft zu verlassen, braucht es die schöpferische Zerstörungskraft dynamischer Unternehmer.[2]

Bemüht man verschiedene statistische Erhebungen zur betrieblichen Innovationstätigkeit, fällt auf, dass die Bauwirtschaft eine deutlich unter dem volkswirtschaftlichen Durchschnitt liegende Innovationsrate aufweist. Unternehmen der Bauwirtschaft sind zwar innovativ, aber in einem weitaus geringeren Masse als Unternehmen anderer Industriezweige. So lag bspw. der Anteil innovativer Unternehmen in der Schweizer Bauwirtschaft im Zeitraum von 1997–1999 bei 55%. Im Vergleich dazu betrug im selben Zeitraum der Anteil innovativer Unternehmen in anderen Industrien im Durchschnitt 71%.[3] In der Kanadischen Bauwirtschaft fiel im Jahre 1999 der Anteil innovativer Unternehmen mit unter 15% noch deutlich niedriger aus.[4]

---

1 Vgl. Pleschak, F.; Sabisch, H. (Innovationsmanagement 1996) S. 1.

2 Vgl. Schumpeter, J. A. (Theorie 1939) S. 93f.

3 Vgl. Arvanitis, S. et al. (Innovationsaktivitäten 2001) S. 23. Im Zeitraum von 1996–1998 fiel mit 45% (Bauwirtschaft) und 76% (Industriedurchschnitt) der Unterschied noch grösser aus, vgl. Arvanitis, S. et al. (Innovationsaktivitäten 1998) S. 22.

4 Vgl. Seaden, G. et al. (Innovation 1999) S. 48ff. Der stark abweichende Anteil innovativer Unternehmen in den beiden aufgeführten Studien geht in erster Linie auf die Erhebungsmethode zurück. In der Schweizer Erhebung wurde lediglich eine globale Erläuterung für Produkt- und Prozessinnovationen gegeben und den Befragten die Übertragung der Merkmale auf Beispiele aus ihrer Unternehmenstätigkeit überlassen. Hingegen hat die Kanadische Studie konkrete Innovationen benannt, über deren Verwirklichung die Befragten Auskunft zu geben hatten. Das heisst, dass mit der ersten Studie mehr Innovationen erfasst werden konnten als mit der zweiten Studie. Die zweite Studie konnte dagegen eher absichern, dass auch wirklich innovative Unternehmenstätigkeiten in die Untersuchung Eingang fanden. Zu weiteren nationalen Studien über die Innovationstätigkeit der Bauwirtschaft vgl. Manseau, A.; Seaden, G. (Innovation 2001).

Die geringen Innovationsbemühungen der Bauwirtschaft haben zur Folge, dass sowohl ausgeprägte Verbesserungen der Bauwerksqualität, deutliche Kostensenkungen von Bauwerk, Bauwerkserstellung und Bauwerksnutzung als auch hervorstechende Verkürzungen von Planungs- und Bauzeiten kaum wahrzunehmen sind. In der Bauwirtschaft blieben im Vergleich zu anderen Zweigen der Volkswirtschaft bisher auch markante Effizienzsteigerungen aus.[5] Der Bauwirtschaft haftet der Ruf einer traditionellen, sich nur langsam verändernden Industrie an.[6]

Die geringe Innovationstätigkeit der Bauwirtschaft legt den Schluss nah, dass die Anforderungen an die Unternehmenstätigkeit in dieser Branche von einer ungleich geringeren Dynamik geprägt sind als in anderen Industriezweigen. Betrachtet man die bauwirtschaftliche Entwicklung der vergangenen 50 Jahre, scheint sich diese Vermutung zu bestätigen. In der Zeit vom Ende des 2. Weltkrieges bis in die 1980er Jahre waren aufgrund der wirtschaftlichen und demographischen Entwicklung die Baumärkte in den meisten Industrienationen[7] durch einen anhaltenden Bedarf an öffentlichen Infrastrukturbauten, privatwirtschaftlichen Bauwerken und neuem Wohnraum geprägt.[8] Zwar bekam auch die Bauwirtschaft die Auswirkungen gesamtwirtschaftlicher Konjunkturschwankungen zu spüren,[9] doch wurden die angespannten Situationen vielfach durch staatliche Eingriffe in ihrer Tiefe begrenzt.[10]

Dass der Staat sich in der Lage sieht, konjunkturelle Schwankungen in der Bauwirtschaft zu dämpfen, begründet sich nicht nur in seiner Rolle als ein Hauptauftraggeber der Bauwirtschaft. Auch über finanzielle Rahmenbedingungen, die Boden- und Raumnutzung oder Umweltauflagen wirkt er regulierend auf die bauwirtschaftliche Tätigkeit ein. Mit z.T. restriktiven Bauvorschriften und Submissionsverordnungen beeinflusst er zudem das Wettbewerbsverhalten der in der Bauwirtschaft tätigen Unter-

---

5 Zwar konnte in den letzten Jahrzehnten innerhalb der Bauwirtschaft eine kontinuierliche Produktivitätssteigerung verzeichnet werden, jedoch verlief diese im Vergleich zu anderen Branchen viel langsamer. So lag die durchschnittliche Produktivitätssteigerung der Bauwirtschaft in der Europäischen Gemeinschaft in den Jahren von 1979-1989 mit 1,8% hinter derjenigen der verarbeitenden Industrie mit 2,8%, vgl. dazu Knechtel (Bauwirtschaft 1992) S. 143 sowie Gann, D. (Building 2000) S. 6f.

6 Vgl. Atkin, B. (Construction 2000) S. 43.

7 Trotz unterschiedlicher nationaler Rahmenbedingungen nahmen die bauwirtschaftlichen Entwicklungen in den westlichen Industrieländern einen grundsätzlich ähnlichen Verlauf. Zu nationalen Unterschieden vgl. Winch, G. (Construction 2000) S. 88ff.

8 Vgl. Kruck, R. (Bauwirtschaft 1998) S. 14ff.; Seaden, G. (Economics 1996) sowie o.V. (Thesen 1998) S. 4.

9 Die Bautätigkeit reagiert sogar überproportional auf Konjunkturschwankungen. So liegen die Wachstumsraten meist über der Zunahme des Bruttoinlandproduktes. Entsprechend stärker erfolgt aber auch der konjunkturelle Einbruch, vgl. dazu Kruck, R. (Bauwirtschaft 1998) S. 10; Syben, G. (Baustelle 1999) S. 65 sowie Teil B, Abschn. 3.3.2.3 dieser Arbeit.

10 Vgl. Harvey, R.; Ashworth, A. (Construction 1999) S. 18ff.; Zu staatlichen Eingriffen am Beispiel der Schweizer Bauwirtschaft vgl. Kruck, R. (Bauwirtschaft 1998) S. 16.

nehmen nachhaltig. Dies äussert sich u.a. darin, dass sich bislang die von den Unternehmen der Bauwirtschaft angebotenen Leistungen i.d.R. auf einem qualitativ ähnlichen Niveau bewegen. Nicht die Umsetzung von Kundenbedürfnissen in konkurrenzunterscheidende Merkmale von Bauwerk und Leistungserbringungsprozessen wird in den Mittelpunkt unternehmerischen Handelns gerückt, sondern die Erfüllung der von den Vorschriften und Regulierungen gesetzten Anforderungen[11]. Damit ist letztlich nicht die am Lebenszyklus eines Bauwerks orientierte funktionale, technische und wirtschaftliche Optimierung der baulichen Gesamtlösung wettbewerbsrelevant, sondern der Preis für die Bauwerkserstellung wird zum massgebenden Kriterium der Auftragsvergabe erhoben.

In Anbetracht einer stark regulierten Bauwirtschaft verwundert es kaum, dass Innovationen als Wettbewerbsinstrument bis anhin nur eine untergeordnete Rolle spielen. Obwohl mit jedem Bauwerk auf einen neuen Lebenszyklus Bezug genommen wird und dadurch permanent Innovationsspielräume auszuschöpfen wären[12], war der Anreiz für eine bewusste Veränderung des Status Quo in der Bauwirtschaft bisher gering ausgeprägt.

Spätestens seit den 1990er Jahren ändern sich die sozioökonomischen Randbedingungen bauwirtschaftlicher Tätigkeit jedoch derart, dass die Bauwirtschaft mit ihren strukturellen Gegebenheiten den neuen Anforderungen nur bedingt gewachsen ist. Gesamtwirtschaftliche Rezession und stark ansteigende Zinsen haben die zu diesem Zeitpunkt einsetzende Strukturkrise nur verstärkt und den notwendigen Strukturwandel lediglich beschleunigt. Die Hauptauslöser der Krise und gleichsam die Herausforderungen für den zukünftigen Wandel lassen sich wie folgt charakterisieren:

- Um auch bei steigender Dynamik globalisierter Märkte ihre Wettbewerbsfähigkeit zu erhalten, verlangen vor allem privatwirtschaftliche Kunden der Bauwirtschaft für ihre baulichen Problemstellungen heute vermehrt solche Lösungen, die über die gesamte Nutzungsdauer des Bauwerks niedrige Betriebs- und Unterhaltskosten[13] bzw. einen hohen baulichen Wert[14] sichern.

[11] Vgl. Pries, F.; Janszen, F. (Innovation 1995) S. 45.

[12] Vgl. hierzu auch Teil D, Abschn. 2.1.2.

[13] Man erkannte, dass bei einer Lebensdauer des Bauwerks von 40 bis 60 Jahren, die Investitionskosten gerade 10 bis 25% der Betriebs- und Erhaltungskosten betragen, vgl. GEFMA (Facility-Management 1997) S. 2.

[14] Der bauliche Wert kann durch verschiedene Dimensionen beschrieben werden. So unterscheidet bspw. HEERWAGEN für gewerblich genutzte Bauten: *Financial outcomes*, *Business process outcomes*, *Stakeholder relations* und *Human resource development*, vgl. Heerwagen, J. (Building 2000) S. 353ff.

- Gleichzeitig verkürzt sich die Nutzungsdauer von Bauwerkskonstruktion und technischer Ausrüstung durch die immer kürzeren Produktlebenszyklen in der Güterindustrie. Es wächst die Nachfrage nach Bauwerken, die schnell und einfach den technisch und wirtschaftlich bedingten Nutzungsänderungen angepasst werden können.[15] Dabei entwickelt sich ein differenzierteres Qualitätsbewusstsein. Baustoffe, Bauteile und Konstruktionen sollen ihre Funktionen innerhalb der definierten Nutzungszeiträume erfüllen und nicht zwangsläufig über die gesamte Lebensdauer des Bauwerks.[16]

- Die Forderung nach niedrigen Betriebs- und Unterhaltskosten und flexiblen Bauwerkssystemen wird durch ein gestiegenes Umweltbewusstsein in der Gesellschaft verstärkt. Neben der weiteren Verringerung des Energiebedarfs von Bauwerken fordert ferner ein nachhaltiger Umgang mit natürlichen Ressourcen, Baustellenabfälle drastisch zu reduzieren[17] sowie den kompletten Rückbau und das Recycling von Bauwerken zu ermöglichen.[18] Ebenso zählt hierzu eine erhöhte Sensibilität gegenüber gesunden Wohn- und Arbeitsbedingungen. Baustoffe und Konstruktionen werden nachgefragt, deren Einsatz auch langfristig mit keinen gesundheitlichen Risiken verbunden ist.

- Auch der Staat als Bereitsteller volkswirtschaftlich notwendiger Infrastrukturbauten sieht sich dem aus der Globalisierung erwachsenen Effizienzdruck ausgesetzt. Dieser zwingt ihn, bei gleichzeitig schwindenden Haushaltsmitteln nach neuen Modellen für die Finanzierung, die Planung, den Bau und die Bewirtschaftung seiner Bauwerke zu suchen.[19]

Zusammenfassend ergibt sich der Druck für einen strukturellen Wandel vor allem aus der Rolle der Bauwirtschaft, die Grundlagen für eine effiziente Leistungserbringung anderer Branchen zu schaffen. Indem sie ihre eigene Leistungsfähigkeit erhöht, trägt die Bauwirtschaft indirekt zur Verbesserung der Wettbewerbsfähigkeit anderer Industrien bei.[20] Beim Versuch, den geänderten Anforderungen mit dem traditionellen Vorgehen zur Abwicklung von Bauaufgaben zu begegnen, offenbaren sich die strukturellen Probleme der Bauwirtschaft.

---

15 Vgl. Geraedts, R. (Flexibility 2001) sowie Slaughter, E. (Design 2001) S. 208ff.

16 Vgl. hierzu auch Teil C, Kap. 4 dieser Arbeit.

17 Vgl. Schultmann, F.; Rentz, O. (Models 2001) sowie van Gassel, F.; Benschop, A. (Waste 2001).

18 Zur Bedeutung von Rückbau und Wiederverwertung, zu Initiativen in verschieden Ländern, zur Berücksichtigung in Normen und zu verschiedenen Rückbauverfahren vgl. Kibert, Ch.; Chini, A.; Languell, J. (Deconstruction 2001).

19 Vgl. Refisch, B.; Paulsen, E. (Bauwirtschaft 1997) S. 18f.

20 Vgl. Kruck, R. (Bauwirtschaft 1998) S. 28.

Favorisieren übliche Projektabwicklungsformen eine wettbewerbliche und vertragliche Trennung von Bauwerksplanung, Bauwerkserstellung und Bauwerksnutzung bzw. -betrieb, sind nicht selten ausgeprägte Partikularismen und Synergiebarrieren die Folge. Insbesondere mangelt es an einer Rückkopplung von der Erstellungs- und Nutzungsphase zur Planungsphase.[21] In der Planung fehlen häufig sowohl ausreichendes erstellungs- und nutzungsorientiertes Wissen als auch realistische Kosteninformationen aus den nachgelagerten Lebensphasen des Bauwerks.[22] Mangelhafte Ausschreibungen, anschliessende Störungen in der Bauwerkserstellung mit Termin- und Kostenüberschreitungen[23] sowie erhebliche Aufwendungen während der Bauwerksnutzung[24] sind die Folge. Zudem erhöht ein allein auf den Preis gerichteter Wettbewerb die Gefahr qualitativer Bauwerksmängel mit den entsprechenden Auswirkungen auf die Unterhaltskosten.[25] Die Möglichkeit, durch einen geringfügigen Mehraufwand in der Planungsphase erhebliche Kosteneinsparungen in der Erstellungs- und Nutzungsphase zu erzielen, wird vielfach nicht genutzt (Bild 1).[26] Die gesamte Bauaufgabe wird über unabhängig voneinander optimierte Teillösungen realisiert.

---

21 Während der Planung vor allem an einer hohen Qualität der baulichen Lösung liegt, strebt die Ausführung eine kostengünstige Realisierung an. Dadurch kommt es zu Zielkonflikten, die bei Kopplung der Planungshonorare an die Herstellkosten noch verschärft werden, vgl. auch Schulte, M.; Girmscheid, G. (Lösungsansätze 1998) S. 6.

22 Insbesondere das Zusammenspiel zwischen Bauwerksplanung und -erstellung wurde schon früh erkannt. So bemerkte PFARR bereits 1977: „*Die Chance, die Wirtschaftlichkeit eines Bauvorhabens günstig zu beeinflussen, ist in der Anfangsphase am grössten und fällt mit zunehmender Realisierung ab. Gerade aber jene, die für ihre Planungsüberlegungen auf die Kosteninformationen nachfolgender Stufen angewiesen sind, ‚zwingen' diese (die ausführenden Betriebe) durch ihre eigenen Ausschreibungsgepflogenheiten zur Verzerrung der Kosteninformation, [....].*“ Pfarr, K. (Kostenrechnung 1977) S. 43.

23 Vgl. Schub, A. (Wechselwirkung 1999) S. 169ff. und Jergeas, G.; Van der Put, J. (Benefits 2001) S. 281ff.

24 Vgl. Staudt, E.; Kriegesmann, B.; Thomzik, M. (Facility 1999) S. 39ff.

25 Dazu nochmals PFARR: „*Dabei wird die obere Grenze (Qualität zu bestimmter Preisvorstellung – Anm. d. Verf.) genau durch das definiert, was der Auftraggeber in seinen Leistungsverzeichnissen fordert, die untere Grenze (Qualität zu bestimmtem Vergabepreis – Anm. d. Verf.) durch das, was der einzelne Unternehmer noch technisch zu verantworten glaubt, wo – ganz krass gesprochen – der ‚Pfusch' beginnt.*“ Pfarr, K. (Kostenrechnung 1977) S. 66.

26 Nach HARVEY/ASHWORTH werden Bauwerksmängel und damit zusätzliche Kosten zu rund 50% in der Planung, zu rund 30% in der Ausführung und zu rund 20% durch das eingesetzte Material verursacht, vgl. Harvey, R.; Ashworth, A. (Construction 1999) S. 66.

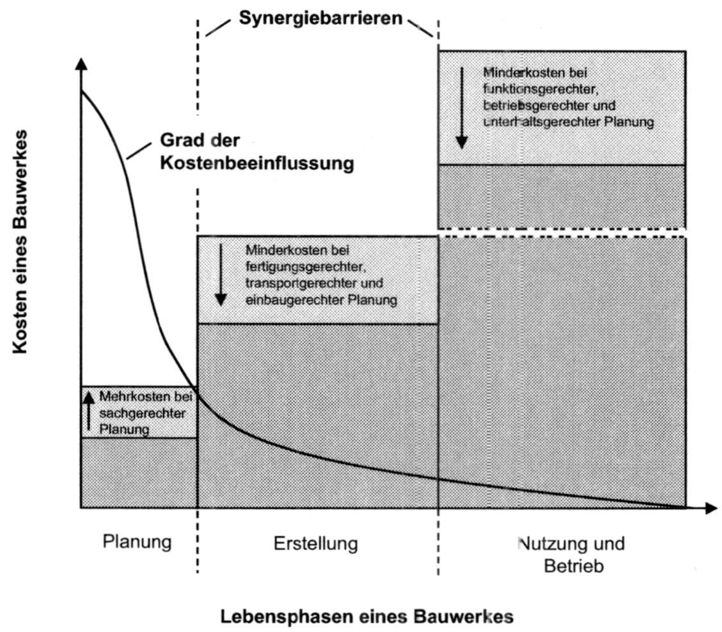

Bild 1: Lebensphasen und Kosten eines Bauwerks[27]
Fig. 1: Life phases and costs of a constructed facility

Diese Charakteristiken traditioneller Abwicklung von Bauaufgaben führen aus Sicht der Kunden letztlich zu funktional und qualitativ unbefriedigenden sowie wirtschaftlich suboptimalen Bauwerken.[28] Aufgrund dessen verstärkt sich zurzeit die Nachfrage nach ***baulichen Gesamtlösungen***, die die Anforderungen des Kunden bezogen auf das Bauwerk und die baulichen Lebenszyklusphasen optimal erfüllen. Da in diesem Sinne eine optimal gestaltete bauliche Gesamtlösung die Interdependenz zwischen der Qualität der zu erbringenden Unternehmensleistungen, dem finanziellen Aufwand in den einzelnen Lebenszyklusphasen des Bauwerks und der zeitlichen Dauer der Lebenszyklusphasen zu berücksichtigen hat (Bild 2)[29], verfolgt der Kunde gleichzeitig andere bzw. seinen Bedürfnissen angepasste Beschaffungsstrategien. Neben der traditionellen Auftragsvergabe tendiert er zunehmend dazu, nur die funktionalen An-

27 In Anlehnung an Kelly, J.; Male, S. (Management 1993) S. 17.

28 Beispielsweise zeigten sich in der britischen Bauwirtschaft bereits 1978 von 241 befragten Kunden 38 mit den Gesamtbaukosten und 57 mit den Gesamtbauzeiten unzufrieden, vgl. Harvey, R.; Ashworth, A. (Construction 1999) S. 67.

29 Vgl. dazu auch Seghezzi, H. D. (Qualitätsmanagement 1996) S. 10ff. und Teil A, Abschn. 4.1

forderungen an das Bauwerk zu formulieren und die gesamte Bauaufgabe einschliesslich der Betreiber- und Unterhaltsaufgabe dem Wettbewerb auszusetzen.

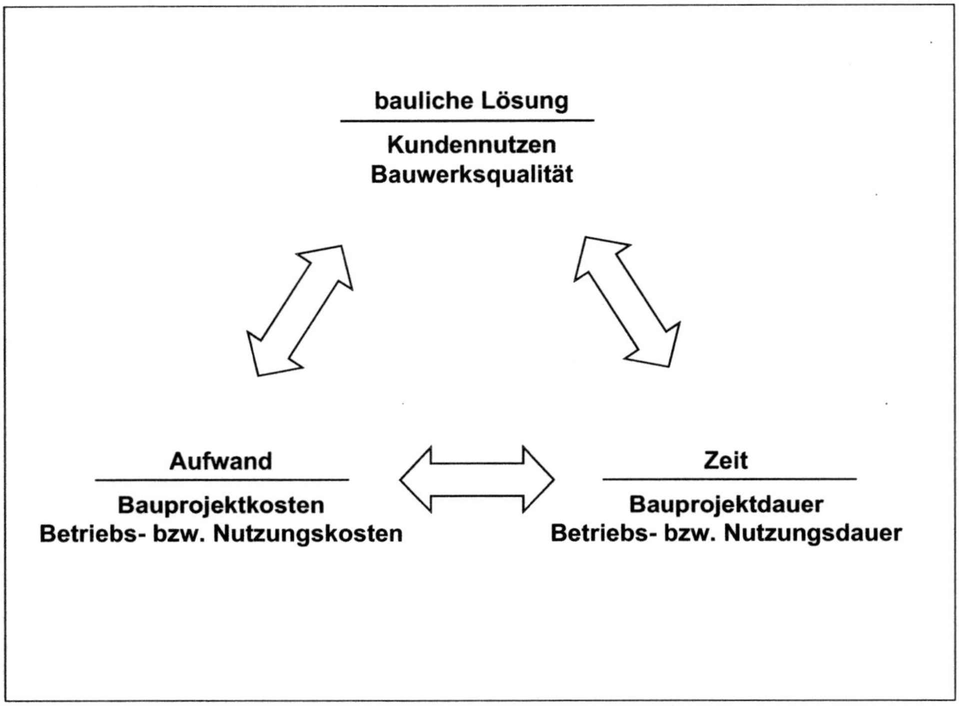

Bild 2: Anforderungsdimensionen baulicher Gesamtlösungen[30]

Fig. 2: Requirements of total constructional solutions

Veränderte Projektabwicklungsformen sind nicht nur eine Folge von Kunden, die mit der traditionellen Realisierung von Bauaufgaben unzufriedenen sind. Sie gehen gleichsam aus dem Anreiz für die Unternehmen der Bauwirtschaft hervor, durch Leistungspakete, die Planung, Erstellung, Betrieb und Unterhalt von Bauwerken umfassen, den Kunden bauliche Gesamtlösungen mit maximaler Leistungs- und minimaler Kostencharakteristik anbieten und damit die vorhandenen, z.T. latenten Kundenbedürfnisse befriedigen zu können.[31] Unternehmen der Bauwirtschaft, die solch integrierte Systemleistungen entwickeln und aktiv am Markt anbieten, werden nach GIRMSCHEID als Systemanbieter bezeichnet.[32] Systemanbieter besitzen damit zum einen das unternehmerische Eigeninteresse, die Betriebs- bzw. Nutzungskosten

---

30 In Anlehnung an Seghezzi, H. D. (Qualitätsmanagement 1996) S. 11.

31 Vgl. Girmscheid, G. (Konzepte 2003); Schulte, M. (Beitrag 2003) S. 31.

32 Vgl. Girmscheid, G. (Wettbewerbsvorteile 2000) S. 2 und Teil A, Abschn. 3.2.

in den Phasen ihrer maximalen Beeinflussbarkeit, nämlich der Planung und Erstellung eines Bauwerks, zu optimieren. Zum anderen verfügen sie erst durch die Gesamtbetrachtung des baulichen Lebenszyklus über das notwendige Wissen, um eine bauliche Gesamtlösung auch optimal gestalten zu können.[33]

Mit den Änderungen in den Projektabwicklungsformen bzw. mit der Entwicklung zum Systemanbieter sehen sich die Unternehmen der Bauwirtschaft einer grundlegenden Verschiebung der Wettbewerbsbedingungen gegenüber. Es wird nicht mehr ausschliesslich eine detailliert vorgegebene Bauwerksqualität nach dem tiefsten Erstellungspreis vergeben, sondern es müssen vermehrt spezifische Kundenanforderungen in eine bauliche Gesamtlösung transferiert werden, die die Anforderungen qualitätsgerecht erfüllt und zudem unter der Berücksichtigung des gesamten Lebenszyklus des Bauwerks die wirtschaftlichste Lösung darstellt. Folglich können nur solche Leistungsangebote am Markt bestehen, deren Realisierung für den Kunden einen erkennbaren ***baulichen Mehrwert*** gegenüber konkurrenzierenden Lösungen verspricht. Den Schlüssel zu diesem Mehrwert stellen ***Innovationen*** in Form ***neuer Leistungsangebote***, ***Leistungsergebnisse*** und/oder ***Leistungserbringungsprozesse*** der Unternehmen dar[34].

Das systematische Hervorbringen von innovativen Systemleistungsangeboten und das Erarbeiten von innovativen baulichen Gesamtlösungen im Rahmen integrierter Systemleistungen entwickelt sich zu einer wesentlichen Unternehmensaufgabe, von deren Beherrschung die zukünftige Wettbewerbsfähigkeit der in der Bauwirtschaft tätigen Unternehmen in entscheidendem Masse abhängt. Dringlichkeit besitzt für die Unternehmen damit vor allem die Beantwortung der Fragen, wie Innovationsaufgaben in die Unternehmen zu integrieren sind und wie der Erfüllungsprozess innovativer Unternehmensaufgaben zu gestalten ist, um die sich aus den Anforderungen der Bauaufgaben ergebenden Problemstellungen gezielt innovativen baulichen Gesamtlösungen zuführen zu können.

1.2 Die Problemstellung im Gesamtzusammenhang eines baubetrieblichen Innovationsmanagements

Die Generierung innovativer baulicher Gesamtlösungen ist mit den Fragen nach der Unternehmensintegration und Prozessgestaltung von Innovationsaufgaben als ***orga-***

33 Vgl. Girmscheid, G. (Konzepte 2003) s. 35ff. und Schulte, M. (Beitrag 2003) S. 28.

34 Vgl. Pleschak, F.; Sabisch, H. (Innovationsmanagement 1996) S. 9 sowie zur detaillierten Charakterisierung von Innovationsaufgaben Teil B, Kap. 2 dieser Arbeit.

nisatorisches Gestaltungsproblem anzusehen, das von den Unternehmen im Rahmen eines ***baubetrieblichen Innovationsmanagements*** zu behandeln ist.[35]

Unter einem solchen Innovationsmanagement werden alle mit der Entwicklung, Realisierung und Durchsetzung neuer Problemlösungen verbundenen Handlungen betrieblicher Führungskräfte begriffen, die auf die Beeinflussung des ***Innovationsverhaltens*** eines Unternehmens zielen.[36]

Das Innovationsverhalten eines Unternehmens lässt sich dabei über zwei Grössen charakterisieren. Dies ist zum einen die ***Innovationsbereitschaft*** der Mitarbeiter, die verstanden wird als *„die ständige Suche nach neuen Problemlösungen, die Offenheit gegenüber verbesserten Problemlösungen, die eine neuartige Änderung des ideellen oder materiellen Status Quo einer Unternehmung bewirken."*[37] Sie bezieht sich vornehmlich auf den Willen der Mitarbeiter zum Innovieren. Zum anderen ist es die ***Innovationsfähigkeit***, die das Können der Mitarbeiter anspricht, *„durch kreative Leistungen neue Problemlösungen zu generieren, inner- und ausserbetrieblich für die nötige Akzeptanz der neuen Idee zu sorgen, damit sie schliesslich erfolgreich umgesetzt werden kann."*[38]

Dem Innovationsmanagement stehen nun verschiedene Instrumente zur Verfügung, durch die es Innovationsbereitschaft und Innovationsfähigkeit beeinflussen kann. Sie beziehen sich auf verschiedene Managementebenen und können nach THOM in ***generelle*** und ***innovationsspezifische Instrumente*** unterschieden werden.[39]

Als generelle Instrumente des Innovationsmanagements können alle Managementinstrumente angesehen werden, die neben der Handhabung von Innovationsaufga-

---

35 Der Managementbegriff umfasst hier alle grundlegenden, dispositiven Handlungen, die zur zielgerichteten Steuerung eines Unternehmens notwendig sind. Neben diesem funktionalen Verständnis wird er auch institutional verwendet. Er bezeichnet dann die Führungskräfte als Träger der dispositiven Handlungen, vgl. Hauschildt, J. (Innovationsmanagement 1993) S. 23 sowie Vahs, D.; Burmester, R. (Innovationsmanagement 1999) S. 45.

36 Vgl. Trommsdorf, V. (Innovationsmanagement 1990) S. 5.
Dem Innovationsmanagement liegen damit die drei Grundfunktionen des Managements, die Gestaltung, die Lenkung und die Entwicklung, zugrunde. Während die Gestaltung das Schaffen *„eines institutionellen Rahmens, der es ermöglicht, eine handlungsfähige Ganzheit über ihre Zweckerfüllung überlebens- und entwicklungsfähig zu erhalten"* (Bleicher, K. (Konzept 1992) S. 40) darstellt, wird Lenkung erreicht *„durch das Bestimmen von Zielen und das Festlegen, Auslösen und Kontrollieren von zielgerichteten Aktivitäten des Systems und seiner Elemente"* (Bleicher, K. (Konzept 1992) S. 40). Die Entwicklung *„ist teils das Ergebnis von Gestaltungs- und Lenkungsprozessen im Zeitablauf, teils erfolgt sie in sozialen Systemen eigenständig evolutorisch durch integeneratives Erlernen von Wissen, Können und Einstellungen"* (Bleicher, K. (Konzept 1992) S. 40).

37 Gussmann, B. (Unternehmenskultur 1988) S. 240.

38 Di Renzo, St. (Diagnose 2000) S. 101.

39 Vgl. Thom, N. (Innovationsmanagement 1992) S. 20ff.

ben auch zur Bewältigung anderer Unternehmensaufgaben eingesetzt werden. Zu den mittelbar disponiblen Managementinstrumenten gehören die ***Unternehmenskultur***[40] sowie das ***Ziel- und Strategiesystem***.[41] Während die Unternehmenskultur der normativen Managementebene zuzuordnen ist,[42] ist das Ziel- und Strategiesystem ein Instrument des strategischen Managements.[43] Unmittelbar disponible ist die ***Organisationsstruktur***,[44] die sowohl ein Instrument des strategischen wie des operativen Managements ist.[45] Innovationsspezifische Instrumente unterstützen die Realisierung von Innovationsaufgaben in besonderem Masse.[46] Sie lassen sich danach unterteilen, ob sie in einzelnen Phasen des Innovationsprozesses oder im gesamten Innovationsprozess eingesetzt werden können sowie, ob sie einem bestimmten Innovationsobjekt dienlich sind. Zu diesen spezifischen Innovationsinstrumenten gehört z.B. die Nutzwertanalyse als Bewertungsinstrument für neue Ideen.

Zwischen den Instrumenten des Innovationsmanagements können vielfältige Beziehungen ausgemacht werden, die nicht zuletzt von ihrer Zuordnung zu den verschiedenen Managementebenen herrühren. So setzt die Unternehmenskultur die Leitplanken für das Ziel- und Strategiesystem, welches wiederum die Anforderungen an die Organisationsstruktur definiert. Daneben existiert eine Reihe von ***Bedingungsgrössen***, die den Spielraum zur Ausgestaltung der Instrumente beschreiben. Sie

---

[40] Vgl. Kieser, A. (Unternehmenskultur 1986) S. 42ff.; Gussmann, B. (Unternehmenskultur 1988) S. 1ff.; Corsten, H. (Gestaltung 1989) S. 12ff.; Vahs, D.; Burmester, R. (Innovationsmanagement 1999) S. 333ff.; Vahs, D.; Trautwein, H. (Innovationskultur 2000) S. 20ff.; Blessin, B. (Innovationskultur 2001) S. 11ff.

[41] Vgl. Corsten, H. (Gestaltung 1989) S. 7ff.;. Olschowy W. (Einflussfaktoren 1990) 22ff.; Vahs, D.; Burmester, R. (Innovationsmanagement 1999) S. 97ff.; Albers, S. (Marktdurchsetzung 2001) S. 83ff.

[42] Das normative Management befasst sich mit den originären Zielen des Unternehmens oder der Unternehmenspolitik, welche sich bspw. in der Unternehmensverfassung widerspiegeln. Mit der Vorgabe von z.B. Führungsleitbildern bildet es den Rahmen für das strategische Management, vgl. Bleicher, K. (Konzept 1992) S. 69 und Tschirky, H. (Konzept 1998) S. 223.

[43] Das strategische Management legt die langfristigen Aktivitätsfelder und Vorgehensweisen des Unternehmens fest. Dabei zielt es auf den bewussten Aufbau und die Pflege von Unternehmenspotentialen und deren Ausbeutung im Zusammenhang mit viel versprechenden Umweltpotentialen, vgl. Tschirky, H. (Konzept 1998) S. 223 und Ulrich, H. (Management 2001) S. 74.

[44] Vgl. Meier, B. (Bedeutung 1982) S. 181ff.; Corsten, H. (Gestaltung 1989) S. 22ff.; Leder, M. (Innovationsmanagement 1990) S. 21ff.; Thom, N. (Innovationsmanagement 1992) S. 19f.; Hauschildt, J. (Innovationsmanagement 1993) S. 27ff.; Vahs, D.; Burmester, R. (Innovationsmanagement 1999) S. 281ff.; Nebe, R. (Gestaltungsmöglichkeiten 2000) S. 3ff.; Hauschildt, J. (Prozesse 2001) S. 163ff.

[45] Das operative Management ist auf die laufenden, konkreten Handlungen des Unternehmens gerichtet. Durch kurzfristige, bspw. die Produktion betreffende Zielvorgaben ist es vornehmlich um einen effizienten Mitteleinsatz bemüht, vgl. Tschirky, H. (Konzept 1998) S. 224 und Ulrich, H. (Management 2001) S. 74.

[46] Vgl. Wicher, H.; Deubet, W. (Bewertung 1991) S. 125ff.; Buck, M. (Gestaltungsmöglichkeiten 1992) S. 1ff.; Vonlanthen, J. (Innovationsmanagement 1994) S. 310ff.; Meyer, J.-A. (Bekanntheit 2001) S. 171ff.

lassen sich nach ***internen*** und ***externen Bedingungen*** differenzieren, wobei die internen Bedingungen aus den Merkmalen des Unternehmens sowie den Eigenschaften und Verhaltensweisen der Mitarbeiter und die externen Bedingungen aus den Charakteristiken der Branche und den bearbeiteten Branchensegmenten bzw. Märkten hervorgehen.[47]

Aus diesen grundsätzlichen Überlegungen zum Management von Innovationen ist deutlich geworden, dass eine gezielte Steuerung baubetrieblicher Innovationstätigkeit nicht als Sammlung einzelner, isoliert voneinander zu behandelnder Massnahmen der Innovationsförderung verstanden werden darf. Vielmehr setzt erfolgreiches Innovieren in Unternehmen der Bauwirtschaft voraus, dass Gestaltungsinstrumente und -bedingungen in ihrem Zusammenspiel zu betrachten und zu beeinflussen sind (Bild 3). Folglich ergeben sich auch wesentliche Determinanten des organisatorischen Gestaltungsproblems aus dem Gesamtzusammenhang eines solchen Innovationsmanagements, die Ausgangsfragen sind um weitere Fragen zu ergänzen.

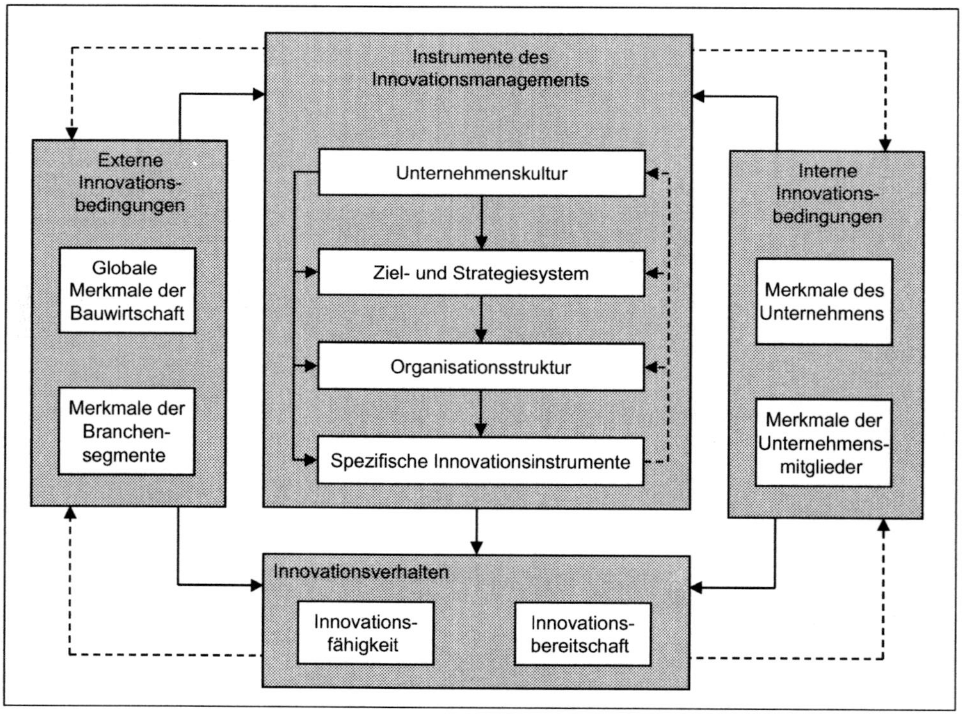

Bild 3: Gesamtzusammenhang des baubetrieblichen Innovationsmanagement
Fig. 3: Context of innovation management in construction companies

---

47 Vgl. Thom, N. (Grundlagen 1980) S. 140ff.; Maas, Ch. (Determinanten 1989) S. 54ff.; Olschowy, W. (Einflussfaktoren 1990) 141ff. sowie Teil B und Teil D der Arbeit.

1.3 Fragen der Praxis

Die ergänzenden Fragen zum innovationsorganisatorischen Gestaltungsproblem resultieren aus der Notwendigkeit, dass Unternehmen der Bauwirtschaft zur Generierung innovativer baulicher Gesamtlösungen ihre derzeitigen Organisationsstrukturen in Bezug auf eine innovationsförderliche Ausrichtung untersuchen und bewerten müssen. Da Innovationen nicht dem Selbstzweck, sondern der Erreichung unternehmerischer Ziele dienen, ergeben sich die Bewertungskriterien aus dem Ziel- und Strategiesystem der Unternehmen.

Aufgrund der Forderung des Marktes nach kundenorientierten baulichen Gesamtlösungen sind von den Unternehmen zunächst wesentliche strategische Entscheidungen zur ***Breite*** und ***Tiefe*** ihres ***Leistungsangebotes*** zu treffen. Das Leistungsspektrum der Unternehmen ist nach Kosten- und Differenzierungsaspekten zu beurteilen, und Wettbewerbsstrategien für ausgewählte Marktsegmente sind zu formulieren.[48] Mit Innovationen als strategischem Wettbewerbsinstrument ergeben sich für die Unternehmen dann gleichzeitig folgende Fragen:[49]

- ***Welche Innovationsaufgaben sind in den Unternehmen zu lösen, auf welche Leistungsbereiche sind sie zu beziehen sowie in welchem Umfang und in welcher Form sind sie zu bewältigen?***

Voraussetzung für die Beantwortung der Fragen ist die Kenntnis um die ***Innovationsspielräume***, die sich insbesondere bei Leistungsangeboten eröffnen, die auf die Entwicklung baulicher Gesamtlösungen zielen. Die Unternehmen sind weiterhin mit der Frage konfrontiert:

- ***Welche Innovationsaufgaben lassen sich im Hinblick auf integrierte Systemleistungsangebote realisieren und welche internen und externen Bedingungsgrössen beeinflussen die Realisierung dieser Innovationsaufgaben?***

Sind die strategisch bedeutsamen Innovationsaufgaben inhaltlich und formell charakterisiert, lassen sich von den Unternehmen Kriterien für die organisatorische ***Effektivität***[50] ihrer derzeitigen Organisationsstruktur ableiten. Anhand dieser Kriterien ist zu überprüfen, in welchem Masse mit der Organisationsstruktur die angestrebten

---

48 Vgl. Girmscheid, G. (Baumanagement 2000) S. 574; Klemmer, J. (Neustrukturierung 1998) S. 1ff.; Schulte, M. (Beitrag 2003) und o.V. (Thesen 1998) S. 22ff.

49 Vgl. Girmscheid, G. (Konzepte 2003) S. 59ff. und Hauschildt, J. (Innovationsstrategien 1991) S. 257.

50 Effektivität bezeichnet hier ein Ziel-Output-Verhältnis, mit dem die grundsätzliche Eignung eines Systems oder eines Parameters zur Erreichung eines bestimmten Zieles beurteilt werden kann, vgl. Scholz, Ch. (Effektivität 1992) Sp. 533. Oder mit den Worten DRUCKERS: *„do the right thing“*, vgl. Drucker, P. (Management 1974) S. 45.

Innovationsziele erreicht werden können. Ein solches Kriterium kann z.B. in der Eignung der Organisationsstruktur liegen, die Realisierung innovativer Ideen der Mitarbeiter zu unterstützen, und mit dem Vorhandensein eines betrieblichen Vorschlagswesens erfüllt sein.

Nun können die strukturellen Gegebenheiten der Unternehmensorganisation durchaus die Innovationsrealisierung gestatten, aber für den Vollzug der Innovationsaufgaben in einem angemessenen Verhältnis von Aufwand und Nutzen sind sie möglicherweise ungeeignet. Aufgrund seiner Bedeutung für Unternehmen sind aus den mit der Innovationsstrategie definierten Charakteristiken der Innovationsaufgaben insbesondere Kriterien zur Bewertung des wirtschaftlichen Zielerreichungsgrades oder der ***Effizienz***[51] der Organisationsstruktur aufzustellen und anzuwenden. Besteht mit dem oben erwähnten betrieblichen Vorschlagswesen bereits ein Instrument zur Nutzung der Mitarbeiterideen im Unternehmen, sind bisher möglicherweise nur wenige Ideen gemeldet oder gemeldete Ideen nur sehr langsam realisiert worden. Effizienzkriterien sind dann in einer Erhöhung der Ideenvorschläge oder einer schnelleren Umsetzung der eingereichten Ideen zu sehen. Eine nächste Frage für Unternehmen lautet damit:

- ***Können die strategisch bedeutsamen Innovationsaufgaben mit den derzeitigen Organisationsstrukturen effizient abgewickelt werden?***

In Abhängigkeit vom Bewertungsergebnis werden dann ***innovationsorganisatorische Gestaltungsmassnahmen*** zu entwickeln und umzusetzen sein, mit denen günstige Voraussetzungen für die effiziente Abwicklung der von den Unternehmen als wichtig erachteten Innovationsaufgaben geschaffen werden können. Die zur Bewertung aufgestellten Effektivitäts- und Effizienzkriterien bilden hier gleichsam die organisatorischen Gestaltungsziele. So kann für das Effektivitätskriterium der Realisierung von Mitarbeiterideen die Etablierung von operativen Innovationsgruppen eine mögliche alternative organisatorische Massnahme zum betrieblichen Vorschlagswesen darstellen. Indem operative Innovationsgruppen den Mitarbeitern nicht nur erlauben, innovative Ideen zu entwickeln, sondern ihnen gleichzeitig den Freiraum geben, diese auch umzusetzen, kann ebenso den Effizienzkriterien einer erhöhten Anzahl von Ideenvorschlägen sowie ihrer schnellen Umsetzung Rechnung getragen werden.[52]

---

[51] Effizienz bezeichnet hier ein Output-Input-Verhältnis, mit dem Prozesse, Zustände und Ergebnisse von Systemen hinsichtlich ihrer Wirtschaftlichkeit beurteilt werden können, vgl. Scholz, Ch. (Effektivität 1992) Sp. 533. Oder mit den Worten DRUCKERS: *„do the thing right"*, vgl. Drucker, P. (Management 1974) S. 45.

[52] Zu Innovationsgruppen als organisatorischer Gestaltungsansatz für Bauunternehmen vgl. Teil D, Abschn. 4.4 dieser Arbeit.

Zu beachten ist bei der Organisation von Innovationen vor allem, dass Innovationsaufgaben auf Veränderungen in Unternehmen zielen, meist dem Aufbau langfristig orientierter Erfolgspotentiale dienen und z.T. erhebliche Investitionen erfordern, deren Nutzen nur schwer einzuschätzen ist. Damit treten sie in Konkurrenz zu Routineaufgaben, die auf Stabilität ausgerichtet sind sowie kurzfristig realisierbare und messbare Erfolge anstreben. Es liegt daher nahe, Innovations- und Routineaufgaben organisatorisch zu trennen, um den unterschiedlichen Anforderungen gerecht zu werden.[53] Bei der Innovationsorganisation in Unternehmen der Bauwirtschaft ist zusätzlich zu berücksichtigen, dass Innovationen immer in Bauprojekten erstmalig realisiert werden. Da an Bauprojekten i.d.R. eine Vielzahl weiterer Unternehmen und Institutionen (Kunde, Zulieferer, Subunternehmen, Behörden, u.a.) beteiligt sind, dürfen sich innovationsorganisatorische Massnahmen nicht nur auf die Unternehmensebene beschränken, sondern müssen die Bauprojektebene mit einschliessen. Die Fragen, die von den Unternehmen ferner zu beantworten sind, lauten:

- ***Welche zusätzlichen organisatorischen Massnahmen müssen ergriffen werden, um die strategisch definierten Innovationsaufgaben effizient umsetzen zu können und welche spezifischen Innovationsinstrumente können organisatorische Massnahmen unterstützen?***

Des Weiteren gilt es sich bewusst zu werden, dass Innovationen immer das Ergebnis kreativer und motivierter Mitarbeiter sind. Organisatorische Massnahmen können daher lediglich innovatives Handeln der Mitarbeiter unterstützen. Ob der durch die Organisationsstruktur geschaffene Rahmen für innovatives Verhalten von den Mitarbeitern genutzt wird, hängt in entscheidendem Masse von den kognitiven und motivationalen Voraussetzungen der Mitarbeiter sowie von dem Stellenwert, der Innovationen in den Unternehmen entgegengebracht wird, ab. Erst mit ***innovationsfähigen*** und ***innovationsbereiten Mitarbeitern*** sowie einer ***innovationsfreundlichen Unternehmenskultur*** werden auch organisatorische Massnahmen ihre beabsichtigte Wirkung erzielen können.[54] Hieraus ergibt sich für die Unternehmen folgende Frage:

- ***Gestatten es die Wertvorstellungen und personellen Voraussetzungen, die angestrebten Wirkungen der organisatorischen Massnahmen und der spezifischen Innovationsinstrumente zu erzielen?***

Es ist davon auszugehen, dass beim Versuch, Antworten auf diese Fragen zu finden, wiederum neue Fragen aufgeworfen werden, die zu einer weiteren Präzisierung der

---

53 Vgl. Riekhof, H.-C. (Management 1991) S. 243ff.

54 Vgl. Corsten, H. (Innovationsmanagement 1989) S. 12ff.

Problemstellung führen.[55] An dieser Stelle sollen die formulierten Fragen als ausreichend detailliert betrachtet werden, um den Beitrag der vorliegenden Arbeit zu ihrer Beantwortung aufzeigen zu können.

2 Stand der Forschung

Um aus den Fragen der Praxis die Ziele der Arbeit und die Fragen der Forschung entwickeln zu können, ist vorgängig näher auf den bestehenden theoretischen Erkenntnisstand zum Thema Innovation und seine empirische Bestätigung einzugehen. Dabei wird keineswegs der Anspruch erhoben, den Stand der Innovationsforschung umfassend abhandeln und einzelne Ergebnisse empirischer Studien detailliert wiedergeben zu wollen. Stattdessen sollen die grundlegenden ***Forschungsschwerpunkte*** und ***-defizite*** sowohl der ***allgemeinen betriebswissenschaftlichen Forschung*** (Abschnitt 2.1) als auch der ***baubetriebswissenschaftlichen Forschung*** (Abschnitt 2.2) herausgestellt und die ***Forschungslücke*** zusammenfassend dargestellt werden (Abschnitt 2.3), um Erfolg versprechende Ansatzpunkte für die Behandlung der Problemstellung und die Beantwortung der Praxisfragen entdecken bzw. formulieren zu können.

2.1 Innovationen als Gegenstand allgemeiner betriebswissenschaftlicher Forschung

Innovationsforschung wird bereits geraume Zeit betrieben.[56] Verstärkt beschäftigt das Thema Innovationen die allgemeine betriebswissenschaftliche Forschung seit den 1970er Jahren und zahlreiche Veröffentlichungen dokumentieren die intensiven Forschungsbemühungen zur betrieblichen Innovationstätigkeit. Um einen Überblick über Forschungsschwerpunkte und -lücken zu erhalten, bietet sich eine Gliederung an, die sich am Verständnis des Innovationsmanagements nach Abschnitt 1.2 orientiert:[57]

---

55 Vgl. zum Detaillierungsgrad von Problemstellungen bzw. zur Detaillierung von Problemstellungen als Teil von Forschungsbemühungen Teil A, Abschn. 5.

56 Zu den frühen, wohl am meist zitierten Autoren zählt SCHUMPETER, der bereits Anfang des 20. Jahrhunderts von *„Durchsetzung neuer Kombinationen"* sprach (ohne den Begriff Innovation selbst zu benutzen), um die wirtschaftliche Entwicklung zu erklärten, vgl. Schumpeter, J. A. (Theorie 1939).

57 Eine ähnliche Gliederung findet sich bei Wicher, H. (Innovationsmanagement 1991), vgl. auch die dort aufgeführten empirischen Studien zu den einzelnen Kategorien.

- **Innovationserfolg**

Eine erste Gruppe von Arbeiten hat es sich zur Aufgabe gemacht, die Einflussfaktoren des Innovationserfolgs zu ermitteln und zu analysieren, damit sie durch die Unternehmensführung bewusst gestaltet werden können.[58] Obwohl noch kein allgemeiner theoretischer Ansatz für die Zusammenhänge des Innovationserfolges besteht, scheint Einigkeit darüber zu herrschen, dass einige wenige bedeutsame, den Innovationserfolg beeinflussende Faktoren, existieren.[59] Als Folge dieser Annahme wird vielfach nur der Einfluss einer begrenzten Zahl von Variablen untersucht, deren Auswahl letztlich von der Interessenlage und Zielsetzung des Forschenden bestimmt wird. Das birgt jedoch die Gefahr, dass relevante Einflussfaktoren unberücksichtigt bleiben bzw. aufgrund der Stichprobenauswahl gegenüber andere Faktoren unterbewertet werden.[60] Zudem lassen empirische Feststellungen darüber, dass bspw. die Organisationsstruktur einen den Innovationserfolg beeinflussenden Faktor darstellt, nur in dem Mass Aussagen über Möglichkeiten einer innovationsfördernden Organisationsgestaltung zu, wie Ausprägungen des Faktors Eingang in die Untersuchung fanden und zu anderen Faktoren in Beziehung gesetzt wurden.

- **Innovationsbedingungen**

In den empirischen Studien dieser Kategorie werden die Auswirkungen innovationsrelevanter Bedingungsgrössen auf die Innovationstätigkeit eines Unternehmens untersucht. Welche Bedingungsgrössen dabei als innovationsrelevant angesehen werden, hängt stark von den subjektiven Präferenzen des Forschers ab. Bis heute existiert kein allgemein gültiges Faktorengeflecht zur Beschreibung der Umweltsituation eines Unternehmens. Darüber hinaus stützen sich insbesondere frühe Arbeiten auf die Hypothese, dass Unterschiede im Verhalten und den Strukturen von Unternehmen auf Unterschiede in den Bedingungsgrössen zurückzuführen seien und dass die Eignung innovationsfördernder Massnahmen in erste Linie von den Besonderheiten des Unternehmensumfeldes abhängt. Die Bedingungsgrössen werden dadurch zu Sachzwängen, die keinerlei Spielräume für die Innovationsgestaltung zulassen. Man rückte von dieser restriktiven Perspektive bald wieder ab und anerkannte zum einen die Beeinflussbarkeit der Umwelt durch

---

58 Eine Übersicht und Auswertung zu Arbeiten dieser Kategorie findet sich bei Hauschildt, J. (Innovationsmanagement 1993).

59 In diesem Sinne sind die Gestaltungsinstrumente des Innovationsmanagements als Erfolgsfaktoren anzusehen.

60 Vgl. Hauschildt, J. (Innovationsmanagement 1993) S. 320f.

das Unternehmen und zum anderen das Vorhandensein von Handlungsalternativen innerhalb eines durch die Umwelt determinierten Rahmens.[61]

- **Innovationsorganisation**

Das Interesse der Arbeiten, die unter der Kategorie Innovationsorganisation zusammenzufassen sind, liegt in den organisatorischen Gestaltungsmassnahmen für die effiziente Generierung von Innovationen. Untersucht werden zum einen die Einflussgrössen, die zu bestimmten Gestaltungsmassnahmen führen. Zum anderen interessieren die Auswirkungen verschiedener Organisationsstrukturen auf das Innovationsverhalten der Unternehmen. Bisher konnte jedoch die Zweckmässigkeit innovationsorganisatorischer Massnahmen noch nicht ausreichend geklärt werden, denn je nach Charakteristik der untersuchten Innovationen können sehr unterschiedliche Einflüsse von Bedeutung sein.[62] So weisst WICHER darauf hin, dass den meisten vorgeschlagenen Strukturformen zur Förderung von Innovationen die empirische Basis fehlt und sie vornehmlich auf Plausibilitätsüberlegungen zurückgehen. Er kommt zu folgendem Schluss:

„Auswirkungen, Wirkungszusammenhänge und Wirkungsweisen unterschiedlicher Organisationsstrukturen sowie die Effizienz des in der Praxis realisierten Gestaltungshandelns können somit nicht verlässlich bestimmt und prognostiziert werden. [...] die [...] mangelnde wissenschaftliche Absicherung der Gestaltungsempfehlungen erschweren das Erkennen der jeweiligen Funktionalität der Strukturalternativen und die Auswahl der geeigneten Strukturform."[63]

Des Weiteren macht er darauf aufmerksam, dass durch die fehlenden empirischen Erkenntnisse die Zweckmässigkeit von organisatorischen Strukturen für den Vollzug von Innovationsstrategien ebenso ungewiss ist wie für das individuelle Verhalten der betrieblichen Innovationsträger.[64]

- **Innovationsstrategie**

Arbeiten zu eben diesen Innovationsstrategien zielen auf die Stärkung der Innovationsfähigkeit von Unternehmen ab, indem sie ausgehend von als relevant erachteten Bedingungsgrössen strategische, an den allgemeinen Unternehmens-

---

[61] Zu den theoretischen Grundlagen des Einflusses der Situation auf die Organisationsstruktur vgl. Teil B, Abschn. 3.3.

[62] Als Einflussgrössen werden u.a. das Innovationsobjekt (z.B. Produkte, Prozesse), der Innovationsprozess (z.B. Ideengenerierung, Ideenrealisierung), der Innovationszweck (z.B. Kosteneinsparungen, Qualitätssteigerungen), der Innovationsgrad (z.B. radikal, inkremental) angesehen, vgl. Maas, Ch. (Determinanten 1990) S. 42.

[63] Wicher, H. (Innovationsmanagement 1991) S. 51; vgl. dazu auch Kieser, A.; Kubicek, H. (Organisation 1992) S. 62.

[64] Vgl. Wicher, H. (Innovationsmanagement 1991) S. 51.

zielen ausgerichtete Alternativen der Innovationstätigkeit bestimmen. Dadurch sollen Unternehmen in die Lage versetzt werden, dynamische Umweltentwicklungen besser antizipieren zu können. Welche organisatorischen Massnahmen aus den innovationsstrategischen Orientierungen abzuleiten sind, wird jedoch kaum betrachtet.

- **Innovationskultur**

  Zu den jüngeren Richtungen der betrieblichen Innovationsforschung gehören die Arbeiten der Kategorie Innovationskultur. Sie gehen von der Prämisse aus, dass der Innovationsbereitschaft des gesamten Unternehmens und seiner Mitarbeiter eine zentrale Bedeutung zukommt. Erst die generelle Bereitschaft und Offenheit aller Mitarbeiter für Neuerungen erlaubt das permanente Überdenken bestehender Verhältnisse sowie die Suche nach und die Realisierung von neuen Problemlösungen. Wie eine solche innovationsfördernde Unternehmenskultur zu erreichen ist, versuchen diese Arbeiten zu beantworten. Schwierigkeiten bereit dabei die begriffliche Fassung der Unternehmenskultur und ihre Operationalisierung. Zudem herrscht Zweifel darüber, ob die Unternehmenskultur überhaupt als steuerbares Instrument zur Innovationsgestaltung zu begreifen sei.[65]

- **Innovationsinstrumente**

  Die Anwendungsmöglichkeiten und die Ausgestaltung von spezifischen Instrumenten, die den Innovationsprozess unterstützen, sind Gegenstand von Forschungsarbeiten dieser Gruppe. Die einzelnen Instrumente beziehen sich i.d.R. auf eine oder mehrere Innovationsphasen. Zu den untersuchten Instrumenten zählen bspw. das Betriebliche Vorschlagswesen, die Kreativitätstechniken, die Qualitätszirkel und die Wertanalyse. Ein Mangel bisheriger Arbeiten besteht in der Isolierung der einzelnen Instrumente vom Gesamtkontext der betrieblichen Innovationsförderung.[66]

Dieser Überblick über den Stand der betriebswissenschaftlichen Innovationsforschung macht die Vielschichtigkeit und Komplexität des Innovationsphänomens deutlich. Gleichzeitig offenbart er Defizite in allen aufgeführten Forschungsschwerpunkten, die sich vielfach noch im ***explorativen Forschungsstadium*** befinden.[67] Von einer allgemein gültigen Innovationstheorie kann nicht gesprochen werden.

---

65 Vgl. Corsten, H. (Innovationsmanagement 1989) S. 15.

66 Vgl. Vonlanthen, J.-M. (Innovationsmanagement 1995) S. 13.

67 Exploration bezeichnet das Erkunden, Erforschen und Ausfindigmachen von Sachverhalten durch das systematische Sammeln von Informationen über einen Untersuchungsgegenstand, vgl. Bortz, J.; Döring, N. (Forschungsmethoden 1995) S. 327ff.

Mit Blick auf den durch das Praxisproblem thematisierten Schwerpunkt der Innovationsorganisation und seine Einordnung in das betriebliche Innovationsmanagement muss zudem die mangelnde Beachtung der vielfältigen ***Interdependenzen*** zwischen den Themengebieten konstatiert werden.[68] So sind für Aussagen über die innovationsfördernde Gestaltung der empirisch als Erfolgsfaktor identifizierten Organisationsstruktur die spezifischen Bedingungsgrössen der Unternehmen ebenso einzubeziehen wie die verschiedenen Anforderungen an die Innovationsprozessphasen. Auch können Aussagen nicht losgelöst von strategischen, kulturellen und personellen Aspekten in den Unternehmen formuliert werden. Im Hinblick auf die operative Umsetzung von Forschungsergebnissen als auch die weitere Theoriebildung wäre daher eine Verknüpfung der den ***Gestaltungsinstrumenten*** (Innovationskultur, Innovationsstrategie, Innovationsorganisation, Innovationsinstrumente) und ***Gestaltungsbedingungen*** (Innovationscharakteristiken, Innovationsumwelt) des betrieblichen Innovationsmanagements entsprechenden Forschungsschwerpunkte wünschenswert.[69]

Bisher konzentrierte sich ein Grossteil der Untersuchungen auf ausgewählte Gestaltungsinstrumente und erstreckte sich dabei über verschiedene Gestaltungsbedingungen, insbesondere verschiedene Innovationsumwelten wie Branchen und Geschäftsfelder. Neben der Vernachlässigung von Interdependenzen zu anderen Gestaltungsinstrumenten neigen die so gewonnenen Ergebnisse aufgrund der Heterogenität in den Bedingungsgrössen zu Pauschalisierungen.[70] Da die spezifischen Situationen der Unternehmen nicht ausreichend abgebildet werden, sind die Ergebnisse für das Management nur teilweise verwertbar bzw. müssen mit zusätzlichem, z.T. nicht unerheblichem Aufwand auf die eigene Unternehmenssituation übertragen werden.

Auch bei Arbeiten, in denen Unternehmen einer Branche Eingang in die Untersuchung finden, werden die Auswirkungen der Branchenmerkmale auf das Innovationsverhalten der Unternehmen selten problematisiert.[71] Indem erklärende Einflüsse

---

68 Vgl. dazu auch Maas, Ch. (Determinanten 1990) S. 47.

69 Vgl. Drazin, R.; Schoonhoven, C. (Community 1996) S. 1074ff. und Heideloff, F.; Radel, T. (Innovation 1998) S. 32ff.

70 Vgl. Jacobs, F. (Produktinnovationen 1988) S. 2f. und Trommsdorff, V. (Erfolgsfaktorenforschung 1993) S. 140ff.

71 Zu den wenigen Arbeiten, die ausgehend von den spezifischen Gegebenheiten einer Branche auf die Gestaltung der Innovationstätigkeit der in der Branche agierenden Unternehmen schliessen, gehören die Arbeiten von WIDMER, der das Innovationssystem von Banken untersuchte, vgl. Widmer, A. (Innovationsmanagement 1986), von JACOBS, der innovationsorganisatorische Massnahmen anhand der Branche Bürokommunikation diskutierte, vgl. Jacobs, F. (Produktinnovationen 1988) und von THELER, der den Adoptionsprozess von Innovationen in der Schweizer Landwirtschaft analysierte, vgl. Theler, Ch. (Analyse 2001).

auf das Innovationsverhalten in der Variablen *Branche* gebündelt werden, lassen sich letztlich voneinander abweichende Forschungsresultate aus unterschiedlichen Branchen nur unzureichend deuten und miteinander vergleichen. Das veranlasste HAUSCHILDT nach der Auswertung von Studien zum Einfluss betrieblicher Rahmenbedingungen auf den Innovationserfolg zu folgender Aussage:

„Die Durchsicht der Befunde macht ein weiteres Mal bewusst, wie unbefriedigend die Verwendung der Variable ‚Branche' für die Forschung ist. Branchenunterschiede sind u.a. Unterschiede in der Technologie, in der Markt- und Konkurrenzsituation, in der Personal-, Material- und Kapitalintensität. Es wäre dem theoretischen Fortschritt unseres Faches dienlicher, wenn man von der Klassifikation ‚Branche' absehen und stattdessen Masse zur Charakterisierung der genannten Unterschiede einführen würde.“[72]

Aus diesen kritischen Anmerkungen zum Stand der betriebswirtschaftlichen Innovationsforschung eröffnet sich weiterer Forschungsbedarf in Form einer ***branchenbezogene Nuancierung innovationsrelevanter Wirkungsmechanismen***, um darauf aufbauend praxisorientierte Gestaltungsempfehlungen zur Innovationsorganisation in Unternehmen der jeweiligen Branche erarbeiten zu können.

Hieran schliessen sich unmittelbar die Fragen an:

- inwieweit bereits Erkenntnisse über die branchenimmanenten Innovationsbedingungen der Bauwirtschaft und ihre Auswirkungen auf das Innovationsverhalten der in der Branche agierenden Unternehmen vorliegen,
- ob speziell die Innovationsorganisation in Unternehmen der Bauwirtschaft Gegenstand wissenschaftlicher Untersuchungen war und
- inwiefern die Innovationsorganisation dabei im Gesamtkontext eines baubetrieblichen Innovationsmanagement betrachtet wurde.

2.2 Innovationen als Gegenstand baubetriebswissenschaftlicher Forschung

Bedenkt man, dass die Bedeutung von Innovationen und die Notwendigkeit für ihre systematische Generierung in der Bauwirtschaft erst in den letzen 10 Jahren wesentlich zugenommen hat, wird der geringe Erkenntnisstand um das bauwirtschaftliche Innovationsverhalten verständlich. So zeigt die allgemeine Betriebswirtschaftslehre bis heute wenig Interesse an der Bauwirtschaft und fokussiert vor allem auf hoch-

---

72 Hauschildt, J. (Determinanten 1993) S. 307.

technisierte, stark dynamische Branchen.[73] Noch 1994 konnte BIERFELDER zudem feststellen:

„Unter den Branchen mit einem geringen Forschungsaufwand ordnet sich auch die [...] Bauwirtschaft ein. Bauökonomie und eine spezielle Baubetriebswirtschaftslehre haben zur Innovationstheorie bislang weitgehend geschwiegen.“[74]

Das Schweigen wurde mittlerweile gebrochen und das Thema *Innovationen in der Bauwirtschaft* erfreut sich zunehmender Beliebtheit. Davon zeugen eine steigende Zahl von Veröffentlichungen[75] und Forschungsinitiativen[76]. Das sollte aber nicht darüber hinweg täuschen, dass es bislang vor allem an empirisch tragfähigen Erkenntnissen für die Entwicklung von unterstützenden Massnahmen zur Generierung von Innovationen mangelt. Und obwohl die branchenspezifischen Bedingungen immer wieder als Hauptursache für das eingeschränkte Innovationsverhalten der Bauwirtschaft genannt werden,[77] so muss einigen Untersuchungen die bereits angesprochene ungenügende Berücksichtigung der Bedingungswirkungen auf die Gestaltungsinstrumente des Innovationsmanagements zum Vorwurf gemacht werden. Sie verschenken nicht nur das Erklärungspotential für erhobenes Datenmaterial, sondern verallgemeinern ihre Befunde derart, dass ein Erkenntnisfortschritt für die Theorie kaum wahrnehmbar und nutzbare Gestaltungsempfehlungen für die Praxis selten deduzierbar sind.

Zudem werden den meisten innovationsfördernden Gestaltungsempfehlungen die bestehenden bauwirtschaftlichen Strukturen zugrunde gelegt. Die Konsequenz daraus ist, dass der mit diesen Gestaltungsansätzen nutzbare Innovationsspielraum begrenzt bleibt. Die gleichzeitig innovationsfordernde wie innovationsermöglichende Betrachtung baulicher Gesamtlösungen, wie sie im Rahmen von Systemleistungsangeboten erfolgen kann, fand bislang noch keine Berücksichtigung in der baubtriebswissenschaftlichen Forschung.

---

73 Vgl. Etter, R. (Innovationstätigkeit 1995) S. 21; Pries, F.; Janszen, F. (Innovation 1995) S. 43 und Gann, D.; Salter, A. (Innovation 2000) S. 955f.

74 Bierfelder, W. (Innovationsmanagement, 1994) S. 73.

75 Bisher beschränken sich die Publikationen auf Tagungs- und Fachzeitschriftenbeiträge, die vornehmlich von anglo-amerikanischen Forschungsinstituten veröffentlicht wurden. Ausführliche wissenschaftliche Abhandlungen z.B. in Form von Dissertationen sind eher die Ausnahme.

76 Dazu zählen bspw. die Anstrengungen des International Council for Research and Innovation in Building and Construction (CIB) mit seinen Task Groups TG35 (Innovation Systems in Construction) und TG47 (Innovation Brokerage in Construction) sowie Forschungsprojekte in verschiedenen Ländern, zu denen auch das durch die Kommission für Technologie und Innovation (KTI) finanzierte Projekt (4902.3 KTS) gehört, auf das sich der empirische Teil dieser Arbeit stützt, vgl. Teil C.

77 Vgl. Slaughter, S. (Models 1998) S. 226f. und Gann, D. (Building innovation 2000) S. 5ff.

Der Stand der baubetriebswissenschaftlichen Innovationsforschung lässt sich wie folgt zusammenfassen:[78]

- Einige Untersuchungen versuchen, durch quantitative Exploration in Form breit angelegter statistischer Erhebungen ein besseres Verständnis der bauwirtschaftlichen Innovationstätigkeit zu erlangen. Fragen nach den Auslösern für Innovationen, den mit Innovationen verfolgten Zielen und den Barrieren für Innovationen stehen dabei im Mittelpunkt.[79] Obgleich diese Untersuchungen erste interessante Anhaltspunkte für die Bedingungsgrössen der Innovationstätigkeit von Unternehmen der Bauwirtschaft geben, sind sie durch ihren globalen Ansatz zu undifferenziert, als dass Gestaltungsoptionen für das baubetriebliche Innovationsmanagement abgeleitet werden können.

- Eine Reihe von Arbeiten geht den Weg qualitativer Exploration. Indem sie vor allem Fallstudien durchführen, sollen Aussagen über die Innovationstätigkeit der Bauwirtschaft induziert werden. Zu diesen Arbeiten sind auch jene zu zählen, die nicht ausschliesslich auf die Bauwirtschaft abstellen, aber in ihren Untersuchungen auf Branchen mit komplexen Produkten fokussieren. Komplexität als Produkteigenschaft dient dann als Erklärungsgrösse für die vorzufindenden Bedingungen in den untersuchten Branchen, wobei insbesondere die projektbezogene Tätigkeit der Unternehmen betont wird.[80] Da sich die Bauwirtschaft mit ihrem Produkt des Bauwerks hier einordnen lässt[81], können auch erste Fallstudien ausgemacht werden, die den Einfluss von branchentypischen Bedingungen auf Innovationsprozesse in der Bauwirtschaft und die Implikationen für die Innovationsorganisation untersuchen. Was diese Studien jedoch vernachlässigen, sind die weiteren Eigenschaften des Bauwerks.[82] Damit laufen sie Gefahr, auch weitere typische Branchenbedingungen und deren Einfluss auf die Innovationsprozesse der Bauwirtschaft ausser Acht zu lassen, wie z.B. den Einfluss des Kunden. Zudem sind nicht alle Bauwerke als komplex zu bezeichnen, und da Unternehmen der Bauwirtschaft i.d.R. Leistungen für komplexe als auch für nicht komplexe Bauwerke anbieten, sind die Ergebnisse der Fallstudien sowie der verfolgte Forschungsansatz nur eingeschränkt verwertbar.

---

78 Eine Zusammenstellung aller empirischen Studien, auf die sich hier bezogen wird, findet sich im Anhang 1 der Arbeit.

79 Zu diesen Studien zählen die bereits in Teil A, Abschnitt 1.1 erwähnten statistischen Erhebungen zur Innovationstätigkeit in der Bauwirtschaft.

80 Vgl. Hobday, M. (Product complexity 1998) S. 689ff.

81 Zum Begriff Komplexität und zur weiteren Charakterisierung der Bauwirtschaft siehe Teil B, Abschn. 3.3.

82 Für weitere Eigenschaften des Bauwerks vgl. Teil B, Abschn. 3.3.2.1.

- Eine andere Gruppe von Arbeiten, die ebenfalls auf die qualitative Exploration als Untersuchungsmethodik zurückgreift, begrenzt ihre Untersuchungen auf die Einführung von innovativen Lösungen durch Unternehmen der Bauwirtschaft. Ihr Bemühen zielt darauf ab, Anforderungen an den Implementierungsprozess, Einflüsse auf Implementierungsentscheidungen und Gestaltungsmassnahmen für die Implementierung zu bestimmen. Obwohl zur Implementierung von innovativen Lösungen die Mehrzahl der bisherigen Untersuchungen erfolgte, kann aufgrund der geringen Zahl von Fallstudien mit zudem starker Heterogenität nicht von einem einheitlichen Erkenntnisstand gesprochen werden. So beziehen sich einige Studien auf die Innovationsimplementierung auf Unternehmensebene, andere auf Projektebene, einige differenzieren dabei die eingeführten Innovationen nach dem Objekt, andere nach dem Veränderungsumfang. Auch wurde Innovationsaufgaben, die die Entwicklung von innovativen Lösungen durch Unternehmen der Bauwirtschaft zum Ziel haben, nur unzureichend nachgegangen; Anforderungen, die mit diesen Aufgaben verbunden sind, und ihre organisatorische Gestaltung waren bislang kaum Gegenstand von Forschungsbemühungen.
- Noch spärlicher vertreten sind Arbeiten, die sich mit kulturellen, personellen und strategischen Aspekten von Innovationen in der Bauwirtschaft beschäftigen. Wiederum anhand explorativer Fallstudien erfassen diese wenigen Arbeiten den Einfluss von Kultur, Strategie und Individualmerkmalen auf die Generierung von Innovationen in der Bauwirtschaft und diskutieren, wie diese Grössen innovationsfördernd auszurichten sind. Die Auswirkungen strategischer Entscheidungen sowie kultureller und personeller Bedingungen auf die Organisation von Innovationen sind nicht Gegenstand der Arbeiten.

2.3 Forschungslücke

Zusammenfassend wird aus dem dargelegten Stand der allgemeinen betriebswirtschaftlichen als auch der baubetriebswissenschaftlichen Forschung erkennbar, dass sowohl für Einzelprobleme als auch für die auf spezifische Umweltsituationen bezogenen Gesamtzusammenhänge betrieblicher Innovationstätigkeit weiterer Forschungsbedarf besteht. Auch die dieser Arbeit zugrunde liegenden Fragen der baubetrieblichen Praxis können aufgrund der vorhandenen Forschungsdefizite bisher nicht befriedigend beantwortet werden.

Die hier zu schliessende Forschungslücke besteht darin, dass zum einen das ***Einzelproblem der Innovationsorganisation in Unternehmen der Bauwirtschaft*** nur ansatzweise Eingang in wissenschaftliche Untersuchungen fand. Speziell die Innovationsorganisation zur Generierung innovativer baulicher Gesamtlösungen und damit für systemleistungsanbietende Unternehmen war noch nicht Gegenstand baubetriebswissenschaftlicher Forschung. Zum anderen liegen bislang noch keine wissenschaftlichen Arbeiten vor, die die ***Gestaltung der Innovationsorganisation im Gesamtkontext eines baubetrieblichen Innovationsmanagements*** betrachtet haben.

Konnten erste Forschungsbemühungen bereits aufzeigen, dass die für die Innovationstätigkeit der Bauwirtschaft relevanten Bedingungen auf die Charakteristiken des Bauwerks zurückzuführen sind, fehlt bislang eine Systematik, die konsequent die bauwirtschaftlichen Innovationsbedingungen aus den Bauwerkseigenschaften ableitet. Auch wurden die Innovationsaufgaben, die sich aus einer Betrachtung des Bauwerks über seinem gesamten Lebenszyklus ergeben, bisher nicht bestimmt und klassifiziert. Da der Umfang, in dem sich Innovationsaufgaben realisieren lassen, von den herrschenden Innovationsbedingungen abhängig ist, wurden folglich innovationsrelevante Bedingungen unter dem Blickwinkel baulicher Gesamtlösungen noch nicht erhoben und ausgewertet. Überlegungen zur Innovationstätigkeit in der Bauwirtschaft wurden bis heute nicht auf bauliche Gesamtlösungen ausgeweitet. Bezeichnet man den Möglichkeitsraum, unter bestimmten Bedingungen bestimmte Innovationsaufgaben erzielen zu können, als ***Innovationspotential***,[83] lassen sich durch die Bezugnahme auf das Innovationspotential baulicher Gesamtlösungen insbesondere innovationsorganisatorische Gestaltungsmassnahmen für Systemanbieter in der Bauwirtschaft ableiten. Man gelangt damit über die bisher vorliegenden Gestaltungsempfehlungen hinaus, die vornehmlich von einzelleistungsanbietenden Unternehmen ausgehen.

Mit dem Wissen um das Innovationspotential baulicher Gesamtlösungen lassen sich von den Unternehmen strategische Entscheidungen zu den zu lösenden Innovationsaufgaben treffen. Wie innovationsstrategische Entscheidungen mit dem Innovationspotential baulicher Gesamtlösungen korrespondieren, konnte jedoch von den vorliegenden Forschungsarbeiten noch nicht aufgezeigt werden. Damit fehlen bislang strukturierte Aussagen zur formellen und inhaltlichen Charakterisierung von Innovationsaufgaben als Voraussetzung für die Gestaltung der Innovationsorganisation. Konsequenterweise existieren auch noch keine Forschungsarbeiten, die innovationsorganisatorische Gestaltungsmassnahmen auf der Grundlage strategischer Entscheidungsoptionen entwickelt haben.

Aufgrund der fehlenden Ausrichtung auf das Innovationspotential baulicher Gesamtlösungen wurden für die Gestaltung der Innovationsorganisation in Unternehmen der

---

83 Hier wird bewusst auf den Möglichkeitsraum für Innovationen in der Bauwirtschaft abgehoben, um zu betonen, dass zu den Innovationsaufgaben in der Bauwirtschaft eben auch jene gehören, die bis heute noch nicht bzw. nur unzureichend ausgeschöpft werden, vgl. zum Innovationspotential baulicher Gesamtlösungen ausführlich Teil D, Kapitel 2.

Bauwirtschaft bisher nur bestimmte Innovationsaufgaben berücksichtigt. Die Entwicklung von innovationsorganisatorischen Gestaltungsmassnahmen aus der umfänglichen, auf dem Innovationspotential baulicher Gesamtlösungen basierenden Charakterisierung von Innovationsaufgaben ist noch nicht Gegenstand der Forschung gewesen. Zudem fehlen Untersuchungen, die dem kulturellen und personellen Einfluss auf die Wirkung solcher Organisationsmassnahmen nachgehen. Letztlich liegt bis heute noch keine im Gesamtzusammenhang eines baubetrieblichen Innovationsmanagements verankerte Sichtweise auf die Problematik der Innovationsorganisation zur Generierung innovativer baulicher Gesamtlösungen vor. Genau hier soll die vorliegende Arbeit ansetzen, deren Ziele und Forschungsfragen nun zu formulieren sind.

3 Ziele und Forschungsfragen der Arbeit

Die Ziele der Arbeit und die mit ihnen verbundenen Fragen der Forschung ergeben sich aus dem Forschungsschwerpunkt der Arbeit, der innerhalb des baubetrieblichen Innovationsmanagements auf das ***Gestaltungsproblem der Innovationsorganisation*** gelegt wird (Abschnitt 3.1). Die Arbeit strebt damit einen Beitrag zum Forschungsansatz ***Systemanbieter Bau*** des Instituts für Bauplanung und Baubetrieb der ETH Zürich an (Abschnitt 3.2).

3.1 Entwicklung eines innovationsorganisatorischen Gestaltungsmodells

Das Innovationsmanagement mit seinen Instrumenten und Bedingungsgrössen sowie den zwischen ihnen herrschenden Beziehungen bilden den Ausgangspunkt für das zu lösende innovationsorganisatorische Gestaltungsproblem. Das bedeutet, organisatorische Gestaltungsempfehlungen zur Generierung innovativer baulicher Gesamtlösungen werden in der Praxis nur unter Rückgriff auf den Gesamtzusammenhang des baubetrieblichen Innovationsmanagements ihre innovationsfördernde Wirkung entfalten können. Besteht das grundlegende Ziel der Arbeit in der Entwicklung eines organisatorischen Gestaltungsmodells zur Generierung innovativer baulicher Gesamtlösungen, hat folglich die Struktur des angestrebten Modells aus dem Grundverständnis des baubetrieblichen Innovationsmanagements hervorzugehen. Entsprechend soll das Modell das ***Innovationsverhalten***, die ***Innovationsorganisation***, die ***Innovationsstrategie*** und die ***Innovationsbedingungen*** als Strukturkategorien beinhalten (Bild 4).

Da der Schwerpunkt auf der Innovationsorganisation liegt, sollen die ***Innovationsaufgaben*** als eigenständige Kategorie in das Modell aufgenommen werden. Darüber hinaus wird auf bedeutsame Wechselwirkungen der Innovationsorganisation mit den nicht berücksichtigten Instrumenten des Innovationsmanagements hinzuweisen sein, um immer wieder den Bezug zum Gesamtkontext herzustellen. So soll der Einfluss der Unternehmenskultur auf die Wirkungen innovationsorganisatorischer Gestaltungsmassnahmen hervorgehoben und der Einsatz spezifischer Innovationsinstrumente beispielhaft aufgezeigt werden. Jedoch werden Innovationskultur und -instrumente aufgrund der Übersichtlichkeit nicht als eigene Kategorien im Modell berücksichtigt.

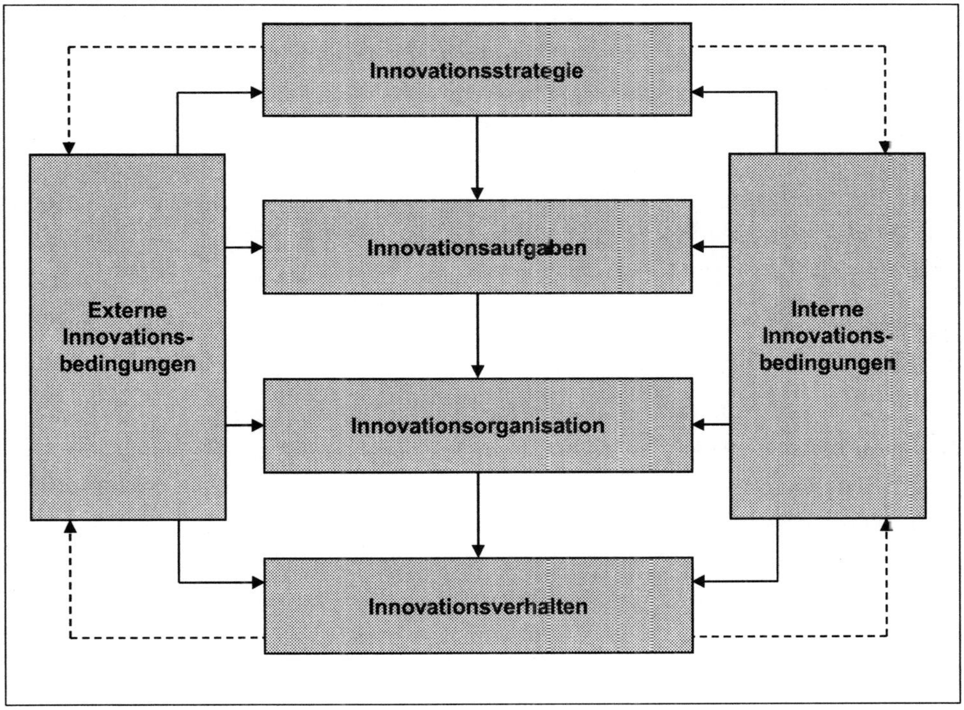

Bild 4: Modellgrundstruktur
Fig. 4: Basic model structure

Der Konkretisierung der einzelnen Strukturkategorien des Modells und der zwischen ihnen herrschenden Beziehungen soll das ***Innovationspotential baulicher Gesamtlösungen*** zugrunde gelegt werden. Damit wird angestrebt, dass die aus dem Modell ableitbaren Gestaltungsempfehlungen über den Geltungsbereich einzelleistungsanbietender Unternehmen hinaus auch für systemleistungsanbietende Unternehmen der Bauwirtschaft Relevanz besitzen.

Da sich das Innovationspotential baulicher Gesamtlösungen einerseits aus den von den Unternehmen zu realisierenden Innovationsaufgaben ergibt, ist das Wissen um die Merkmale dieser Innovationsaufgaben eine erste Voraussetzung für die Generierung innovativer baulicher Gesamtlösungen. Durch eine Systembetrachtung des Bauwerks, die sowohl die technische Struktur als auch den Lebenszyklus des Bauwerks berücksichtigt, sollen die entsprechenden Innovationscharakteristiken herausgearbeitet werden. Damit soll zugleich der Nachweis erbracht werden, dass sich systemleistungsanbietenden Unternehmen mehr Ansatzpunkte für Innovationen bieten als Einzelleistungsträgern. Die zu beantwortende Forschungsfrage lautet:

- ***Was kennzeichnet Innovationsaufgaben, die sich aus einer Systembetrachtung baulicher Gesamtlösungen ergeben?***

Da sich andererseits das Innovationspotential baulicher Gesamtlösungen aus den Bedingungen bestimmt, die die Realisierungschancen von Innovationsaufgaben beeinflussen, besteht neben der Innovationscharakterisierung eine zweite Voraussetzung für die Generierung innovativer baulicher Gesamtlösungen in der Kenntnis um diese Bedingungsgrössen. Aus dem Ziel, die Innovationsbedingungen in ihren innovationsfördernden wie innovationshemmenden Wirkungen herzuleiteten und zu begründen, ergibt sich damit als weitere Forschungsfrage:

- ***Welche Bedingungsgrössen beeinflussen die Realisierung der sich aus der Systembetrachtung baulicher Gesamtlösungen ergebenden Innovationsaufgaben?***

Ist mit der Beantwortung der beiden vorangegangenen Fragen das Innovationspotential baulicher Gesamtlösungen bestimmt, gilt es nun, die innovationsstrategischen Optionen zu identifizieren, die Unternehmen der Bauwirtschaft zur Ausschöpfung dieses Möglichkeitsraums besitzen. Das heisst, dass Entscheidungshilfen bereitgestellt werden sollen, die es den Unternehmen erlauben, die von ihnen zu bewältigenden Innovationsaufgaben und die Form der Aufgabenbewältigung zu definieren. Die sich daraus ergebende Forschungsfrage heisst:

- ***Welche strategischen Optionen stehen Unternehmen der Bauwirtschaft zur Verfügung, um die sich aus der Systembetrachtung baulicher Gesamtlösungen ergebenden Innovationsaufgaben zu verwirklichen?***

Mit der Wahl innovationsstrategischer Optionen sind die vom Unternehmen zu realisierenden Innovationsaufgaben charakterisiert und die Aufgabenbewältigung festgelegt. Daraus ergeben sich wiederum die Anforderungen an die Innovationsorganisation, für die nun Gestaltungsempfehlungen entworfen werden können. Zum einen sollen organisatorische Rahmenstrukturen entwickelt werden, die die innovationsorganisatorische Effektivität gewährleisten. Dazu sind die Innovationsaufgaben so einzelnen Organisationseinheiten zuordnen, dass sie grundsätzlich zu verwirklichen sind. Zum anderen sollen Gestaltungsempfehlungen für organisatorische Detailstrukturen bereitgestellt werden, um die mit den Innovationsaufgaben verbundenen Aktivitäten so strukturieren und einzelnen Individuen überantworten zu können, dass die innovationsorganisatorische Effizienz sichergestellt ist. Die hiermit zusammenhängende Forschungsfrage lautet:

- ***Welche organisatorischen Gestaltungsmassnahmen erlauben es, die sich aus der Systembetrachtung ergebenden Innovationsaufgaben effektiv und effizient zu realisieren?***

An dieser Stelle ist darauf aufmerksam zu machen, dass sich die Arbeit auf Unternehmen der Bauwirtschaft beschränkt und damit bewusst keine situationsunabhängigen und branchenübergreifenden Aussagen anstrebt. Empirische Forschungsergebnisse und instrumental verwertbare Gestaltungshinweise der allgemeinen Betriebswirtschaft sollen jedoch soweit zur Modellentwicklung berücksichtigt werden, wie sie den spezifischen Gegebenheiten der Bauwirtschaft gerecht werden.

3.2 Beitrag zum Forschungsansatz *Systemanbieter Bau*

Die Arbeit ordnet sich mit ihren Zielen in den am Institut für Bauplanung und Baubetrieb der ETH Zürich entwickelten Forschungsansatz ***Systemanbieter Bau (SysBau)*** ein. Dieser Ansatz verfolgt das Ziel, über die lebenszyklusorientierte Integration von Planungs-, Erstellungs-, Betriebs- und Unterhaltsleistungen für Bauwerke den Kundennutzen und die Effizienz der Leistungserbringung zu verbessern sowie die Wettbewerbsfähigkeit von Unternehmen der Bauwirtschaft zu steigern.[84] GIRMSCHEID definiert den Systemanbieter wie folgt:

„Ein Systemanbieter Bau bietet als Unternehmen der Bauwirtschaft life-cycle-orientierte Gesamtlösungen aus einer Hand in einem bestimmten Marktsegment aktiv an. Die ganz auf die Bedürfnisse der Kunden zugeschnittenen Gesamtlösungen basieren auf einem sowohl funktional als auch gestalterisch und/oder technisch optimierten Systemkonzept. Im Systemkonzept bringt der Systemführer seine Kernkompetenzen zum Tragen und entwickelt diese projektübergreifend kontinuierlich weiter. Durch die Übernahme von Planung, Ausführung und (allenfalls) Betrieb integriert der Systemführer in Kooperation mit weiteren Unternehmen alle Teilleistungen und Teilsysteme zur optimalen life-cycle-orientierten Gesamtleistung."[85]

---

[84] Vgl. Girmscheid, G. (Wettbewerbsvorteile 2000) S. 1.

[85] Girmscheid, G. (Wettbewerbsvorteile 2000) S. 2.

Aus dieser Definition wird erkennbar, dass die Entwicklung zum Systemanbieter in der Bauwirtschaft sowohl marktorientiert als auch ressourcenorientiert zu erfolgen hat. Ist die marktorientierte Entwicklung darauf ausgerichtet, Faktoren und Fähigkeiten wie das Marketing zum Aufbau von Kundenvorteilen in attraktiven Baumarktsegmenten zu instrumentalisieren, ist die ressourcenorientierte Entwicklung darum bemüht, Faktoren und Fähigkeiten wie das Innovationsmanagement zum Aufbau von Anbietervorteilen erfolgreich einzusetzen.[86]

Der Beitrag der vorliegenden Arbeit zum Forschungsansatz SysBau besteht somit darin, die notwendigen internen, ressourcenorientierten (hier der innovationsorganisatorischen) Voraussetzungen von Unternehmen der Bauwirtschaft für die innovative Gestaltung baulicher Gesamtlösungen, wie es insbesondere das Ziel des Systemanbieters ist, aufzuzeigen (Bild 5). Der bereits angemerkten Erkenntnis, dass sowohl Branchenstruktur als auch Unternehmensressourcen die Wettbewerbsfähigkeit determinieren, wird durch den Einbezug innovationsstrategischer Aspekte Rechnung getragen.

Trotz Fokussierung auf die Bedingungen der Bauwirtschaft kann den Unternehmen der Branche mit dieser Arbeit kein allgemeingültiges Patentrezept an die Hand gegeben werden. Dafür ist das Innovationsphänomen zu komplex und zeichnet sich durch zu viele Freiheitsgrade in seinem Auftreten aus. Die Arbeit ist vielmehr darauf gerichtet, die Transparenz des innovationsorganisatorischen Gestaltungsproblems für den praktisch Handelnden und dadurch seine Entscheidungsrationalität zu erhöhen. Damit ist eine schon mehrfach angedeutete Problematik anwendungsorientierter Forschung angesprochen, die Verzahnung von theoretischem Erkenntnis- und praktischem Gestaltungsinteresse. Ihrer Handhabung werden sich die nächsten beiden Kapitel widmen.

86 Vgl. Girmscheid, G. (Baumanagement 2000) S. 573.

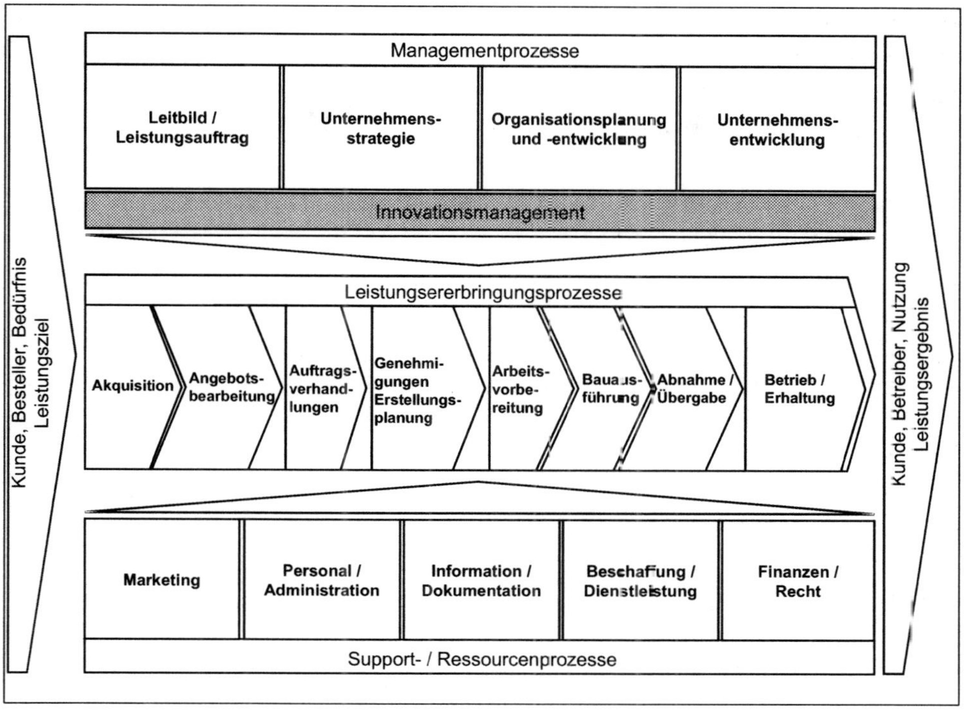

Bild 5: Eingliederung des Innovationsmanagements in Bauunternehmen[87]
Fig. 5: Integration of innovation management in construction companies

4 Untersuchungsperspektiven

Ein erster Problemkreis anwendungsorientierter Forschung entsteht durch die Suche nach dem optimalen ***Abstraktionsgrad*** wissenschaftlicher Aussagen. Auf der einen Seite ist die vollständige und abschliessende Beantwortung der sich aus der Problemstellung ergebenden Fragen nur unter den spezifischen Bedingungen des einzelnen Unternehmens möglich.[88] Obwohl bereits durch den branchenbezogenen Ansatz der Arbeit nur Unternehmen der Bauwirtschaft angesprochen werden, weisen auch diese Unternehmen Unterschiede in Leistungsangebot, den präferierten

---

87 Vgl. Girmscheid, G. (Wettbewerbsvorteile 2003).

88 Hier gilt es zu beachten, dass sich Innovationsaufgaben aufgrund ihrer Komplexität einer vollständigen Beherrschbarkeit entziehen. Eine umfängliche Beantwortung der Fragen im Sinne einer Voraussage tatsächlich eintretender Organisationswirkungen wird es daher nicht geben können. Es geht hier mehr um das Aufzeigen von Einflussmöglichkeiten, Lenkungs- und Gestaltungszusammenhängen für die Innovationsorganisation, vgl. zur Komplexität von Unternehmen auch Ulrich, H. (Management 1984) S. 176 und Gomez, P.; Zimmermann, T. (Unternehmensorganisation 1992) S. 18f. sowie Teil B, Abschn. 1.1 dieser Arbeit.

strategischen Zielen, den sich daraus ergebenden Innovationsaufgaben, der bestehenden Organisationsstruktur und Unternehmenskultur auf. Auf der anderen Seite sollen aber gerade Gestaltungsempfehlungen für die Organisation von Innovationen erarbeitet werden, die nicht nur für einen Einzelfall, sondern für verschiedene Unternehmen der Bauwirtschaft gültige Handlungsalternativen aufzeigen. Dabei entsteht jedoch die Gefahr, ein Abstraktionsniveau zu erreichen, das einer einfachen Transferierbarkeit der Forschungsergebnisse in die betriebliche Praxis entgegensteht. Der Forscher kann dieses Dilemma nicht vollständig aufheben. Er kann aber durch sinnvolle ***Untersuchungsperspektiven*** sowohl einen ausreichenden Grad an theoretischer Durchdringung der Problemstellung erzielen als auch die praxisorientierte Verwertbarkeit seiner Ergebnisse sicherstellen. Untersuchungsperspektiven, die in der vorliegenden Arbeit dazu beitragen, sind mit ***baulichen Gesamtlösungen*** (Abschnitt 4.1) und ***mittleren Bauunternehmen*** (Abschnitt 4.2) gegeben.

4.1 Bauliche Gesamtlösungen

Vereinfacht ist die Erfüllung einer Bauaufgabe als Wertschöpfungsprozess zu betrachten, der die Anforderungen eines Kunden an ein Bauwerk unter Beachtung der Anforderungen des Verwendungsorts durch den Einsatz einer bestimmten Bautechnik in ästhetische, technische und wirtschaftliche Eigenschaften des Bauwerks transferiert.[89] Der Transferprozess ist erfolgreich, wenn aus Sicht des Kunden eine seinen Vorstellungen entsprechende optimale bauliche Gesamtlösung gefunden und umgesetzt werden kann (Bild 6).

Ästhetisch und technisch optimal ist eine bauliche Gesamtlösung dann, wenn Materialien, Bauteile und Bauwerksinstallationen zum Einsatz gelangen, deren architektonische und konstruktive Verbindung die für einen definierten Nutzungszeitraum an das Bauwerk gestellten Anforderungen erfüllt. Werden zudem diese Anforderungen im Rahmen einer festgelegten Investitionshöhe und Bauzeit erreicht und kann ihre Erfüllung innerhalb des definierten Nutzungszeitraumes mit einem bestimmten Aufwand für Betrieb und Unterhalt gewährleistet werden, ist die bauliche Lösung auch als wirtschaftlich optimal zu bezeichnen. Folglich kann eine optimale bauliche Gesamtlösung dann gefunden werden, wenn das Wissen um die Lebensphasen bzw. Wertschöpfungsaktivitäten Planung, Bau und Betrieb eines Bauwerks so miteinander verknüpft werden, dass sowohl die Abhängigkeiten zwischen den einzelnen Elementen des Bauwerksystems als auch die Einflüsse der Wertschöpfungsaktivitäten auf die Elemente und das Gesamtsystem frühzeitig erkannt und bewusst gestaltet

89 Vgl. Will, L. (Rolle 1983) S. 94ff.

werden können. Innovationen tragen in diesem Sinne zur Erreichung des baulichen Optimums bei, indem sie das Wissen um die Lebensphasen des Bauwerks bzw. die Wissensträger in neuen Leistungsangeboten und/oder über veränderte Projektabwicklungsformen zusammenführen[90] und dadurch vermehrt Ansatzpunkte für neue Materialien, Konstruktionen, Ausbausysteme, Bauverfahren u.a. erkannt, die Auswirkungen dieser innovativen Ideen auf die bauliche Lösung rechtzeitig bestimmt sowie die Bedingungen für die Ideenrealisierung benannt und berücksichtigt werden können.

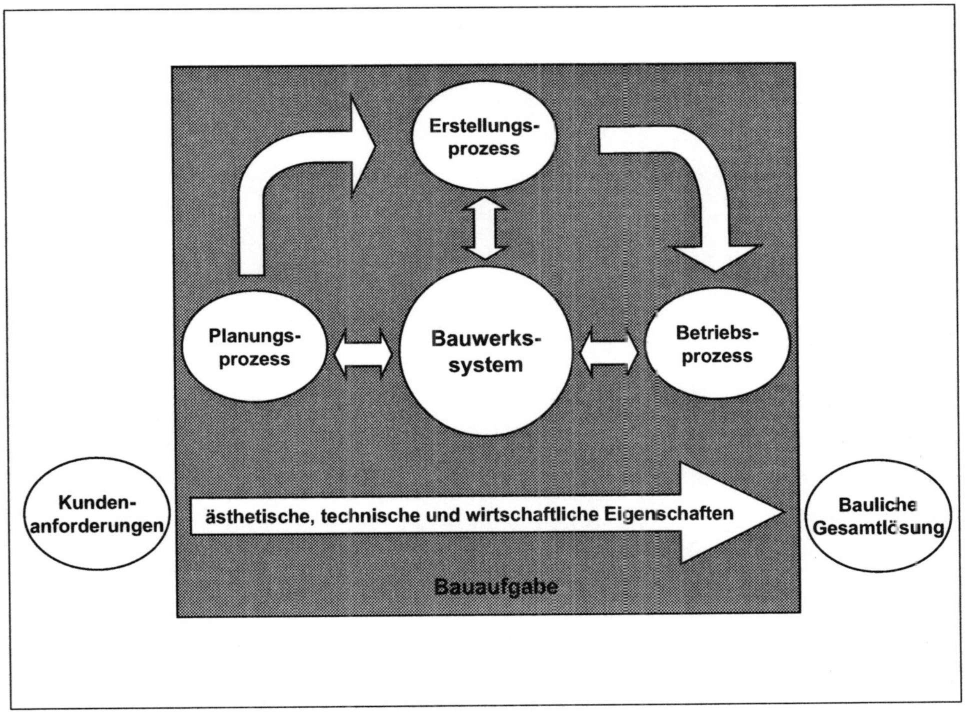

Bild 6: Bauaufgabe als Wertschöpfungsprozess
Fig. 6: Constructional task as process of value added

Erst durch die Wahl baulicher Gesamtlösungen als Untersuchungsperspektive lassen sich Innovationen in ihrer Bedeutung für die Erzielung des baulichen Optimums und damit für systemleistungsanbietende Unternehmen herausstellen. Darüber hinaus können erst durch die Gesamtbetrachtung des Bauwerks über seinen gesamten Lebenszyklus wirksame Gestaltungsempfehlungen für die Identifizierung und Realisierung innovativer Ideen erarbeitet werden.

---

90 Vgl. Girmscheid, G. (Projektabwicklungsformen 2003).

4.2 Mittlere Bauunternehmen

Um wirksame und für eine Mehrzahl von Unternehmen der Bauwirtschaft gültige Gestaltungsempfehlungen bereitstellen zu können, empfiehlt es sich, mit dem ***Leistungsangebot*** der Unternehmen eine weitere Untersuchungsperspektive einzuführen, denn über das Leistungsangebot definieren sich für das einzelne Unternehmen die Innovationsaufgaben und -bedingungen, die strategischen Optionen zur Nutzung bzw. Beeinflussung des Innovationspotentials baulicher Gesamtlösungen und damit die Anforderungen an die Innovationsorganisation.

Das Leistungsangebot eines Unternehmens lässt sich über die Anzahl der Branchensegmente (Breite des Leistungsangebots) und die Anzahl der in diesen Branchensegmenten bearbeiteten Wertschöpfungsstufen (Tiefe des Leistungsangebots) operationalisieren.[91] Setzt man Breite und Tiefe des Leistungsangebotes zueinander in Beziehung, können verschiedene Unternehmensgruppen der Bauwirtschaft identifiziert werden (Bild 7). Vor allem zur terminologischen Kennzeichnung der Unternehmensgruppen soll noch ein weiteres Differenzierungsmerkmal eingeführt werden, die Unternehmensgrösse.[92] Unterschieden wird zwischen Kleinunternehmen mit bis zu 50 Beschäftigten, Mittelunternehmen mit 50 bis 1000 Beschäftigten und Grossunternehmen mit über 1000 Beschäftigten.[93]

Im unteren linken Quadranten sind jene Unternehmen zu finden, deren Leistungsangebot sowohl auf ein Branchensegment als auch auf eine Wertschöpfungsstufe begrenzt ist. Hierzu zählen vor allem kleinere Unternehmen der Bauwirtschaft. So bieten bspw. kleine Architekturbüros Entwurfsplanungen für den Wohnungsbau, kleine Ingenieurbüros Detailplanungen für den Infrastrukturbau und kleine Bauunternehmen Erstellungsleistungen für den Eigenheimbau an.

Ebenfalls auf eine Wertschöpfungsstufe begrenzt sind die Unternehmen im oberen linken Quadranten. Sie bearbeiten aber eine Vielzahl von Branchensegmenten. Beispiele für diese Unternehmensgruppe sind grosse Architektur- und Ingenieurbüros sowie Projekt- und Gebäudemanagementfirmen, die Planungs- bzw. Unterhaltsleistungen für verschiedene Arten von Bauwerken anbieten. Aber auch kleinere spezialisierte Unternehmen sind dieser Gruppe zugehörig. Ihre Unternehmensleistung

---

91 Vgl. Klemmer, J. (Neustrukturierung 1998) S. 3f.

92 Obwohl die Unternehmensgrösse häufig als Variable zur Erklärung von Unterschieden im Innovationsverhalten herangezogen wird, verdeckt sie die eigentlichen Bestimmungsgründe, da mit ihr genauso wie mit der Variablen *Branche* verschiedene Determinanten zusammengefasst werden, vgl. auch Maas, Ch. (Determinanten 1990) S. 49. Daher wird sie hier ausschliesslich zur terminologischen Abgrenzung herangezogen.

93 Da eine einheitliche Einteilung von Unternehmen der Bauwirtschaft in Grössenklassen nicht existiert, wird sich hier der Einteilung von WENG angeschlossen, der verschiedene Quellen ausgewertet hat, vgl. Weng, E. (Strategien 1995) S. 3ff.

zeichnet sich durch technische Anforderungen aus, die spezifische Investitionen und Wissen erfordern. Als Beispiel kann das Sägen, Bohren und Abtragen von Beton genannt werden.

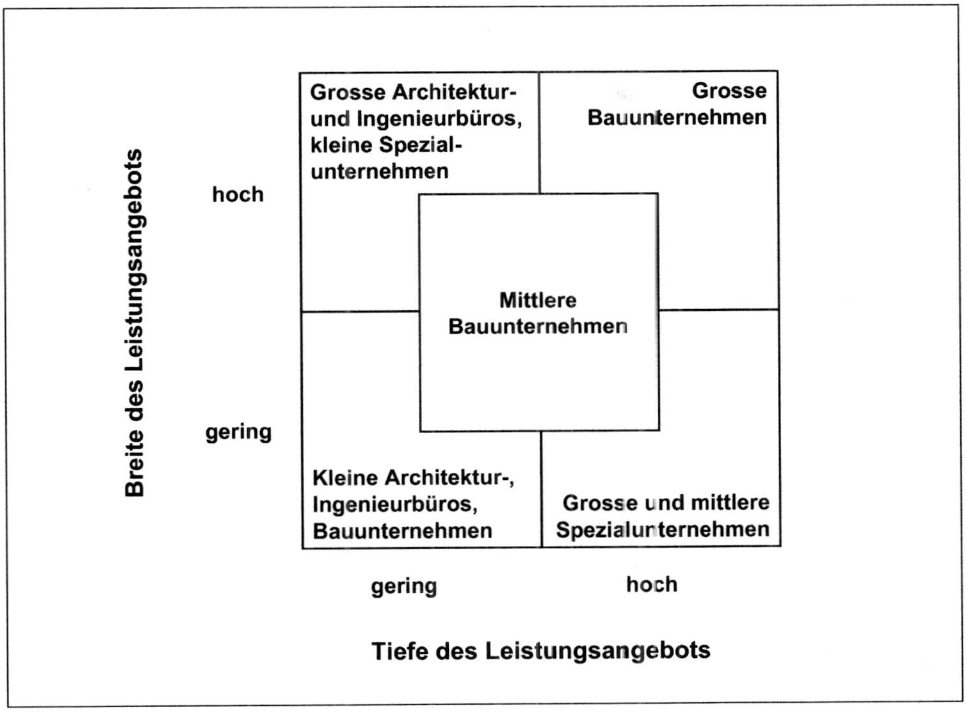

Bild 7: Leistungsangebot und Unternehmensgruppen in der Bauwirtschaft[94]
Fig. 7: Service offer and group of companies in construction

Rechts daneben sind die Unternehmen angesiedelt, die verschiedene Branchensegmente mit Leistungen nahezu der gesamten bauwirtschaftlichen Wertschöpfungsstufen bearbeiten. In diese Unternehmenskategorie gehören die grossen international tätigen Baukonzerne.

Grosse und mittlere Spezialunternehmen bilden eine weitere Unternehmensgruppe. Sie konzentrieren sich mit ihrem Leistungsangebot auf ein bestimmtes Marktsegment, integrieren dort aber einen Grossteil der bauwirtschaftlichen Wertschöpfungsstufen. Hersteller von Fertigteilhäusern lassen sich dieser Gruppe zuordnen.

Eine letzte Unternehmensgruppe bietet in verschiedenen Branchensegmenten sowohl Spezialleistungen, Einzelleistungen als auch Leistungspakete an. Mittlere

94 In Anlehnung an Klemmer, J. (Neustrukturierung 1998) S. 3.

Bauunternehmen fallen hierunter. Obwohl sie vornehmlich Erstellungsleistungen anbieten, stellen sie die geeignetste Untersuchungsebene für diese Arbeit dar. Denn durch ihre variierende Leistungstiefe sowie die Organisationsgrösse und -struktur werden auch andere Unternehmensgruppen der Bauwirtschaft indirekt in die Untersuchung mit einbezogen. Die angestrebten Aussagen und Empfehlungen zur Organisation von Innovationen können somit leichter auf andere Unternehmensverhältnisse übertragen werden.

Mit der Wahl mittlerer Bauunternehmen als Untersuchungsperspektive wird gleichzeitig die Verfolgung verschiedener Wettbewerbsstrategien vorausgesetzt, die eben in einem Leistungsangebot differierender Leistungstiefe und -breite zum Ausdruck kommen. Ob es sich dabei um optimal gewählte Strategien handelt, soll die Arbeit nicht beantworten. Von Interesse sind vielmehr die sich im Rahmen baulicher Gesamtlösungen aus verschiedenen Leistungsangeboten bzw. Wettbewerbsstrategien ergebenden Innovationsaufgaben, die Bedingungen ihrer Realisierung und ihre Organisation.[95]

5 Methodisches Vorgehen

Ein zweiter Problemkreis des Theorie-Praxis-Problems thematisiert das ***methodische Vorgehen*** zur Gewinnung wissenschaftlicher Aussagen, welches ein bestimmtes ***Wissenschaftsverständnis*** voraussetzt (Abschnitt 5.1) und sich in einer geeigneten ***Forschungsstrategie*** äussert (Abschnitt 5.2).[96]

5.1 Wissenschaftsverständnis

Dem bauwirtschaftlichen Ausgangsproblem entsprechend liegt der Arbeit das Verständnis der Baubetriebswissenschaft als angewandte Sozialwissenschaft zugrunde.[97] Das heisst, dass Ausgangs- und Endpunkt der Forschung Entscheidungsprobleme der Praxis sind und Ziel der Forschung die Gewinnung von Aussagen zum Verständnis und zur Lösung dieser Probleme ist.

Die Wissenschaftstheorie unterscheidet im Allgemeinen zwischen einem ***theoretischen*** und einem ***pragmatischen Wissenschaftsziel***. Mit dem theoretischen Wissenschaftsziel soll das Verhalten der Forschungsobjekte erklärt und prognostiziert

---

95 Wenn nicht anders gekennzeichnet, ist nachfolgend der Begriff *Bauunternehmen* gleichbedeutend mit den hier charakterisierten *mittleren Bauunternehmen*.

96 Vgl. Hill, W.; Fehlbaum, R.; Ulrich, P. (Organisationslehre) S. 34.

97 Vgl. Girmscheid, G. (Forschungsmethodik 2003).

werden, indem nach den Ursachen und Wirkungszusammenhängen von Erscheinungen gefragt wird. Hingegen strebt das pragmatische Wissenschaftsziel weniger nach Wirklichkeitserkenntnis als nach Wirklichkeitsgestaltung, indem situationsadäquate, sinn- und zweckvolle Handlungsweisen bestimmt werden.[98]

Eng mit dem theoretischen Wissenschaftsziel ist eine der weit verbreitetsten wissenschaftstheoretisch-methodologischen Richtungen verbunden, der von POPPER begründete Kritische Rationalismus.[99] Da die Anforderungen des Kritischen Rationalismus an den Forschungsprozess am Wissenschaftsmodell der Naturwissenschaften entwickelt wurden, würde bei konsequenter Zugrundelegung dieser Forschungsmethodologie die Überprüfung theoriegeleiteter Hypothesen an Beobachtungen der Realität im Vordergrund stehen. Wissenschaftlicher Fortschritt wird dann dadurch erzielt, dass die aufgestellten Hypothesen mit empirisch gewonnenen Daten konfrontiert werden, um entweder die Hypothesen zu bestätigen und so zu gesicherten allgemeinen Aussagen über die Wirklichkeit zu gelangen oder bei Scheitern der Hypothesen, die Ursachen dafür zu analysieren und neue Hypothesen aufzustellen. Die Anforderungen richten sich damit an die Form und den Aussagemodus der zu prüfenden Hypothesen sowie an die Prüfbedingungen und Prüfverfahren. Es wird ausschliesslich auf den ***Begründungszusammenhang*** wissenschaftlicher Aussagen abgestellt. Bildung und Modifikation von Hypothesen und damit der ***Entdeckungszusammenhang*** werden fast vollständig ausgeklammert.[100]

Aufgrund der Verknüpfung und gegenseitigen Ergänzung von theoretischem und pragmatischem Wissenschaftsziel in der angewandten Forschung[101] kann die Methodologie des Kritischen Rationalismus für die vorliegende Arbeit nur mit modifizierenden und erweiternden Ausführungen, wie sie eine handlungstheoretische Wissenschaftskonzeption fordert, wirksam zugrunde gelegt werden.[102]

---

98 Vgl. Hill, W.; Fehlbaum, R.; Ulrich, P. (Organisationslehre) S. 35.

99 Vgl. Popper, K. (Logik 1989).

100 Vgl. Kubicek, H. (Bezugsrahmen 1977) S. 6.

101 Die häufig getroffene Unterteilung in eine theoretische und ein pragmatische Zielsetzung überdeckt nach GROCHLA letztlich zwei wichtige, problematische Aspekte der pragmatischen Zielsetzung. Zum einen lässt sich das pragmatische Wissenschaftsziel ohne die teilweise Erfüllung des theoretischen Wissenschaftszieles nicht erreichen. *„Ohne Erklärung ist realwissenschaftlich gestütztes Handeln nur bedingt möglich. Jede echte realwissenschaftliche Handlungsunterstützung besteht also in Erklärungsversuchen bestimmter Zusammenhänge.“* Zum anderen erfolgt die Konkretisierung des pragmatischen Wissenschaftszieles häufig so inoperational, *„dass sie dem Wissenschaftler den Zugang zu dem, was er im Hinblick auf dieses Ziel eigentlich zu tun hat, eher verstellt als eröffnet.“* Grochla, E. (Organisationstheorie 1978) S. 61f.

102 Vgl. Ulrich, P.; Hill, W. (Grundlagen II 1976) S. 346 f.; Grochla, E. (Organisationstheorie 1978) S. 61 und Ulrich, H. (Management 1984) S. 168ff.

Insbesondere bedarf es einer stärkeren Betonung des Entdeckungszusammenhanges, da der geringe Erkenntnisstand um komplexe Problemstellungen wie dem Innovationsphänomen die Aufstellung sinnvoller und realistischer Hypothesen noch weitgehend verhindert. Wissenschaftlicher Fortschritt ist im Rahmen dieser Arbeit daher nicht dadurch zu erzielen, dass beliebige Hypothesen überprüft, sondern dass Vorannahmen des Forschers, die sich durchaus aus bestehenden theoretischen Ansätzen rekrutieren können, in Fragen an die Realität transferiert und beantwortet werden. Die Formulierung von theoriegeleiteten Fragen, die Auswahl von Techniken zur Gewinnung von Antworten auf diese Fragen und die Übersetzung der gewonnenen Antworten in theorie- und handlungsorientierte Aussagen wird als iterativer, Erfahrungswissen verarbeitender Lernprozess begriffen.[103] Das heisst, dass die vorläufigen Annahmen des Forschers über die Realität in Fragen münden, die mittels erfahrungsgestützten Wissens beantwortet werden. Aus der Beantwortung wird das Verständnis der komplexen Innovationsproblematik und damit auch das Vorverständnis des Forschers weiter erhellt, aber gleichzeitig ergeben sich wiederum neue Fragen, mit denen wieder an die Realität herangetreten wird.[104] Mit zunehmender Durchdringung der Problemstellung bzw. Iterationsschritten werden sich dann adäquate, dem Praxisproblem angemessene Handlungsempfehlungen für die Innovationsorganisation in Bauunternehmen entwickeln lassen.

Des Weiteren wird gerade durch die Entwicklung von innovationsorganisatorischen Gestaltungsalternativen der Begründungszusammenhang in dieser Arbeit gegenüber dem des Kritischen Rationalismus anders akzentuiert. Sieht der Kritische Rationalismus sein Ziel in der Begründung von Erklärungsmodellen, also der Prüfung von Hypothesen an vorzufindenden Realitäten, zielt die handlungstheoretische Wissenschaftskonzeption auf den Entwurf von Entscheidungsmodellen, also die Realisierbarkeit einer erst zu gestaltenden Wirklichkeit.[105] Wie bereits erwähnt, kommt aber auch diese Arbeit nicht ohne die Erklärung von Kausalzusammenhängen aus, um darauf aufbauend handlungsleitende Empfehlungen erarbeiten zu können.

Mit diesem Verständnis kann die Forschungsstrategie für die vorliegende Arbeit erläutert werden.

---

[103] Man spricht auch vom *„hermeneutischen Zirkel“*, vgl. Mayring, Ph. (Einführung 1999) S. 18.

[104] Vgl. Kubicek, H. (Bezugsrahmen 1977) S. 14.

[105] Vgl. Ulrich, P.; Hill, W. (Grundlagen II 1976) S. 347 und Ulrich, H. (Management 1984) S. 174f.

5.2 Forschungsstrategie

Die mit der Realisierung der Arbeit verbundene Forschungsstrategie fusst auf dem am Institut für Bauplanung und Baubetrieb der ETH Zürich verfolgten Forschungsansatz der ***theoriegeleiteten*** und ***empirisch gestützten Modellbildung***.[106] Entsprechend gliedert sich der Forschungsprozess in fünf Phasen (Bild 8).[107]

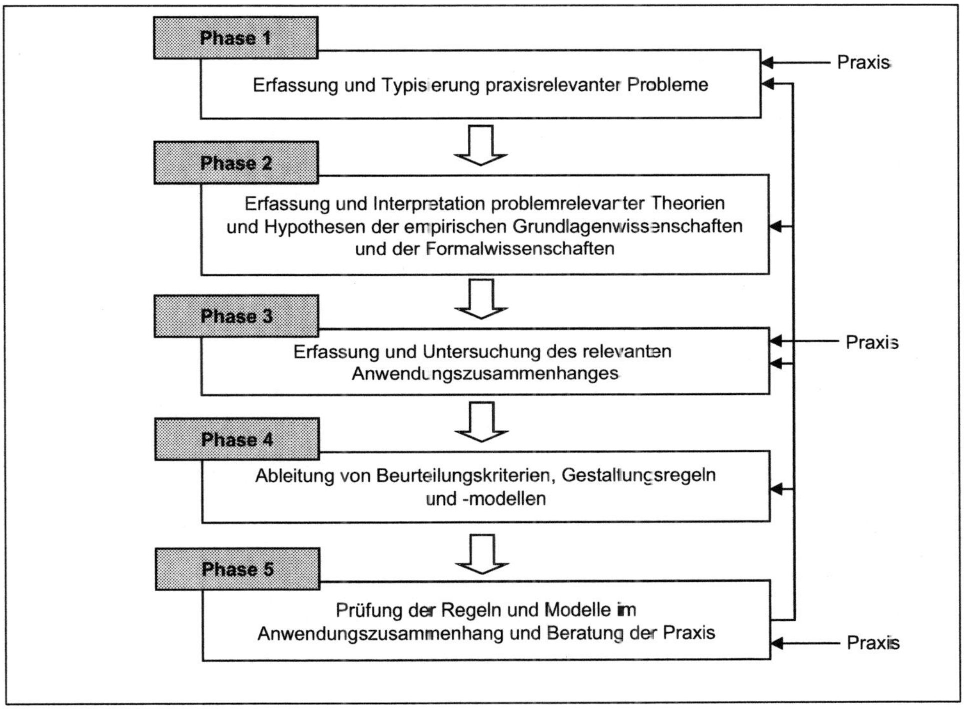

Bild 8: Forschungsprozess[108]
Fig. 8: Research process

Die in ***Phase 1*** vorzunehmende Identifizierung des Praxisproblems, hier das Problem der Innovationsorganisation in Bauunternehmen, und die eingehende Darstellung seiner Bedeutung erfolgte bereits zu Beginn dieses Kapitels. Aufgrund des bis heute noch relativ geringen Kenntnisstandes um dieses Einzelproblem und seine Eingliederung in das baubetriebliche Innovationsmanagement, ist die Erfassung und Konkre-

---

[106] Vgl. Girmscheid, G. (Forschungsmethodik 2003).

[107] Vgl. dazu auch Ulrich, H. (Betriebswirtschaftslehre 1989) S. 19ff., der von sieben Phasen ausgeht. Die 2. und 3. sowie die 6. und 7. Phase lassen sich für diese Arbeit jedoch zusammenziehen.

[108] In Anlehnung an Ulrich, H. (Betriebswirtschaftslehre 1989) S. 19.

tisierung des Praxisproblems als ausgesprochen bedeutsamer Schritt dieser Forschungsarbeit anzusehen.

In ***Phase 2*** des Forschungsprozesses ist sich dem Phänomen der Innovationsorganisation zu nähern, indem mittels einer breit angelegten Literaturrecherche die als relevant erachteten Aspekte der Innovationsorganisation identifiziert und dargestellt werden. Da noch nicht von einer eigenständigen Innovationstheorie gesprochen werden kann und insbesondere die baubetriebswissenschaftliche Innovationsforschung noch eine verhältnismässig geringe theoretische Fundierung besitzt, sollen zur ersten Erhellung der Innovationsproblematik vor allem generelle Theorie- und Handlungskonzepte zusammengetragen und geordnet werden, die aus Sicht des Autors einen problemerklärenden und eine lösungsgestaltenden Beitrag leisten können. Um diese Vorannahmen weiter zu begründen, soll auch auf bestehende empirische Befunde der allgemeinen betriebswissenschaftlichen wie der baubetriebswissenschaftlichen Forschung zurückgegriffen werden.

Erst in ***Phase 3*** des Forschungsprozesses sollen die getroffenen Annahmen durch empirische Untersuchungen in der Bauwirtschaft überprüft und weiter konkretisiert werden. Dem Entdeckungszusammenhang ist hierbei ein stärkeres Gewicht als dem Begründungszusammenhang beizumessen, um insbesondere dem geringen Erkenntnisstand des hier thematisierten Problems der baubetrieblichen Innovationsorganisation Rechnung zu tragen. Die Konsequenz daraus ist, dass das empirische Untersuchungsdesign so anzulegen ist, dass auch neue Aspekte erkannt werden und zur Erweiterung der Vorannahmen beitragen können. Der methodologische Zugang zur Empirie erfolgt daher über den Ansatz der qualitativen Sozialforschung. Qualitatives Denken soll aber nicht als Gegensatz zum quantitativen Denken verstanden werden, da in Forschungsprozessen meist beide Denkrichtungen enthalten sind.[109]

Das Untersuchungsdesign setzt sich zusammen aus:[110]

- einer Einzelfallstudie, durchgeführt in einem Bauunternehmen der Schweizer Bauwirtschaft. Die Einzelfallstudie soll den mit den Vorannahmen formulierten Wirkungszusammenhängen zwischen den Gestaltungsgrössen und -bedingungen des innovationsorganisatorischen Gestaltungsproblems nachgehen, diese überprüfen und weiter konkretisieren sowie weitere relevante Aspekte des Organisationsproblems aufdecken.

[109] Vgl. Mayring, Ph. (Einführung 1999) S. 9.

[110] Zum detaillierten Aufbau des Untersuchungsdesigns vgl. Teil C, Abschn. 1.1.

- einer vergleichenden Fallstudie, ebenfalls durchgeführt in einem Bauunternehmen der Schweizer Bauwirtschaft. Diese Fallstudie soll die gewonnen Erkenntnisse aus der ersten Einzelfallstudie auf ihre Übertragbarkeit auf die Situation eines anderen Bauunternehmens untersuchen. Gleichzeitig soll diese Fallstudie aber auch offen sein für neue Aspekte des untersuchten Organisationsproblems.
- ergänzenden Fallstudien, die im Hinblick auf die Zielsetzung der Arbeit offen gebliebenen, aber als wesentlich erachteten Fragen aus den beiden vorangegangenen Fallstudien nachgehen. Dafür sollen ein Zulieferunternehmen und die Gruppe der professionellen Kunden als weitere Fallstudienobjekte herangezogen werden.

In ***Phase 4*** des Forschungsprozesses beabsichtigt der Autor, aus dem mit den eigenen empirischen Erkenntnissen angereicherten Vorüberlegungen ein organisatorisches Gestaltungsmodell zur Generierung innovativer baulicher Gesamtlösungen in Bauunternehmen zu entwickeln. Dazu sollen alle relevanten, empirisch ermittelten und konkretisierten Gestaltungsgrössen und Gestaltungsbedingungen mit den theoretisch hergeleiteten Vorannahmen so zueinander in Beziehung gesetzt werden, dass Handlungsalternativen zur Innovationsorganisation in Bauunternehmen aus dem Modell abgeleitet werden können.

Phase 5 des Forschungsprozesses wird in der Form umgesetzt, wie einige aus dem organisatorischen Gestaltungsmodell ableitbare Handlungsalternativen im Rahmen der Fallstudienarbeit mit den beteiligten Unternehmen gemeinsam erarbeitet und in die unternehmerische Praxis der Unternehmen überführt werden. Damit geht das Untersuchungsdesign der Arbeit über ein reines Fallstudienkonzept hinaus, indem es zusätzlich den Ansatz der Aktionsforschung für die empirische Untersuchung in den beiden Bauunternehmen und beim Zulieferunternehmen integriert.

Dass es sich bei der soeben beschriebenen Forschungsstrategie nicht um einen linearen Prozess handeln kann, ergibt sich unmittelbar aus dem geringen Erkenntnisstand um die bauwirtschaftliche Innovationsproblematik. Vielmehr ist der Forschungsprozess durch ein iteratives Vorgehen gekennzeichnet, das mehrere Rückkopplungen zu vorhergehenden Schritten enthält. Insbesondere zwischen Phase 2 und 3 des Forschungsprozesses sind intensive Rückkopplungen zu erwarten.

Die ***Validierung*** des zu entwickelnden Modells erfolgt im Wesentlichen in zweierlei Hinsicht. Zum einen wird die komplexe Problemstellung der Innovationsorganisation durch verschiedene organisationstheoretische Erklärungsansätze vorstrukturiert, die dann gleichsam die empirischen Untersuchungen leiten und als Schablone für die empirisch gewonnenen Erkenntnisse dienen. Das heisst, dass die Theorieansätze das Strukturationsnetz des Modells bilden, in das die spezifischen empirischen Erkenntnisse problembezogen eingebettet werden (Bild 9). Dieser Vorgang wird auch als Triangulation bezeichnet.[111] Zum anderen werden die in die Modellentwicklung einfliessenden Ergebnisse der empirischen Untersuchungen auf einem wissenschaftsmethodisch breiten Fundament abgestützt. Das soll dadurch erreicht werden, dass wie oben beschrieben das Untersuchungsdesign eine die erste Fallstudie replizierende zweite Fallstudie enthält. Darüber hinaus sollen dazu innerhalb der einzelnen Fallstudien verschiedene Methoden der Datenerhebung eingesetzt werden, um sich dem Forschungsgegenstand aus verschiedenen Perspektiven und unter Ausgleich methodenimmanenter Schwächen nähern zu können.

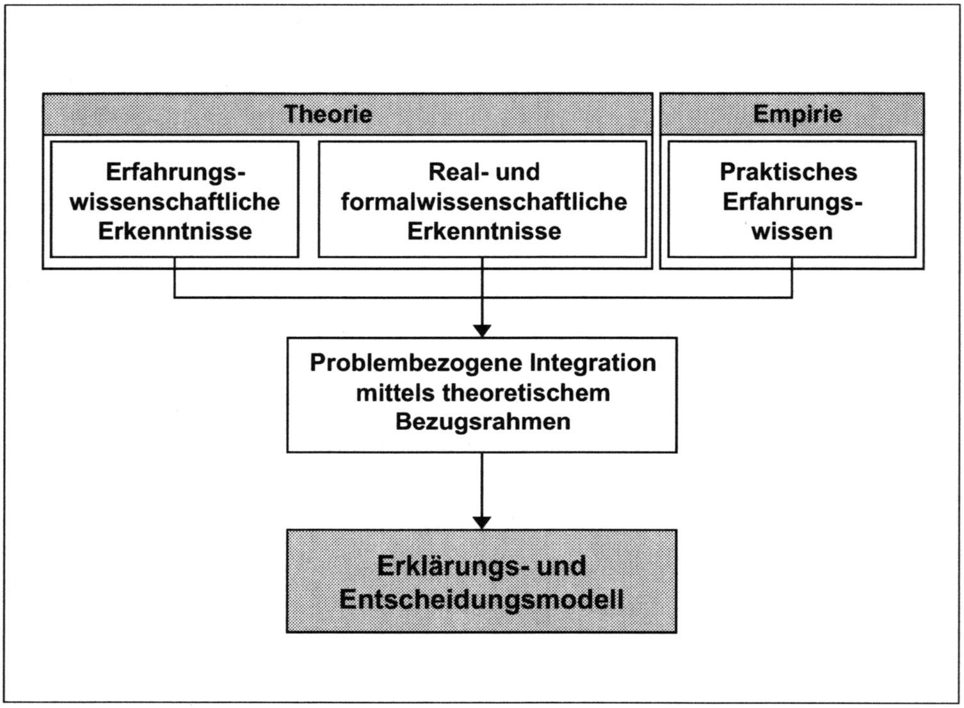

Bild 9: Triangulation von Theorie und Empirie zur Validierung des Modells[112]
Fig. 9: Triangulation of theorie and empiricism for validating the model

6 Aufbau der Arbeit

Aus der Gliederung des Forschungsprozesses ergibt sich unmittelbar der Aufbau der vorliegenden Arbeit (Bild 10).

[111] Vgl. Girmscheid, G. (Forschungsmethodik 2003).
[112] Vgl. Girmscheid, G. (Forschungsmethodik 2003).

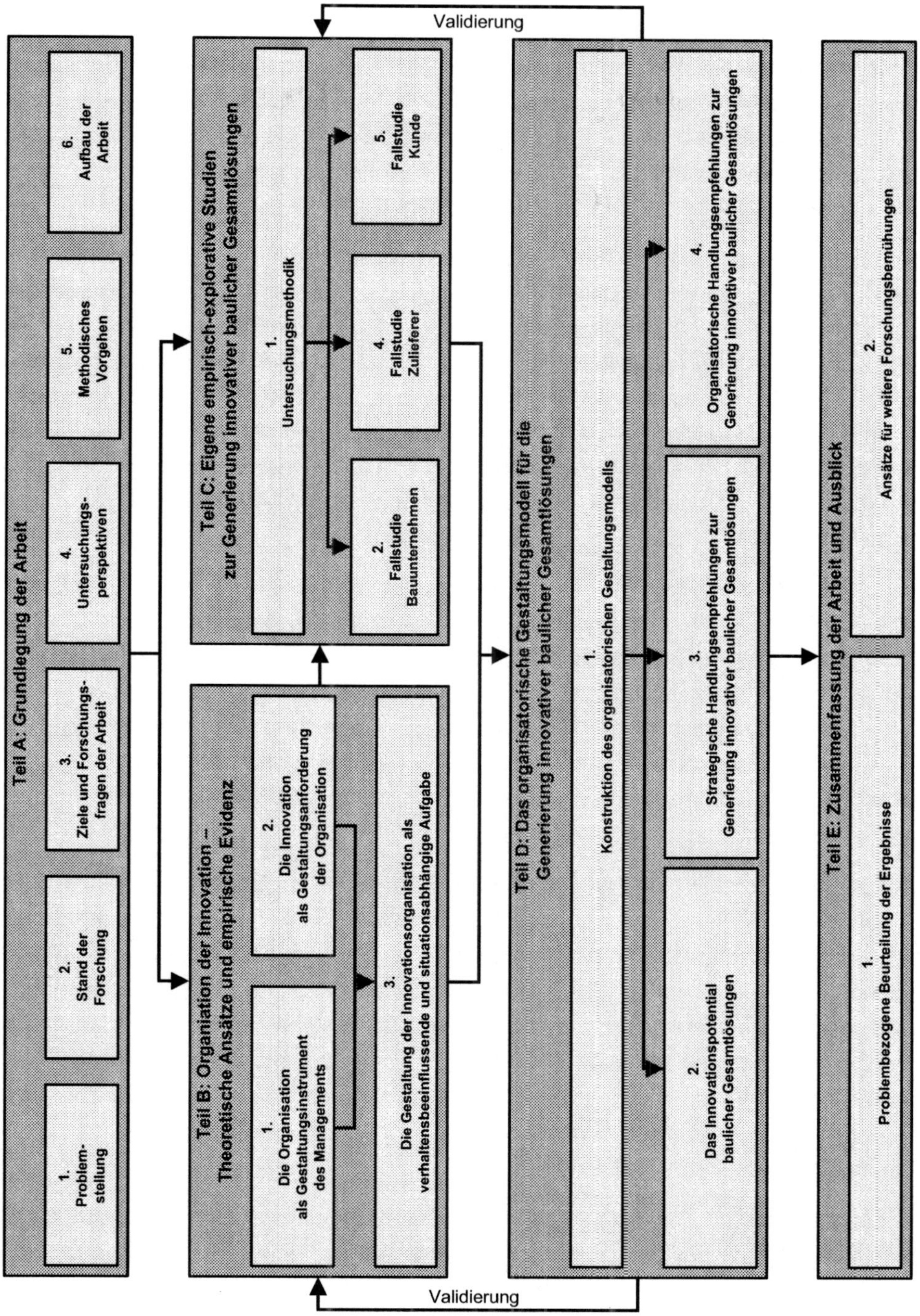

Bild 10: Aufbau der Arbeit

Fig. 10: Structure of the thesis

In diesem einleitenden ***Teil A*** stehen das Praxisproblem, das den Forschungsprozess angestossen hat, die daraus hervorgehenden Fragen der Praxis, eine Auseinandersetzung mit dem bisherigen Stand der allgemeinen betriebswissenschaftlichen wie baubetriebswissenschaftlichen Forschung zu Erklärungsangeboten und handlungsleitenden Lösungsalternativen für das Praxisproblem, die Formulierung der Ziele und Forschungsfragen für die eigene Arbeit, die Festlegung der Untersuchungsperspektiven und das forschungsmethodische Vorgehen im Mittelpunkt.

Im ***Teil B*** der Arbeit werden theoretische Erklärungsansätze und die empirische Evidenz zur Innovationsorganisation in Unternehmen dargestellt. Dazu sind zunächst die beiden Phänomene *Organisation* und *Innovation* in einer für das Praxisproblem adäquaten Weise zu fassen. Dies gelingt, indem die Organisation als Gestaltungsinstrument des Managements und die Innovation als Gestaltungsanforderung der Organisation verstanden werden. Im Anschluss werden unter Zuhilfenahme bestehender theoretischer Ansätze und empirischer Studien erste Überlegungen für die Organisationsgestaltung zur Generierung innovativer baulicher Gesamtlösungen angestellt.

Teil C der Arbeit widmet sich ausgehend von den Vorüberlegungen aus Teil B den eigenen durchgeführten empirischen Untersuchungen. Nachdem grundsätzliche Angaben zum Untersuchungsdesign gegeben wurden, werden die realisierten Fallstudien in ihrem Vorgehen und ihren Ergebnissen detailliert vorgestellt. Die dargestellten Fallstudien umfassen die Innovationstätigkeit von zwei Bauunternehmen, den Verlauf eines Innovationsprozesses bei einem Zulieferunternehmen der Bauwirtschaft und das Verhalten von professionellen Kunden der Bauwirtschaft gegenüber innovativen baulichen Lösungen.

Im ***Teil D*** der Arbeit werden die Ergebnisse der empirischen Untersuchungen mit den in Teil B dargelegten theoretischen Erkenntnissen und Überlegungen verzahnt und ein organisatorisches Gestaltungsmodell für die Generierung innovativer baulicher Gesamtlösungen entwickelt. Dabei wird sich auf vier Strukturkategorien konzentriert, die Innovationsbedingungen, die Innovationsstrategie, die Innovationsorganisation und die Innovationsaufgaben als Bindeglied zwischen den drei zuvor genannten. Aus der Verknüpfung der einzelnen Strukturkategorien werden Handlungsalternativen für die baubetriebliche Innovationsorganisation zur Generierung innovativer baulicher Gesamtlösungen erarbeitet.

Im abschliessenden ***Teil E*** der Arbeit werden die wesentlichen Ergebnisse der Arbeit zusammengefasst und im Hinblick auf die eingangs formulierten Ziele und Forschungsfragen bewertet. Indem offen gebliebene Fragen benannt werden, sollen zudem Anregungen für weitere Forschungsbemühungen gegeben werden.

Teil B: Organisation der Innovation – Theoretische Ansätze und empirische Evidenz

Um die Komplexität des Phänomens der Innovationsorganisation in einer für das Praxisproblem adäquaten Weise fassen zu können, sollen in diesem Teil der Arbeit unter Einbezug theoretischer Erklärungsansätze und bestehender empirischer Erkenntnisse erste grundlegende Überlegungen zur Generierung innovativer baulicher Gesamtlösungen angestellt werden.

Dazu wird in einem ersten Schritt die ***Organisation*** als Zielerreichungsinstrument des Innovationsmanagements über verschiedene, für das Praxisproblem als wesentlich zu erachtende organisatorische Strukturvariablen und Strukturformen näher charakterisiert (Kapitel 1). Im Anschluss sind ***Innovationsaufgaben*** als Gestaltungsanforderung der Organisation zu detaillieren, indem ebenso die für das Praxisproblem als bedeutsam anzusehenden Merkmale von Innovationsaufgaben herausgearbeitet werden (Kapitel 2). Im darauf folgenden Kapitel sind Organisation und Innovation zusammenzuführen, die bei spezifischen Merkmalen von Innovationsaufgaben als effizient anzusehende Ausprägungen der aufgestellten Strukturvariablen bzw. Strukturformen sind zu bestimmen. Dabei liefern verschiedene ***organisationstheoretische Ansätze*** den Erklärungshintergrund und geben bereits durchgeführte Studien empirische Bestätigungen für die Wirkungen und Bedingungen organisatorischer Gestaltungsmassnahmen, aus denen dann erste Schlussfolgerungen für die Generierung innovativer baulicher Gesamtlösungen zu ziehen sind (Kapitel 3). Im abschliessenden Kapitel werden die Ergebnisse dieses Teils der Arbeit nochmals zusammenfassend dargestellt (Kapitel 4).

1 Die Organisation als Gestaltungsinstrument des Managements

Besteht das Ziel des betrieblichen Innovationsmanagements in der Beeinflussung des Innovationsverhaltens eines Unternehmens, steht dem Management mit der Organisation ein mögliches Zielereichungsinstrument zur Verfügung.[113] Diesem instrumentalen Verständnis der Organisation folgend, sollen in diesem Kapitel die organisatorischen Grundlagen für die Generierung innovativer baulicher Gesamtlösungen gelegt werden. Zu Beginn ist kurz auf die ***Funktion*** der Organisation in Unternehmen einzugehen (Abschn. 1.1), um im Anschluss die einer Formalisierung zugänglichen ***Elemente*** der Organisation zu bestimmen sowie ***Strukturvariablen*** und ***Strukturformen*** für die ***inter-*** wie ***intraorganisatorische Organisationsgestaltung*** aufzustellen, die aufgrund ihrer instrumentalen Verwendbarkeit zur Lösung des Praxisproblems beitragen (Abschn. 1.2).

1.1 Unternehmen und Organisation

In Unternehmen interagieren Menschen und Sachmittel unter Austausch von Informationen, um bestimmte Ziele zu erreichen und die aus den Zielen abgeleiteten Aufgaben zu erfüllen.[114] Unternehmen können deshalb auch als ***sozio-technische Systeme*** bezeichnet werden.[115]

Unternehmen sind weiterhin als ***offene*** und ***komplexe Systeme*** zu charakterisieren.[116] Die Offenheit bezieht sich auf die wechselseitigen Beziehungen und Beeinflussungen die Unternehmen mit ihrem Umsystem, der Umwelt des Unternehmens, eingehen. Der Ursprung der Offenheit ist vor allem darin zu sehen, dass Unternehmen Inputs wie Material und Informationen von der Umwelt beziehen, die sie als transformierte Outputs wie Produkte wieder an die Umwelt abgeben. Mit der Komplexität ist die Vielfalt und Anzahl der Teile des Unternehmens (z.B. Stellen, Abteilungen), die Vielfalt und Anzahl der Beziehungen zwischen diesen Teilen (z.B. Kommunikationsbeziehungen, Autonomie) und der Unternehmensumwelt sowie die Vielfalt und Anzahl der zeitlich veränderbaren Zustände des Unternehmens ange-

---

[113] Vgl. Teil A, Abschn. 1.2.

[114] Vgl. dazu Kieser, A.; Kubicek, H. (Organisation 1992) S. 4ff.; Hill, W.; Fehlbaum, R.; Ulrich, P. (Organisationslehre 1994) S. 17ff.; Staehle, W. (Management 1994) S. 390ff.; Grochla, E. (Grundlagen 1995) S. 1f. und Macharzina, K. (Unternehmensführung 1999) S. 349.

[115] Vgl. Grochla, E. (Grundlagen 1995) S. 1 und Ropohl, G. (Technologie 1999) S. 135ff.

[116] Vgl. Hoffmann, F. (Entwicklung 1973) S. 212 und Hill, W.; Fehlbaum, R.; Ulrich, P. (Organisationslehre 1994) S. 20ff.

sprochen.[117] Je offener das Unternehmen gegenüber seiner Umwelt ist und je komplexer die Umwelt, desto komplizierter und veränderlicher ist das Unternehmen selbst.

Um bei komplexer Umwelt handlungsfähig zu bleiben, ist zwischen Umwelt und Unternehmen ein Komplexitätsgefälle zu schaffen.[118] Dazu werden die Aktivitäten der Personen, der Einsatz der Sachmittel und die Verarbeitung der Informationen durch formale Regeln geordnet. Diese Regeln sind bewusst gesetzt und mit bestimmten Verhaltenserwartungen verbunden. Das durch die Gesamtheit der Regeln geschaffene künstliche Konstrukt wird als ***Organisationsstruktur*** bezeichnet.[119]

Der Einsatz von Organisationsstrukturen als Ordnungsmuster zur Komplexitätsreduzierung verleiht Organisationen instrumentalen Charakter. In diesem Sinne dienen sie zur Zielerreichung und effizienten Führung von Unternehmen. Ihrer Funktion als Zielerreichungs- und Führungsinstrument werden Organisationsstrukturen in dem Masse gerecht, wie die aufgestellten formalen Regeln bzw. Verhaltenserwartungen einen Beitrag zur Erreichung der Unternehmensziele leisten.[120] Im Kontext der vorliegenden Arbeit trägt die Unternehmensorganisation zur Erfüllung von Innovationsaufgaben in Bauunternehmen bzw. zur Generierung innovativer baulicher Gesamtlösungen bei. Dass sie dazu bewusst und zielgerichtet gestaltet wird, entspricht dem Verständnis der Unternehmensorganisation als Instrument des Innovationsmanagements.[121]

Hier gilt es anzumerken, dass sich aufgrund dessen, dass der Mensch in sozio-technischen Systemen das zentrale, zielgebende Element darstellt, Verhaltenserwartungen nicht restlos formalisieren lassen. Perzeptionen und Präferenzen der Unternehmensmitglieder bei der Wahl von Zielen und Massnahmen werden auch durch individuelle und gemeinsam geteilte Werte, Normen, Einstellungen, Überzeugungen und Ideale geprägt. Es existieren ebenfalls spontan gewachsene Verhaltensmuster, die sich der willentlichen Lenkung und Gestaltung durch das Management entziehen. Die Gesamtheit der Wertvorstellungen eines Unternehmens wird unter dem Begriff

---

[117] Häufig wird zwischen den Begriffen *Komplexität* und *Kompliziertheit* nicht unterschieden. Hier werden unter dem Begriff *Komplexität* die beiden Systemeigenschaften *Kompliziertheit* (Vielfalt und Anzahl von Teilen und Beziehungen) und *Veränderlichkeit* bzw. *Dynamik* (Vielfalt und Anzahl von Zuständen) subsumiert, vgl. Ulrich, H.; Probst, G. (Anleitung 1991) S. 57ff.

[118] Vgl. Ulrich, H. (Management 1984) S. 181f. und Luhmann, N. (Systeme 1991) S. 249ff.

[119] Die Begriffe *Organisationsstruktur* und *Organisation* werden oft synonym verwendet. Sofern damit das bewusst Gestaltbare angesprochen ist, werden sie auch in dieser Arbeit als bedeutungsgleich angesehen.

[120] Vgl. Hill, W.; Fehlbaum, R.; Ulrich, P. (Organisationslehre 1994) S. 141.

[121] Vgl. Teil A, Abschn. 2.2.

Unternehmenskultur zusammengefasst.[122] Bedeutsam für die Verhaltenssteuerung in sozio-technischen Systemen ist, dass Organisationsstruktur und Unternehmenskultur nicht im Widerspruch zueinander stehen sollten. Formalisierte Verhaltenserwartungen sollten in den kulturbedingten Verhaltensmustern begründet sein und diese weiterführen. Andernfalls ist mit Abweichungen in den angestrebten Verhaltensweisen zu rechnen.[123]

Der hier zugrunde gelegte instrumentale Charakter der Organisation geht in erster Linie auf die von NORDSIECK begründete klassische betriebswirtschaftliche Organisationslehre zurück, die in den 30er Jahren im deutschsprachigen Raum entstand und Organisationen durch die Konkretisierung von Strukturelementen und ihren Beziehungen als formalisierbar bzw. gestaltbar kennzeichnet.[124] Insbesondere durch KOSIOL wurden diese ersten Ansätze zu einer geschlossenen, abstrakt-deduktiven Organisationslehre weiterentwickelt[125], die bis heute immer wieder aufgegriffen und modifiziert wurde.[126] Ihre wesentlichen Aussagen sollen nachfolgend dargelegt werden.

1.2 Organisationsstrukturen

1.2.1 Formale Elemente der Organisation

Organisationsstrukturen bilden den formalen Rahmen, innerhalb dessen sich die Unternehmensaufgaben zur Erfüllung der Unternehmensziele effizient vollziehen sollen.[127] Zu den Elementen, die einer solchen Formalisierung zugänglich sind, zählen:[128]

---

[122] vgl. Bleicher, K. (Organisation 1991) S. 731f.; Staehle, W. (Management 1994) S. 471f. Die Unternehmenskultur wird selbst als Gestaltungsinstrument des Managements im Allgemeinen und des Innovationsmanagements im Besonderen begriffen. Sie ist jedoch weitaus schwieriger gestaltbar als die Organisationsstruktur, vgl. Teil A Abschn. 1.2.

[123] Vgl. Hill, W.; Fehlbaum, R.; Ulrich, P. (Organisationslehre 1994) S. 23.

[124] Vgl. Nordsieck, F. (Betriebsorganisation 1961).

[125] Vgl. Kosiol, E. (Organisation 1962).

[126] Vgl. Kieser, A.; Kubicek, H. (Organisation 1992); Hill, W.; Fehlbaum, R.; Ulrich, P. (Organisationslehre 1994) und Grochla, E. (Grundlagen 1995).

[127] Vgl. Grochla, E. (Grundlagen 1995) S. 2.

[128] Vgl. dazu und nachfolgend Kosiol, E. (Organisation 1962) S. 42f. und Hill, W.; Fehlbaum, R.; Ulrich, P. (Organisationslehre 1994) S. 122ff.

- **Aufgaben und Aktivitäten**

  Aufgaben stellen die zur Verwirklichung der Unternehmensziele notwendigen Soll-Leistungen dar. Sie sind *„Zielsetzungen für zweckbezogene menschliche Handlungen“*[129], die eine Aufforderung zur Zustands- oder Lageveränderung von Objekten (z.B. Material, Informationen) durch verschiedene, zu ergreifende Aktivitäten (z.B. Transportieren, Speichern) enthalten.[130] Aufgaben legen somit fest, was an einem Objekt zu tun ist, um ein bestimmtes Ziel erreichen zu können. Entsprechend lassen sie sich inhaltlich nach den Aktivitäten und nach dem Objekt gliedern.[131] Typische Aufgaben in Bauunternehmen sind z.B. das Schalen, Bewehren und Betonieren.

- **Kompetenzen und Verantwortlichkeiten**

  Das Recht im Hinblick auf die Aufgabenerfüllung zu handeln und die dafür notwendigen Massnahmen einzusetzen, wird als Kompetenz bezeichnet.[132] Aus der Verpflichtung, Aufgaben und Kompetenzen richtig nachzukommen, geht die Verantwortung dafür hervor. Beispielsweise kann die Kompetenz eines Bauführers in der Material- und Gerätedisposition für eine Baustelle bestehen.

- **Stellen und Stellengruppen**

  Träger von Aufgaben, Kompetenzen und Verantwortlichkeiten wie Menschen und Kombinationen von Menschen und Maschinen werden als Stellen bezeichnet. Stellen mit Leitungsaufgaben werden Leitungsstellen oder Instanzen genannt. In Stellengruppen werden mehrere Stellen, die gemeinsame oder direkt zusammenhängende Aufgaben erfüllen, zusammengefasst. Solche Stellengruppen oder auch Organisationseinheiten sind meistens einer Leitungsstelle untergeordnet. So ist der erwähnte Bauführer eine typische Stelle in Bauunternehmen, die Leitungsaufgaben gegenüber einer Baukolonne als Stellengruppe wahrnimmt.

- **Verbindungswege zwischen Stellen**

  Zur koordinierten Zusammenarbeit von Stellen müssen sowohl physische Objekte als auch Informationen ausgetauscht werden. Entsprechend sind Transport- und Informationswege zwischen den Stellen zu gestalten, um die Stellen mit Materialien, Maschinen, Geräten und Daten in der richtigen Form und zur richtigen Zeit zu versorgen. Typische Verbindungswege, die in Bauunternehmen zu gestalten

---

[129] Kosiol, E. (Organisation 1962) S. 43.

[130] Vgl. Bleicher, K. (Organisation 1991) S. 35.

[131] Vgl. Kosiol, E. (Organisation 1962) S. 49f.

[132] Der Begriff *Kompetenz* findet hier nur in dem genannten Sinne Verwendung und nicht zusätzlich in seiner weiteren Bedeutung im Sinne von *Fähigkeit*.

sind, bestehen z.B. zwischen Baustelle und Unternehmenszentrale und zwischen Werkhof und Baustelle.

Organisationsstrukturen werden nun zum einen dadurch gestaltet, dass die Unternehmensaufgaben in prozessorientierte Teilaufgaben zerlegt werden (Aufgabenanalyse). Zum anderen erfolgt die Organisationsstrukturierung dadurch, dass die Teilaufgaben verschiedenen Handlungsträgern zugeordnet werden und ihre Erfüllung im Hinblick auf die Unternehmensziele aufeinander abgestimmt wird (Aufgabensynthese).

Teilung, Konfiguration und ***Koordination der Aufgaben*** und mit ihnen die Festlegung der Kompetenzen und Verantwortlichkeiten, Stellen und Stellengruppen sowie der Verbindungswege sind die wesentlichen organisatorischen Gestaltungsaktivitäten, über die die Organisationsstruktur in zwei Stufen aufgebaut werden sollte:[133]

- **Rahmenstruktur**

  Mit der Rahmenstruktur wird die grundsätzliche, langfristig orientierte Anordnung der Organisationselemente und ihrer inhaltlichen, zeitlichen und räumlichen Beziehungen zueinander festgelegt. Die Rahmenstruktur bezieht sich folglich auf das Unternehmen als Ganzes.

- **Detailstruktur**

  Mit der Detailstruktur ist im strategisch abgesteckten Rahmen die organisatorische Gestaltung bis zur operativen Funktionsfähigkeit des Unternehmens weiterzuführen. Die Detailstruktur bezieht sich damit auf Teilbereiche des Unternehmens.

Zur Organisationsgestaltung kann sich verschiedener Strukturvariablen bedient werden, wobei zwischen intra- und interorganisatorischen Strukturvariablen zu unterscheiden ist. Während erstere die Aufgabenerfüllung innerhalb eines Unternehmens strukturieren, gestalten letztere die Beziehungen zwischen verschiedenen Unternehmen zur gemeinsamen Aufgabenerbringung. Der Übergang von der inter- zur intraorganisatorischen Strukturierung und vice versa ist durchaus fliessend.

[133] Vgl. Grochla, E. (Grundlagen 1995) S. 10.

1.2.2 Organisatorische Strukturvariablen

1.2.2.1 Intraorganisatorische Strukturvariablen

Zur Gestaltung der Aufgabenerfüllung innerhalb von Unternehmen lässt sich auf verschiedene intraorganisatorische Strukturvariablen zurückgreifen. Zu ihnen gehören:[134]

- **Zentralisation (Dezentralisation)**

  Mit der Zentralisation bzw. Dezentralisation werden Aufgaben mit ähnlichen Merkmalen zusammengefasst bzw. bei unterschiedlichen Merkmalen getrennt. Neben der Aufgabengliederung und damit Stellenbildung erfolgt mit der (De)Zentralisation auch eine horizontale Kompetenzverteilung (horizontale Autonomie), wobei die Aufgabendezentralisierung eine hohe horizontale Autonomie anstrebt. Der Zentralisations- bzw. Dezentralisationsgrad gibt somit an, mit welcher Intensität die gebildeten Stellen auf gleicher hierarchischer Ebene zur Aufgabenerfüllung Beziehungen (z.B. Kommunikation) eingehen müssen bzw. wie hoch ihre horizontale Autonomie ist.

- **Funktionalisierung**

  Die Funktionalisierung legt die Leitungsbeziehungen zwischen den durch die Zentralisation gebildeten Stellen fest. Leitung entsteht dadurch, dass Entscheidungskompetenzen im Rahmen einer Aufgabe von den mit der Aufgabe verbundenen Ausführungskompetenzen personell getrennt werden. Der Funktionalisierungsgrad bezeichnet das Ausmass an geteilter Entscheidungskompetenz bzw. Spezialisierung der Leitung.

- **Delegation**

  Die vertikale Überantwortung von Kompetenzen an nachgeordnete Stellen (vertikale Autonomie) wird als Delegation bezeichnet. Wie hoch die vertikale Autonomie bzw. Unabhängigkeit unterer Stellen von übergeordneten Stellen ist, wird durch den Delegationsgrad wiedergegeben.

- **Arbeitszerlegung**

  Ist mit der (De)Zentralisation die rahmenstrukturelle Aufgabengliederung festgelegt, setzt die Arbeitszerlegung die Aufgabengliederung für die Detailstruktur

---

[134] Vgl. dazu und nachfolgend Kosiol, E. (Organisation 1962) S. 81ff.; Kieser, A.; Kubicek, H. (Organisation 1992) S. 75ff. und insbesondere Hill, W.; Fehlbaum, R.; Ulrich, P. (Organisationslehre 1994) S. 174ff.

fort.[135] Dazu wird der Arbeitsprozess, der mit der zielsetzenden Aufgabe an die Stellengruppe übertragen wurde, in einfache, inderdependente Aktivitäten aufgespaltet und einzelnen Stellen bzw. Handlungsträgern zugeordnet. In welchem Masse die operativen Arbeitsprozesse zwischen einzelnen Stellen bzw. Handlungsträgern aufgeteilt werden, drückt der Grad der Arbeitszerlegung aus.

- **Partizipation**

  Im Gegensatz zur Delegation, die einer hierarchischen Kompetenzverteilung entspricht, wird mit der Partizipation die gemeinsame Wahrnehmung von Kompetenzen durch Individuen verschiedener hierarchischer Ebenen verstanden. Der Partizipationsgrad gibt dann an, in welchen Umfang Handlungsträger unterer Hierarchiestufen an der Willensbildung übergeordneter Ebenen der Hierarchie beteiligt sind.

- **Standardisierung**

  Durch Standardisierung können wiederholt auftretende Aktivitätsfolgen beschrieben und festgelegte Regeln für ihren gleichartigen Ablauf aufgestellt werden. Der Standardisierungsgrad drückt dann aus, in welchem Umfang Unternehmensprozesse immer wieder einheitlich zu vollziehen sind.

Während (De)Zentralisation und Funktionalisierung Strukturvariablen zur Gestaltung der Rahmenstruktur darstellen, sind Delegation, Arbeitszerlegung, Partizipation und Standardisierung aufgrund ihrer Bezugnahme auf das Arbeitsumfeld des einzelnen Stelleninhabers Strukturvariablen zur Gestaltung der Detailstruktur.

1.2.2.2 Interorganisatorische Strukturvariablen

Unternehmen sind dem Wirtschaftlichkeitsprinzip verpflichtet, das besagt, dass das oberste Ziel der Erhaltung und Weiterentwicklung eines Unternehmens mit einem möglichst geringen Einsatz der vorhandenen Ressourcen erreicht werden soll. Aus diesem Grunde ist es für ein Unternehmen im Allgemeinen nicht sinnvoll, die zur Erfüllung der Unternehmensaufgaben notwendigen Aktivitäten in vollem Umfang selbst zu erbringen. Folglich müssen auch unternehmensexterne Aufgabenträger in den Aufgabenerfüllungsprozess einbezogen werden. Werden dabei Beziehungen zwischen rechtlich selbständigen Unternehmen eingegangen, bei denen die Unternehmen ihre wirtschaftliche Unabhängigkeit zugunsten eines koordinierten, auf freiwilliger Zusammenarbeit gründenden Handelns partiell aufgeben, kann von inter-

---

[135] Vgl. Grochla, E. (Grundlagen 1995) S. 89.

organisatorischer Kooperationen gesprochen werden.[136] Solche Kooperationen werden immer dann angestrebt, wenn es die gemeinsame Aufgabenerfüllung den beteiligten Unternehmen erlaubt, ihre Ziele im Vergleich zu individuellem Vorgehen besser zu erreichen.

Zur Gestaltung kooperativer Beziehungen stehen folgende interorganisatorischen Strukturvariablen zur Verfügung:[137]

- **Kooperationsintensität**

  Mit der Kooperationsintensität wird beschrieben, in welchem Ausmass die an einer zwischenbetrieblichen Zusammenarbeit beteiligten Unternehmen Eigentums- und Verfügungsrechte an den aufgabenrelevanten Ressourcen besitzen. Es kann zwischen geteilten und konzentrierten Verfügungsrechten unterschieden werden. Mit der Kooperationsintensität steigt auch die Tendenz zur vertraglichen Regelung der Kooperationsbeziehung. Der Übergang zur intraorganisatorischen Strukturierung zeichnet sich ab, wenn die Kooperation zusätzlich zur vertraglichen Regelung über eine Kapitalbeteiligung realisiert wird. Die Kooperationsintensität ist somit auch hinsichtlich des Umfangs der rechtlichen und wirtschaftlichen Selbständigkeit der Kooperationspartner zu interpretieren.

- **Kooperationsdauer**

  Mit der Kooperationsdauer wird die zeitliche Länge der Zusammenarbeit zwischen Unternehmen festgelegt. Es kann zwischen einer ad hoc und einer strategischen Zusammenarbeit unterschieden werden. Im ersten Fall endet die Kooperation i.d.R. nach Erreichen des gemeinsam verfolgten Ziels, im zweiten Fall ist die gemeinsame Aufgabenerfüllung langfristig angelegt. Mit zunehmender Dauer der Kooperation deutet sich auch hier ein Wechsel von der inter- zur intraorganisatorischen Strukturierung an.

- **Kooperationsanzahl**

  Eine weitere Strukturvariable stellt die Kooperationsanzahl dar, die die Zahl der an der Aufgabenerfüllung beteiligten Unternehmen wiedergibt. Im einfachsten Fall sind dies zwei Unternehmen mit bilateraler Beziehung, im extremsten Fall eine Vielzahl von Unternehmen mit netzwerkartigen Beziehungen zueinander.

---

[136] Vgl. Friese, M. (Kooperation 1998) S. 64.

[137] Vgl. dazu und nachfolgend Friese, M. (Kooperationen 1998) S. 144ff. und die dort angegebene Literatur sowie Girmscheid, G. (Wettbewerbsvorteile 2002) S. 70ff.

- **Kooperationsrichtung**

  Die Kooperationsrichtung gibt wieder, welcher Wertschöpfungsstufe die einzelnen Unternehmen angehören. Besteht eine Beziehung in horizontaler Richtung, arbeiten Unternehmen der gleichen Wertschöpfungsstufe zusammen. Sind an der Kooperation Unternehmen aufeinander folgender Wertschöpfungsstufen beteiligt, ist ihre Beziehung vertikal ausgerichtet. Diagonale Beziehungen liegen dann vor, wenn in die Zusammenarbeit Unternehmen aus anderen Wirtschaftszweigen einbezogen werden.

1.2.3 Organisatorische Strukturformen

Durch die Kombination verschiedener Ausprägungen der zuvor aufgestellten Strukturvariablen können eine Reihe von Strukturformen abgegrenzt werden. Im Folgenden sollen einige grundlegende, in der betrieblichen Praxis immer wieder anzutreffende Strukturformen dargestellt werden. Ihren generellen Charakter erhalten diese Formen durch die Beschränkung auf einige, wenige Strukturvariablen.

1.2.3.1 Intraorganisatorische Strukturformen

Als Differenzierungskriterium grundlegender intraorganisatorischer Strukturformen kann auf die Strukturvariable der (De)Zentralisation zurückgegriffen werden. Da sich Unternehmensaufgaben primär über ihre ***Aktivitäten*** und ***Objekte*** charakterisieren[138], sollte die Zentralisation bei diesen beiden Aufgabenmerkmalen ansetzen. Unternehmensaufgaben sind danach gut strukturierbar, wenn über einen gewissen Zeitraum gleich bleibende Aktivitäten an gleich bleibenden Objekten vorgenommen werden. Sie sind schlecht strukturierbar, wenn Aktivitäten und Objekte in einem bestimmten Zeitraum Veränderungen unterworfen sind.[139]

- **Divisionale Organisation**

  Eine divisionale Organisation ist eine Strukturform für gut strukturierbare Aufgaben, bei der sich die Objekte stark in ihren personellen und technischen Anforderungen unterscheiden und sich gleichzeitig die Aktivitäten für die einzelnen

---

[138] Vgl. Teil B, Abschn. 1.2.1.

[139] Vgl. Bleicher, K. (Organisation 1991) S. 102.
Strukturierbarkeit bezeichnet hier das Vorhandensein von Kriterien, nach denen sich Probleme und Lösungswege ordnen lassen. Sie kann je nach Abstraktionsgrad der Aufgabe unterschiedlich ausfallen. Das heisst, dass sich auf verschiedenen Hierarchieebenen der Organisation andere Strukturformen wieder finden können.

Objektbearbeitungen ähneln.[140] Die aus der Aufgabengliederung nach Objekten entstehenden Unternehmenseinheiten werden als Divisionen oder Sparten bezeichnet. Divisionale bzw. Spartenorganisationen zeichnen sich durch einen grossen Dezentralisierungsgrad aus. Die einzelnen Divisionen besitzen eine hohe Autonomie, da ihnen zumindest alle für die Objekterstellung notwendigen Aktivitäten zugeordnet sind. Divisionen sind damit in wirtschaftlicher Hinsicht selbstständige Organisationseinheiten, wobei der Grad an wirtschaftlicher Selbständigkeit i.d.R. über finanzielle Koordinierungssysteme gesteuert wird.[141] Rechtliche Selbständigkeit weisen Divisionen hingegen nicht auf. Bei Bauunternehmen ist häufig eine divisionale Gliederung mit Sparten wie Hoch-, Tief-, Strassen- oder Tunnelbau anzutreffen.

- **Funktionale Organisation**

  Eine funktionale Organisation ist ebenfalls eine Strukturform für gut strukturierbare Aufgaben, bei der jedoch die einzelnen Aktivitäten unterschiedliche Anforderungen an Personen und Sachmittel stellen und die bearbeiteten Objekte als gleichartig angesehen werden können. Die Aufgaben sind dann nach den zu ihrer Erfüllung notwendigen Aktivitäten gegliedert, und die Aktivitäten verschiedenen Funktionsbereichen zugeordnet. Der Dezentralisationsgrad ist bei der funktionalen Organisation gering, da zur Aufgabenerfüllung die einzelnen Funktionsbereiche zusammenarbeiten müssen. Folglich ist auch die Autonomie der Funktionsbereiche niedrig, denn wichtige Entscheidungen können nicht getroffen werden, ohne andere Bereiche zu beeinflussen. Typische Funktionsbereiche in Bauunternehmen umfassen Auftragsakquisition, Kalkulation, Arbeitsvorbereitung und Bauausführung.

- **Regionale Organisation**

  Neben der divisionalen und funktionalen steht mit der regionalen Organisation eine dritte Strukturform für gut strukturierbare Aufgaben zur Verfügung. In diesem Fall geben örtliche Anforderungen an die Unternehmensaufgaben den Ausschlag für die Strukturierung. Auch hier ist der Dezentralisierungsgrad bzw. die horizontale Autonomie gross, da die Region ihre Belange selbständig regelt. Abhängigkeiten zu anderen regionalen Einheiten bestehen nicht oder sind gering ausgeprägt, je nach Umfang an wirtschaftlicher Selbständigkeit. Bauunternehmen sind aufgrund der Ortsabhängigkeit des Bauens vielfach regional gegliedert.

---

[140] Vgl. Bleicher, K. (Organisation 1991) S. 103 sowie zur organisatorischen Handhabung von Bau- und Innovationsaufgaben als schlecht strukturierbare Aufgaben Teil B, Abschn. 3.1.2.1.

[141] Finanzielle Koordinierungssysteme sind z.B. das Cost-Center, das Profit-Center und das Investment-Center, vgl. dazu Frese, E. (Grundlagen 1993) S. 439ff. sowie Hill, W.; Fehlbaum, R.; Ulrich, P. (Organisationslehre 1994) S. 180ff.

- **Projektorganisation**

  Sind mit den drei vorgenannten organisatorischen Strukturformen gut strukturierbare Unternehmensaufgaben erfasst, bedarf es noch einer Gliederungsform für schlecht strukturierbare Unternehmensaufgaben. Solch eine Gliederungsform muss es ermöglichen, personelle und technische Ressourcen den wechselnden Anforderungen der Aufgaben entsprechend zusammenzuführen, um sie nach Aufgabenerfüllung in anderer Zusammensetzung für neue Aufgaben wieder zum Einsatz zu bringen. Eine organisatorische Strukturform, die diese Voraussetzungen erfüllt, ist die Projektorganisation. Sie ähnelt der divisonalen Organisation, da sie im Hinblick auf ein festgelegtes Ziel alle zur Zielerreichung notwendigen Aktivitäten und Fachdisziplinen in einer Organisationseinheit, hier dem Projekt, vereint. Das Projekt unterscheidet sich jedoch von der Division bzw. Sparte dadurch, dass es zeitlich befristet ist, seine nicht nur sachorientierten Ziele mit Unsicherheit und Risiko verbunden sind und es eine gewisse Einmaligkeit besitzt.[142] Die Projektorganisation ist eine die bauwirtschaftliche Tätigkeit prägende Strukturform, die sowohl inter- wie intraorganisatorisch zur Anwendung gelangt.[143]

Die aufgezeigten intraorganisatorischen Strukturformen können bei der Organisationsgestaltung in unterschiedlicher Weise kombiniert werden, indem auf den Hierarchieebenen der gegliederten Aufgaben andere Strukturformen zum Einsatz gelangen. Beispielsweise ist auf der obersten Ebene eine Gliederung nach Regionen möglich, während auf der zweiten Ebene eine Gliederung nach Sparten und auf der dritten Ebene eine Gliederung nach Funktionen erfolgt. Ebenso ist eine Anordnung der Projektorganisation auf der dritten Ebene denkbar. Mischformen entstehen, wenn unterschiedliche Strukturformen auf einer Ebene angeordnet oder überlagert werden. Die bekannteste Mischform stellt die ***Matrixorganisation*** dar. Sie ist dadurch gekennzeichnet, dass sich zwei überlagernde Organisationseinheiten die Verantwortung für die Aufgabenerfüllung teilen. Hier kommt zusätzlich die Strukturvariable Funktionalisierung zur Anwendung, die bei der Matrixorganisation verschieden ausgeprägt sein kann. Das heisst, dass die Kompetenzverteilung zwischen den Organisationseinheiten bzw. der Funktionalisierungsgrad unterschiedlich ausfallen kann.[144]

1.2.3.2 Interorganisatorische Strukturformen

Für die Identifizierung interorganisatorischer Strukturformen bieten sich als Differenzierungskriterien die beiden Strukturvariablen Kooperationsintensität und Ko-

---

[142] Vgl. Brand, M. (Projektmanagement 1974) S. 1.

[143] Vgl. Teil B, Abschn. 3.3.2 und Teil D, Abschn. 4.1.1.

[144] Vgl. dazu auch Teil B, Abschn. 3.1.2.1.

operationsdauer an. Aus ihrer Gegenüberstellung lassen sich vier generelle kooperative Strukturformen abgrenzen (Bild 11):

- **Auftragsvergabe**

  Die Auftragsvergabe als erste Strukturform markiert den Übergang vom rein marktlichen Bezug der zur Aufgabenerfüllung notwendigen Ressourcen zu kooperativen Arrangements. Auftragsvergabe ist bspw. in der Bauwirtschaft im Bezug von Subunternehmerleistungen anzutreffen. Durch die Umsetzung dieser Leistungen sind zwischen Auftraggeber und Auftragnehmer zumindest für die Leistungsrealisierung kooperative Beziehungen einzugehen, die Dauer der Transaktionsbeziehungen liegt über der von reinen Spot-Markt-Geschäften. Hingegen sind die Eigentums- und Verfügungsrechte über die eingebrachten Ressourcen nach wie vor verteilt, die Kooperationsintensität bleibt auf einem sehr geringen Niveau. Auftragsvergabe ist in der Praxis ebenso in Form von Forschungs- und Entwicklungsaufträgen vorzufinden, bei denen vom Auftraggeber inhaltliche, zeitliche und finanzielle Vorgaben zur Durchführung der Innovationsaktivitäten an den Auftragnehmer gemacht werden und dieser die Innovationsaktivitäten eigenverantwortlich realisiert, um nach Abschluss die Ergebnisse dem Auftraggeber zur Verfügung zu stellen.

- **Ad-hoc-Kooperation**

  Die Ad-hoc-Kooperation ist eine Strukturform, die den vertraglich geregelten Zusammenschluss von Unternehmen zur gemeinsamen Abwicklung grösserer Vorhaben mit begrenzter Dauer bezeichnet.[145] In der Bauwirtschaft existieren Ad-hoc-Kooperationen z.B. in Form von Arbeitsgemeinschaften (ARGE), bei denen häufig im direkten Wettbewerb zueinander stehende Unternehmen zusammenarbeiten. Hauptgründe dafür sind die Verteilung der bei Grossprojekten erhöht auftretenden Risiken und die gegenseitige Ergänzung komplementärer Ressourcen. Im Gegensatz zur Auftragsvergabe setzt die ARGE kooperative Beziehungen über die gesamte Dauer des Bauprojekts voraus. Ad-hoc-Kooperationen sind ebenso eine Gestaltungsmöglichkeit für zeitlich begrenzte Forschungs- und Entwicklungsvorhaben, bei denen die von den beteiligten Unternehmen meist intern erbrachten Innovationsaktivitäten auf Gesamtprojektebene koordiniert zusammengeführt werden. Auch hier sind es vornehmlich die Risikoverteilung und die Ausnutzung von Spezialisierungsvorteilen, die zu einer Zusammenarbeit führen. Ad-hoc-Kooperationen weisen damit eine geringe Kooperationsdauer bei hoher Kooperationsintensität auf.

---

145 Vgl. Girmscheid, G. (Wettbewerbsvorteile 2003).

- **Strategische Allianz**

  Strategische Allianzen sind immer dann anzutreffen, wenn die zwischenbetriebliche Zusammenarbeit über ein einzelnes Vorhaben hinausgeht.[146] Die Kooperationsdauer zwischen den Unternehmen einer Strategischen Allianz ist langfristig angelegt bei niedriger Kooperationsintensität. Die Unternehmen sind zwar rechtlich selbständig, geben aber zur Erreichung der vereinbarten Ziele ihre wirtschaftliche Unabhängigkeit bis zu einem bestimmten Grad auf.[147] Die Zusammenarbeit der Unternehmen ist dadurch gekennzeichnet, dass sie auf Grundlage des bestehenden Beziehungsgeflechtes zwischen den Unternehmen je nach Erfordernissen initiiert werden kann. Strategische Allianzen sind in der Bauwirtschaft z.B. in Form von Franchise-Netzwerken anzutreffen.[148]

- **Gemeinschaftsunternehmen**

  Das Gemeinschaftsunternehmen oder auch Joint Venture als weitere kooperative Strukturform entsteht dadurch, dass von den Kooperationspartnern zur Erfüllung spezifischer Aufgaben ein selbständiges Unternehmen gegründet wird. Von den Unternehmen werden die kooperationsrelevanten Teilbereiche aus dem eigenen Unternehmen ausgegliedert und auf das gemeinsame Unternehmen übertragen. Die Eigenständigkeit der Kooperationspartner bleibt dabei gewahrt. Die Eigentums- und Verfügungsrechte an den Ressourcen im Gemeinschaftsunternehmen richten sich vielfach nach der Höhe der eingebrachten Kapitalbeteiligung. Damit besitzen Gemeinschaftsunternehmen eine hohe Kooperationsintensität und sind i.d.R. langfristig orientiert. In den letzten Jahren in der Bauwirtschaft häufiger anzutreffende Gemeinschaftsunternehmen sind gemeinsame Werkhöfe von Bauunternehmen.[149]

Die klassische Organisationslehre hat vornehmlich zur begrifflichen Klärung der formalen Elemente und Beziehungen der Organisation beigetragen sowie instrumental verwendbare Strukturvariablen für den organisationsgestaltenden Einsatz der Elemente aufgezeigt. Sie liefert damit das Handwerkszeug für die baubetriebliche Organisationsgestaltung zur Generierung innovativer baulicher Gesamtlösungen. Aussagen zur innovationsfördernden Ausprägung der Strukturvariablen bzw. Anwendung der Strukturformen lassen sich aber erst dann treffen, wenn zum einen die ***Ziele*** der Organisationsgestaltung und zum anderen die bei der Organisations-

---

[146] Vgl. Girmscheid, G. (Wettbewerbsvorteile 2003).

[147] Hier ist anzumerken, dass auch Einzelunternehmen eine absolute wirtschaftliche Selbständigkeit nicht erreichen können, da sie als offene Systeme vielfältige Beziehungen zu anderen Akteuren, wie Lieferanten, Kunden, Kapitalgebern usw., eingehen.

[148] Vgl. Maier, H.-D. (Kooperationsmodelle 2002) S. 115ff.

[149] Vgl. Girmscheid, G. (Bauinventarmanagement 1999) S. 5ff.

gestaltung zu berücksichtigenden ***Bedingungen*** bekannt sind. Da sich Ziele und Bedingungen auf die ***Charakteristiken der Innovationsaufgaben*** zurückführen lassen, sollen nachfolgend die grundlegenden Merkmale von Innovationsaufgaben bestimmt werden.

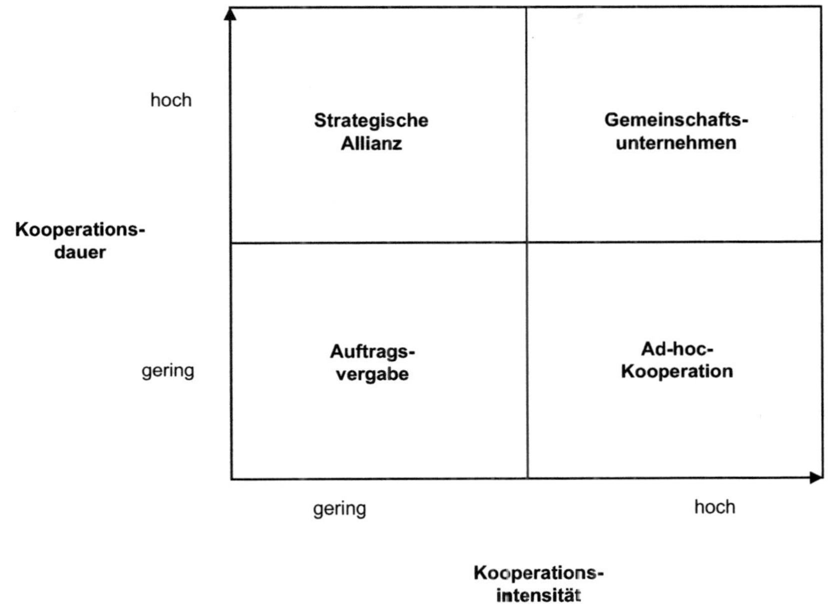

Bild 11: Strukturformen der interorganisatorischen Rahmenstrukturierung
Fig. 11: Forms of organizational structures between companies

2 Die Innovation als Gestaltungsanforderung der Organisation

Besteht das primäre Ziel der innovationsorganisatorischen Gestaltung in der effizienten Erfüllung der zur Generierung innovativer baulicher Gesamtlösungen notwendigen Innovationsaufgaben, wird die Wirkung organisatorischer Massnahmen und damit der Zielerreichungsgrad über die Charakteristiken der zu erfüllenden Innovationsaufgaben beeinflusst. Gleichzeitig sind mit spezifischen Innovationsmerkmalen bestimmte Bedingungsgrössen verbunden, die den organisatorischen Gestaltungsspielraum einengen bzw. bestimmte Organisationsstrukturen vorteilhaft erscheinen lassen.[150] Da sich zudem über die Charakteristiken von Innovationsaufgaben das Innovationspotential baulicher Gesamtlösungen definiert, sollen in diesem Kapitel die für das Praxisproblem als relevant zu erachtenden Merkmale von Innovationsaufgaben detaillierter herausgearbeitet werden.

Neben formalen Merkmalen sind Innovationsaufgaben dadurch zu kennzeichnen, dass sie ein spezifisches Objekt auf neuartige Weise verändern, eine prozessuale Abfolge bestimmter Aktivitäten und Entscheidungen aufweisen und eine bestimmte Funktion innerhalb der Gesamtwertschöpfung eines Unternehmens übernehmen. Die ***formalen*** (Abschnitt 2.1), die ***objektorientierten*** (Abschnitt 2.2), die ***prozessorientierten*** (Abschnitt 0) und die ***funktionsorientierten*** (Abschnitt 2.4) ***Merkmale*** von Innovationsaufgaben sind Gegenstand der nachfolgenden Betrachtungen.

2.1 Formale Merkmale von Innovationsaufgaben

Eine erste Charakterisierung von Innovationsaufgaben ist in formaler Hinsicht möglich. Es lassen sich vier dominante Merkmale unterscheiden (Bild 12):[151]

---

[150] Vgl. Hill, W.; Fehlbaum, R.; Ulrich, P. (Organisationslehre 1994) S. 28 und S. 319ff.

Erste Hinweise für den Einfluss der Innovationscharakteristik auf die Innovationsorganisation liefern verschiedene empirische Studien aus anderen Industriezweigen. So untersuchte z.B. UHLMANN 218 Innovationsfälle, die er zu 11 Innovationsprozesstypologien zusammenfasste. Zwei Typen differenzieren sich in der Weise voneinander, dass in einem Prozess Innovationsaufgaben mit einem geringen Innovationsgrad (UHLMANN spricht von Routineinnovationen) von Einzelpersonen eigenverantwortlich und in einem zweiten Prozess Innovationsaufgaben mit einem hohen Innovationsgrad (von UHLMANN Basisinnovationen genannt) in separaten Abteilungen realisiert wurden, vgl. Uhlmann, L. (Innovationsprozess 1978) S. 23f. sowie Meissner, W. (Innovation 1989) S. 31 und Thom, N. (Grundlagen 1980) S. 32.

Neben den formalen Merkmalen von Innovationsaufgaben führt eine andere empirische Studie, die von ETTLIE/BRIDGES/O'KEEFE bei 192 amerikanischen Nahrungsmittelherstellern durchgeführt wurde, Unterschiede in der Innovationsorganisation darauf zurück, dass die Innovationsaufgaben zum einen auf neue Produkte und zum anderen auf neue technische Verfahren zielten, vgl. Ettlie, J.; Bridges, W.; O'Keefe, R. (Organization 1984) S. 682ff.

Im Hinblick auf den Zusammenhang zwischen Innovationscharakteristik und Gestaltungsbedingungen macht TEBBE darauf aufmerksam, dass Schwierigkeiten in der Innovationsrealisierung, die mit verschiedenen Innovationsobjekten einhergehen, sich hinsichtlich ihrer Stärke und Häufigkeit erheblich voneinander unterscheiden können. Beispielsweise sind bei Innovationsaufgaben, die auf neue Produkte abzielen, mit tendenziell weniger Willensbarrieren zu rechnen als bei Veränderungen, die organisatorische Veränderungen zum Ziel haben, vgl. Tebbe, K. (Organisation 1990) S. 9.

[151] Die nachfolgend aufgeführten Merkmale stützen sich auf die Ausführungen von THOM, der aus einer umfangreichen Literaturanalyse diese vier Merkmale als relativ eindeutig identifizieren konnte, vgl. Thom, N. (Grundlagen 1980) S. 23ff.

- **Neuartigkeit**

  Die Neuartigkeit kann als das konstitutive Merkmal von Innovationsaufgaben angesehen werden. Sie drückt aus, in welchem Umfang sich mit der Erfüllung der Innovationsaufgaben der bisherige Wissens- und Erfahrungsstand erweitert. Dies ist i.d.R. erst im Anschluss an die Aufgabenerfüllung feststellbar. Folglich ist auch die Einstufung von Unternehmensaufgaben als innovativ erst im Nachhinein möglich. Für die richtige organisatorische Handhabung von Innovationsaufgaben wäre aber eine Einschätzung der Neuartigkeit zu Aufgabenbeginn wünschenswert. Eine solche Einschätzung wird möglich bei Betrachtung der Innovationsaufgabe als spezifische Problemlösung.[152] Eine Unternehmensaufgabe wird danach dann innovativ zu lösen sein, wenn die zu verarbeitenden Aufgabeninputs ein Problem verursachen, das als neuartig empfunden wird. Ein Problem wird umso neuartiger wahrgenommen, je weniger auf spezifische Erkenntnisse und Erfahrungen zur Problemlösung zurückgegriffen werden kann und je weniger spezifische, algorithmisierte Vorgehensweisen zur Lösungsfindung vorliegen.[153] Bei Innovationsaufgaben *„fehlt häufig eine genaue Definition des Ausgangsproblems oder des angestrebten Endzustandes, vor allem aber ein Prozessmodell (Lösungsalgorithmus), anhand dessen jeder einzelne Schritt bei der Projektbearbeitung auf seine Zielbezogenheit getestet werden kann"*.[154]

- **Komplexität**

  Mit steigender Neuartigkeit vollziehen sich die meisten Innovationsaufgaben in einer Abfolge verschiedener Entscheidungen und Aktivitäten, die nicht isoliert und chronologisch linear verlaufen, sondern teils parallel und teils sequentiell und die über Rückkopplungsschleifen miteinander verbunden sind.[155] Wahrgenommen werden die Entscheidungen und Aktivitäten dann von einer Vielzahl von unternehmensinternen und -externen Handlungsträgern, die untereinander eine Vielzahl von Beziehungen eingehen und deren Zusammensetzung sich im Laufe der Aufgabenerfüllung ändern kann. Mit der Neuartigkeit nimmt i.d.R. auch die Komplexität der Innovationsaufgaben zu.[156]

  Gleichzeitig kann davon ausgegangen werden, dass mit der Komplexität von Unternehmensaufgaben auch die Wahrscheinlichkeit für Innovationen steigt, denn mit der Komplexität wachsen die alternativen Lösungsmöglichkeiten. Daneben

---

[152] Vgl. Pleschak, F.; Sabisch, H. (Innovationsmanagement 1996) S. 26ff.

[153] Vgl. Kirsch, W. (Entscheidungsprozesse 1971) S. 144f. sowie Hill, W.; Fehlbaum, R.; Ulrich, P. (Organisationslehre 1994) S. 268f.

[154] Marr R. (Innovation 1980) Sp. 952.

[155] Vgl. Thom, N. (Grundlagen 1980) S. 28f.

[156] Zur systemtheoretischen Definition der Komplexität vgl. Teil B, Abschn. 1.1.

motivieren gerade komplexe Aufgaben zur Suche nach verschiedenen Lösungen und vergrössern die im Rahmen komplexer Aufgaben erarbeiteten Lösungsansätze die Möglichkeiten zur Neukombination.[157] Neuartigkeit und Komplexität sind als zwei interdependente Merkmale von Innovationsaufgaben anzusehen.

- **Unsicherheit**

  Eng mit Neuigkeitsgrad und Komplexität verknüpft ist die Unsicherheit über die erfolgreiche Erfüllung der Innovationsaufgabe, denn Erfahrungen sind bestenfalls in Bezug auf den formalen Prozess der Aufgabenerfüllung zu erwerben, der bei starker Abstraktion in ähnlicher Weise abläuft.[158] Darüber, ob Ideen realisierbar sind und ob zu realisierende Lösungen die angestrebten qualitativen und wirtschaftlichen Eigenschaften aufweisen werden, lassen sich im Vorhinein keine endgültigen Aussagen treffen. Das innovierende Unternehmen geht immer das Risiko eines Fehlschlages seiner Innovationsanstrengungen ein.

- **Konfliktgehalt**

  Die Ausführungen zur Komplexität weisen darauf, dass bei der Erfüllung von Innoavtionsaufgaben Konflikte auftreten können. Solche Konflikte lassen sich in sachlich-intellektuelle, sozio-emotionelle und wertmässig-kulturelle Konflikte unterteilen.[159]

  Sachlich-intellektuelle Konflikte können bei der Wahl und verbindlichen Festlegung von Zielen, bei der Verteilung von Mitteln zur Zielerreichung und der Bewertung ihrer Zweckmässigkeit sowie bei der Einschätzung von Fakten und Vermutungen entstehen.

  Sozio-emotionelle Konflikte können insbesondere zwischen aktiv und passiv Innovierenden auftreten, wenn unter dem aktiv Innovierenden der Bereitsteller der Innovation und unter dem passiv Innovierenden der von der Innovation Betroffene zu verstehen ist.[160]

  Wertmässig-kulturelle Konflikte können in Erscheinung treten, wenn unterschiedliche Überzeugungen, Werte und Grundhaltungen von Organisationsmitgliedern bei der Bestimmung des wirtschaftlichen und gesellschaftlichen Nutzens der Innovation, der Massnahmen zur Zielerreichung und der zielrelevanten Informationen aufeinander treffen.[161]

---

[157] Vgl. Gebert, D. (Innovation 1979) S. 286f. und die dort angegebenen empirischen Studien zur Stützung dieser Zusammenhänge.

[158] Vgl. Thom, N. (Grundlagen 1980) S. 26ff.

[159] Vgl. Krüger, W. (Konfliktsteuerung 1973) S. 76ff.

[160] Vgl. Meissner, W. (Innovation 1989) S. 81f.

[161] Vgl. Thom, N. (Grundlagen 1980) S. 30.

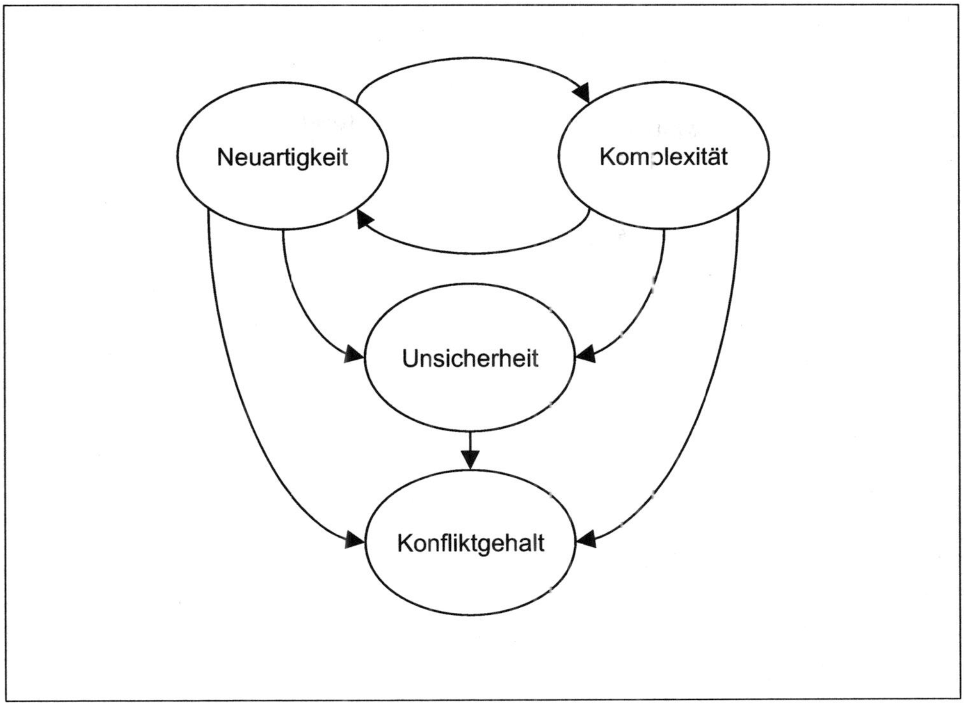

Bild 12: Formale Merkmale von Innovationsaufgaben und ihre Beziehungen[162]
Fig. 12: Formal characteristics of innovative tasks and their correlations

2.2 Objektorientierte Merkmale von Innovationsaufgaben

2.2.1 Differenzierung nach dem Innovationsobjekt

Innovationsaufgaben lassen sich weiterhin nach ihrem Objekt differenzieren, das innovativ verändert wird.

Die für Bauunternehmen relevanten Innovationsobjekte ergeben sich aus der Besonderheit des baubetrieblichen Leistungsangebots, das grundsätzlich ***immaterieller Art*** ist. Es besitzt die Form eines ***Leistungsversprechens***, das sich auf die erfolgreiche Durchführung eines ***Leistungserbringungsprozesses*** zur vertragsgemässen Erstellung eines in Form des Bauwerks materialisierten ***Leistungsergebnisses*** bezieht. Entsprechend lassen sich für Bauunternehmen drei wesentliche Innovationsobjekte unterscheiden (Bild 13):

---

[162] In Anlehnung an Thom, N. (Innovationsmanagement 1992) S. 7.

- **Leistungen**

  Unter einer Leistung wird das Versprechen eines Unternehmens verstanden, die konkreten Bedürfnisse seiner Kunden nutzbringend zu befriedigen. Leistungen sind danach immer immaterieller Art. Kann das Bedürfnis eines Kunden der Bauwirtschaft im Allgemeinen in einem funktional, qualitativ und wirtschaftlich optimalen Bauwerk gesehen werden, besteht die Leistung von Bauunternehmen darin, solch ein Bauwerk zu planen, zu erstellen, zu betreiben und/oder zu unterhalten. Leistungsinnovationen sind dann vom Kunden wahrgenommene Änderungen im Beitrag des Unternehmens am baulichen Wertschöpfungsprozess. Beispielsweise kann ein Bauunternehmen zusätzlich zur Erstellung noch die Planung oder den Betrieb von Bauwerken oder bestimmter Bauwerkssysteme in sein Leistungsangebot integrieren. Dabei müssen Leistungsinnovationen infolge ihrer Marktorientierung nicht nur im Unternehmen selbst, sondern in erster Linie bei den potentiellen Kunden durchgesetzt werden.[163]

- **Produkte**

  Versteht sich die Leistung eines Unternehmens als das immaterielle Angebot zur Befriedigung von Kundenbedürfnissen, soll unter dem Produkt das materielle Ergebnis der Angebotsrealisierung begriffen werden. Das Produkt der Bauwirtschaft ist folglich das Bauwerk, und Produktinnovationen sind dann Erneuerungen in der Architektur, der Tragwerksstruktur oder den technischen Ausbausystemen von Bauwerken, die sich z.B. über die Entwicklung und Anwendung neuer Materialien oder neuer technischer Installationen vollziehen können. Produktinnovationen müssen ebenfalls im Unternehmen und am Markt durchgesetzt werden.[164]

- **Prozesse**

  Eher auf die innerbetriebliche Durchsetzung beschränkt sind Prozessinnovationen. Stellt bei Produktinnovationen das Ergebnis von betrieblichen Prozessen der Leistungserbringung das Objekt der Erneuerung dar, sind es bei Prozessinnovationen genau diese Wertschöpfungs- bzw. Leistungserbringungsprozesse. Zu unterscheiden sind technische und administrative Prozessinnovationen. Technische Prozessinnovationen beziehen sich auf die direkten Wertschöpfungsaktivitäten eines Unternehmens. Zu ihnen sind in der Bauwirtschaft Neuerungen in den Planungs-, Erstellungs- und Betriebsprozessen von Bauwerken zu zählen. Administrative Prozessinnovationen konzentrieren sich hingegen auf die indirekten Wertschöpfungsaktivitäten im Unternehmen und umfassen folglich Neuerungen in Unternehmensbereichen wie Finanzen, Personal, Recht u.a. Administrative Pro-

---

163 Vgl. Schulte, M. (Beitrag 2003) S. 259ff.

164 Vgl. Hauschildt, J. (Innovationsmanagement 1993) S. 9.

zessinnovationen werden aus den Betrachtungen dieser Arbeit ausgeschlossen.[165]

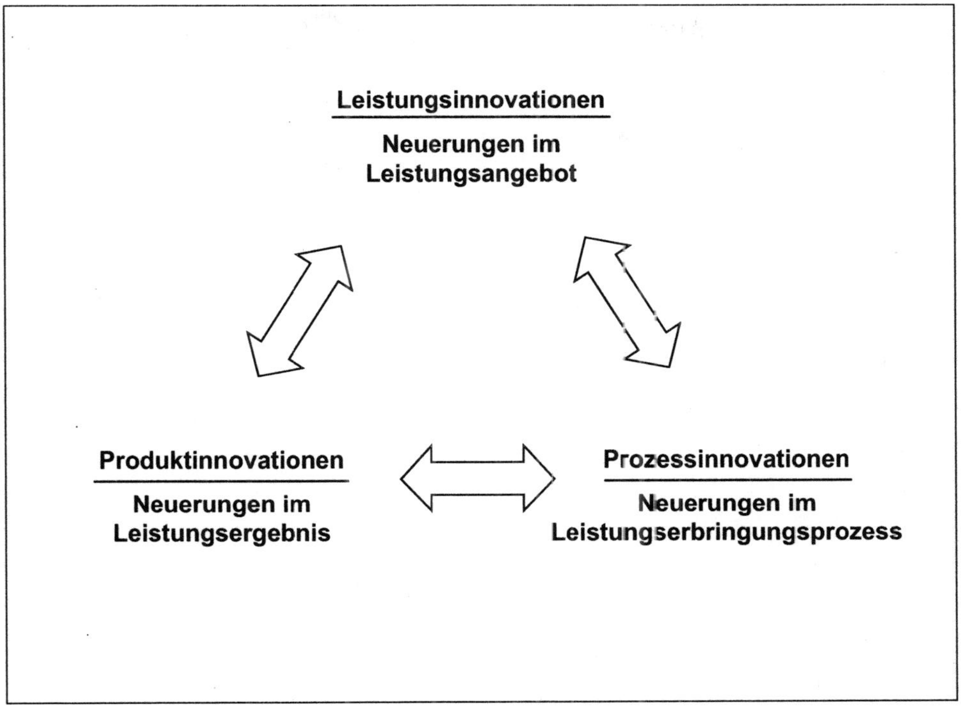

Bild 13: Innovationsaufgaben nach dem Innovationsobjekt

Fig. 13: Innovative tasks characterized by their objects

Es ist von verschiedenen Abhängigkeiten zwischen den drei Innovationsobjekten auszugehen. So können Prozessinnovationen unmittelbar eine Folge von Leistungs- oder Produktinnovationen sein, denn neue Leistungen oder Produkte verlangen vielfach auch neu gestaltete Leistungserbringungsprozesse. Dagegen implizieren Prozessinnovationen keineswegs Veränderungen der Leistungen und Produkte, wenn bspw. durch eine neuartige Baumaschine eine Kostensenkung bei der Bauwerkserstellung erzielt wird. Sie können aber dann zu neuen Leistungsangeboten führen, wenn z.B. die effiziente Nutzung innovativer Produktionsmittel eine starke Verknüpfung wertschöpfender Aktivitäten erfordert.[166] Darüber hinaus erlauben so

---

[165] Nachfolgend werden daher Prozessinnovationen mit technischen Prozessinnovationen gleichgesetzt.

[166] So ist z.B. eine Integration von Leistungen zur Planung der Bauwerkserstellung und Leistungen zur Erstellung des Bauwerkes für den wirtschaftlichen Einsatz von Verfahren und Maschinen der industriellen Fertigung notwendig, vgl. Bärthel, J. (Bauen 2002) S. 32f.

wohl Leistungs- als auch Produkt- und Prozessinnovationen, dass der Kunde die Fähigkeit und Bereitschaft eines Unternehmens zur Offerierung und Entwicklung einer baulichen Lösung bzw. das Leistungspotential eines Unternehmens besser wahrnimmt. Wie an späterer Stelle noch zu zeigen sein wird, sind zum gegenwärtigen Zeitpunkt in der Bauwirtschaft vor allem Leistungsinnovationen eine notwendige Voraussetzung für Produkt- und Prozessinnovationen[167]

Neben den aufgeführten existieren in Bauunternehmen noch eine Reihe weiterer Innovationsobjekte wie Sozialleistungen oder Beschaffungsmärkte. Sie werden ebenso wie die administrativen Prozessinnovationen aus der weiteren Betrachtung ausgeklammert.

2.2.2 Differenzierung nach dem Innovationsgrad

Eine weitere Charakterisierung und Differenzierung von Innovationsaufgaben ist formal über den bei Leistungen, Produkten und Prozessen angestrebten oder erreichten Grad der Neuartigkeit bzw. Innovationsgrad möglich. Dies erscheint schon deshalb sinnvoll, da die Beurteilung des Innovationsgrads am ehesten über die am Innovationsobjekt vorzunehmenden oder vorgenommenen Veränderungen erfolgen kann.

In der Literatur findet sich häufig die Unterscheidung zwischen ***radikalen*** und ***inkrementalen Innovationen***, die zwei Enden eines Kontinuums darstellen. Je mehr eine Leistung, ein Produkt oder ein Prozess neu gestaltet werden und je mehr neue wirtschaftliche, technische und/oder naturwissenschaftliche Erkenntnisse bei der Gestaltung berücksichtigt werden, desto eher wird die Veränderung am radikalen Ende des Kontinuums einzuordnen sein und desto eindeutiger lässt sie sich als innovativ einstufen.[168] Hingegen ist umstritten, ob auch inkrementale Veränderungen innovativen Charakter besitzen. Dies nicht zuletzt auch deswegen, da in der Praxis oft schwer einzuordnende Übergangsformen existieren, die sich weder der radikalen noch der inkrementalen Seite eindeutig zuordnen lassen.[169]

---

[167] Vgl. Teil B, Abschn. 3.4.2.2.

[168] Vgl. Gerpott, T. (Innovationsmanagement 1999) S. 43.

[169] Die Schwierigkeit bei der Einschätzung des Neuigkeitsgrads beruht auf einem Mangel an operationalen und objektiven Messkriterien, vgl. Gerpott, T. (Innovationsmanagement 1999) S. 43, der zwischen objektiv-quantitativen Indikatoren wie Unterschieden in den technischen Leistungsmerkmalen und einer subjektiv-semiquantitativen oder -qualitativen Beurteilung durch Personenbefragung unterscheidet, vgl. auch Pleschak, F.; Sabisch, H. (Innovationsmanagement 1996) S. 2; sowie Ropohl, G. (Technologie 1999) S. 260.

2.2.2.1 Innovationsgrad in Abhängigkeit von der Strukturveränderung

Aufgrund dieser Schwierigkeiten bietet sich zur Differenzierung des Innovationsgrads der ***Umfang der Strukturveränderung*** des Innovationsobjekts an. Der Bezug auf die Struktur des Innovationsobjekts ist insofern analytisch relevant, da Innovationsaufgaben entweder auf die Realisierung neuer technischer und/oder wirtschaftlicher Objektfunktionen abzielen oder die funktionsverbessernde Umsetzung eines neuen technischen und/oder wirtschaftlichen Potentials im Innovationsobjekt anstreben,[170] und für die Realisierung einer neuen Anwendungsfunktion oder die Funktionsverbesserung bedarf es in den meisten Fällen einer neuen oder zumindest modifizierten Objektstruktur.[171]

Unter Verwendung systemtheoretischer Terminologie sind die unter Abschn. 2.2.1 abgegrenzten Innovationsobjekte ***Systeme*** mit einer bestimmten ***Struktur***, die sich aus miteinander in Beziehung stehenden ***Elementen*** aufbauen.[172] Dabei können verschiedene Elemente funktionale Einheiten oder ***Module*** bilden.[173] Strukturveränderungen sind dann Veränderungen der Module bzw. Elemente und/oder der Beziehungen zwischen diesen Modulen bzw. Elementen. Der Innovationsgrad kann nun daran festgemacht werden, in welchem Ausmass Module, Elemente und Relationen des betrachteten Systems in den Innovationsprozess einbezogen werden oder einzubeziehen sind. Für den hier propagierten Differenzierungsansatz lassen sich vier Typen von Innovationsaufgaben unterscheiden (Bild 14):

- **Elementinnovationen**

  Mit Elementinnovationen sollen Veränderungen eines einzelnen Elements (z.B. Spannstahl) des betrachteten Systems (z.B. Brücke) bezeichnet werden, die keine oder wenig Auswirkungen auf andere Elemente (z.B. Beton) besitzen. Ebenfalls unberührt bleiben die Systembeziehungen (z.B. Brückenkonstruktion). Durch eine Elementinnovation wird die Struktur des Gesamtsystems nur geringfügig geändert. Zudem bleiben die Funktionen von Modul und System bestehen. Der Innovationsgrad ist als gering zu bezeichnen.

---

[170] Auf diese beiden als Market-Pull und Technology-Push bezeichneten Auslöser für Innovationsaufgaben wird unter Teil B, Abschn. 3.3.1.1 näher eingegangen.

[171] Ausnahmen bilden Innovationen, die aus der bewussten oder unbewussten Übertragung eines multifunktionalen technischen Systems in einen anderen Anwendungsbereich resultieren vgl. Ropohl, G. (Technologie 1999) S. 263.

[172] Zu den Grundlagen der Systemtheorie vgl. Bertalanffy, L. von (Systems 1951) und Ropohl, G. (Technologie 1999).

[173] So können als Module des Systems Bauwerk z.B. Wände, Decken oder Stützen betrachtet werden. Elemente sind dann der Beton oder der Bewehrungsstahl. vgl. auch Teil D, Abschn. 2.1.1.

- **Verknüpfungsinnovationen**

  Verknüpfungsinnovationen sind Veränderungen in den Strukturbeziehungen (z.B. Reihenfolge und Abhängigkeiten von Aktivitäten zur Betonverarbeitung) eines Systems (z.B. Erstellungsprozess eines Gebäudes). Obwohl die Module bzw. Elemente (z.B. Beton) selbst keine umfangreichen Veränderungen erfahren, kann bereits die geringfügige Neuerung eines Moduls oder Elements durchaus die Neukonfiguration des Systems auslösen (z.B. führt selbstverdichtender Beton zur Verkürzung der Betonverarbeitung durch Wegfall der Verdichtung). Durch die neuartige Verknüpfung der Systemelemente verändert sich die Systemstruktur stärker als bei Elementinnovationen. Funktionsveränderungen werden aber auch hier nicht realisiert. Der Innovationsgrad ist als gering bis mittel einzustufen.

- **Modulinnovationen**

  Ebenfalls eine stärkere Strukturveränderung bei gleichzeitig funktionaler Neuerung eines Moduls kann durch die Modulinnovation als drittem Typ erreicht werden (z.B. Bohrwagen im Tunnelbau). Im Unterschied zu Elementinnovationen stellen sie Veränderungen mehrerer funktional zusammenhängender Systemelemente (z.B. Computersystem zur Bohrarmsteuerung, Bohrarmhydraulik) dar, die jedoch ohne umfassende Anpassungen in den Beziehungen zu Elementen anderer Module des Systems realisiert werden können. Ein mittlerer bis hoher Innovationsgrad ist hier das Ergebnis.

- **Systeminnovationen**

  Als letzter Innovationstyp sind Systeminnovationen zu nennen. Bei ihnen sind sowohl verschiedenste Module bzw. Elemente als auch die Strukturbeziehungen des Systems Veränderungen unterworfen, die häufig nicht unabhängig voneinander erfolgen können. Dies geht in den meisten Fällen darauf zurück, dass einzelnen Modulen bzw. Elementen ein verändertes technisches und/oder wirtschaftliches Wirkprinzip zur Funktionserfüllung zugrunde liegt. Systeminnovationen können somit Systeme mit völlig neuen Funktionen und Strukturen hervorbringen. Ein hoher Innovationsgrad ist erreicht. Ein Beispiel für eine Systeminnovation ist das in Japan entwickelte „Smart Buildung" System, das verschiedene neu gestaltete Baumethoden zur automatisierten Erstellung hoher Gebäude vereint. Die Innovation umfasste fünf neue prozessbezogene Module, ein automatisiertes Transportsystem, ein neues Stahlmontagessystem, ein neues automatisiertes Schweisssystem, ein neues Hebesystem und ein neues integriertes Informationsmanagementsystem.[174]

---

174 Vgl. Kangari, R; Miyatake, Y. (Developing 1997) S. 72ff.

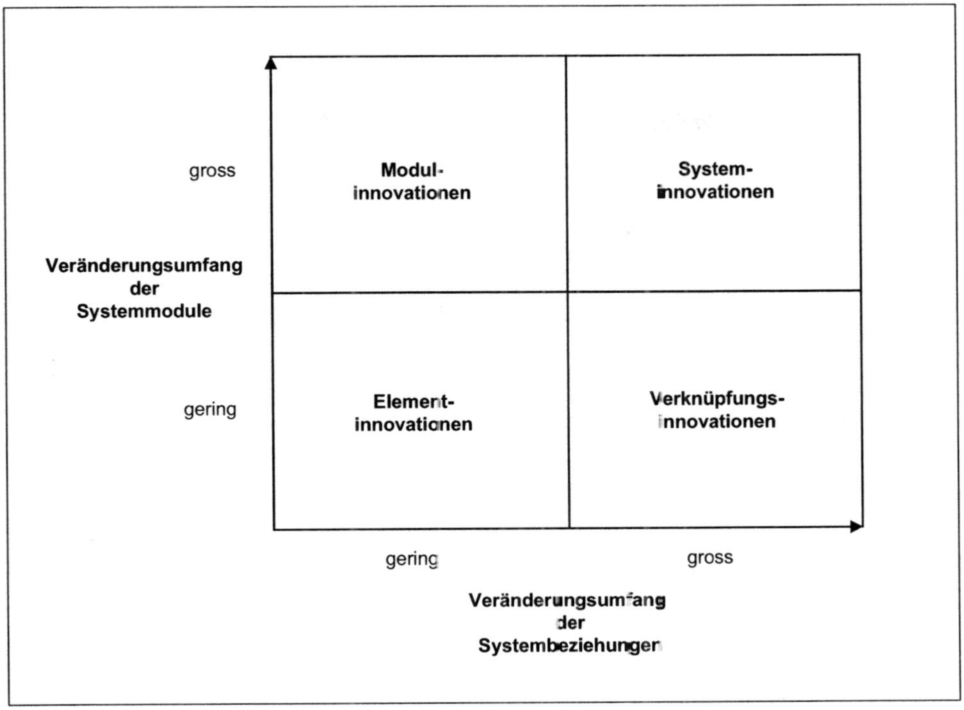

Bild 14: Innovationsaufgaben nach dem Grad der Strukturveränderung[175]
Fig. 14: Innovative tasks characterized by the change of structure

Innovierte Module, Elemente und Beziehungen können die funktionalen, technischen und/oder wirtschaftlichen Parameter eines Systems in unterschiedlichem Masse beeinflussen. Die Leistungsfähigkeit einer innovativen Lösung drückt sich dann darin aus, in welchem Umfang die Systemeigenschaften durch die Innovation verändert werden. Dabei wird angenommen, dass mit steigendem Innovationsgrad auch die Systemeigenschaften zunehmend verbessert werden. Neben der Bewertung von Innovationsideen hinsichtlich ihrer Verbesserung der funktionalen, technischen und/oder wirtschaftlichen Systemparameter sind aber auch immer auf die Ideenrealisierung bezogene Kosten-Nutzen-Überlegungen in die Bewertung einzubeziehen.

Der hier vorgeschlagene Ansatz wird in ähnlicher Weise auch von anderen Autoren zur differenzierteren Typisierung von Innovationsaufgaben nach dem Neuigkeitsgrad herangezogen.[176] Ein Vorteil, der sich aus dieser Differenzierung ergibt, liegt darin,

---

[175] In Anlehnung an Henderson, R.; Clark, K. (Innovation 1990) S. 12.

[176] Vgl. dazu Henderson, R.; Clark, K. (Innovation 1990) S. 12; Slaughter, S. (Models 1998) S. 227f. sowie Gann, D.; Wang, Y.; Hawkins, R. (Regulations 1998) S. 286, die unter Nutzung anderer Begriffe identische oder ähnliche Zusammenhänge beschreiben.

dass mit der Bezugnahme auf den Grad der Strukturveränderung die unscharfen Konzepte der inkrementalen und radikalen Innovation besser gefasst bzw. der Aspekt der Neuartigkeit detaillierter herausgearbeitet werden kann. Elementinnovationen entsprechen danach Innovationen mit inkrementalem Charakter, denn der Veränderungsumfang beschränkt sich auf ein einzelnes Element des Systems. Systeminnovationen sind demzufolge Innovationen mit radikalem Charakter, denn die gesamte Struktur des Systems ist Veränderungen unterworfen bzw. ganz neue Systeme können aus ihnen hervorgehen. Die Unschärfe des ursprünglichen Konzeptes lässt sich daran erkennen, dass sich Verknüpfungs- und Modulinnovationen weder der inkrementalen noch der radikalen Seite eindeutig zuordnen lassen. Weitere Vorteile bestehen darin, dass die Möglichkeiten für eine Neuerung und ihre Realisierbarkeit besser eingeschätzt und innovationsorganisatorische Massnahmen besser bestimmt werden können. Aussagen über den Innovationsgrad der Problemlösung können bereits frühzeitig getroffen werden und zwar in dem Masse, wie der Umfang der Strukturveränderung rechtzeitig erkannt wird. Dann kann z.B. beizeiten beurteilt werden, ob das vorhandene Unternehmenswissen die Innovationsrealisierung ausreichend unterstützt oder ob externes Wissen eingebunden werden muss.[177]

Ein Nachteil der vorgeschlagenen Differenzierung ist darin zu sehen, dass ohne eine genaue Spezifizierung des zugrundeliegenden Systems bzw. ohne eine Abgrenzung des Innovationsobjekts praxisrelevante Empfehlungen nicht direkt ableitbar sind. Das heisst, dass Wahrnehmungen und Auswirkungen der Strukturveränderung auf vor- und nachgelagerte Wertschöpfungsstufen nur ungenügend berücksichtigt werden. Beispielsweise sind aus Sicht eines Bauunternehmens mobile Webcams zur Dokumentation des Baustellenfortschritts Elementinnovationen, da zwar eine zeitnahe Begleitung der Baustelle durch Arbeitsvorbereitung und Bauleitung ermöglicht wird, aber andere Elemente des Prozesses der Bauwerkserstellung und der Prozessverlauf selber keine grösseren Änderungen erfahren. Aus Sicht des Zulieferers der Webcam kann es sich um eine Modulinnovation handeln, wenn ausgehend von bestehenden Kamerasystemen funktionale Neuerungen hinsichtlich des Wetterschutzes (z.B. Frost- und Regenbeständigkeit) und der Stromversorgung (z.B. autarke Stromversorgung) erforderlich sind.[178] Je nach wahrgenommenem Innovationsgrad kann die Realisierung und Durchsetzung der neuen Idee leichter, schwieriger oder gar nicht möglich sein. Entsprechend werden innovationsorganisatorische Massnahmen unterschiedliche Wahrnehmungen des Innovationsgrads zu berücksichtigen haben, um die Erfolgswahrscheinlichkeit einer neuen Idee zu erhöhen. Der

---

[177] Vgl. Henderson, R.; Clark, K. (Innovation 1990) S. 11.

[178] Vgl. o.V. (Magazin 2002) S. 18.

Massnahmenwahl sollte daher die Beurteilung des Innovationsgrads aus Sicht aller an der Umsetzung einer innovativen Idee Beteiligter oder Betroffenen zugrunde gelegt werden.

2.2.2.2 Innovationsgrad in Abhängigkeit von den Innovationsbeteiligten

Eine Einstufung des Innovationsgrads in Abhängigkeit vom Bezugspunkt, von dem eine Veränderung wahrgenommen wird, liefert zunächst zwei nahe liegende Unterscheidungen. So kann von ***Unternehmensneuheiten*** oder ***Marktneuheiten*** gesprochen werden, je nachdem, ob der Bezugspunkt beim Unternehmen oder beim Kunden liegt.[179] Marktneuheiten lassen sich weiter in regionale, nationale und Weltneuheiten unterteilen.[180] Leistungen, Produkte und Prozesse sind danach umso innovativer, je mehr sich durch sie in einem Unternehmen der Status quo verändert,[181] je mehr Kunden durch sie einen neuen oder verbesserten Verwendungszwecke erfüllt sehen bzw. je mehr Kunden sie verändert wahrnehmen.

Die Unterscheidung in Unternehmens- und Marktneuheiten ist insofern unbefriedigend, da sie den Innovationsgrad ausschliesslich aus Unternehmens- und Kundensicht thematisiert. Das Innovationsverhalten eines Unternehmens bettet sich jedoch in einen viel weitreichenderen Kontext ein, der sich aus den Handlungen verschiedenster Akteure der Unternehmensumwelt bzw. des Wertschöpfungsprozesses konstituiert. Diesen Akteuren, zu denen neben den Kunden z.B. auch Zulieferer, Subunternehmer oder Wettbewerber zu zählen sind, kann sich der Innovationsgrad in unterschiedlicher Höhe präsentieren. Das heisst, dass der oben eingeführte Differenzierungsansatz des Innovationsgrads um die Sichtweise aller (potentiellen) Innovationsbeteiligten als dritte Dimension zu ergänzen ist (Bild 15).[182] Eine Modulinnovation aus Sicht des Unternehmens kann sich dann für die Zulieferer des innovativ veränderten Systemmoduls z.B. als Element- oder als Systeminnovation darstellen, je nachdem ob ein Zulieferer nur ein Element des Moduls oder das gesamte Modul bereitstellt. Aus dem gleichen Grund könnte auch eine aus Sicht des Unternehmens als Elementinnovation zu bezeichnende Neuerung für den Zulieferer eine Verknüpfungs- oder Modulinnovation darstellen.

---

179 Vgl. Morner, M. (Organisation 1997) S. 17f.

180 Vgl. Pleschak, F.; Sabisch, H. (Innovationsmanagement 1996) S. 4.

181 Solch eine Änderung im Status Quo äussert sich letztlich in einer Veränderung der Unternehmensumwelt. Dazu gehören neue Marktpartner, neue Rohstoffquellen, neue Absatzmärkte, anders qualifizierte Mitarbeiter, u.a. vgl. dazu Hauschildt, J. (Innovationsmanagement 1993) S. 11ff. und die dort angegebene Checkliste, um das Ausmass des Fortschritts zu beurteilen.

182 Vgl. Afuah, A.; Bahram, N. (Hypercube 1995) S. 51f.

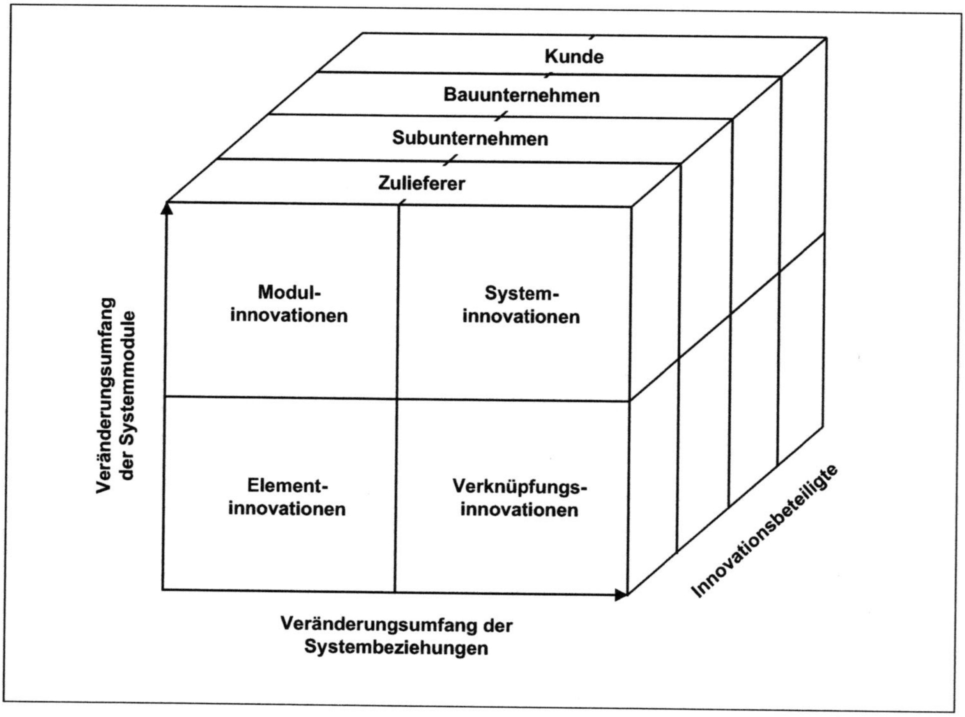

Bild 15: Innovationsgrad in Abhängigkeit von den Innovationsbeteiligten[183]
Fig. 15: Degree of innovative changes subject to institutions involved in the innovation process

Um verschiedene miteinander konkurrierende Ideen in ihren Realisierungschancen besser analysieren zu können, bietet sich eine zweidimensionale Darstellung von Innovationsgrad und Innovationsbeteiligten an (Bild 16).[184] Wird darin für jeden Innovationsbeteiligten der von ihm wahrgenommene Wert angegeben und die einzelnen Werte verbunden, ergibt sich ein Linienzug, der anschaulich die Radikalität verschiedener innovativer Lösungen gegenüberstellt.

Die Unterscheidung verschiedener Objekte von Innovationsbemühungen und verschiedener Innovationsgrade besitzt, wie an anderer Stelle bereits angemerkt, nicht nur deskriptive Bedeutung. Erst durch die Spezifizierung der objektorientierten Merkmale von Innovationsaufgaben lassen sich Einflüsse auf die Innovationsorganisation erkennen und Wirkungszusammenhänge ausreichend erklären, um darauf aufbauend praxistaugliche Lösungen für das innovationsorganisatorische Gestaltungsproblem erarbeiten zu können.

---

183 In Anlehnung an Afuah, A.; Bahram, N. (Hypercube 1995) S. 54.

184 Vgl. Afuah, A.; Bahram, N. (Hypercube 1995) S. 51f.

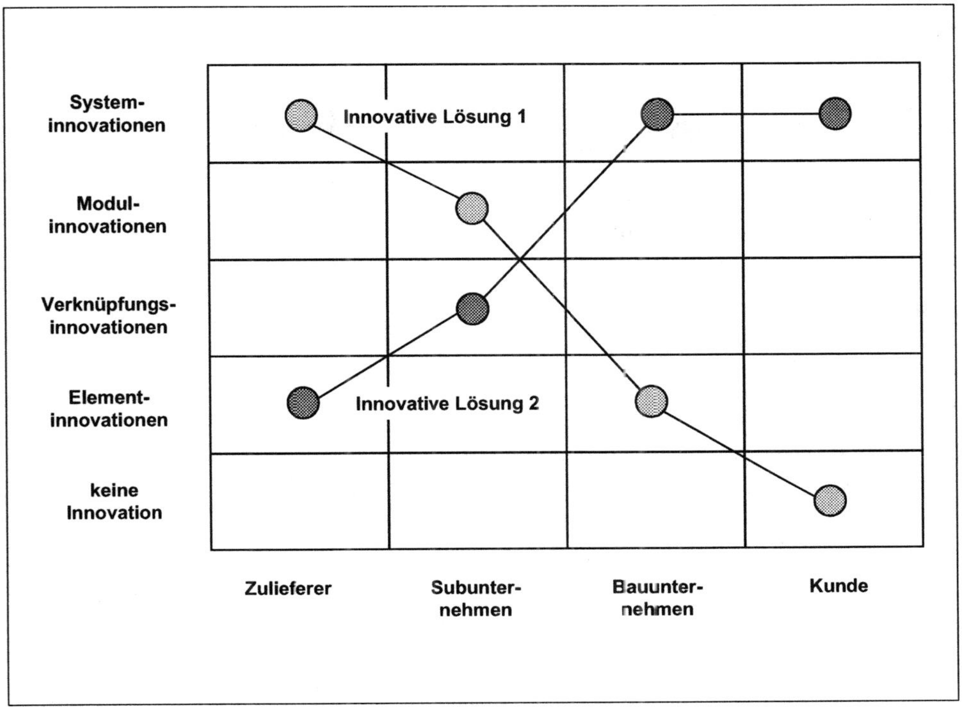

Bild 16: Bewertung des Innovationsgrads aus Sicht der Innovationsbeteiligten[185]

Fig. 16: Assessment of the degree of innovative changes from the view of institutions involved in the innovation process

2.3 Prozessorientierte Merkmale von Innovationsaufgaben

2.3.1 Charakterisierung des Gesamtprozesses

Ein Einfluss der Objektmerkmale von Innovationsaufgaben ist auf die einzelnen Aktivitäten zu erwarten, die zur Erfüllung der Innovationsaufgabe zu ergreifen sind. In der Literatur existiert eine Reihe von Ablaufmodellen für den Erfüllungsprozess von Innovationsaufgaben, die vorwiegend für ein spezifisches Innovationsobjekt konzipiert wurden und sich hinsichtlich der Anzahl zu erbringender Aktivitäten bzw. zu durchlaufender Phasen voneinander unterscheiden. Von den wenigen Prozessmodellen für baubetriebliche Innovationsaufgaben schlägt z.B. TATUM für die Einführung von

185 In Anlehnung an Afuah, A.; Bahram, N. (Hypercube 1995) S. 54.

Prozessinnovationen auf Bauprojektebene ein fünfphasiges Prozessmodell vor.[186] Für die Einführung von Prozessinnovationen auf Unternehmensebene wird von LABORDE/SANVIDO ein vierphasiges Prozessmodell entworfen.[187] Das sechsphasige Prozessmodell von SLAUGHTER hingegen ist auf die Einführung von Innovationen mit verschiedenen Innovationsgraden auf Bauprojektebene gerichtet.[188]

Dass aufgestellte Ablaufmodelle bspw. für Produktinnovationen ebenfalls in Art und Bedeutung der in den einzelnen Phasen zusammengefassten Aktivitäten variieren, geht auf die vorwiegend theoretische Gliederung des Innovationsprozesses zurück. Einer exakten Abgrenzung einzelner Aktivitäten steht deren starke Überlagerung und Verflochtenheit entgegen. Phasenmodelle für Innovationsprozesse sind somit vor allem theoretische Konstrukte zur Veranschaulichung der verschiedenartigen Anforderungen einzelner Innovationsaktivitäten.[189] Je nach Untersuchungs- bzw. Gestaltungszweck treten zudem andere situative Einflüsse in den Vordergrund, die eben auch andere Phaseneinteilungen zur Folge haben.[190]

Trotz dieser Schwierigkeit, den Erfüllungsprozess von Innovationsaufgaben realitätsnah abzubilden, lässt erst eine prozessorientierte Charakterisierung von Innovationsaufgaben die entscheidungsrelevanten Wirkungszusammenhänge für eine adäquate Gestaltung der Innovationsorganisation erkennen. Würden Innovationsaufgaben als Black-Box betrachtet, könnten innovationsorganisatorische Gestaltungsmassnahmen in ihren Wirkungen nur unzureichend bewertet und weniger gezielt eingesetzt werden.[191]

Um eine für die baubetriebliche Praxis sinnvolle Innovationsprozessgliederung zu finden, soll zunächst der Entstehungs- und Verbreitungsprozess von Innovationen in seiner Gesamtheit betrachtet werden. Nach ROPOHL gliedert sich dieser ***Innovationsprozess im weitesten Sinne (i.w.S.)*** in folgende Prozessstufen:[192]

- **Kognition**

  Die Kognition stellt eine Erkenntnis zuvor unbekannter Naturerscheinungen und Naturgesetze dar, mit der ein neues wissenschaftlich-technisches Potential verbunden ist. Sie geht aus wissenschaftlicher Forschung hervor und entsteht folglich

---

[186] Vgl. Tatum, C. (Innovation 1987) S. 58ff.

[187] Vgl. Laborde, M.; Sanvido, V. (Introducing 1994) S. 497ff.

[188] Vgl. Slaughter, S. (Implementation 2000) S. 4ff.

[189] Vgl. Maar, R. (Innovationsmanagement 1993) S. 1798.

[190] Vgl. Thom, N. (Grundlagen 1980) S. 45.

[191] Vgl. Thom, N. (Grundlagen 1980) S. 51.

[192] Vgl. Ropohl, G. (Technologie 1999) S. 258ff.

vielfach in Forschungseinrichtungen wie Hochschulen. Obwohl sie für die Generierung von Innovationen nicht zwingend erforderlich und i.d.R. nicht in Bauunternehmen anzutreffen ist, lässt sie sich von Bauunternehmen als Wissensquelle vor allem für die neuartige Lösung bautechnischer Problemstellungen nutzen.

- **Invention**

  Für den Innovationsprozess erforderlich hingegen ist die Invention, die häufig von Unternehmen hervorgebracht wird. Mit der Invention ist ein erstes Konzept der neuen Wirklichkeit entworfen und, sofern es sich um technische Zusammenhänge handelt, auch erstmals materiell konkretisiert.[193] In der Bauwirtschaft sind es z.B. die Zulieferer, die neue Ideen für Baustoffe oder Baumaschinen entwickeln und in Prototypen verwirklichen. Aber auch Bauunternehmen können Inventionen hervorbringen, indem sie z.B. neue Leistungsangebote konfigurieren.

- **Innovation**

  Ist vom Bauunternehmen z.B. das neu ausgearbeitete Leistungsangebot erstmalig wirtschaftlich und technisch erfolgreich am Markt realisiert, ist mit der Innovation eine nächste Stufe des Innovationsprozesses i.w.S. erreicht. Konnte die Invention eines neuen Leistungsangebotes vom Unternehmen noch allein erarbeitet werden, bedarf es spätestens für die Innovationsstufe den das Leistungsangebot wahrnehmenden und akzeptierenden Kunden. Ähnlich verhält es sich bei den Inventionen der Zulieferer. Auch sie werden erst dann zur Innovation, wenn ein Bauunternehmen sie zur Bauwerks- und Prozessgestaltung zweckvoll einsetzen kann. Ist mit der Invention etwas Neues erarbeitet, bedeutet Innovation, das Neue erstmals erfolgreich zu nutzen.

- **Diffusion**

  Der Innovationsprozess i.w.S. schliesst mit der Stufe der Diffusion, die dadurch gekennzeichnet ist, dass die Neuerung im Unternehmen oder am Markt eingeführt ist und sich in der Anwendung verbreitet. Mit zunehmender Nutzung veraltet die Innovation und wird schliesslich durch andere Neuerungen substituiert. Die Diffusion eines innovativen Leistungsangebotes ist folglich dann eingetreten, wenn weitere Kunden das Leistungsangebot des Bauunternehmens in Anspruch nehmen, die Diffusion einer Zuliefererentwicklung, wenn auch andere Bauunternehmen die Neuerung zur Anwendung bringen.

Aufbauend auf diese vierstufigen Gliederung des Innovationsprozesses i.w.S. lassen sich nun die die einzelnen Stufen verbindenden Teilprozesse weiter präzisieren.

---

[193] Ropohl, G. (Technologie 1999) S. 258.

2.3.2 Charakterisierung der Teilprozesse

2.3.2.1 Über die Kognition zur Invention

Der Teil des Innovationsprozesses i.w.S., der über die Kognition zur Innvention führt, wird üblicherweise als ***Forschungs- und Entwicklungsprozess (F&E-Prozess)*** bezeichnet, seine beiden Phasen folglich als Forschung und Entwicklung. Aufgrund dessen, dass der Kognition jeglicher Anwendungsbezug fehlt, die Invention hingegen eine konkrete Anwendung verfolgt, wird i.d.R. noch eine dritte Phase zwischengeschaltet. Die drei Phasen des Forschungs- und Entwicklungsprozesses sind:[194]

- **Grundlagenforschung**

  Die Grundlagenforschung zielt auf die Gewinnung neuer wissenschaftlicher Erkenntnisse, indem naturwissenschaftliche Phänomene experimentell durchdrungen und die ihnen zugrunde liegenden Ursache-Wirkungs-Beziehungen aufgedeckt werden. Die Kognition kann als Ergebnis der Grundlagenforschung angesehen werden, denn der Anspruch auf eine wirtschaftliche Verwertbarkeit der Ergebnisse dieser Phase ist gering. Folglich wird Grundlagenforschung in erster Linie von Forschungseinrichtungen betrieben. Bauunternehmen führen i.d.R. keine eigene Grundlagenforschung durch.

- **Angewandte Forschung**

  In der angewandten Forschung werden die von der Grundlagenforschung bereitgestellten Erkenntnisse auf die prinzipielle Lösung konkreter Problemstellung gerichtet und mit neu gewonnenem Wissen angereichert. Die angewandte Forschung stellt die verbindende Aktivität zwischen der zweckfreien Kognition und der anwendungsbezogenen Invention dar. Um das mit der Grundlagenforschung generierte Wissen auf einen Anwendungszweck ausrichten zu können, ist diese mit Wissen aus der betrieblichen Praxis zu verknüpfen. Angewandte Forschung kann sich bspw. mit unterschiedlicher Aktivitätenverteilung zwischen Bauunternehmen und Forschungseinrichtung vollziehen.[195]

- **Entwicklung**

  Die Entwicklungsphase zielt ausgehend von der generellen Realisierbarkeit der mit der angewandten Forschung bereitgestellten Erkenntnisse auf die Umsetzung dieses Wissens in neue oder wesentlich verbesserte Leistungen, Produkte oder

---

194 Vgl. OECD (Messung 1982) S. 29; Brockhoff, K. (Forschung 1992) S. 37ff.; Staudt, E. (Forschung 1993) S. 1185ff.; Bullinger, H.-J. (Einführung 1994) S. 35f. sowie Vahs, D.; Burmester, R. (Innovationsmanagement 1999) S. 46.

195 Vgl. Hirschfeld, M. (Forschung 1996) S. 449.

Prozesse. Das Ergebnis der Entwicklungsphase ist die Invention. Entwicklung kann von Bauunternehmen sowohl zur Lösung konkreter technischer Probleme in Bauprojekten betrieben werden als auch im Rahmen strategischer Projekte, die z.B. auf die Erschliessung neuer Märkte gerichtet sind.[196]

Der F&E-Prozess als kreative und schöpferische Generierung von neuem Wissen, das Potential für die Lösung verschiedener funktionaler, technischer und/oder wirtschaftlicher Probleme besitzt, kann Neuerungen mit hohen Innovationsgraden hervorbringen. Um innovativ tätig zu werden, muss er jedoch nicht zwingend durchlaufen werden. Notwendig ist hingegen, dass ein technisch und wirtschaftlich nutzbringender F&E-Prozess aufgrund seiner weitgehenden Beschränkung auf den vormarktlichen Bereich einer Neuerung immer in den übergeordneten, die Innovationsstufe integrierenden Gesamtprozess einzubinden ist. Eine ungenügende bzw. zu späte Berücksichtigung von Markterfordernissen birgt erhebliche Risiken, die in der Gefahr eines vorzeitigen Abbruchs der Forschungs- und Entwicklungstätigkeiten, einer beschränkten Übertragbarkeit wissenschaftlicher Erkenntnisse in technische Anwendungen, terminlichen und finanziellen Problemen oder einer fehlenden Akzeptanz von transferierten Erkenntnissen auf dem Markt bestehen können.

2.3.2.2 Über die Invention zur Innovation

Mit den vorangegangenen Ausführungen wurde deutlich, dass die betriebliche Innovationstätigkeit zumindest die beiden Stufen der Invention und Innovation zu umfassen hat. Entsprechend können die beiden, die Invention und Innovation einschliessenden Phasen als ***Innovationsprozess im engeren Sinne (i.e.S.)*** bezeichnet werden. Die beiden Phasen dieses Prozesses, dem in der Literatur verstärkt Aufmerksamkeit geschenkt wird, sind:[197]

- **Ideengenerierung**

  Ergebnis der Ideengenerierung ist die Invention. In dieser Phase steht folglich die konkrete Entwicklung möglichst vieler Ideen unter Beizug interner und externer Ideenquellen im Mittelpunkt[198] und ihre Verdichtung zu einem neuen Konzept für eine Leistungs-, Produkt- oder Prozessinnovation.[199] Bauunternehmen können sich zur Ideengenerierung recht unterschiedlicher Quellen bedienen. Dazu gehö-

---

[196] Vgl. Hirschfeld, M. (Forschung 1996) S. 447f. sowie zur funktionalen Einordnung der beiden Entwicklungsrichtungen (bauprojektabhängig und bauprojektübergreifend) Teil B, Abschn. 2.4.

[197] Vgl. Kasper, H. (Innovation 1982) S. 63; Gebert, D. (Innovation 1979) S. 283 oder Morner, M. (Organisation 1997) S. 92ff.

[198] Vgl. Maar, R. (Innovationsmanagement 1993) S. 1798.

[199] Nachfolgend werden die Begriffe *Invention* und *Idee* synonym verwendet.

ren Zulieferer, Subunternehmer, Wettbewerber oder die Mitarbeiter des Unternehmens.[200] Aktivitäten während der Ideengenerierung sind die Bestimmung des Suchfeldes als strategische Eingrenzung des Marktes oder Leistungsbereiches, in dem innoviert werden soll, das Analysieren von Projektanforderungen, um Notwendigkeiten oder Ansatzpunkte für neue bautechnische Lösungen zu erkennen, die Stimulierung von Ideen durch bspw. Kreativitätstechniken und der Vorschlag von Ideen gegenüber einer bewertenden bzw. entscheidenden Stelle auf Unternehmens- oder Projektebene.[201]

- **Ideenrealisierung**

  In der Phase der Ideenrealisierung wird die konzeptionell entwickelte bzw. identifizierte Idee verwirklicht, wobei der Einsatz des Projektmanagements eine schnelle und zielgerichtete Umsetzung gewährleistet. Das Ergebnis der Ideenrealisierung ist die Innovation. Da Bauunternehmen ihre Ideen immer im Zusammenhang mit Bauprojekten realisieren, sind wesentliche Aktivitäten der Ideerealisierung im Einbezug anderer von der Idee betroffener Projektbeteiligter, im Bereitstellen notwendiger Ressourcen wie z.B. zusätzlichem technischen Support, in der Ausbildung von Mitarbeitern, dem Anpassen der Idee an die Projektanforderungen sowie in der Kontrolle und Dokumentation der Akzeptanz der Idee zu sehen.[202]

Die zweiphasige Unterteilung stellt eine umfassende Abstraktion des Innovationsprozesses i.e.S. dar. In der Literatur lassen sich weitergehende Detaillierungen des Prozesses ausmachen, die dann darauf zurück zu führen sind, dass je nach Objekt- und Situationscharakteristiken bestimmten in den beiden Phasen zusammengefassten Aktivitäten eine höhere Bedeutung für den Innovationsprozess beigemessen wird. Entsprechend werden diese Aktivitäten separiert und als weitere Phasen eingeführt und herausgestellt. Eine häufig anzutreffende Erweiterung ist das dreiphasige Prozessmodell von THOM, der zwischen Ideengenerierung und -realisierung noch die Ideenakzeptierung als dritte Phase schaltet. Damit hebt er die Bedeutung der Entscheidung, die zur Annahme und Realisierung einer Idee zu treffen ist, hervor:[203]

---

200 Vgl. Laborde, M.; Sanvido, V. (Introducing 1994) S. 498f. sowie Slaughter, S. (Implementation 2000) S. 4f.

201 Vgl. Tatum, C. (Innovation 1987) S. 60 sowie Thom, N. (Innovationsmanagement 1992) S. 42ff.

202 Vgl. Tatum, C. (Innovation 1987) S. 61f.; Laborde, M.; Sanvido, V. (Introducing 1994) S. 500f. sowie Slaughter, S. (Implementation 2000) S. 6f.

203 Vgl. Thom, N. (Grundlagen 1980) sowie Meissner, W. (Innovation 1989), Tebbe, K. (Organisation 1990) und Maar, R. (Innovationsmanagement 1993).

- **Ideenakzeptierung**

  In der Phase der Ideenakzeptierung wird darüber entschieden, welche der generierten Ideen weiterverfolgt bzw. auf die Umsetzung welcher Idee sich die Unternehmens- bzw. Projektressourcen konzentrieren sollen.[204] Dazu sind die Ideen einer Bewertung zu unterziehen, die z.B. mittels Scoringmethoden oder der Wertanalyse erfolgen kann.[205] Dabei sollten innovative Ideen in Bauunternehmen bzw. Bauprojekten nicht, wie häufig üblich, nur auf ihren Beitrag zur Senkung der Bauwerkserstellungskosten geprüft werden. In ihre Bewertung sollten auch andere Unternehmens- und Projektkriterien einfliessen, wie der Beitrag zur Senkung der Nutzungskosten des Bauwerks, zur Arbeitssicherheit, zur Umweltverträglichkeit oder zur strategischen Ausrichtung des Unternehmens.[206] Weitere Aktivitäten der Ideenakzeptierungsphase sind das Aufstellen von Realisationsplänen und der Entscheid für einen zu realisierenden Plan. Hierzu zählt dann auch die Sicherstellung der für die Ideenrealisierung notwendigen personellen, technischen und finanziellen Ressourcen.

2.3.2.3 Über die Innovation zur Diffusion

Der Teil des Innovationsprozesses i.w.S., der über die Innovation zur Diffusion führt, charakterisiert sich in der zeitlichen Abfolge von Einzelübernahmen (Adoptionen) einer Neuerung durch ein soziales System und wird als ***Diffusionsprozess*** bezeichnet.[207] Dabei hat eine Neuerung die Innovationsstufe erreicht, wenn sich z.B. ein Unternehmen oder ein Kunde für ihre erstmalige Anwendung entscheidet und sie in die betriebliche Praxis implementiert. Die Diffusion ist eingetreten, wenn weitere Unternehmen oder Kunden sich entschliessen, die Neuerung einzuführen, um sie für ihre eigene betriebliche Tätigkeit zu nutzen.

Die Unterscheidung von verschiedenen Zeitpunkten der Neuerungseinführung erlaubt eine Klassifizierung von ***Adoptoren*** hinsichtlich ihrer Innovationsfreudigkeit (Bild 17). Ein innovationsfreudiger Adoptor zeichnet sich dann dadurch aus, dass er im Vergleich zu anderen Adoptoren eine Neuerung früh einführt.[208] ROGERS unter-

---

[204] Hierbei handelt es sich nach THOM um den Hauptentschluss im Innovationsprozess, ein neues Konzept auch zu verwirklichen. Daneben sind noch zahlreiche weitere Detailentscheidungen zu treffen, vgl. Thom, N. (Grundlagen 1980) S. 52.

[205] Vgl. Thom, N. (Innovationsmanagement 1992) S. 42ff.

[206] Vgl. Slaughter, S. (Implementation 2000) S. 5 sowie Teil D, Abschn. 2.2.

[207] Vgl. Bock, J. (Diffusion 1987) S. 32ff. und die dort angegebene Literatur sowie Schmalen, H. (Diffusionsprozesse 1993) Sp. 776.

[208] Vgl. Rogers, E. (Diffusion 1995) S. 261.

scheidet fünf Adoptorgruppen, die ***Innovatoren***, die ***Frühen Adoptoren***, die ***Frühe Mehrheit***, die ***Späte Mehrheit*** und die ***Nachzügler***.[209]

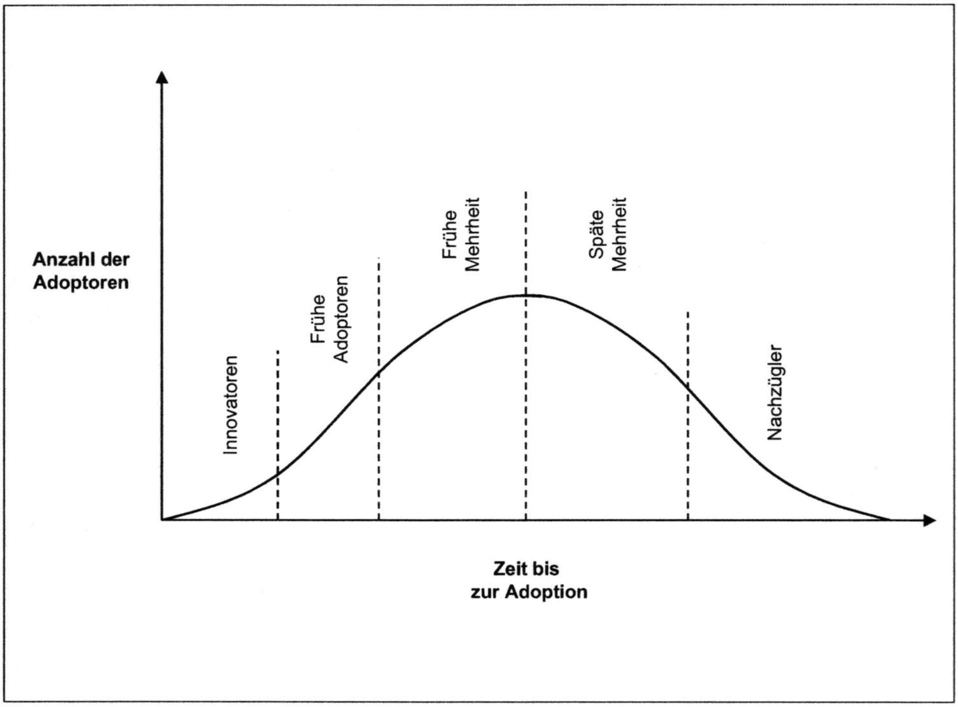

Bild 17: Adoptorenanzahl in Abhängigkeit vom Adoptionszeitpunkt[210]
Fig. 17: Numbers of adopters subject to the time of adoption

Insbesondere den Innovatoren und den Frühen Adoptoren wird für den Diffusionsprozess eine bedeutsame Rolle zugesprochen. Innovatoren sind eine kleine Gruppe von Meinungsführern im Markt, die bereit und fähig sind, die mit der Neuerung verbundenen Risiken einzugehen. Erst durch ihren Adoptionsentscheid öffnet sich der Zugang zum Markt und vervollständigt sich die Innovationsstufe. Gegenüber den Innovatoren integrieren sich Frühe Adoptoren besser in ihr wirtschaftliches Umfeld und sind daher in ihrer Innovationsfreudigkeit nicht weit entfernt von der eines durchschnittlichen Adoptors im betrachteten Markt. Sie bilden den Orientierungspunkt für die Mehrheit der potentiellen Adoptoren, um Meinungen, Erfahrungen und Informationen über die Neuerungsanwendung zu erhalten. Um die grosse Mehrheit poten-

---

209 Vgl. Rogers, E. (Diffusion 1995) S. 263ff.

210 In Anlehnung an Rogers, E. (Diffusion 1995) S. 262.

tieller Adoptoren zu gewinnen, kommt es somit darauf an, Innovatoren und Frühe Adoptoren rechtzeitig zu identifizieren und von der Neuerung zu überzeugen.[211]

Der Adoptionsprozess im einzelnen Unternehmen verläuft grundsätzlich gleich, egal ob das Unternehmen zu den ersten oder den späten Anwendern der Neuerung zählt. Unterschiede bestehen dann vor allem im Umfang der zur Verfügung stehenden Informationen über die Neuerung und ihre Anwendung und den daraus erwachsenden Unsicherheiten im Adoptionsentscheid. Nach ROGERS gliedert sich der Adoptionsprozess in fünf Phasen:[212]

- **Identifizierung**

  In der Identifizierungsphase nimmt ein potentieller Adoptor eine Neuerung wahr und versucht die Neuerung in ihrem Zweck und ihrer Funktion zu verstehen. Beispielsweise kann ein Kunde der Bauwirtschaft ein neues Leistungsangebot eines Bauunternehmens über das Marketing des Unternehmens oder über mit diesem Leistungsangebot bereits ausgeführte Bauprojekte wahrnehmen.

- **Überzeugung**

  Nach der ersten Kenntnisnahme entwickelt der potentielle Adoptor eine Meinung zur Innovation, die ablehnend oder zustimmend sein kann. Er sucht gezielt nach weiteren Informationen über die Neuerung und projiziert die Neuerung in die zukünftige Anwendungssituation. Der Adoptor entwickelt Interesse an der Neuerung, wenn er sie als mögliche Lösung eines Problems oder als Chance zur Verbesserung der bestehenden Praxis erkennt. So kann ein Kunde der Bauwirtschaft die Vorteilhaftigkeit eines neuen unternehmerischen Leistungsangebotes darin sehen, dass er Aufgaben an das Unternehmen delegieren kann oder vom Unternehmen umfängliche Garantien und Serviceleistungen angeboten bekommt.

- **Entscheidung**

  In der Entscheidungsphase entschliesst sich der potentielle Adoptor, die Neuerung einzuführen oder abzulehnen. Die Sensibilität des Adoptors gegenüber Marketingaktivitäten und Informationen über die Neuerung steigt, der Detaillierungsgrad des Entscheidungsproblems ist ebenso gestiegen. Der Adoptor betreibt eine gezielte Informationssuche.[213] Zudem zieht er in den Entscheidungsprozess alle von der Neuerung Betroffenen ein und versucht seine Entscheidungsfindung z.B. durch Anwendungsversuche zu unterstützen. Die Entscheidungsphase kann beim Kunden der Bauwirtschaft einsetzen, wenn er eine konkrete Bauaufgabe abwickeln

---

211 Vgl. Vahs, D.; Burmester, R. (Innovationsmanagement 1999) S. 258f.

212 Vgl. Rogers, E. (Diffusion 1995) S. 263ff.

213 Vgl. Schmalen, H. (Diffusionsprozesse 1993) Sp. 781.

möchte. Er wird sich dann entscheiden müssen, ob er dazu auf das neue Leistungsangebot des Unternehmens zurückgreift.

- **Implementierung**

  Hat sich ein Adoptor entschlossen, die Neuerung einzuführen, wird mit der Implementierungsphase die Neuerung in die betriebliche Praxis integriert und werden erste Anwendungserfahrungen gesammelt. Gleichzeitig sind technische, wirtschaftliche, organisatorische und/oder soziale Implementierungsprobleme zu lösen. Für den Kunden der Bauwirtschaft entspricht die Phase der Implementierung eines neuen Leistungsangebotes dem Bauprojekt, in dem das Leistungsangebot umgesetzt wird.

- **Bestätigung**

  Während der Bestätigungsphase versucht der Adoptor seine Implementierungsentscheidung zu rechtfertigen, indem er sich über die Nutzung der Neuerung informiert bzw. die gesammelten Anwendungserfahrungen auswertet. Entsprechen die Informationen bzw. Erfahrungen nicht den mit der Neuerung verbundenen Erwartungen, wird er möglicherweise seine Entscheidung rückgängig machen oder sich gegenüber ähnlichen Neuerungen zukünftig skeptisch oder ablehnend verhalten. So wird auch ein Kunde der Bauwirtschaft Leistungsangeboten, die in der Vergangenheit für ihn suboptimale bauliche Lösungen zur Folge hatten, zurückhaltender gegenüberstehen.

Obwohl der F&E-Prozess, der Innovationsprozess i.e.S. und der Diffusionsprozess nur in ihrer Gesamtheit den Entstehungs- und Verbreitungszyklus einer Neuerung vollständig widerspiegeln, werden sie im Allgemeinen getrennt behandelt. Das scheint insofern unbefriedigend, da mit dem Vernachlässigen der gemeinsamen Schnittstellen wesentliche Determinanten der Prozessgestaltung ausgeblendet werden. So ist bspw. ein effektiver und effizienter F&E-Prozess von einer frühzeitigen Überlagerung mit dem Innovationsprozesses i.e.S. abhängig. Der Innovationsprozess i.e.S. wird nur dann die Innovationsstufe erreichen, wenn er mit dem Adoptionsprozess der Innovatoren gekoppelt wird. Der Adoptionsprozess kann wiederum zum Bestandteil des Innovationsprozesses i.e.S. werden, nämlich dann, wenn der Adoptor die Neuerung zur innovativen Gestaltung seiner eigenen Leistungen, Produkte oder Leistungserbringungsprozesse einsetzt. Diese Verwobenheit der drei Teilprozesse ist auch für die Bauwirtschaft zu vermuten (Bild 18).

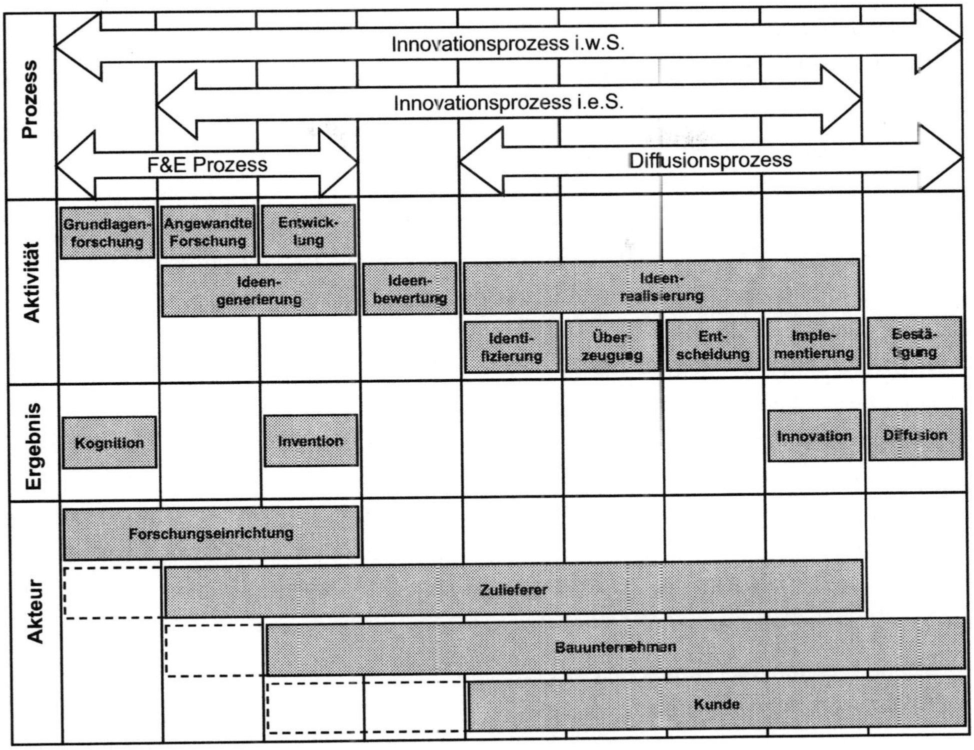

Bild 18: Innovationsaufgaben nach dem Prozess
Fig. 18: Innovative tasks by their process

So erreicht eine aus dem F&E-Prozess eines Zulieferers hervorgehende Neuerung die Innovationsstufe erst, wenn ein Bauunternehmen die Neuerung zur innovativen Gestaltung des Bauwerks oder seiner Leistungserbringungsprozesse einsetzt. Auch der Innovationsprozess i.e.S. des Bauunternehmens wird insbesondere bei mittleren bis grossen Innovationsgraden nur erfolgreich verlaufen, wenn der Adoptionsprozess des bauwerksbestellenden Kunden spätestens zur Ideenrealisierung eingebunden wird. Es kann folglich davon ausgegangen werden, dass auch der Prozess zur Generierung innovativer baulicher Gesamtlösungen Charakteristiken aller drei Teilprozesse trägt.

2.4 Funktionsorientierte Merkmale von Innovationsaufgaben

Neben der objekt- und prozessorientierten Charakterisierung lassen sich Innovationsaufgaben weiterhin nach ihrer Rolle innerhalb der Gesamtaufgabe eines Unternehmens kennzeichnen. Dieser von der Innovationsforschung bislang vernachlässigten Differenzierung wird vom Autor ein nicht unerheblicher Einfluss auf innovationsorganisatorische Gestaltungsüberlegungen zugesprochen.[214]

Die Gesamtaufgabe eines Unternehmens besteht wie bereits angemerkt primär darin, bestimmte aus der Umwelt des Unternehmens bezogene Inputs (Material, Informationen) in bestimmte wieder an die Umwelt abgegebene Outputs (Produkte, Dienstleistungen) zu transformieren und dabei eine gewisse Wertschöpfung zu erzielen. Dazu sind eine ganze Reihe von Aktivitäten notwendig, durch die der Unternehmensoutput bzw. die Unternehmensleistung entworfen, hergestellt und unterstützt wird und die entsprechend als Wertschöpfungsaktivitäten oder Wertschöpfungsstufen bezeichnet werden.[215] Eine Charakterisierung dieser Aktivitäten ist dergestalt möglich, dass sie nach ihrer Funktion innerhalb der Gesamtaufgabe bzw. für die Gesamtwertschöpfung des Unternehmens differenziert werden können. Eine erste Gruppe umfasst all jene Aktivitäten, die unmittelbar der Input-Output-Transformation bzw. der Realisierung der Unternehmensleistung dienen und damit direkt zur Wertschöpfung des Unternehmens beitragen. Dazu gehören in Bauunternehmen z.B. die Auftragsakquisition, die Kalkulation, die Arbeitsvorbereitung oder die Bauausführung, die üblicherweise im Rahmen von Bauprojekten erbracht werden.

Innovationsaufgaben tragen immer dann zur direkten Wertschöpfung eines Unternehmens bei, wenn zum erfolgreichen Vollzug der Wertschöpfungsaktivitäten Problemstellungen neuartig zu lösen sind oder die Wertschöpfung durch eine innovative Lösung unmittelbar verbessert werden kann. Das heisst, dass die Innovationsaufgaben zum integralen Bestandteil des direkten Wertschöpfungsprozesses werden. Sie sind eine Teilmenge der Gesamtbauaufgabe, und der Innovationsprozess ist vollständig mit dem Bauprozess verzahnt. Die Innovationsaufgaben leisten damit ebenfalls einen direkten Beitrag zur Wertschöpfung des Unternehmens bzw. die direkte Wertschöpfung hängt unmittelbar von der Erfüllung der Innovationsaufgaben ab. So gekennzeichnete Innovationsaufgaben sollen daher als direkte bzw. unter Bezugnahme auf die Projektbezogenheit des baulichen Wertschöpfungsprozesses als ***bauprojektabhängige Innovationsaufgaben*** bezeichnet werden (Bild 19).

Eine zweite Gruppe von Wertschöpfungsaktivitäten steuert nur indirekt zur Wertschöpfung des Unternehmens bei. Sie halten als Management- und Supportprozesse die Durchführung der direkten Aktivitäten aufrecht, indem sie bspw. Material, Maschinen, finanzielle Mittel oder Personal beschaffen und bereitstellen oder

---

[214] Vgl. Teil B, Kap. 3.

[215] Vgl. Porter, M. (Wettbewerbsvorteile 1992) S. 63.

Grundlagen für die zukünftige Tätigkeit des Unternehmens legen.[216] Folglich tragen Innovationsaufgaben indirekt zur Wertschöpfung bei, wenn die direkte Wertschöpfung des Unternehmens nicht unmittelbar von ihrer Erfüllung abhängt bzw. beeinflusst wird. Leistungen, Bauwerkssysteme oder Leistungserbringungsprozesse werden hier losgelöst von einem spezifischen Bauprojekt mit dem Ziel erneuert, die Neuerung bei kommenden Bauaufgaben erfolgreich einzusetzen. Dabei setzt die vom direkten Wertschöpfungs- bzw. Bauprozess getrennte Suche nach neuen Problemlösungen voraus, dass die innovativ zu lösenden Probleme für mehrere Bauprojekte Gültigkeit besitzen. Der bauprojektübergreifende Innovationsprozess und die direkte Wertschöpfung tangieren sich insofern, als dass zur Erreichung der Innovationsstufe die Neuerung bei zukünftigen Bauaufgaben einzuführen ist. Innovationsaufgaben, die die Innovationsstufe unabhängig von einem spezifischen Bauprojekt anstreben bzw. auf den Erfolg von kommenden Bauprojekten gerichtet sind, sollen indirekte bzw. ***bauprojektübergreifende Innovationsaufgaben*** genannt werden (Bild 19).

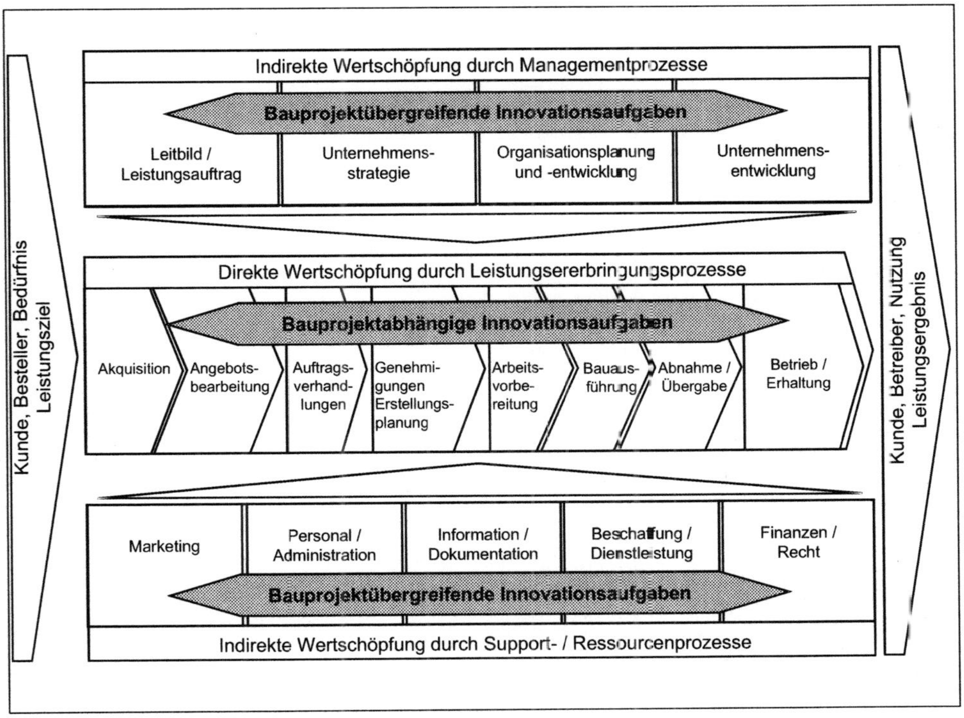

Bild 19: Innovationsaufgaben nach der Funktion
Fig. 19: Innovative tasks by their function

[216] Vgl. Porter, M. (Wettbewerbsvorteile 1992) S. 65 sowie Tschirky, H. (Konzept 1998) S. 265f.

Da bauprojektübergreifende wie bauprojektabhängige Innovationsaufgaben auf eine Veränderung des Status quo des Unternehmens zielen, werden je nach Innovationsgrad die verschiedenen direkten und indirekten Wertschöpfungsprozesse von der Veränderung betroffen sein. Entsprechend sind Prozessauswirkungen bei der Innovationsrealisierung mit zu berücksichtigen.

Mit der hier vorgelegten Charakterisierung von Innovationsaufgaben wurde versucht, das vielschichtige und mehrdimensionale Innovationsphänomen einzugrenzen und präziser zu fassen, um ein erstes Grundverständnis darüber zu erlangen, was unter innovativen Unternehmensaufgaben zu verstehen ist. Dies ist aus zweierlei Sicht bedeutsam. Zum einen lassen sich nur so verschiedene empirische Untersuchungen miteinander vergleichen und zum anderen stehen dem praktisch Handelnden Kriterien zur Seite, die ihm die Einschätzung des Innovationsgehalts betrieblicher Entscheidungsprobleme erleichtert und die Einleitung sachgerechter Massnahmen erlaubt.[217]

Zusammenfassend liegt der Arbeit folgendes generelles Verständnis innovativer Unternehmensaufgaben zugrunde. Innovationsaufgaben zeichnen sich dadurch aus, dass mit ihrer Erfüllung ein neuer Erkenntnis- und Erfahrungsstand im Unternehmen bauprojektabhängig oder bauprojektübergreifend erreicht werden kann. Der Erfüllungsprozess von Innovationsaufgaben umfasst drei miteinander verwobene Teilprozesse und schliesst mit einer realisierten und angewendeten neuen Idee ab, die sich entweder auf das Leistungsangebot, das Bauwerk oder die Leistungserbringungsprozesse bezieht und einen bestimmten, von den Innovationsbeteiligten unterschiedlich wahrgenommenen Innovationsgrad über eine Strukturveränderung dieser Innovationsobjekte erzielt.

Ist mit dieser Charakterisierung von Innovationsaufgaben ein Systematisierungsschema für die Anforderungen an die organisatorische Gestaltung gegeben, stellt sich im Folgenden die Frage, welche Ausprägungen der organisatorischen Strukturvariablen bei welchen Aufgabenmerkmalen bzw. Anforderungen anzustreben sind.

3 Die Gestaltung der Innovationsorganisation als verhaltensbeeinflussende und situationsabhängige Aufgabe

Der Gestaltung der Innovationsorganisation zur Generierung innovativer baulicher Gesamtlösungen liegen verschiedene Gestaltungsziele zugrunde, die sich aus den angestrebten Wirkungen der organisatorischen Massnahmen auf das Verhalten der

[217] Vgl. Hauschildt, J. (Innovationsmanagement 1993) S. 4.

an der Realisierung von Innovationsaufgaben beteiligten Handlungsträger ableiten.[218] Effektivität und Effizienz alternativer Organisationsstrukturen begründen sich daher zunächst über die Verhaltenswirkungen organisatorischer Massnahmen. Das Kapitel soll diesen Begründungszusammenhang eingehender untersuchen, zu dessen Erhellung einige Theorieansätze angeboten werden. Von den Theorieansätzen sollen der ***entscheidungsorientierte Ansatz*** (Abschn. 3.1) und der ***interaktionsorientierte Ansatz*** (Abschn. 3.2) genauer expliziert werden, um aufbauend auf den von den beiden Ansätzen bereitgestellten Erklärungen erste Hinweise für die Generierung innovativer baulicher Gesamtlösungen erhalten zu können.

Die Angemessenheit innovationsorganisatorischer Gestaltungsmassnahmen erklärt sich neben den angestrebten Verhaltenswirkungen aus verschiedenen Bedingungsgrössen, durch die sich die organisatorischen Gestaltungsmöglichkeiten einschränken können, indem mit ihnen bestimmte Charakteristiken von Innovationsaufgaben bzw. ein bestimmtes Innovationsverhalten der Handlungsträger verbunden ist.[219] Im ***situationsorientierten Ansatz*** (Abschn. 3.3) und im ***strukturrekursiven Ansatz*** (Abschn. 3.4) erfahren diese Zusammenhänge ihre theoretische Fundierung. Deshalb soll ebenso der Aussagegehalt dieser beiden Ansätze für die innovationsorganisatorische Gestaltung in der gebotenen Kürze verdeutlicht und die Implikationen für die Generierung innovativer baulicher Gesamtlösungen dargelegt werden.[220]

3.1 Innovationsorganisation und entscheidungsorientierter Ansatz

Im Interesse des entscheidungsorientierten Ansatzes steht das Entscheidungs- und Problemlösungsverhalten menschlicher Handlungsträger in organisierten Systemen. Er fragt danach, wie Individuen dazu angehalten werden können, die für das Fortbestehen des Organisationssystems erforderlichen Beiträge zu erbringen und wie ihnen

---

[218] Vgl. Kieser, A.; Kubicek, H. (Organisation 1992) S. 61.

[219] Vgl. Kieser, A.; Kubicek, H. (Organisation 1992) S. 61.

[220] Aufgrund der Vielschichtigkeit des Organisationsphänomens erscheint eine umfassende Behandlung organisationstheoretischer Aspekte nicht zweckdienlich. Vielmehr wird sich auf diejenigen organisationstheoretischen Ansätze beschränkt, denen eine ausreichende Erklärungskraft für die Lösung des innovationsorganisatorischen Gestaltungsproblems zugesprochen werden kann. Die vier hier verwendeten Ansätze werden diesbezüglich als besonders fruchtbar angesehen. Sie stellen damit gleichzeitig den eingegangenen Kompromiss dar zwischen der notwendigen Eingrenzung des vielfältigen Organisationsphänomens und der Forderung nach einer pluralistischen theoretischen Fundierung für die Erfassung und Lösung von Praxisproblemen, denn bei *„der Lösung komplexer praktischer Probleme genügt es nicht, eindimensional vorzugehen und sich auf einen einzigen Ansatz zu versteifen. Komplexe Probleme erfordern eine Beleuchtung aus verschiedenster Sicht und die bestmögliche Nutzung der verfügbaren Wissensinhalte, aus welchen Disziplinen sie auch immer stammen.“* Gomez, P.; Zimmermann, T. (Unternehmensorganisation 1992) S. 19.

trotz ihrer im Verhältnis zu einer komplexen und unsicheren Umwelt beschränkten kognitiven Fähigkeiten rationales Handeln ermöglicht werden kann.[221]

3.1.1 Zugrunde liegende Annahmen und Erklärungsangebote

3.1.1.1 Entscheidungsverhalten von Individuen

Der entscheidungsorientierte Ansatz geht vor allem auf die verhaltenswissenschaftliche Entscheidungstheorie zurück, die erstmals versuchte, grundlegende Erklärungsansätze für das Problemlösungs- und Entscheidungsverhalten von Individuen in organisierten Systemen zu liefern. Als ihre Hauptvertreter können BARNARD, SIMON, und MARCH angesehen werden. Sie haben als erste die Organisationstheorie systematisch mit der verhaltenswissenschaftlichen Untersuchung kognitiver Prozesse verbunden.

Eine erste Frage des entscheidungsorientierten Ansatzes beschäftigt sich mit Entscheidungen von Individuen, im Sinne eines organisierten Systems z.B. eines Unternehmens zu handeln. Damit ein Organisationssystem seinen Bestand sichern kann, müssen die Individuen des Systems zu ausreichenden Beiträgen (z.B. Arbeit) motiviert werden. Es ist ein Gleichgewicht zu schaffen zwischen den vom Organisationssystem angebotenen ***Anreizen*** zur Teilnahme der Individuen am Organisationssystem und den ***Beiträgen*** der Individuen, aus denen das Organisationssystem die Anreize schöpfen kann. Ein Organisationssystem befindet sich dann im Gleichgewicht, wenn ausreichend Beiträge erbracht werden, um Anreize zu setzen, die die Individuen zu weiteren Beiträgen motivieren.[222] Ob die angebotenen Anreize zur Beitragsmotivation genügen, hängt von den Bedürfnissen der Individuen sowie von den durch die Individuen wahrgenommenen Alternativen ab. Die Bedürfnisse sind dabei nicht nur materieller Art wie in Form von Geld, sondern auch immaterieller Art wie bestimmte soziale Beziehungen, die Qualität der Arbeit oder das Prestige des Organisationssystems.

Eine zweite Frage im Rahmen des entscheidungsorientierten Ansatzes lautet, wie gelangen Individuen in organisierten Systemen zu bestimmten Entscheidungen oder Handlungen, die der Erreichung z.B. der Unternehmensziele dienen. Untersucht wird, inwiefern das durch die Organisationsstruktur herbeizuführende Verhalten der Individuen auch tatsächlich in Erscheinung tritt, also wie Organisationsstrukturen das Entscheidungsverhalten von Individuen beeinflussen. Als entscheidungsrelevante

---

[221] Vgl. Berger, U.; Bernhard-Mehlich, I. (Entscheidungstheorie 1999) S. 142.

[222] Vgl. Barnard, C. (Function 1938) S. 139ff.

menschliche Eigenschaft sieht sie dabei die begrenzte Informationsverarbeitungskapazität von Individuen an, d.h. für komplexe Entscheidungssituationen stehen nur beschränkte kognitive Kapazitäten der Entscheidungsträger zur Verfügung.[223]

Dieses ***Konzept der begrenzten Rationalität*** geht davon aus, dass:[224]

- eine genaue Bewertung aller Entscheidungsalternativen nicht möglich ist, da das dafür notwendige Wissen nur unzureichend beschafft und verarbeitet werden kann.
- zukünftig eintretende Ereignisse ebenfalls nicht bewertbar sind, um dies bei der Entscheidungsfindung berücksichtigen zu können.
- zudem niemals alle möglichen Entscheidungsalternativen in Betracht gezogen werden können.

Da nun Individuen trotz begrenzter Rationalität Entscheidungen treffen und Aktivitäten ausführen müssen, schliesst ihre Suche nach und die Auswahl einer Alternative nicht mit der optimalen, sondern mit einer für sie befriedigenden Lösung ab. Wann eine Lösung als befriedigend anzusehen ist, hängt vom Anspruchsniveau des Individuums ab, das mit der gesammelten Erfahrung variieren kann. So wird ein Entscheidungsträger sein Anspruchsniveau senken, wenn er seine Ziele über einen längeren Zeitraum nicht erreichen kann. Genauso wird er aber auch seine Ansprüche erhöhen, wenn er mühelos an sein Ziel gelangt.[225] Darüber hinaus wirkt auch eine subjektive, vereinfachte Definition der Situation der Überforderung des Entscheidungsträgers entgegen. Nicht alle Aspekte eines Entscheidungsproblems werden berücksichtigt, sondern jene, die sich aus den subjektiven Wahrnehmungs- und Deutungsmustern, den Erfahrungen und den Wertvorstellungen des Entscheidungsträgers ergeben. Der Entscheidungsträger selektiert die Aspekte der Situation, die ihm in seinem subjektiven Bezugsrahmen bedeutsam erscheinen.[226] Doch nicht jedes Entscheidungsproblem verlangt vom Entscheidungsträger die Suche nach einer befriedigenden Lösung. Bestimmten Entscheidungssituationen kann der Entscheidungsträger auch durch habituelles Verhalten begegnen. Er greift dann auf bekannte Reaktionsweisen zurück, die er ohne Informationsverarbeitung gewohnheitsmässig ausführen kann.[227]

---

223 Vgl. Simon, H. (Behavior 1965) S. 67; March, J.; Simon, H. (Organisation 1976) S. 129ff. und Simon, H. (Entscheidungsverhalten 1981) S. 78ff.

224 Vgl. Simon, H. (Entscheidungsverhalten 1981) S. 116.

225 Vgl. Berger, U.; Bernhard-Mehlich, I. (Entscheidungstheorie 1999) S. 141f.

226 Vgl. Berger, U.; Bernhard-Mehlich, I. (Entscheidungstheorie 1999) S. 142.

227 Vgl. Berger, U.; Bernhard-Mehlich, I. (Entscheidungstheorie 1999) S. 142.

3.1.1.2 Organisationsgestaltung im Spannungsfeld von Routine und Innovation

Greift man zunächst die auf dem Konzept der begrenzten Rationalität basierenden Aussagen zum Entscheidungsverhalten von Individuen bzw. Handlungsträgern auf, ist die Aufgabe der Organisationsstruktur darin zu sehen, Komplexität und Unsicherheit der Handlungsträger zu reduzieren.[228] Das gelingt vor allem dadurch, dass die Unternehmensaufgaben soweit untergliedert werden, dass die Handlungsträger auf die Inputs der so geschaffenen Teilaufgaben mittels physischer Transformation und/oder Informationsverarbeitung reagieren können. Durch die Aufgabengliederung reduzieren sich die entscheidungsrelevanten Bedingungen für die einzelnen Handlungsträger. Gleichzeitig sind aber die von den Handlungsträgern getroffenen Einzelentscheidungen aufgrund der geringeren Informationsbasis und/oder der weniger leistungsfähigen Informationsverarbeitungsmethoden aufeinander abzustimmen.[229] Die Erfüllung der Teilaufgaben ist im Hinblick auf die unternehmerischen Gesamtziele sicherzustellen. Effizienz erreicht eine Organisationsstruktur folglich dann, wenn sie maximal informationell und methodisch gestützte Entscheidungen bei minimaler Koordinierung der Handlungsträger zulässt.[230]

Die Frage, wie effiziente Organisationsstrukturen zur Bewältigung von Innovationsaufgaben zu gestalten sind, lässt sich durch Rückgriff auf die grundlegenden Charakteristiken von Innovationsaufgaben, ihre Neuartigkeit und Komplexität, beantworten. Mit grossem Innovationsgrad und hoher Komplexität sind stark interdependente und sich zeitlich schnell ändernde Aufgabeninputs verbunden, die zudem in ihrer Art sehr verschieden sein können. Darüber hinaus lassen sich auch Ziele und Vorgehensweisen der Aufgabenerfüllung nicht von Anfang an klar fassen.

Mit einer starken Aufgabengliederung geht bei Innovationsaufgaben immer die Gefahr einher, dass die starke Interdependenz und Veränderlichkeit der Teilaufgaben Konflikte zwischen den abgegrenzten und in ihren Zielen z.T. im Widerspruch zueinander stehenden Handlungsträgern auslösen und dann durch einen erhöhten Koordinierungs- und Abstimmungsaufwand Effizienzvorteile verloren gehen. Probleme ergeben sich auch, wenn ebenfalls aufgrund der Abhängigkeiten und Veränderlichkeiten der Teilaufgaben die im Aufgabenerfüllungsprozess vorgelagerten Handlungsträger für ihre Entscheidungsfindung auf Informationen der nachgelagerten Handlungsträger angewiesen sind. Eine unzureichende Konfiguration des Aufgabenerfüllungsprozesses durch den fehlenden Einbezug nachfolgender Hand-

228 Vgl. Berger, U.; Bernhard-Mehlich, I. (Entscheidungstheorie 1999) S. 142.

229 Vgl. Frese, E. (Grundlagen 1993) S. 271.

230 Vgl. Frese, E. (Grundlagen 1993) S. 272.

lungsträger führt zu Entscheiden, die Ursachen für später auftretende Schwierigkeiten und Fehler verdecken, was wiederum Konfliktsituationen und Effizienzverluste zur Folge hat. Effiziente Organisationsstrukturen zur Bewältigung von Innovationsaufgaben müssen folglich so gestaltet sein, dass die Handlungsträger schnell auf veränderte Inputs reagieren bzw. diese frühzeitig antizipieren können, indem sie genügend Informationen für die z.T. ad hoc zu treffenden Entscheidungen sammeln können. Daneben verlangen Zielformulierung und Aufgabenerfüllung ein sukzessives Vorgehen. Die Handlungsträger müssen in der Lage sein, alternative Verhaltensmöglichkeiten zu suchen bzw. zu entwickeln, zu bewerten und sich für ein bestimmtes Verhalten zu entscheiden.[231] Solche Organisationsstrukturen sind tendenziell durch einen hohen Dezentralisierungs-, Funktionalisierungs-, Delegations- und Partizipationsgrad sowie einen niedrigen Standardisierungs- und Arbeitszerlegungsgrad gekennzeichnet.[232] BURNS/STALKER bezeichnen sie als ***organisch***.[233]

In Unternehmen sind aber nicht nur Innovationsaufgaben zu realisieren, *„als dominante Zweckwidmung kann geradezu das Gegenstück der Innovation, die wirtschaftliche Hervorbringung gleichartiger Dauerleistungen gelten“*[234]. Diese Routineaufgaben sind durch wiederholt auftretende Inputs sowie klar zu benennende Ziele und Vorgehensweisen zur Aufgabenerfüllung charakterisiert. Für ihren effizienten Vollzug können die Organisationsstrukturen so ausgerichtet werden, dass die Handlungsträger nur möglichst gleichartige Aufgabeninputs zu verarbeiten haben, die wenige Interdependenzen zu anderen Aufgabeninputs aufweisen, und dass die Handlungsträger Ziele und Vorgehensweisen der Inputverarbeitung als bekannt interpretieren können. Entsprechend entgegensetzt ausgeprägt sind die Strukturvariablen, die für Routineaufgaben geeignete Organisationsstrukturen beschreiben, und die BURNS/STALKER als ***mechanistisch*** bezeichnen.[235] Sie charakterisiert tendenziell ein

---

231 Vgl. March, J.; Simon, H. (Organisation 1976) S. 131f.

232 Vgl. Hill, W.; Fehlbaum, R.; Ulrich, P. (Organisationslehre 1992) S. 393ff.

233 Vgl. Burns, T.; Stalker, G. (Management 1994) S. 119ff.

Die hier verwendeten Strukturvariablen gehen auf HILL ET AL. zurück. Entsprechend sprechen HILL et. al nicht von einer organischen, sondern von einer TYP B Organisation, vgl. dazu Hill, W.; Fehlbaum, R.; Ulrich, P. (Organisationslehre 1992) S. 391ff. BURNS/STALKER verwenden zwar etwas andere organisatorische Gestaltungsparameter, der Aussagegehalt kann jedoch als identisch angesehen werden. Da immer wieder Bezug auf diese beiden Autoren genommen wird, wurde ihre Terminologie zur Abgrenzung des hier charakterisierten Organisationstyps herangezogen.

234 Witte, E. (Organisation 1973) S. 18.

235 HILL ET AL. bezeichnen ihren Gegenpol als TYP A Organisation, vgl. dazu Hill, W.; Fehlbaum, R.; Ulrich, P. (Organisationslehre 1992) S. 389ff. Aus den bereits genannten Gründen wird hier aber wieder der Terminus von BURNS/STALKER verwendet.

niedriger Dezentralisierungs-, Funktionalisierungs-, Delegations- und Partizipationsgrad sowie ein hoher Standardisierungs- und Arbeitszerlegungsgrad.[236]

Mit den Ausführungen wird deutlich, dass die Ausprägungen der organisatorischen Strukturvariablen und damit die organisatorische Effizienz von der Komplexität der Aufgabeninputs und der Klarheit der Anforderungen an die Verarbeitung der Aufgabeninputs abhängen.[237] Die Organisationsgestaltung bewegt sich in einem Spannungsfeld, an dessen einem Ende Routineaufgaben organisatorisch zu fassen sind, bei denen die zu verarbeitenden Inputs eine geringe Komplexität besitzen sowie Ziele und Vorgehensweise der Aufgabenerfüllung eindeutig zu benennen sind. Am anderen Ende muss die Organisationsstruktur die Handhabung von Innovationsaufgaben unterstützen, bei denen Inputs mit hoher Komplexität zu verarbeiten sind sowie die Ziele und Vorgehensweisen der Aufgabenerfüllung sich gar nicht oder nur vage formulieren lassen. Diesem Spannungsfeld wird sich auch die baubetriebliche Organisationsgestaltung zu stellen haben, sind doch gerade bei Bauaufgaben innovative wie routinierte Teilaufgaben gleichermassen zu realisieren.

3.1.1.3 Organisationsgestaltung im Spannungsfeld von Aufgabe und Individuum

Organisationsgestaltung bzw. Organisationseffizienz hängen nicht nur von den Charakteristiken der zu bewältigenden Aufgaben ab. Da die mit den Aufgaben verbundenen Inputs von einzelnen Individuen verarbeitet werden müssen, bestimmen sich die mit der Organisationsstruktur angestrebten Verhaltenswirkungen ebenso aus den Fähigkeiten der Handlungsträger, komplexe Aufgabeninputs wahrzunehmen, richtig zu interpretieren und angemessen auf sie zu reagieren, und der Bereitschaft der Handlungsträger, neuen Aufgabeninputs offen gegenüber zu treten.[238]

Sind Aufgabeninputs von geringer Komplexität zu verarbeiten und besitzt der Handlungsträger eine hohe Fähigkeit bzw. Bereitschaft zur Lösung komplexer Problemstellungen, wird er sich unterfordert fühlen und mit seiner Arbeit unzufrieden sein. Genauso unzufrieden ist ein Handlungsträger, der eine geringe Fähigkeit bzw. Bereitschaft zur Lösung komplexer Probleme zeigt, der sich aber mit Aufgabeninputs von grosser Komplexität konfrontiert sieht. Ihn überfordert die Aufgabe. Das heisst, wenn sich die Merkmale der von den Handlungsträgern zu erfüllenden Aufgaben und die kognitiven und motivationalen Voraussetzungen der Handlungsträger zur Aufgabenerfüllung nicht decken, verfehlen organisatorische Massnahmen ihre beabsich-

---

[236] Vgl. Hill, W.; Fehlbaum, R.; Ulrich, P. (Organisationslehre 1992) S. 389ff.

[237] Vgl. Hill, W.; Fehlbaum, R.; Ulrich, P. (Organisationslehre 1994) S. 325f.

[238] Vgl. Hill, W.; Fehlbaum, R.; Ulrich, P. (Organisationslehre 1994) S. 328f.

tigte Wirkung. Um bspw. bei Routineaufgaben standardisiertes Verhalten der Handlungsträger zu erreichen, müssen die in den Aufgabeninputs enthaltenen Informationen von den Handlungsträgern als bekannt interpretiert werden. Da Handlungsträger aufgrund ihrer kognitiven Voraussetzungen auf gleiche Aufgabeninputs mit unterschiedlichem Verhalten reagieren können, sind entweder die Aufgaben den Möglichkeiten der Handlungsträger anzugleichen oder das Verhalten der Handlungsträger ist an das organisatorisch beabsichtigte Verhalten heranzuführen.

Das Verhalten der Handlungsträger kann z.B. über Ausbildung und Schulung dem angestrebten Verhalten angepasst werden. Die kognitiven Prozesse der Handlungsträger werden dann soweit trainiert, dass die Handlungsträger annähernd einheitlich auf Aufgabeninputs reagieren bzw. Entscheidungen im Sinne der Organisationsziele treffen.[239] Ebenso lässt sich die Fähigkeit, innovative Aufgaben zu bewältigen, bis zu einem gewissen Masse trainieren. Weiterbildungsmassnahmen sind diesbezüglich z.B. das Erlernen von Kreativitätstechniken oder die Vermittlung von Kenntnissen im Projektmanagement.[240] Darüber hinaus können auch stellenbezogene Massnahmen zu einer Erhöhung der Innovationsfähigkeit der Handlungsträger beitragen. Insbesondere durch die Ausweitung des Arbeitsinhaltes (job enrichement) sind positive Auswirkungen auf die Kreativität der Handlungsträger zu erwarten. Wie an anderer Stelle bereits erwähnt, regen gerade die vielfältigen Anforderungen einer umfangreichen Aufgabe dazu an, alternative Lösungswege zu suchen und zu beschreiten. Über die Zeit betrachtet erhöht die Ansammlung verschiedenster Lösungsmöglichkeiten beim Mitarbeiter zudem das Vermögen zur Neukombination.[241] Gleichzeitig wird dem Handlungsträger eine identifikationsfähige Aufgabe geboten, durch die er sich in einem bestimmten Bereich Expertenwissen aneignen kann, die ihm soziale Interaktion ermöglicht und die ihm mehr Selbstverantwortung und -kontrolle zugesteht.[242] Über umfangreiche Arbeitsinhalte lässt sich folglich nicht nur die Innovationsfähigkeit von Handlungsträgern erhöhen, sondern ebenso ihre Innovationsbereitschaft. Die Aufgabe deckt hier das Bedürfnis des Handlungsträgers nach persönlichem Erfolg, Anerkennung, Verantwortung und Selbstentfaltung. Sie fungiert als Anreiz für den Handlungsträger, im Sinne der Unternehmensziele zu handeln.

Neben dem Arbeitsinhalt lassen sich auch über die Arbeitsbedingungen Anreize für innovatives Verhalten setzen bzw. kann die Bereitschaft zu dem durch die Organisationsgestaltung gewünschten innovativen Verhalten erhöht werden. Dazu zählt neben monetären Anreizen wie Prämien auch eine ausreichende Ressourcenaus-

---

239 Vgl. Simon, H. (Entscheidungsverhalten 1981) S. 134f.

240 Vgl. Vonlanthen, J.-M. (Innovationsmanagement 1995) S. 393ff.

241 Vgl. Gebert, D. (Innovation 1979) S. 287 sowie Teil B Abschn. 2.1.

242 Vgl. Hill, W.; Fehlbaum, R.; Ulrich, P. (Organisationslehre 1994) S. 306f.

stattung wie Zeit für kreatives Arbeiten und für innovative Vorhaben oder spezifische Hilfsmittel (z.B. Visualisierungshilfen, Informations- und Kreativitätssoftware).[243] Aber auch die Ausstattung mit hierarchischer Autorität kann sich innovationsfördernd auswirken. Der Handlungsträger wird dadurch in die Lage versetzt, innovative Ideen gegenüber Widerständen abzuschirmen und im Unternehmen durchzusetzen.[244]

Zusammenfassend lässt sich feststellen, dass die Organisationsgestaltung neben den Aufgabenmerkmalen ebenso die Merkmale der Handlungsträger zu berücksichtigen hat, d.h. die Bedürfnisse und Fähigkeiten der Individuen. Wenn Aufgabenmerkmale nicht den Merkmalen der Handlungsträger entsprechen, bleiben organisatorische Massnahmen in ihrer Wirkung beschränkt. Über die Organisationsgestaltung selber als auch über nicht-organisatorische Massnahmen lassen sich jedoch Abweichungen in gewissem Umfang ausgleichen.

Diese mit dem entscheidungsorientierten Ansatz abgeleiteten und begründeten Aussagen zur innovationsorganisatorischen Gestaltung liefern nun erste fruchtbare Schlussfolgerungen für die Generierung innovativer baulicher Gesamtlösungen.

3.1.2 Implikationen für die Generierung innovativer baulicher Gesamtlösungen

3.1.2.1 Die Notwendigkeit differenzierter intraorganisatorischer Strukturformen

Eine erste Implikation für die Generierung innovativer baulicher Gesamtlösungen besteht in einer nach den Merkmalen von Innovationsaufgaben differenzierten intraorganisatorischen Gestaltung. Hat sich die Organisationsgestaltung an der Komplexität der Aufgabeninputs und der Klarheit der Anforderungen an die Verarbeitung der Aufgabeninputs zu orientieren, bedeutet dies in erster Linie eine Orientierung am Innovationsgrad. Damit sind für bauprojektübergreifende Innovationsaufgaben Strukturformen zu bilden, die neben der Abwicklung der Bauaufgaben die Realisierung von Innovationsaufgaben mit unterschiedlichen Innovationsgraden erlauben. Bei bauprojektabhängigen Innovationsaufgaben sind Strukturformen erforderlich, die bei der Abwicklung der Bauaufgaben die Realisierung von innovativen Teilaufgaben mit verschiedenen Innovationsgraden ermöglichen.

Da Innovations- wie Bauaufgaben zeitlich begrenzte und zumindest zu Beginn unstrukturierte Aufgaben darstellen, bietet sich das Projekt als grundlegende Strukturform bzw. Unternehmenseinheit zur Aufgabenrealisierung an, wie es auch in der

---

[243] Vgl. Di Renzo, St. (Diagnose 2000) S. 109.

[244] Vgl. Frese, E. (Grundlagen 1993) S. 287.

terminologischen Abgrenzung zur Funktionsorientierung von Innovationsaufgaben bereits zum Ausdruck gebracht wurde. Bau- und Innovationsprojekte weisen nun insofern Gemeinsamkeiten auf, wie in beiden sowohl innovative wie routinierte Teilaufgaben zu realisieren sind. Wie das Verhältnis innovativer zu routinierter Teilaufgabe ausfällt, hängt dann massgeblich vom Innovationsgrad ab. Je mehr Komponenten des Bauwerks und der Leistungserbringungsprozesse strukturell neu zu gestalten sind, desto mehr Teilaufgaben sind innovativ zu lösen. Dass bei Bauprojekten der Anteil an innovativen Teilaufgaben geringer ausfällt als bei Innovationsprojekten, geht auf die unterschiedlichen Objekte von Innovations- und Bauaufgaben zurück. Während bei Bauaufgaben das Bauwerk und seine Lebenszyklusphasen Gestaltungsgegenstand sind, sind es bei Innovationsaufgaben lediglich Elemente und Module des Bauwerks und der Leistungserbringungsprozesse. Ein weiterer Unterschied zwischen Bau- und Innovationsprojekt besteht im verfolgten Ziel, das bei Bauprojekten in einer optimalen baulichen Gesamtlösung besteht, wofür nicht zwangsläufig Neuerungen notwendig sind. Bei Innovationsprojekten hingegen sind gerade diese Neuerungen das angestrebte Ziel.

Bau- wie Innovationsprojekte überlagern als temporäre Strukturformen die bestehende Organisationsstruktur. Für eine effiziente Erfüllung von Bau- und Innovationsaufgaben sind je nach Innovationsgrad die Teilaufgaben sowie die Kompetenzen und Verantwortlichkeiten zwischen Projekt und permanenten Unternehmenseinheiten (z.B. Funktionsbereich, Sparte oder Region) unterschiedlich zu verteilen. Hierfür wird neben der Dezentralisierung die Strukturvariable der Funktionalisierung herangezogen. Es lassen sich dann drei, in der Literatur oft genannte Strukturformen differenzieren (Bild 20):[245]

- **Stabs-Projekt-Organisation**

  Eine erste Strukturform stellt die Stabs-Projekt-Organisation dar. Bei dieser Strukturform übernimmt eine der übergeordneten Instanz angehängte Stabsstelle die Koordinationstätigkeit der einheitenübergreifenden Unternehmensaufgaben. Die Verantwortung für die inhaltlichen Lösungen der Teilprobleme liegt bei den einzelnen Instanzen der Unternehmenseinheiten (z.B. Funktionsbereichs- oder Spartenleitung), die Entscheidungskompetenz in Bezug auf das Gesamtprojekt bei der übergeordneten Instanz (z.B. Geschäftsleitung). Die Stabsstelle besitzt somit keine Weisungsbefugnisse gegenüber den Mitarbeitern der Unternehmenseinheiten und trägt auch nicht die Gesamtverantwortung für das Projekt. Sie koordiniert lediglich die Ressourcen, kontrolliert den Projektfortschritt und bereitet

245 Vgl. Galbraith, J. (Matrix 1971) S. 37ff.; Larson, E.; Gobeli, D. (Project 1989) S. 119f.; Hill, W.; Fehlbaum, R.; Ulrich, P. (Organisationslehre 1994) S. 203ff. sowie Hobday, M. (Organisation 2000) S. 876ff.

Entscheidungen vor.[246] Die Stabsstelle verfügt zwar über ein hohes Generalistenwissen und erreicht dadurch eine gewisse Spezialisierung in der Gesamtprojektleitung, aber die Einflussmöglichkeiten und die hierarchische Stellung in der Organisation sind gering. Entsprechend liegt bei der Stabs-Projekt-Organisation der Funktionalisierungsgrad auf einem geringen bis mittleren Niveau. Der Dezentralisierungsgrad ist als gering einzustufen, da das Projekt wenig Autonomie besitzt. Die Stabs-Projekt-Organisation ist für die Abwicklung von komplexen Bau- und Innovationsaufgaben ungeeignet, da dies zu einer Überlastung der übergeordneten Instanz führen würde. Sie wird sich aber für bauprojektübergreifende Innovationsaufgaben mit geringem Innovationsgrad einsetzen lassen.

- **Matrix-Projekt-Organisation**

  Einer weiter zunehmenden Komplexität von Bau- und Innovationsaufgaben wird die Matrix-Projekt-Organisation gerecht. Bei ihr teilen sich die Projektleitung und die Leitung der Unternehmenseinheiten die Entscheidungskompetenz während der Erfüllung der Unternehmensaufgaben. Sie besitzen den gleichen hierarchischen Status in der Organisation.[247] Die Projektleitung definiert, was und wann etwas zu erfüllen ist, die Leitung der bestehenden Unternehmenseinheit, wie und womit es zu erfüllen ist.[248] Das heisst, dass die Projektleitung gegenüber den Unternehmenseinheiten Weisungsrechte in Bezug auf eine termin- und kostengerechte Projektdurchführung besitzt, der Leitung der Unternehmenseinheit sind die jeweiligen Projektmitarbeiter disziplinarisch unterstellt. Die Funktionalisierung erreicht einen hohen Grad, da die Leitungsdimensionen vollumfänglich spezialisiert und die Kompetenzkreuzungen geregelt sind.[249] Gleichzeitig rückt die Verantwortung für die Gesamtlösung von der Geschäftsleitung auf die Leitungsstelle von Projekt und Unternehmenseinheit. Dass der Dezentralisierungsgrad dabei nur auf ein mittleres Niveau steigt, liegt in der Schwierigkeit begründet, die Ergebnisverantwortung für das Projekt genau abgrenzen zu können. Hiermit verbunden sind hohe Konfliktpotentiale. Es wird deutlich, dass für ein erfolgreiches Funktionieren der Matrix-Projekt-Organisation, die Leitungsstellen von Projekt und Unternehmenseinheit zur Zusammenarbeit gewillt sein müssen, denn eine eindeutige Zuweisung auftretender Probleme ist nicht immer möglich.[250] Die Matrix-Projekt-Organisation erscheint damit für bauprojektübergreifende Innovationsaufgaben mit geringem bis mittlerem Innovationsgrad und für Bauaufgaben mit geringem bis

---

[246] Vgl. Larson, E.; Gobeli, D. (Project 1989) S. 119.

[247] Vgl. Hobday, M. (Organisation 2000) S. 878.

[248] Vgl. Larson, E.; Gobeli, D. (Project 1989) S. 120 sowie Bleicher, K. (Organisation 1991) S. 145.

[249] Vgl. Hill, W.; Fehlbaum, R.; Ulrich, P. (Organisationslehre 1992) S. 210.

[250] Vgl. Brand, M. (Projektmanagement 1974) S. 63.

mittlerem Anteil innovativer Teilaufgaben bzw. bei bauprojektabhängigen Innovationsaufgaben mit geringem bis mittlerem Innovationsgrad effizient einsetzbar.

- **Reine-Projekt-Organisation**

  Als weitere Variante einer intraorganisatorischen Strukturform ist die Reine-Projekt-Organisation zu nennen. Sie ist auf bauprojektübergreifende Innovationsaufgaben mit mittlerem bis hohem Innovationsgrad und Bauaufgaben mit mittlerem bis hohem Anteil innovativer Teilaufgaben programmiert. Die Dezentralisierung ist sehr hoch, die Funktionalisierung gering ausgeprägt. Dass dennoch eine hohe funktionale Entscheidungsqualität zu erzielen ist, kann durch die Übertragung von Entscheidungskompetenzen und Verantwortung auf die Projektmitglieder und damit über die gemeinsame Verantwortung der Arbeitsergebnisse durch das Projektteam gewährleistet werden. Die Entscheidungs- und Weisungsbefugnisse sind bei der Reinen-Projekt-Organisation am klarsten geregelt. Die Unternehmensaufgabe wird dem Projekt ganzheitlich zugeordnet. Die Projektleitung verfügt über fachliche und disziplinarische Weisungsrechte gegenüber den Projektmitarbeitern, sie regelt neben der terminlichen auch die inhaltliche Aufgabenerfüllung. Sie hat Zugang zu den zur Aufgabenabwicklung benötigten Ressourcen und ist befugt, die für die Unternehmensaufgabe relevanten Aktivitäten vorzunehmen oder ausführen zu lassen. Die Projektleitung ist in ihren Entscheidungen weitgehend unabhängig von anderen Unternehmenseinheiten, da die für die Lösung der Unternehmensaufgabe notwendigen Spezialisten der Projektleitung disziplinarisch unterstellt sind. Dadurch kann die Aufgabe der einheitenübergreifenden Koordination besser erfüllt, komplexe Innovations- und Bauaufgaben effizient abgewickelt werden. Daneben liegt der Vorteil der Reinen-Projekt-Organisation in einer schnellstmöglichen Reaktion bzw. Antizipation von sich permanent ändernden Aufgabenanforderungen. So wird mit jedem Projekt eine spezifische Lösung erarbeitet, für die bestimmte Ressourcen bereitgestellt und eingesetzt werden. Nachteile sind in der starken Ressourcenbindung und schwierigen Ressourcenteilung mit anderen Projekten zu sehen,[251] mit der Folge, dass zwischen Projekten Konkurrenzsituationen um Ressourcen entstehen können. Daneben besteht die Gefahr, dass z.B. Lösungen mit jedem Projekt konzeptionell neu entwickelt werden, ohne auf bestehende Lösungsansätze zurückzugreifen.

---

[251] Vgl. van Wartburg, I. (Management 2000) S. 440.

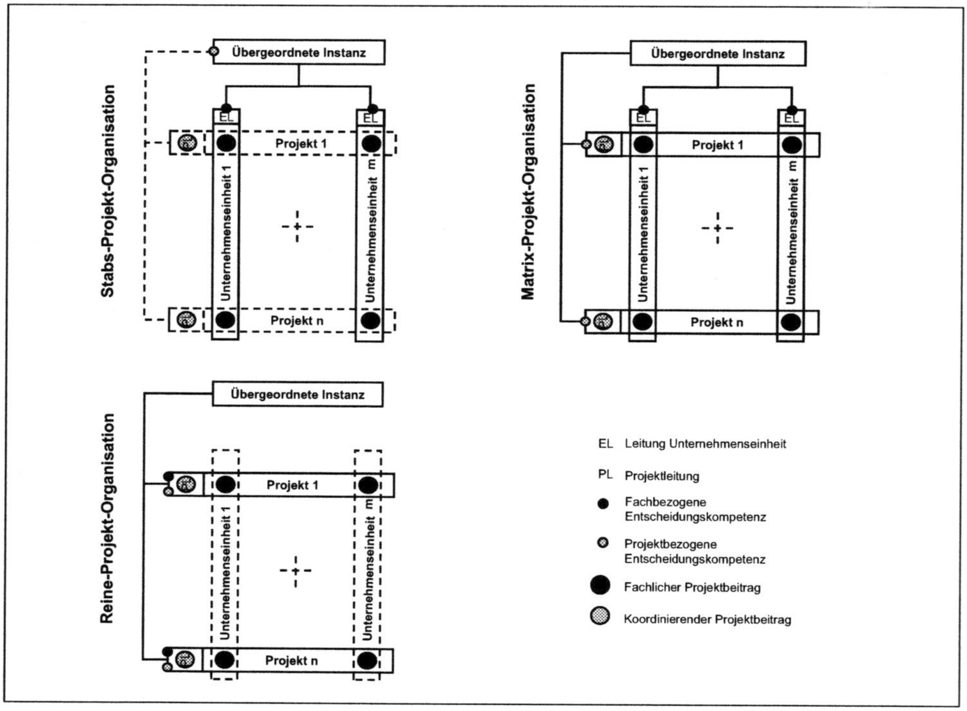

Bild 20: Intraorganisatorische Strukturformen für innovative Unternehmensaufgaben
Fig. 20: Forms of organizational structures for innovative tasks within companies

Mit diesen differenzierten Strukturformen kann den unterschiedlichen Anforderungen verschiedener Innovations- und Bauaufgaben in Bauunternehmen entsprochen und gleichzeitig die parallele Abwicklung von Innovations- und Routineaufgaben organisatorisch gefasst werden. Damit wird auch die in der Literatur häufig diskutiere Frage nach der Existenz eines organisatorischen Dilemmas beantwortet, das sich aus der Gegensätzlichkeit der für Innovations- und Routineaufgaben zu gestaltenden Organisationsstrukturen zu ergeben scheint. Solch ein organisatorisches Dilemma würde jedoch nur dann auftreten, wenn Unternehmen homogene Systeme wären, die eine organisatorische Gestaltung nur in die Richtung organischer oder nur in die Richtung mechanistischer Strukturen zuliessen. Doch Unternehmen konstituieren sich eben mit zunehmender Grösse über verschiedenste Handlungsträger bzw. Unternehmenseinheiten, die Aufgaben mit voneinander abweichenden Merkmalen realisieren.[252]

Folglich ist ein organisatorisches Dilemma insofern nicht auszumachen, wie die in verschiedenen Merkmalskombinationen auftretenden Aufgaben sowie die Kompe-

---

[252] Vgl. dazu auch Hill, W.; Fehlbaum, R.; Ulrich, P. (Organisationslehre 1992) S. 398ff.

tenzen und Verantwortungen zur Abwicklung der Aufgaben einzelnen Organisationseinheiten bzw. Handlungsträgern im Unternehmen eindeutig zugeordnet werden. Unternehmerische Flexibilität ist danach keine Eigenschaft, die durch eine vollkommen lose Organisationsstruktur zu erzielen ist. Sie erwächst vielmehr aus einer für verschiedene Aufgaben zugeschnittenen Organisation mit klarer Aufgaben- und Kompetenzregelung, die je nach den zu lösenden Problemstellungen neu zu orientierten bzw. neu zu formieren ist. JELINEK/SCHOONHOVEN konnten dieses Vorgehen bereits in Unternehmen der Automobilindustrie identifizieren und konstatieren:

„Changing the formal components of the organization offers much greater clarity than so-called organic structures where position responsibilities and reporting relationships are continuously ambiguous. […]. Thus, while clarity of formal reporting relationships and of position responsibilities is a consistent pattern in successfully innovative companies we have studied, they are far from structurally inert. We have discovered that these organizations adapt to change by reorganizing their formal structures."[253]

Diese Argumentation kann für die organisatorische Gestaltung der einzelnen Phasen des Innovationsprozesses i.e.S. fortgesetzt werden, für die von einzelnen Autoren ebenso die Existenz eines organisatorischen Dilemmas postuliert wird. Dies geht auf die Annahme zurück, dass sich auf die Erreichung der Ziele in den einzelnen Phasen ein Übergang von organischen zu mechanistischen Strukturen im Innovationsverlauf vorteilhaft auswirkt. Hier gilt es nochmals darauf hinzuweisen, dass die Phaseneinteilung mehr einem willkürlichen Akt entspricht als einem in der betrieblichen Praxis tatsächlich anzutreffendem Phänomen und sie in erster Linie die mit den Innovationsaufgaben durchzuführenden Aktivitäten veranschaulicht. Das postulierte Dilemma wird in dem Masse obsolet, wie sowohl zu Prozessbeginn strukturiertes Vorgehen gefragt ist und erste Realisierungsaktivitäten erfolgen als auch zu Prozessende noch Offenheit gegenüber Veränderungen benötigt wird.

Vom baubetrieblichen Innovationsprozess ist ebenso als einem zeitlichen Kontinuum auszugehen, bei dem am Anfang vermehrt Ideen zu entwickeln sind, am Ende die Realisierungsaufgaben zunehmen und der über den gesamten Zeitraum von Entscheidungspunkten durchzogen ist. Dies ist auch auf den Bauprozess übertragbar, denn Bauaufgaben besitzen häufig ebenso wie Innovationsaufgaben zu Beginn nur grob formulierte Ziele. Erst mit dem baulichen Wertschöpfungsprozess, in der Interaktion zwischen den Baubeteiligten, konkretisieren sich die Ziele und werden in eine bauliche Gesamtlösung transferiert. Entsprechend ist auch bei Bauaufgaben zu Prozessbeginn verstärkt kreatives und problemlösendes Verhalten gefragt bzw. entfalten

[253] Jelinek, M.; Schoonhoven, C. (Innovation 1990) S. 262.

sich erst durch eine offene Zielformulierung kreative Freiräume. Mit dem Fortschritt des Bauprozesses nimmt auch bei Bauaufgaben der Anteil an Routinetätigkeiten in dem Masse zu, wie sich die Parameter der baulichen Lösungen als Input der nachgelagerten Teilaufgaben konkretisieren.

Die Anmerkungen zur Existenz eines organisatorischen Dilemmas machen deutlich, dass nicht die Zweckmässigkeit von Phasenmodellen zur Identifizierung der zu erfüllenden Innovationsaktivitäten anzuzweifeln ist, sondern die Annahme, eine auf der strikten Linearisierung des Innovationsverlaufs basierende Innovationsorganisation in die baubetriebliche Praxis überführen zu können.[254] Im Vordergrund muss auch hier stehen, in Abhängigkeit von den Innovationsaufgaben die im Prozessverlauf zu erbringenden Aktivitäten verschiedenen Handlungsträgern zuzuordnen sowie über die Verteilung von Kompetenzen und Verantwortlichkeiten für die Einzelaktivitäten wie die gesamte Innovations- bzw. Bauaufgabe eine effektive und effiziente Aufgabenerfüllung sicherzustellen.

3.1.2.2 Die Notwendigkeit inter- und intraorganisatorischer Promotoren

Eine weitere Implikation aus dem entscheidungsorientierten Ansatz für die Generierung innovativer baulicher Gesamtlösungen besteht darin, dass Organisationsstrukturen in erster Linie als Verhaltensbedingungen zu betrachten sind, die dem Handlungsträger Spielräume eröffnen sollen, um im Hinblick auf die mit der Innovationsaufgabe verfolgten Ziele aktiv zu werden.[255] Innovationsaufgaben erfüllen sich nicht abstrakt über Organisationsstrukturen, sondern werden von Individuen mit spezifischen Fähigkeiten und Bedürfnissen getragen.

„Für die Innovativität sind [...] immer die Verhaltensstrukturen der Beteiligten relevant, da das Innovationsgeschehen durch die kognitiven und motivationalen Eigenschaften der Mitarbeiter determiniert wird. Die Organisationsstruktur soll hierfür lediglich einen unterstützenden Rahmen bieten.“[256]

Dass personengebundene Faktoren wie das Kreativitäts-, das Entscheidungs- und Durchsetzungspotential den Verlauf von Innovationsprozessen nachhaltig beeinflussen, darauf verweisen z.B. DOUGHERTY/HARDY, die mit Hilfe von 134 Interviews in 15 Grossunternehmen anderer Industrien herausfanden, *„that even when product innovation did occur, it did so in spite of organizational systems and only because of the*

[254] Vgl. auch Gaitanides, M. (Umfang 1995) S. 73f.

[255] Vgl. Gebert, D. (Innovation 1979) S. 283.

[256] Corsten, H. (Innovationsmanagement 1989) S. 27.

unstinting efforts of individuals who bucked the system".[257] Eine Reihe weiterer empirischer Untersuchungen bestätigen die Erkenntnis dieser Autoren, indem sie eine Rollenverteilung bzw. Arbeitsteilung im Innovationsprozess nachweisen konnten.[258] Dabei kann nicht von organisatorisch verordneten Stellenbildern gesprochen werden. Vielmehr verhelfen die Rollenträger dem Neuen zum Durchbruch, indem sie neben den von ihnen täglich zu erfüllenden Aufgaben zusätzlich Zeit und Energie aufbringen, um aktiv zur Überwindung der Barrieren beizutragen, die sich dem Neuen entgegenstellen. Solche Personen werden daher auch als Promotoren bezeichnet.[259]

Eine erste empirische Bestätigung für die Existenz von bauwirtschaftlichen Innovationspromotoren liefern NAM/TATUM, die in ihrer Untersuchung von zehn innovativen Bauprojekten den Kunden und das oberste Management von Planungs- und Bauunternehmen als Schlüsselpersonen für die Realisierung von Innovationsaufgaben und damit Promotoren auf inter- wie intraorganisatorischer Ebene identifizierten.[260]

Die Bedeutung des Kunden für die Innovationsförderung sehen die beiden Autoren in seiner Stellung innerhalb eines Bauprojekts. Der Kunde ist nicht nur Käufer eines Bauwerks, sondern er löst den Bauprozess erst aus und beeinflusst dessen Verlauf massgeblich. Daher kann auch sein Verhalten gegenüber innovativen Lösungen für die erfolgreiche Erfüllung von Innovationsaufgaben kritisch sein. Unterstützend auf die Akzeptanz innovativer Lösungen wirkt hierbei ein gewisses Mass an technischem Wissen, durch das die Kunden sich in der Lage sehen, Lösungsvorschläge besser verstehen und bewerten zu können. [261]

Auch das oberste Management in den innovative Lösungen enwickelnden Unternehmen zeichnet sich dadurch aus, dass es technisches Wissen besitzt. Doch dieses Wissen ist so umfangreich, dass das Management selbst Quelle der untersuchten innovativen Ideen gewesen ist. Für NAM/TATUM ist technisches Wissen des obersten Managements eine notwendige Voraussetzung, um Innovationsaufgaben in der Bauwirtschaft realisieren zu können. Sie begründen dies

[257] Dougherty, D.; Hardy, C. (Product 1996) S. 1144.

[258] Vgl. bspw. Albers, S.; Eggers, S. (Gestaltungen 1991) S. 63 und die Zusammenstellung weiterer empirischer Studien bei Hauschildt, J.; Chakrabarti, A. (Arbeitsteilung 1999) S. 70ff.

[259] Vgl. Witte, E. (Modell 1999) S. 15f. In der Literatur existieren weitere Rollenbezeichnungen für die HAUSCHILDT/CHAKRABARTI den Versuch einer Systematisierung unternahmen. Sie gliedern die Rollen generell in *Arbeitsteilung nach Verrichtungen* (z.B. „initiator", „idea generator", „decision maker") und in *Arbeitsteilung nach Machtquellen* (z.B. „technologist", „executive champion", „investor"), vgl. Hauschildt, J.; Chakrabarti, A. (Arbeitsteilung 1999) S. 76.

[260] Vgl. Nam, C.; Tatum, C. (Leaders 1997) S. 263ff.

[261] Vgl. Nam, C.; Tatum, C. (Leaders 1997) S. 268.

mit dem höheren Risiko, das bauwirtschaftliche Innovationen aufgrund ihrer sofortigen Realisierung in einem Bauprojekt besitzen. Technisches Wissen verhilft dem Managment dann, die Risiken besser einzuschätzen.[262]

Obwohl die Studie von NAM/TATUM bereits Hinweise auf die Notwendigkeit innovationsfördernder Promotorenrollen in der Bauwirtschaft liefert und insbesondere im Vergleich zu anderen Industriezweigen die Bedeutung des Kunden für bauwirtschaftliche Innovationen hervorheben kann, sind ihre Ergebnisse noch zu undifferenziert. So treffen sie keine Unterscheidungen zwischen unterschiedlichen Charakteristiken von Innovationsaufgaben und untersuchen nicht die Auswirkungen dieser auf die Herausbildung von Promotorenrollen. Deshalb erscheint auch die Rolle des obersten Managements sowohl als Ideenlieferant wie als Ideenpate zu eingeschränkt, zumal NAM/TATUM dies für kleine und grosse Unternehmen gleichermassen konstatieren. Technisches Wissen des obersten Managements wird einer erfolgreichen Realisierung von Innovationsaufgaben durchaus zuträglich sein, doch fordert die direkte Konfrontation mit den technischen und wirtschaftlichen Problemen der Bauaufgaben gerade von den Mitarbeitern der unteren Hierarchieebenen die Suche nach neuen Lösungen bzw. besitzen diese Personen vielfach das notwendige spezifische Fachwissen, um neue Ideen entwickeln zu können. Letzlich bleiben NAM/TATUM auch Aussagen darüber schuldig, wie Organisationsstrukturen inter- und intraorganisatorisch zu gestalten sind, um die erkannten Promotorenrollen zur Entfaltung zu bringen.

Da sich die Herausbildung von Promotorenrollen offensichtlich auch für die Generierung innovativer baulicher Gesamtlösungen innovationsfördernd auswirkt, soll von den folgenden drei auf WITTE zurückgehenden Promotoren ausgegangen werden:[263]

- **Fachpromotor**

  Der Fachpromotor ist *„diejenige Person, die einen Innovationsprozess durch objektspezifisches Fachwissen aktiv und intensiv fördert.“*[264] Er ist der Ideengenerator, er erfasst die Problemstellung, kann Lösungsalternativen entwerfen, die Leistungsfähigkeit von Lösungen bewerten und deren Realisierbarkeit einschätzen. Er liefert damit einen entscheidenden Beitrag zur Überwindung von Fähigkeitsbarrieren, die aus der Neuartigkeit und Komplexität der Problemstellung erwachsen, wodurch wiederum die Problemzusammenhänge nur schwer erkenn-

---

[262] Vgl. Nam, C.; Tatum, C. (Leaders 1997) S. 269.

[263] Vgl. dazu Witte, E. (Modell 1999) S. 17 sowie Hauschildt, J.; Chakrabarti, A. (Arbeitsteilung 1999) S. 77f.

[264] Witte, E. (Modell 1999) S. 17.

bar sind. Durch ihn können die Probleme sachgerecht gelöst und infolge seiner auf technischem Fachwissen basierenden Argumentation die Entscheidungsfindung erleichtert und Entscheidungen besser durchgesetzt werden. Als Fachpromotoren in Bauunternehmen sind sowohl Bau- und Projektleiter als auch interne Spezialisten anzusehen. Interorganisatorische Fachpromotoren sind dann Mitarbeiter von Ingenieurbüros, die spezifisches technisches Wissen besitzen.

- **Machtpromotor**

  Was dem Fachpromotor jedoch zur Durchsetzung des Neuen im Unternehmen fehlt, ist seine unzureichende hierarchische Stellung. Hier kommt eine weitere Rolle zum Tragen, die des Machtpromotors. Der Machtpromotor ist *„diejenige Person, die einen Innovationsprozess durch hierarchisches Potential aktiv und intensiv fördert."*[265] Seine hierarchische Position erlaubt es ihm, Innovationsvorhaben gegenüber den Beharrungskräften des Alten abzuschirmen und Ressourcen für die Innovation freizumachen. Ihm kommt die Aufgabe zu, Willensbarrieren zu überwinden, die eben aus der Sicherheit am alten und vertrauten Zustand herrühren. Er weiss um die strategische Bedeutung der Innovation. Die Macht zur Durchsetzung von Innovationen gewinnt er aus der Glaubwürdigkeit seiner hierarchischen Stellung, aus der Fähigkeit, überzeugend, begeisternd und motivierend zu sein sowie sein Wort zu halten. In Bauunternehmen wird vor allem das oberste Management (z.B. Geschäfts-, Niederlassungs- oder Spartenleitung) als Machtpromotor in Erscheinung treten. Interorganisatorisch ist davon auszugehen, dass der Kunde diese Rolle übernimmt.

- **Prozesspromotor**

  Zwischen Fach- und Machtpromotor tritt als verknüpfendes Element der Prozesspromotor. *„Er ist in der Lage, die Sprache der innovativen Technik in die Sprache zu übersetzen, die traditionell in der Unternehmung gesprochen und verstanden wird."*[266] Damit muss er sowohl ein ausreichend technisches Fachwissen besitzen als auch die langfristigen Ziele des Unternehmens kennen. Er gestaltet den Entscheidungsprozess mit seinen einzelnen Bearbeitungsschritten, Terminen und benötigten Ressourcen. Entscheidungen werden von ihm vorbereitet, indem er Teilziele gewichtet und zusammenführt sowie damit verbundene Konflikte zwischen Prozessbeteiligten löst. Darüber hinaus obliegt ihm die Aufgabe, Auswirkungen der Entscheidungen auf Unternehmenseinheiten und -mitglieder sowie andere Unternehmen zu erkennen und entsprechend über neue Ideen innerhalb und ausserhalb des Unternehmens zu informieren bzw. für sie zu werben. Insbesondere

---

265 Witte, E. (Modell 1999) S. 16.

266 Hauschildt, J.; Chakrabarti, A. (Arbeitsteilung 1999) S. 78.

vom Bauprojektleiter ist zu erwarten, dass er sowohl intra- wie interorganisatorisch die Rolle des Prozesspromotors übernimmt.

Als wesentlich für die Effizienz des Innovationsprozesses wird die Existenz aller drei Promotoren erachtet und auf die Notwenigkeit ihrer Zusammenarbeit verwiesen. Die Ausbildung der einzelnen Rollen scheint jedoch eher spontan zu erfolgen, als bewusst hervorgerufen. Ein Grund dafür kann in aufgabenspezifischen Einflüssen gesehen werden, die das Auftreten und Zusammenfinden einzelner Rollen determinieren. So kann es in Abhängigkeit vom Innovationsgrad zu einer unterschiedlichen Rollenverteilung kommen. Mit zunehmender Neuartigkeit und Komplexität wird auch die Arbeitsteilung steigen. Bei geringem Innovationsgrad ist eine Zusammenführung verschiedener Rollen in einer Person denkbar.[267] Beispielsweise ist denkbar, dass der Bau- bzw. Projektleiter bei einem geringen Innovationsgrad wie Elementinnovationen alle drei Rollen in sich vereinen kann.

Darauf, dass über Organisationsstrukturen Anreize für innovatives Verhalten gesetzt werden können, wurde bereits verwiesen. In Bezug auf die Herausbildung innovationsfördernder Rollen müssen Organisationsstrukturen folglich ein *„Vakuum zulassen, in das die Promotoren prozessfördernd und prozessgestaltend hineinstossen können.“*[268] Organisationsstrukturen müssen den Handlungsträgern erlauben, innovationsfördernde Promotorenrollen zu übernehmen. Auch DOUGHERTY/HARDY kommen nach ihren empirischen Studien zu einem vergleichbaren Schluss:

„But our findings suggest that the conceptualisation of power must extend beyond the personal and encompass the organizational. For large, mature organizations to become innovative, they must reconfigure the power embedded in the organizational system – in its resources, processes, and meanings.“[269]

Für die Organisationsgestaltung zur Generierung innovativer baulicher Gesamtlösungen ist ebenso von der Organisationsstruktur als rollenförderndes Instrument auszugehen.

3.2 Innovationsorganisation und interaktionsorientierter Ansatz

Fokussierte der entscheidungsorientierte Ansatz auf das Entscheidungsverhalten von Handlungsträgern, werden mit dem interaktionsorientierten Ansatz die wirtschaftlichen Austauschprozesse zwischen verschiedenen intra- wie interorganisato-

---

[267] Vgl. Hauschildt, J.; Chakrabarti, A. (Arbeitsteilung 1999) S. 82f.

[268] Witte, E. (Modell 1999) S. 16; zu einer ähnlichen Argumentation vgl. auch Hauschildt, J.; Chakrabarti, A. (Arbeitsteilung 1999) S. 85ff.

[269] Dougherty, D.; Hardy, C. (Product 1996) S. 1146.

rischen Handlungsträgern in den Mittelpunkt des Interesses gerückt. Der interaktionsorientierte Ansatz fragt danach, welche Organisationsstrukturen bei welchen Koordinationsproblemen des ökonomischen Austausches die relativ geringsten Kosten bzw. die grösste Effizienz mit sich bringen.[270]

3.2.1 Zugrunde liegende Annahmen und Erklärungsangebote

Der interaktionsorientierte Ansatz oder auch *Neue Institutionenökonomie* genannt unterteilt sich in drei sich ergänzende Strömungen, die ***Theorie der Verfügungsrechte***, die ***Transaktionskostentheorie*** und die ***Principal-Agent-Theorie***.

Allen diesen Richtungen liegt als zentrale Annahme ökonomischen Denkens die individuelle Nutzenmaximierung der Handlungsträger in Wirtschaftssystemen zugrunde.[271] Da die Nutzenmaximierung bisweilen auf Kosten und zum Schaden anderer Handlungsträger erfolgen kann, besteht eine weitere Annahme im opportunistischen Verhalten einiger Handlungsträger.[272] Dabei geht opportunistisches Verhalten auf die Ausnutzung eines ungenügenden Informationsstandes von Handlungsträgern zurück, der wiederum in der begrenzten Informationsverarbeitungskapazität dieser Handlungsträger begründet ist. Als letzte Annahme wird das im entscheidungsorientierten Ansatz begründete Konzept der begrenzten Rationalität aufgegriffen.

Die verschiedenen Strömungen versuchen nun in spezifischer Weise, die aus den Rationalitätslücken entstehenden Probleme zu erfassen und Hinweise zur Vorteilhaftigkeit und Wahl bestimmter Problemlösungsinstrumente bereitzustellen.[273] Auf die Transaktionskostentheorie und die Principal-Agent-Theorie soll nachfolgend weiter eingegangen werden.

3.2.1.1 Organisationsgestaltung und Transaktionskosten

Die Transaktionskostentheorie basiert auf den frühen Arbeiten von COASE und wurde vor allem von WILLIAMSON zu einer ökonomischen Organisationstheorie ausgebaut, indem er die Austauschbeziehungen zwischen spezialisierten Handlungsträgern von Wirtschaftssystemen im Hinblick auf die Effizienz alternativer organisationaler Arrangements analysierte.[274] Handlungsträger können hierbei sowohl Individuen als

---

[270] Vgl. Ebers, M.; Gotsch, W. (Theorien 1999) S. 199.

[271] Vgl. Picot, A.; Dietl, H.; Franck, E. (Organisation 1999) S. 38f.

[272] Vgl. Williamson, O. (Markets 1975).

[273] Vgl. Picot, A.; Dietl, H.; Franck, E. (Organisation 1999) S. 40.

[274] Vgl. Coase, R. (Nature 1937) und Williamson, O. (Markets 1975).

auch Unternehmen sein. Die Vorteilhaftigkeit alternativer organisatorischer Arrangements ergibt sich aus den Kosten, die den Handlungsträgern aus dem Austausch von Gütern oder Leistungen und vor allem aus der Abwicklung der Transaktion erwachsen. Transaktionskosten sind dann all jene Kosten, die die Transaktionspartner zur Durchführung des Güter- bzw. Leistungsaustausches zu tragen haben. Dazu zählen Anbahnungs-, Vereinbarungs-, Abwicklungs-, Kontroll- und Anpassungskosten.

Die Höhe der Transaktionskosten wird in erster Linie durch die ***Spezifität***, die ***Unsicherheit*** und die ***Häufigkeit der Transaktion*** determiniert.[275] Spezifität entsteht durch den Rückgriff auf bestimmte für die Transaktion zugeschnittene Ressourcen, d.h. *„je grösser die Wertdifferenz zwischen der beabsichtigten Verwendung und der zweitbesten Verwendung der jeweiligen Ressource ist, desto höher ist die Spezifität der Transaktion“*.[276] Mit der Investition in spezifische Ressourcen zur Abwicklung von Transaktionen steigt die Gefahr opportunistischen Verhaltens bzw. der Anreiz, vertragliche Vereinbarungen zum eigenen Nutzen zu reinterpretieren. Entsprechend erhöhen sich mit der Spezifität der Ressourcen die Transaktionskosten, die zur Verhinderung oder Dämpfung opportunistischen Verhaltens aufgebracht werden müssen. Die Transaktionskosten wachsen weiter an, wenn die Ressourcenspezifität mit Unsicherheit über notwendige Änderungen in der Tauschvereinbarung verbunden ist. Solche Änderungen können bspw. Qualitäten oder Termine betreffen.

„Je häufiger und unvorhersehbarer der Änderungsbedarf auftritt, desto schwieriger ist insgesamt die Anbahnung, Vereinbarung, Durchführung, Kontrolle und Anpassung einer als gerecht empfundenen Leistungsvereinbarung zwischen den Transaktionspartnern.“[277]

Mit der Häufigkeit identischer Transaktionen zwischen Transaktionspartnern sinken hingegen die Kosten pro Transaktion. Dabei gewinnt die Transaktionshäufigkeit jedoch erst bei steigender Spezifität und Unsicherheit an Bedeutung. Ansonsten besitzt sie eher eine untergeordnete Rolle.

Transaktionskosten werden nicht ausschliesslich durch die Charakteristiken der Transaktion bestimmt. Einfluss besitzen ebenso kulturelle und soziale Normen und Werte. Durch sie werden zum einen Freiräume für opportunistisches Verhalten eingeengt. Zum anderen vermindern sie Unsicherheit, indem sie die zwischen den Transaktionspartnern stattfindende Kommunikation verbessern.[278]

---

275 Vgl. Williamson, O. (Markets 1975) 20ff.

276 Vgl. Picot, A.; Dietl, H.; Franck, E. (Organisation 1999) S. 69f.

277 Vgl. Picot, A.; Dietl, H.; Franck, E. (Organisation 1999) S. 69.

278 Vgl. Picot, A.; Dietl, H.; Franck, E. (Organisation 1999) S. 72.

Aus dem interaktionsorientierten Blickwinkel der Transaktionskostentheorie kann die Aufgabe der Organisationsstruktur darin gesehen werden, die Transaktionskosten der für den Aufgabenerfüllungsprozess notwendigen Austauschvorgänge möglichst gering zu halten. Insbesondere lassen sich Antworten auf die Frage nach dem optimalen Grad vertikaler Leistungsintegration bzw. dem Umfang der intern zu erbringenden Leistungen theoretisch stützen. Dabei ist ein Kontinuum auszumachen, dass an einem Ende durch den Markt (vollständige vertikale Desintegration) und am anderen Ende durch die Hierarchie (vollständige vertikale Integration) abgegrenzt ist. Dazwischen liegen verschiedene hybride Integrations- bzw. Koordinationsformen für ökonomische Austauschbeziehungen. Die Wahl der optimalen Koordinationsform wird wiederum durch die Charakteristiken der Transaktion beeinflusst. Danach wird die Koordinierung der Austauschbeziehungen über den Markt erfolgen, wenn die Transaktion geringe Spezifität und Unsicherheit aufweist. In diesem Fall wirkt der Markt über seine Anreizintensität und den Konkurrenzmechanismus opportunistischem Verhalten entgegen und erlaubt effiziente Leistungserstellungsprozesse autonomer Transaktionspartner. Mit steigernder Spezifität und Unsicherheit gewinnen längerfristige vertragliche Vereinbarungen und kooperative Arrangements zur Absicherung gegen opportunistisches Verhalten und zur Reduktion der nun ansteigenden Transaktionskosten zunehmend an Bedeutung. Bei hoher Spezifität und Unsicherheit wird die interne Leistungserstellung zur effizientesten Koordinierungsform. Anderenfalls besteht für die Transaktionspartner ein grosser Anreiz, die Abhängigkeit des jeweils anderen zum eigenen Vorteil auszunutzen, mit der Konsequenz hoher Transaktionskosten zum Ausarbeiten angemessener Vertragsformen und zum Anpassen von Vertragskonditionen.[279]

3.2.1.2 Organisationsgestaltung und Agencykosten

Die Principal-Agent-Theorie konkretisiert die von der Transaktionskostentheorie allgemein betrachteten Austauschbeziehungen zwischen ökonomischen Handlungsträgern auf Austauschbeziehungen zwischen einem Auftraggeber und einem Auftragnehmer. Dies bedeutet, dass ein Auftraggeber oder Prinzipal zur Umsetzung seiner Interessen bestimmte Aufgaben und Entscheidungskompetenzen an einen Auftragnehmer oder Agenten überträgt. Der Auftraggeber nutzt die Dienste des Auftragnehmers zur Verwirklichung seiner Interessen, der Auftragnehmer erhält dafür im Gegenzug eine Vergütung. Die Austauschbeziehung beruht auf einer gegenseitigen Vereinbarung.

---

279 Vgl. Ebers, M.; Gotsch, W. (Theorien 1999) S. 238.

Dem Vorteil des Auftraggebers, sich die Spezialisierung und den Informationsvorsprung des Auftragnehmers zunutze zu machen, steht die Gefahr gegenüber, dass der Auftragnehmer genau diesen Informationsvorsprung zu seinem eigenen Vorteil und zum Schaden des Auftraggebers ausnutzt. Durch zusätzliche Kontroll- und Steuerungsmassnahmen kann der Auftraggeber zwar versuchen, dem opportunistischen Verhalten des Auftragnehmers entgegen zu wirken, jedoch zehren sich dadurch die Vorteile aus Spezialisierung und Entscheidungsdelegation wieder auf. Die Vorteilhaftigkeit organisatorischer Arrangements ist daher anhand der Kosten zu beurteilen, die sich aus der Differenz einer Leistungserbringung unter vollkommender Information beider Partner und einer Leistungserbringung bei Informationsasymmetrien zwischen den Partnern ergeben. Agencykosten entstehen aus Massnahmen, die ein höheres Mass an auftragsgemässer Leistungserbringung sicherstellen sollen, die beim Auftragnehmer aus den Kontrollansprüchen des Auftraggebers anfallen und die die Folge einer Leistungserstellung des Auftragnehmers sind, die nicht den maximalen Nutzen des Auftraggebers trifft.[280]

Die Principal-Agent-Theorie kann damit Hinweise auf Massnahmen liefern, durch die organisatorische Arrangements unterstützt werden müssen, damit Informationsasymmetrien ausgeglichen bzw. die vertragsgemässe Aufgabenerfüllung sichergestellt werden kann. Unterstützung erfahren können organisatorische Arrangements durch Anreize z.B. in Form einer Ergebnisbeteiligung des Auftragnehmers. Der Auftraggeber kann dadurch seinem Mangel an Kontrolle und Beurteilung des Auftragnehmers entgegen steuern. Mit einer Ergebnisbeteiligung versucht er, die Interessen des Auftragnehmers den seinen anzugleichen. Sobald jedoch das Ergebnis nicht nur auf den Leistungsbeitrag des Auftragnehmers, sondern auch auf verschiedene Umwelteinflüsse zurückzuführen ist, steigt für den Auftragnehmer das Risiko, eine schlechtere Vergütung seiner Leistungen zu erhalten. Bei risikoaversen Verhalten des Auftragnehmers folgt daraus dessen Forderung nach einer höheren bzw. zusätzlichen Vergütung. Eine Optimierung zwischen den konkurrenzierenden Teilzielen der Anreizgestaltung und der Risikoverteilung ist dann erreicht, *„wenn die Anreizwirkung einer zusätzlichen Risikobeteiligung gerade durch die dafür zusätzlich zu zahlende Prämie kompensiert wird"*.[281] Mit der Verbesserung des Informationssystems steht eine weitere Massnahme zur Verfügung, um das Informationsgefälle zwischen Auftraggeber und Auftragnehmer zu verringern. Die Verbesserung kann dabei sowohl vom Auftraggeber als auch vom Auftragnehmer ausgehen. Massnahmen des Auftraggebers sind vor Vertragsabschluss z.B. Referenzprüfungen, nach Vertragsabschluss z.B. Qualitätskontrollen, Planungs-, Kontroll- und Berichtssysteme. Zu den

---

[280] Vgl. Ebers, M.; Gotsch, W. (Theorien 1999) S. 212.

[281] Picot, A.; Dietl, H.; Franck, E. (Organisation 1999) S. 93.

Massnahmen des Auftragnehmers zählen z.B. vor Vertragsabschluss Zeugnisse oder Zertifizierungen.

Transaktionskosten- und Principal-Agent-Theorie führen unter der Grundannahme der individuellen Nutzenmaximierung mit den Transaktions- bzw. Agencykosten Beurteilungskriterien für die Effizienz von Austauschprozessen zwischen intra- und interorganisatrischen Handlungsträgern ein und liefern damit insbesondere den Erklärungshintergrund für die Notwendigkeit bzw. Vorteilhaftigkeit verschiedener institutioneller Arrangements zur Generierung innovativer baulicher Gesamtlösungen.

3.2.2 Implikationen für die Generierung innovativer baulicher Gesamtlösungen

3.2.2.1 Die Notwendigkeit differenzierter interorganisatorischer Strukturformen

Eine erste Implikation aus dem auf der Transaktionskostentheorie basierenden Teil des interaktionsorientierten Ansatz ist in differenzierten interorganisatorischen Strukturformen zur Generierung innovativer baulicher Gesamtlösungen zu sehen. Es ist darüber zu entscheiden, ob die Innovationsaufgaben bzw. einzelne Aktivitäten vom Bauunternehmen selbst oder über alternative interorganisatorische Arrangements erbracht werden sollen. Einfluss auf diesen strategischen Entscheid nehmen die Spezifität des zur Innovationsrealisierung benötigten Wissens sowie die Unsicherheit und die Häufigkeit des Wissenserwerbs. Der zur Verfügung stehende Entscheidungsspielraum reicht von der ausschliesslich auf interne Wissensressourcen zurückgreifenden Lösung innovativer Problemstellungen über verschiedene kooperative Arrangements bis zum vollständigen externen Erwerb des benötigten Wissens.[282]

Die vollständige interne Erarbeitung innovativer Lösungen sollte immer dann angestrebt werden, wenn Wissen mit hoher Spezifität zur Innovationsrealisierung benötigt wird bzw. mit der Innovationsrealisierung generiert werden kann. Das kann z.B. spezifisches verfahrenstechnisches Wissen im Tunnelbau oder besonderes Konstruktionswissen im Brückenbau sein. Da mit dem Innovationsgrad auch die Unsicherheit einer eigenen Entwicklung zunimmt und entsprechend auch die allein zu tragenden Risiken und Kosten steigen, sollte das generierte Wissen durch das Unternehmen zudem längerfristig exklusiv nutzbar sein, ein hohes Weiterentwicklungspotential besitzen und intern bereits Wissen in dem Umfang vorhanden sein, dass für die inno-

[282] Vgl. Hauschildt, J. (Innovationsstrategien 1991) S. 261ff.

vative Entwicklung direkt darauf aufgebaut werden kann.[283] Alternativ kann sich das Bauunternehmen auf Teilbereiche spezialisierte Unternehmen suchen, um mit diesen über eine langfristige und enge Kooperation, wie sie Gemeinschaftsunternehmen oder strategische Allianzen darstellen, Problemlösungen zu generieren. Neben der Reduzierung des eigenen Ressourcenaufwandes und des Entwicklungsrisikos sind weitere Vorteile eines langfristig orientierten Erwerbs externen Wissens in der schnelleren Realisierung der Innovationsaufgaben, in der Ausschöpfung eines grösseren Informations- und Ressourcenpotentials oder in der Möglichkeit, z.B. bei Leistungsinnovationen Zugang zu neuen Märkten zu erhalten, zu sehen.[284]

Sind neben der Behandlung risikoreicher Innovationsaufgaben oder dem Fehlen eigener Ressourcen keine kontinuierlichen Entwicklungen in einem bestimmten Marktsegment geplant bzw. ist die Häufigkeit eines erneuten Wissenserwerbs gering, kann für die Durchführung der Innovationsaufgaben auf externes Wissen auch temporär durch Ad-hoc-Kooperationen zurückgegriffen werden.[285] Ad-hoc-Kooperationen sind mit Forschungseinrichtungen, Zulieferern, spezialisierten Subunternehmen oder Wettbewerbern denkbar und lassen sich zur Lösung bauprojektabhängiger oder bauprojektübergreifender Probleme initiieren.

Darüber hinaus kann Wissen über eine Auftragsvergabe erworben werden, wenn wenige Auswirkungen der Problemlösung auf das Leistungsangebot, das Bauwerk oder den Leistungserbringungsprozess zu erwarten sind oder eine interne Bearbeitung zu lange dauern würde. Die Erarbeitung der Problemlösung kann dann z.B. bei bauprojektabhängigen Problemen einem spezialisierten Unternehmen oder bei bauprojektübergreifenden Problemen einer Forschungseinrichtung in Auftrag gegeben werden. Vom Unternehmen sind lediglich der Auftrag vertraglich zu formulieren und gewisse Kontrollaufgaben wahrzunehmen. Vorteile hierbei sind, dass keine eigenen Kapazitäten für die Innovationsrealisierung aufgebaut werden müssen, deren zukünftige Auslastung bzw. wettbewerbsstrategische Relevanz ungewiss ist, und dass auf das Spezialistenwissen anderer Unternehmen zurückgegriffen werden kann.[286]

Des Weiteren stehen ergänzend zu den interorganisatorischen Strukturformen verschiedene Formen des marktlichen Wissensbezugs zur Verfügung. Insbesondere bei Produkt- und Prozessinnovationen kann durch den Kauf einer Lizenz zur Nutzung eines Bauverfahrens oder zur Herstellung eines Bauteiles das Bauunternehmen externes Wissen erwerben. Die Übernahme innovativer Lösungen von Dritten bietet

---

[283] Vgl. Picot, A. (Ansatz 1991) S. 347f.

[284] Vgl. auch Wolfrum, B. (Technologiemanagement 1994) S. 338f.

[285] Vgl. Girmscheid, G. (Wettbewerbsvorteile 2003).

[286] Vgl. auch Wolfrum, B. (Technologiemanagement 1994) S. 333.

sich dann an, wenn trotz hoher Spezifität des Wissens eine gleichwertige Lösung in angemessener Zeit nicht erarbeitet werden kann z.B. bei Lösung bauprojektabhängiger Probleme. Die Lizenznahme kann auch angesagt sein, wenn das eigene Wissen mit einem geringen Risiko und bei gleichzeitigem Zeitgewinn ergänzt werden soll, das mit der Lizenz erworbene Wissen für das Unternehmen aber nicht wettbewerbsentscheidend ist. Auch hier ist auf die Auswirkungen zu achten, die sich bei der Implementierung des mit der Lizenz erworbenen Wissens auf das bestehende Wissen im Unternehmen ergeben und die die Vorteile der Lizenznahme gegenüber der Eigenentwicklung aufzehren können. Ob sich eine Lizenznahme als vorteilhaft erweist, hängt zudem stark von der Vertragsgestaltung ab. WOLFRUM führt dazu aus:

„Neben dem Grad der Exklusivität einer Lizenzübertragung und der Höhe der Gegenleistungen sind in Lizenzverträgen weitere Regelungen über die Art, Umfang, Gebiet und Zeit der Nutzung sowie die Beziehungen zwischen Lizenzgeber und Lizenznehmer sowie zu Dritten zu treffen.“[287]

Bei geringer Wettbewerbsrelevanz kann die innovative Lösung eines anderen Unternehmens auch eingekauft werden.[288] Bauunternehmen stehen hierzu vor allem innovative Lösungen der Zulieferindustrien zur Verfügung, die aufgrund ihrer fortgeschrittenen Entwicklung geringere Unsicherheiten besitzen und deren Risiken dadurch weitgehend kalkulierbar sind. Zu beachten ist auch hier, dass die Implementierung der Lösungen in Bauwerk oder Leistungserstellungsprozess Änderungen anderer Bauwerks- und/oder Prozesselemente nach sich ziehen kann und dass ergänzende Entwicklungen oder Anpassungen der Lösung erforderlich werden können.

Eine gesteigerte Variante des externen Wissenserwerbs ist der Kauf eines Unternehmens als Ganzes. Er bietet sich bei Wissen an, das im eigenen Unternehmen nicht vorhanden ist, aber eine grosse Wettbewerbsrelevanz für das Unternehmen besitzt. Kann zudem das Wissen nicht über Lizenzen erworben werden, ist die Unternehmensakquisition vielfach der einzige Weg, um in strategisch bedeutsamen Innovationsfeldern mit hohem Weiterentwicklungspotential tätig zu werden.[289] Für Bauunternehmen kann das z.B. ein spezialisierter Subunternehmer mit einer herausragenden Produkt- oder Prozessinnovation sein. Aber auch bei Leistungsinnovationen ist der Unternehmenskauf denkbar, wenn das Bauunternehmen auf diesem Weg z.B. spezifisches Wissen von Planungsunternehmen bindet und sich dadurch Differenzierungspotentiale und eine grössere Unabhängigkeit vom Unternehmensumfeld erschliessen kann. Neben den finanziellen Voraussetzungen sind Unter-

---

[287] Wolfrum, B. (Technologiemanagement 1994) S. 348.

[288] Vgl. Hauschildt, J. (Innovationsstrategien 1991) S. 259ff.

[289] Vgl. Wolfrum, B. (Technologiemanagement 1994) S. 350.

nehmensakquisitionen immer mit mehr oder weniger starken Koordinations- und Integrationsaufgaben und der Gefahr, Flexibilität gegenüber zukünftigen Veränderungen einzubüssen, verbunden.[290]

3.2.2.2 Die Notwendigkeit veränderter Projektabwicklungsformen

Eine zweite Implikation für die Generierung innovativer baulicher Gesamtlösungen ergibt sich aus dem auf der Principal-Agent-Theorie basierenden Teil des interaktionsorientierten Ansatzes. Sie besteht in der Notwendigkeit neuer Projektabwicklungsformen, die kostenintensive Vertrags- und Kontrollsysteme durch Anreiz- und Vertrauenssysteme ersetzen und dadurch die Unsicherheit des Kunden in Bezug auf das bauliche Ergebnis reduzieren und seine Akzeptanz gegenüber innovativen baulichen Lösungen erhöhen.[291]

Unsicherheit entsteht für den Kunden der Bauwirtschaft aus dem Umstand, dass er kein fertiges Produkt kauft, sondern das Versprechen der Unternehmen (Leistungspotential), ihm ein Bauwerk zu planen und zu errichten. Er muss sich folglich darauf verlassen können, dass seine baulichen Vorstellungen und Anforderungen durch die Unternehmen auch in ein reales Bauwerk transferiert werden. Gleichzeitig begrenzt sich die Rationalität seines Entscheidungshandelns dadurch, dass die seinen Entscheidungen zugrunde liegenden Informationen auf ein noch nicht existentes Produkt Bezug nehmen (Immaterialität der baulichen Leistung) und daher zumeist unvollständig vorliegen und dass er durch seinen unzureichenden fachlichen Sachverstand die ihm zur Verfügung stehenden Informationen in ihren Details und Konsequenzen nur ansatzweise beurteilen kann.[292] Er kann die Komplexität seiner Entscheidungssituation und damit seine Handlungsunsicherheit nur in dem Masse reduzieren, wie er sie durch Vertrauen in die Fähigkeit und Bereitschaft der Unternehmen zur Realisierung des baulichen Transferprozesses ersetzt.[293] Er wird darauf umso mehr angewiesen sein, je weniger Erfahrung er in der Abwicklung von Bauaufgaben besitzt. Doch auch der Informationsstand professioneller Kunden der Bauwirtschaft ist nicht vollständig,[294] was in noch während der Bauwerkserstellung vorgebrachten Änderungswünschen seinen wohl bekanntesten Niederschlag findet. Das

---

[290] Vgl. Wolfrum, B. (Technologiemanagement 1994) S. 351ff.

[291] Vgl. Girmscheid, G. (Projektabwicklung 2003).

[292] Vgl. Syben, G. (Baustelle 1999) S. 86 .

[293] Vgl. Syben, G. (Baustelle 1999) S. 83, der sich auf LUHMANN beruft, wonach Komplexitätsreduktion durch Vertrauen der Sicherung von Handlungsfähigkeit dient.

[294] Als professionell werden hier Kunden bezeichnet, die regelmässig Bauwerke nachfragen. Dazu gehören z.B. der Staat, Industrie- und Handelsunternehmen oder Immobilienfonds. Auf eine Typologisierung von Kunden der Bauwirtschaft wird in Teil C, Abschn. 4.1 zurückgekommen.

Vertrauen zwischen Kunde und Unternehmen wird somit zu einer wesentlichen Grösse, die beiden Seiten die Erreichung ihrer Ziele ermöglicht. Gleichzeitig bildet Vertrauen bzw. die Reduzierung von Unsicherheit die Grundlage für die Einführung von innovativen Lösungen, denn eine bestehende Unsicherheit des Kunden darüber, ob er ein qualitatives, kosten- und termingerechtes Bauwerk geliefert bekommt, würde mit dem Innovationen inhärenten Risiko zusätzlich vergrössert. Es ist davon auszugehen, dass er innovativen Lösungen umso skeptischer gegenübersteht, je grösser seine bereits bestehende Unsicherheit ist.

Die Unsicherheit über das bauliche Gesamtergebnis ist z.T. durch die Kunden selbst verursacht und geht auf Projektabwicklungsformen zurück, die die Qualität der baulichen Lösung weitgehend vom Wettbewerb ausschliessen, eine Vergabe der Bauaufgabe nach dem tiefsten Angebotspreis favorisieren und die Interdependenzen der baulichen Lebensphasen zum grossen Teil ignorieren.[295] Bauunternehmen sind dann insbesondere unter starkem Wettbewerbsdruck bzw. schlechter Auftragslage versucht, ihren Informationsvorsprung opportunistisch gegen den Kunden auszunutzen und durch auf Kosten der Qualität gehende Einsparungen die für sie grösstmöglichen Margen zu erwirtschaften.[296] Dies hat zur Folge, dass der Kunde durch ausführliche und umfangreiche Vertragswerke sowie überwachende Dritte die Einhaltung der Planungsvorgaben gewährleisten muss. Aus diesen Überwachungsmassnahmen erwachsen dem Kunden nicht unerhebliche Kosten,[297] die weiter ansteigen können, wenn Beschwerden, Nachverhandlungen und Rechtsstreitigkeiten über tatsächliche und vorgebliche Qualitätsmängel als Versuch zur weiteren Preisminderung herangezogen werden. Bei starkem Preisdruck besteht zudem die Gefahr, dass das Bauunternehmen von jeglicher Lücke in den Planungsvorgaben Gebrauch macht, um z.T. stark überhöhte Nachtragsforderungen zu stellen und so sein eigenes wirtschaftliches Ergebnis zu verbessern.[298] Aber auch für das Planungsunternehmen besteht bei diesen Projektabwicklungsformen die Möglichkeit zu opportunistischem Verhalten, nämlich dann, wenn sein Planungshonorar an die Höhe der Erstellungskosten

---

[295] Vgl. Yates, D. (Reducing 2002) S. 232.

[296] vgl. Kashiwagi, D. (Difficulty 2002) S. 278f.

[297] Vgl. Winch, G. (Reform 2000) S. 143f.

[298] Übertriebene Nachtragsforderungen sind ebenfalls als opportunistisches Verhalten zu werten, da die Unternehmen die Situation des Kunden ausnutzen, zusätzliche oder veränderte Aufgaben aufgrund der Interdependenz zu anderen Aufgaben nicht an Dritte vergeben zu können, vgl. Winch, G. (Construction 1989) S. 339. Das kann soweit führen, dass Bauunternehmen bereits vor der Auftragsvergabe gezielt nach Lücken in den Planungsvorgaben suchen, um mit den daraus entstehenden Nachtragsforderungen ihr Preisangebot weiter senken zu können, vgl. Kadefors, A. (Problems 2002) S. 456. Für kritische Anmerkungen zu Nachtragsforderungen vgl. auch Pfarr, K. (Grundlagen 1984) S. 307ff.

Zu Nachträgen im Allgemeinen vgl. Girmscheid, G.; Briner, H.; Glättli, M. (Nachtragsmanagement 2003).

gekoppelt ist und folglich durch ein *over-engineering* des Bauwerks erhöht werden kann.[299]

Die Gefahr opportunistischen Verhaltens entsteht auch deshalb, weil Planungs-, Erstellungs-, Betriebs- und Unterhaltsaufgaben traditionell durch eine Reihe unterschiedlicher, mit jeder Bauaufgabe neu zusammenfindender Unternehmen realisiert werden. Die Verantwortlichkeit für das bauliche Gesamtergebnis entzieht sich dem einzelnen Projektbeteiligten und damit der Anreiz zur Gesamtoptimierung bzw. innovativen Gestaltung. So werden Bauunternehmen üblicherweise erst dann zur Lösung der Bauaufgabe hinzugezogen, wenn die Festlegung der qualitativen Parameter des Bauwerks weitgehend abgeschlossen ist. Die Gesamtoptimierung zwischen dem Bauwerk und seinen Wertschöpfungsstufen ist folglich bei Projektabwicklungsformen begrenzt, die eine integrative Betrachtung der baulichen Wertschöpfungsstufen vernachlässigen. Es entstehen Synergiebarrieren, durch die den Baubeteiligten Anreize zur aufeinander abgestimmten Integration und Optimierung der verschiedenen baulichen Wertschöpfungsaktivitäten fehlen.[300] Gleichsam bringt dies auch einen Mangel an Anreizen für Innovationen mit sich, wie BOWLEY bereits 1966 feststellte:

„*The study of innovations in structures showed that the separation of responsibility for design from responsibility for production in many markets is a serious defect of the normal method of organising the building process [...]. This not only creates obstacles to the introduction of innovations but, also, diminishes incentives to such an extent that no party to the building process has any significant incentive to introduce major innovations in buildings.*“[301]

Lassen sich über die Projektabwicklungsform notwendige Optimierungs- bzw. Innovationsanreize für die Unternehmen schaffen, ist die Wahl einer Projektabwicklungsform als Beantwortung zweier Fragen zu betrachten. Die erste Frage betrifft das Ausmass, in dem die zur Generierung der baulichen Gesamtlösung notwendigen Leistungen in Leistungsbündel zusammengefasst und dem Wettbewerb ausgesetzt werden. Hier stehen grundsätzlich vier Wettbewerbsformen zur Verfügung:[302]

- **Einzelleistungswettbewerb**

  Der Einzelleistungswettbewerb stellt die traditionelle Wettbewerbsform in der Bauwirtschaft dar, bei der die Leistungen der Bauwerksplanung vom Wettbewerb gelöst und lediglich die Leistungen der Bauwerkserstellung getrennt nach Gewer-

---

[299] Vgl. Winch, G. (Reform 2000) S. 144.

[300] Vgl. Johnson,K.; Tatum, C. (Technology 1993) S. 156; Pries, F.; Janszen, F. (Innovation 1995) S. 44 sowie Winch, G. (Zephyrs 1998) S. 275.

[301] Bowley, M. (Building 1966) S. 443.

[302] Vgl. Girmscheid, G. (Projektabwicklungsformen 2003).

ken ausgeschrieben werden. Das massgebliche Unterscheidungskriterium zwischen den anbietenden Unternehmen ist der Angebotspreis. Die Innovationsanreize sind bei dieser Wettbewerbsform aufgrund der starken Separierung von Planungs-, Erstellungs- und Betreiberleistungen gering und sind lediglich für produkt- und prozessorientierte Einzelaspekte wirksam.

- **GU-Wettbewerb**

  Der GU-Wettbewerb markiert den Übergang vom reinen Preiswettbewerb zum Preis-/Leistungswettbewerb. Er ist dadurch gekennzeichnet, dass die Erstellungsleistungen nicht nach Gewerken getrennt, sondern generell als Gesamtpaket bzw. Generalunternehmerleistungen (GU-Leistungen) schnittstellenübergreifend vergeben werden. Obwohl die Vergabe von GU-Leistungen durchaus die Erstellungsplanung umfassen kann,[303] ist immer noch der Angebotspreis das dominierende Vergabekriterium. Jedoch erhöhen sich die Innovationsanreize beim GU-Wettbewerb insbesondere für Prozessinnovationen, da die Gestaltung der Abhängigkeiten zwischen den einzelnen Gewerken wettbewerbswirksam ist.

- **TU-Wettbewerb**

  Bei TU-Wettbewerben beinhaltet das vergebene Leistungsbündel neben den Erstellungsleistungen die gesamten Planungsleistungen von der Entwurfs- über die Genehmigungs- bis zur Erstellungsplanung. Bei ihnen sind der Preis und die Ausgestaltung der baulichen Lösung gleichermassen Wettbewerbskriterien. Durch Wettbewerbe für Totalunternehmerleistungen (TU-Leistungen) werden sich vermehrt Innovationsanreize für Produkt- wie Prozessinnovationen erschliessen lassen, da die nun die Gestaltung der Abhängigkeiten zwischen Planung und Erstellung wettbewerbsrelevant ist.

- **SysBau-Wettbewerb**

  Mit dem SysBau-Wettbewerb erweitert sich der ausgeschriebene Leistungsumfang um die Betreiber- und Unterhaltsleistungen des Bauwerks. Das Leistungsbündel kann nun als Systemleistung bezeichnet werden. Der Innovationsanreiz wird bei dieser Wettbewerbsform am grössten sein, da durch den Einbezug der Betriebsphase der gesamte Lebenszyklus zum Optimierungsgegenstand wird und Einsparungen im Betrieb und Unterhalt des Bauwerks im Interesse des Kunden und der Unternehmen liegen.

Zwar kann die Vergabe von Leistungsbündeln die Innovationsanreize bei den Unternehmen anheben, Unsicherheit über das Erreichen seiner baulichen Ziele besteht beim Kunden aber noch insofern, da mit der Vergabe von Leistungsbündeln der

---

303 Vgl. o.V. (Prinzipien 1997) S. 23.

Projekterfolg in starkem Masse von einzelnen Unternehmen abhängt.[304] Ob sich die Unsicherheit des Kunden senken und damit seine Akzeptanz gegenüber innovativen Lösungen nachhaltig steigern lässt, offenbart sich erst in den Antworten der zweiten Frage zur Art des Zusammenwirkens zwischen Kunden und Unternehmen und der vertraglichen Ausgestaltung ihres Verhältnisses.

Zu vertraglich geregelten Vorgehensweisen, die die Kundenakzeptanz gegenüber innovativen Lösungen erhöhen können, gehören bspw. die aus dem anglo-amerikanischen Raum stammende Projektabwicklung mit ***Guarenteed-Maximum-Price***,[305] das in den Niederlanden entwickelte Modell des ***Bauteams***[306] oder der am Institut für Bauplanung und Baubetrieb der ETH Zürich verfolgte Forschungsansatz ***SysBau***.[307] Eine Reduzierung der Kundenunsicherheit und damit eine höhere Innovationsakzeptanz entstehen hier aus der gemeinsam vereinbarten Vorgehensweise zur Lösung auftretender Probleme, der frühzeitigen Zusammenführung des für eine optimale bauliche Lösung relevanten Wissens, dem Einbezug des Kunden in die bewusst eingeschobene Phase der Optimierung der baulichen Gesamtlösung und beim SysBau-Ansatz zusätzlich durch die Garantie über Leistungs- und Kostenparameter für die Nutzungs- bzw. Betriebsphase des Bauwerks. Ein zusätzlicher Innovationsanreiz für die Unternehmen ist in der Aufteilung der aus der Optimierung hervorgehenden Einsparungen zu sehen.

Obwohl verschiedene, sich teilweise überlappende vertragliche geregelte Vorgehensweisen existieren, liegt ihnen doch ein gemeinsames Grundverständnis des Zusammenwirkens von Kunde und Unternehmen zugrunde, für das sich der Begriff des ***Partnerings*** herausgebildet hat. Die inhaltliche Auslegung dessen, was unter Partnering zu verstehen ist, ist nicht immer eindeutig. Einmal wird von einer Methode gesprochen[308], ein anderes mal von einer Organisationsform[309], ein nächstes Mal von einem *„set of strategic actions“*.[310] Der Autor vertritt die Ansicht, dass Partnering einen Metabegriff darstellt, der letztlich alle genannten Begriffsinhalte einfängt, denn er entspricht einer normativen Verschiebung, einer kulturellen Neuorientierung im Umgang der Projektbeteiligten miteinander. Partnering ist danach eine kurz- oder

---

[304] Vgl. Schulte, M. (Beitrag 2003) S. 128.

[305] Zu einer weiteren Erläuterung vgl. Gralla, M. (Vertragsformen 1999) S. 66ff. sowie Rössner, K. (Vertragsformen 2001) S. 185ff.

[306] Zu einer weiteren Erläuterung vgl. Gralla, M. (Vertragsformen 1999) S. 180ff.

[307] Vgl. Girmscheid, G. (Wettbewerbsvorteile 2000) S. 1

[308] Vgl. o.V. (Guidebook 1999) S. 9 sowie Black, C.; Akintoye, A.; Fitzgerald, E. (Analysis 2000) S. 423.

[309] Vgl. Wong, A. (Partnering 1997) S. S. 324f.

[310] Bennett, J.; Jayes, S. (Pillars 1998) S. 4.

langfristige Übereinkunft *„between two or more organizations for the purpose of achieving specific business objectives by maximizing the effectiveness of each participant's resources. This requires changing traditional relationships to a shared culture without regard to organizational boundaries. The relationship is based upon trust, dedication to common goals, and an understanding of each other's individual expectations and values. Expected benefits include improved efficiency and cost effectiveness, increased opportunity for innovation, and the continuous improvement of quality products and services."*[311]

Partnering schafft die Grundlage, auf der kostenintensive Kontrollmechanismen durch Anreiz- und Vertrauenssysteme ersetzt werden können, eine auf die Erreichung gemeinsamer Ziele orientierte Ausrichtung der Projektbeteiligten ermöglicht werden kann und sich letztlich auch innovative Lösungen realisieren lassen.[312] Differierende Ansichten der Projektpartner lassen sich lösen, bevor sie sich zu gerichtlichen Auseinandersetzungen auswachsen, und für beide Seiten kann eine win-win Situation geschaffen werden. Partnering kann sowohl im Rahmen eines einzelnen Bauprojekts als auch über mehrere Bauprojekte hinaus zur Entfaltung gebracht werden.[313] Da es auf normativen Veränderungen beruht, werden sich die Merkmale eines partnerschaftlichen Verhältnisses umso stärker herausbilden, je länger bzw. öfter Kunden und Unternehmen zusammenarbeiten.[314]

Zusammenfassend ist festzustellen, dass über neue Projektabwicklungsformen Vertrauen zwischen den Projektbeteiligten aufgebaut, Anreize für die Gestaltung optimaler baulicher Lösungen gesetzt und dadurch wesentliche Voraussetzungen für die Generierung innovativer baulicher Gesamtlösungen geschaffen werden können. Projektabwicklungsformen lassen sich damit auch als Bedingungen interpretieren, durch die das Innovationsverhalten der Handlungsträger beeinflusst wird und Innovationsspielräume, das heisst die Möglichkeiten zur Veränderung bestimmter Innovationsobjekte und Realisierung bestimmter Innovationsgrade, geöffnet oder geschlossen werden. So erlauben erst SysBau-Wettbewerbe, dass durch die integrative Betrachtung des Bauwerks über seinen gesamten Lebenszyklus Produkt- und Prozessinnovationen gleichermassen realisiert werden können. Folglich ist auch die Gestaltung der Innovationsorganisation eine von situativen Faktoren beeinflusste Aufgabe. Dem soll sich im Folgenden zugewandt werden.

---

[311] o.V. (Search 1991) S. 2. Zur Gestaltung des Partnering vgl. Bennett, J.; Jayes, S. (Pillars 1998) S. 3ff. sowie zu Erfolgs- und Nutzenfaktoren Black, C.; Akintoye A.; Fitzgerald, E. (Analysis 2000) S. 423ff.

[312] Vgl. Barlow, J. (Innovation 2000) S. 973ff.

[313] Vgl. Winch, G. (Reform 2000) S. 148.

[314] Vgl. o.V. (Search 1991) S. 7; Barlow, J. (Innovation 2000) S. 978f.; Winch, G. (Reform 2000) S. 149 sowie Schulte, M. (Beitrag 2003) S. 163ff.

3.3 Innovationsorganisation und situationsorientierter Ansatz

Der situationsorientierte oder auch kontingenztheoretische Ansatz fokussiert auf die Bedingungen, die mit bestimmten Unternehmensaufgaben verbunden sind bzw. Einfluss auf das Verhalten der Handlungsträger nehmen und dadurch den Einsatz entsprechender Organisationsstrukturen als mehr oder weniger effizient erscheinen lassen.

3.3.1 Zugrunde liegende Annahmen und Erklärungsangebote

3.3.1.1 Organisationsgestaltung und Unternehmenssituation

Dem situationsorientierten Ansatz liegt die Annahme zugrunde, dass es keine universellen Organisationsstrukturen geben kann. Ob Organisationsstrukturen bei gegebenen Unternehmenszielen als effizient zu bezeichnen sind, hängt letztlich von der jeweiligen Situation des Unternehmens ab. Er geht den daraus entstehenden Fragen nach, welche situativen Faktoren Einfluss auf die Wahl einer bestimmten Organisationsstruktur besitzen und welche Auswirkungen von den Situations-Struktur-Konstellationen auf das Verhalten der Unternehmensmitglieder und damit auf die Effektivität und Effizienz der Organisation ausgehen.[315]

Seinen Anfang nahm das situative Denken in den 50er Jahren des letzten Jahrhunderts. WOODWARD war eine der ersten, die die spezifische Ausgangslage von Unternehmen in empirischen Untersuchungen berücksichtigte. Sie untersuchte den Einfluss der Fertigungstechnik auf die Merkmale der Organisationsstruktur und fand heraus, dass Unternehmen mit Massenfertigung andere Strukturmerkmale aufweisen als Unternehmen mit Einzelfertigung.[316]

Standen zu Beginn empirische Analysen im Mittelpunkt, die nur durch einen Einflussfaktor Unterschiede in der Organisationsstruktur erklären wollten, setzte sich spätestens mit den Untersuchungen der ASTON-Gruppe um PUGH die Erkenntnis durch, dass die Situation einer Unternehmung durch das Zusammenwirken mehrerer Einflussfaktoren gekennzeichnet ist.[317] Neben der Berücksichtigung mehrerer Situationsvariablen lag der Verdienst der ASTON-Gruppe in dem Versuch, erstmalig Zusammenhänge zwischen Situation, Struktur und Verhalten von Organisationen in einem Konzept zu integrieren.

---

[315] Vgl. Kieser, A. (Ansatz 1999) S. 171.

[316] Vgl. Woodward, J. (Management 1958).

[317] Vgl. Pugh, D. et al. (Context 1969).

Fragt man nun danach, wie die Situation eines Unternehmens zu charakterisieren sei, muss man feststellen, dass es kein einheitliches Faktorengeflecht zur Beschreibung von Unternehmenssituationen gibt. Vielmehr ist unter der Unternehmenssituation ein offenes Konzept zu verstehen, unter das alle die Einflussfaktoren zu subsumieren sind, aus denen sich Unterschiede in der Organisation verschiedener Unternehmen erklären lassen. Dies bedeutet auch, dass Unternehmenssituationen durchaus mit Faktoren zu beschreiben sind, die sich bisher als nicht bedeutsam erwiesen haben.[318]

An dieser Stelle muss kurz auf einige ausgewählte Kritikpunkte zum situationsorientierten Ansatz eingegangen werden. Im Wesentlichen richtet sich die Kritik gegen eine Grundannahme des situationsorientierten Ansatzes, den deterministischen Zusammenhang zwischen Situation und Organisationsstruktur, d.h. gegen den Versuch, allein aus der Unternehmenssituation die Ausprägungen von Organisationsstrukturen erklären zu wollen. Danach gibt es nicht nur eine richtige Organisationsstruktur für eine bestimmte Kombination situativer Bedingungen, sondern für die organisatorische Gestaltung existieren innerhalb einer gegebenen Situation verschiedene Strukturalternativen. Dabei hängt die umgesetzte Strukturalternative von den strategischen Vorstellungen des Unternehmens ab. Über strategische Entscheide sind nicht nur innerhalb einer bestehenden Situation unterschiedliche Strukturierungsmöglichkeiten wählbar. Vielmehr kann die Situation selbst der Organisationsstruktur angepasst werden.[319] Zudem geht ein starker Einfluss auf die Wahl einer Organisationsstruktur von den Präferenzen der Organisationsgestalter aus.

Ein weiterer Kritikpunkt betrifft die Effizienz von Organisationsstrukturen, für die es kein verbindliches, unbeeinflussbares Mass gibt. So werden auch ineffiziente Organisationsstrukturen bis zu einem bestimmten Grade vom Markt toleriert. Situative Faktoren können letztlich nicht als starre Restriktionen für die Organisationsgestaltung angesehen werden.

Unter Berücksichtigung dieser Kritikpunkte büsst der situationsorientierte Ansatz insofern an Erklärungskraft ein, als dass er keine klaren Antworten für das Auftreten bestimmter Organisationsstrukturen bereitstellen kann. Die Situation determiniert nicht die Organisationsstruktur, sondern begrenzt nur die Wahlmöglichkeiten bzw. lässt gewisse Ausprägungen der Organisationsstruktur als wahrscheinlich und erfolgversprechend erscheinen.

Die Relevanz des situationsorientierten Ansatzes für die Arbeit besteht damit vor allem darin, dass er auf das Vorhandensein branchentypischer Bedingungen hin-

---

318 Vgl. Kieser, A.; Kubicek, H. (Organisation 1992) S. 205.

319 Vgl. dazu auch Teil B, Abschn. 3.4.

weisst, die das Innovationsverhalten der Bauwirtschaft und der Bauunternehmen im Besonderen beeinflussen. Diese Bedingungsgrössen beschreiben den organisatorischen Gestaltungsspielraum für die Generierung innovativer baulicher Gesamtlösungen. Zur Systematisierung und Erfassung der für die Gestaltung der Innovationsorganisation relevanten Situationsfaktoren bietet es sich an, die einzelnen Faktoren auf das grundlegende Element der Organisationsgestaltung, die Innovationsaufgabe, zu beziehen, da von den Charakteristiken der Innovationsaufgaben der Einsatz der Strukturvariablen beeinflusst wird.[320] Als bedeutsam für die Innovationsorganisation sind dann solche Bedingungsgrössen zu betrachten, die bestimmte Innovationsaufgaben auslösen oder bremsen bzw. die fördernd oder hemmend auf die Realisierung von Innovationsaufgaben durch Bauunternehmen wirken.

3.3.1.2 Unternehmenssituation und Innovationsaufgaben

In der Literatur werden immer wieder zwei Faktoren der Unternehmensumwelt genannt, die Innovationsaufgaben auslösen. Einen ersten Auslöser stellt der der Kognitionsstufe zuzuordnende ***Angebotsdruck*** oder ***Technolgy-Push*** dar, bei dem Innovationsaufgaben aufgrund neuer technischer Potentiale, bereitgestellt aus wissenschaftlicher Forschung, angestossen werden. Die Umsetzung eines technischen Potentials in ein neues unternehmerisches Leistungsangebot erfolgt zunächst ohne einen konkreten Anwendungsbereich für die Leistung. Der Anwendungsbereich muss erst auf dem Markt geschaffen bzw. gefunden werden[321], was zu einem wesentlichen Bestandteil der Innovationsaufgabe wird. Die Ansicht, dass Innovationen eine Folge fortschreitender technischer Möglichkeiten sei, dominierte die Innovationsforschung bis in die Mitte der 60er Jahre des letzten Jahrhunderts.[322]

Gegen Ende der 60er Jahre änderte sich diese Ansicht. Als Ausgangspunkt für eine erfolgreiche Erfüllung von Innovationsaufgaben wurden nicht mehr technische Potentiale angesehen, sondern die Bedürfnisse der Kunden, die sich als Nachfrage auf dem Markt ausdrücken. Der ***Nachfragesog*** oder ***Market-Pull*** als zweiter auslösender Faktor für Innovationsaufgaben kann als das Pendant zum Angebotsdruck mit umgekehrten Vorzeichen betrachtet werden.[323] Als solches entspringt er der Innovationsverwendung, der Stufe der Diffusion. Die Erfolgsaussichten einer Market-Pull-Neuerung sind im Allgemeinen höher einzustufen als die einer Technology-

---

[320] Vgl. Hill, W.; Fehlbaum, R.; Ulrich, P. (Organisationslehre 1994) S. 322 sowie Picot, A.; Dietl, H.; Franck, E. (Organisation 1999) S. 213.

[321] Vgl. Macharzina, K. (Unternehmensführung 1999) S. 555.

[322] Vgl. Vahs, D.; Burmester, R. (Innovationsmanagement 1999) S. 112.

[323] Vgl. Ropohl, G. (Technologie 1999) S. 289.

Push-Neuerung, da bei ersterer eine Nachfrage bereits vorhanden ist und nicht zusätzlich geweckt werden muss.

Da weder Angebotsdruck noch Nachfragesog allein das Entstehen von Innovationen vollständig erklären können, hat sich mittlerweile die Auffassung durchgesetzt, dass Innovationsaufgaben aus einer Kombination der beiden Impulse ausgelöst werden. Die Schwergewichte können dabei durchaus unterschiedlich verteilt sein. So gehen hohe Innovationsgrade in der Mehrzahl auf einen mittelinduzierten Technology-Push und viele geringe Innovationsgrade auf einen zweckinduzierten Market-Pull zurück.[324] Werden in diesem Sinne durch technische Potentiale neue Mittel angeboten und durch Kundenbedürfnisse die Erfüllung neuer Zwecke verlangt, entspricht der Anstoss zu einer Innovationsaufgabe immer einer bestimmten Zweck-Mittel-Beziehung.[325]

Für die Gestaltung der Organisationsstruktur reichen jedoch Aussagen über bestimmte Zweck-Mittel-Beziehungen nicht aus. Zusätzlich ist ein ganzes Geflecht weiterer situativer Faktoren zu berücksichtigen, die die Bedingungen definieren, unter denen eine innovative Lösung der Unternehmensaufgaben zu erwarten ist und die zum anderen die Erfüllung der Innovationsaufgaben beeinflussen. Diese Bedingungsgrössen, die sich wie bereits angemerkt einer ***externen*** und einer ***internen Unternehmensumwelt*** zuordnen lassen,[326] können sowohl als Stimulus als auch als Restriktion für das Innovationsverhalten der Unternehmen fungieren, durch sie wird der unternehmerische Innovationsspielraum abgegrenzt.

Zur externen Unternehmensumwelt sind alle Bedingungen zu zählen, die von aussen auf das Unternehmen bzw. einzelne Unternehmenseinheiten (z.B. Niederlassungen) einwirken.[327] Dazu sind ***marktliche Bedingungen*** (z.B. die Wettbewerbsintensität oder die Machtposition der Lieferanten), ***technische Bedingungen*** (z.B. Veränderungen der angewandten Technik oder des technischen Wissens), ***allgemein-ökonomische Bedingungen*** (z.B. die Konjunkturlage oder die Höhe staatlicher und privater Investitionen), ***rechtlich-politische Bedingungen*** (z.B. Gesetze, Vorschriften oder Normen), ***sozio-kulturelle Bedingungen*** (z.B. das Ausbildungsniveau oder die Berufsstruktur) sowie ***physische Bedingungen*** (z.B. infrastrukturelle oder klimatische Verhältnisse) zu zählen.[328]

---

[324] Vgl. Macharzina, K. (Unternehmensführung 1999) S. 555f.

[325] Vgl. Hauschildt, J. (Innovationsmanagement 1993) S. 7.

[326] Vgl. Duncan, R. (Characteristics 1972) S. 314 sowie Teil A, Abschn. 1.2.

[327] Vgl. Duncan, R. (Characteristics 1972) S. 314.

[328] Vgl. die ausführliche Darstellung bei Thom, N. (Grundlagen 1980) S. 144ff.

Von einer internen Unternehmensumwelt ist zu sprechen, wenn sich auf Bedingungen innerhalb des Unternehmens bzw. einzelner Unternehmenseinheiten bezogen wird. Die interne Unternehmensumwelt beschreibt folglich Eigenschaften des betrachteten Unternehmens bzw. der Unternehmenseinheit. Bedingungen der internen Umwelt sind die ***Eigenschaften der Unternehmensmitglieder*** (z.B. der Bildungshintergrund, das Fachwissen oder der Führungsstil), die ***Eigenschaften der Unternehmenseinheiten*** (z.B. die zu erfüllenden Aufgaben oder die gegenseitige Abhängigkeit der Einheiten bei der Aufgabenerfüllung) sowie die ***Eigenschaften des Gesamtunternehmens*** (z.B. Zweck und Ziele des Unternehmens oder die bestehende Unternehmensorganisation).[329]

In Anbetracht der Fülle an möglichen Einflussfaktoren wird zur Beschreibung und zum Vergleich von Unternehmenssituationen häufig auf formale Merkmale zurückgegriffen. Es lassen sich drei formale Umweltmerkmale unterscheiden:[330]

- **Kompliziertheit**[331]

  Die Kompliziertheit der Umwelt beinhaltet die Zahl der zu berücksichtigenden Bedingungsgrössen (z.B. die Anzahl der Konkurrenten), die Verschiedenartigkeit dieser Bedingungsgrössen, das heisst die Zugehörigkeit zu verschiedenen Umweltsegmenten (z.B. rechtlich-politische und sozio-kulturelle Umwelt) und den Grad der wechselseitigen Abhängigkeit zwischen den Bedingungsgrössen (z.B. zwischen der Wettbewerbsintensität und der Machtposition des Kunden). Danach ist die Unternehmensumwelt umso komplizierter, desto mehr relevante Bedingungsgrössen existieren, desto mehr diese Bedingungsgrössen unterschiedlichen Teilumwelten zuzuordnen sind und desto grösser die gegenseitige Abhängigkeit der Bedingungsgrössen ist.

- **Dynamik**

  Die Dynamik der Unternehmensumwelt gibt die Häufigkeit von Veränderungen in den relevanten Bedingungsgrössen (z.B. häufig wechselnde Kundenanforderungen), das Ausmass der Veränderungen (z.B. viele neue Konkurrenten) und die Regelmässigkeit der Veränderungen (z.B. unregelmässige Auftragseingänge) wieder. Die Umwelt des Unternehmens verhält sich umso dynamischer, desto häufiger es zu Änderungen in den Bedingungsgrössen kommt, desto stärker diese Veränderungen ausfallen und desto unregelmässiger sie auftreten.

---

329 Vgl. Duncan, R. (Characteristics 1972) S. 314f. und die dortige Auflistung weiterer Faktoren.

330 Vgl. Thompson, J. (Organizations 1967) S. 31 u. S. 72.

331 In der Literatur werden unterschiedliche Terminologien für die Dimensionen benutzt. Insbesondere wird anstelle von *Kompliziertheit* von *Komplexität* gesprochen. Zur Unterscheidung der beiden Begriffe vgl. Teil B, Abschn. 1.1.

Kompliziertheit und Dynamik lassen sich unter der Dimension Komplexität zusammenfassen. Die Umwelt eines Unternehmens kann dann als komplex bezeichnet werden, wenn sie sowohl kompliziert als auch dynamisch ist.

- **Autonomie**

  Die Komplexität der Unternehmensumwelt hängt stark von der Autonomie des Unternehmens gegenüber seiner Umwelt ab, mit der wiedergegeben wird, in welchem Ausmass das Unternehmen von bestimmten Partnern in der Umwelt abhängig ist. Zu diesen Partnern können intern die Unternehmensleitung und extern die Lieferanten oder Kunden zählen. Mit wachsender Autonomie wird das Unternehmen relativ unabhängig von seiner Umwelt. Beispielsweise kann es durch Vorwärts- und Rückwärtsintegration von Wertschöpfungsstufen die Abhängigkeit von Kunden und Lieferanten reduzieren.

Mit steigender Umweltkomplexität steht das Unternehmen in vielfältiger und intensiver Beziehung zu einer sich unregelmässig und stark verändernden Umwelt. Das Unternehmen steht vor der Herausforderung, die Umweltkomplexität zu handhaben bzw. sich den Anforderungen der Umwelt anzupassen. Die Anpassung an komplexe Umweltanforderungen bedingt aber eine Auseinandersetzung mit laufend neuen Zuständen des betrieblichen Umfeldes und den daraus resultierenden neuartigen Problemstellungen. Die Unternehmensaufgaben zur Verarbeitung der komplexen Aufgabeninputs bzw. zur Lösung der Problemstellungen besitzen zunehmend innovativen Charakter.

Innovationsaufgaben verhelfen dem Unternehmen aber nicht nur zur Lösung der aus veränderten Umweltbedingungen entstehenden Anpassungsprobleme, sondern sie können für das Unternehmen auch längerfristig die Komplexität dämpfen und die Autonomie erhöhen. Beispielsweise können innovative, der Konkurrenz qualitativ überlegende Leistungsangebote, wie sie SysBau-Leistungen darstellen, vom Kunden als schwer ersetzbar wahrgenommen werden.[332]

---

[332] Vgl. Kieser A.; Kubicek, H. (Organisation 1992) S. 379.

3.3.2 Implikationen für die Generierung innovativer baulicher Gesamtlösungen

3.3.2.1 Die Notwendigkeit von in den Bauwerksmerkmalen begründeten Innovationsbedingungen

Eine erste Implikation aus dem situationsorientierten Ansatz für die Generierung innovativer baulicher Gesamtlösungen besteht in der Notwendigkeit, die Bedingungen für Innovationen in den Bauwerksmerkmalen zu begründen, denn die Vielzahl an möglichen Bedingungsgrössen für das Innovationsverhalten von Unternehmen erfordert einen Erklärungshintergrund, mit dem sich relevante Innovationsbedingungen für Bauunternehmen herleiten bzw. empirische ermittelte Bedingungen deuten lassen.

Liefern die Bauwerkseigenschaften den Erklärungshintergrund für die Bedingungen, die für das Innovationsverhalten von Bauunternehmen als wesentlich zu erachten sind, lassen sich diese Innovationsbedingungen in der Variablen ***Branche*** zusammenfassen.

Verschiedene empirische Untersuchungen weisen auf die Existenz abweichender Innovationsbedingungen bei Unternehmen mit unterschiedlicher Branchenzugehörigkeit hin, indem sie insbesondere über die Aufwendungen für Forschung und Entwicklung Unterschiede in den Innovationsbemühungen der Unternehmen nachweisen konnten.[333] Antworten auf die Frage, welche Bedingungen die gefundenen Unterschiede erklären, liefern die wenigsten Untersuchungen.[334] Dazu wird die Branche als Untersuchungsvariable zu undifferenziert verwendet bzw. werden zu selten Merkmale zur Beschreibung der Branche aufgeführt. Es wurde bereits darauf verwiesen, dass es dringend geboten scheint, branchenspezifische Bedingungen unternehmerischer Innovationstätigkeit genauer zu explizieren, um empirische Studien miteinander vergleichen und widersprüchliche Befunde im Innovationsverhalten von Unternehmen erklären zu können.[335] Die Relevanz branchenbezogener Innovationsbedingungen bzw. ihrer Ausprägungen kann dann wiederum auf die spezifischen Merkmale des Produkts dieser Branche zurückgeführt werden.

Obwohl mit dem Zusammenhang von Produkteigenschaften und Branchenbedingungen ein Deutungsmuster für das Innovationsverhalten von Unternehmen gegeben ist,

---

[333] Vgl. bspw. Kern, W.; Schröder, H.-H. (Forschung 1977) S. 108f.; Kamp, E.; May, E. (Unternehmen 1981) S. 363ff.; Fritz, W. (Determinanten 1986) S. 139 f. sowie Irsch, N. (Innovationen 1991).

[334] FRITZ hat bspw. festgestellt, dass in Branchen, in denen die technische Entwicklung noch nicht abgeschlossen ist, mehr Marktneuheiten generiert werden und dass in wettbewerbsintensiven Branchen Produktinnovationen weniger als Wettbewerbsinstrument dienen, vgl. Fritz, W. (Determinanten 1986) S. 143f.

[335] Vgl. Teil A, Abschn. 2.1.

ist es umso erstaunlicher, dass bis heute wenige Beiträge vorliegen, die ausgehend von den Eigenschaften eines Produkts sowohl die für das Innovationsverhalten relevanten Branchenbedingungen herleiten als auch die Ausprägungen dieser Bedingungen in den Produkteigenschaften begründen. Bevor mit der Charakterisierung von Bauwerken ein erster Schritt in Richtung eines solchen Deutungsmusters getan wird, ist zunächst der Branchenbegriff weiter zu präzisieren.

Eine Branche definiert sich im engeren Sinne *„als eine Gruppe von Unternehmen, die Produkte oder Produktgruppen anbieten, die untereinander in enger Substitutionsbeziehung stehen“*[336]. Spricht man für die Bauwirtschaft anstelle von Produkten von Leistungen, stellt sich die Bauwirtschaft oder Baubranche zunächst als Gruppe von Unternehmen dar, die substituierbare Leistungen zur Planung, zur Erstellung und zum Betrieb von Bauwerken anbieten. Sind Leistungen substituierbar, wenn der Preis einer Leistung steigt und dadurch die Nachfrage nach einer anderen Leistung erhöht wird,[337] bedingt das zusätzlich, dass die Ergebnisse der Leistungserbringung auch dem Zweck nach austauschbar sind. Unter einem weiter gefassten Branchenbegriff entsprechen substituierbare Leistungen dann nur einem ***Branchensegment***. Die gesamte Branche setzt sich dann aus verschieden stark verflochtenen Branchensegmenten zusammen.[338] Anders ausgedrückt heisst das, bauwirtschaftliche Branchensegmente sind durch Leistungen charakterisiert, die sich auf Bauwerke mit unterschiedlicher Zweckbestimmung beziehen, die aber durchaus identische Aktivitäten der Leistungserbringung aufweisen. Beispielsweise dienen Wohngebäude und Tunnelbauwerke einem anderen Zweck, in ihren wertschöpfenden Aktivitäten weisen sie jedoch Ähnlichkeiten auf.[339] Mit der Fokussierung auf mittlere Bauunternehmen und ihr auf verschiedene Bauwerke ausgerichtetes Leistungsangebot wird hier ein weiter gefasster Branchenbegriff zugrunde gelegt.

Auf die Zweckbestimmung (Wohnen, Arbeiten usw.) greifen auch die meisten der bisherigen Klassifizierungsansätze von Bauwerken zurück.[340] Für die Erklärung von Brachenbedingungen ist dieses Kriterium jedoch nicht ausreichend. Hierzu bedarf es weiterer Merkmale, wie sie bspw. NAM/TATUM vorschlagen. Die beiden Autoren unterscheiden fünf Bauwerkseigenschaften. Ein erstes Merkmal ist die Immobilität von Bauwerken, die sich darin ausdrückt, dass ein Bauwerk am späteren Ort der Verwendung erstellt wird. Ein zweites Merkmal ist die Kompliziertheit von Bauwerken,

---

[336] Kotler, Ph.; Bliemel, F. (Marketing 1995) S. 361.

[337] Vgl. Kotler, Ph.; Bliemel, F. (Marketing 1995) S. 361.

[338] Vgl. Porter, M. (Wettbewerbsvorteile 1992) S. 351.

[339] Vgl. dazu auch Kaufer, E. (Industrieökonomik 1980) S. 23 sowie Porter, M. (Wettbewerbsvorteile 1992) S. 333.

[340] Vgl. Pfarr, K. (Grundlagen 1984) S. 16.

die sich nach NAM/TATUM in der Vielzahl verwendeter Materialien, der Verschiedenartigkeit der örtlichen Bedingungen und der unterschiedlichen Anforderungen der Kunden und Planer äussern. Das dritte Merkmal von Bauwerken ist die Dauerhaftigkeit. Bauwerke müssen danach im Vergleich zu Produkten anderer Industrien über einen langen Zeitraum den natürlichen Einflüssen widerstehen. Als viertes Merkmal führen NAM/TATUM die hohe Kostenintensität von Bauwerken auf, die sie auf die Kompliziertheit und Dauerhaftigkeit zurückführen. Das letzte Merkmal von Bauwerken ist der hohe Grad an sozialer Verantwortlichkeit, der sich aus dem Einfluss von Bauwerken auf die öffentliche Sicherheit und Gesundheit sowie die natürliche Umwelt ergibt.

Obwohl NAM/TATUM mit ihrer Merkmalsbildung erste wertvolle Hinweise für eine Systematik von Bauwerkseigenschaften liefern, die Rückschlüsse auf Bedingungen der Bauwirtschaft zulassen, ist der Ansatz insofern zu kritisieren, als dass die genannten Merkmale bereits Merkmalsausprägungen darstellen. Es ist aber davon auszugehen, dass Bauwerke unterschiedliche Merkmalsausprägungen aufweisen können und sich damit Branchensegmente auch durch verschiedene Innovationsbedingungen kennzeichnen lassen. Beispielsweise besitzt eine Garage eine andere Kompliziertheit und Kostenintensität als ein Tunnel.

Neben dem, dass ein Systematisierungsansatz von Produkteigenschaften verschiedene Branchensegmente der Bauwirtschaft erfassen sollte, sollte er auch Produkte anderer Branchen berücksichtigen, um ein Deutungsschema für Unterschiede im Innovationsverhalten verschiedener Branchen bereitstellen zu können. Das Ziel sollte folglich ein Systematisierungsansatz sein, mit dem es zum einen gelingt, Bauwerke von anderen Produkten soweit abzugrenzen, dass die Besonderheiten der Bauwirtschaft und ihre Auswirkungen auf das Innovationsverhalten von Bauunternehmen begründet werden können. Zum anderen sollte der Ansatz der hier vertretenden Ansicht gerecht werden, dass nicht nur Bauwerke bzw. die Bauwirtschaft sich von anderen Produkten bzw. Branchen abheben, sondern dass auch Produkte anderer Wirtschaftszweige spezifische Eigenschaften besitzen, die als Erklärungshintergrund für eine Reihe empirisch vorzufindender Unterschiede in den jeweiligen Branchen dienen können. Die Aufstellung eines solchen Systematisierungsansatzes kann gelingen, wenn zwei miteinander in Beziehung stehende Eigenschaftsgruppen unterschieden werden, ***technikbezogene*** und ***umweltbezogene Eigenschaften***. Wenn im Folgenden beide Eigenschaftsgruppen für Bauwerke weiter konkretisiert werden, so besitzen die beschriebenen Eigenschaften eben auch für Produkte anderer Branchen Gültigkeit.

Zur Gruppe der technikbezogenen Eigenschaften sollen all jene Merkmale zählen, die sich aus dem auf technisch-naturwissenschaftlichen Erkenntnissen basierenden

Zusammenwirken der stofflichen und konstruktiven Komponenten eines Bauwerks ergeben. Folgende technikbezogenen Eigenschaften können unterschieden werden:

- **Technische Kompliziertheit**

  Die technische Kompliziertheit beschreibt die Vielfältigkeit und Anzahl der Elemente eines Bauwerks (z.B. Anzahl verschiedener Bauteile) sowie die Beziehungen zwischen den Elementen (z.B. konstruktive Abhängigkeit von Bauteilen)[341] und die Beziehungen der Elemente zu angrenzenden Elementen des Verwendungsorts. Die technische Kompliziertheit eines Bauwerks steigt mit der Vielfältigkeit und Anzahl der Bauwerkselemente sowie mit einer starken Interdependenz sowohl zwischen diesen Elementen als auch zwischen den Bauwerkselementen und den Elementen des Verwendungsorts.

- **Technische Lebensdauer**

  Mit der technischen Lebensdauer ist die zeitliche Veränderung der Bauwerkskomponenten und ihrer Beziehungen angesprochen. Sie beschreibt die funktionsorientierte Lebenserwartung eines Bauwerks bzw. seiner Komponenten, d.h. den Zeitraum, in dem das Bauwerk seine ihm zugedachte Funktion erfüllen kann. Die technische Lebensdauer beeinflusst massgeblich die Kosten sowohl für die Erstellung als auch die Nutzung des Bauwerks[342] und ist immer in Relation zur angestrebten marktlichen Lebensdauer des Bauwerks zu sehen. Schwierigkeiten kann die Einschätzung der technischen Lebensdauer einzelner Komponenten bereiten, da dies Kenntnisse über das Langzeitverhalten der Komponenten und ihres Zusammenwirkens voraussetzt. Aussagen über wirtschaftliche und konstruktive Auswirkungen, wie sie bspw. ein frühzeitiger Ersatz von Komponenten mit sich bringt, gestalten sich damit ebenso schwierig.

- **Transportfähigkeit**

  Als eine weitere technische Bauwerkseigenschaft kann die Transportfähigkeit angesehen werden. Ob ein Produkt transportabel ist, hängt von den Abmessungen und dem Gewicht seiner Komponenten sowie seiner spezifischen Konstruktion ab.[343] Beispielsweise sind viele Konsumgüter transportabel, da entweder ihre physikalischen Dimensionen für einen kompletten Transport gering genug sind oder ihre konstruktiven Gegebenheiten es erlauben, sie in einzelne transportfähige Teile zu zerlegen und am Ort der Verwendung wieder zusammenzusetzen. Hingegen sind Bauwerke kaum transportabel, denn die Bauwerksdimensionen ver-

---

341 Vgl. dazu auch Clark, K.; Fujimoto, T. (Automobilentwicklung 1992) S. 20.

342 Vgl. Nam, C.; Tatum, C. (Characteristics 1988) S. 134ff.

343 Vgl. dazu und zum folgenden Syben, G. (Baustelle 1999) S. 256.

hindern eine wirtschaftlich vertretbare Transportlösung, und das Bauwerk kann aufgrund seiner Konstruktion nur bedingt zerlegt werden. Eine begrenzte Transportfähigkeit entsteht bei Bauwerken zudem dadurch, dass die Verwendung des Bauwerks an einen bestimmten Ort gebunden ist. Verwendungsort und Konstruktion des Bauwerks können dabei derart interagieren, dass der Verwendungsort Einfluss auf Struktur und Funktion des Bauwerks ausübt. Infolgedessen muss das Bauwerk bis zu einem gewissen Grad am Ort seiner Verwendung hergestellt werden, z.B. sind auch bei weitgehender Vorfertigung die Fertigteile am Verwendungsort zu montieren.

Zur Gruppe der umweltbezogenen Bauwerkseigenschaften sollen all jene Merkmale gehören, die sich aus der marktlichen und gesellschaftlichen Nutzung eines Bauwerks ergeben. Die umweltbezogenen Eigenschaften umfassen:

- **Marktliche Kompliziertheit**

  Unter der marktlichen Kompliziertheit als Ergänzung zur technischen Kompliziertheit wird die Vielfältigkeit und Anzahl der Kundenanforderungen gegenüber dem Bauwerk sowie die Spezifität und Umsetzbarkeit der Kundenanforderungen (z.B. ästhetische Vorstellungen) verstanden.[344] Die marktliche Kompliziertheit eines Bauwerks nimmt zu, wenn die Vielfältigkeit, die Anzahl und die Spezifität der Kundenanforderungen steigen und deren direkte Umsetzbarkeit sinkt.

- **Marktliche Lebensdauer**

  Die marktliche Lebensdauer stellt das Pendant zur technischen Lebensdauer dar und ist mit dieser eng verknüpft. Beschreibt die technische Lebensdauer die Funktionserfüllung des Bauwerks, d.h. das zeitlich abhängige Verhalten und Zusammenwirken der einzelnen Bauwerkskomponenten, wird mit der marktlichen Lebensdauer die zeitliche Zweckbestimmung des Bauwerks charakterisiert, d.h. der Zeitraum, in dem das Bauwerk den ihm vom Kunden zugedachten Zweck verwirklicht. Das Bauwerk genügt seinem Zweck, wenn es die entsprechende Funktion erfüllt,[345] oder anders ausgedrückt: das Bauwerk kann solange vom Kunden erfolgreich genutzt werden, wie auch die Bauwerkskomponenten erfolgreich zusammenwirken. Die marktliche Lebensdauer ist nicht gänzlich von der technischen Lebensdauer abhängig. Sie kann sich durchaus verkürzen, obwohl das Bauwerk noch funktionsfähig ist. Das wird immer dann der Fall sein, wenn entweder durch technische Neuentwicklungen die Funktion bzw. Leistungs-

---

[344] Vgl. Clark, K.; Fujimoto, T. (Automobilentwicklung 1992) S. 20.

[345] Vgl. zur Unterscheidung zwischen den Begriffen der *Funktion* und der *Aufgabe* bzw. *Zweck* Ropohl, G. (Technologie 1999) S. 123ff.

fähigkeit des Bauwerks verbessert werden kann oder die Bedürfnisse des Kunden sich ändern und z.B. zu einer Umnutzung des Bauwerks führen.

- **Kapitalintensität**

  Ob der Kunde noch vor Ende der Nutzungsdauer das Bauwerk durch eine anderes ersetzen kann, ist von einer weiteren umweltbezogenen Eigenschaft abhängig, der Kapitalintensität. Sie kennzeichnet die Kapitalaufwendungen, die ein Kunde beim Kauf eines Bauwerks leisten muss, *„sei es als Kaufpreis im Verhältnis zu seiner Kaufkraft, sei es als Kapitalbindung im Falle von Investitionen"*.[346] Die Kapitalintensität wird beeinflusst von der technischen Lebensdauer, der technischen Kompliziertheit des Bauwerks und den Marktpreisen für bauliche Leistungen.[347] Tendenziell nimmt die Kapitalintensität mit der angestrebten technischen Lebensdauer zu, da zur Verlängerung der Funktionsfähigkeit von Bauwerkskomponenten oftmals spezifische Schutzmassnahmen und konstruktive Lösungen ergriffen werden müssen. Dies wird verstärkt bei einer Vielzahl zu berücksichtigender Komponenten. Aber auch bei sinkender Transportfähigkeit ist mit einer zunehmenden Kapitelintensität zu rechnen, denn die an wechselnde Orte gebundene Bauwerkserstellung begrenzt kostensenkende Rationalisierungen, wie sie in einer stationären Fertigungsstätte möglich sind.

- **Gesellschaftlicher Stellenwert**

  Der gesellschaftliche Stellenwert beschreibt den Grad der Ausstrahlung eines Bauwerks auf verschiedenste Bereiche des gesellschaftlichen Lebens. Die Nutzung eines Bauwerks kann nicht nur für den Kunden Bedeutung besitzen sondern direkt oder indirekt noch weitere Interessengruppen der Gesellschaft betreffen. Ein hoher gesellschaftlicher Stellenwert äussert sich bspw. darin, dass zur Wahrung der Interessen unterschiedlicher gesellschaftlicher Gruppen Gesetze, Normen, Vorschriften oder Empfehlungen erlassen werden, die sowohl die Art der Zweckbestimmung als auch die Funktionserfüllung eines Bauwerks regeln.

Obwohl die vorgeschlagenen Bauwerkseigenschaften ein breites Spektrum zur Typologisierung von Bauwerken eröffnen, wird hier darauf verzichtet. Vielmehr soll aus den einzelnen Bauwerkseigenschaften die Existenz der Bedingungen begründet werden, die für das Innovationsverhalten von Bauunternehmen Relevanz besitzen. Die Anmerkung zu den Auswirkungen des gesellschaftlichen Stellenwerts von Bauwerken hat bereits auf diesen Zusammenhang zwischen Bauwerkseigenschaften

---

346 Syben, G. (Baustelle 1999) S. 252.

347 Vgl. Nam, C.; Tatum, C. (Characteristics 1988) S. 136.

und Branchenbedingungen hingewiesen. Ihm soll sich im Weiteren zugewandt werden.

3.3.2.2 Die Notwendigkeit differenzierter externer Innovationsbedingungen

Die in den Bauwerkseigenschaften begründete Differenzierung externer Bedingungsgrössen, die als das Innovationsverhalten von Bauunternehmen fördernde oder hemmende Faktoren auftreten können, stellt die zweite Implikation aus dem situationsorientierten Ansatz für die Generierung innovativer baulicher Gesamtlösungen dar.

Sichtet man bisherige empirische Studien zum Innovationsverhalten in der Bauwirtschaft und nimmt die eingeführten Bauwerkseigenschaften als Erklärungshintergrund zu Hilfe, lassen sich fünf als wesentlich zu erachtende externe Innovationsbedingungen herausschälen:[348]

- die Kundenabhängigkeit der Bauaufgaben
- die Ortsabhängigkeit der Bauaufgaben
- die Projektabwicklungsform
- die Innovationsakzeptanz der Kunden
- der Regulierungsgrad

Sie sollen nachfolgend in ihren innovationsfördernden und innovationshemmenden Wirkungen näher dargestellt werden.

- **Kundenabhängigkeit der Bauaufgaben**

Eine erste Bedingung, die als relevant für das Innovationsverhalten von Bauunternehmen zu erachten ist, ist die Kundenabhängigkeit von Bauaufgaben. Sie ist umso höher, je höher die marktliche Kompliziertheit des Bauwerks ist. Je mehr das Bauwerk den individuellen Bedürfnissen eines Kunden entsprechen muss, desto stärker tritt der Kunde bereits vor und während der Planung und Erstellung des Bauwerks in Erscheinung.

Die Leistungserbringungsprozesse sind durch einen bestimmten Grad an Integrativität gekennzeichnet, der zum Ausdruck bringt, in welchem Mass der Kunde in den Bauprozess einzubeziehen ist, damit er seine für die Leistungserbringung notwendigen Anforderungen an die bauliche Lösung einbringen kann. Bauwerke können nur in wenigen Fällen für einen anonymen Markt erstellt werden. Der einzelne Kunde

---

[348] Vgl. dazu die im Anhang 1 aufgelisteten empirischen Studien.

selbst löst Bauwerksplanung und -erstellung aus,[349] die in bestimmtem Umfang von ihm direkt beeinflusst werden und auf seine konkreten Wünsche und Anforderungen Rücksicht nehmen müssen bzw. sich diesen anzupassen haben. Dies betrifft vor allem Vorgaben bezüglich des Zwecks, des Orts, der Dimensionen, der Erstellungszeit und der Erstellungskosten und kann durchaus bis zur Festlegung von Bauverfahren und Baumaterialien reichen.[350] Dass der Kunde Bauaufgaben auslöst, erklärt sich in diesem Zusammenhang auch aus der begrenzten Transportfähigkeit von Bauwerken bzw. ihrer Gebundenheit an den Verwendungsort (Grundstück), der sich i.d.R. im Verfügungsbereich des Kunden befindet und von ihm für die Leistungserbringung bereitzustellen ist. Die Einflussnahme des Kunden bzw. die Umsetzung individueller Vorstellungen wird sich zudem mit der Kapitalintensität des Bauwerks erhöhen, denn für den Kunden ist dann ein kurzfristig zu wiederholender Kauf bzw. eine erneute Investition selten möglich.

Kundenabhängigkeit der Bauaufgaben bedeutet darüber hinaus auch ein bestimmter Grad an Interaktion zwischen Kunde und Unternehmen im Leistungserbringungsprozess. Das heisst, dass mit steigendem Interaktionsgrad sich Kunde und Unternehmen im Laufe der Leistungserbringung gegenseitig beeinflussen und nicht unabhängig voneinander ihre mit der Leistungserbringung verbundenen Ziele erreichen können.

Eine innovationsfördernde Wirkung der Kundenabhängigkeit auf das Innovationsverhalten von Bauunternehmen ist vor allem darin zu sehen, dass mit jeder Bauaufgabe auf die spezifischen Bedürfnisse eines Einzelkunden einzugehen ist und dass die Suche nach Lösungen zur Befriedigung dieser Bedürfnisse zu innovativen Ideen führen kann.[351] Die Kundenabhängigkeit kann hier in zweierlei Hinsicht wirken. Zum einen können die sich mit jeder Bauaufgabe ändernden Kundenanforderungen zu Problemstellungen führen, denen mit den bisherigen Lösungen nur unzureichend oder gar nicht zu begegnen ist. Innovative Ideen sind dann eine Reaktion auf veränderte bzw. spezifische Kundenanforderungen. Zum anderen können die Kundenanforderungen einen Anreiz zu einer besonders innovativen Lösung darstellen, durch die für eine kommende Bauaufgabe ein Wettbewerbsvorteil gegenüber Mitkonkurrenten zu erzielen ist, die Realisierung einer Bauaufgabe erst ermöglicht wird oder

---

[349] Einen Sonderfall stellt hier die Projektentwicklung dar, bei der das Bauunternehmen zu seinem eigenen Kunden wird. Das heisst, dass es auf eigene Rechnung plant und baut, um im Anschluss das Bauwerk zu verkaufen oder zu vermieten.

[350] Vgl. dazu Syben, G. (Baustelle 1999) S. 65 und S. 254f. sowie Meisert, G. (Organisationsform 1988) S. 21.

[351] Vgl. Nam, C.; Tatum, C. (Strategies 1992) S. 514; Atkin, B. (Innovation 1999) S. 6 sowie Serpell, A.; Ocaranza, R. (Innovation 2001) S. 306f.

das Unternehmen zur bevorzugten Wahl des Kunden für bestimmte Bauaufgaben wird.[352] Innovieren ist in diesen Fällen als aktive Aufgabe zu begreifen.

Innovationshemmend wirkt die Kundenabhängigkeit dadurch, dass jedes Bauwerk einen bestimmten Individualisierungsgrad aufweist, der bei technisch und marktlich komplizierten Bauwerken besonders hoch ist. Die auf die individuellen Bedürfnisse des Kunden zugeschnittene bauliche Lösung steht einer umfassenden technischen Rationalisierung, wie es z.B. der Einsatz von Baurobotern darstellen würde, entgegen. Einer flexibel einsetzbaren Bautechnik ist gegenüber einer durchrationalisierten, aber nur für spezifische Bauaufgaben verwendbaren vielfach der Vorzug zu geben, denn bautechnische Flexibilität erlaubt, Baumaterialien, Maschinen, Geräte oder technische Anlagen für die Realisierung von Bauaufgaben mit wechselnden Anforderungen einzusetzen. Gleichzeitig kann der Wunsch nach einer flexiblen Bautechnik durchaus innovationsfördernd wirken, wie z.B. Entwicklungen von flexiblen Trägergeräten für den Tunnelbau zeigen, die sowohl zum Bohren von Sprenglöchern, zum Setzen von Ankern und zum Injizieren Verwendung finden. Der modulartige Aufbau gestattet eine schnelle und kostengünstige Anpassung an unterschiedliche Anforderungen.

- **Ortsabhängigkeit der Bauaufgaben**

Änderungen in den baulichen Anforderungen und damit ein bestimmter Individualisierungsgrad des Bauwerks sind aber nicht nur eine Konsequenz aus der Abhängigkeit der Bauaufgaben von einem Einzelkunden. Sie gehen ebenso auf die Ortsabhängigkeit von Bauaufgaben zurück, die sich in der begrenzten Transportfähigkeit von Bauwerken begründet und mit sinkender Transportfähigkeit ansteigt. Anstelle des Bauwerks und seiner Komponenten müssen die Komponenten des Erstellungsprozesses wie Baumaschinen, Arbeitskräfte und Baustoffe zum Ort der Bauwerksverwendung transportiert werden. Ihre qualitative, quantitative und zeitliche Kombination hat sich den örtlichen Gegebenheiten anzupassen. Die Erstellung des Bauwerks an einem von der Bauwerksverwendung unabhängigem Ort ist nur in beschränktem Umfang möglich.[353] Die Ortsabhängigkeit von Bauaufgaben besitzt aufgrund dessen ebenso wie die Kundenabhängigkeit innovationsauslösende Wirkung. Auch bei steigender Ortsabhängigkeit können Problemstellungen hervorgerufen werden, für die sich keine befriedigenden Lösungen finden lassen, oder Möglichkeiten für innovative Lösungen erkannt werden, mit denen den örtlichen Anforderungen im besonderen Masse gerecht werden kann.

---

[352] Vgl. Nam, C.; Tatum, C. (Strategies 1992) S. 508f. sowie Atkin, B. (Innovation 1999) S. 6.

[353] Eine Vorfertigung ist in erster Linie für einzelne Bauteile wie Treppen, Fenster, Stützen usw. möglich. Letztlich müssen aber auch die vorfabrizierten Bauteile am Verwendungsort zum vollständigen Bauwerk zusammengefügt werden.

Ebenso wirkt eine hohe Ortsabhängigkeit hemmend auf Rationalisierungsmöglichkeiten. Auch hier sind aufgrund der wechselnden örtlichen Bedingungen (z.B. Topographie oder Platzverhältnisse) einer hoch entwickelten vollautomatisierten Technik Grenzen gesetzt. Erschwerend kommt hinzu, dass die Bauwerkserstellung zum einen im Freien abläuft und verschiedenen Witterungsverhältnissen ausgesetzt ist und dadurch eine hochempfindliche Bautechnik nur in beschränktem Rahmen einsetzbar ist. Zum anderen muss mit dem ständigen Wechsel des Orts der Bauwerkserstellung auch die Bautechnik transportabel bleiben.

Darüber hinaus sehen sich Bauunternehmen aufgrund der Dimensionen des Bauwerks und der engen Bindung zum Verwendungsort der Schwierigkeit gegenüber, dass sie das Bauwerk nicht als Prototyp in einer Werkhalle herstellen und sein Verhalten testen können. Dies hat die Konsequenz, dass Aussagen über das Zusammenwirken neuer Baumaterialien, Bauteile oder Konstruktionen mit anderen Komponenten des Bauwerkssystems und des Verwendungsorts nur bedingt möglich sind. Dieser Punkt erhält zusätzliches Gewicht im Zusammenhang mit der marktlichen Lebensdauer, die bei Bauwerken i.d.R. mehrere Jahrzehnte beträgt.

- **Projektabwicklungsform**

Dadurch, dass normalerweise der Kunde Bauaufgaben auslöst und mit jeder Bauaufgabe die spezifischen Anforderungen des Kunden und die Gegebenheiten des Verwendungsorts zu berücksichtigen sind, variieren die zur Aufgabenerfüllung benötigten Ressourcen von Bauaufgabe zu Bauaufgabe. Bauaufgaben werden deshalb in Projekten abgewickelt. Dass die Form der Projektabwicklung das Innovationsverhalten von Bauunternehmen innovationshemmend oder innovationsfördernd beeinflussen kann, wurde bereits im Zusammenhang mit dem interaktionsorientierten Ansatz angesprochen. Über die Projektabwicklungsform bestimmt sich massgeblich, ob Kunden- und Ortsabhängigkeit der Bauaufgabe als Anreiz für die Unternehmen zum Optimieren der baulichen Lösung bzw. zum Innovieren fungieren. Es ist davon auszugehen, dass ein Innovationsanreiz insbesondere dann entsteht, wenn wesentliche Wissensträger frühzeitig in das Bauprojekt integriert, die Verantwortlichkeiten für die bauliche Gesamtlösung eindeutig zugeordnet und damit verbundene Risiken z.B. über Beteiligungen an Optimierungsgewinnen ausgeglichen werden können.[354]

Über die Projektabwicklungsform werden nicht nur Innovationsanreize gesetzt. Indem sie Einfluss darauf nimmt, ob die baulichen Wertschöpfungsstufen einer integrativen Betrachtung zugänglich sind, ermöglicht sie den Unternehmen, innovative Ideen für die Gesamtoptimierung der baulichen Lösung zu entwickeln und umzusetzen. So treten bei traditionellen Projektabwicklungsformen die Planungsunternehmen

[354] Vgl. Barlow, J. (Innovation 2000) S. 989.

gegenüber dem Bauunternehmen als Lieferanten immaterieller Vorleistungen, der Bauwerksplanung, auf. Sind mit der Bauwerksplanung spezifische bauliche Leistungsparameter definiert, favorisiert dies den Einsatz spezifischer Bauverfahren. Planungsunternehmen besitzen dadurch nicht nur eine vergleichsweise hohe Marktmacht, indem sie bestimmte Unternehmen begünstigen bzw. benachteiligen.[355] Gleichzeitig begrenzen sie die Möglichkeiten von Bauunternehmen zum Innovieren, die dann nur in dem Umfang innovativ tätig werden können, wie sie unter Nutzung ihres Wissen aus früheren Bauaufgaben die Komponenten des Erstellungsprozesses den konstruktiven und örtlichen Randbedingungen des Bauwerks anpassen bzw. durch Modifikationen die Bauwerkskomponenten auf die Erstellungsanforderungen abstimmen. Diese Varianten zu den eigentlichen Planungsvorgaben können jedoch folgende Schwierigkeiten zeigen:

- Grundsätzlich muss der Kunde Varianten des Unternehmens zulassen. Nicht jeder Kunde wünscht den Vorschlag verbesserter bzw. innovativer Lösungen oder sieht sich aufgrund von Vergabeverordnungen in der Lage, von den ursprünglichen Planungsvorgaben abweichende Vorschläge akzeptieren zu können.[356]
- Es ist ein überzeugender Nachweis zu erbringen, dass die alternative Lösung erkennbare Vorteile gegenüber dem ursprünglichen Entwurf hat. Damit verbunden ist die Gefahr opportunistischen Verhaltens des Kunden, der bei einer überzeugenden, detailliert ausgearbeiteten Alternative ein anderes Unternehmen sucht, um die Idee günstiger realisieren zu lassen.
- Das Planungsunternehmen des ausgeschriebenen Entwurfs kann durch eine Variante des Bauunternehmens einen Imageverlust beim Kunden befürchten. Eine entsprechend ablehnende Haltung kann es gegenüber einer alternativen Lösung einnehmen.

- **Innovationsakzeptanz der Kunden**

Wie beim vorangegangenen Punkt mit der Problematik Varianten bereits angedeutet, nimmt auf das Innovationsverhalten von Bauunternehmen eine weitere wesentliche Bedingung Einfluss, die Akzeptanz innovativer baulicher Lösungen durch den Kunden. Ein Kunde wird innovativen Ideen umso ablehnender gegenüber stehen, je grösser seine Unsicherheit über das Erreichen seiner baulichen Ziele und die Umsetzbarkeit und den Nutzen einer innovativen Idee ist. Die Bedeutung der Innovationsakzeptanz des Kunden als Bedingungsgrösse ergibt sich aus der aktiven Rolle, die der Kunde bei der Realisierung von Bauaufgaben spielt. Da der Kunde Bauauf-

---

[355] Vgl. Klemmer, J. (Neustrukturierung 1998) S. 59f.

[356] Vgl. Craig, R. (Law 1999) S. 15f.

gaben auslöst und Planung wie Erstellung des Bauwerks entscheidend beeinflusst, bedarf es zur Realisierung innovativer Ideen eines gegenüber innovativen Ideen offenen Kunden. Diese Offenheit drückt sich z.B. in der Bereitschaft aus, Innovationsrisiken mit zu tragen.[357]

Unsicherheit über die Realisierbarkeit und Nutzenstiftung innovativer Ideen entsteht beim Kunden dadurch, dass insbesondere über das Langzeitverhalten einer innovativen Bauwerkslösung i.d.R. nur unpräzise Aussagen getroffen werden können. Zum einen ist jede Neuerung durch ein gewisses Risiko charakterisiert. Zum anderen lassen sich infolge der begrenzten Transportfähigkeit von Bauwerken Neuerungen nur in beschränktem Umfang im Vorfeld der eigentlichen Bauaufgaben testen.[358] Mit steigender Kapitalintensität und Lebensdauer des Bauwerks, erhöht sich für den Kunden auch das Risiko einer Nichterfüllung seiner Ziele. Zudem kann der Kunde das Risiko nur in eingeschränktem Masse z.B. über Garantien auf die Unternehmen abwälzen.

Als Voraussetzung dafür, dass der Kunde Innovationsrisiken mitträgt, ist jedoch die Gewissheit des Kunden anzusehen, dass die am Bauprojekt beteiligten Unternehmen bereit sind, eine seinen Bedürfnissen entsprechende optimale bauliche Gesamtlösung zu realisieren. Ist ein Hauptanliegen der Projektbeteiligten vor allem der Schutz ihrer eigenen Interessen und Ziele, sind Zielkonflikte und Schnittstellenprobleme vorprogrammiert.[359] Die Realisierung innovativer Ideen gestaltet sich dann umso schwieriger, denn die Neuerungen würden die ohnehin vorhandene Unsicherheit des Kunden noch zusätzlich verstärken. Entsprechend zurückhaltend wird er sich dann neuen Ideen gegenüber verhalten.[360] Hier zeigt sich erneut, wie wesentlich Projektabwicklungsformen und die damit verbundenen Leistungsangebote und -garantien sind, die beim Kunden die Unsicherheit über das Erreichen seiner baulichen Ziele reduzieren.

- **Regulierungsgrad**

Eine weitere externe Bedingung, die innovationshemmend und innovationsfördernd wirken kann, ist der Regulierungsgrad, der mit dem gesellschaftlichen Stellenwert von Bauwerken ansteigt. So existieren in der Bauwirtschaft eine Vielzahl über die Jahre hinweg entwickelter technischer Normen und Empfehlungen, die das Verhalten und den Einsatz von Baustoffen, die konstruktive Durchbildung von Bauwerken sowie verfahrenstechnische Abläufe regeln. Darüber hinaus sind noch weitere, das

---

[357] Vgl. Nam, C.; Tatum, C. (Strategies 1992) S. 509 sowie Nam, C.; Tatum, C. (Leaders 1997) S. 268.

[358] Vgl. Slaughter, S. (Models 1998).

[359] Vgl. Atkins, B. (Innovation 1999) S. 36.

[360] Vgl. Cushman, N.; Nam, C.; Tatum, C. (Technology 1992) S. 138.

bauwirtschaftliche Handeln beeinflussende Regulierungen wie Umweltauflagen, Baugenehmigungen, Zinspolitik, Vergabeverordnungen usw. anzutreffen.[361]

Ihre Wirkung auf das Innovationsverhalten erzielen Regulierungen aus ihrer Verbindlichkeit bzw. aus ihrer Handhabung. Je verbindlicher sie sind und je mehr sie zur Anwendung gelangen, desto stärker wirken sie wie ein Filter zwischen Markt und Unternehmen, der einen Teil der aus den wechselnden Orts- und Kundenanforderungen entstehenden Komplexität der Aufgabeninputs absorbiert und der die Handlungsmöglichkeiten der Unternehmen derart eingrenzen kann, dass eine Situation entsteht, in der *„enterprises do not produce for the client, they produce to meet the governmental regulations"*.[362] Insbesondere bei technischen Regulierungen führen die Intransparenz und die kaum überschaubare Vielzahl der Regelwerke zu einer undifferenzierten und unreflektierten Anwendung, die über das gebotene Mass der Bauaufgabe hinausgeht oder die spezifischen Gegebenheiten der Bauaufgabe ignoriert und dadurch die Handlungsmöglichkeiten unbegründet einschränkt.[363]

Regulierungen können auch innovationsstimulierend wirken, wenn z.B. technische Regulierungen Anforderungen an das Verhalten der Komponenten des Bauwerks in den Lebenszyklusphasen stellen, denen die aktuellen technischen Eigenschaften der Komponenten nicht oder nur bedingt gerecht werden.[364] Dies konnte in den letzten Jahren insbesondere bei den Vorschriften zum Energieverbrauch von Bauwerken beobachtet werden. Verschärfte Anforderungen führten hier bspw. zu einer Weiterentwicklung von Dämmmaterialien und Heizungssystemen.

Neben den gegenüber dem aktuellen Stand der Technik erhöhten Anforderungen können technische Regulierungen Innovationen auch durch eine funktionsorientierte Formulierung der Produkt- und Prozesseigenschaften anstossen.[365] In diesem Fall geben sie die stoffliche Zusammensetzung, die technischen Eigenschaften und die Form der Anwendung einzelner Bauwerkselemente nicht detailliert vor, sondern beschreiben baustoff- und bauteilneutral die zu erfüllenden Funktionen bzw. die zu erbringenden Leistungen der Bauwerkselemente oder des Bauwerks. Auch hier können die Vorschriften zum Energieverbrauch von Bauwerken als Beispiel dienen. Indem für Wohn- und Geschäftsbauten ein einzuhaltender Gesamtenergieverbrauch

---

[361] Vgl. dazu auch Pries, F.; Janszen, F. (Innovation 1995) S. 45.

[362] Vgl. Pries, F.; Janszen, F. (Innovation 1995) S. 45 sowie Ettler, R. (Innovationstätigkeit 1995) S. 63, bei dessen schriftlicher Befragung von 194 Unternehmen der Schweizer Bauwirtschaft 48% Bauvorschriften als Innovationshemmnis nannten.

[363] Vgl. Cushman, N.; Nam, C.; Tatum, C. (Technology 1992) S. 138 sowie Rath, Ch.; Brendle, U. (Zukunft 1997) S. 576.

[364] Porter, M. (Wettbewerbsvorteile 1993) S. 666.

[365] Vgl. Newhouse, K. (Building Code 2001) sowie Gann, D.; Wang, Y.; Hawkins, R. (Regulations 1998) S. 292f.

festgelegt wurde, konnte neben dem Einsatz neuer Materialien auch durch konstruktiv neuartige, auf teuere Materialien verzichtende Lösungen der Energieverbrauch nachhaltig reduziert werden. Damit leistungsorientierte Regulierungen ihre innovationsfördernde Wirkung entfalten können, ist besondere Aufmerksamkeit einer klaren und einfachen Formulierung zu schenken,[366] insbesondere ist Wert auf die Verknüpfung der z.T. qualitativen Leistungsanforderungen mit den quantitativen Bewertungskriterien für die technischen Lösungen zu legen.[367]

Wurden mit den vorgestellten Bedingungsgrössen vor allem Einflüsse auf das Innovationsverhalten von Bauunternehmen diskutiert, gilt es zu beachten, dass Baustoff- und Baumaschinenhersteller als Lieferanten materieller Vorleistungen für Bauunternehmen eine nicht unbedeutende Quelle für innovative Bauwerks- und Prozesskomponenten darstellen, die zur innovativen Gestaltung baulicher Gesamtlösungen herangezogen werden können.[368] Entsprechend wirkt das Innovationsverhalten der Bauunternehmen auf die Innovationstätigkeit der Zulieferer zurück. Die von den Zulieferfirmen hervorgebrachten Neuerungen lassen sich dann gleichsam durch das Verhalten von Bauunternehmen in der Übernahme von Neuerungen der Zulieferindustrien begründen.[369] Das heisst, dass ein zurückhaltendes bzw. abwartendes Innovationsverhalten der Bauunternehmen auch geringere Innovationsbemühungen der Zulieferer nach sich zieht.[370]

Eine geringe Innovationstätigkeit von Bauunternehmen verhindert gleichzeitig die Erarbeitung einer nachhaltigen Differenzierung gegenüber konkurrenzierenden Unternehmen oder den Aufbau von Eintrittsbarrieren für in den Markt eindringende Wettbewerber. So liegen in den meisten bauwirtschaftlichen Marktsegmenten i.d.R. niedrige Eintrittsbarrieren vor, die sich darin äussern, dass notwendige Anfangsinvestitionen und die Bindung der Kunden an die Unternehmen gering sind sowie Wis-

---

[366] Vgl. Gann, D.; Wang, Y.; Hawkins, R. (Regulations 1998) S. 293 sowie Falk, P.; Larsson, B. (Performance 2002) S. 105.

[367] Vgl. Beller, D.; Foliente G.; Meacham, B. (Aspects 2001). Schwierigkeiten können hier die zur Leistungsbeurteilung herangezogenen Prüfverfahren bereiten, die eben auf spezifische Baustoffe bzw. Bauteile ausgelegt sind.

[368] So ermittelten PRIES/JANSZEN in ihrer Studie von über 290 Innovationen in der Niederländischen Bauwirtschaft, dass ca. 50 % der Produktinnovationen ihren Ursprung in anderen Industrien haben, vgl. Pries, F.; Janszen, F. (Innovation 1995) S. 46f.

[369] Vgl. Atkins, B. (Innovation 1999) S. 33 sowie Ball, M. (Chasing 1999) S. 19.

[370] Eine empirische Bestätigung dafür liefern ARDITI/SERDAR/TANGKAR, die für einen Zeitraum von 30 Jahren die Innovationsrate der Zulieferer für Baumaschinen anhand der Anzahl der jährlich eingeführten Modelle und der Lebensdauer spezifischer Baumaschinen ermittelten. Ihrer Untersuchung zufolge stieg die Zahl der jährlich neu eingeführten Modelle kontinuierlich und gleichzeitig sank aber die Lebensdauer der betrachteten Baumaschinen nur langsam, was auf eine stetige Verbesserung der Maschinen anstelle grösserer Veränderungen hindeutet, vgl. Arditi, D.; Serdar, K.; Tangkar, M. (Innovation 1997) S. 375ff.

sen einfach anzueignen ist.[371] Die geringe Innovationstätigkeit lässt sich folglich auch durch eine Reihe interner Bedingungen begründen, die nachfolgend genauer spezifiziert werden sollen.

3.3.2.3 Die Notwendigkeit differenzierter interner Innovationsbedingungen

Neben der Unterscheidung verschiedener externer Innovationsbedingungen ist die Differenzierung von internen für das Innovationsverhalten von Bauunternehmen wesentlichen Bedingungen eine weitere Implikation aus dem situationsorientierten Ansatz. Auch hier lassen sich ausgehend von bisherigen empirischen Untersuchungen und den aufgestellten Bauwerkseigenschaften fünf Bedingungsgrössen als wesentlich erachten:

- die Auftragsunsicherheit
- das Leistungsangebot
- die Finanzstärke
- die Wissensstärke
- das Kooperationsverhalten

Auch ihnen und ihren Wirkungen auf das Innovationsverhalten von Bauunternehmen soll sich nachfolgend eingehender zugewandt werden.

- **Auftragsunsicherheit**

Eine erste interne Innovationsbedingung ist die Auftragsunsicherheit, die sich darauf zurückführen lässt, dass infolge der marktlichen Kompliziertheit von Bauwerken Bauaufgaben i.d.R. durch den Kunden ausgelöst werden. Bauunternehmen sehen sich dadurch einer schwankenden, nur schwer einschätzbaren und nicht beeinflussbaren Baunachfrage gegenüber. Durch die Berücksichtigung der spezifischen Anforderungen des Kunden und des Verwendungsorts sowie die Kapitalintensität von Bauwerken reduziert sich zudem die Möglichkeit, z.B. über Lagerhaltung Schwankungen in der Nachfrage auszugleichen. Infolgedessen sehen sich Bauunternehmen nur unzureichend in der Lage, die zukünftige Auslastung ihrer Kapazitäten selbst zu steuern. Die Baunachfrage bestimmt direkt den Auf- und Abbau der Unternehmenskapazitäten, die deshalb überproportionale Schwankungen zeigen. SYBEN beschreibt dies wie folgt:

„Im Aufschwung entsteht rasch ein starker Preisauftrieb, der einen weiteren Kapazitätsaufbau fördert, was in der Folge den Boom gleichsam an sich selbst ersticken lässt. Der nachfolgende Abschwung wird durch das Bestehen von nunmehr hohen

---

[371] Vgl. Klemmer, J. (Neustrukturierung 1998) S. 61f. sowie Porter, M. (Wettbewerbsstrategien 1992) S. 29ff.

Überkapazitäten verschärft. Die Bauunternehmen werden von jedem einzelnen Auftrag abhängig, was zur Auslastung um jeden Preis, also zu einem scharfen Preiswettbewerb und zu einem umso rascheren und tieferen Konjunktureinbruch führt."[372]

Die Höhe der getätigten Bauinvestitionen ist nicht nur eine Folge von zu befriedigenden Kundenbedürfnissen, auf sie und damit auf die Auftragsunsicherheit wird auch auf anderen Wegen Einfluss genommen. Beispielsweise dienen dem Staat als Bereitsteller von Infrastrukturbauwerken Bauinvestitionen als Instrument, um auf den konjunkturellen Verlauf der Volkswirtschaft einzuwirken.[373] Gefördert oder gebremst werden Bauinvestitionen auch durch die Zinspolitik der Nationalbanken, denn durch die im allgemeinen hohe Kapitalintensität ist die Realisierung von Bauwerken i.d.R. bis zu einem gewissen Grad fremdfinanziert.[374]

Ein wesentlicher Einfluss der Auftragsunsicherheit auf das Innovationsverhalten von Bauunternehmen besteht in der Gefahr, dass sich entwickelte oder eingeführte Neuerungen nicht amortisieren. Gleichzeitig erweist sich die bereits angesprochene Flexibilität der Bautechnik für die Unternehmen als vorteilhaft. Vorteile können in diesem Zusammenhang z.B. verschiedene Leasing- und Mietmodelle von Baumaschinenzulieferern bringen, durch die sich Neuerungen trotz Ungewissheit über den zukünftigen Auftragsstand einführen lassen.

Innovationshemmend kann neben der langfristigen auch die kurzfristige Auftragsunsicherheit wirken, die die Unsicherheit darüber erfasst, ob das Bauunternehmen zur Durchführung der Bauaufgabe überhaupt beauftragt wird. Die Unsicherheit liegt hier begründet in der verbindlichen Aussage zum Preis eines Bauwerks, das noch nicht existiert. Zwar kann das Unternehmen dazu auf Erfahrungswerte aus früheren Bauprojekten zurückgreifen, aber gerade bei innovativen Lösungen werden sie lediglich als Orientierungspunkte dienen. Das Bauunternehmen kann den daraus entstehenden Unvorhersehbarkeiten dadurch begegnen, dass es über Risikozuschläge Sicherheiten in den Angebotspreis einarbeitet. Mit steigendem Angebotspreis sinkt jedoch die Chance des Unternehmens, den Bauauftrag zu erhalten. Berücksichtigt es hingegen keine Risikozuschläge, läuft es Gefahr, dass die anfallenden Kosten durch den erzielten Angebotspreis nicht gedeckt werden.[375]

---

372 Syben, G. (Baustelle 1999) S. 65.

373 Daneben wirken sich auch Entscheide aus anderen politischen Bereichen auf den Bedarf an Infrastrukturbauten wie z.B. Krankenhäuser, Schulen oder Gefängnissen aus, vgl. Syben, G. (Baustelle 1999) S. 68.

374 Vgl. Harvey, R.; Ashworth, A. (Construction 1999) S. 19.

375 Vgl. Syben, G. (Baustelle 1999) S. 66.

- **Leistungsangebot**

Eng mit der Auftragsunsicherheit verbunden, ist das Leistungsangebot. Mit einem flexiblen Leistungsangebot kann das Bauunternehmen Schwankungen in der Baunachfrage in dem Umfang ausgleichen, wie verschiedenste Bereiche des Bauens vom Wohnungs- über den Brücken- zum Strassenbau zur Leistungspalette des Unternehmens gehören. Das Leistungsangebot von Bauunternehmen ist mit der Bauwerkserstellung typischerweise auf eine Wertschöpfungsstufe des baulichen Transferprozesses spezialisiert, dies aber über verschiedene Wertschöpfungsketten hinweg. Dabei sind durchaus partielle Spezialisierungen (Konzentrationsstrategien) anzutreffen (z.B. Wohnungsbau), die aber immer noch ausreichend Spielraum für ein flexibles Ausweichen auf andere Arten von Bauwerken zulassen (z.B. Bürogebäude, Schulen). Vielfach sind es für verschiedene Bauwerke identische, die Qualität von Kernkompetenzen besitzende wertschöpfende Aktivitäten wie Betonarbeiten, die Spielräume zulassen und trotz breitem Leistungsangebots Synergien zwischen den Leistungsbereichen des Unternehmens erlauben. Diese Synergien können sich innovationsfördernd auswirken, wenn neue Lösungsansätze z.B. in der Betontechnik für verschiedene Leistungsbereiche genutzt werden können.

Innovationshemmend wirkt ein derartiges Leistungsangebot dadurch, dass es Optimierungen der Leistungserbringung auf eine Wertschöpfungsstufe eingrenzt, denn das Bauunternehmen sieht sich nicht in der Lage, die Parameter von Bauwerk und Bauwerkserstellung über mehrere Wertschöpfungsstufen zu kontrollieren und zu beeinflussen.[376] Die Kundenabhängigkeit verbunden mit der Festlegung der Bauwerksparameter durch ein Planungsunternehmen eröffnet, wie bereits an anderer Stelle erwähnt, nur geringe Optimierungs- bzw. Innovationsspielräume. Solange ein Bauunternehmen die Abhängigkeit von der Entscheidung, was gebaut wird, und der Entscheidung, wie es gebaut wird, nicht deutlich verringern kann, werden seine Möglichkeiten für umfassende innovative Lösungen gering ausfallen. Für Bauunternehmen bedeutet das neben einer frühzeitigen Einbindung in den Bauprozess vor allem, durch Integration vorgelagerter und nachgelagerter baulicher Wertschöpfungsstufen den eigenen Entscheidungsbereich auszuweiten oder durch eine Neupositionierung auf der baulichen Wertschöpfungskette den eigenen Entscheidungsbereich zu verlagern.[377] Unter Abschn. 3.4.2.2 wird darauf zurückzukommen sein.

---

[376] Vgl. Syben, G. (Baustelle 1999) S. 76.

[377] Vgl. Syben, G. (Baustelle 1999) S. 78.

- **Finanzstärke**

Die Schwankungen in der Baunachfrage gekoppelt mit dem Leistungsangebot besitzen auch Auswirkungen auf die finanziellen Mittel, die Bauunternehmen für Innovationsvorhaben aufwenden. Sofern Bauunternehmen überhaupt Budgets für innovative Vorhaben bereitstellen, fallen diese im Allgemeinen nicht besonders hoch aus.[378] Der regelmässige, starke Preisverfall bei Rückgang der Baunachfrage lässt die tragbaren Kosten aus Investitionen, die mit erheblichen Risiken behaftet sind, schrumpfen. Der finanzielle Spielraum sowohl für bauprojektübergreifende wie bauprojektabhängige Innovationsaufgaben sinkt. Gerade Eigenkapital steht zur Deckung von Innovationsrisiken für gewöhnlich nicht ausreichend zur Verfügung. Zudem ist durch die Auftragsunsicherheit die Finanzierungskontinuität gefährdet, denn ob auf budgetierte Mittel zurückgegriffen werden kann, wird sich erst anhand der zukünftigen Auftragslage entscheiden. Darüber hinaus kann ein flexibles Leistungsangebot innovationshemmend wirken, wenn ohnehin knappe Finanzierungsmittel auf verschiedene Leistungsbereiche zu verteilen sind oder, was eher zu vermuten ist, einzelne Leistungsbereiche zu bevorzugen sind.

- **Wissensstärke**

Mitarbeiter von Bauunternehmen zeichnet für gewöhnlich ein hoher technischer Wissensstand aus, der angereichert ist durch langjährige, aus den unterschiedlichen Anforderungen der Bauaufgaben gesammelte Erfahrungen. Diese beruflich erfahrenen Mitarbeiter, angefangen beim Facharbeiter bis zum Geschäftsleitungsmitglied, werden zur wichtigsten Quelle für die Leistungsfähigkeit des Unternehmens.[379] Durch das ihnen zur Verfügung stehende Wissen wird sowohl die Rationalität ihrer Entscheidungen als auch das Potential zur Neukombination des vorhandenen Wissens bzw. zur Entwicklung neuer Ideen erhöht. Sie qualifizieren sich damit speziell für die Lösung projektabhängiger Problemstellungen, wie sie bei Bauaufgaben mit hoher Kunden- und Ortsabhängigkeit anzutreffen sind.[380] Ein hoher technischer Wissensstand wird sich folglich innovationsfördernd auswirken, wie bereits bei den Ausführungen zu inter- und intraorganisatorischen Promotorenrollen angemerkt.[381]

Das Innovationsverhalten wird erst dann negativ beeinflusst, wenn sich das Wissen ausschliesslich oder überwiegend auf technische Zusammenhänge beschränkt. Dieses Phänomen ist gerade in Bauunternehmen vielfach anzutreffen und ist nicht

---

378 Vgl. Cleff, Th.; Rudolph-Cleff, A. (Innovation 2001) S. 204.

379 Vgl. Syben, G. (Baustelle 1999) S. 166.

380 Vgl. Slaughter, S. (Innovation 1993) S. 85ff., die die Weiterentwicklungen eines Bauteils untersuchte und herausfand, dass ein Grossteil der Entwicklung (28 von insgesamt 34) projektbezogenen durch den Anwender erfolgte.

381 Vgl. Abschn. 3.1.2.2 bzw. Nam, C.; Tatum, C. (Leaders 1997) für eine empirische Bestätigung.

zuletzt der Kunden- und Ortsabhängigkeit der Bauaufgaben zuzuschreiben.[382] Im Mittelpunkt der Unternehmenstätigkeit steht der erfolgreiche Abschluss der laufenden Bauprojekte. Aktivitäten wie Kalkulation, Arbeitsvorbereitung und Baustellenleitung dominieren den Arbeitsalltag, der Blick wird selten über das aktuelle Geschehen hinaus gelenkt. Die Auftragsunsicherheit tut ihr Übriges, so dass strategisches Denken und aktives Handeln oft als überflüssig erachtet wird. Eine starke Projekt- und Technikzentriertheit des Managements von Bauunternehmen wird insbesondere Neuerungen mit grösseren Innovationsgraden entgegen stehen, da sich gerade grössere Veränderungsumfänge in Form von neuen lebenszyklusorientierten Leistungsangeboten und Systemlösungen nur befreit vom hohen Zeit- und Kostendruck des einzelnen Bauprojekts und durch umfangreiche und langfristig orientierte Investitionen bewerkstelligen lassen werden. In diesem Zusammenhang verwundert es kaum, dass immer wieder die unzureichende Lernfähigkeit von Bauunternehmen bemängelt wird.[383]

- **Kooperationsverhalten**

Wurde eben auf die Bedeutung langjähriger, erfahrener Mitarbeiter für die Innovationsförderung verwiesen, setzt dies voraus, dass die Mitarbeiter bereit und fähig sind, ihr Wissen für die Generierung innovativer Lösungen einzubringen. Dass dem Kooperationsverhalten der Mitarbeiter und damit der Abteilungen oder des Unternehmens als Bedingungsgrösse für das Innovationsverhalten besondere Beachtung zu schenken ist, kann wiederum in der Kunden- und Ortsabhängigkeit von Bauaufgaben ausgemacht werden. Mit steigender Kunden- und Ortsabhängigkeit erhöht sich die Kontextgebundenheit des Wissens, das der Wissensträger nur schwer explizieren kann. Folglich bedarf es der Einbindung des Wissensträgers in den Problemlösungsprozess, damit der aktuelle Problemkontext als Stimuli für die Neukombination seiner auf verschiedenen Erfahrungshintergründen basierenden Wissensbausteine fungieren kann. Ein ausgeprägtes Kooperationsverhalten wirkt sich folglich innovationsfördernd aus, auch deshalb, da mit steigendem Innovationsgrad eine Vielzahl von Personen und Institutionen einzubinden sind.

Entsprechend innovationshemmend ist eine fehlende interne wie externe Kooperationsbereitschaft, denn die Beschränkung auf den eigenen Aufgabenkontext bzw. Leistungsbereich bei Problemen, die weite Bereiche des baulichen Wertschöpfungsprozesses erfassen, birgt Konfliktpotentiale, die zum Auslöser von Macht- und Profi-

---

[382] Vgl. Pries, F.; Janszen, F. (Innovation 1995) S. 44, die bspw. für Bauunternehmen der Niederlande anführen, dass ca. 51% des obersten Managements Ingenieure sind, 2% einen Abschluss in Rechtswissenschaft, 4% einen Abschluss in Betriebswissenschaft und 43% gar keinen Hochschulabschluss besitzen. vgl. auch Johnson, K.; Tatum, C. (Technology 1993) S. 156.

[383] Vgl. Winch, G. (Zephyrs 1998) S. 276 sowie Barlow, J. (Innovation 2000) S. 979.

lierungsstrategien werden können und eine adäquate Problemlösung verhindern. Dies betrifft insbesondere das interorganisatorische Kooperationsverhalten, wird doch i.d.R. jede Bauaufgabe mit unterschiedlichen, sich neu zusammenfindenden Unternehmen realisiert. Dies gilt umso mehr, je höher die technische Kompliziertheit des Bauwerks ist.

Zwar ist intraorganisatorisch mit einer höheren Kooperationsbereitschaft zu rechnen, aber die durchaus vorhandene Fähigkeit zur projektbezogenen und projektübergreifenden Wissensnutzung wird infolge von finanziellen, zeitlichen und personellen Restriktionen nur beschränkt zu aktivieren sein.[384] Erschwerend kommt hier vielfach die regionale Gliederung von Bauunternehmen hinzu, die eine unmittelbare Folge der eingeschränkten Transportfähigkeit von Bauwerken ist. In den verschiedenen Niederlassungen befinden sich dann oft die gleichen Leistungsbereiche mit Erfahrungswissen über ähnliche sowie gänzlich andere Problemstellungen. Jedoch ist davon auszugehen, dass ein Rückgriff auf dieses Wissen für innovative Lösungen durch die räumliche Trennung und die voneinander losgelöste Marktbearbeitung erheblich erschwert wird.

3.4 Innovationsorganisation und strukturrekursiver Ansatz

In der Kritik zum situationsorientierten Ansatz konnte bereits angemerkt werden, dass die Situation nicht nur die Bedingungen der Organisationsgestaltung liefert, sondern selber Gegenstand von Veränderungen sein kann. Die bisherige Darstellung der gerichteten Organisationsstrukturierung zur Verhaltensbeeinflussung scheint sich in einem interdependenten Verhältnis zwischen Organisationsstruktur und Organisationshandeln aufzulösen. Diese Vermutung soll mit dem letzten hier betrachteten, dem strukturrekursiven Ansatz weiter erhellt werden.

3.4.1 Zugrunde liegende Annahmen und Erklärungsangebote

3.4.1.1 Dualität von Struktur

Der strukturrekursive Ansatz oder auch Strukturationstheorie geht auf GIDDENS zurück.[385] Dessen Intention zur Entwicklung einer Grundlagentheorie der Sozialwissenschaften bestand darin, den vorherrschenden Dualismus zwischen handlungs- und strukturtheoretischen Erklärungsansätzen für das Verhalten in und von sozialen

384 Vgl. dazu auch Warschat, J.; Ganz, W. (Gestaltung 2000) S. 53.

385 Vgl. Giddens, A. (Konstitution 1995).

Systemen zu überwinden.[386] Das gelingt ihm durch Annahme der gegenseitigen Bezugnahme von Struktur und Handlung, die er als ***Duality of Structure*** bezeichnet. Mit der Dualität von Struktur werden Handlung und Struktur nicht als voneinander unabhängige Phänomene dargestellt, sondern als sich gegenseitig voraussetzende Elemente sozialer Praktiken von Individuen bzw. Organisationen. Danach reproduzieren soziale Akteure durch ihre Handlungen die Bedingungen, sprich die Struktur, die ihnen Handeln erst gestattet. Struktur ist gleichsam Medium und Ergebnis von Handlungen.[387]

Hierbei gilt es zu beachten, dass der Begriff der *Struktur* wie ihn die Strukturationstheorie verwendet von dem oben eingeführten abweicht. Struktur im GIDDENSCHEN Sinne besteht aus Regeln und Ressourcen, wobei insbesondere die Regeln als *„Verfahrensweisen des Handelns, Aspekte der Praxis“*[388] verstanden werden. Formale Regeln stellen dann keine Regeln im eigentlichen Sinne dar, sondern lediglich kodifizierte Interpretationen von Regeln.

Um Handeln zu können, ist neben Regeln auch auf Ressourcen zurückzugreifen. GIDDENS unterscheidet zwei Arten von Ressourcen, allokative und autoritäre. Allokative Ressourcen nehmen Bezug *„auf Fähigkeiten – oder genauer auf Formen des Vermögens zur Umgestaltung –, welche Herrschaft über Objekte, Güter oder materielle Phänomene ermöglichen“*.[389] Hingegen nehmen autoritäre Ressourcen Bezug auf *„Typen des Vermögens zur Umgestaltung, die Herrschaft über Personen oder Akteure generieren“*.[390]

In ihrem Handeln beziehen sich Akteure auf die ihren Handlungen eine fortlaufende Orientierung gebenden Regeln und Ressourcen und reproduzieren diese zugleich. Dabei wird häufig Struktur durch das Handeln der Akteure hervorgebracht, ohne dass die Handelnden sich dessen bewusst sind, *„im Sinne einer nicht intendierten und reflektierten Nebenfolge des Handelns“*.[391] Das raumzeitliche Phänomen Struktur realisiert sich nach diesem Verständnis erst in den sozialen Praktiken der Akteure und existiert nur in ihren Erinnerungsspuren und Erwartungen. Folglich vermittelt sich Struktur über das handlungspraktische Wissen der Akteure. Wenn Struktur dadurch den Charakter einer *„virtuellen Ordnung“* erhält, sind soziale Systeme, wie sie auch

---

386 Vgl. Walgenbach, P. (Strukturierung 1999) S. 356 sowie Zimmer, M.; Ortmann, G. (Management 2001) S. 30f.

387 Vgl. Giddens, A. (Konstitution 1995) S. 77.

388 Giddens, A. (Konstitution 1995) S. 73.

389 Giddens, A. (Konstitution 1995) S. 86.

390 Giddens, A. (Konstitution 1995) S. 86.

391 Ortmann, G.; Sydow, J.; Windeler, A. (Organisation 1997) S. 315.

Unternehmen darstellen, als kontinuierlich reproduzierte soziale Praktiken anzusehen, die *„weniger Strukturen haben, als dass sie vielmehr Strukturmomente aufweisen“*.[392] Diese Strukturmomente, die GIDDENS in ***Signifikation***, ***Legitimation*** und ***Herrschaft*** unterteilt, erlauben und beschränken Interaktionsprozesse der Akteure, in denen durch das Zusammenwirken der Handlungsdimensionen ***Kommunikation***, ***Macht*** und ***Sanktion*** dann Struktur reproduziert wird. Dabei vermitteln Interpretationsschemata oder auch Modalitäten zwischen Struktur und Interaktion, indem sie zum einen Regeln und Ressourcen auf die spezifischen, situativen Umstände des Handelns konkretisieren und zum anderen Handlungen und Situationen von ihren spezifischen Merkmalen soweit befreien, dass die Akteure für typische Situationen Regeln und Ressourcen in Anschlag bringen können (Bild 21).[393]

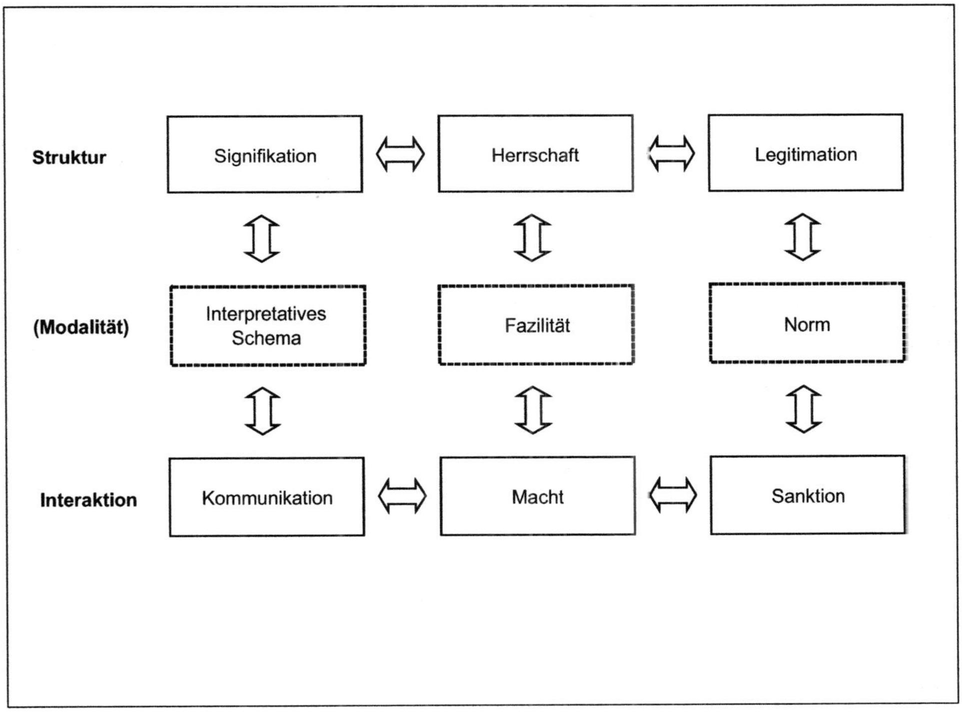

Bild 21: Dualität von Struktur[394]
Fig. 21: Duality of structure

---

[392] Giddens, A. (Konstitution 1995) S. 69.

[393] Vgl. Zimmer, M.; Ortmann, G. (Management 2001) S. 34.

[394] Giddons, A. (Konstitution 1995) S. 81.

3.4.1.2 Organisationsgestaltung und Organisationshandeln

Unter dem strukturrekursiven Ansatz relativieren sich die Beeinflussungsmöglichkeiten des individuellen Verhaltens durch formale Organisationsstrukturen. Zwar können über bewusst gesetzte organisatorische Regeln den Akteuren Handlungsräume und -restriktionen auferlegt werden, doch nicht in einem deterministischen Sinne. Eine bedingungslose Erfüllung formaler Regeln ist von den Akteuren nicht zu erwarten. Sie werden ihnen lediglich als Bezugspunkte dienen, an denen sie ihr Handeln orientieren, um ihre persönlichen Bedürfnisse durchsetzen zu können.[395] Der Grund ist in der soeben erläuterten Dualität von Struktur zu finden. Struktur ist danach immer das Ergebnis von Handlungen und gleichzeitig deren Orientierung, sie ist im Handeln der Akteure inkorporiert. Formale Strukturen können dann als Versuch angesehen werden, dem individuell gesteuerten Handeln der Akteure eine kollektive Richtung zu geben. Inwiefern solche Versuche gelingen, wird von der Kongruenz der Formalisierungen und den persönlichen Bedürfnissen und Werthaltungen der Akteure abhängen. Bereits beim entscheidungsorientierten Ansatz wurde eingehender auf die Schwierigkeiten hingewiesen, die sich vor allem aus den recht heterogenen Ausprägungen der Persönlichkeitsmerkmale von Handlungsträgern ergeben. Das Innovationsverhalten der Handlungsträger ist in starkem Masse durch ihre kognitiven und motivationalen Eigenschaften geprägt.

Auch wenn Organisationsstrukturen im Sinne des strukturrekursiven Ansatzes *„nur“* Interpretationen handlungsleitender Regeln und Ressourcen darstellen, werden sie ebenfalls durch Praxishandeln hervorgebracht, reproduziert und verändert,[396] eben nur auf der Ebene der Reflexion, durch die bewusste Einflussnahme auf Handlungsmöglichkeiten und -restriktionen. Nun rufen gerade Innovationen Veränderungen im Status quo von Unternehmen hervor, die wiederum die Art und Weise des Innovationshandelns beeinflussen. Beispielsweise können Innovationen über veränderte Produkteigenschaften Wettbewerbsbedingungen der Branche verschieben, die wiederum Änderungen in den Charakteristiken der Innovationsaufgaben nach sich ziehen und mit entsprechenden innovationsstrategischen und -organisatorischen Anpassungen verbunden sind. Diese Zusammenhänge haben ABERNATHY/UTTERBACK durch quantitative Analysen in anderen Branchen bereits empirisch ermittelt.[397] Da davon auszugehen ist, dass dies in ähnlicher Weise Gültigkeit für die Bauwirtschaft besitzt, soll im folgenden das Lebenszyklusmodell für Produkt- und Prozessinnovationen von ABERNATHY/UTTERBACK besprochen werden, um aus den darin zum Aus-

[395] Vgl. Zimmer, M.; Ortmann, G. (Management 2001) S. 32.

[396] Vgl. Ortmann, G.; Sydow, J.; Windeler, A. (Organisation 1997) S. 329.

[397] Vgl. dazu und zum folgenden Abernathy, W.; Utterback, J. (Model 1975) S. 645ff. sowie Utterback, J. (Dynamics 1994) S. XVIIff.

druck kommenden Erkenntnissen Rückschlüsse auf das Innovationshandeln in der Bauwirtschaft ziehen zu können.

ABERNATHY/UTTERBACK unterscheiden in ihrem Modell drei Lebensphasen, die mit einer spezifischen Situation der von ihnen untersuchten Branchen korrespondieren (Bild 22).

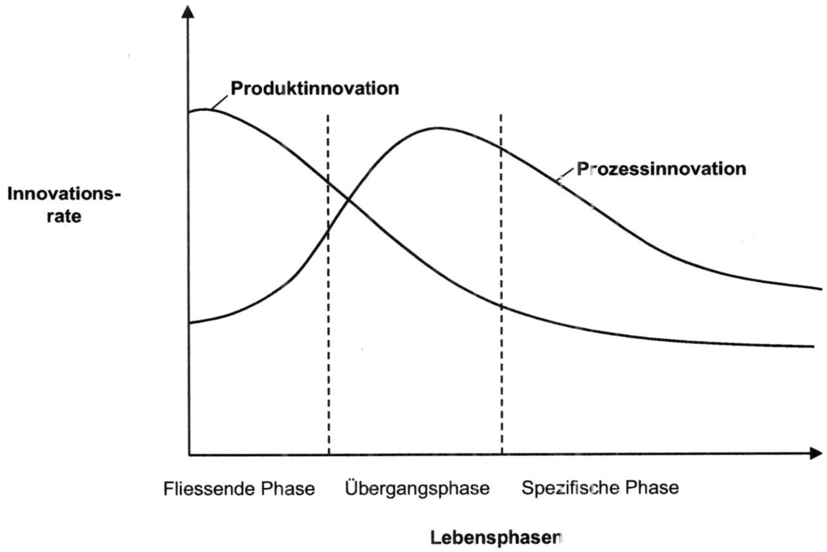

Bild 22: Lebenszyklusmodell für Produkt- und Prozessinnovationen[398]
Fig. 22: Life cycle model for product and process innovations

In einer ***Primärphase*** oder auch ***Fliessenden Phase*** treten hohe Produktinnovationsraten auf, die auf zahlreiche, durch Kunden induzierte radikale Produktveränderungen zurückzuführen sind. Die Suche nach der besten Lösung für das Anwendungsproblem steht im Mittelpunkt, Prozessinnovationen sind von untergeordneter Bedeutung. Der Wettbewerb wird über die Einzigartigkeit der Produkte geführt. Ist eine Lösung gefunden, die sich langfristig bei den Kunden erfolgreich durchsetzt, verlagert sich der Wettbewerb auf wirtschaftliche Kriterien. Die ***Sekundärphase*** oder auch ***Übergangsphase*** beginnt. Innovative Veränderungen betreffen nun nicht mehr das gesamte Produkt, sondern nur noch einzelne Komponenten und werden vor-

[398] In Anlehnung an Utterback, J. (Dynamics 1994) S. XVII.

nehmlich vom Unternehmen selbst durch das Erkennen technischer Möglichkeiten ausgelöst. Verbreitet sich zusätzlich die Produktanwendung schnell, erhält die Effizienz des Produktionsprozesses stärkeres Gewicht, denn der Output eines standardisierten Produktes muss erhöht werden. Entsprechend steigt die Prozessinnovationsrate bzw. sinkt die Produktinnovationsrate. Wird die ***Tertiärphase***, die ***Spezifische Phase***, erreicht, nimmt der Kostendruck auf die Wettbewerber in der Branche zu, ein starker Preiswettbewerb setzt ein. Hoch effiziente Produktionssysteme stellen die Produkte in grossen Serien her. Die damit einhergehenden grossen Veränderungskosten bei einem Produktwechsel lassen die Innovationsspielräume schrumpfen, Produkt- wie Prozessinnovationen treten nur noch inkremental auf.

Dass dieses Modell den Verlauf von Produkt- und Prozessinnovationen nicht für alle Branchen gleichermassen abbilden kann, darauf verweist UTTERBACK selbst.[399] Dafür sind Branchensituationen zu vielfältig und Kombinationen von Einflussfaktoren denkbar, die dazu führen, dass Lebensphasen übersprungen, umgekehrt oder abgebrochen werden.[400] Der Nutzen des Modells ist vielmehr darin zu sehen, dass es sowohl die zeitlich veränderliche Verknüpfung von Produkt- und Prozessinnovationen verdeutlicht als auch auf die Interdependenz dieser Verknüpfung mit den ebenfalls zeitlich veränderlichen Branchenbedingungen aufmerksam macht. Unterschiede im Innovationsverhalten von Unternehmen, in der Intensität von Produkt- und Prozessinnovationen beruhen somit auf verschiedenen Bedingungen in den Branchen der entsprechenden Unternehmen. Die Branchenbedingungen wiederum sind bis zu einem gewissen Grad die Folge des Innovationshandelns der Unternehmen.

Im Modell von ABERNATHY/UTTERBACK sind die Branchenbedingungen vor allem gleichzusetzen mit der in der Branche herrschenden Wettbewerbssituation, wobei Art und Intensität des Wettbewerbes und damit auch der Umfang der Innovationsbemühungen aus den Eigenschaften des Produktes erwachsen. So hängt bspw. der Übergang von der Fliessenden Phase zur Übergangsphase davon ab, in welchem Masse das Produkt standardisiert und auf einem Massenmarkt verkauft werden kann und folglich die wirtschaftlichen die qualitativen Wettbewerbskriterien ablösen können.

Die Wettbewerbsbedingungen werden nicht nur von den Produkteigenschaften beeinflusst, vielmehr üben sie selbst über das Auslösen von Innovationen einen Einfluss auf die Produkteigenschaften aus. Erst ein über qualitative Kriterien geführter Wettbewerb in der Fliessenden Phase führt dazu, dass in dieser Phase permanente Veränderungen in den Eigenschaften des Produktes in Form von Produktinnova-

---

399 Vgl. Utterback, J. (Dynamics 1994) S. XVIII.

400 Vgl. Zörgiebel, W. (Technologie 1983) S. 41 und Bierfelder, W. (Innovationsmanagement 1994) S. 61ff.

tionen dominieren und ein langfristig die Bedürfnisse der Kunden befriedigendes Produkt mit sich bringen.

Dieses Wechselspiel findet seine Fortsetzung in den weiteren Phasen des Modells und ist ebenso zwischen den Produkteigenschaften und dem technischen Niveau des Produktionsprozesses zu erkennen. Einerseits setzt eine Massenfertigung mit automatisierten Produktionsanlagen in der Spezifischen Phase voraus, dass die Produktdimensionen und -materialien einen kontinuierlichen und standardisierten Produktausstoss zulassen. Andererseits können erst durch die Automatisierung der Fertigung als Folge von Prozessinnovationen die Produktkosten nachhaltig gesenkt und damit der Wettbewerb über den Preis geführt werden. Es wird gleichzeitig deutlich, dass die Verknüpfung zwischen Produkt- und Prozessinnovationen auf der Verknüpfung zwischen Produkt und Produktionsprozess beruht. Erst die Standardisierung des Produktes erlaubt die Automatisierung des Produktionsprozesses.

Wie Bedingungsgrössen das Unternehmenshandeln beeinflussen, ist von der Wechselwirkung der Bedingungen mit den spezifischen Eigenschaften des Unternehmensproduktes abhängig. Innovationen übernehmen in diesem Wechselspiel die Rolle eines Katalysators, indem sie durch Veränderungen in den Eigenschaften des Produktes Veränderungen in der Situation des Unternehmens hervorrufen und damit letztlich die Entwicklung der gesamten Branche vorantreiben. Dass Branchen unterschiedliche Entwicklungsmuster aufweisen bzw. die Dynamik im Wechselspiel zwischen Produkteigenschaften und Bedingungsgrössen unterschiedlich stark ausgeprägt ist, liegt in der Spezifität des Wechselspiels, im Zusammentreffen verschiedener Produkt- und Situationsmerkmale begründet. Während in einigen Branchen bereits die geringfügige Änderung einzelner Bedingungsgrössen dazu führt, dass Innovationen ihre katalytische Wirkung entfalten können, bedarf es dazu in anderen Branchen wie der Bauwirtschaft einer ganzen Reihe situativer Veränderungen bzw. wirken hier zusätzliche Faktoren hemmend auf das Innovationsverhalten. Ebenso wie im Modell von ABERNATHY/UTTERBACK genügt vor allem in sehr dynamischen Branchen ein Wandel in den Kundenbedürfnissen oder in den verfügbaren technischen Potentialen als Stimulus, um die Branchenentwicklung zu beschleunigen.

Indem der strukturrekursive Ansatz Unternehmen als Systeme organisierten Handelns versteht, die sich über das Handeln von kompetenten Akteuren selbst reproduziert,[401] liefert er den theoretischen Erklärungshintergrund für die Bedeutungsverschiebung innovativen Handelns in der Bauwirtschaft und die Strukturveränderungen infolge von Innovationshandeln. Er verdeutlicht die im Innovationshandeln inbegriffene Dynamik und erlaubt so, die Einflussnahme innovationsstrate-

---

[401] Vgl. Ortmann, G.; Sydow, J.; Windeler, A. (Organisation 1997) S. 317.

gischer und -organisatorischer Massnahmen auf das Innovationshandeln besser einzuschätzen. Die Implikationen, die daraus für die Generierung innovativer baulicher Gesamtlösungen hervorgehen, sind Gegenstand der folgenden Abschnitte.

3.4.2 Implikationen für die Generierung innovativer baulicher Gesamtlösungen

3.4.2.1 Die Notwendigkeit der Einflussnahme auf Innovationsbedingungen

Eine erste Implikation aus dem strukturrekursiven Ansatz für die Generierung innovativer baulicher Gesamtlösungen ist die Notwendigkeit, Innovationsbedingungen so weit zu beeinflussen, dass Anreize und Möglichkeiten für Innovationen entstehen und das Wechselspiel zwischen Innovationen und Branchenbedingungen, wie es im Modell von ABERNATHY/UTTERBACK zum Ausdruck kommt, auch in der Bauwirtschaft forciert werden kann. Bewusste Eingriffe in bestehende Branchenmuster sollten einen dynamischen Effekt bewirken, indem sie zu innovativem Handeln anregen und infolgedessen innovationsfördernde Verschiebungen in anderen Branchenbedingungen verursachen, die entsprechend zu weiterem, innovativen Handeln führen usw.

Einen ersten wesentlichen Anstoss zur innovationsgetriebenen Dynamisierung liefern die Handlungen der Kunden in Form einer zunehmenden Nachfrage nach baulichen Gesamtlösungen. Die notwendige Signifikanz und Legitimation von Innovationshandeln wird hier durch die wettbewerbsstrategische Bedeutungsverschiebung innovativer Lösungen erzeugt, denn mit der Nachfrage nach baulichen Gesamtlösungen steigt die Notwendigkeit, über lebenszyklusoptimierte Bauwerke dem Kunden einen erkennbaren Mehrwert gegenüber konkurrenzierenden Leistungsangeboten zu liefern. Gleichzeitig ist davon auszugehen, dass durch das Innovationshandeln selbst sich erst die Vorteilhaftigkeit baulicher Gesamtlösungen für den Kunden offenbart.

Obwohl die Nachfrage nach baulichen Gesamtlösungen ein entscheidendes auslösendes Moment für Innovationen darstellt, sind weitere vorstrukturierende Handlungen zu erwarten und auch notwendig, um der Generierung von Innovationen die strukturelle Basis zu verleihen. Der Grund liegt darin, dass die Bauwirtschaft zu jenen Branchen zu zählen ist, bei denen Produkteigenschaften und Branchenbedingungen i.d.R. in einer für das Innovationsverhalten hemmenden Konstellation auftreten. In ihrem ungünstigsten Zusammenwirken führen sie zu dem, was NAM/TATUM als *locked system* bezeichnen, einer Vielzahl von öffentlichen wie privatwirtschaftlichen Individuen, Institutionen und Unternehmen mit ganz heterogenen Zielen und Interessen, durch die Veränderungen vielfach als Störung des Status Quo angesehen werden.[402] Dem einzelnen Unternehmen fehlen unter diesen veränderungsresistenten Bedingungen sowohl die notwendigen Anreize als auch die finanziellen und personellen Ressourcen zum Innovieren. Offensichtlich muss zur Öffnung des Systems, zur Dynamisierung der Branche und damit letztlich zur Generierung innovativer baulicher Gesamtlösungen die hemmende Wirkung einzelner Bedingungsgrössen überwunden bzw. gemindert werden.

Auf die Bedeutung veränderter Projektabwicklungsformen für die Schaffung von Vertrauen zwischen den Projektbeteiligten und das Setzen von Innovationsanreizen wurde bereits mehrfach hingewiesen.[403] Hier bedarf es vor allem der Unterstützung der Kunden und Unternehmen mit gut dokumentierten Handlungsleitlinien für eine unkomplizierte und transparente Anwendung von neuen Formen zur Vergabe von Bauaufgaben und zur vertraglichen Ausgestaltung der Aufgabenrealisierung.[404] Dass dies auch bei der Vergabe von öffentlichen Bauaufgaben gelingen kann, zeigen die nunmehr auch im deutschsprachigen Raum anzutreffenden Public-Privat-Partnership (PPP) Modelle. ATKIN bemerkt hierzu:

„Considerable thought and field-testing has gone into devising PPP arrangements in many countries […]. There is a virtual sub-sector of industry dedicated to PPP schemes. The methods that are being followed and the tools that are being used have benefited from the input of some of the very best practitioners and customers. No other sub-sector is so well supported by guidance and help in formulating and proposing schemes […].“[405]

Auch bei den technischen Regulierungen kann eine verstärkte Zusammenarbeit zwischen Baubehörden, Forschungsinstituten und Normungseinrichtungen[406] oder die systematischere Aufbereitung, Bewertung und Verbreitung baurelevanter Regulierungen[407] dazu beitragen, dass Regulierungen *„schnell, wirksam und konsequent angewendet werden“*.[408] Dynamisierende Wirkungen hätten auch alternative Regulierungen, indem sie eine Konkurrenzsituation zu existierenden Regelwerken schaffen und dadurch mithelfen, mögliche Veränderungsbarrieren in den Regulierungsorgani-

---

402 Vgl. Nam, C.; Tatum, C. (Characteristics 1988) S. 140 sowie Gann, D. (Building 2000) S. 5ff.

403 Vgl. Teil B, Abschn. 3.2.2.2 und Abschn. 3.3.2.2.

404 Vgl. Atkin, B. (Innovation 1999) S. 39.

405 Atkin, B. (Innovation 1999) S. 39.

406 Vgl. Ashe, B.; Balch, M. (Client 2001) sowie Gann, D.; Wang, Y. Hawkins, R. (Regulations 1998) S. 293.

407 Vgl. Rath, Ch.; Brendle, U. (Zukunft 1997) S. 584.

408 Porter, M. (Wettbewerbsvorteile 1993) S. 667.

sationen abzubauen.[409] Voraussetzung dafür ist, dass den alternativen Regulierungen z.B. über Fachverbände ausreichendes Gewicht zur Durchsetzung verliehen werden kann. Darüber hinaus sollte das Problem der unreflektierten Anwendung von technischen Regulierungen gelöst werden. Das heisst, dass die Intransparenz von Regelwerken zu beseitigen und der differenzierte und flexible Einsatz von Regulierungen durch die Baubeteiligten zu fördern ist. RATH/BRENDLE machen hierzu verschiedene Vorschläge.[410] Der Intransparenz kann z.B. dadurch begegnet werden, dass in Regulierungen ein technischer Mindeststandard vorgegeben wird, der auch optisch von darüber hinausgehenden Anforderungen getrennt ist. Damit enthalten Regulierungen unterschiedliche Leistungsniveaus, die optional von den Baubeteiligten anwendbar sind und deren Handlungsmöglichkeiten vergrössern. Daneben könnten Regulierungen um einen Bewertungsteil ergänzt werden, aus dem die Konsequenzen der Regulierungsanwendung hervorgehen. Mögliche Bewertungskriterien sind nach RATH/BRENDLE z.B. die Kostenwirkung, die Dauerhaftigkeit, die Zweckmässigkeit, die Sicherheit oder die Umweltauswirkungen. Des Weiteren können Schulungen den Baubeteiligten die Flexibilität in der Nutzung von Regulierungen vermitteln. Besonders die auf Eigenverantwortung und Kreativität basierenden Handlungsspielräume aufgezeigt werden sollten, um eine Abkehr von der oftmals zu beobachtenden Normenhörigkeit zu erzielen.

Der letztgenannte Punkt deutet bereits an, dass zur Innovationsstimulierung nicht nur auf externe, sondern auch auf interne Bedingungsgrössen Einfluss zu nehmen ist. Neue Projektabwicklungsformen erfordern auch veränderte Beziehungsstrukturen zwischen den Projektbeteiligten bzw. ein stärkeres bauprojektbezogenes wie bauprojektübergreifendes Kooperationsverhalten, das sich einerseits durch den partnerschaftlichen Einbezug des Kunden in den baulichen Transferprozess und andererseits durch eine auf gemeinsamen Zielen beruhende Zusammenarbeit mit anderen Unternehmen auszeichnet. Darüber hinaus sind gerade bei höheren Innovationsgraden verschiedenste Projektbeteiligte betroffen und müssen frühzeitig für die Innovationsimplementierung hinzugezogen werden. Daneben verspricht erst eine über das einzelne Bauprojekt hinausgehende Zusammenarbeit, umfangreiche Innovationsvorhaben zu realisieren.

Die Ausführungen zum Kooperationsverhalten lassen erkennen, dass in Bauunternehmen langfristig orientierte Entscheide zunehmend wichtiger werden, operatives ist um strategisches Denken zu ergänzen.[411] So müssen partnerschaftliche Verbindungen nicht nur etabliert und konsolidiert werden, es sind auch die strate-

---

409 Vgl. Rath, Ch.; Brendle, U. (Zukunft 1997) S. 590.

410 Vgl. Rath, Ch.; Brendle, U. (Zukunft 1997) S. 582ff.

411 Vgl. Pries, F.; Janszen, F. (Innovation 1995) S. 50.

gischen Lücken im Leistungsprofil des Unternehmens zu identifizieren und geeignete Partner zur Lückenschliessung zu suchen.[412] Entsprechend ist in den Unternehmen der dafür notwendige Wissensstand auszubauen. Das betrifft neben dem in Bauunternehmen dominierenden technischen Spezialistenwissen noch zwei weitere Arten von Generalistenwissen.[413] Das eine ist ein verschiedene technische Disziplinen überspannendes Generalistenwissen, durch das insbesondere das bei der Erarbeitung baulicher Gesamtlösungen beteiligte Spezialistenwissen koordinierend zusammengeführt werden kann. Das andere sind interdisziplinäre Kenntnisse über die wirtschaftlichen, rechtlichen, politischen und kulturellen Zusammenhänge in der Branche und darüber hinaus. Das beinhaltet ebenso ausreichende Marktkenntnisse, sei es in Bezug auf die Kundenbedürfnisse oder das Konkurrenzverhalten. Darauf, dass sich der Wissenstand von Bauunternehmen bereits in die kurz skizzierte Richtung bewegt, deutet nicht zuletzt das rege Interesse von Bauingenieuren an wirtschaftswissenschaftlichen Nachdiplomstudiengängen oder an Hochschulstudiengängen, die bautechnisches mit betriebswirtschaftlichen Wissen verknüpfen.

3.4.2.2 Die Notwendigkeit von Leistungsinnovationen

Eine zweite Implikation aus dem strukturrekursiven Ansatz für die Generierung innovativer baulicher Gesamtlösungen besteht in der Notwendigkeit von Leistungsinnovationen durch Bauunternehmen.

Es ist davon auszugehen, dass Bauunternehmen durch Integration von Leistungen vor- und nachgelagerter Wertschöpfungsstufen in ihr Leistungsangebot ihre Innovationsspielräume in Bezug auf die bauliche Gesamtlösung vergrössern können. Zum einen steigt ihre Möglichkeit, Einfluss auf die Parameter des Bauwerks und der einzelnen Wertschöpfungsstufen zu nehmen, und zum anderen erlaubt ihnen erst eine Gesamtbetrachtung des baulichen Lebenszyklus die Ansatzpunkte zur Einflussnahmne zu erkennen.[414] Damit verbunden ist die Herausbildung und Etablierung der Rolle des ***Systemintegrators***.[415] Indem der Systemintegrator als Vermittler zwischen die die verschiedenen Teilaufgaben realisierenden Unternehmen auf der einen Seite und den Kunden auf der anderen Seite tritt, hängt von der Wahrnehmung seiner Rolle ab, ob unter Zuhilfenahme neuer Materialien, Konstruktionsprinzipien, Maschinen oder Bauverfahren die Kundenanforderungen in eine optimale bauliche Gesamtlösung transformiert werden können. Bislang ist die Rolle des

[412] Vgl. Bleicher, K. (Organisation 1991) S. 681.

[413] Vgl. Gann, D. (Innovation 2000) S. 224f.

[414] Vgl. Girmscheid, G. (Wettbewerbsvorteile 2003).

[415] Vgl. Winch, G. (Zephyrs 1998) S. 270.

Systemintegrators vielfach zwischen planenden und ausführenden Unternehmen aufgeteilt. Während Planungsunternehmen Kenntnisse über die Kundenbedürfnisse besitzen, fehlt ihnen oft die Fähigkeit zur Integration der Komponenten und Subsysteme von Bauwerk und Bauprozess zur baulichen Gesamtlösung. Bauunternehmen hingegen zeigen diese Integrationsfähigkeit bei häufig fehlender Kundenorientierung. Erreicht werden muss hingegen ein Rollenverständnis des Systemintegrators, das gekennzeichnet ist sowohl durch detaillierte Kenntnisse über die Kundenbedürfnisse wie durch die Fähigkeit, die Komponenten des Bauwerks unter Berücksichtigung der Bauwerkslebensphasen zu einem qualitativ und wirtschaftlich Ganzen zu verknüpfen und das zudem begleitet ist von umfassendem Wissen um die Spielregeln und Regulierungen innerhalb der Branche. [416]

Eine getrennte Rollenwahrnehmung bzw. die Annahme, die baulichen Teilaufgaben liessen sich in eine lineare Sequenz bringen, verkennt die bei steigender Kompliziertheit der Aufgabeninputs zunehmende Interdependenz der Teilaufgaben. Die Folge ist ein Integrations- und Koordinierungsmangel der an der Abwicklung der Bauaufgabe beteiligten Unternehmen sowie ein für jede Bauaufgabe unverhältnismässig hoher Aufwand für die Konstituierung des Bauprojekts.[417] Durch die Beschränkung auf einzelne Teilaufgaben entzieht sich den Baubeteiligten zwar die Komplexität der Gesamtbauaufgabe, die sich dadurch auf nur wenige Einflüsse und Folgen ihres Handelns konzentrieren und ihre Teilaufgaben optimal erfüllen können. Jedoch besteht bei einer verspäteten Integration einzelner Baubeteiligten in den Bauprozess und bei ihrer fehlenden Koordinierung die Gefahr, dass Abhängigkeiten zwischen den Teilaufgaben nicht erkannt und Entscheidungen, die auf Informationen der nachfolgenden Wertschöpfungsstufen angewiesen sind, vorweggenommen bzw. isoliert getroffen werden. Das hat die Konsequenz, dass Ursachen für spätere Fehler verdeckt werden, Konflikte vorprogrammiert sind und letztlich suboptimale bauliche Gesamtlösungen realisiert werden. Hierin ist einer der Gründe zu sehen, warum die Innovationsrate der Bauwirtschaft unter dem volkswirtschaftlichen Durchschnitt liegt,[418] obwohl sich infolge der Kunden- und Ortsabhängigkeit von Bauaufgaben mit jeder Bauaufgabe eine neue, den aktuellen Anforderungen entsprechende Bauprojektorganisation aufbaut und mit dieser Neuformierung der Organisationsstrukturen bei veränderten Aufgabeninputs günstige Voraussetzungen für innovative Lösungen gegeben sind. Eine wesentliche Voraussetzung für innovative bauliche Gesamtlösungen besteht folglich darin, eine frühzeitige Integration und

---

[416] Vgl. Winch, G. (Zephyrs 1998) S. 270.

[417] Vgl. Atkins, B. (Construction 2000) S. 44.

[418] Vgl. Teil A, Abschn. 1.1.

ausreichende Koordinierung der verschiedenen, die Teilaufgaben realisierenden Baubeteiligten zu gewährleisten.

Wenn die Fähigkeit zur Integration und Koordinierung der Bauprojektbeteiligten als wesentliche Voraussetzung für die umfängliche Nutzung von den sich mit Bauaufgaben bietenden Innovationsspielräumen anzusehen ist, und diese Fähigkeit aus der Verantwortung für die gesamte Bauaufgabe bzw. aus einem Gesamtleistungsangebot hervorgeht, sind die Realisierung von Leistungsinnovationen und die Entwicklung zum Systemintegrator die entscheidenden bedingungsändernden Handlungen. Die konsequente Erweiterung der Rolle des Systemintegrators stellt dann der ***Systemanbieter*** dar,[419] den nicht nur die bauprojektbezogene Integrations- und Koordinationsfähigkeit zur Erarbeitung kundenorientierter baulicher Gesamtlösungen auszeichnet, sondern ebenso das Vermögen zum bauprojektübergreifenden Ausbau dieser Fähigkeiten bzw. seines Systemkonzeptes.

In Anlehnung an das Lebenszyklusmodell für Produkt- und Prozessinnovationen von ABERNATHY/UTTERBACK und mit den vorhergehenden Ausführungen lässt sich ein dreiphasiger Verlauf für die Innovationsrate bauwirtschaftlicher Innovationen ableiten (Bild 23).

Danach wird in einer ***Primärphase*** eine starke Zunahme von Leistungsinnovationen zu erwarten sein. Die Unternehmen werden sich im baulichen Wertschöpfungsprozess neu positionieren, integrierte Systemleistungsangebote entwickeln bzw. Leistungen generieren, die sich in das Leistungsangebot von Systemanbietern komplementär einfügen. Mit der Realisierung von Leistungsinnovationen wird gleichzeitig die Rate von auf Bauwerk und Leistungserbringungsprozess bezogenen innovativen Lösungen ansteigen. Es ist davon auszugehen, dass mit Beginn einer ***Sekundärphase*** sich integrierte Systemleistungsangebote am Markt etabliert haben und infolgedessen die Leistungsinnovationsrate abnimmt. Produkt- und Prozessinnovationen wird nun ein stärkeres Gewicht zukommen, da sie zur projektübergreifenden Fortentwicklung des Systemkonzeptes bzw. zur differenzierten Wahrnehmung des Leistungspotentials des systemleistungsanbietenden Unternehmens am Markt beitragen. Eine Abnahme der Produkt- und Prozessinnovationsrate wird sich in einer ***Tertiärphase*** einstellen, wenn sich Innovationsspielräume z.B. infolge technologischer Grenzen einengen. Der Abfall der Innovationsrate wird jedoch langsamer erfolgen als bei Leistungsinnovationen und zwar in dem Masse, wie auch kommende Bauaufgaben innovationsinduzierende Problemstellungen infolge der spezifischen Anforderungen von Kunden und Verwendungsort bereithalten. Damit ist angesprochen, dass die Innovationsrate in verschiedenen Branchensegmenten einen

---

[419] Vgl. Teil A, Abschn. 3.2.

unterschiedlichen Verlauf nehmen kann. Die generelle Gültigkeit des aufgestellten Verlaufs wird sich im zukünftigen Innovationshandeln in der Bauwirtschaft manifestieren.

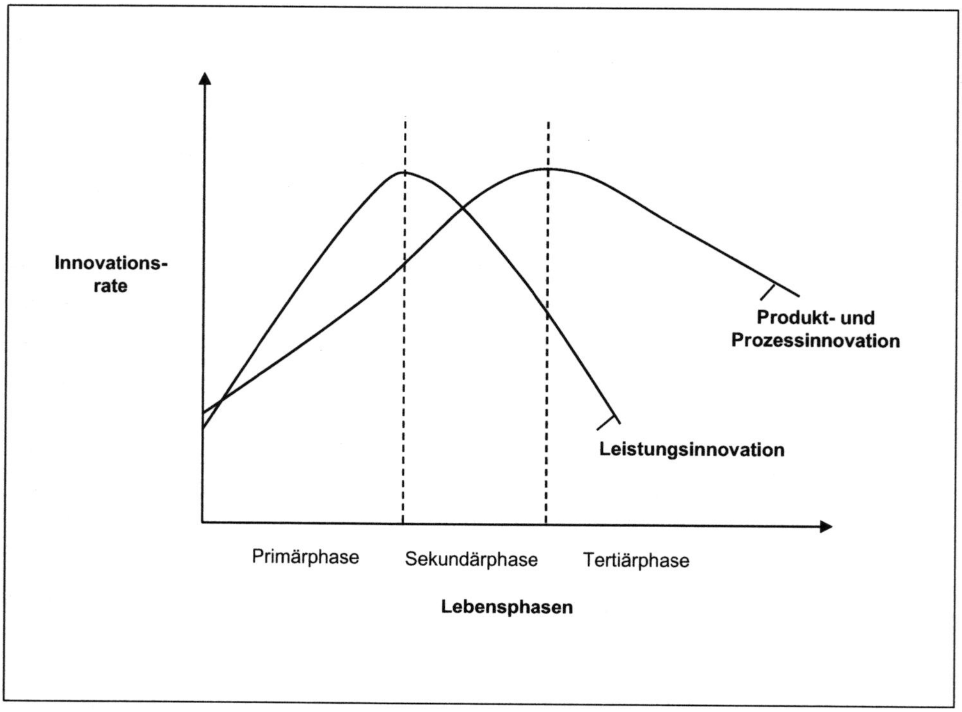

Bild 23: Lebenszyklus bauwirtschaftlicher Innovationen
Fig. 23: Life cycle of constructional innovations

4 Zusammenfassung

Ziel dieses Teils der Arbeit war es, das Phänomen der baubetrieblichen Innovationsorganisation in einer für das Praxisproblem relevanten Form zu erfassen und erste organisatorische Gestaltungsansätze zur Generierung innovativer baulicher Gesamtlösungen herzuleiten.

Als erstes wurde die ***Organisation*** als Zielerreichungsinstrument des betrieblichen Innovationsmanagements im Kapitel 1 näher untersucht. Dabei wurde die Organisation als Ordnungsmuster aufgefasst, mit dem Unternehmen ihre komplexen Aufgaben effizient bewältigen können. Diesem instrumentalen Verständnis von Organisationen folgend, wurden die einer organisatorischen Gestaltung zugänglichen ***Elemente*** benannt, wobei sich die ***Unternehmensaufgabe*** als zentrales Element identifizieren liess. Über verschiedene ***inter-*** wie ***intraorganisatorische Strukturvariablen*** konnte aufgezeigt werden, wie sich Unternehmensaufgaben zur effizienten Erfüllung konfigurieren lassen. Ergebnis dieser Konfiguration sind bestimmte ***Rahmen-*** *und* ***Detailstrukturen***. Für die Rahmenstrukturierung wurden bereits erste grundlegende inter- wie intraorganisatorische Formen erläutert, bei denen davon auszugehen ist, dass sie Relevanz für die Generierung innovativer baulicher Gesamtlösungen besitzen.

Gegenstand der Betrachtungen des Kapitels 2 waren ***Innovationsaufgaben***, die als Unternehmensaufgaben mit spezifischen Charakteristiken identifiziert wurden. Zu diesen Charakteristiken gehören aus formaler Sicht die ***Neuartigkeit***, die ***Komplexität***, die ***Unsicherheit*** und der ***Konfliktgehalt***. Aus objektorientierter Perspektive lassen sich Innovationsaufgaben nach ihrem Objekt und der an diesem Objekt angestrebten bzw. erreichten Strukturveränderung differenzieren. Unter die Innovationsobjekte sind ***Leistungs-***, ***Produkt-*** und ***Prozessinnovationen*** zu subsumieren. Für den Grad an Strukturveränderung wurde zwischen ***Element-***, ***Verknüpfungs-***, ***Modul-*** und ***Systeminnovationen*** unterschieden und auf die unterschiedliche Wahrnehmung des Innovationsgrads von den an der bauwirtschaftlichen Wertschöpfung beteiligten Unternehmen hingewiesen. Eine weitere Kennzeichnung von Innovationsaufgaben ist über ihre prozessualen Aktivitäten möglich. Ausgehend vom Gesamtprozess mit den vier Stufen ***Kognition***, ***Invention***, ***Innovation*** und ***Diffusion*** konnten die zwischen den Stufen verlaufenden Teilprozesse weiter spezifiziert werden. Mit der funktionsorientierten Sicht auf Innovationsaufgaben konnten diese hinsichtlich ihres Beitrags zur Wertschöpfung eines Bauunternehmens beschrieben werden. Danach sind ***bauprojektabhängige Innovationsaufgaben*** unmittelbar im Wertschöpfungsprozess des Unternehmens zu erbringen, wogegen ***bauprojektübergreifende Innovationsaufgaben*** zunächst unabhängig von den eigentlichen Wertschöpfungsaktivitäten realisiert werden können.

Nach der Detaillierung von Organisation und Innovation konnte sich der Gestaltung der Innovationsorganisation zur Generierung innovativer baulicher Gesamtlösungen zugewandt werden, für die erste wertvolle Hinweise aus vier organisationstheoretischen Ansätzen zu gewinnen waren. Liefert der ***entscheidungsorientierte Ansatz*** Erklärungen für das Entscheidungs- und Problemlösungsverhalten von Individuen bei unterschiedlichen Aufgabencharakteristiken, besteht eine erste wesentliche Implikation in der ***Notwendigkeit differenzierter intraorganisatorischer Strukturformen***. Das heisst, dass die Gestaltung der Innovationsorganisation in Bauunternehmen die unterschiedlichen Merkmale von Innovationsaufgaben zu berücksichtigen hat. Unterschieden wurde hier zwischen drei Strukturformen, der ***Stabs-Projekt-Organisation***, der ***Projekt-Matrix-Organisation*** und der ***Reinen-Projekt-Organisation***, wobei mit steigendem Innovationsgrad ein Übergang von der Stabs- zur Reinen-Projekt-Organisation am effizientesten erscheint. Eine weitere Implikation aus dem entscheidungsorientierten Ansatz stellt die ***Notwendigkeit zur Unterstützung intra- wie interorganisatorischer Promotoren*** dar, von denen anzunehmen ist, dass sie dem Neuen in Bauunternehmen wie in Bauprojekten zum Durchbruch verhelfen. Sie liessen sich in ***Fach-***, ***Macht-*** und ***Prozesspromotoren*** unterteilen.

Ein weiterer organisationstheoretischer Ansatz, der zur Erklärung innovationsorganisatorischer Wirkungsmechanismen beiträgt, ist der sich für Austauschbeziehungen zwischen wirtschaftlich Handelnden interessierende ***interaktionsorientierte Ansatz***. Eine wichtige Implikation für die Generierung innovativer baulicher Gesamtlösungen liefert er dahingehend, dass in Abhängigkeit von dem zur Innovationsrealisierung benötigten Wissen verschiedene ***interorganisatorische Arrangements*** zu differenzieren sind, die von der vollständigen internen Bereitstellung des benötigten Wissens bis zum vollständigen externen Wissenserwerb reichen können. Eine zweite Implikation aus dem interaktionsorientierten Ansatz besteht in der ***Notwendigkeit veränderter Projektabwicklungsformen***, um die Unsicherheit des Kunden gegenüber dem Erreichen seiner baulichen Ziele und die Gefahr opportunistischen Verhaltens der Bauprojektbeteiligten zu verringern und gleichzeitig Anreize für eine Optimierung der baulichen Gesamtlösung und damit Innovationsanreize zu setzen.

Als dritter organisationstheoretischer Ansatz wurde der ***situationsorientierte Ansatz*** herangezogen, der Hinweise auf die Existenz verschiedener, das Innovationsverhalten von Bauunternehmen beeinflussender, ***externer*** wie ***interner Bedingungen*** bereithält. Eine Implikation bestand somit darin, die Bedingungen herauszufiltern, die für das baubetriebliche Innovationsverhalten Relevanz besitzen. Als Filter dienten die technik- und umweltbezogenen Eigenschaften von Bauwerken, auf die sich die wesentlichen Bedingungen zurückführen liessen. Zu den wesentlichen externen Bedingungen können die ***Kunden- und Ortsabhängigkeit von Bauaufgaben***, die ***Projektabwicklungsform***, die ***Innovationsakzeptanz des Kunden*** und der ***Regulierungsgrad*** gezählt werden. Als innovationsrelevante interne Bedingungen sind die ***Auftragsunsicherheit***, das ***Leistungsangebot***, die ***Finanzstärke***, das ***Kooperationsverhalten*** und die ***Wissensstärke*** anzusehen.

Der vierte verwendete organisationstheoretische Ansatz war der ***strukturrekursive Ansatz***, der Organisationsstrukturen als Reproduktionen handelnder Akteure betrachtet. Daraus konnte die Schlussfolgerung gezogen werden, dass zur ***innovationsgetriebenen Entwicklung der Bauwirtschaft*** einige Innovationsbedingungen aktiv zu beeinflussen sind. Zu diesen Bedingungen sind die Projektabwicklungsform, der Regulierungsgrad, das Kooperationsverhalten und die Wissensstärke zu zählen. In besonderem Masse gehört auch das Leistungsangebot von Bauunternehmen dazu, denn nur durch Leistungsangebote, die auch vor- und nachgelagerte bauliche Wertschöpfungsstufen umfassen, lassen sich Innovationsspielräume durch Bauunternehmen umfänglich ausschöpfen. ***Leistungsinnovationen*** sind als eine notwendige Voraussetzung für die Generierung innovativer baulicher Gesamtlösungen zu betrachten.

Um diese Vorüberlegungen zum angestrebten organisatorischen Gestaltungsmodell ausbauen zu können, sind sie mittels empirischer Untersuchungen zu bestätigen, zu ergänzen und weiter zu konkretisieren. Dem Vorgehen und den Ergebnissen der vom Verfasser durchgeführten empirischen Studien widmet sich der nächste Teil der Arbeit.

Teil C: Eigene empirisch-explorative Untersuchungen zur Generierung innovativer baulicher Gesamtlösungen

Die in Teil B der Arbeit theoretisch hergeleiteten und teilweise empirisch gestützten Zusammenhänge zur Generierung innovativer baulicher Gesamtlösungen bilden die Grundlage für die eigenen empirischen Untersuchungen, die das Ziel verfolgten, die getroffenen Voranahmen zu prüfen und zu verfeinern, um darauf aufbauend praxisrelevante Gestaltungsempfehlungen formulieren zu können. Aufgrund des geringen Erkenntnisstands um das Innovationsverhalten der Bauwirtschaft strebten die empirischen Untersuchungen eine stärkere Durchdringung der baubetrieblichen Innovationsproblematik an, die eigenen Untersuchungen trugen einen ausgeprägt explorativen Charakter.

Die Darlegung der verwendeten ***Untersuchungsmethodik*** leitet diesen Teil der Arbeit ein, um den im Anschluss vorgestellten Untersuchungsergebnissen eine ausreichende Nachvollziehbarkeit und qualitative Güte zu verleihen (Kapitel 1). Zuerst werden die Ergebnisse der in zwei ***Bauunternehmen*** durchgeführten Fallstudien zum Innovationsverhalten dieser Unternehmen dargelegt und im Hinblick auf die Voranahmen aus Teil B diskutiert (Kapitel 2). Da beide Untersuchungen Fragen in Bezug auf die Generierung innovativer baulicher Gesamtlösungen offen liessen, wurden sie um zwei weitere Fallstudien ergänzt. Eine erste Studie analysierte die Umsetzung einer Innovationsaufgabe bei einem ***Zulieferer*** der Bauwirtschaft (Kapitel 3). Die zweite Ergänzungsstudie befasste sich mit der Innovationsakzeptanz von ***Kunden*** der Bauwirtschaft und der Bedeutung, die sie innovativen Lösungen beimessen (Kapitel 4). Mit einer Zusammenfassung der wesentlichen Ergebnisse der empirischen Studien schliesst dieser Teil der Arbeit (Kapitel 5).

1 Die Untersuchungsmethodik

Die Wahl der Untersuchungsmethodik hat zwei unterschiedliche Aspekte zu berücksichtigen.[420] Dies ist zum einen das ***Untersuchungsdesign***, das auf formaler Ebene Untersuchungsziele und -ablauf festlegt (Abschn. 1.1). Zum anderen sind das die ***Untersuchungsmethoden***, mit denen Daten erhoben, aufbereitet und ausgewertet werden (Abschn. 1.2).[421] Bei der Gestaltung der beiden Aspekte muss man darauf bedacht sein, dass die aus der Untersuchung hervorgehenden Ergebnisse eine ausreichende ***Güte*** bzw. ***Qualität*** aufweisen. Anhand verschiedener Gütekriterien soll daher zum Abschluss des Kapitels aufgezeigt werden, wie eine problemadäquate Qualität der Untersuchung sichergestellt wurde (Abschn. 1.3).

1.1 Untersuchungsdesign

Das Untersuchungsdesign setzte sich aus vier ***Einzelfallstudien*** zusammen, wobei zwei Bauunternehmen, im folgenden Bauunternehmen A und B genannt, die primären Fälle der Untersuchung darstellten. Dies resultiert unmittelbar aus dem Fokus der Arbeit, der Innovationsorganisation in Bauunternehmen. Für die Auswahl der Unternehmen war zunächst das Kriterium der ***Aussagekraft*** ausschlaggebend. Nach FLICK lassen sich für qualitative Untersuchungen folgende Fälle heranziehen:[422]

- Extremfälle
- besonders typische Fälle
- möglichst unterschiedliche Fälle
- kritische Fälle
- politisch wichtige oder sensible Fälle
- leicht zugängliche Fälle.

Da Innovationen in der Bauwirtschaft und insbesondere in Bauunternehmen bis heute noch eine vergleichsweise geringe Bedeutung für die unternehmerische Tätigkeit besitzen, war die Auswahl von Extremfällen, sprich sehr innovativen oder wenig innovativen Unternehmen, kaum möglich. Bauunternehmen unterscheiden sich in ihrem Innovationsverhalten nicht wesentlich voneinander. Folglich konnte für die Fallauswahl auf für die Bauwirtschaft typische Bauunternehmen zurückgegriffen werden. Dass zwei Bauunternehmen Eingang in die Untersuchung fanden, ist mit dem Kriterium, eine gewisse ***Verallgemeinerung*** der Ergebnisse zu erreichen, zu

---

[420] Vgl. Girmscheid, G. (Forschungsmethodik 2003).

[421] Vgl. Mayring, Ph. (Einführung 1999) S. 27.

[422] Vgl. Flick, U. (Forschung 1995) S. 87.

begründen. Die Resultate der ersten Fallstudie sollten mit Hilfe der zweiten Fallstudie gestützt werden.

Neben den beiden Fallstudien in Bauunternehmen wurden zwei weitere Fallstudien durchgeführt, durch die die in den Primärstudien gewonnenen Ergebnisse im Hinblick auf die Forschungszielsetzung zu ergänzen waren. Beide Studien wurden erst zu späteren Zeitpunkten in das Untersuchungsdesign integriert, nachdem sich zeigte, dass in den Primärstudien zur umfänglichen Beantwortung der Forschungsfragen die Datenbasis fehlte. So waren Antworten auf die organisatorische Gestaltung von bauprojektübergreifenden Innovationsaufgaben und Innovationsaufgaben mit höheren Innovationsgraden kaum zu finden, da bis heute solche Innovationsaufgaben von den Unternehmen selten realisiert werden. Als Referenzstudie wurde daher die Untersuchung einer Innovationsaufgabe bei einem Zulieferer der Bauwirtschaft gewählt, die eine Systeminnovation zum Ziel hatte. Des Weiteren bestätigte sich in den Primärstudien die Annahme aus den Vorüberlegungen, dass die Kunden von Bauunternehmen eine für die Realisierung von Bauaufgaben und damit für die Umsetzung von Innovationen prägende Rolle übernehmen. Das Untersuchungsdesign wurde deshalb um eine Fallstudie über das Verhalten professioneller Kunden der Bauwirtschaft gegenüber innovativen Lösungen erweitert und entspricht damit einem *multiple-case design*.[423] Durch die Aufnahme mehrerer Fallstudien in das Untersuchungsdesign konnte dem geringen Erkenntnisstand um das Innovationsverhalten von Bauunternehmen in besonderem Masse Rechnung getragen werden (Bild 24).

Das Untersuchungsdesign umfasste neben den Fallstudien auch Elemente der ***Handlungsforschung***. Vor allem in den beiden Primärstudien wurden am Ende der Fallstudienarbeit die gewonnenen Erkenntnisse dazu genutzt, um mit den Unternehmen innovationsfördernde Instrumente zu erarbeiten und in die unternehmerische Praxis zu implementieren.[424] Dadurch konnte zum einen ein Diskurs um die Bedeutung und Handhabung von Innovationen in den Unternehmen angeregt werden. Zum anderen liessen sich durch die Erarbeitung von Massnahmen, die die gängige Innovationspraxis in den Unternehmen verändern, die eigenen mit dieser Arbeit zu entwickelnden Handlungsalternativen bis zu einem gewissen Grad in der betrieblichen Praxis abstützen.

---

[423] Vgl. Yin, R. (Case Study 1994) S. 38ff.

[424] Vgl. Hartmann, A. (Instrumente 2003).

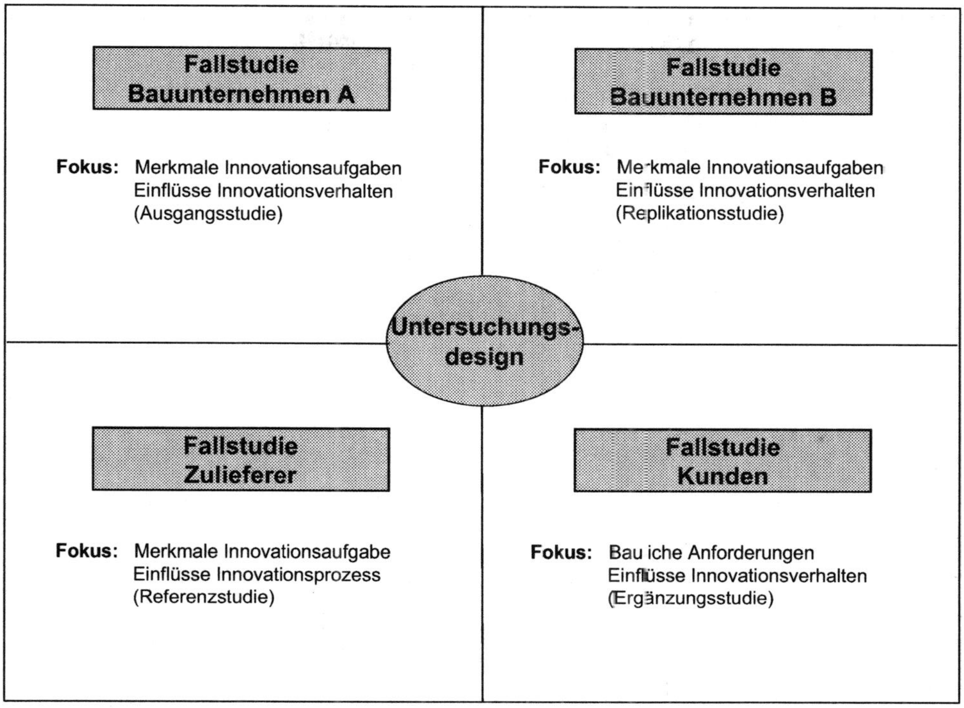

Bild 24: Untersuchungsdesign
Fig. 24: Research design

1.2 Untersuchungsmethoden

Für die Durchführung der einzelnen Fallstudien gliederten sich die Untersuchungsmethoden in (Bild 25):[425]

- Erhebungsmethoden
- Aufbereitungsmethoden
- Auswertungsmethoden.

Zur ***Erhebung*** der Daten wurden ***Leitfadeninterviews***, ***Dokumentenanalysen***, ***Gruppendiskussionen*** und ***schriftliche Befragungen*** eingesetzt.[426]

Leitfadeninterviews kamen bei allen vier Fallstudien zum Einsatz. Im Vorfeld der Datenerhebung wurde ausgehend von den theoretisch hergeleiteten Aussagen und

[425] Vgl. Mayring, Ph. (Einführung 1999) S. 48.

[426] Zur genauen Anwendung vgl. die nachfolgenden Kapitel.

Vorannahmen für jede Fallstudie ein Interviewleitfaden erstellt, der Primär- und Sekundärfragen beinhaltete. Während die offen formulierten Primärfragen als Erzählanreize betrachtet wurden, dienten die Sekundärfragen dazu, vom Interviewten nicht angesprochene, aber durch die Vorannahmen als wichtig erachtete Themen in die Befragung einzubringen. Eine Überprüfung des Interviewleitfadens für die beiden Primärstudien erfolgte in Form von Pilotinterviews mit zwei Mitarbeitern im Bauunternehmen A. Alle Interviews wurden auf Tonband aufgezeichnet.

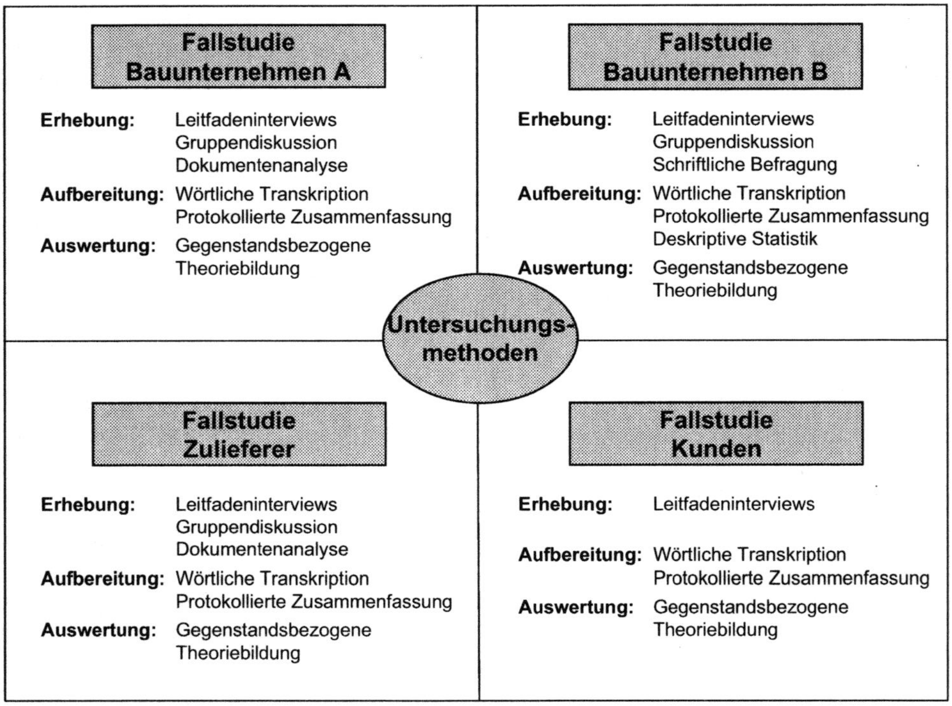

Bild 25: Untersuchungsmethoden
Fig. 25: Research methods

Dokumentenanalysen wurden bei den beiden Primärstudien und der Fallstudie des Zulieferers angewendet. Sie dienten in den Bauunternehmen vor allem dazu, den Stellenwert der Innovation zu erfassen, so wie er von der Geschäftsführung vermittelt wird. Im Falle des Zulieferers bezog sich die Dokumentenanalyse auf den dokumentierten Verlauf des untersuchten Innovationsprozesses.

Gruppendiskussionen konnten ebenfalls in den beiden Primärstudien und für die Fallstudie des Zulieferers eingesetzt werden. Dadurch war es möglich, subjektive Bedeutungsstrukturen, die in soziale Zusammenhänge eingebunden sind, aufzudecken[427] und die stimulierende Wirkung von Diskussionen zur Auseinandersetzung und Überprüfung bereits erhobener Daten zu nutzen. Während der Gruppendiskussionen wurden handschriftliche Notizen angefertigt oder mit Visualisierungstechniken (z.B. Flipchart, Kärtchen) gearbeitet.

Eine schriftliche Befragung wurde ausschliesslich im Bauunternehmen B durchgeführt. Sie bot sich an, um die Erkenntnisse der Studie in Bauunternehmen A breiter abstützen zu können.

Die ***Aufbereitung*** der erhobenen Daten erfolgte einheitlich durch die ***wörtliche Transkription*** der Interviews, die ***zusammenfassende Protokollierung*** der Gruppendiskussionen und Dokumentenanalysen sowie einer ***deskriptiv-statistischen Aufbereitung*** der schriftlichen Befragung. Eine Besonderheit bestand in der Aufbereitung der Interviewdaten der ersten Primärstudie. Dort wurden die wörtlichen Wiedergaben der Interviewten in Einzelaussagen komprimiert und den Interviewten zu einem zweiten Termin vorgelegt. Die Interviewten hatten nun die Aussagen auf ihre Richtigkeit zu prüfen, die ihrer Meinung nach bedeutsamen Aussagen zu markieren und diese Aussagen zueinander in Beziehung zu setzen. Dadurch konnten wesentliche Aussagen identifiziert und in ihren Abhängigkeiten erfasst werden.

Zur ***Auswertung*** der erhobenen Daten wurde vor allem die von GLASER/STRAUSS entwickelte Methode der ***Gegenstandsbezogenen Theoriebildung*** herangezogen.[428] Dadurch konnte sich auf dem noch weitgehend unerforschten Feld der Innovationsorganisation in Bauunternehmen bewegt werden. Der gesamte Forschungsprozess gestaltete sich als Wechselspiel von Datenerhebung und -auswertung, während dem aufbauend auf den theoretischen Erklärungsansätzen theoretische Konstrukte entwickelt und verfeinert wurden, die letztlich zum organisatorischen Gestaltungsmodell geführt haben.[429]

1.3 Güteprüfung der Untersuchung

Die Güteprüfung der vor allem qualitativ gewonnenen empirischen Erkenntnisse muss beim Zustandekommen der Daten, der Darstellung der Phänomene und den daraus abgeleiteten Schlüssen ansetzen, denn *„die Frage der Validität von qualitativer Forschung* [wird] *zu einer Frage, inwieweit die Konstruktionen des Forschers in*

---

[427] Vgl. Mayring, Ph. (Einführung 1999) S. 58.

[428] Vgl. dazu Strauss, A. (Grounded Theory 1996) sowie Strauss, A. (Grundlagen 1998).

[429] Vgl. Teil D, Abschn. 1.2.

den Konstruktionen derjenigen, die er untersucht hat, begründet sind und inwieweit für andere die Begründetheit nachvollziehbar wird.“[430]

Nach GIRMSCHEID lassen sich drei Formen der Güteprüfung unterscheiden:[431]

- **Interne Validierung**

  Die interne Validierung der Untersuchung ist über die Offenlegung der Vorannahmen des Forschers und in der Verankerung seiner Interpretationen im bereits bestehenden Wissen über den Forschungsgegenstand zu erreichen. Indem regelgeleitet und nachvollziehbar argumentiert wird, ist eine gewisse Intersubjektivität des Interpretationsergebnisses bzw. Generalisierbarkeit der gewonnenen Ergebnisse über die Grenzen des untersuchten Forschungsgegenstands hinaus gegeben.[432] Als Voraussetzung für die Generalisierung ist die Entwicklung von theoriegeleiteten Vorannahmen im Vorfeld der Untersuchungen zu sehen, die als Schablone für die empirisch erhobenen Daten zu nutzen sind. In dieser Arbeit wurden die Vorannahmen bereits in Teil B expliziert. Hier wurden alle Vermutungen des Autors, alle theoretischen und empirischen Vorarbeiten, alle grundlegenden Theorien, die für die Lösung des Ausgangsproblems wertvoll erscheinen, zusammengetragen und zueinander in Beziehung gesetzt, um dadurch die Datenerhebung zu unterstützen, die erhobenen Daten einordnen und das Modell ableiten zu können.

- **Externe Validierung**

  Externe Validität wird zum einen dadurch erreicht, dass Informationen über interessierende Forschungsgegenstände in deren natürlichem Umfeld gewonnen werden. Die Datenerhebung sollte möglichst gut an die Besonderheiten des Lebensraums angepasst sein und der Lebensraum nicht durch die Methoden der Datengewinnung eingeengt werden, wie dies bspw. bei Laborexperimenten der Fall ist. Qualitative Erhebungsmethoden wie Interviews und Gruppendiskussionen entsprechen weitgehend dieser Forderung.

  Darüber hinaus bezieht sich die externe Validierung auch auf die Auswertung der Daten, indem bei der Interpretation und Analyse die Umweltbedingungen des Forschungsgegenstandes mit berücksichtigt werden und der Forschungsgegenstand analytisch nicht isoliert wird. Durch den Einbezug der Umweltbedingungen steigt aber auch die Komplexität des Untersuchungsgegenstandes. Die Validität der Daten bei Einsatz einer einzelnen Methode sinkt, da diese nur einen kleinen Aus-

---

[430] Flick, U. (Forschung 1995) S. 244.

[431] Vgl. Girmscheid, G. (Forschungsmethodik 2003).

[432] Vgl. Lamnek, S. (Sozialforschung 1988) S. 151ff. sowie Yin, R. (Case Study 1994) S. 32ff.

schnitt aus dem Merkmalsspektrum des Forschungsgegenstandes erfassen kann. Externe Validität ist daher über Methodenvielfalt zu erreichen.[433] In der eigenen Forschungsarbeit wurde externe Validität durch die Anwendung der bereits beschriebenen, verschiedenen Methoden der Datenerhebung sichergestellt. Die Nutzung unterschiedlicher Datenquellen ermöglichte die Annäherung an den komplexen Forschungsgegenstand aus verschiedenen Perspektiven und erlaubte, seine Einbettung in und seine Interaktion mit der Umwelt abzubilden.

Externe Validierung wird weiterhin dadurch erzielt, dass die befragten Personen in den Forschungsprozess zu integrieren und durch die inhaltliche Zustimmung der Befragten zu ihren gemachten Aussagen deren Stimmigkeit und Gültigkeit zu überprüfen sind. Darüber hinaus können die befragten Personen selber zur Strukturierung der Aussagen herangezogen werden. In der eigenen empirischen Untersuchung wurden beide Wege gegangen. Zum einen bestätigten die Interviewten in allen Fallstudien die Aussagen nach der Transkription und einer ersten groben Zusammenfassung. Zum anderen identifizierten in der ersten Primärfallstudie die Interviewten bei einem zweiten Termin die nach ihrer Meinung wichtigsten Aussagen und setzen diese graphisch zueinander in Beziehung. Daneben flossen die Ergebnisse der Interviews auch in die Gruppendiskussionen ein.

- **Reliabilitierung**

Wird mit der Validierung der Untersuchungsergebnisse sichergestellt, dass das untersucht wurde, was untersucht werden sollte, zielt die Reliabilitierung der Untersuchung darauf ab, dass wiederholende Untersuchungen zu identischen Resultaten führen.[434] Eine Voraussetzung für die Reliabilität bzw. Genauigkeit der Untersuchungsergebnisse ist folglich, dass das methodische Vorgehen der Untersuchung ausreichend zu dokumentieren ist, damit die Studie überhaupt nachvollzogen werden kann. Aus diesem Grund wurde zuvor die Wahl von Untersuchungsdesign und Untersuchungsmethoden eingehend beschrieben und werden im Folgenden das Vorgehen und die Untersuchungsergebnisse für die einzelnen Fallstudien weiter ausgeführt. Darüber hinaus sind die Leitfäden der Interviews und der Fragebogen der schriftlichen Befragung im Anhang der Arbeit wieder zu finden.

---

433 Vgl. Yin, R. (Case Study 1994) S. 32ff.

434 vgl. Yin, R. (Case Study 1994) S. 36

2 Fallstudie Bauunternehmen

Im Mittelpunkt der eigenen empirischen Untersuchungen standen zwei Fallstudien, die das Innovationsverhalten zweier Schweizer Bauunternehmen (nachfolgend Bauunternehmen A und Bauunternehmen B genannt) untersuchten. Die Untersuchung wurde so angelegt, dass die Durchführung der beiden Fallstudien zeitlich versetzt erfolgte. Dadurch war es möglich, die in der ersten Fallstudie (Bauunternehmen A) gewonnenen Ergebnisse anhand der zweiten Fallstudie (Bauunternehmen B) zu prüfen. Die Auswahl der beiden Bauunternehmen als typische Fälle bestätigte sich dahingehend, dass das empirisch ermittelte Innovationsverhalten der Unternehmen nahezu identisch ist. Daher werden beide Fallstudien in diesem Kapitel zusammenfassend behandelt.

Beginnend mit einer ***Charakterisierung der Unternehmen*** (Abschn. 2.1) werden die den Fallstudien zugrunde liegenden ***Untersuchungsziele*** und ***-methoden*** dargestellt (Abschn. 2.2) und die ***Untersuchungsergebnisse*** vorgestellt und diskutiert (Abschn. 2.3). Den Abschluss des Kapitels bilden eine Zusammenfassung der wesentlichen Ergebnisse aus den beiden Fallstudien und die Darstellung der aus den Ergebnissen zu ziehenden ***Schlussfolgerungen für die Generierung innovativer baulicher Gesamtlösungen*** (Abschn. 2.4).

2.1 Unternehmenscharakteristik

Um die empirisch gewonnenen Erkenntnisse besser deuten zu können, sind zunächst die beiden untersuchten Bauunternehmen näher zu charakterisieren. Entsprechend der mit der Arbeit eingenommenen Untersuchungsperspektive handelt es sich um mittlere Bauunternehmen,[435] die zum Zeitpunkt der Untersuchung rund 1000 Mitarbeiter beschäftigten und in fast allen Sparten des Bauens Leistungen anbieten, wobei es sich hierbei überwiegend um Leistungen zur Bauwerkserstellung handelt. Das heisst, dass das Leistungsangebot der Unternehmen auf ***verschiedene Branchensegmente*** bei gleichzeitiger ***geringer Wertschöpfungstiefe*** in diesen Segmenten gerichtet ist.

Zum Leistungsangebot der beiden Unternehmen zählen z.B. ***Erstellungsleistungen*** im Hoch-, Tunnel- und Strassenbau. Daneben bieten sie auch ***Spezialleistungen*** wie Rückbau und Tiefenbohrungen (Bauunternehmen A) oder Betonabtrag und Fördertechnik (Bauunternehmen B) an. In einzelnen Segmenten (z.B. Hochbau oder Tunnelbau) erbringen sie die ***schlüsselfertige Erstellung*** von Bauwerken

[435] Vgl. Teil A, Abschn. 4.2.

(GU-Leistungen). Vor allem im Hochbau übernehmen sie zudem auch Leistungen der *Bauwerksplanung* (TU-Leistungen).

Unterschiede zwischen den beiden Unternehmen sind in erster Linie in der bestehenden Organisationsstruktur zu finden. Bauunternehmen A ist vornehmlich nach Sparten gegliedert, wobei die Sparten als eigenständige Profit Center agieren (Bild 26). Bauunternehmen B weist hingegen eine überwiegend nach Regionen unterteilte Organisationsstruktur auf, wobei die einzelnen Niederlassungen wirtschaftlich und rechtlich weitgehend selbstständig und unter einer Holding zusammengefasst sind (Bild 27).

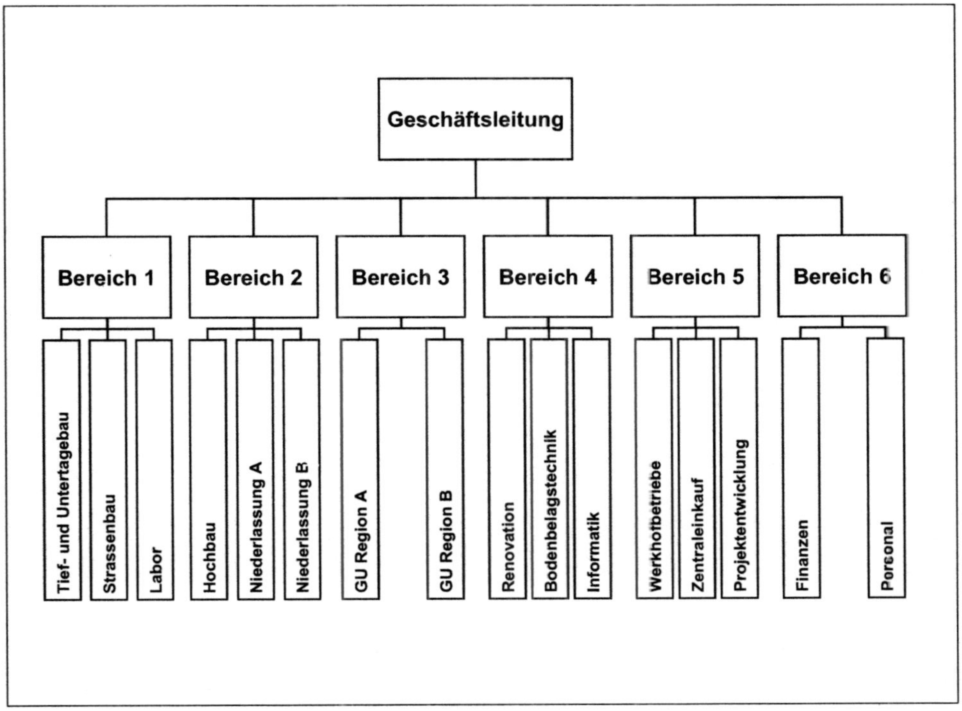

Bild 26: Organisationsstruktur Bauunternehmen A

Fig. 26: Organizational structure of construction company A

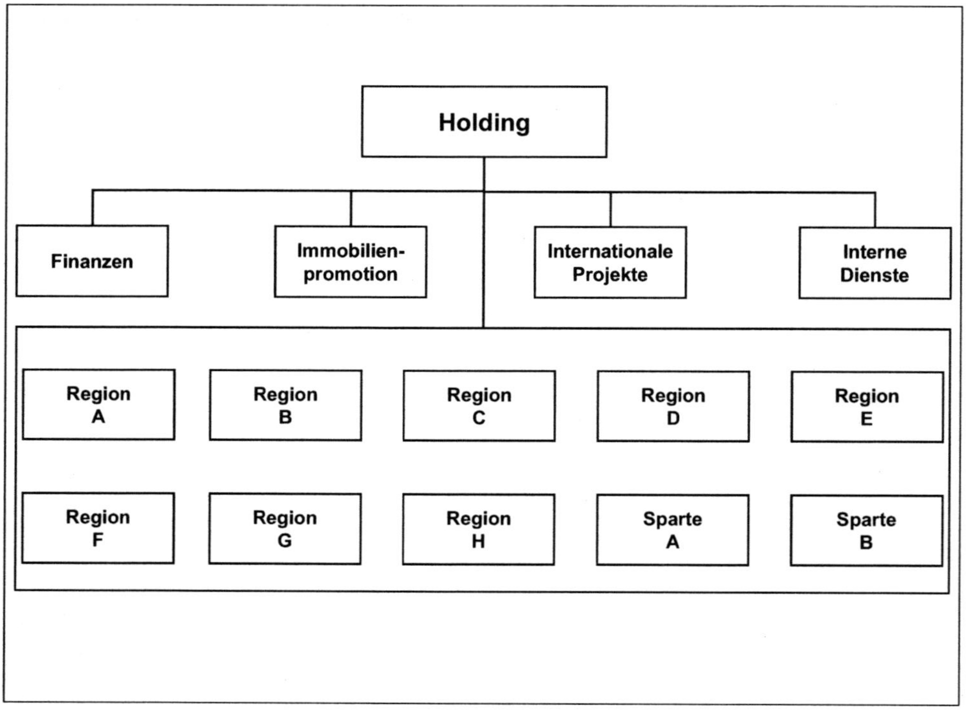

Bild 27: Organisationsstruktur Bauunternehmen B
Fig. 27: Organizational structure of construction company B

2.2 Untersuchungsziele und -methoden

Ziel der Fallstudien in den beiden Bauunternehmen war es, die theoretisch hergeleiteten Aussagen und Vorüberlegungen zur Generierung innovativer baulicher Gesamtlösungen in diesen Unternehmen empirisch zu fassen und zu erweitern. Dazu wurde das ***derzeitige Innovationsverhalten*** der Unternehmen analysiert und die ***Voraussetzungen*** der Unternehmen für die Umsetzung von Innovationsaufgaben bestimmt. Gleichzeitig sollten ***Gestaltungsempfehlungen*** für die zukünftige Innovationstätigkeit der beiden Unternehmen erarbeitet werden.

Folgende Fragen leiteten die Untersuchung:

- ***Was kennzeichnet Innovationsaufgaben in den Bauunternehmen?***
- ***Was beeinflusst die Erfüllung der Innovationsaufgaben?***
- ***Wie wird die Erfüllung der Innovationsaufgaben organisatorisch gestaltet?***

- ***Welche Schlussfolgerungen können aus dem Innovationsverhalten der Bauunternehmen für die Generierung innovativer baulicher Gesamtlösungen gezogen werden?***

Um möglichst aussagekräftige Antworten zu erhalten, wurden wie angesprochen verschiedene Methoden der Datenerhebung berücksichtigt. Dadurch sollte sichergestellt werden, dass bestimmte Aspekte, die durch eine Methode nur unzureichend erfasst werden, durch die Anwendung einer anderen Methode mit in die Untersuchung einbezogen werden. Gleichzeitig wurden bei der Methodenauswahl die Ergebnisse des vorhergehenden Schrittes berücksichtigt. Als Erhebungsmethoden für die Primärfallstudien wurden eingesetzt:

- **Gruppendiskussion**

  In beiden Unternehmen wurden Gruppendiskussionen durchgeführt. Teilnehmer waren Mitarbeiter der oberen und mittleren Hierarchiestufen der Unternehmen (Niederlassungs- bzw. Spartenleiter und Projektleiter). Die Gruppendiskussionen dienten dazu, sowohl einen ersten Einblick in die Innovationstätigkeit und die Voraussetzungen für Innovationen in den Unternehmen zu erhalten als auch die beteiligten Mitarbeiter für die innovationsspezifischen Merkmale der Unternehmen zu sensibilisieren und gewonnene Erkenntnisse zu hinterfragen.

- **Dokumentenanalyse**

  Die Dokumentenanalyse wurde vor allem bei Bauunternehmen A durchgeführt. Sie verfolgte das Ziel, zum einen die von der Unternehmensführung gewünschten und geforderten Normen und Werte und zum anderen die verfolgten Ziele und angewandten Strategien zu ermitteln. Im Mittelpunkt des Interesses stand dabei die Frage, welchen Stellenwert Innovationen in den Normen und Werten sowie im Ziel- und Strategiesystem des Unternehmens besitzen. Dabei sollte auch die Verträglichkeit der erwünschten Normen und Werte mit den Zielen und Strategien geprüft werden, denn letztendlich werden sich gesetzte Ziele und Strategien nur bei einer adäquaten Unternehmenskultur erfolgreich realisieren lassen. Durch die Dokumentenanalyse wurden ausschliesslich die kommunizierten Sollvorstellungen der Unternehmensführung erfasst. Aussagen über die gelebten Normen und Werte und die realisierten Ziele und Strategien blieben dieser Erhebungsmethode verschlossen.

  Zu den Dokumenten, die bei Bauunternehmen A ausgewertet wurden, gehörten:

  - Hauszeitung
  - Leitbild
  - generelle Unternehmensstrategie
  - Bereichsstrategien

- **Einzelinterviews**

  Den Schwerpunkt in den Untersuchungsmethoden bildeten Einzelinterviews, die in beiden Bauunternehmen geführt wurden.

  Ziel der Interviews bei Bauunternehmen A war es, die Wirkungen der von der Unternehmensleitung erwünschten Normen und Werte sowie Ziele und Strategien zu erfassen und die im Unternehmen ablaufenden Innovationsprozesse aus Sicht der Mitarbeiter möglichst umfassend zu beschreiben. Davon ausgehend wurde sich für eine Befragung unter Berücksichtigung verschiedener Hierarchien und Geschäftseinheiten entschieden. Um eine genügende Tiefe der Befragungsergebnisse zu erzielen, wurde die Befragung in Form von 16 Einzelinterviews in 4 regionalen und 6 fachlichen Geschäftseinheiten durchgeführt.

  Es wurden befragt:
  - 1 Geschäftsführungsmitglied
  - 3 Spartenleiter
  - 6 Projektleiter
  - 6 Bauführer.

  Vor den eigentlichen Interviews wurden zwei Testinterviews mit Mitgliedern der Gruppendiskussion durchgeführt. Sie dienten dazu, den aufgestellten Interviewleitfaden zu prüfen und gegebenenfalls zu korrigieren.[436] Mit jedem der 16 zu Interviewenden wurden zwei Termine vereinbart. Beim ersten Termin wurde das Interview durchgeführt. Beim zweiten Termin hatten die Befragten Gelegenheiten, eine Zusammenfassung ihrer Aussagen zu kontrollieren und richtig zu stellen. Zudem wurden von jedem Interviewten die wichtigsten Aussagen identifiziert und in den wesentlichen Abhängigkeiten dargestellt.

  Im Mittelpunkt der Interviews bei Bauunternehmen B stand die bisherige Innovationstätigkeit in vier der regionalen Niederlassungen. Es sollten die in den Niederlassungen angestrebten und realisierten Innovationen und die Bedingungen der Innovationstätigkeit erfasst werden. Die Bedeutung von Innovationen und ihre Verankerung im Ziel- und Strategiesystem wurden aus Sicht der Niederlassungsleitung ermittelt. Der Interviewleitfaden orientierte sich an dem in Bauunternehmen A verwendeten, die Nachfragen an den in Bauunternehmen A gewonnenen Ergebnissen.

- **Schriftliche Mitarbeiterbefragung**

  In Bauunternehmen B wurde eine schriftliche Mitarbeiterbefragung durchgeführt, um die Sicht der Mitarbeiter auf Innovationen in diesem Unternehmen zu erfassen. In die Ausgestaltung des Fragebogens flossen die Erkenntnisse aus den Mitar-

---

436 Der Interviewleitfaden ist im Anhang 2 wieder zu finden.

beiterinterviews in Bauunternehmen A ein.[437] Für die Befragung wurden zwei regionale und eine fachliche Geschäftseinheit berücksichtigt. Von den beiden regionalen Geschäftseinheiten ist eine schwerpunktmässig im Branchensegment des Hochbaus und die andere im Branchensegment des Tiefbaus tätig. Die fachliche Geschäftseinheit agiert überregional im Branchensegment des Tunnelbaus. An der Befragung haben sich insgesamt 28 Mitarbeiter beteiligt, die sich unterteilten in:

- 6 Projektleiter
- 12 Bauführer
- 10 Poliere.

Nachfolgend werden die Ergebnisse der einzelnen Erhebungen in verknüpfender Weise dargestellt. Zur Stützung und Veranschaulichung der gewonnenen Erkenntnisse werden einzelne Zitate aus den analysierten Dokumenten und durchgeführten Interviews herangezogen.

2.3 Untersuchungsergebnisse

2.3.1 Innovationen aus Sicht der Unternehmensleitung

In den beiden Unternehmen steht man Innovationen grundsätzlich offen gegenüber. Als Voraussetzung zum Innovieren wird z.B. bei Bauunternehmen A die Qualität und Professionalität des Managements auf allen Ebenen angesehen:

„Für die Produktivität und Innovationskraft einer Unternehmung ist die Professionalität und Qualität des Managements auf allen Stufen entscheidend."[438]

Das Innovieren selber wird vor allem als umfassende und aktive Daueraufgabe eines jeden Mitarbeiters begriffen, wie Zitate aus der Hauszeitung von Bauunternehmen A belegen:

„Entsprechend steigen die Anforderungen an ihre [Mitarbeiter Anm. d Verf.] fachliche und persönliche Kompetenz, an die Fähigkeit, trotz Zeitdruck und hoher Komplexität den Überblick zu bewahren, mit angemessenen Methoden Probleme zu lösen und Veränderungsprozesse zu steuern."[439]

„Die Baubranche und damit auch die [...] bewegen sich nach wie vor in einem schwierigen Umfeld. Wenn wir in dieser Situation Gewinne erarbeiten wollen, brauchen wir auf

---

[437] Der Fragenbogen ist als Anhang 3 der Arbeit beigefügt.

[438] Hauszeitung Nr. 58 (Bauunternehmen A) S. 2.

[439] Hauszeitung Nr. 55 (Bauunternehmen A) S. 4.

allen Stufen fähige Mitarbeiter, und wir müssen in jeder Beziehung auf dem Stand der Technik bleiben."[440]

Um die Innovationsfähigkeit der Mitarbeiter zu fördern, soll in erster Linie eine aktive Mitarbeiterqualifizierung betrieben werden. Ein Geschäftsführungsmitglied aus Bauunternehmen A begründet dies wie folgt:

„Was wirklich etwas bringt, ist die wirklich gute Qualifizierung der Mitarbeiter. Das heisst, der einzelne kann sehr viel, wenn er mitdenkt, dazu beitragen. Der Schlendrian auf Baustellen, die vielen verdeckten Mängel, es gibt viele Dinge, die schief gehen können, aufgrund des Einzelverhaltens. Einfach mal in der Qualifikation, in der Begeisterung für den Beruf, im Ausführen. Dann gibt es natürlich Verbesserungen im Einsatz von Kleingeräten, auch das zu verfolgen, die richtigen Hilfsmittel zu wählen, auch Materialien. Es gibt immer wieder Verbesserungen in Materialien. Es gibt vor allem immer Verbesserungen im Ablauf. Wir kämpfen z.B. dafür, flexibler zu arbeiten. Dort liegt sehr viel drin, im Organisatorischen, im Gesamtverständnis, im etappenweisen Denken, was kann man tun, im Vorausdenken, rechtzeitiges Bestellen. Da kann der Polier sehr viel machen, aber es kann auch jeder Mitarbeiter viel machen."[441]

Die Erhöhung der Innovationsbereitschaft soll dadurch erzielt werden, dass Freiraum zum eigenverantwortlichen Handeln gewährt und eine stetige Effektivitäts- und Effizienzsteigerung gefordert wird (Bild 28). Dies ist z.B. in der Unternehmensstrategie von Bauunternehmen A dokumentiert:

„Unsere Führungsphilosophie ist geprägt durch weitgehende Delegation von Kompetenzen und Verantwortung, Führen durch Setzen anspruchsvoller Ziele, Einsatz effizienter Hilfsmittel für die Führung und die Selbstkontrolle, offene Information"[442]

Zwar wird in beiden Bauunternehmen die Notwendigkeit für innovative Veränderungen betont und die Mitarbeiter werden zur Generierung innovativer Ideen angehalten, von den Unternehmensleitungen fehlen aber bisher Hinweise auf innovationsförderliche Massnahmen und Instrumente, die den Mitarbeitern innovatives Verhalten ermöglichen. Aufgrund des enormen Wettbewerbsdrucks und der geringen Margen gelingt es kaum, den Mitarbeitern Freiräume aufzuzeigen, in denen sie innovativ tätig werden können. Zudem wird innovatives Verhalten selten herausgestellt und gewürdigt. Obwohl der Innovationsgedanke in den von den Unternehmensführungen gewünschten Werten und Normen in Erscheinung tritt und von den Unternehmensführungen der zunehmende Stellenwert von Innovationen kommuniziert wird, spielen Innovationen in der Projektpraxis des Alltags bislang eine untergeordnete Rolle.

---

440 Hauszeitung Nr. 59 (Bauunternehmen A) S. 38.

441 Interview BA 1.1, S. 6.

442 Unternehmensstrategie Bauunternehmen A.

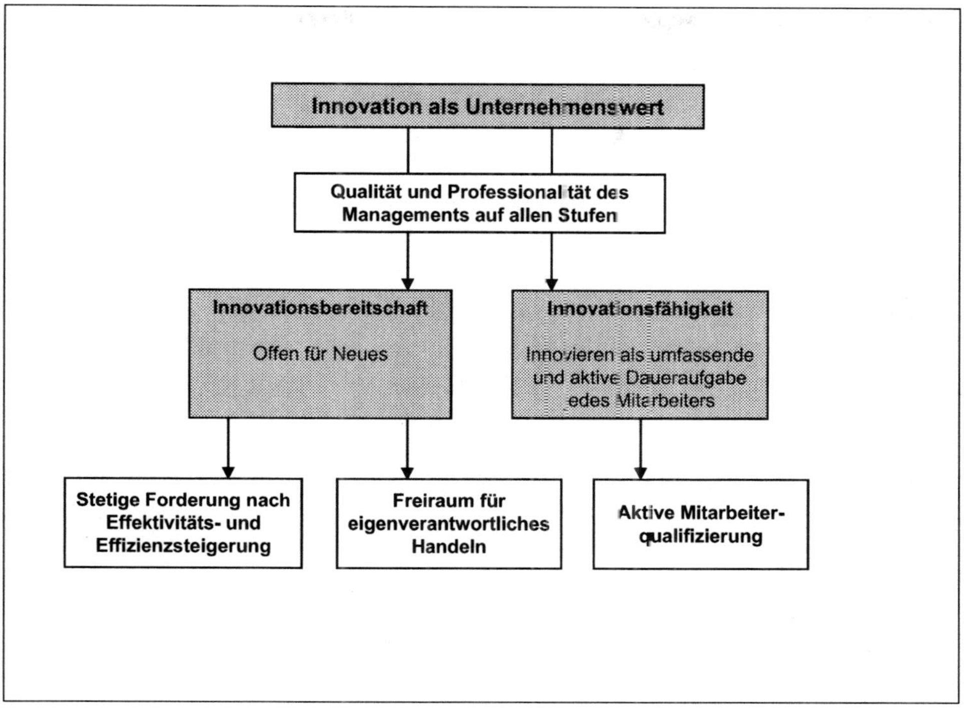

Bild 28: Unternehmenswert *Innovation* (Bauunternehmen A)
Fig. 28: Innovation as a company value (construction company A)

Innovationen sind auch im Ziel- und Strategiesystem der beiden Unternehmen verankert, da sie als Mittel angesehen werden, den Veränderungen im Unternehmensumfeld erfolgreich begegnen zu können:

> *„So bleiben die Randbedingungen ungünstig. Wir müssen uns darauf einstellen: die Zeiten der Hochkonjunktur sind wohl bis auf weiteres vorbei. Unsere Chance liegt darin, besser, effizienter, kostengünstiger und innovativer zu sein als die Konkurrenz.“*[443]

> *„Im schwierigen Umfeld wird auch […] noch mehr gefordert werden. Wer bestehen will, muss besser sein als die Konkurrenz, das heisst, er muss seinen Kunden einen hohen Nutzen bieten und er muss seine Kosten senken. Das muss unser Ziel sein.“*[444]

Die steigende Bedeutung innovativer Lösungen für die langfristige Unternehmensentwicklung wird aber ebenso wenig unterstrichen wie die Bedeutung innovativen Handelns. Dies ist im bisherigen strategischen Erfolgspotential der Unternehmen begründet, das in erster Linie in der Fähigkeit gesehen wird, sich über ein flexibles

---

[443] Hauszeitung Nr. 51 (Bauunternehmen A) S. 2.

[444] Hauszeitung Nr. 52 (Bauunternehmen A) S. 2.

Leistungsangebot schnell den ändernden Anforderungen des Marktes anpassen zu können:

„Eine flexible Grundhaltung und eine kontinuierliche Suche nach innovativen Lösungen ist unsere Antwort auf die dauernd ändernden Bedürfnisse des Marktes und der Kunden.“[445]

Wie in Teil B vermutet, lässt sich diese Flexibilität im Leistungsangebot auf die Auftragsunsicherheit der Unternehmen zurückführen. Ein Niederlassungsleiter aus Bauunternehmen B bemerkt dazu:

„Der Markt ist ständig in Bewegung und bei uns war der Grund- und Tiefbau ein grosses Problem, […]. Jetzt können wir das vom Gebiet her nur in der Nordwestschweiz machen, […]. Wenn wir warten bis der Markt sich in diesem Gebiet erholt, dann kostet das extrem. Wir sind den Schwankungen extrem ausgesetzt. Wir haben mit den Leuten von Grund- und Tiefbau geredet und gesagt, dass wir das Know-how gerne behalten möchten, wir versuchen das Personal in anderen Abteilungen bei uns zu integrieren, im Tiefbau, ein paar im Strassenbau, ein paar beim Hydrojet und schauen was geschieht, beobachten den Markt weiterhin, […]. Das ist ein Markt, wo wir vor fünf Jahren sagten, gute Zukunftsperspektive, vor zwei Jahren sagten wir, jetzt braucht es einen Schnitt und jetzt sind wir froh, dass der Markt wieder kommt, […]. Dann gibt es andere Abteilungen, z. B. den Gleisbau, man hat vor etwa 6 bis 7 Jahren damit angefangen, hat auch sehr viel investiert und man muss klar festhalten, dass dieser Markt überschätzt wurde und daher haben wir vor drei Jahren geschnitten. […] Der Hochbau war vor 7 Jahren der Leaderbereich, da haben wir sicher mehr als 50% von Umsatz gemacht und heute haben wir auf drei bis vier Gruppen reduziert, haben dafür im Umbau- und Sanierungssektor den Umsatz eher verdoppelt. Im Strassenbau hatten wir massive Probleme und Schwierigkeiten, wie andere Gegenden ebenfalls und jetzt hat sich das leicht erholt, so dass man im Strassenbau etwas machen kann, aber das ist sehr schwierig. Ich bin sehr froh, dass wir eine breit abgestützte Organisation haben […].“[446]

Ein Geschäftsführungsmitglied aus Bauunternehmen A bekräftigt diesen Zusammenhang:

„Ich glaube, es hat immer wieder Schwerpunkte gegeben, wobei, die wurden nicht von uns gesetzt, sondern vom Markt her. Also ich erinnere mich, es hat eine Zeit gegeben, da hat man nur Schulhäuser gebaut, übertrieben gesagt. Oder Spitäler war auch so eine Phase. Ich erinnere mich, dass wir allein in unserer Hochbauabteilung fünf Spitäler gleichzeitig im Bau hatten, wo wir beteiligt waren in Arbeitsgemeinschaften usw. Bergbahnen ist so ein Thema. Es hat Jahre gegeben, da wurde praktisch nichts gemacht, und dann ist es wieder gekommen. Wir haben immer versucht zu sagen, wir sind in der Lage

[445] Leitbild Bauunternehmen A.

[446] Interview BB 1.1, S. 3f.

alles zu bauen, was aktuell ist. Aber das ist nicht von uns angeschoben, das kommt vom Markt her.“[447]

Auf Veränderungen des Unternehmensumfelds, der Kundenbedürfnisse oder der örtlichen Bedingungen wird in erster Linie mit kurzfristigen Anpassungen der Unternehmensleistung, der bearbeiteten Märkte oder der angewandten Verfahren begegnet. Man reagiert auf stattgefundene bzw. stattfindende Veränderungen, insbesondere dann, wenn die Auslastung der Kapazitäten davon betroffen ist:

„*Sehr situativ hängt das davon ab, welche Auslastung wir haben. Wenn wir selber genug Arbeit haben, geben wir andere Arbeiten ab, und wenn wir nicht genügend zu tun haben, versuchen wir auch neue Arbeit selber zu machen, unter der Bedingung, dass die Qualität stimmt. Irgendwo dazwischen bewegen wir uns.*“[448]

Entsprechend begreifen die Unternehmen innovative Veränderungen weniger als aktive, langfristig orientierte Aufgabe. Ein Projektleiter in Bauunternehmen A äussert dazu:

„*Das wenig stattgefunden, glaube ich, liegt daran, dass nur etwas durchkommt, wenn man effektiv einen Auftrag hat, der das zahlt. Es ist nach meiner Meinung nicht sehr viel Geld vorhanden für unsichere Investitionen [...]. Es soll sich auf die konkrete Baustelle abwälzen können. Ja, man ist grosszügig, wenn es um 1000.- oder 2000.- Fr. geht, Beträge, die für die Firma verschwindend sind. Aber sobald es um grössere Investitionen geht, muss man immer wieder feststellen, dass man Subunternehmer fragt, ob der das nicht machen kann. Das zahlt sich dann aus, auf dieser ersten Baustelle. Es ist diese Einstellung, die ist schon innovationshemmend. Man stellt dann sehr schnell fest, es ist ja billiger, wenn wir dem Subunternehmer den Auftrag geben. Es ist kurzfristig billiger, ganz sicher. Ob man genügend weitsichtig ist, das weiss ich nicht*“[449]

Eine weitere innovationsstrategische Komponente, die unmittelbar mit der Anpassungsflexibilität zusammenhängt, ist die Nutzung des in den Unternehmen vorhandenen Wissens für innovative Lösungen. Die wechselnden Anforderungen der Bauaufgaben erfordern Mitarbeiter, die ihr spezifisches Wissen in verschiedenen Aufgabenkontexten zur Anwendung bringen können. Dass die Wissensstärke und der Wissensaufbau entscheidende Bedeutung für den langfristigen Erfolg von Bauunternehmen besitzen, beschreibt ein Niederlassungsleiter aus Bauunternehmen B an einem Beispiel:

„*Es hat sich im Kleinen aufgebaut, durch persönliche Kontakte konnten wir kleinere Tunnel sanieren oder Notmassnahmen erstellen. Wir bemerkten, dass wir für solche Arbeiten die idealen Gruppen hatten, und so fing die ganze Sache an zu wachsen. Wir konnten*

[447] Interview BA1.1, S. 1f.

[448] Interview BA 3.1, S. 5.

[449] Interview TBA1 S. 8.

dann mehr machen, es kamen grosse Submissionen, bei welchen wir mitgeboten haben und die Aufträge erhielten, und haben dadurch sehr erfolgreiche Arbeiten liefern können. [...] Wir bemerkten auch, dass an unseren Geräten Verbesserungen nötig waren, oder sogar Investitionen gefragt waren. So wuchsen ebenfalls die Erfahrungen der Arbeiter. Wir haben also nicht gesagt: jetzt fangen wir mit Tunnelsanierungen an, wir suchen Personal und akquirieren, sondern es war ein Wachstum sowohl vom Personal her als auch von den Arbeiten. [...] So sind wir hineingewachsen. Wir haben z. B. für Injektionen zuerst von einer Fremdfirma einen Mann ausgeliehen und so sind unsere Leute hineingewachsen. Wir haben z. B. Spritzbetondünnschalung, eine heikle Arbeit, im ersten Tunnel fremd vergeben. Im nächsten grossen Tunnel haben wir das selber gemacht, das Risiko war hoch, aber es ist aufgegangen, es hat funktioniert. Die haben zuerst mit einem Spezialisten zusammen den ersten grossen Tunnel fertig gestellt oder früher in kleineren Tunnels die Injektionen und sind so an diesen Arbeiten mitgewachsen. Das gilt auch für die zwei involvierten Bauführer, die so immer mitgelernt haben und das wieder umgesetzt haben.“[450]

Durch die starke Mitarbeiterorientierung liegt das Hauptaugenmerk in den Unternehmen auf der Realisierung von Innovationsaufgaben mit geringen Innovationsgraden. Die als Unternehmenswert erwünschte Fähigkeit aller Mitarbeiter zu stetigen Veränderungen in kleinen Schritten findet somit auch ihren Ausdruck im Ziel- und Strategiesystem (Bild 29):

„Die [...] Unternehmensstrategie wird von klaren Eckwerten geprägt. Einer ist die Innovationsfähigkeit: Wir wollen fähig sein, unsere Unternehmung ständig zu erneuern, personell, technisch und organisatorisch. Wir wollen unseren Kunden neue oder verbesserte Dienstleistungen anbieten, die ihren Bedürfnissen noch besser entsprechen. Von jedem ist Innovationsfähigkeit gefordert. Die Summe auch kleiner Verbesserungen ist gerade in unserer Unternehmung ein Schlüssel zum Erfolg.“[451]

---

[450] Interview BA 2.1, S. 2f.

[451] Hauszeitung Nr. 53 (Bauunternehmen A) S. 5.

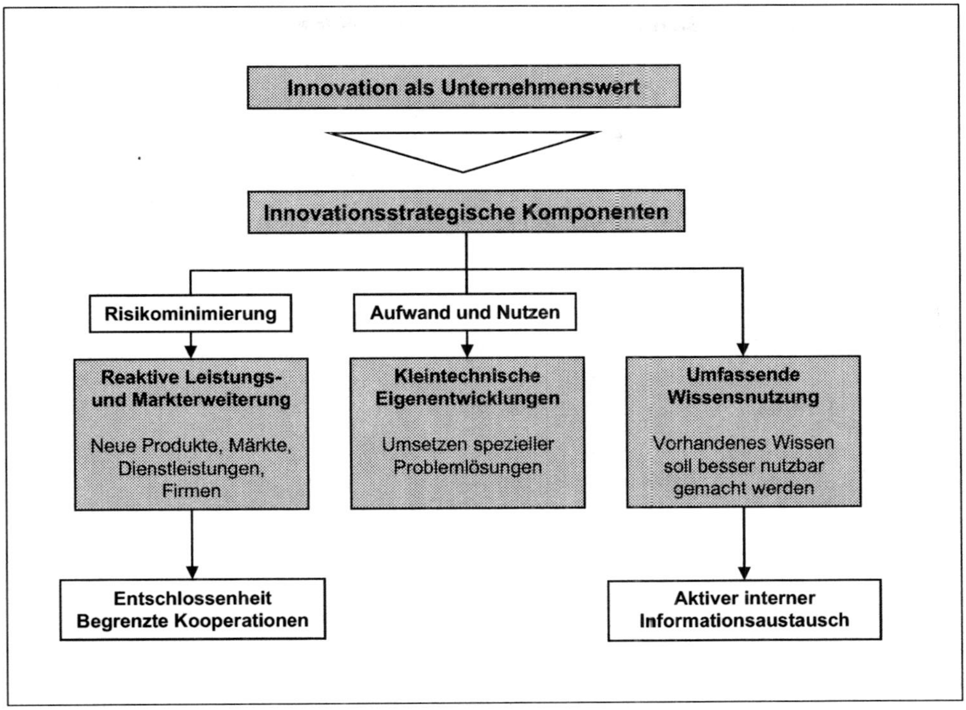

Bild 29: Innovationsstrategie (Bauunternehmen A)
Fig. 29: Innovation strategy (construction company A)

2.3.2 Innovationen aus Sicht der Mitarbeiter

2.3.2.1 Innovationsobjekt

Erneuerungsobjekt ist in beiden Unternehmen vor allem der Leistungserstellungsprozess (Prozessinnovationen). Innovative Veränderungen in der angebotenen Leistung (Leistungsinnovationen) und in den erstellten Bauwerksstrukturen (Produktinnovationen) werden bisher kaum angestrebt (Bild 30). Der Grund hierfür kann im Leistungsangebot der Unternehmen ausgemacht werden, das sich primär aus Leistungen zur Bauwerkserstellung zusammensetzt.

Entsprechend konzentrierten sich Neuerungen auf die eingesetzten Bauverfahren, Maschinen und Geräte sowie die Arbeitsabläufe auf der Baustelle. Gerade die Arbeitsabläufe werden verstärkt zum Innovationsobjekt, da sie mit jedem Bauprojekt neu zu planen sind und im Laufe der Projektabwicklung eine stetige Optimierung erfahren.

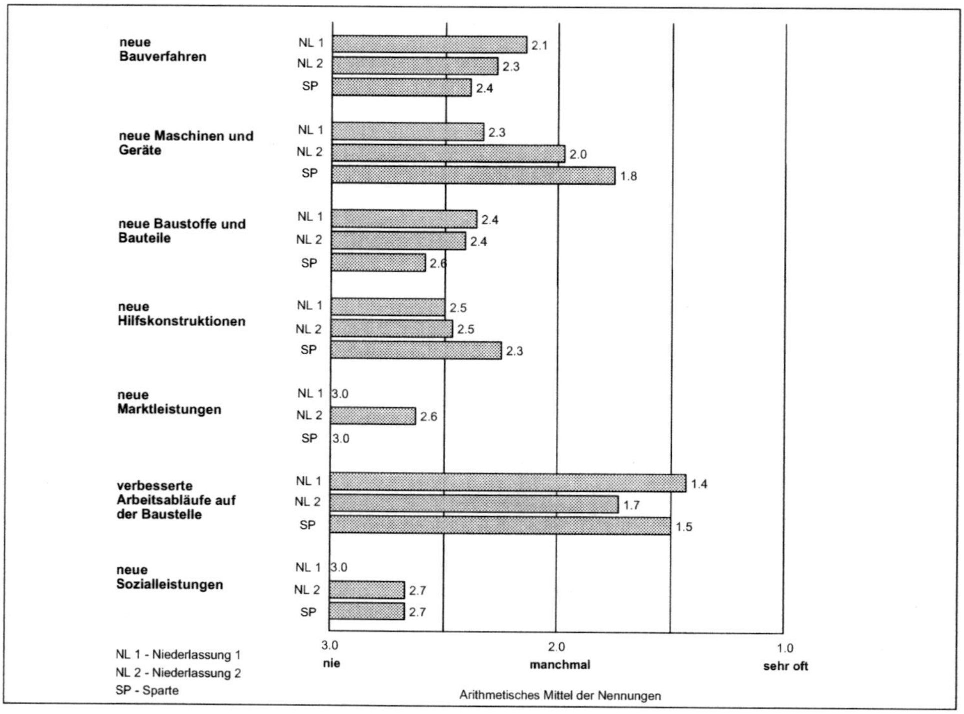

Bild 30: Innovationsobjekte (Bauunternehmen B)
Fig. 30: Innovation objects (construction company B)

Neuerungen in den Bauverfahren, Maschinen und Geräten werden hauptsächlich durch die Zulieferindustrien realisiert. Die beiden Unternehmen setzen diese Neuerungen dann erstmalig in ihren Leistungserstellungsprozessen ein. Eigenentwicklungen sind selten und vornehmlich in neuen Leistungsbereichen (z.B. Betonsanierung oder Rückbau) oder Leistungsbereichen mit hohem Technisierungspotential und gleichzeitig stark gestiegener Nachfrage (z.B. Tunnelbau) zu finden. Ein Spartenleiter für Abbruch und Rückbau in Bauunternehmen A bemerkt hierzu:

„Das ist ein ganz spezieller Markt, der einem Unternehmer noch die Möglichkeit gibt, seine Ideen zu verwirklichen. Das ist kein Hochbau, wo man einfach Steine übereinander setzt und zusammenwürfelt, sondern sie können eigene Ideen verwirklichen. Das ist so. [...] Das ist ein Bereich, der relativ neu ist. [...] Sie können Sachen machen, die sie per Hand nicht mehr bezahlen können. Es ist eine sehr junge Technologie, 10–15 Jahre alt. Da sehe ich noch ein Riesenpotential auf uns zukommen. Wir haben letztes Jahr 2 Maschinen gekauft, die haben jetzt 112 PS. Die früheren Maschinen hatten knapp 50 PS. Wir

haben ein Diamantblatt von 2,20 m Durchmesser. Es ist unvorstellbar gewesen, vor 10 Jahren, mit solchen Blättern zu arbeiten."[452]

In traditionellen Leistungsbereichen (z.B. Strassenbau) wurden neuartige Problemlösungen in früheren Zeiten auch vermehrt selbst erarbeitet, insbesondere weil die technischen Entwicklungen der Zulieferer noch unausgereift und nicht für alle Einsatzbedingungen tauglich waren. Ein Spartenleiter für Strassenbau in Bauunternehmen A äussert dazu:

„Es gibt sicherlich Detailverbesserungen, die auch wesentlich sind. Aber die grundlegenden Entwicklungen, wie wir sie vor 30 Jahren gemacht haben, machen wir heute nicht mehr. Das machen im Prinzip die Gerätehersteller."[453]

Die am Markt angebotenen Leistungen waren in beiden Unternehmen kaum Gegenstand von Erneuerungen. Als Folge der Bereitstellungstätigkeit reagiert man auf den Bedarf des Marktes und versucht, sich diesem möglichst flexibel anzupassen. Die Anpassungsflexibilität, die auch als strategische Komponente identifiziert werden konnte, prägt die Innovationstätigkeit der Unternehmen, d.h., man sucht nicht gezielt nach neuen Betätigungsfeldern, sondern wartet i.d.R., bis ein Markt sich entwickelt oder eine bestimmte Leistung beim Unternehmen nachgefragt wird. Ein Bauführer aus Bauunternehmen A erklärt dazu:

„Das Angebot ist gleich geblieben. Was sein kann, man muss sich immer dem Markt anpassen, wir sind vielleicht in den letzten Jahren aggressiver gewesen. Kleine Aufträge wurden angeboten, wo man früher vielleicht mit einer grossen Baustelle ausgelastet war. Wir haben [...] verschiedene Diskussionen gehabt, etwas Neues zu probieren, anzubieten. Ich sag mal Betonsanierung oder Baureinigung hat man sich mal überlegt. Man ist nachher aber immer wieder in eine Situation gekommen, wo Bauführer Arbeit gehabt haben und nachher hat man das wieder auf die Seite gelegt. Man fängt erst an sich mit diesen Sachen auseinander zu setzen, wenn das Arbeitsvolumen schrumpft. Wenn das Arbeitsvolumen gross ist, jeder eine 100%-Auslastung hat, hat man immer das Gefühl, das ist nicht wichtig, hat keine Prioritäten. Man konzentriert sich auf das Tagesgeschäft."[454]

Der Nachteil dieser Strategie liegt in der Gefahr, dass man auf bestimmte Marktentwicklungen nicht schnell genug reagiert bzw. sie verpasst, wie ein Geschäftsführungsmitglied aus Bauunternehmen A unterstreicht:

„Ich glaube, die Schwierigkeit ist manchmal, den Einstieg zu finden. Und zwar, wenn man es gut machen will, man früh einsteigen müsste und da ist natürlich noch nicht klar, ob es ein Boom wird. [...] Aber wenn es Erfolg hat, dann hat natürlich der die Chance, der am Anfang dabei war. Will er dann später einsteigen, wird es vielleicht schon schwierig. Das ist

[452] Interview BA 3.4, S. 5.

[453] Interview BA 2.2, S. 10.

[454] Interview BA 4.5, S. 2.

sicherlich die Schwierigkeit, das abzuschätzen. Es braucht sicher Leute, die den Mut haben, auch etwas Neues anzupacken."[455]

2.3.2.2 Projektbezogenheit von Innovationen

Sind Innovationsaufgaben wie in Teil B erläutert die Folge von Problemstellungen, die aus unklaren Zielen entstehen und für die nicht auf vorhandene Lösungsmöglichkeiten zurückgegriffen werden kann, treten neben Routineaufgaben in beiden Bauunternehmen innovativ zu lösende Aufgaben bei der Abwicklung von Bauprojekten auf. Die gestellten Bauaufgaben enthalten bis zu einem gewissen Grad innovationsinduzierende Anteile (Bild 31, Bild 32). In den Unternehmen dominieren bauprojektabhängige Innovationsaufgaben, die in erster Linie auf die Veränderung des Leistungserstellungsprozesses zielen, sie sind in den meisten Fällen auch Prozessinnovationen. Das Erarbeiten von Unternehmervarianten in der Offertphase ist eine typische bauprojektabhängige Innovationsaufgabe.

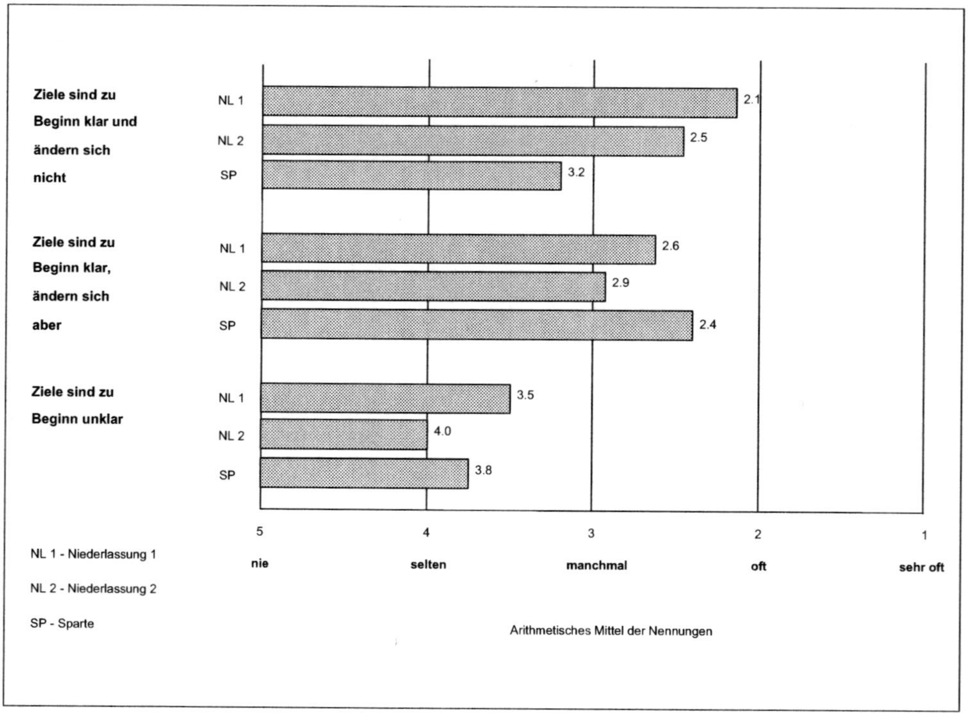

Bild 31: Zielklarheit bei der Aufgabenerfüllung (Bauunternehmen B)
Fig. 31: Clarity of aims during task fulfillment (construction company B)

[455] Interview BA 1.1, S. 3.

Aufgrund der vorherrschenden Projektabwicklungsformen, die den Preis der Bauwerkserstellung zum massgebenden Wettbewerbskriterium erheben, und der Tatsache, dass die beiden Unternehmen in erster Linie Leistungen zur Bauwerkserstellung erbringen, besteht das wettbewerbsstrategische Ziel der Unternehmen vor allem in der Kostenführerschaft am Markt, um Preisvorteile im Angebot zu erreichen oder als effizienzorientiertes Unternehmen im Gespräch zu bleiben:

„Aber es kommt oft vor, dass wir eine Variante ins Spiel bringen, bei der wir wissen, dass es der Bauherr nicht akzeptieren wird, aber Hauptsache, wir haben eine günstige Variante angeboten, die qualitativ zwar nicht so hochstehend ist und so kommen wir ins Gespräch und schlussendlich macht man einen Mix aus allen Varianten und der Amtslösung."[456]

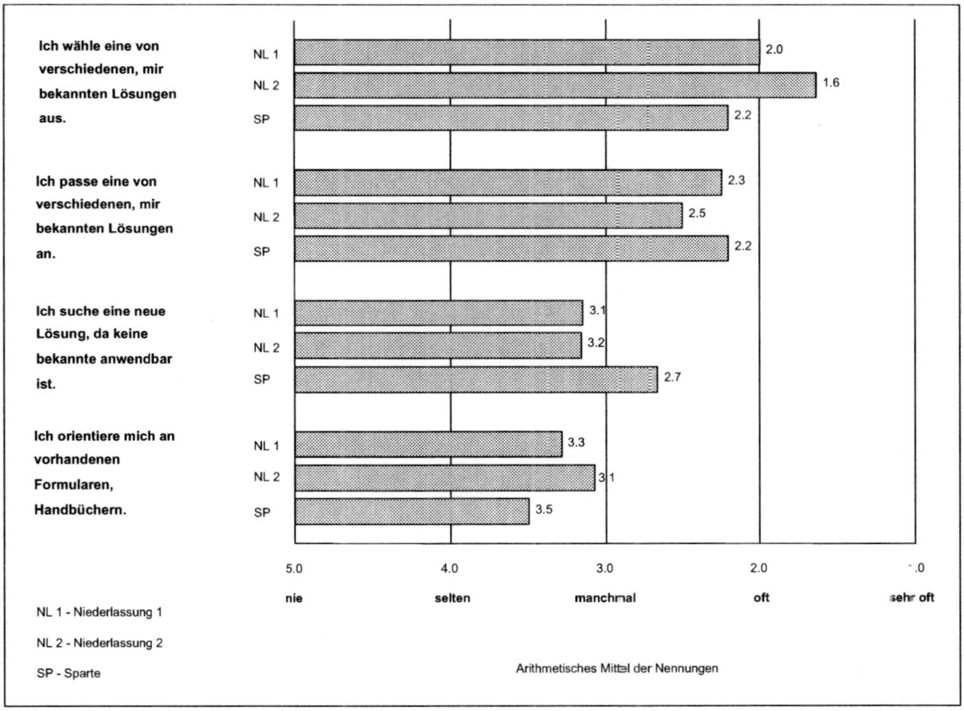

Bild 32: Lösungsmöglichkeiten bei der Aufgabenerfüllung (Bauunternehmen B)
Fig. 32: Possibilities for solutions during task fulfillment (construction company B)

Die Realisierung bauprojektabhängiger Innovationen ist stark von den spezifischen Randbedingungen des Bauprojekts beeinflusst, deren Verletzung bei der Entwicklung einer innovativen Idee manchmal bewusst in Kauf genommen wird. Darüber hinaus werden aber auch während der Arbeitsvorbereitung oder in der Ausführung neue Ideen generiert und umgesetzt. Da die Möglichkeit zum Innovieren von den

[456] Interview BB 2.1, S. 6.

spezifischen Gegebenheiten des Bauprojekts abhängt, sind Innovationen eher dem Zufall überlassen. Das heisst zum einen, dass nicht jedes Bauprojekt innovative Lösungen verlangt bzw. auslöst. So wird die Möglichkeit für Unternehmervarianten im Hochbau generell als gering eingestuft:

> *„Im Hochbau kommt das wahrscheinlich nicht einmal in 10% der Fälle der Offerten in Frage. Vielleicht in 5% der Fälle, wo eine Offerte hereinkommt, und man überlegt, ob eine Variante dort etwas bringen könnte."*[457]

Zum anderen beschränken die zeitlichen, finanziellen und personellen Ressourcen eines Bauprojekts auch die Möglichkeiten, innovativ tätig zu werden. Insbesondere fehlt häufig die Zeit, um ausreichend Informationen einholen und Abklärungen treffen zu können. Dazu schildert ein Bauführer aus Bauunternehmen A folgendes:

> *„Das Zeitproblem ist ein riesiges Problem. Zwischen Auftragserteilung und Ausführung bleibt meistens keine Zeit mehr. Wenn man etwas haben muss für den Bauablauf, dann kommt es darauf an, dass man es frühzeitig erkennt, das ist auch noch ein Problem. Das ist schwierig. Dass man Zeit eigentlich nicht hat. In einem Beispiel hat man z.B. Stahlfaser bzw. Kunststofffaser für die Bodenkonstruktion in Erwägung gezogen. Der Ingenieur hat grosse Abhandlungen geschrieben, wir sind miteinbezogen worden, haben Unterlagen geliefert. Alle Fakten sind auf dem Tisch gewesen. Es waren keine Erfahrungen in Bezug auf die Oberfläche vorhanden. Alle Fakten waren da, nur ein Referenzbau hat gefehlt. Dazu hätte man nach Deutschland gemusst. Zum definitiven Entscheiden hätte man auf eine Baustelle in Deutschland gemusst. Da hat der Bauherr gesagt, nein, das ist zu kompliziert. Jetzt führen wir es konventionell aus. Wir konnten das nicht weiter beeinflussen, da wir keine Erfahrung auf dem Gebiet hatten. Wir hatten nur 14 Tage Zeit. Das hat nicht mehr gereicht."*[458]

Auch wenn die meisten Innovationen ihren Ursprung im Projekt haben, finden sie nicht nur einmalig Anwendung. Gerade technische Entwicklungen der Zulieferer wie neue Maschinen werden im Hinblick auf den bauprojektübergreifenden Einsatz eingeführt:

> *„Es gibt Sachen, die werden längerfristig angeschafft, wie z.B. eine Wandschalung, wo man mit 10 Jahren rechnet. Man rechnet dort immer noch mit einem Markt, man gibt die Arbeit nicht an Subunternehmer, sondern selbermachen. Man vergibt nicht alle Arbeiten an Subunternehmer. Man will eine Baufirma sein. Dort denkt man schon längerfristig."*[459]

Die bauprojektübergreifende Entwicklung von Neuerungen ist hingegen sehr gering und tritt, wie im vorhergehenden Abschnitt angedeutet, vor allem in Leistungsbereichen mit hohem Technisierungspotential auf. Hier sind neben Eigenentwicklungen

---

457 Interview BA 2.3, S.6.

458 Interview BA 4.1, S. 5.

459 Interview BA 3.6, S. 4.

auch von den Bauunternehmen ausgehende kooperative Entwicklungen mit Zulieferern möglich:

> *„Die Geräte gibt es ja noch gar nicht. Da nimmt man den Lieferanten und fragt, wäre das was, geht das. Wir schauen mit dem Lieferanten, was wir machen können. Es war eine sehr gute Zusammenarbeit mit dem Lieferanten. Da ist ein Mann aus Schweden praktisch drei Wochen bei uns gewesen. Es war auch in ihrem Interesse, da kam ein neuer Markt. Wir haben das Gerät auch günstiger gekauft und haben über anderthalb Jahre Vergünstigungen gehabt in der Weiterentwicklung."*[460]

> *„Wir haben auch noch andere Dinge im Bereich Innovation, da ist zum Beispiel die Seilsäge. Das ist auch eine neue Technologie, die ist ungefähr sechs Jahre alt. Das war das schönste, was wir bisher gemacht haben, von der Innovation her. Das ist eine eigene Entwicklung, nicht beim Hersteller, sondern bei uns im Ingenieurbüro."*[461]

Insgesamt gesehen fällt es den Unternehmen jedoch schwer, ungenügend gelöste Problemstellungen aus den Bauprojekten aufzugreifen und bauprojektübergreifenden Lösungen zuzuführen. Auch die gezielte Suche nach neuen Leistungsangeboten findet erst dann statt, wenn auch langfristig eine schlechte Auftragslage zu erwarten ist. Insbesondere die Möglichkeiten für Gesamtleistungen werden nur unzureichend untersucht. Damit bleiben Potentiale zur nachhaltigen Differenzierung auf Basis innovativ gestalteter baulicher Gesamtlösungen ungenutzt. Ein Bauführer in Bauunternehmen A beschreibt dies folgendermassen:

> *„Wenn man etwas mach,t und der Bau ist gut so, und am Schluss ist es wieder in der Schublade, dann hat wirklich jemand etwas verpasst im Ablauf. Die Firma sollte eigentlich sehen, dass da etwas Neues ist und auch finanziell und vom Arbeitsvolumen etwas bringt. Aber nach einem ausgeführten Objekt hört man dann nichts mehr. Irgendwo fehlt dann etwas. […] Es könnte ein neues Segment aufgebaut werden und das dann einfach in der Schublade verschwindet und das merkt niemand. […] Das ist schon noch gefährlich bei uns, dass so etwas verschwindet."*[462]

An späterer Stelle ergänzt er:

> *„Wenn man nur reagiert, ist das schlecht, man sollte auch agieren, von sich aus etwas machen, nur auf das, was rundherum kommt reagieren, das ist schlecht. Manchmal möchte man schon, dass eine Reaktion kommt, wenn man was Neues machen will. Wenn es verschlampt wird oder nicht bearbeitet wird, […] kann man nur noch reagieren in Feuerwehrübungen."*[463]

Ein Niederlassungsleiter in Bauunternehmen B sieht es ähnlich:

> *„Auf was wir kommen, dass hat meistens etwas mit einem Auftrag zu tun. Wir haben ein Manko, wir schauen nicht, wo könnte man etwas ändern, wir sind da zu wenig aktiv bei*

[460] Interview BA 3.4, S. 4.

[461] Interview BA 3.4, S. 4.

[462] Interview BA 4.4, S. 4.

[463] Interview BA 4.4, S. 6.

Erneuerungen, meistens hat es direkt etwas mit einer Offerte, einer Submission zu tun und es läuft dann auf Ebene Bauführerrapport oder wenn es effektiv interessant ist oder mit Risiken verbunden auf Ebene Geschäftsleitung. Aber meistens hat es damit zu tun, dass wir in einer Offerte drin auf irgendwas aufmerksam werden, und dann muss es sehr schnell gehen, also muss die Offerte sehr schnell abgegeben werden oder es muss schon eingebaut sein, falls man auf das aufspringt oder dann kommt es im Auftragsfall. Aber wir sind in dieser Beziehung sicher zu wenig aktiv, dass wir neue Wege suchen." [464]

Neben dem ungenügenden proaktiven Handeln behindern auch fehlende finanzielle und personelle Ressourcen in den einzelnen Geschäftseinheiten die Realisierung bauprojektübergreifender Innovationsaufgaben.

2.3.2.3 Innovationsgrad

Die Projektbezogenheit wirkt sich auch auf den Innovationsgrad aus. So werden i.d.R. mittlere bis grosse Innovationsgrade (Modul- oder Systeminnovationen) kaum realisiert. Der Hauptanteil der innovativen Lösungen in den Unternehmen besitzt geringe Innovationsgrade (Elementinnovationen). Dies verdeutlichten auch die geringen Risiken, Konflikte und Misserfolge, die bei der Innovationsrealisierung auftreten (Bild 33).

Eine Ursache für den geringen Innovationsgrad liegt wiederum in den eingeschränkten zeitlichen, finanziellen und personellen Ressourcen, die für ein konkretes Projekt zur Verfügung stehen. Entscheide müssen vielfach sehr kurzfristig getroffen werden, umfangreiche Abklärungen können nicht durchgeführt werden:

„Es ist einfach so, dass wir vom Alltagsgeschehen so aufgefressen werden, dass kein Freiraum mehr da ist, sich die Zeit zu nehmen und bewusst zu schauen, was gibt es." [465]

Der Innovationsgrad kann jedoch ansteigen, wenn auf weitgehend ausgereifte Neuerungen (dann vor allem Modulinnovationen), wie sie von den Zulieferindustrien angeboten werden, zurückgegriffen wird.

Weiterhin bestimmt die Form der Projektabwicklung bzw. der Umfang des Leistungsangebots den Innovationsgrad. General- und Totalunternehmerleistungen und in Zukunft vor allem lebenszyklusorientierte Systemanbieterleistungen bieten hier ein grösseres Potential als der traditionelle Einzelleistungsauftrag. Der Grund liegt in der früheren Einbindung des Unternehmens in das Bauprojekt und der damit verbundenen stärkeren Einflussnahme auf das bauliche Ergebnis:

„Also in der frühen Phase könnte man noch viel mehr beeinflussen. Man sollte viel mehr bei Fabriken und solchen Gebäuden fragen, was will der Kunde, und der sollte das Paket einem Gesamtlöser überlassen. Da könnte man schon noch viel effizienter werden. Das

---

[464] Interview BB 2.1, S. 4.

[465] Interview BA 3.6, S. 3.

glaube ich, ist eine Richtung, die etwas bringt. [...] Es gibt schon so Entwicklungen. Im Raum Zürich hat es Firmen gegeben, die haben gesagt, wir brauchen ein Bürohaus, das muss Ende Jahr bezugsbereit sein, egal in welcher Gemeinde, Baubewilligungsverfahren interessiert uns nicht, so breit, so viele Räume. Solche Entwicklungen werden kommen, und da liegt dann schon etwas drin. Wobei, da sind dann alle sehr stark gefordert, alles entsprechend unter einen Hut zu bringen. Aber ich glaube, dort sind mehr Innovationen zu erwarten als bei uns.“[466]

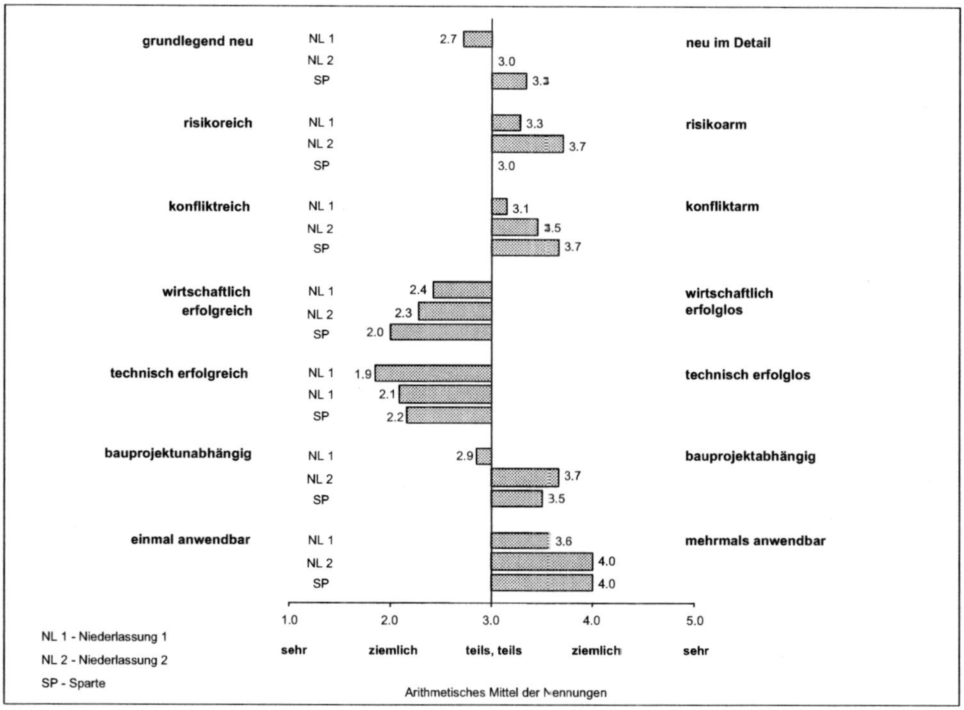

Bild 33: Charakteristik innovativer Ideen (Bauunternehmer B)
Fig. 33: Characteristics of innovative ideas (construction company B)

In der GU/TU-Tätigkeit der Unternehmen bestätigten sich diese Vermutungen, wie die Aussage eines GU/TU-Projektleiter aus Bauunternehmen A belegt:

„Sie bauen immer einen Prototyp und je nach Aufgabenstellung kann man innovativer oder man ist in einem sehr starken Korsett eingezwängt, dass heisst, wenn die Vorgaben schon sehr zwingend sind. Wenn der Wettbewerb frei ist, wenn der Bauherr ein Gebäude wünscht, das diese und diese Funktion erfüllen muss, dann kann man die Innovationsvielfalt voll walten lassen.“[467]

---

466 Interview BA 1.1, S. 5.

467 Interview BA 4.6, S. 4.

Hier zeigt sich erneut, dass die gezielte Suche und Realisierung von Leistungsinnovationen bzw. die Ausweitung des Leistungsangebots auf frühe Phasen des Bauprojekts den Spielraum zur innovativen Gestaltung der baulichen Lösung vergrössern kann.

2.3.2.4 Innovationsauslöser

Das Vorherrschen bauprojektabhängiger Innovationsaufgaben deutete bereits an, dass die Mehrzahl innovativer Ideen durch projektbezogene Problemstellungen ausgelöst wird (Bild 34):

> *„Vielfach ist es eine Problemstellung, die sich aus der Situation ergibt, wo man nicht weiss, wie das ausführen und man das etwas tiefer und näher untersucht."*[468]

> *„Die Schwierigkeiten ergeben sich, da man nicht genau weiss, wie so etwas abläuft, die Ungewissheit. Das ist auch der grösste Druck, den wir als Bauführer haben, da jede Baustelle ein Prototyp ist. Weil man ja nicht sagt, das ist ein 08/15-Ablauf, den man in der Werkstatt planen kann. Es gibt verschiedene Sachen, die da reinspielen, Wetter und die Verhältnisse, die sonst wechseln können. Aber nicht ganz so, wie man sie annimmt, denn es sind ja nur Annahmen. Wenn man die Arbeit noch nie gemacht hat, ist es schwierig dort etwas anzunehmen, z.B. die Leistungswerte."*[469]

Die mit jeder Bauaufgabe erneute Anpassung des Erstellungsprozesses an die örtlichen Gegebenheiten und die Vorgaben aus der Bauwerksplanung bei gleichzeitiger Dominanz des Preises bei der Auftragsvergabe setzt die Unternehmen unter einen hohen Termin- und Kostendruck, der sie zur Suche nach veränderten Lösungen zwingt:

> *„Man sollte nicht nur den Preis anschauen und sagen der ist schlecht. Einen schlechten Preis gibt es eigentlich nicht. Es ist der Markt, der den Preis bestimmt. Es muss anders laufen. Der Preis ist gegeben, und man muss entsprechend handeln und innovativer sein und etwas Gutes daraus machen. Da wird etwas entwickelt aufgrund des Druckes der Marktwirtschaft, da wird man erfinderisch. Dass man eben gefordert ist."*[470]

---

[468] Interview BA 4.1, S. 4.

[469] Interview BA 4.4, S. 2.

[470] Interview BA 3.6, S. 2f.

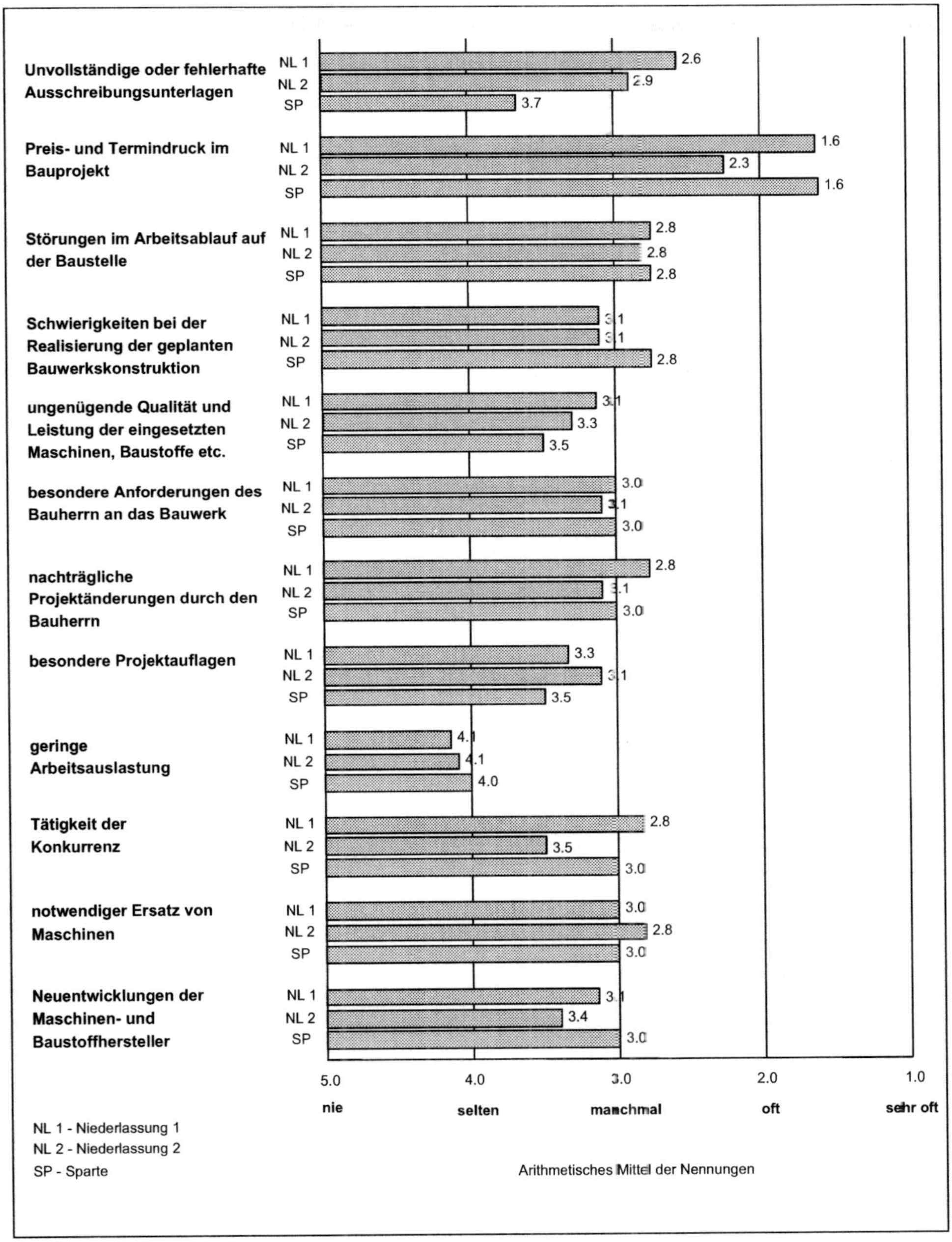

Bild 34: Innovationsauslöser (Bauunternehmen B)

Fig. 34: Reasons for innovations (construction company B)

Die Unternehmen sehen sich aber auch der Schwierigkeit gegenüber, dass sie auf der einen Seite neue Ideen finden und realisieren müssen, um Bauprojekte termin- und kostengerecht abschliessen zu können. Auf der anderen Seite sind es aber gerade diese zeitlichen und finanziellen Zwänge, die die Entwicklung neuer Ideen bremsen:

> *„Ganz spontan hätte ich gesagt, der Kostendruck fördert Innovationen. Aber da muss ich im Gleichen sagen, er kann sie auch bremsen. Er fördert sie, weil wir gezwungen sind, kostengünstige Lösungen zu finden, da wir gezwungen sind, den Arbeitsablauf noch optimaler zu organisieren. Dadurch dass wir mit vielen administrativen Sachen überlastet sind, bremst es etwas, noch weiter zu gehen mit Überlegungen. Das ist schon in den letzten Jahren speziell gewesen. Ich habe es auch erlebt, dass man mehr Zeit hatte, sich Arbeitsabläufe zu überlegen, mehr im Detail die Ausführung zu untersuchen. Aber das ist in der momentanen Situation gar nicht möglich."*[471]

Probleme, die zur Suche nach innovativen Ideen anregen, können in der Offertphase, in der Arbeitsvorbereitung oder während der Ausführung auftreten. Dazu gehören besonders Störungen im Arbeitsablauf auf der Baustelle, Schwierigkeiten bei der Realisierung der geplanten Bauwerkskonstruktion oder nachträgliche Projektänderungen durch den Kunden (Bild 34). Die Intensität der ideenauslösenden Probleme kann je nach Branchensegment bzw. je nach Höhe der Kunden- und Ortsabhängigkeit der Bauaufgabe verschieden sein. Beispielsweise treten Schwierigkeiten bei der Realisierung der geplanten Bauwerkskonstruktion verstärkt bei Bauwerken auf, die eine starke Interaktion mit ihrem Verwendungsort aufweisen (z.B. Tunnelbau). Hingegen sind in Branchensegmenten, bei denen sehr spezifische Vorstellungen des Kunden zu verwirklichen sind, vermehrt Probleme aus nachträglichen Projektänderungen anzutreffen (z.B. Hochbau).

Bei GU/TU-Leistungen kommen durch die Integration der frühen Bauprojektphasen verstärkt die Anforderungen des Kunden als innovationsauslösendes Moment hinzu:

> *„Ideen werden schon bewusst gesucht. Sie entstehen auch per Zufall. Aber meistens werden sie zwangsläufig gesucht, weil die Anforderungen der Bauträgerschaft bzgl. eines Punktes sehr speziell sind und die dann nur mit innovativen Ideen erfüllt werden können, z.B. sagt der Bauherr, meine Kosten sind so tief und meine Wünsche sind so hoch. Dann muss irgendetwas geschehen, etwas Innovatives, damit man das erreicht. Oder er sagt, mein Gebäude muss eine so geringe Energiemenge verbrauchen, führt dazu, dass man versucht, das Gebäude mit neuer Konstruktion und Heiztechnik auszurüsten."*[472]

Neben zu lösenden Problemen führen auch erkannte Chancen zu neuen Ideen. Dazu zählen z.B. unvollständige oder fehlerhafte Ausschreibungsunterlagen oder der

[471] Interview BA 4.1, S. 6f.

[472] Interview BA 4.6, S. 4.

notwendige Ersatz von Maschinen und Geräten (Bild 34). Dabei deuten insbesondere die unvollständigen bzw. fehlerhaften Ausschreibungsunterlagen darauf hin, dass Leistungsangebote bzw. Projektabwicklungsformen, bei denen frühzeitig auf bauausführendes Wissen zurückgegriffen wird, ein stärkeres Optimierungspotential hinsichtlich der baulichen Gesamtlösung besitzen. Gleichzeitig erschweren wie bereits vermutet diese Projektabwicklungsformen eine nachträgliche Optimierung:

> *„Wenn ein einzelner Planer die Ausschreibung macht, sind die zwar qualitativ gut, aber häufig kann man sie kostengünstiger machen. Wenn ein Architekt oder Ingenieur so eine Planung macht, will ich ihm nicht unterstellen, dass seine Planung nicht kostengünstig ist. Manch einer verträgt das gut, andere weniger gut. […] Die andere Seite ist, man kann versuchen, hier oder da noch etwas zu machen, was bei vielen Leuten schwierig ist. Es gibt auch bestimmte Architekten und Ingenieure, die blocken völlig ab. Ideal wäre es, wenn wir auf der Ausschreibung, die der Architekt erstellt hat, einen tiefen Preis anbieten, damit wir den Auftrag bekommen und nachher eine Variante ausführen, die billiger ist als die kalkulierte und eine Gewinnspanne zulässt. Das probiert man auch viel, aber die Herren wissen das natürlich auch und fragen, warum hast du nichts in der Submissionsphase gesagt. Da muss man aufpassen, dass man zwar auf der einen Seite so viel wie möglich einbringt, aber auf der anderen Seite nicht das Verhältnis zum Architekten bzw. Ingenieur kaputt macht, und wir haben immer mit den gleichen zu tun in unserem Gebiet. Es ist schwierig, dort immer den richtigen Weg zu finden.“*[473]

2.3.2.5 Ideengenerierung

Alle Stufen des Projektkaders (Polier, Bauführer, Projektleiter) treten als Ideenlieferanten auf. In der Offertphase grösserer Projekte besteht das Team vor allem aus Sparten- und Projektleiter, wobei der Projektleiter vor allem die Offertkalkulation durchführt und der Spartenleiter vorwiegend Entscheidungsfunktionen wahrnimmt. Fallweise werden Fachspezialisten aus anderen Sparten hinzugezogen. In der Ausführungsphase kann sich das Team aus Projektleiter, Bauführer und Polier zusammensetzen, wobei verstärkt eine Zusammenarbeit zwischen Bauführer und Polier stattfindet. Bei kleineren Projekten werden die verschiedenen Aufgaben, insbesondere des Projektleiters und des Bauführers, meist in Personalunion erfüllt. Alle Mitglieder des Projektteams können folglich als Fachpromotoren auftreten. Bei kleinen Projekten übernehmen sie vielfach auch die Rolle des Prozesspromotors.

Entstehen Ideen meistens bei den einzelnen Projektmitgliedern, diskutiert das Projektteam gemeinsam über die Ideen bzw. entwickelt die Ideen weiter. Kann vom Projektteam keine Lösung erarbeitet werden, werden interne Spezialabteilungen hin-

---

[473] Interview BA 3.1, S. 8.

zugezogen. Führt dies auch nicht zum Erfolg, sind nächste Schritte das Suchen von Lösungen am Markt oder der Versuch einer Eigenentwicklung:

> *„Das Problem wird entweder gesehen durch den Polier, den Bauführer, den Projektleiter oder vielleicht sogar durch den Abteilungsleiter, der ist ja auch in Gedanken am mitarbeiten. Kommt es vom Bauführer, wird es zusammen mit dem Polier und dem Projektleiter angeschaut. Man bespricht und diskutiert, was hat man für Möglichkeiten, um das Problem zu lösen, wie wollen wir es handhaben. Entweder entsteht in der Diskussion die Lösung oder man sucht weiter und zieht z.B. einen Spezialisten mit hinzu z.B. aus unseren Spezialdiensten oder man wirft das Problem auf den Bauführersitzungen auf, wenn das im zeitlichen Rahmen überhaupt möglich ist. Oder man geht damit zum Abteilungsleiter oder zum Ingenieurbüro. Je nach Problem wird das weiter verfolgt, bis man die Lösung hat. Man diskutiert das auch mit anderen Bauführern. Man fragt, wie würdest du das anpacken, welche Firma hast du gehabt für das und das, welche Schalungsfirma oder welchen Lieferanten."*[474]

> *„Ich glaube, es ist meistens so, der Bauführer, der Projektleiter, vielleicht der Polier sitzen zusammen. Sie haben die Probleme, wenn irgendetwas ausgeführt werden muss. Sie haben die Probleme und sie müssen sie lösen. Sie sind immer unter Druck, in dem Sinne, sie müssen ein Resultat finanziell möglichst gut liefern. Damit wird man erfinderisch. Gute Leute, die genügend Zeit haben, das ist wichtig, dass man genügend Zeit hat für die AVOR, die werden erfinderisch und sie finden eine Lösung. Diejenigen, die voll an der Front steht, werden Lösungen finden."*[475]

Dieses Vorgehen ist typisch für Prozessinnovationen. Bei Leistungsinnovationen gestaltet sich das Vorgehen weniger eingespielt, da sie kaum realisiert werden. Eine Ursache dafür liegt in dem vom Markt nachgefragtem Leistungsspektrum, das in seinen Anforderungen von den ursprünglichen Leistungen der Geschäftseinheiten abweicht. Unklarheiten in den Zuständigkeiten und im Umgang mit Risiken sind die Folge. Werden dennoch Leistungsinnovationen realisiert, ergeben sie sich meistens während der Auftragsakquisition und werden entsprechend durch Niederlassungs- bzw. Spartenleiter und/oder Projektleiter identifiziert.

Die Mitarbeiter nutzen recht unterschiedliche Quellen für neue Ideen (Bild 35). Am häufigsten greifen sie auf Quellen zu, mit denen ein geringer zeitlicher Aufwand verbunden ist. Zu diesen Quellen zählen vor allem Gespräche mit Arbeitskollegen, Diskussionen mit Zulieferern oder anderen Projektbeteiligten. Darüber hinaus gewinnen die Mitarbeiter neue Ideen aus Fachzeitschriften oder Messebesuchen. Die methodische Unterstützung der Ideengenerierung z.B. durch gruppenorientierte Kreativitätstechniken ist hingegen gering.

---

[474] Interview BA 4.1, S. 4.

[475] Interview TBA 1, S. 6.

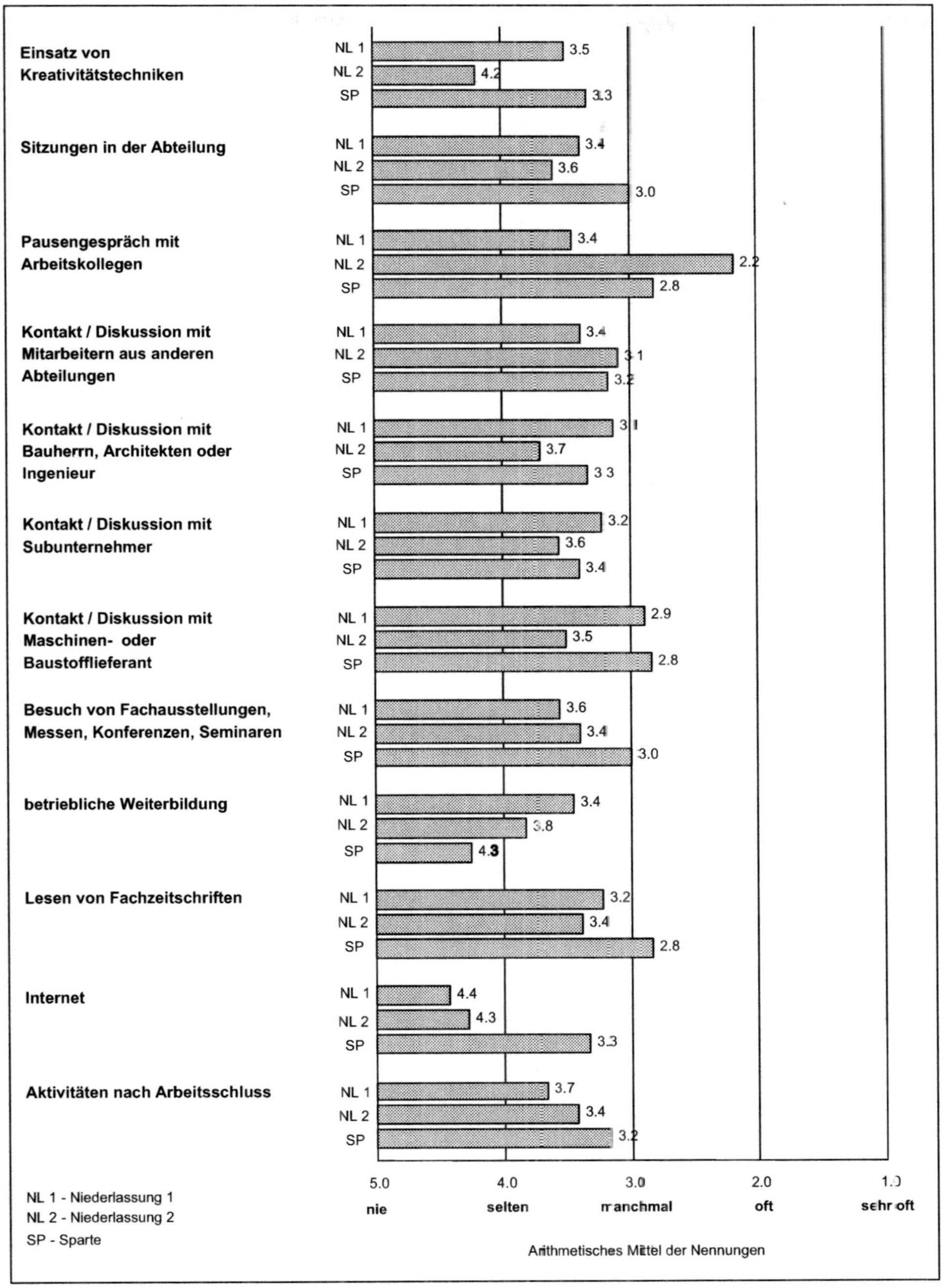

Bild 35: Ideenquellen (Bauunternehmen B)

Fig. 35: Sources of innovative ideas (construction company B)

Die Suche nach Informationen über Lösungen gleicher und ähnlicher Problemstellungen beschränkt sich i.d.R. auf die Geschäftseinheit. Kontakte über die Geschäftseinheit hinaus sind selten, die Kommunikation diesbezüglich ist unzureichend. Ein Hauptgrund dafür sind die regional abgegrenzten Märkte einzelner Geschäftseinheiten, mit denen dann meistens auch eine räumliche Trennung verbunden ist. Insbesondere bei Bauunternehmen B konnte dies beobachtet werden. Bei Bauunternehmen A hingegen agieren viele Geschäftseinheiten (Sparten) von einer Unternehmenszentrale aus. Kurze Informationswege und öffentliche Treffpunkte (z.B. Cafeteria) erweisen sich hier für die informelle Kommunikation als förderlich:

> *„Informell klappt es gut, gezielt weniger. Das Café im Haus ist ein unheimlich wichtiger Ort, genau dort werden wichtige Anstösse gegeben über die Abteilung hinaus. In der Abteilung klappt die Information sehr gut. Aber abteilungsübergreifend könnte man sicher noch etwas machen."*[476]

2.3.2.6 Ideenbewertung und -realisierung

Entscheide über neue Problemlösungen werden im Team (z.T. interdisziplinär) getroffen, um Risiken zu mindern bzw. Fehler zu vermeiden. Es wird schrittweise die Idee bewertet und über die Weiterverfolgung entschieden.

> *„Da wird im Team geprüft ob das machbar ist, mit allen Beteiligten, sei es der Polier auf der Baustelle oder der Bauherr, der nachher das Produkt bekommt auf eine andere Art und Weise. Es wird laufend überprüft, ob es machbar ist, ob die Ziele erreicht wurden. Laufend geprüft und angepasst. Dort ist sicherlich eine grosse Flexibilität gefordert."*[477]

Entscheidungen für kleine Verbesserungen fallen auf Sparten- und Projektebene. Je nach Investitionshöhe bzw. Innovationsgrad werden die Realisierungsentscheide von Mitarbeitern verschiedener Hierarchiestufen getroffen und getragen. Bei innovativen Lösungen, die im Kostenrahmen des Projekts liegen, treten Projektleiter oder Bauführer als Entscheidungsträger auf:

> *„Der Projektleiter wird meistens mit einbezogen und hat auch Entscheidungsgewalt, wenn es nicht kostspielig ist, wenn es nur diese Baustelle betrifft und die Baustelle das selber berappen kann, dann ist es kein Problem. Dann muss man nicht weiter fragen gehen nach Geld. Wenn es aber zusätzlich Mittel braucht, dann muss man natürlich Anträge stellen. Man probiert schon, dass die Lösungen selbsttragend sind, also dass sie auf der Baustelle, wo sie benötigt werden, dort auch bezahlt werden."*[478]

Bei Neuerungen, die über den Kostenrahmen des Projekts hinausgehende Investitionen zur Folge haben, bereiten meist die Spartenleiter die Entscheidung vor, die

---

[476] Interview BA 2.3, S. 9.

[477] Interview TBA 2, S. 5.

[478] Interview TBA 1, S. 6.

dann durch Geschäftsleitung bzw. Verwaltungsrat getroffen wird. Je nach Innovationsgrad sind auch andere von der innovativen Lösung betroffene Projektbeteiligte in die Entscheidung einzubeziehen.

Wesentlich für den Entscheid über eine projektverändernde Neuerung ist neben dem Nutzen für das Unternehmen der erkennbare Vorteil für den Kunden, dem die Vorteilhaftigkeit der Lösung entsprechend überzeugend zu kommunizieren ist:

> *„Man muss die Ideen haben und nachher muss das sich in einem Projekt auskristallisieren, man muss meistens auch die technischen Unterlagen dazu liefern, damit der Bauherr auch bzw. rasch versteht was man will. Wenn er nicht rasch versteht, hat es keinen Sinn. Er wird nicht viel aufwenden. Er hat ja ein Projekt. Das Projekt wurde ja genehmigt. Das besteht, was soll er jetzt ändern, das kostet nur Zeit, [...]. Darum muss es finanziell interessant sein und andere Vorteile haben."*[479]

Durch die Projektbezogenheit der Innovationsaufgaben werden neue Ideen in den meisten Fällen im selben Bauprojekt realisiert, in dem die Idee entstanden ist. Die bauprojektübergreifende Umsetzung neuer Ideen ist selten (Bild 36).

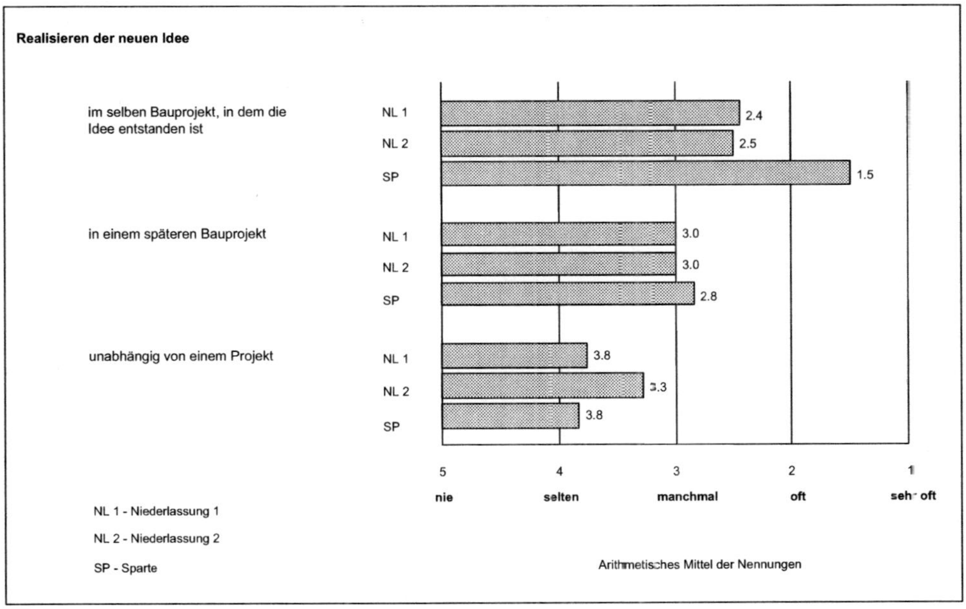

Bild 36: Projektbezogenheit von neuen Ideen (Bauunternehmen B)
Fig. 36: Dependency of innovative ideas on construction projects (construction company B)

479 Interview TBA 1, S. 7.

Betrifft die neue Problemlösung prozessbezogene Aspekte des Projekts, ist die Realisierung meistens unproblematisch und bedarf in vielen Fällen nicht einmal der direkten Zustimmung durch den Kunden (Bild 37). Bei produktverändernden Lösungen kommt der Einstellung des Kunden bzw. des Architekten oder Ingenieurs entscheidende Bedeutung zu:

„Wenn es nicht grundlegende Änderungen der Rahmenbedingungen sind, weiss ich nicht, ob man immer unbedingt den Bauherren fragen muss. Wenn er immer alle Randbedingungen erfüllt sieht, kann es ihm eigentlich egal sein, wie man das macht. Was er will, ist ja zu diesem Preis, diese Qualität zu diesem Termin zu haben. So sehe ich das. Wenn ich eine Idee habe, wo ich etwas nicht machen muss, dann ist er nicht gewillt, das zu bezahlen, was ich nicht mache. Da muss man an den Bauherren auch schon Zugeständnisse machen. Wenn es darum geht, dass das Risiko von der Qualität steigt, dann muss der Bauherr informiert sein. Aber dann hat er immer noch die Werkzeuge zu sagen, wenn ihr den Normwert erreicht, dann ist es in Ordnung. Dann kann der Termin wieder eine Rolle spielen. Wenn man Mühe hat, den Termin einzuhalten, kann der Bauherr sagen, auch wenn es eine Kosteneinsparung ist, mir ist der Endtermin wichtig.“[480]

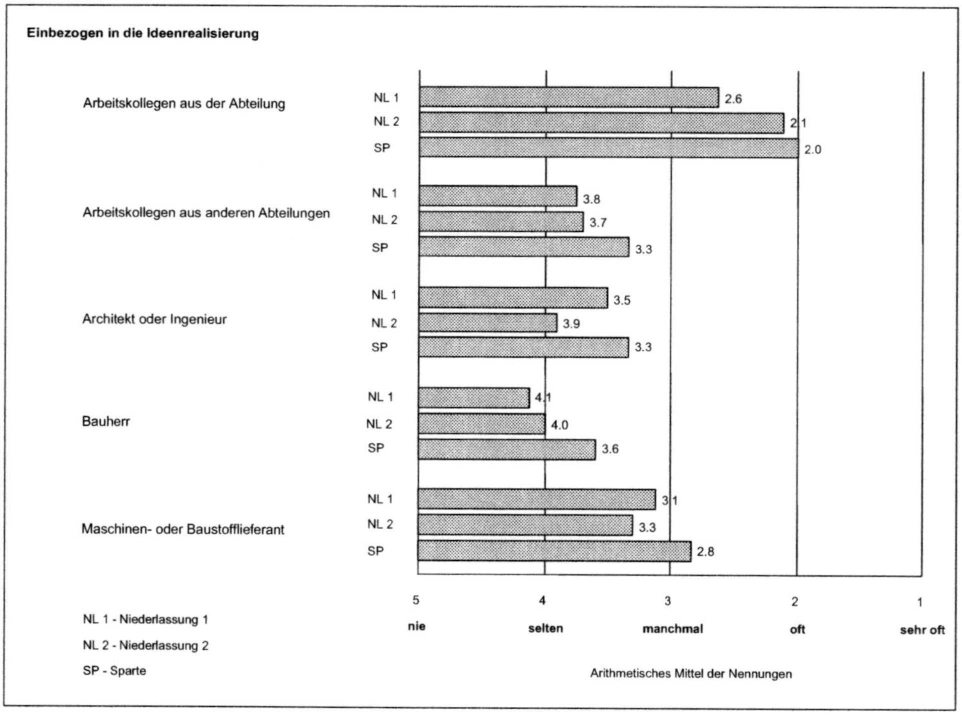

Bild 37: In die Ideenrealisierung einbezogene Personen (Bauunternehmen B)
Fig. 37: Involved persons during the realization of innovative ideas (construction company)

---

[480] Interview BA 4.2, S. 10.

Bei der Bewertung neuer Maschinen oder Geräte wird der Einbezug der Mitarbeiter, die mit den Maschinen oder Geräten arbeiten sollen, als wichtig erachtet, um die Akzeptanz gegenüber der Entscheidung und die Motivation der Mitarbeiter zu erhöhen:

> *„Bedingung ist einfach, dass wir die Mitarbeiter von Anfang an in das neue Gerät mit einbeziehen, sie das Gefühl haben, sie haben in der Evaluation mitgeholfen und sie von Anfang an das Gefühl haben, das ist ein gutes Gerät. Man muss nur darauf achten, wenn das Gerät kommt, muss auch der Maschinist das Gerät bekommen und nicht jemand anders."*[481]

Vor der Einführung von neuen Lösungen haben sich zudem ausgiebige Abklärungen mit eventuellen Tests auf der Baustelle unter Zuzug von Lieferanten oder Herstellern bewährt. Der geringe Innovationsgrad der meisten Problemlösungen bestätigt sich wiederum dadurch, dass viele Ideen von der ideengebenden Person selbst umgesetzt (Bild 38) und meistens nur Mitarbeiter aus der eigenen Geschäftseinheit in die Ideenrealisierung einbezogen werden (Bild 37).

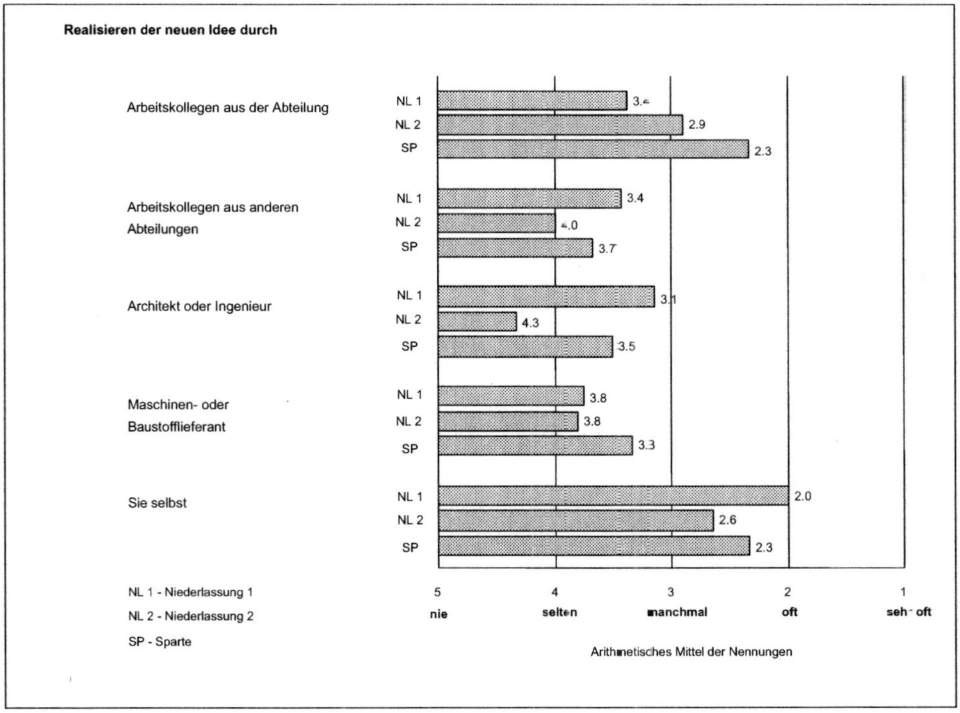

Bild 38: Ideenrealisierende Personen (Bauunternehmen B)
Fig. 38: Persons realizing innovative ideas (construction company B)

---

481 Interview BA 3.1, S. 6.

Nachdem die Idee realisiert wurde, kann sie sich auf unterschiedlichen Wegen im Unternehmen verbreiten (Bild 39). Vielfach genutzt wird wiederum das Gespräch mit anderen Mitarbeitern, wobei sich auch hier eine starke räumliche Trennung als Kommunikationsbarriere erweist. Neben der informellen Kommunikation werden Ideen aber auch formell im Rahmen von regelmässig stattfindenden Sitzungen kommuniziert. Dabei zeigte sich, dass aufgrund der vielen kleinen Verbesserungen oder der fachlichen Spezifität der Idee eine gezielte Kommunikation teilweise schwierig ist und auch als nicht notwendig erachtet wird:

> *„Einerseits sind die Neuerungen nicht so spektakulär, wie man geglaubt hat und diese kleinen Schritte verbreiten sich zumindest abteilungsintern schon oder sie werden z.T. nicht einmal als das erkannt. Wahrscheinlich sind die Schritte schon sehr klein und die Leute haben das Gefühl, das kann ich doch hier jetzt nicht diskutieren, wenn ich eine bessere Säge gefunden habe. Es ist wahrscheinlich zu wenig greifbar.“*[482]

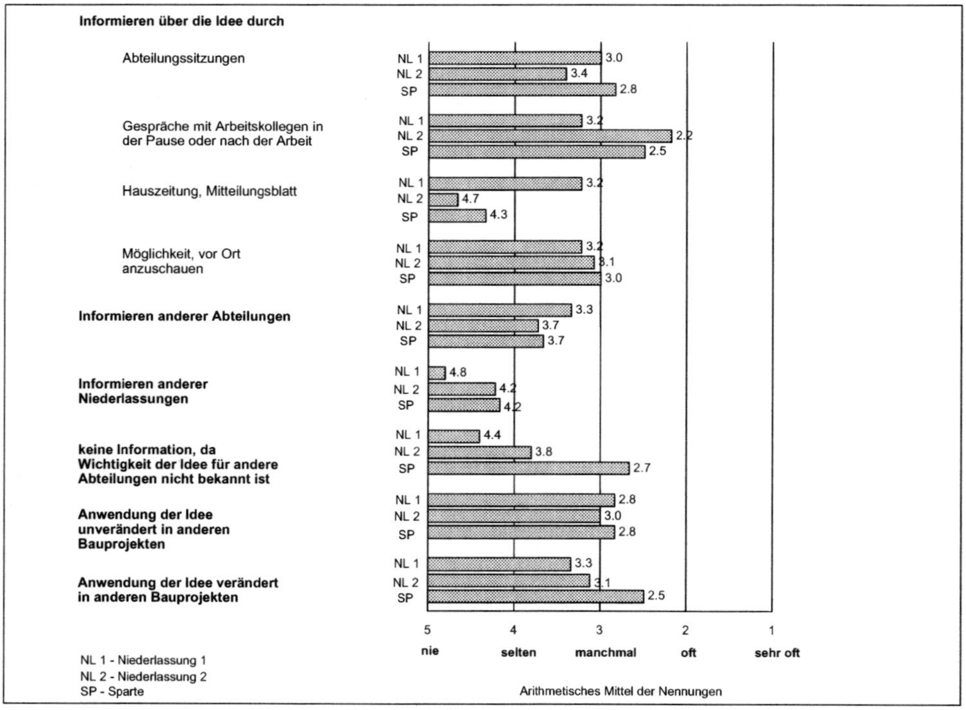

Bild 39: Verbreitung realisierter Ideen (Bauunternehmen B)
Fig. 39: Diffusion of innovative ideas (construction company B)

Die Weiterleitung von Information über verwirklichte Ideen an andere Geschäftseinheiten ist entsprechend selten. Wird die Idee in weiteren Bauprojekten angewendet,

---

[482] Interview BA 1.1, S. 8.

wird sie entweder unverändert übernommen oder den neuen Gegebenheiten angepasst. Beide Varianten treten in gleichem Masse auf (Bild 39).

2.3.2.7 Innovationsfördernde Faktoren

Bei der Identifizierung innovationsfördernder Faktoren zeigte sich, dass einzelne Personen auf die Realisierung neuer Ideen einen erheblichen Einfluss besitzen (Bild 40).

Zunächst wird für eine erfolgreiche Ideenrealisierung die Unterstützung durch den Vorgesetzten als wichtig erachtet. Der Vorgesetzte muss hinter der Idee stehen, sie nach aussen vertreten und dies auch deutlich kommunizieren. Unter Bezugnahme auf die Vorüberlegungen aus Teil B hat er intern die Rolle des Machtpromotors zu übernehmen:

> *„Ich denke, dass die Vorgesetzten mit gewissen Sachen überlastet sind, dass sie zuviel Zeit für gewisse Sachen verwenden. Wenn man bei einer Innovation etwas probieren will und einer etwas nicht weitergibt oder nicht die nötige Unterstützung gibt, dann ist das nicht schwarz oder weiss, es hängt nur in der Luft herum und es tut auch direkt nicht weh. Das ist erst später, denn der Erfolg ist ja nicht direkt da. Es braucht eine gewisse Zeit, bis es dann kommt. Ich glaube, dass ist bei uns das grösste Gift."*[483]

> *„Gewisse Sachen müssen auf Geschäftsleitungsebene passieren. Der einzelne Mitarbeiter kann nicht die Richtung vom ganzen Betrieb bestimmen, das kann er nur für seinen Arbeitskreis machen. Wenn man etwas begreiflich machen und argumentieren kann, kommen Sachen auch weiter. Ich muss von der Geschäftsleitung spüren, dass das, was ich mache, auch richtig ist und dass sich etwas bewegt."*[434]

> *„Es ist wichtig, dass die Vorgesetzten sich konkret mit den Baustellen abgeben, dass der Chef vom Tiefbau ab und zu eine Runde dreht auf der Baustelle. Das finde ich sehr wichtig. […] Und dann ist es wichtig, dass sie das Kader loben können, wenn sie etwas Sinnvolles machen und dass sie das Gegenteil machen können, wenn irgendetwas altmodisch ist. Ich glaube man muss immer wieder darauf aufmerksam gemacht werden."*[485]

> *„Der Hauptanreiz besteht darin, dass man auf Ebene Einzelperson, Projekt und Gesamtunternehmen erfolgreich sein will. Es ist notwendig, besser zu sein als die Konkurrenz. Das neue Lösungen von der Leitung nicht abgeblockt werden, sondern unterstützt werden."*[486]

---

[483] Interview BA 4.4, S. 6.

[484] Interview BA 3.1, S. 8.

[485] Interview TBA 1, S. 8.

[486] Interview TBA 2, S. 7.

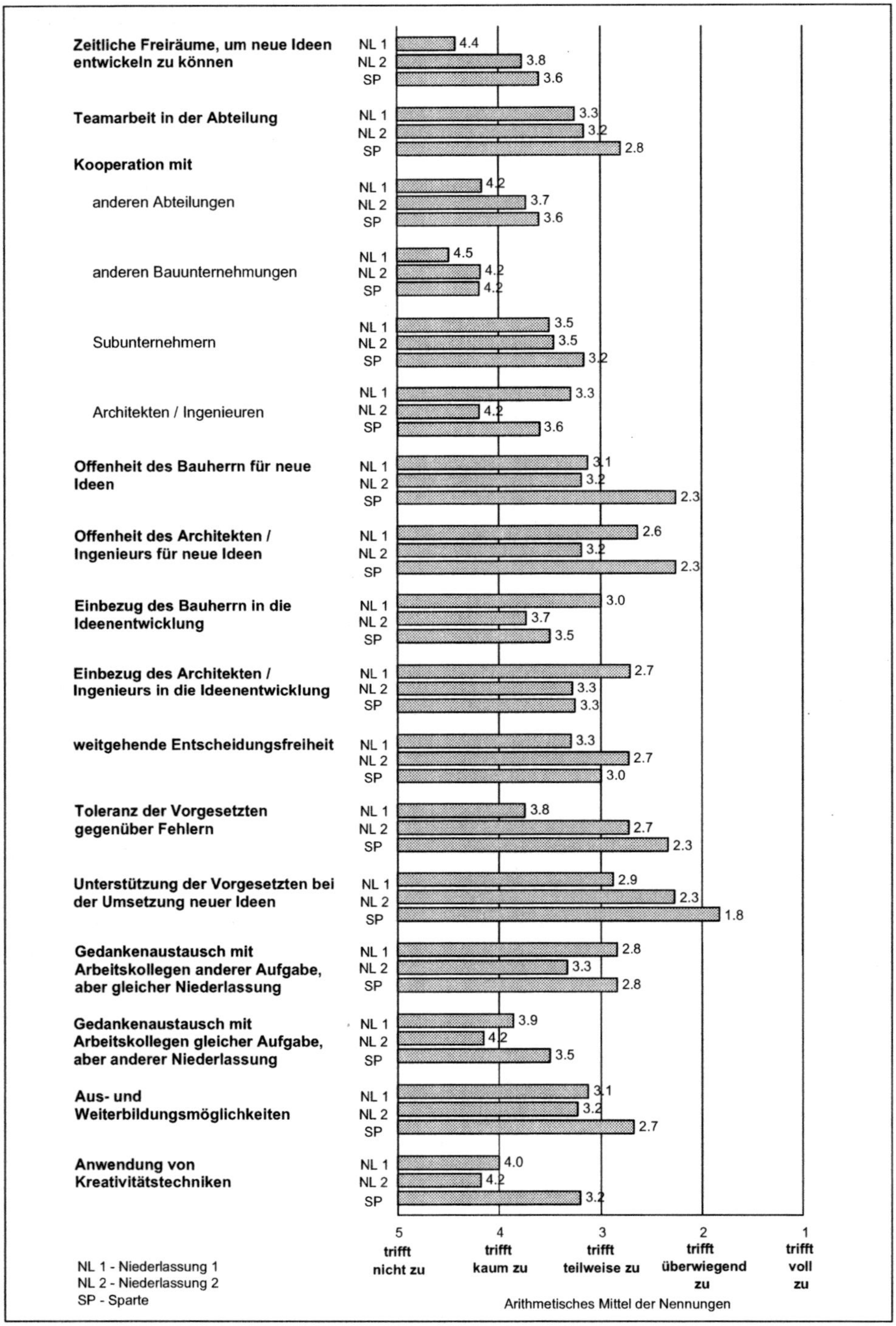

Bild 40: Innovationsfördernde Faktoren (Bauunternehmen B)

Fig. 40: Factors fostering innovations (construction company B)

Wie bereits beim Realisierungsentscheid angedeutet, übernimmt der Kunde bzw. aufgrund der vorherrschenden Projektabwicklungsform der Architekt oder Ingenieur die Rolle des externen Machtpromotors, dessen Offenheit neuen Ideen gegenüber benötigt wird. Das lässt sich z.T. auf die durch die Ideen verursachten nachträglichen Projektänderungen bzw. die Beeinflussung des Bauwerks zurückführen (Bild 40). Es zeigt sich erneut, dass eine enge und frühzeitige Zusammenarbeit und ein ausgeprägtes Kooperationsverhalten zwischen den Projektbeteiligten insbesondere bei bauwerks- bzw. projektverändernden Ideen für die Realisierung von innovativen Lösungen wesentlich sind:

> *„Ich habe schon mit Ingenieuren zusammengearbeitet, wo vieles möglich ist, wo eine gute unternehmerische Zusammenarbeit stattfindet. Das ist ganz unterschiedlich. Man kann das so steuern, dass man versucht die Bauherrschaft, die Spezialisten und Architekten mit einzubeziehen in die Prozesse, damit sie das Gefühl haben, sie sind involviert. Aber es ist schon sehr stark unsere Aufgabe, ihnen das schmackhaft zu machen. Dass man das Problem auf der Baustelle zeigt oder den Ingenieur bereits in der AVOR mit einbezieht und man zeigt, man hat das und das System, damit sie das Gefühl haben sie sind dem Prozesse zugehörig, insbesondere wenn es etwas ist, was ästhetische oder statische Konsequenzen hat. Wenn es etwas ist, was das nicht tangiert, muss man ihnen das nicht unbedingt mitteilen.“*[487]

Wesentlich für die Innovationsförderung ist auch, dass im Zusammenhang mit Neuerungen Fehler gemacht werden dürfen (Bild 40). Die Einstellung in den Unternehmen gegenüber Fehlschlägen wird als tolerant eingeschätzt. Dies lässt sich sicherlich auch auf den geringen Innovationsgrad der meisten Ideen zurückführen; die Auswirkungen eines Misserfolgs sind dann i.d.R. auch gering.

Weitere innovationsfördernde Faktoren sind Kontakte zu anderen Mitarbeitern der gleichen Niederlassung sowie Aus- und Weiterbildungsangebote (Bild 40). Beides verdeutlicht, dass neue Ideen auch durch andere Sichtweisen bzw. fachlich anderes oder neues Wissen angeregt werden können und dass die informelle Kommunikation für die Verbreitung neuer Ideen eine nicht unerhebliche Bedeutung besitzt. Dass eher wenige Kontakte mit Mitarbeitern anderer Niederlassung bestehen, weist auf die Kommunikationsschwierigkeiten infolge räumlicher Trennung hin.

Dass den Kreativitätstechniken kein innovationsfördernder Einfluss zugebilligt wird, ist auf den bereits festgestellten geringen Einsatz methodischer Hilfsmittel zur Unterstützung der Innovationsaktivitäten zurückzuführen. Auch anderen Faktoren wie z.B. dem zeitlichen Freiraum wurde eine geringe Bedeutung für die Innovationsförderung zugesprochen. Ob diese Faktoren wirklich keinen Einfluss auf das Innovationsver-

---

[487] Interview BA 3.6, S. 5.

halten besitzen oder ob sie nicht innovationsförderlich ausgerichtet sind, konnte die Frage nach den innovationshemmenden Faktoren aufzeigen.

2.3.2.8 Innovationshemmende Faktoren

Wurde dem zeitlichen Freiraum ein geringer Einfluss auf die Innovationsförderung bescheinigt, zeigt die Frage nach den innovationshemmenden Faktoren, dass Zeit zur Ideenrealisierung notwendig, aber nicht vorhanden ist (Bild 41). Danach steht in allen Phasen eines Bauprojekts zu wenig Zeit zur Verfügung, um nach neuen Ideen zu suchen und diese zu realisieren. Die Beschränkung ist z.T. auf äussere Einflüsse zurückzuführen, wie kurze Bearbeitungsdauer für umfangreiche Offerten, kurze Zeiträume zwischen Auftragsvergabe und Baubeginn sowie zu späte Detailplanungen. Eine weitere Ursache liegt in der Auslastung der Mitarbeiter mit Routinetätigkeiten, die nicht viel Freiraum für die Suche nach innovativen Lösungen lässt. Ein Spartenleiter aus Bauunternehmen A fasst dies wie folgt zusammen:

> *„Wir sind in einer Situation, dass wir auch für weniger bedeutende Arbeiten sehr viele Unterlagen bereitstellen müssen, und die Offerten sind beim Bauherren bzw. der Bauleitung Monate zur Prüfung und es passiert nichts und dann erhalten sie eine Absage oder einen Auftrag und wir vom Strassenbau leben hauptsächlich von der öffentlichen Hand und haben absolute Schweigepflicht gegenüber anderen Unternehmen und wenn sie den Auftrag erhalten, bekommen sie einen Telefonanruf, sie haben den Auftrag erhalten und in zwei Wochen sollen sie starten. Da kommt überhaupt schon das Problem, zu diesem Zeitpunkt eine Gruppe frei zu haben, noch das nötigste organisieren zu können geschweige denn innovativ etwas neu zu gestalten. Und wenn sie sehen wie viele Offerten wir rechnen, dann können sie nicht bei jeder Arbeit genügend Zeit aufwenden, um das ganze Projekt zu begutachten und Ideen zu entwickeln. Das geht einfach nicht.“*[488]

[488] Interview BA 2.2, S. 9.

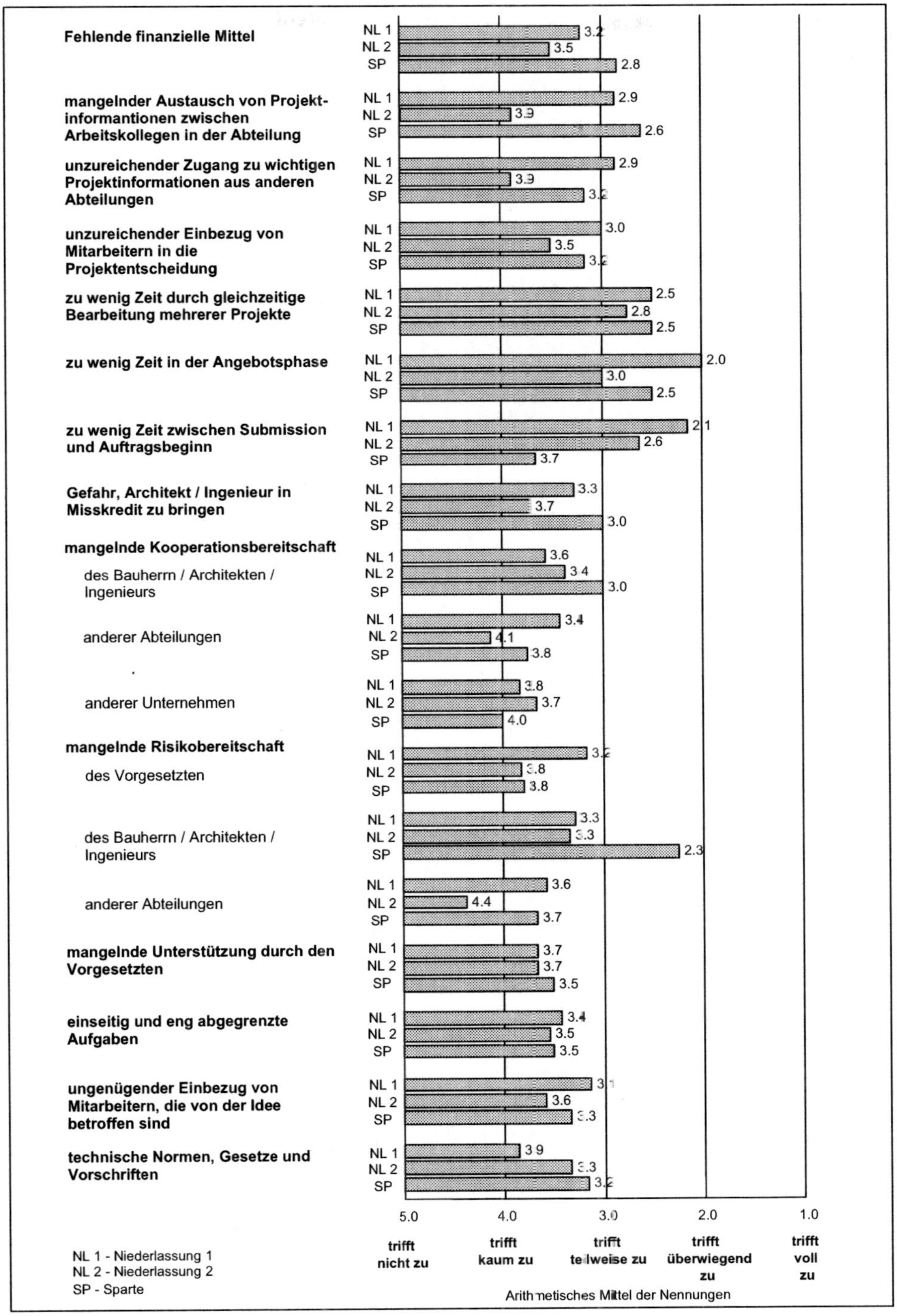

Bild 41: Innovationshemmende Faktoren (Bauunternehmen B)

Fig. 41: Factors inhibiting innovations (construction company B)

Auch die finanziellen Ressourcen für innovative Vorhaben sind, wie in Teil B angenommen, begrenzt. Insbesondere bei hoher Auftragsunsicherheit lässt die knappe Kalkulation der Angebotspreise keinen grossen finanziellen Spielraum für bauprojektabhängige wie bauprojektübergreifende Innovationsaufgaben zu:

> *„Sicherlich ist es so, dass die Kalkulatoren gut sind, aber letztendlich der Markt die Einheitspreise bestimmt. Das ist die Stärke bzw. Schwäche des Kalkulators, dass er spürt, wo der Marktpreis liegt. Bei uns in […] da hat man den Auftrag haben wollen und hat entsprechende Kampfpreise gesetzt. Was soll ich jetzt im Nachhinein sagen? Ich habe Preise, die hinten und vorne nicht langen. Im Nachhinein zu sagen, der hat falsch kalkuliert, ist schwierig, weil wenn er vielleicht richtig gerechnet hätte, dann hätten wir jetzt nicht den Auftrag. Es ist ein Teufelskreis. Ich will sicher nicht unterstellen, dass die Kalkulatoren sich keine Überlegungen machen. […] man hat probiert, die Abläufe zu studieren. Aber wenn der Preis nicht langt, dann langt er nicht."*[489]

> *„Die Kostensituation, das ist ganz klar, die bremst. Man könnte mehr machen, man könnte in bestimmten Bereichen innovativer sein, man könnte modernere Geräte anschaffen, aber die Kostensituation ist so, dass einfach nicht viel geht. Heute muss man […] die Sachen anschaffen, die man am meisten braucht und die am dringendsten sind. Aber die Kostensituation ist über die letzten 10 Jahre sehr schlimm."*[490]

Weiterhin nannten die Befragten den unzureichenden Informationsaustausch zwischen den am Bauprojekt beteiligten Mitarbeiter als hemmend für die Realisierung neuer Ideen (Bild 41). So beklagten einzelne Bauführer eine ungenügende Kommunikation zwischen Kalkulatoren und Ausführenden. Die vom Kalkulator während der Offertbearbeitung angestellten Überlegungen zur Baudurchführung sind für den Bauführer teilweise schwer verständlich und nachvollziehbar:

> *„Ich habe das Gefühl, man muss für alles nachfragen. Es kommt nichts von den vorhergehenden Stellen automatisch. Der das Projekt kalkuliert gibt mit Beginn der Baustelle die Verantwortung ab. Der Ausführende muss mit den Angaben, die er bekommt, […] wieder von vorne anfangen. Der ganze Ablauf einer Baustelle sollte eine Einheit sein, dass der Kalkulator die Informationen weitergibt und nicht für sich behält und wartet, bis andere ihn fragen. Das wird zu wenig gelebt. Das ist mein Eindruck. Über die Berechnung bis zur Realisierung sollte ein stetiger Informationsfluss sein."*[491]

Als innovationshemmend bezeichneten die Interviewten auch die Trägheit von einzelnen Entscheidungsträgern und ausführenden Mitarbeitern, die Abläufe selten kritisch hinterfragen, weil sie mit dem bisherigen Zustand zufrieden ist. Innovationsfreudige Mitarbeiter werden teilweise ausgebremst:

---

[489] Interview BA 3.3, S. 4.

[490] Interview BA 2.2, S. 9.

[491] Interview BA 4.3, S. 5.

„Bremsen tut die menschliche Bequemlichkeit. Wo man sagt, wir haben das so gemacht, jetzt machen wir das auch weiter so."[492]

„Es gibt ältere Personen, die jahrelang mit dem und dem gearbeitet haben und Neuem keine Chance geben. Es muss nicht eine ältere Person sein, es kann auch eine Einstellungssache sein, dass Neuem zu wenig eine Möglichkeit gegeben wird, dass Neues Ängste verursacht. Die Trägheit ist schon manchmal spürbar."[493]

„Es gibt auch Leute, die Varianten nicht gerne haben. Ich mache das, was in der Offerte ist, und habe meine Arbeit getan. Aber eine neue Idee haben sie nicht gefunden."[494]

Auch der Kunde wirkt z.T. durch seine auf Unsicherheit zurückgehende mangelnde Risikobereitschaft hemmend auf neue Ideen. Ebenso kann, wie in Teil B angenommen, bei traditionellen Projektabwicklungsformen der Architekt oder Ingenieur innovativen Lösungsvorschlägen der Unternehmen ablehnend gegenüber stehen bzw. hängt, wie an anderer Stelle erwähnt, die Realisierung innovativer Lösungen auch von der Einstellung des Architekten oder Ingenieurs ab:

„Diese Varianten sind dann im Ingenieurbüro [...] sauer aufgestossen, weil die ein anderes Projekt hatten und die haben uns dann vier Jahre lang nur Steine in den Weg gelegt, anstatt kooperativ mit uns zusammen zu arbeiten nur dagegen. Das hat am Schluss Millionen gekostet. Ich bin felsenfest überzeugt, wenn wir dort Hand in Hand gearbeitet hätten und die anderen zugegeben hätten, dass es eine gute Sache ist, und das war es, es hat picobello funktioniert, hätten wir viel Geld sparen können. Aber da sind die anderen beleidigt, im Ego ein Stück weit beschnitten, weil irgendein dummer Unternehmer die Frechheit hatte, eine Variante anzubieten. [...] Wir wurden nur mit neuen Normen schikaniert [...], also die haben ständig irgendwas gefunden. Das müssen sie ein paar Mal als Unternehmer gemacht haben und dann fragen Sie sich schon, wie Innovation belohnt wird. Es gibt allerdings auch andere Ingenieurbüros und Architekten, die können mit solchen Innovationen umgehen, die begrüssen das und stehen über der Sache. Diese Leute kennt man mit der Zeit. Diese Büros, die sind soweit, die fragen bei den Unternehmern schon an, bevor sie ausschreiben."[495]

Die Kooperation mit anderen Unternehmen insbesondere in ARGEn stellt i.d.R. kein Problem für die Realisierung innovativer Ideen dar. Da es sich aber um Mitbewerber handelt, überträgt sich durch die Zusammenarbeit eine neue Lösung bzw. spezifisches Wissen rasch auf andere Unternehmen, ein möglicher Wettbewerbsvorteil zehrt sich schnell auf:

„Wenn da eine kleinere Firma ein schwierigeres Objekt übernimmt, können sie sich beraten lassen. Mit Subunternehmern bringen sie praktisch fast alles hin. Das ist das eine.

---

[492] Interview BA 3.3, S. 5.

[493] Interview BA 3.6, S. 5.

[494] Interview BA 2.1, S. 7.

[495] Interview BB 1.1, S. 11.

Das andere ist die unselige Geschichte mit den Arbeitsgemeinschaften. Damit bildet man natürlich kleinere Firmen auch aus. Von dort aus gesehen muss ich sagen, dass jede Firma, die 60–80 Leute Minimum hat, im Hochbau fast alles machen kann."[496]

„[...] es verbreitet sich natürlich auch schnell. Zum Beispiel in Arbeitsgemeinschaften, da guckt man sich dann auf die Finger. Ein Vorteil ist, dass man die Entwicklung dann auch an die Konkurrenz verkaufen kann. Es ist nicht wie in der Industrie, dass wir grosse Betriebsgeheimnisse haben, wenn wir eine neue Entwicklung machen. Wir arbeiten draussen, und da sieht man alles."[497]

Des Weiteren verhindert die projekt- bzw. spartenbezogene Verantwortung für Kosten und Termine teilweise eine die Geschäftseinheiten übergreifende Zusammenarbeit bei neuen Leistungen. Das Risiko ist von der initiierenden Geschäftseinheit zu tragen; andere Geschäftseinheiten helfen zwar, sind aber nicht bereit, sich am Risiko zu beteiligen. Damit kann auch die Aussage begründet werden, warum Geschäftseinheiten Spezialarbeiten z.T. nicht mit den eigenen Kapazitäten ausführen. Sie können die Arbeiten am Markt günstiger beziehen als intern und die damit verbundenen Risiken auf die Subunternehmer abwälzen. Chancen zur Nutzung des Unternehmenspotentials gehen durch das Spartendenken teilweise verloren:

„Ich bin der Meinung grundsätzlich ist das ein Vorteil, wenn man das gesamte Spektrum selber anbietet. Aber es hat eben auch Nachteile. Wenn Marktpreise hinunterschleudern, dann spürt man das vielleicht zu spät und verliert vielleicht einen Auftrag. Die Margen werden enger. Ich habe jetzt eine Offerte auf dem Tisch, da müssen wir eine Menge Spezialarbeiten ausführen können. Ich bekomme die Offerten, aber alle meine Mitbewerber bekommen die Offerten auch. Auf allen diesen Dingen, da haben wir die gleichen Offerten und damit gibt es keinen Vorteil [...]. Wenn [...] aber selber etwas ausführen kann, dann kann man sagen, ich kann es etwas billiger machen. Aber dann benötigt man unbedingt eine bessere Offerte intern. Da ist das Problem dann. Derjenige, der für die Spundwandausführung verantwortlich ist, meint immer, wenn er [...] intern offerieren kann, dann kann er ein bisschen mehr nehmen, da muss er nicht so ganz scharfe Marktpreise machen wie die anderen. Der hat immer das Gefühl, hier bin ich geschützt. Was nicht der Fall ist, weil man muss immer wieder das äusserste herausholen. Ich habe oft festgestellt, ich bekomme intern nicht so billige Preise wie extern. [...] Ich meine, ich hätte die bessere Offerte, weil jetzt gehen wir miteinander und holen diesen Auftrag, aber das meint er nicht. Wenn er dasselbe nicht meint, dann stehe ich schon schlecht der Konkurrenz gegenüber."[498]

[496] Interview BA 1.1, S. 4.

[497] Interview BA 2.3, S. 5f.

[498] Interview TBA 1, S. 3f.

2.3.2.9 Motivation

Zwar besteht in beiden Unternehmen die Möglichkeit, neue Ideen auszuprobieren, aber die Bereitschaft dazu wird nur bedingt honoriert bzw. unterstützt. Es gibt keine für die Mitarbeiter erkennbaren Anreize für innovative Leistungen. Zum einen werden vorhandene Anreize (Prämien) ungenügend genutzt (Bild 42):

„Es gibt keine finanziellen Anreize, soweit ich weiss. Es ist zumindest nicht institutionalisiert, dass man sagt: Wenn einer einen Vorschlag macht, und wir können den umsetzen, dann kriegt er irgendwas. Ich glaube, das gibt es nicht. Es ist nicht geregelt. Man würde sicher einem, der einen guten Vorschlag macht, was geben. Man tritt nicht an die Leute heran und sagt, wenn ihr das macht, dann kriegt ihr irgendeine Entschädigung. Andere Motivationen wie Urlaub oder so, das gibt es nicht."[499]

„Es werden kaum Prämien genützt dafür, dass jemand etwas bringt. In dem Bereich kann man etwas machen. Es ist eine Sache des Abteilungsleiters, der nachher Vorschläge der Geschäftsleitung abgeben kann, der hat das und das entwickelt."[500]

Zum anderen werden bei jedem Mitarbeiter unterschiedliche Anreize wirksam, wodurch sich die Vorüberlegungen aus Teil B bestätigen, dass Individuen unterschiedliche Bedürfnisse besitzen, die es bei der Organisationsgestaltung zu berücksichtigen gilt. So ist bereits Erfolg in der Arbeit und die Möglichkeit, Neuerungen zu realisieren, für einige Mitarbeiter Anreiz, um innovativ tätig zu werden (Bild 42). Für diese Mitarbeiter fehlt aber vielfach der zeitliche Freiraum sowie die gezielte Unterstützung und Anerkennung durch den Vorgesetzten. Bei anderen Mitarbeiten ist z.B. eine leistungsgerechte Entlohnung Anreiz zum Innovieren.

Die Frage nach der Motivation der Mitarbeiter, neue Ideen zu entwickeln, zeigt deutlich, dass für die meisten Mitarbeiter die Arbeitsaufgabe zur Ideensuche motiviert (Bild 42). Die Arbeit muss den Mitarbeiter herausfordern, sie muss abwechslungsreich sein und genügend Spielraum zum selbständigen Entscheiden aufweisen. Auch die Möglichkeit, mit anderen Kollegen oder Projektbeteiligten in Kontakt bzw. Diskussion zu treten wirkt, als Motivator.

---

[499] Interview BA 3.2, S. 10.

[500] Interview BA 2.2, S. 10.

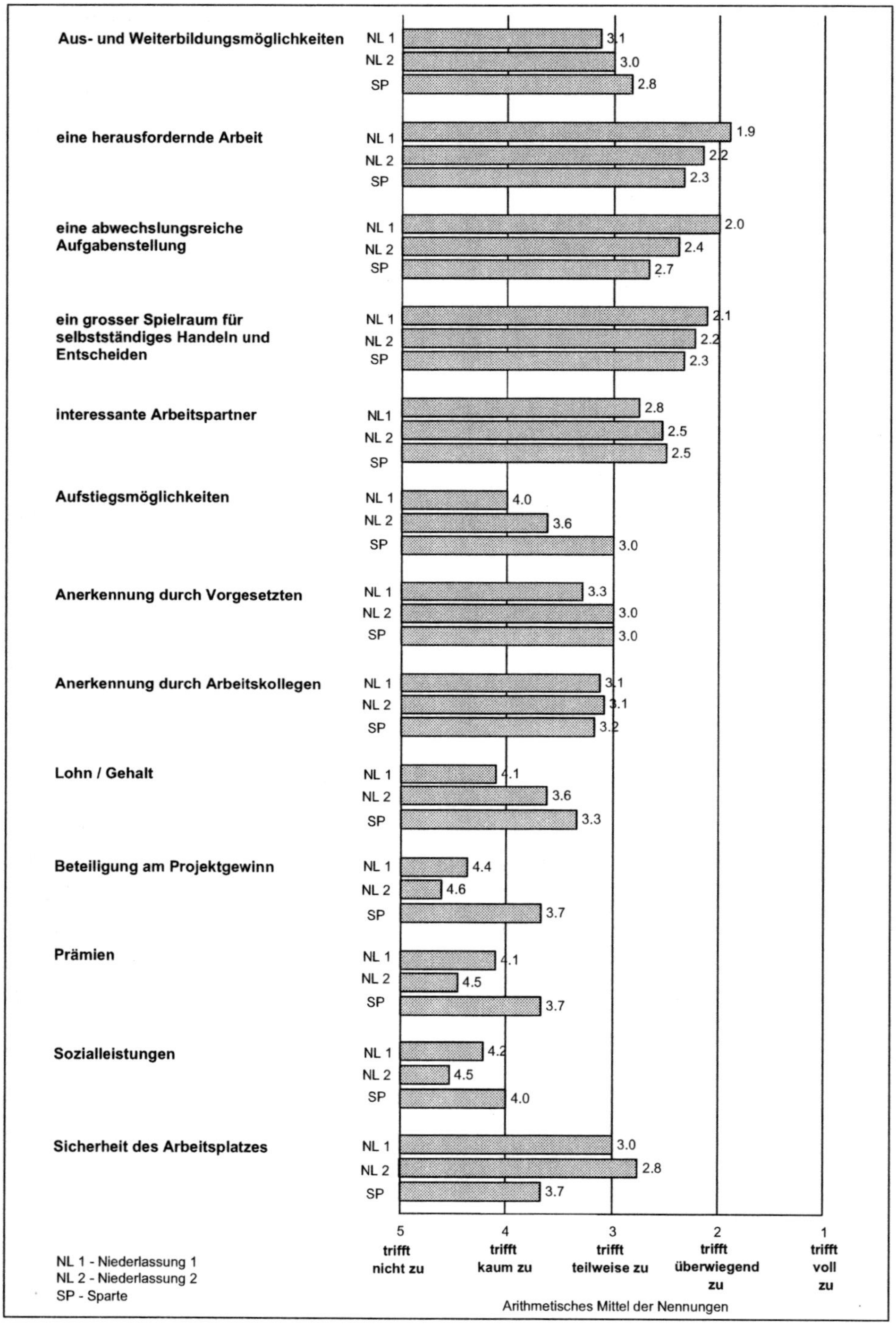

Bild 42: Motivation für neue Ideen (Bauunternehmen B)

Fig. 42: Motivation for generating innovative ideas (construction company B)

Damit sind es vor allem die Arbeitsinhalte und weniger die monetären Anreize, die die Mitarbeiter zur Ideensuche anregen.

„Der Anreiz für mich ist ja auch gut, wenn ich etwas erreiche. Wenn ich das Projekt durchziehen kann und es auch noch auf der finanziell guten Seite ist. Das ist auch schon schön."[501]

„Es ist schon eine Frage, was jeder für eine Einstellung zu seinem Beruf hat. Ob es nur ein Broterwerb ist oder ob man sich mit den Aufgaben, die einem gestellt werden, identifizieren kann. Man kann keine innovative Ideen bringen, wenn man sich nicht komplett identifiziert."[502]

2.4 Implikationen für die Generierung innovativer baulicher Gesamtlösungen

Aus den empirischen Untersuchungen in den beiden Bauunternehmen lassen sich aufbauend auf den theoretischen Aussagen und Vorüberlegungen aus Teil B folgende zusammenfassende Schlussfolgerungen für die Generierung innovativer baulicher Gesamtlösungen ziehen.

Das durch die Bauunternehmen nutzbare ***Innovationspotential***, das heisst, die Möglichkeit in Bezug auf die bauliche Gesamtlösung neue Ideen zu entwickeln und umzusetzen, wird im Wesentlichen durch den ***Umfang der angebotenen Leistungen*** der Unternehmen und die ***Projektbezogenheit der Innovationsaufgaben*** beeinflusst (Bild 43).

Der Leistungsumfang wirkt sich in der Form auf das Innovationspotential aus, dass bei Einzelleistungen und insbesondere bei Ausführungsleistungen der erzielbare Innovationsgrad gering ist und das Innovationsobjekt lediglich den Erstellungsprozess umfasst. Der Grund liegt zum einen darin, dass bei Einzelleistungen die Ansatzpunkte für Innovationen auf den Leistungsbereich begrenzt bleiben. Abhängigkeiten zu anderen Leistungsbereichen können i.d.R. nicht erkannt bzw. bewusst genutzt werden. Zum anderen kann bei Einzelleistungen, die sich auf die Ausführungsphase des Bauprojekts beschränken, weniger Einfluss auf die bauliche Gesamtlösung genommen werden. In dieser Phase des Bauprojekts sind die wesentlichen Parameter der baulichen Lösung bereits definiert und nachträgliche Optimierungen erweisen sich teilweise als schwierig.

---

501 Interview BA 4.4, S. 4.

502 Interview BA 4.5, S. 6.

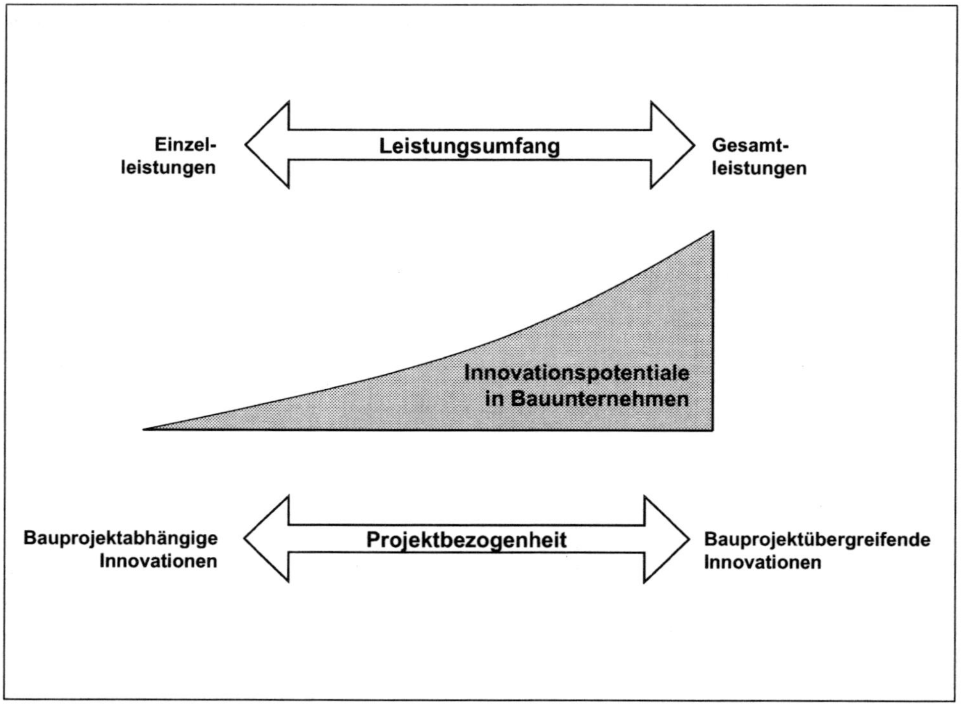

Bild 43: Innovationspotential in Abhängigkeit von Leistungsangebot und Projektbezogenheit

Fig. 43: Innovation potential subject to the service offer and the dependency on projects

In beiden Unternehmen zeigte sich, dass in Marktsegmenten, die Leistungen der frühen Phasen des Bauprojekts umfassen wie der GU-/TU-Hochbaubereich und zukünftig lebenszyklusorientierte Systemleistungen, und in Marktsegmenten, in denen relativ neue Leistungen verstärkt nachfragt werden, mehr Innovationspotentiale genutzt werden können (Bild 44).

Die in Teil B gezogene Schlussfolgerung, dass zum Erkennen und Ausschöpfen von Innovationsmöglichkeiten Leistungsinnovationen eine notwendige Voraussetzung sind, hat sich empirisch bestätigt. Bauunternehmen werden sich dann verstärkt Innovationspotentiale eröffnen, wenn sie sich zum Systemintegrator entwickeln.[503] Darüber hinaus hat sich ebenfalls bestätigt, dass veränderte Projektabwicklungsformen notwendig sind, um eine vertrauensbasierte Zusammenarbeit zwischen den Projektbeteiligten zu ermöglichen und Anreize zum Innovieren zu setzen. Innovationspotentiale lassen sich auch dann umfassender nutzen, wenn die Rolle des

503 Vgl. Girmscheid, G. (Wettbewerbsvorteile 2003).

Systemintegrators aus kooperativen Arrangements zwischen mehreren Unternehmen zur Abwicklung der gesamten Bauaufgabe hervorgeht.

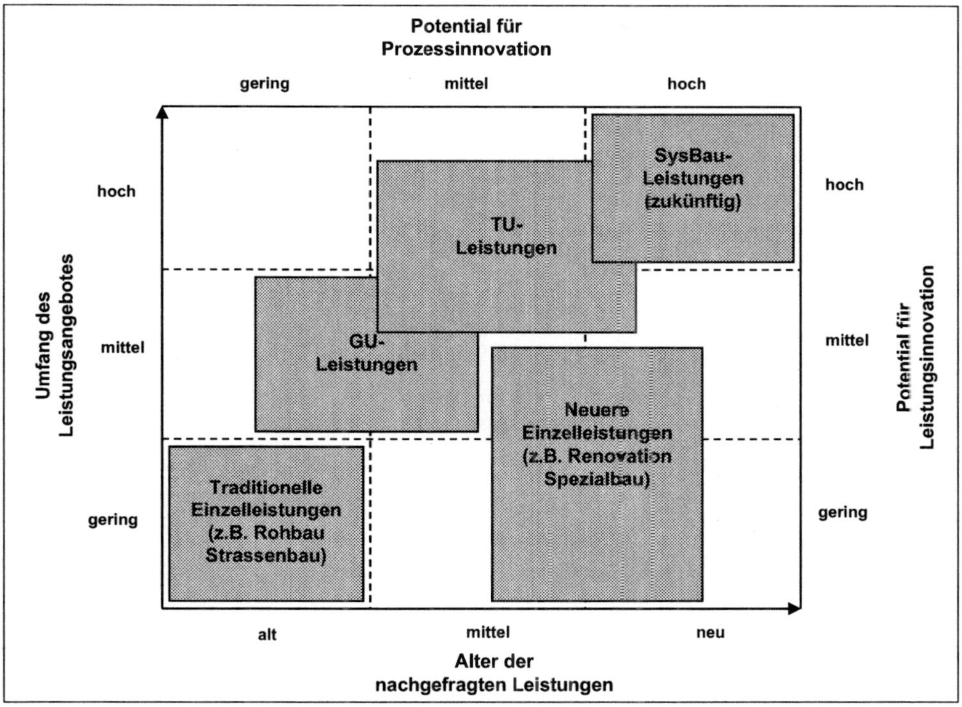

Bild 44: Innovationspotential in Abhängigkeit vom Marktsegment
Fig. 44: Innovation potential subject to the market

Eine wesentliche Ergänzung zu den Vorüberlegungen aus Teil B ergaben die empirisch gewonnenen Erkenntnisse in Bezug auf die Projektbezogenheit der Innovationsaufgaben. Die Projektbezogenheit der Innovationsaufgaben wirkt sich derart auf das Innovationspotential aus, dass innovative Ideen, die im Rahmen eines Bauprojekts entstanden sind und umgesetzt werden sollen, in den meisten Fällen entweder eine geringen Innovationsgrad besitzen oder ihre Anwendungsreife bereits erreicht haben. Der Grund hierfür ist in den begrenzten Ressourcen des Bauprojekts zu sehen. Insbesondere fehlt dem Projektteam häufig die Zeit, um Ideen weiter zu entwickeln und zur Anwendungsreife zu bringen. Zwar ist davon auszugehen, dass durch eine effizientere Gestaltung des Bauprozesses und ein professionelles Projektmanagement vermehrt zeitliche Freiräume für die Realisierung von Innovationsaufgaben geschaffen werden können. Aber gerade im Hinblick auf die mit steigenden Innovationsgraden verbundenen umfangreichen Aktivitäten sind grössere Innovationsgrade erst dann möglich, wenn innovative Ideen über das einzelne Bauprojekt hinweg verfolgt und realisiert werden oder anders ausgedrückt, wenn Bauunternehmen sich zum Systemanbieter entwickeln bzw. sich die Rolle des Systemanbieters über langfristige kooperative Arrangements zwischen verschiedenen Unternehmen etabliert.

Neben Leistungsangebot und Projektabwicklungsform als das Innovationsverhalten beeinflussende Bedingungen konnten ebenfalls die in Teil B vermuteten Zusammenhänge zu den Innovationsbedingungen der ***Auftragsunsicherheit***, der ***Finanzstärke***, der ***Wissensstärke*** und des ***Kooperationsverhaltens*** weitgehend empirisch aufgedeckt und konkretisiert werden. So zeigte sich, dass die Auftragsunsicherheit zu einem flexiblen Leistungsangebot bei der Bauwerkserstellung führt, um den Schwankungen des Marktes begegnen zu können. Die Unternehmen reagieren mehr auf Marktveränderungen als sie über Leistungsinnovationen zu antizipieren. Gekoppelt mit einem harten Preiswettbewerb resultiert aus der Auftragunsicherheit zudem eine geringe Finanzstärke der Unternehmen, durch die sich Investitionen für innovative Vorhaben begrenzen. Horizontale Ad-hoc-Kooperationen in ARGEn ermöglichen den Unternehmen, auch grössere Bauprojekte zu realisieren und dort z.B. Investitionen in neue Maschinen zu tätigen. Da die Unternehmen häufig mit den gleichen Partnern zusammenarbeiten, ist das Kooperationsverhalten als gut zu bezeichnen. Auch mit Kunden, Planern und Zulieferern sind Ansätze für projektbezogene kooperative Arrangements vorhanden. Im Zuge neuer Projektabwicklungsformen für die Generierung innovativer baulicher Gesamtlösungen ist diese partnerschaftliche Zusammenarbeit noch zu intensivieren. Darüber hinaus fehlen auch langfristig orientierte kooperative Arrangements, um die mit der Rolle des Systemanbieters zusammenhängende Realisierung bauprojektübergreifender Innovationsaufgaben verstärken zu können.

Bestätigt und konkretisiert werden konnte gleichfalls das Vorhandensein ***innovationsfördernder Promotorenrollen***. Als interne Fach- und Prozesspromotoren treten die Mitglieder des Projektteams auf, wobei die Rollenverteilung je nach Umfang der Bauaufgabe variieren bzw. über die Aufgabengestaltung Mitarbeitern die Gelegenheit zur Rollenwahrnehmung gegeben werden kann. Bei den vorherrschenden geringen Innovationsgraden bzw. geringfügigen Investitionen können sie gleichzeitig die Rolle des Machtpromotors übernehmen. Bei der Einführung von Neuerungen mit mittleren und hohen Innovationsgraden kommt die Rolle des internen Machtpromotors dem Vorgesetzten auf Sparten- oder Geschäftsleitungsebene zu. Bei bauwerks- bzw. projektverändernden Ideen spielt der Kunde eine entscheidende Rolle als externer Machtpromotor.

Die Befragung zeigte zudem, dass der ***Anreiz*** bzw. die ***Motivation der Mitarbeiter*** zu innovativen Beiträgen vor allem aus den Arbeitsinhalten und den gewährten Entscheidungsfreiräumen erwächst. Auf die Bedürfnisse der einzelnen Mitarbeiter abgestimmte Anreizsysteme sind jedoch nicht vorhanden bzw. wird ihr Vorhandensein nur unzureichend kommuniziert. Für die Nutzung des Kreativitätspotentials der Mitarbeiter müssen neben den Entscheidungs- auch die notwendigen zeitlichen Freiräume geschaffen werden. Darüber hinaus sind innovative Mitarbeiter durch den Vorgesetzten ausreichend zu unterstützten. Das bedingt z.T., dass auch die Vorgesetzten die Möglichkeit besitzen, sich von den Belastungen des Projektalltags zu befreien.

Beide Fallstudien machten deutlich, dass der Innovationsprozess in Bauunternehmen sowohl mit dem vorgelagerten Innovationsprozess der Zulieferindustrien als auch mit dem nachgelagerten Innovationsprozess der bauwirtschaftlichen Kunden verknüpft ist. Da, wie in Teil B ausgeführt, zur Generierung innovativer baulicher Gesamtlösungen die Gestaltung der Prozessschnittstellen als wesentlich zu erachten ist, wurden zwei ergänzende Fallstudien durchgeführt, eine Fallstudie über den Innovationsprozess bei einem Zulieferer und eine Fallstudie über die Innovationsakzeptanz bauwirtschaftlicher Kunden. Neben der Betrachtung der Schnittstellen im Innovationsprozess sollten weitere empirische Lücken der beiden Primärstudien geschlossen werden. Dazu zählten insbesondere Daten über die bisher wenig realisierten bauprojektübergreifenden Innovationsaufgaben und Neuerungen mit grösseren Innovationsgraden sowie empirische Erkenntnisse zur Innovationsakzeptanz des Kunden und zum Regulierungsgrad, was auf die gleichfalls geringen Produktinnovationen zurückzuführen ist.

3 Fallstudie Zulieferer

Die erste ergänzende Fallstudie untersuchte die Realisierung einer Produktinnovation mit hohem Innovationsgrad bei einem in der Schweiz ansässigen Zulieferer der Bauwirtschaft. Die Analyse des Innovationsprozesses sollte zum einen Erkenntnisse über die Gestaltung der Schnittstelle zwischen dem Forschungs- und Entwicklungsprozess (F&E-Prozess) beim Zulieferer und dem Innovationsprozess beim Bauunternehmen liefern. Zum anderen sollten weitere Erkenntnisse gewonnen werden, die sich auf die Realisierung bauprojektabhängiger wie bauprojektübergreifender Innovationsaufgaben in Bauunternehmen anwenden lassen.

Zu Beginn des Kapitels wird die vom Zulieferer realisierte ***Innovationsaufgabe charakterisiert*** (Abschn. 3.1). Darauf folgend werden ***Ziele*** und ***Methode der Untersuchung*** kurz beschrieben (Abschn. 3.2) und die ***Untersuchungsergebnisse*** präsentiert (Abschn. 3.3). Am Ende des Kapitels werden die wichtigsten Erkenntnisse im Hinblick auf die ***Generierung innovativer baulicher Gesamtlösungen*** zusammengefasst (Abschn. 3.4).

3.1 Innovationscharakteristik

Die untersuchte Innovationsaufgabe war durch folgende Merkmale gekennzeichnet. Innovationsobjekt war eine Tunnelabdichtung, die üblicherweise zum Schutz gegen anfallendes Berg- und Druckwasser zwischen der Aussen- und der Innenschale eines Tunnels angeordnet ist. Es kann von einer ***Produktinnovation*** gesprochen werden. Das Ziel der innovativen Entwicklung bestand darin, die mit den traditionell eingesetzten Kunststofffolien verbundenen Nachteile, wie Undichtigkeit, schlechte Nachdichtung und aufwendiges Verlegen zu überwinden. Dabei kam es primär nicht darauf an, ein günstigeres Konkurrenzprodukt mit verbesserten Eigenschaften zu schaffen, sondern das Gesamtsystem Tunnelschale sollte durch das neue Produkt effizienter und qualitativ besser erstellt werden können. Erreicht werden konnte dieses Ziel durch die Entwicklung einer spritzbaren, elastischen Tunnelabdichtungsmembran, die mit der Aussen- und Innenschale des Tunnels ein Verbundsystem bildet (Bild 45).

Bezogen auf das Bauwerk kann hinsichtlich des Innovationsgrads von einer ***Systeminnovation*** gesprochen werden, denn die Spritzbarkeit der Abdichtung führt neben der gegenüber herkömmlichen Folien verbesserten Wasserverdrängung zu Veränderungen in den konstruktiven Beziehungen zur Aussen- und Innenschale des Tunnels. Abdichtung und Tunnelschalen bilden eine Verbundkonstruktion. Dadurch wird der Übergang von zweischaligen zu einschaligen Tunnelkonstruktionen möglich bzw. können zweischalige Tunnelkonstruktionen mit verhältnismässig dünner Innenschale hergestellt werden, mit den entsprechenden Materialeinsparungen. Auswirkungen bestehen aber auch auf Tunnelerstellung und -betrieb. So kann die Effizienz bei der Herstellung von Aussen- und Innenschale sowie Abdichtung aufgrund der Spritzbarkeit gesteigert werden. Des Weiteren lassen sich durch die Verbundwirkung Fehlstellen leichter lokalisieren und nachbehandeln.

Aus prozessorientierter Sicht entspricht die untersuchte Innovationsaufgabe dem in Teil B beschriebenen F&E-Prozess mit den drei Phasen der ***Grundlagenforschung***, der ***Angewandten Forschung*** und der ***Entwicklung***.

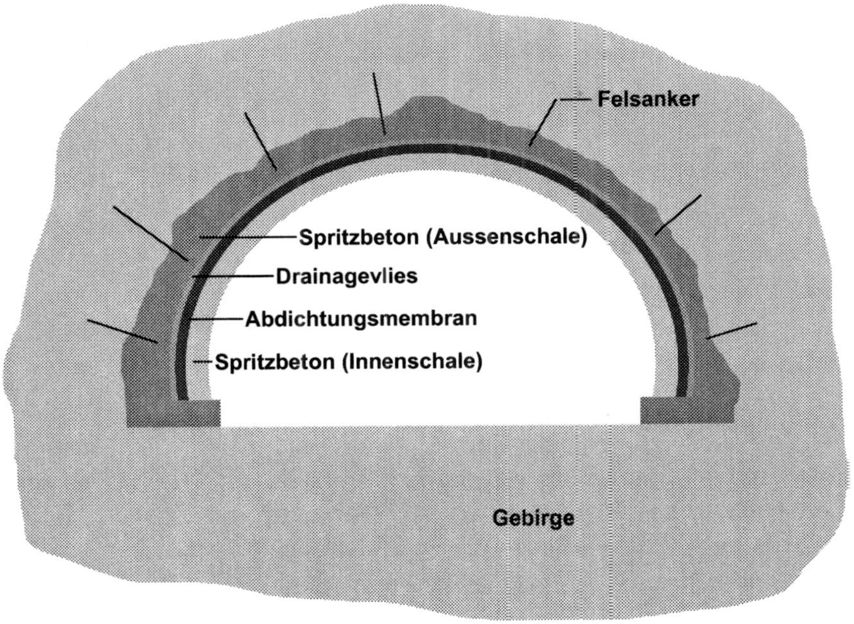

Bild 45: Prinzipieller Aufbau des Verbundsystems Tunnelschale
Fig. 45: Structure of the composite system *tunnel shell* in principle

3.2 Untersuchungsziele und -methoden

Ziel der Fallstudie war es, die vom Zulieferer realisierte Produktinnovation zu analysieren und die den Innovationsprozess ***beeinflussenden Faktoren*** zu erfassen. Es interessierte diesbezüglich vor allem die Verknüpfung von F&E-Prozessen der Zulieferer mit den Innovationsprozessen in Bauunternehmen und die Realisierung von Produktinnovationen bzw. Neuerungen mit grossen Innovationsgraden. Darauf aufbauend sollten ***Empfehlungen*** für die Abwicklung zukünftiger Innovationsprozesse in dem Unternehmen erarbeitet und weitere Schlussfolgerungen für die Generierung innovativer baulicher Gesamtlösungen gezogen werden.

Aus dieser Zielsetzung ergaben sich folgende Fragen, die die Fallstudie leiteten:

- ***Wie verlief der Erfüllungsprozess der Innovationsaufgabe und welche Faktoren beeinflussten ihn?***
- ***Welche Schlussfolgerungen können aus dem Verlauf des Innovationsprozesses für die Generierung innovativer baulicher Gesamtlösungen gezogen werden?***

Um den Innovationsprozess ganzheitlich beschreiben zu können, gelangten wiederum verschiedene Methoden der Datenerhebung zum Einsatz, die entsprechend dem Verlauf der Untersuchung ausgewählt wurden.

Eingesetzt wurden in folgender Reihenfolge:

- **1 Leitfadeninterview zu grundlegenden Aspekten des Innovationsprozesses**

  Es wurden Gegenstand und Ziele des Innovationsprozesses sowie erste Prozessmerkmale erfasst. Ferner wurde die Unternehmenstätigkeit und -organisation genauer charakterisiert und der Innovationsprozess in Tätigkeit und Struktur des Unternehmens eingeordnet. Interviewpartner war der Leiter der F&E-Abteilung für den Untertagebau.[504]

- **Dokumentenanalyse zu den Tätigkeiten im Innovationsprozess**

  Die einzelnen Tätigkeiten im Verlauf des Innovationsprozesses wurden anhand der verfügbaren Projektberichte ermittelt und verschiedenen Phasen zugeordnet. Darüber hinaus wurden erkennbare Einflüsse auf den Innovationsprozess und ihre Wirkung auf die Forschungs- und Entwicklungstätigkeit herausgearbeitet.

- **3 Leitfadeninterviews zu den Einflüssen auf den Innovationsprozess**

  Es wurden zwei Interviews mit dem Verantwortlichen des Innovationsprojekts während der Phasen der Angewandten Forschung und der Entwicklung und ein Interview mit dem verantwortlichen Produktmanager aus der Marketingabteilung geführt. Dabei wurde auf die ermittelten Einflüsse aus der Dokumentenanalyse näher eingegangen. Ihr Ursprung und ihre Auswirkungen auf den Innovationsprozess wurden detailliert bestimmt.

- **Gruppendiskussion zu den Untersuchungsergebnissen**

  Eine Zusammenfassung der Untersuchungsergebnisse und daraus abgeleiteter Gestaltungsempfehlungen für zukünftige Innovationsaufgaben in dem Unternehmen wurde allen Interviewpartnern vorgestellt. Durch die intensive Diskussion konnten die aufgestellten Zusammenhänge und Schlussfolgerungen bestätigt bzw. korrigiert werden.

Nachfolgend werden die Ergebnisse der Datenerhebung und die daraus gewonnenen Erkenntnisse vorgestellt.

---

504 Der Interviewleitfaden befindet sich im Anhang 4 der Arbeit.

3.3 Untersuchungsergebnisse

3.3.1 Innovationsverlauf

Wie bereits angesprochen, ist der Innovationsprozess beim untersuchten Zulieferer als F&E-Prozess zu bezeichnen und lässt sich entsprechend durch folgende drei Phasen kennzeichnen:

- **Grundlagenforschung**

  Die Grundlagenforschung zielte darauf, durch experimentelle und theoretische Arbeit neues Wissen über Abdichtungen zu gewinnen, ohne dabei an einer besonderen Anwendung orientiert zu sein.

- **Angewandte Forschung**

  Mit dem Eintritt in die angewandte Forschung stand mit dem Tunnelbau der Anwendungsbereich des in der Grundlagenforschung gewonnen Wissens fest. Die weiteren Untersuchungen waren darauf gerichtet, das Wissen auf die spezifische Anwendung im Tunnelbau hin zu erweitern.

- **Entwicklung**

  Stützten sich die vorangegangenen Tätigkeiten auf Erkenntnisse aus Laborversuchen, flossen mit den ersten Feldversuchen praktische Erfahrungen in den Innovationsprozess ein. Die Entwicklungstätigkeit verlief dabei parallel zur angewandten Forschung, da die Erkenntnisse aus der praktischen Anwendung auch neues Forschungswissen verlangten.

Als wesentlich für den Verlauf des Innovationsprozesses kann der Übergang von der Grundlagen- zur angewandten Forschung angesehen werden (Bild 46). Zu diesem Zeitpunkt wurden die Eigenschaften eines möglichen Produkts in einem Produktprofil zusammengefasst. Für dieses potentielle Produkt stand der Anwendungsbereich noch nicht fest. Die Schwierigkeit bei der Definition der Produkteigenschaften bestand darin, dass auf der einen Seite das Potential eines zukünftigen Produkts erkannt werden musste und auf der anderen Seite die Eigenschaften nicht soweit spezifiziert wurden, dass bestimmte Anwendungsbereiche auszuschliessen waren:

> *„Die (Produktdefinition – Anm. d. Verf.) ist noch nicht sehr genau, richtig. Das ist ein Schritt, der später in der Entwicklung dann schon kommt, wenn man dann wirklich auf ein Anwendungsgebiet hingeht. Es ist immer ein gewisses Problem, wenn man anfängt so ein PDR (Produktprofil – Anm. d. Verf.) zu generieren von der Forschungsseite aus. Wenn es von aussen kommt ist klar, da ist ein Marketing oder Verkaufssystem, das will so etwas haben. Wenn es aber von der anderen Seite kommt, dann versuche ich natürlich ein möglichst breitgefächertes Gebiet zu beschreiben, was ich machen kann. […] Wir müssen*

dann eigentlich diese Anfrage an den Hochbau oder Tiefbau, an unsere Firma verkaufen, an die Marketingleute, an die Geschäftsstellenleiter evtl. Die kriegen das dann. Dann hat das [...] gekriegt, schau dir das an, das könnten wir, Interesse dran? [...] Da kommt dann von deren Seite [...] die Meldung, ja wir sind interessiert daran, aber das und das müssten dann die Eigenschaften sein. Da baut sich dann ein Produktprofil langsam aber sicher auf. Es gibt hier ein Profil, was das Produkt kann und dieses Profil wird mit der Zeit immer weiter ausgebaut."[505]

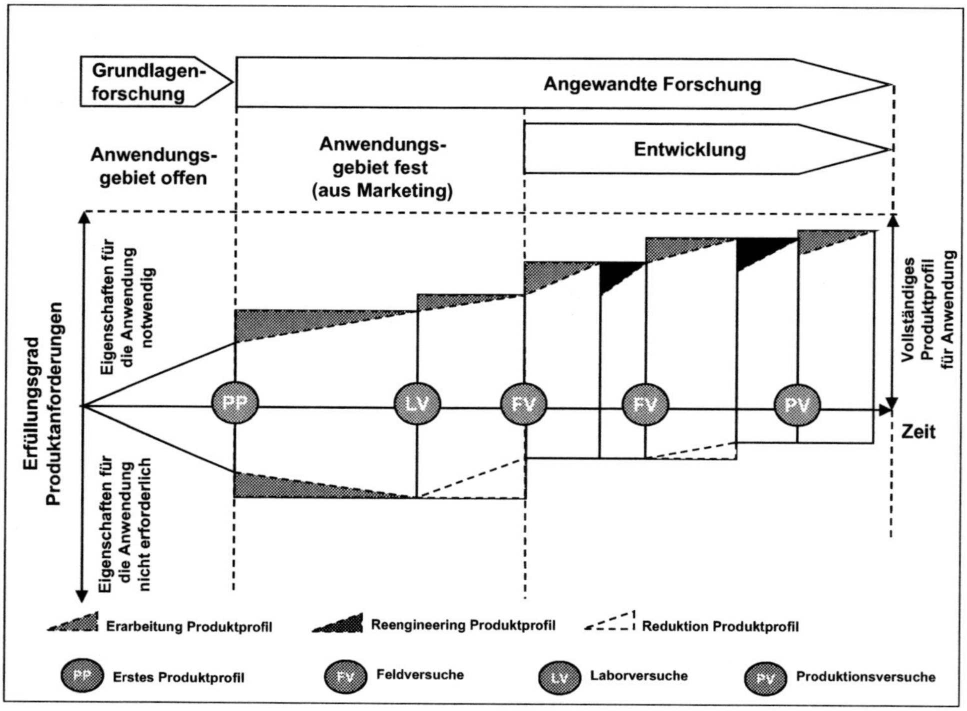

Bild 46: Verlauf des Produktprofilaufbaus (qualitativ)
Fig. 46: Process of building up the product profile (qualitative)

Im Auftauchen weiterer durch Kundenanfragen oder Ideen des Marketings induzierter Anwendungsmöglichkeiten im Laufe der Entwicklungstätigkeit (meistens im Zuge von Feldversuchen) äusserte sich diese Schwierigkeit:

„Es ist häufig so, dass Leute, wenn sie sehen, da kommt etwas auf sie zu, dass sie plötzlich Ideen haben, was könnte ich sonst noch damit machen. [...] Letztendlich haben wir vielleicht 5–8 Produkte aus der einen Idee, die generiert wurde. [...] Das ist das Problem,

505 Interview BZ 2.1, S. 3.

das wir haben, dass das Marketing, wenn es ein Produkt hat, noch eines findet, was viel interessanter wäre."[506]

Handelte sich es um ein viel versprechendes Anwendungsgebiet und konnte durch Modifikationen das bestehende Produktprofil den Anforderungen der neuen Anwendung nicht angepasst werden, musste ein zusätzlicher Forschungs- und Entwicklungsprozess initiiert werden:

„Für andere Anwendungen sind wir abwärts mit der Dichte. Ich habe dann ein riesiges Datenblatt mit den Eigenschaften, die ich erreichen kann. Aber ich muss dann alle rausstreichen, die für die Anwendung nicht relevant sind. Dann habe ich plötzlich die Möglichkeit weiter zu optimieren. Für die Anwendung mache ich eine neue Formulierung, die ist leichte, die ist billiger, usw. Die bringt für die Anwendung nur Vorteile, aber für eine andere Anwendung ist sie nicht mehr zu gebrauchen. Ich habe verschiedene Anwendungen, ich werde auch verschiedene Produkte haben. Wenn es sich nicht lohnt, muss man überlegen, wo kann man Kompromisse eingehen, dass man etwas für zwei Anwendungen entwickelt."[507]

Bestand das Ziel des Innovationsprozesses in der Erarbeitung eines marktfähigen Produkts, drückt der Zielerreichungsgrad aus, in welchem Masse die Anforderungen aus dem Anwendungsbereich durch das sich in der Entwicklung befindliche Produkt bereits erfüllt werden (Bild 46).

Während der Grundlagenforschung wurde ein Produktprofil aufgebaut, das aufgrund der offenen Anwendung die Anforderungen aus dem Einsatz des Produkts im Tunnelbau nur z.T. erfüllte und darüber hinaus Eigenschaften bzw. Ausprägungen von Eigenschaften aufwies, die für den Tunnelbau nicht relevant waren:

„Wir haben immer wieder gemerkt, Produktprofile, so wichtig und so gut sie sind, sie enthalten nicht alles. Es kommen Fragen auf, die nicht im Produktprofil stehen und die dann doch beantwortet werden sollten."[508]

Erst mit dem Beginn der angewandten Forschung wurden Anforderungen definiert, die aus dem spezifischen Anwendungsbereich Untertagebau resultierten (z.B. Rissüberbrückung). Zu verschiedenen Zeitpunkten wurde mit Hilfe von Laborversuchen überprüft, ob diese Anforderungen mit dem bis dahin entwickelten Produkt erreicht werden konnten. Aus den Laborversuchen ergaben sich wiederum neue Anforderungen, die zu weiteren Untersuchungen und Laborversuchen führten (z.B. Austrocknungsverhalten):

„Wir haben gespritzt und dann stand es unten im Raum, geschlossene Fenster und Türen und am nächsten Tag war es immer noch weich. Dann kam bei uns die Fragestellung auf,

---

[506] Interview BZ 2.1, S. 8.

[507] Interview BZ 2.1, S. 20.

[508] Interview BZ 2.1, S. 6.

was sind Parameter, die da Einfluss nehmen. Wie sieht es mit Luftfeuchtigkeit, mit Temperatur, Luftströmung aus. Das sind Fragen, an die man gar nicht gedacht hat, die einem dann aber plötzlich einfallen."[509]

Die Versuche zu den Produkteigenschaften mussten ergänzt werden um Versuche, die das Verhalten des Produktes im Verbund mit der äusseren und inneren Tunnelschale untersuchten. Da hierzu baukonstruktives Wissen erforderlich war, wurden die Versuche in Zusammenarbeit mit einer Hochschule durchgeführt. Zu den Eigenschaften, die hierbei untersucht wurden, zählten u.a. die Druckfestigkeit, die Scherfestigkeit und die Wasserdichtigkeit der Verbundkonstruktion.

Nachdem ein Produktprofil erarbeitet wurde, bei dem man davon ausging, dass es grundlegende Anforderungen erfüllt, wurde das Produkt unter Praxisbedingungen getestet. Das umfasste in erster Linie Baustellenversuche, d. h. während laufender Tunnelbaustellen wurde das Produkt auf kleinen Baustellenabschnitten zu Anwendung gebracht. Aus den Erfahrungen der praktischen Anwendungen resultierten weitere Anforderungen, die z.T. starke Änderungen in der Zusammensetzung des Produktes erforderten (z.B. Nichtbrennbarkeit):

„Man bringt das Produkt, wenn man meint, es ist marktreif. Man macht seine ersten Feldversuche, sei es intern oder extern, präsentiert es Kunden, die kommen hierher, man macht Demos. Man versucht natürlich dann, von seinen Kunden zu erfahren, was sie eigentlich damit wollen und was Anforderungen wären, die da erfüllt werden müssten. Dann versucht man, das mit seinem Produkt irgendwie abzugleichen und durch das Wissen der Erarbeitung noch zu optimieren. Vielleicht sagt einer mit Recht und einer guten Begründung, Elastizität ist nicht so wichtig, viel wichtiger wäre eine grosse Abriebfestigkeit oder Eigenstabilität. Dann versucht man, die Elastizität zu reduzieren und die Festigkeit zu verbessern."[510]

Das hatte zur Folge, dass bereits geprüfte Eigenschaften nochmals in Versuchen bestätigt werden mussten, um sicherzustellen, dass die neue Produktzusammensetzung diese Eigenschaften immer noch besitzt. Die Veränderung der Produktzusammensetzung ging teilweise soweit, dass bereits erreichte Ausprägungen bestimmter Produkteigenschaften reduziert und Kompromisse in der Definition des Produktprofils eingegangen werden mussten (z.B. mechanische Eigenschaften):

„Das hat den Projektverlauf verzögert, da man eigentlich ein Produkt hatte, das fertig war und wo anschliessend gesagt wurde, es ist nicht anwendbar. Da mussten wir anfangen, Füllstoffe zu entfernen, andere Füllstoffe hinzufügen und darauf achten, dass man mechanische Eigenschaften nicht verliert. Man verändert sie, sie waren schlechter als vorher. Aber das war dann ein Produkt, was anwendbar war."[511]

[509] Interview BZ 2.2, S. 2.

[510] Interview BZ 2.2, S. 3.

[511] Interview BZ 2.2, S. 3.

3.3.2 Einflussgrössen

Dass der Innovationsprozess den dargestellten Verlauf nahm, lässt sich auf folgende Einflussgrössen zurückführen:

- die Abweichung der Idee vom Praxiswissen
- das unvollständige Produktprofil
- das Auftauchen neuer Anwendungen
- die zögerliche Akzeptanz des Produkts.

Diese Einflussgrössen wirkten nicht isoliert voneinander, sondern waren als Ursache-Wirkungs-Netz miteinander verknüpft (Bild 47).

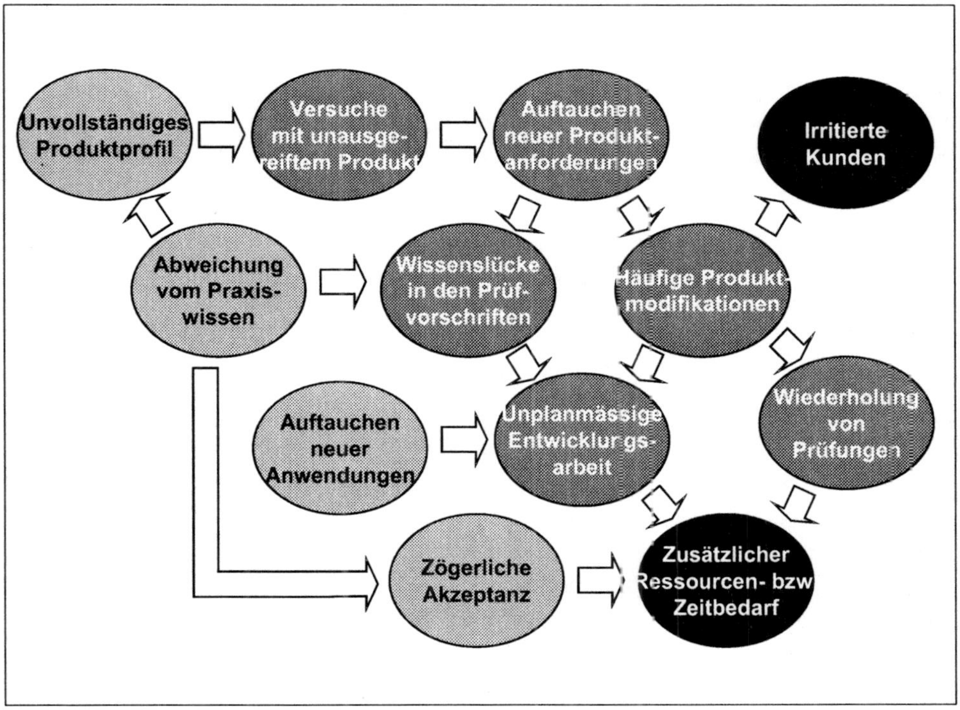

Bild 47: Einflussgrössen des Innovationsprozesses und ihre Beziehungen zueinander
Fig. 47: Factors influencing the innovation process and their correlations

Als Ergebnis der Einflussnahme auf den Innovationsprozess stand vor allem ein zusätzlicher Ressourcen- bzw. Zeitbedarf, dem insbesondere durch das Fehlen personeller Ressourcen nur unzureichend begegnet werden konnte. Dies hatte letztlich Auswirkungen auf die Effizienz des Innovationsprozesses:

„Die grösste Schwierigkeit war eigentlich, die notwendigen personellen Ressourcen bereitzustellen. Ich denke auch, wenn wir die notwendigen Ressourcen erhalten hätten,

hätten wir das Projekt effizienter durchziehen können. Die Zusammenstellung eines guten Projektteams wäre eine wichtige Voraussetzung gewesen, so ein Projekt richtig anzugehen und effizienter durchzuziehen."[512]

Als Haupteinflussgrösse kann die infolge der Neuartigkeit des Produkts bzw. des Verbundsystems starke Abweichung vom Stand des Praxiswissens angesehen werden.

Dadurch lag beim Übergang von der Grundlagen- zur angewandten Forschung ein sehr unvollständiges Produktprofil vor:

„Wenn Sie keinen Stand der Technik haben, ist es manchmal schwierig, die genauen Anforderungsprofile festzulegen."[513]

„Der nächste Schritt, Tunnelbau, welche Kräfte treten auf, was muss aufgefangen werden, Finite-Element-Rechnungen, wie sieht jetzt wirklich eine Tunnelschale aus, welche Kräfte treten auf, gibt es Spannungsspitzen, das ist noch ausstehend. Das wurde bisher noch nicht gemacht. Wir haben schon darüber diskutiert, haben Leute schon angefragt, ob sie das machen könnten, wie das aussehen würde. Wir haben Professoren, Bauleute angefragt, was sind die Anforderungen an die einschalige Tunnelbauweise. Es gibt Ihnen keiner eine wirklich saubere Auskunft, weil es keiner weiss. [...] Das ist einfach ein Gebiet, wo es bisher einfach keine Informationen gibt. Wir haben viel darüber diskutiert, was sind die Anforderungen an Scherfestigkeit, Haftung, welche Bewegungsdynamik tritt auf. Es weiss keiner."[514]

Die Unvollständigkeit in den Produktanforderungen lässt sich gleichfalls im zu späten Einbezug von Anwendungswissen begründen, das sich nicht nur auf die Wirkungsweise des Produkts im Bauwerk, sondern auch auf die Verarbeitung im Bauwerkserstellungsprozess bezieht:

„Grundsätzlich sollte schon am Anfang, wenn die Idee kommt, zusammengesessen werden. Es ist unmöglich, dass eine F&E-Abteilung, Baustellenverhältnisse im Labor nachvollziehen kann. Ich denke, in diesem Fall hätte die Technik etwas früher dabei sein sollen. Wir haben schon 91 diverse Versuche gemacht. Wir wussten damals schon, da gibt es ein Riesenproblem, Tunnel hat Wasser. Das Netzmittel ist Wasser, es trocknet an der Luft. Dadurch ist die Anwendung schon mal eingeschränkt, bei fliessendem Wasser ist sie eingeschränkt, bei Tunneln mit hoher Luftfeuchtigkeit können sie es vergessen, weil es trocknet nicht. Das sind Sachen, die man anschauen sollte und zwar relativ früh."[515]

„Es ist oft ganz so, dass die Leute das Endprodukt anschauen und nicht, wie sieht die Lieferung aus, wie wird es appliziert, wie reagiert es, wie trocknet es aus, usw. Das wird sehr oft einfach vergessen. Man schaut sich die technischen Daten an und sagt, dass

---

512 Interview BZ 1.1, S. 13.

513 Interview BZ 1.1, S. 10.

514 Interview BZ 2.1, S. 12.

515 Interview BZ 3.1, S. 1f.

passt, es erfüllt meine Anforderungen. Dass man hinterher plötzlich feststellt, dass das Produkt zwar die Anforderungen erfüllt aber der Aufwand, um die Oberfläche zu behandeln, das Aushärten zu kontrollieren, usw., ist zu gross, das kann ich nie erfüllen."[516]

Das unvollständige Produktprofil hatte wiederum zur Folge, dass sowohl im Labor als auch später im Feld mehrfach Versuche mit einem unausgereiften Produkt durchgeführt wurden, dem wesentliche, für die Anwendung erforderliche Eigenschaften fehlten. Entsprechend erkannte man wichtige Produktanforderungen erst im Zuge der Versuche. Ihre notwendige Berücksichtigung brachte häufige Produktmodifikationen und Wissenslücken über ihre Prüfung mit sich:

„Die Brennbarkeit war auch etwas, was sich entwickelt hat, wo nicht klar war, ist es eine Anforderung oder nicht. Einige Kunden haben gesagt, es ist eine Bedingung, andere, es ist völlig egal. Das hat immer wieder zu neuen Entwicklungen geführt, wo man sich hat entscheiden müssen, was man erreichen will. Auch Anforderungen bzgl. Haftung, ob es auf Fels spritzen könnte oder sollte oder nicht."[517]

„Was wir sicher unterschätzt haben, war der ganze Prüfungsaufwand mit allen möglichen Spezialwünschen. Es konnte uns eigentlich niemand ganz genau sagen, wie die Anforderungen sind. Die Anforderungen an die mechanischen und physikalischen Eigenschaften haben sich gewandelt im Laufe der Produktentwicklung"[518]

Die Wissenslücken in den Prüfvorschriften entstanden zudem durch die vom aktuellen Stand des Praxiswissens abweichende Idee des Verbundsystems Tunnelschale:

„Natürlich für die Standardprüfungen kein Problem. Für die einfachen physikalischen und mechanischen Prüfungen ist das genormt. Aber das Produkt wurde in den Anforderungen oft den Kunststofffolien gegenüber gestellt und man hat gesagt, das Produkt muss jetzt auch alles können, was die Kunststofffolien können bzgl. Reissdehnung, Reissfestigkeit und so weiter. Insofern hat es auch keine guten Vergleiche gegeben und auch keine Normen. Wir haben auch festgestellt, was die Brennbarkeit des Produktes anbelangt, eigentlich gibt es keine Normen für diese Form der Applikation und es war unklar, wie man das überhaupt prüfen sollte. Dann sind andere Anforderungen gekommen, die wir so nicht gekannt haben, wie Schlitzdruckprüfung. Es war auch nicht klar, ob Kriechen eine Rolle spielt, wie E-Moduli zu betrachten sind in diesem Verbundsystem."[519]

Fehlende Prüfvorschriften und mehrfache Produktmodifikationen mündeten schliesslich in zusätzlicher bzw. unplanmässiger Entwicklungsarbeit mit dem entsprechenden Erfordernis an Ressourcen bzw. Zeit. Insbesondere interne Kunden sahen sich einem häufig geänderten Produktprofil gegenüber und waren irritiert:

---

516 Interview BZ 2.1, S. 9.

517 Interview BZ 1.1, S. 11.

518 Interview BZ 1.1, S. 10.

519 Interview BZ 1.1, S. 11.

„Da das Produkt verschiedenen Modifikationen unterworfen war, hat das vielleicht auch eine gewisse Unsicherheit ausgelöst, wenn man zu viele Änderungen macht, muss man vorsichtig sein."[520]

Das Auftauchen neuer Anwendungen und damit verbunden neuer Anforderungen erhöhte ebenfalls den Anteil an unplanmässiger Forschungs- und Entwicklungsarbeit. Zusätzliche Ressourcen bzw. Zeit benötigte auch die Wiederholung von Prüfungen, die notwendig wurden, da durch die häufigen Produktmodifikationen bereits erreichte Produkteigenschaften nicht mehr als gesichert angenommen werden konnten:

„Es wirft eine einerseits in der Produktentwicklung zurück andererseits konnte man bzgl. Langzeitstabilität, chemische Beständigkeit, mechanische Eigenschaften, usw. bei Null anfangen."[521]

Des Weiteren wurde das konservative Verhalten des Marktes gegenüber dem neuen Produkt unterschätzt, was wiederum seine Ursache in der starken Abweichung vom Stand des Praxiswissens und den damit verbunden Risiken hatte:

„Ich denke bei jeder Innovation ist es schwierig, die Leute davon zu überzeugen, dass das positiv ist. Wenn etwas Neues kommt vergleicht man erst mit dem Alten, mit dem was man kennt. Man versucht seit langer Zeit im Tunnelbau Spritzfolien einzubauen. Sie werden seit langer Zeit argwöhnisch bedacht. Vielleicht mit Recht, vielleicht mit Unrecht. Aber es ist eben etwas Neues. Bauchemie oder Bau als solches ist nicht gerade innovationsfreundlich. Man kann das ganz klar so sagen. Natürlich vor dem Hintergrund, man hat das schon vor dreissig Jahren so gemacht und es hat sich gezeigt, dass es gut ist. Es ist ja auch gut, es ist dauerhaft, es hält, es ist sicher. Wenn jetzt irgendjemand kommt und sagt ich habe ein Zusatzmittel, dann könntest du mit der halben Menge Beton arbeiten. Ja schön, zeig mir ein Projekt, das seit dreissig Jahren steht. Dann habe ich kein Problem. Aber es ist neu und es nicht erprobt, nicht akzeptiert von der Welt. Es ist eine tolle Innovation. Aber es wäre mir recht, ein anderer probiert es mal aus und dann kann ich vielleicht hinterher kommen."[522]

„Der Hauptgrund ist schon, dass sich keiner exponieren will. Ich entscheide das nicht, denn ich muss dann auch verantworten. Dann nehme ich lieber das, was zwar nur zu 50% funktioniert, aber das alle machen. [...] Innovativ sein ist gut, aber bitte nicht bei mir."[523]

In diesem Zusammenhang machte sich der Einfluss technischer Regulierungen, die zur Beurteilung der Bauwerksqualität herangezogen werden, auf die Einführung von Neuerungen bemerkbar. Wie in Teil B vermutet, wirken sie dann innovationshemmend, wenn sie detailliert die Anforderungen an bestimmte technische Systeme wie-

520 Interview BZ 1.1, S. 12.

521 Interview BZ 2.2, S. 3.

522 Interview BZ 2.2, S. 8f.

523 Interview BZ 3.1, S. 4.

dergeben und gleichzeitig vertraglich festgeschrieben bzw. unreflektiert angewendet werden:

„Ein Problem, mit dem wir im Moment beschäftigt sind, ist [...]. Da werden Abdichtungsmembranen verlangt. Damals gab es nur PVC-Folien. Deshalb steht im Anforderungsprofil mehr oder weniger ein technisches Datenblatt einer PVC-Folie und eine Anforderung ist die Dauerdruckfestigkeit. Da wird ein raues Oberflächenprofil definiert und mit einer gewissen Druckkraft in das Membranmaterial hineingedrückt für eine gewisse Zeit und anschliessend schaut man, ob die Membran noch dicht ist oder nicht. Wo ich das gesehen habe, habe ich gesagt, brauchen wir gar nicht testen, werden wir nie bestehen. Ich habe ein weiches, dauerelastisches Material, das in die Struktur eingepfercht ist. Ich werde nie das Problem haben, das ich eine Druckbelastung von einer rauen Oberfläche auf meine Membran habe, weil ich natürlich die Oberfläche auf die Membran appliziere, das heisst, ich habe immer einen senkrechten Winkel zwischen Oberfläche und Membran. Wenn ich jetzt drücke, habe ich nie Kraftspitzen auf dem Material, sondern ich habe immer einen vollflächigen Druck. Dadurch kann ich eigentlich keine Deformation oder Perforierung erreichen. Aber in diesem Test habe ich das sehr wohl. Ich habe eine glatte Membran und da drückt der Stempel drauf und sehe anschliessend die Membran an und sehe Vertiefungen und Durchstösse. Aber in der Realität, wenn es so angewendet wird, wie wir es sagen, kann es gar nicht passieren. Aber die Anforderung die steht hier und die muss erfüllt werden, und wir erfüllen sie nicht, [...].“[524]

Die zögerliche Akzeptanz des innovativen Produkts verursachte letztlich einen erhöhten Aufwand für das Marketing bei internen und externen Kunden, wobei herausgestellt wurde, dass es zur Einführung einer Neuerung eines innovativen Unternehmens oder Kunden bedarf:

„Dann muss sich die Baustelle oder die ARGE sich zusammenraufen und sagen, lasst uns in die Richtung, den neuen Weg gehen. Es ist für die ein zusätzliches Spiel mit Unbekannten und ich kann Ihnen nicht garantieren, dass es in Ihrem Tunnel problemlos klappt. Ich kenne den Tunnel nicht, ich weiss nicht wie der zum Schluss aussieht. Auch da muss eine Bauunternehmung sagen, lasst es uns mal versuchen. Ich denke, es wird kommen, dass man sagt, lasst uns mal in einem Fluchttunnel oder Ventilationsschacht das ausprobieren.“[525]

„Entweder wir haben einen innovativen Bauherrn oder Unternehmer, der sagt, versucht das mal, die letzten 1000 m^2. Oder man hat einen innovativen Planer. Da kann man in der Planungsphase gewisse Dinge vermeiden, [...]“[526]

524 Interview BZ 2.1, S. 13f.

525 Interview BZ 2.2, S. 9.

526 Interview BZ 3.1, S. 3.

3.4 Implikationen für die Generierung innovativer baulicher Gesamtlösungen

Die Fallstudie lieferte einige wesentliche Erkenntnisse, aus denen sich weitere Schlussfolgerungen für die Generierung innovativer baulicher Gesamtlösungen ziehen lassen.

Eine erste Schlussfolgerung besteht darin, dass der ***Forschungs- und Entwicklungsprozess des Zulieferers*** insbesondere bei hohen Innovationsgraden rechtzeitig mit dem ***Innovationsprozess des Bauunternehmens*** zu koppeln ist, denn hohe Innovationsgrade wie Systeminnovationen äussern sich in ausgeprägten Strukturveränderungen von Bauwerk und/oder Leistungserbringungsprozessen. Das heisst, dass grundlegende Neuerungen in den Elementen von Bauwerk oder Leistungserbringungsprozess mit Veränderungen in den konstruktiven Beziehungen des Bauwerks und den Abläufen der Leistungserbringungsprozesse verbunden sind. Während umfassende Neuerungen in den Elementen sehr spezifisches, stark naturwissenschaftlich geprägtes Wissen voraussetzen, das in Grundlagen- und/oder angewandter Forschung zu erweitern ist, verlangt die Neugestaltung der Bauwerkskonstruktion und der Prozessabläufe stark anwendungsorientiertes Wissen, das auch im Anwendungszusammenhang weiter zu entwickeln ist. Da sich das naturwissenschaftlich geprägte Wissen bei den Zulieferern und das anwendungsorientierte Wissen bei den Bauunternehmen konzentriert, sind die in den verschiedenen Unternehmen stattfindenden Innovationsprozesse bei hohen Innovationsgraden miteinander zu verzahnen.

Das Bauunternehmen (und gegebenenfalls auch der Kunde) sind bereits zu Beginn der angewandten Forschung in den F&E-Prozess des Zulieferers zu integrieren, um die Anforderungen aus dem Anwendungsgebiet der angestrebten Neuerung frühzeitig und möglichst genau erfassen zu können. Dabei sollte der Einbezug von Bauunternehmen zu ***kooperativen Arrangements*** ausgeweitet werden, die die gesamte Innovationsaufgabe umfassen z.B. Ad-hoc-Kooperationen. Dann wird es möglich, neben der Formulierung von Anforderungen auch erste Baustellen für Feldversuche sowie erste Referenzprojekte rechtzeitig benennen zu können. Ein Bauunternehmen empfiehlt sich als Kooperationspartner gleichzeitig dadurch, dass es als innovativer Erstanwender von Neuerungen auftritt. Die Anregung für eine Zusammenarbeit kann sowohl vom Zulieferer wie vom Bauunternehmen ausgehen. Bereits die beiden Primärstudien zeigten, dass Bauunternehmen aus der Bauprojektpraxis entstandene Ideen, insofern sie sie nicht selbst realisieren, an Zulieferer herantragen und gemeinsam mit diesen umsetzen können. Insbesondere für die Realisierung bauprojektübergreifender Produkt- und Prozessinnovationen mit hohen Innovationsgraden ist eine intensive Zusammenarbeit zwischen Bauunternehmen und Unternehmen der Zuliefererindustrien erforderlich.

Betrachtet man die Generierung einer innovativen baulichen Gesamtlösung in Analogie zu der Entwicklung eines innovativen Bauwerkelements, ist eine weitere Schlussfolgerung aus der Fallstudie, dass Wissen um die Erstellung und den Betrieb von Bauwerken frühzeitig in den Bauprozess einzubinden ist (Bauunternehmen, Betreiberfirmen), um eben auch die Anforderungen an die bauliche Gesamtlösung zu einem frühen Zeitpunkt des Bauprojekts möglichst genau bestimmen zu können bzw. nachträgliche Anpassungen im Eigenschaftsprofil der baulichen Lösung so gering wie möglich zu halten. Auch mit dieser Fallstudie lässt sich die Notwendigkeit ***veränderter Projektabwicklungsformen*** bzw. von ***Leistungsinnovationen*** empirisch begründen, durch die Wissen aus der Erstellungs- und Betriebsphase des Bauwerks bereits in der Planungsphase berücksichtigt wird. In diesem Zusammenhang macht die Fallstudie weiter deutlich, dass zur Erfassung der baulichen Anforderungen und zur Transformation der Anforderungen in Eigenschaften der baulichen Gesamtlösung verstärkt ***methodische Hilfsmittel*** (z.B. Kreativitätstechniken) einzusetzen sind, durch die sich die Zusammenarbeit zwischen den am Bauprojekt Beteiligten intensivieren und der Bauprozess vorausschauend planen lässt. Dadurch können nicht nur Anforderungen und Eigenschaften detaillierter erfasst, sondern ebenso Verluste in der Prozesskette reduziert und Bauzeiten verkürzt werden. Der Bauprozess lässt sich zudem nachvollziehbar dokumentieren.

Die Fallstudie gibt ebenso Hinweise auf den ***innovationshemmenden Einfluss technischer Regulierungen***. Für die Generierung innovativer baulicher Gesamtlösungen heisst das, dass die Kompatibilität innovativer Lösungen mit den herrschenden Normen in dem jeweiligem Anwendungsgebiet rechtzeitig zu prüfen ist. Abweichungen werden vor allem bei hohen Innovationsgraden auftreten, denn mit den Veränderungen geht oft ein neues technisches Wirkprinzip zur Funktionserfüllung einher, auf das die gegebenen Massnahmen zur Qualitätssicherung gar nicht oder nur bedingt anwendbar sind. Entsprechend sind kurzfristig einfache Qualitätsprüfungen für die Baustellen bereitzustellen und langfristig Änderungen in den technischen Regulierungen anzustreben. Bei der Ausgestaltung von Bauverträgen ist zudem darauf zu achten, dass Regulierungen nicht unreflektiert bzw. im gebotenen Masse zum Vertragsbestandteil werden. Das heisst gleichzeitig, dass mit steigendem Innovationsgrad Neuerungen sehr früh im Bauprojekt zu berücksichtigen sind, denn mit weiter fortschreitender Bauwerksplanung bzw. Bauwerkserstellung sinkt die Möglichkeit für umfangreiche Änderungen.

4 Fallstudie Kunden

Eine weitere ergänzende Fallstudie untersuchte die Innovationsakzeptanz von Kunden der Bauwirtschaft. Damit sollte der besonderen Stellung des bauwirtschaftlichen Kunden bei der Planung und Erstellung eines Bauwerks entsprochen werden. Eingehender beleuchtet wurden die Unsicherheit des Kunden gegenüber innovativen Lösungen und die Verknüpfung des Adoptionsprozesses des Kunden mit dem Innovationsprozess des Bauunternehmens.

Das Kapitel beginnt mit einer ***Charakterisierung*** der in der Studie berücksichtigten ***Kunden*** (Abschn. 4.1). Im Anschluss wird kurz auf die ***Untersuchungsziele*** und ***-methoden*** eingegangen (Abschn. 4.2), um danach die ***Untersuchungsergebnisse*** darzulegen (Abschn. 4.3). Den Abschluss bildet erneut eine Darlegung der aus der Untersuchung gewonnenen Erkenntnisse für die ***Generierung innovativer baulicher Gesamtlösungen*** (Abschn. 4.4).

4.1 Kundencharakteristik

Es ist davon auszugehen, dass das Verhalten der Kunden der Bauwirtschaft gegenüber innovativen Lösungen unterschiedlich ausfällt. So besitzen Kunden, die mehrmals bauen, wie grosse Industrieunternehmen oder der Staat meist weitreichende Erfahrungen aus früheren Bauprojekten. Sie kennen die Unternehmen am Markt und beschäftigen vielfach eigenes Personal für bauprojektbezogene Planungs-, Kontroll- und Steuerungsaufgaben. Aufgrund ihrer baulichen Fähigkeiten werden sie sich mit einer geringeren Unsicherheit bei neuen Lösungen konfrontiert sehen als Kunden, die nur einmal oder selten bauen, wie Familien oder kleine Unternehmen. Um die Ergebnisse der Studie richtig interpretieren zu können, sind deshalb zunächst die interviewten Kunden näher zu charakterisieren. Dazu sollen die folgenden drei, von GIRMSCHEID bereitgestellten Merkmale herangezogen werden (Bild 48):[527]

- **Nachfragehäufigkeit/-volumen**

  Die Charakterisierung über die Nachfragehäufigkeit führt zu zwei verschiedenen bauwirtschaftlichen Kundengruppen. Die erste Gruppe sind die ***Gelegenheitskunden***, für die die Vergabe von Bauaufgaben ein seltenes Ereignis darstellt bzw. die Bauleistungen nur in geringem Umfang in Anspruch nehmen. Die zweite Gruppe sind die ***Professionellen Kunden***, die häufig Bauaufgaben vergeben bzw. Bauleistungen in grösserem Volumen nachfragen. Vielfach beschäftigen

[527] Vgl. Girmscheid, G. (Wettbewerbsvorteile 2003).

professionelle Kunden aufgrund ihrer Nachfragehäufigkeit eigene Baufachleute oder verfügen über eine eigene Bauabteilung.

- **Rechtsverhältnisse**

  Über die Rechtsverhältnisse lassen sich gleichfalls zwei Kundengruppen differenzieren. Die erste Gruppe sind die ***Öffentlichen Kunden***, zu denen alle im staatlichen Besitz befindlichen Institutionen auf Bundes-, Landes- bzw. Kantons- und Gemeindeebene gehören, die Bauaufgaben zur Erfüllung von staatlichen Funktionen nachfragen und bei der Vergabe von Bauaufgaben an verschiedene Gesetze und Verordnungen gebunden sind. Die zweite Gruppe sind die ***Privaten Kunden***, bei denen es sich um privatrechtliche Institutionen handelt. Sie bauen aus einem nicht öffentlichen Interesse heraus und unterliegen keinen über die allgemeinen rechtlichen Bestimmungen hinausgehenden Vergabebeschränkungen.

- **Investitionszweck**

  Das dritte Merkmal zur Kennzeichnung bauwirtschaftlicher Kunden ist der Investitionszweck. Mit Hilfe dieses Merkmals lassen sich drei Kundengruppen ausmachen. Die erste Gruppe umfasst die ***Investitionskunden***, die Bauaufgaben nachfragen, um Kapitalmittel in Bauwerken anzulegen. Sie nutzen die Bauwerke nicht selbst. Investoren sind z.B. Pensionskassen, Versicherungsgesellschaften oder Immobilienfonds. Ein eigenes Nutzungsbedürfnis verfolgt die zweite Kundengruppe, die ***Selbstnutzungskunden***. Bauwerke dienen ihnen zur Durchführung ihrer gewerblichen Tätigkeit (z.B. Produktionsstätten, Verwaltungsgebäude) oder für private Zwecke (z.B. Einfamilienhäuser). Die dritte Kundengruppe investiert in Bauwerke, um die Bauwerke zur Nutzung durch Dritte bereitzustellen. Insbesondere Infrastrukturbauten wie Schulen oder Strassen gehören zu den nachgefragten Bauwerken der ***Bereitstellungskunden***.

Die Fallstudie beschränkte sich auf die Gruppe der Professionellen Kunden. Von den insgesamt sieben interviewten, in der Schweiz ansässigen Kunden gehören sechs zu den Privaten Kunden und einer zu den Öffentlichen Kunden. Der Öffentliche Kunde tritt wiederum als Selbstnutzer auf, wohingegen die Privaten Kunden sowohl Selbstnutzer als auch Investoren sein können.

Eingang in die Untersuchung fanden:

- 3 Banken (Professionell, Privat, Selbstnutzer, Investor)
- 1 Versicherung (Professionell, Privat, Selbstnutzer, Investor)
- 1 Handelsunternehmen (Professionell, Privat, Selbstnutzer, Investor)
- 1 Flughafengesellschaft (Professionell, Privat, Selbstnutzer, Investor)
- 1 Hochschule (Professionell, Öffentlich, Selbstnutzer).

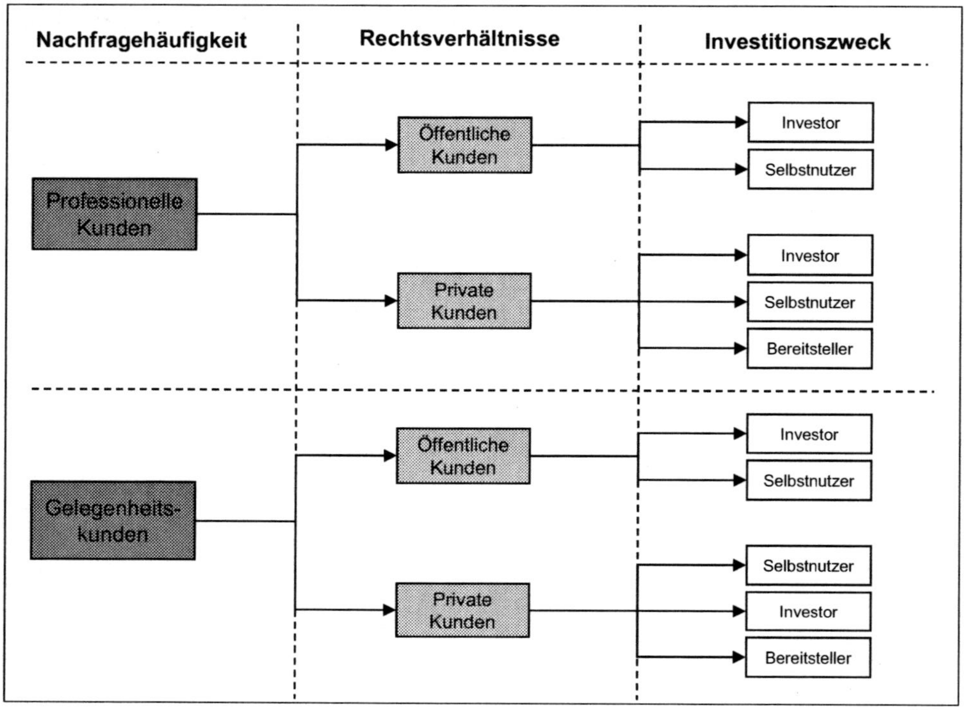

Bild 48: Typologisierung bauwirtschaftlicher Kunden[528]
Fig. 48: Typology of clients in construction

4.2 Untersuchungsziele und -methoden

Das Ziel der Fallstudie war es, die ***Akzeptanz*** innovativer Lösungen durch bauwirtschaftliche Kunden zu erfassen. Dies betrifft sowohl die Akzeptanz gegenüber einem bestimmten ***Innovationsobjekt*** als auch gegenüber einem bestimmten ***Innovationsgrad***. Die Bedeutung der Innovationsakzeptanz der Kunden für das Innovationsverhalten der Bauunternehmen lässt sich dabei aus der Wirkung innovativer baulicher Lösungen ableiten.

So erwachsen dem Kunden aus Leistungsinnovationen zwei Vorteile. Erstens kann er einen Teil seiner ihm zukommenden Aufgaben delegieren. Dies ist insofern von Belang, da viele Kunden nicht über die notwendigen Voraussetzungen verfügen, um ihre Aufgaben vollumfänglich wahrzunehmen. Ein zweiter Vorteil entsteht aus dem kreativen Freiraum, der aus der Übertragung von Teilen oder der gesamten Bauaufgabe in die Verantwortlichkeit eines Unternehmens geöffnet wird. Durch die Be-

528 In Anlehnung an Girmscheid, G. (Wettbewerbsvorteile 2003) S. 23.

trachtung des Bauwerks über seinen gesamten Lebenszyklus können sowohl die Abhängigkeiten zwischen den einzelnen Komponenten des Systems Bauwerk als auch die Einflüsse aus den einzelnen Wertschöpfungsphasen auf die Komponenten und das Gesamtsystem frühzeitig erkannt und bewusst gestaltet werden. Es eröffnen sich verstärkt Möglichkeiten für Produkt- und Prozessinnovationen, mit denen sich die Ziele des Kunden optimal in eine bauliche Lösung umsetzen lassen.

Diesen Vorteilen steht als Nachteil gegenüber, dass dem Kunden die direkte Kontrolle und der Einfluss über den Bauprozess entzogen wird. Hat die Delegation von Aufgaben und Verantwortlichkeiten zum Ziel, die eigenen Schwierigkeiten beim Umgang mit der komplexen Bauaufgabe zu reduzieren, muss sich gleichzeitig sein Vertrauen auf ein einzelnes Unternehmen stützen. Er muss sich in starkem Masse darauf verlassen können, dass das beauftragte Unternehmen vollumfänglich in seinem Interesse handelt und seine baulichen Vorstellungen in ein technisch und wirtschaftlich optimales Bauwerk transferiert.

Die Vertrauensbildung wird bei Produkt- und Prozessinnovationen zusätzlich beansprucht, da die Auswirkungen einer innovativen Lösung auf Bauwerk und Bauprozess mit steigendem Innovationsgrad nur schwer einzuschätzen sind. Risiken kann der Kunde nur bis zu einem gewissen Grad, z.B. durch Gewährleistungsgarantien, auf das Unternehmen überwälzen. Es bleibt immer ein Rest an Unsicherheit darüber, ob die Qualitäts-, Kosten- und Terminziele auch wirklich erreicht werden.

Aus diesen Überlegungen ergaben sich folgende Untersuchungsfragen:

- ***Welche Ziele verfolgt der Kunde heute mit baulichen Lösungen?***
- ***Welche Möglichkeiten für innovative bauliche Lösungen sieht der Kunde bei der Umsetzung seiner baulichen Ziele?***
- ***Was trägt zur Vertrauensbildung des Kunden bei innovativen Lösungen bei?***
- ***Wie geht der Kunde mit der Unsicherheit um, die mit innovativen baulichen Lösungen verbunden ist?***
- ***Welche Schlussfolgerungen lassen sich aus dem Innovationsverhalten bauwirtschaftlicher Kunden für die Generierung innovativer baulicher Gesamtlösungen ziehen?***

Die Datenerhebung erfolgte mittels Leitfadeninterviews.[529] Befragt wurden die Leiter der Abteilung Bau und Immobilien des jeweiligen Unternehmens bzw. der jeweiligen Institution. Nachfolgend werden die Ergebnisse der Befragung vorgestellt.

[529] Der Interviewleitfaden ist in Anhang 5 dieser Arbeit zu finden.

4.3 Untersuchungsergebnisse

Die Akzeptanz innovativer Lösungen durch die Kunden ergibt sich zunächst aus ihren baulichen Zielen, die nicht nur das Bauwerk und seine Nutzung betreffen, sondern auch den Planungs- und Bauprozess. Der Planungs- und Bauprozess reicht von der strategischen Planung bis zur Fertigstellung des Bauwerks und wird im Bauprojekt organisatorisch gestaltet. Damit steht er in enger Wechselwirkung zum Bauwerk, denn die mit dem Bauwerk verknüpften Ziele erfahren durch den Planungs- und Bauprozess ihre materielle Umsetzung. Die befragten Kunden sehen sowohl für das Bauwerk als auch für den Planungs- und Bauprozess mit Produkt- und Prozessinnovationen nutzbare Innovationspotentiale bei der Umsetzung ihrer Ziele.

4.3.1 Bauwerksbezogene Ziele und Produktinnovationen

Zu den bauwerksbezogenen Zielen, denen die Kunden in letzter Zeit verstärkt Beachtung schenken, gehören vor allem ***niedrige Kosten für den Betrieb und Unterhalt*** von Bauwerken. Es werden zunehmend Wirtschaftlichkeitsbetrachtungen über den gesamten Lebenszyklus eines Bauwerks angestellt. Man hat erkannt, dass nicht nur die Planungs- und Baukosten über die Wirtschaftlichkeit eines Bauwerks entscheiden, sondern eben auch die Kosten während der Nutzungsphase, die mit ca. 70% der Gesamtkosten weit stärker ins Gewicht fallen:

> *„Wenn man ein Gebäude baut, kennt man die Investitionssumme. Für das gibt es Kostenvoranschläge. Das Gebäude lebt aber weitere 30 bis 60 Jahre. Die Betriebskosten steigen und steigen. Unser Ziel ist es, dass wir etwas realisieren, dass auch bezüglich der Betriebskosten optimal genutzt werden kann.“*[530]

> *„Gleichzeitig müssen die Gebäude einen wirtschaftlichen Betrieb ermöglichen. Wir sind 14001 zertifiziert. Wir verpflichten uns dadurch, nach einem ökologischen Standard zu bauen. Wir müssen den Energieverbrauch heute um 2% pro Jahr reduzieren.“*[531]

Ein weiteres bauwerksbezogenes Ziel ist die ***Flexibilität von Bauwerken***. Aufgrund der immer kürzeren Produktzyklen müssen Bauwerke neben einer Flächenflexibilität auch die Anpassung an technologisch bedingte Veränderungen z.B. im Bereich Haustechnik erlauben. Das heisst, dass Bauwerke bereits so geplant und gebaut werden müssen, dass eine spätere bauliche Umnutzung einfach und kostengünstig erfolgen kann:

> *„Die Wirtschaft dreht sich heute schneller. Die Produktzyklen werden immer kürzer. Die Investitionen für die IT sind für Dienstleistungsunternehmer massiv gestiegen. Dadurch steht gesamthaft weniger Geld zu Verfügung. Das Bauwerk muss heute auch viel schnel-*

[530] Interview BK4, S. 4.

[531] Interview BK7, S. 1f.

ler abgeschrieben sein, da der Produktzyklus viel kürzer wird. Grundsätzlich haben wir somit tiefere Investitionskosten. Weil sich die Produktzyklen so schnell ändern, müssen wir auch viel schneller auf sich verändernde Bedürfnisse reagieren können.“[532]

„Wichtig ist natürlich die Flexibilität. Sowohl von der technischen, als auch von der möblierten Seite. Alle unsere Gebäude bestehen aus Säulen. Ausser in der Kernzone werden keine tragenden Wände erstellt. Die Wände der Sanitäreinrichtungen sind fix. Diese kann man somit auch statisch ausbilden. Aber sonst stellen wir den Anspruch von möglichst wenig innen liegenden tragenden Elementen. So kann man flexibel reagieren. Es sind Einzelbüros, Gruppenbüros oder Grossraumbüros möglich. Das ist die eine Flexibilität. Die bauliche Flexibilität spiegelt sich natürlich in der Technik. Ich kann heute nicht ein Haus mit Einzelraumregulatoren klimatisieren, und morgen stelle ich auf Grossraumbüros um. Wir versuchen die Technik so zu platzieren, dass am Anfang mit Hilfe von Layoutstudien Zonen definiert werden, wo die Haustechnik flexibel oder starr installiert werden kann. […] Bürogebäude, welche heute auf eine Nutzungsart ausgerichtet sind, sind Totgeburten.“[533]

Schwierigkeiten bereiten sehr spezifisch genutzte Bauwerke, z.B. Küchen, bei denen eine flexible Gestaltung an wirtschaftliche Grenzen stösst und die Möglichkeit einer flexiblen Nutzung eher ungewiss ist, wie ein Kunde anmerkt:

„Ein Catering-Neubau ist derart spezifisch ausgerichtet auf den Betriebsablauf, dass eine Umnutzung schlicht nicht möglich wäre. Klar könnte man mit einem gewissen Aufwand Büroeinheiten einbauen. Der Aufwand wäre aber sehr hoch. Ein Catering-Bau so zu bauen, dass allenfalls das Gebäude später als Bürogebäude genutzt werden könnte, ist sicher völliger Unsinn. Dort stellt sich auch immer wieder die Frage, wie gross überhaupt die Chance ist, dass die Flexibilität überhaupt genutzt wird. Und wie viel kostet mich überhaupt diese Flexibilität. Bei einem Neubau für ein Schulungszentrum da bin ich überzeugt, dass wenn man das Konzept gut ausarbeitet, dann kostet mich die Flexibilität nur wenig mehr. Die Wahrscheinlichkeit, dass die Flexibilität tatsächlich genutzt wird, ist sicher relativ hoch. Dort stellt sich also überhaupt nicht die Frage, ob man in die Flexibilität investieren soll. Beim Catering-Gebäude muss man aber sagen, dass a) mich die Flexibilität sehr viel kostet und b) die Chance, dass mann die Flexibilität tatsächlich gebrauchen kann, ist sehr klein.“[534]

Eng verbunden mit der Flexibilität ist das angestrebte ***Qualitätsniveau von Konstruktion und Ausbau***. Aufgrund der schnellen Nutzungsänderungen müssen Teile des Bauwerks insbesondere des Ausbaus bereits vor Ablauf ihrer Lebensdauer ersetzt werden. Ziel ist daher ein Qualitätsniveau, das auf die Dauer der unterschiedlichen Nutzungsphasen und nicht grundsätzlich auf die gesamte Lebensdauer des Bauwerks ausgelegt ist. In einzelnen Fällen ist die Lebensdauer des gesamten Bau-

532 Interview BK1, S. 2.

533 Interview BK4, S. 3f.

534 Interview BK2, S. 14f.

werks selbst so gering, dass ein vergleichsweise geringes Qualitätsniveau als ausreichend betrachtet wird:

„Bei einem Neubau können sie mit der Trennung der Strukturen eine gute Flexibilität erreichen. Die Trennung soll gemäss der Lebenserwartung der einzelnen Strukturen vorgenommen werden. [...] Die Lebensdauer dieses Teppichs ist vielleicht 10 bis 15 Jahre. Vielleicht sieht es aber bereits nach 3 Jahren hier komplett anders aus. Wir haben heute weder Produkte noch Methoden, um diese provisorischen Zustände zu gestalten. Im Innenausbau bauen wir noch immer für 10 bis 20 Jahre. Das ist schade."[535]

„Die klassischen Faktoren sind die Kosten, die Termine und die Qualität. [...] Wobei man sicher betonen muss, dass je nach Abdeckung der Bedürfnisse der Aspekt der Qualität Grenzen haben sollte. Insbesondere im Hinblick auf die Langfristigkeit. Es bringt nicht sehr viel, wenn wir für 50 Jahre bauen, der Betrieb aber sich nach 25 Jahren derart verändert, dass das Gebäude der Nutzung nicht mehr genügt."[536]

Entsprechend dieser bauwerksbezogenen Ziele ist dem Kunden vor allem an innovativen Lösungsansätzen gelegen, die auf niedrige Nutzungskosten sowie flexible Konstruktionen und Ausbauten zielen. Innovationspotentiale erschliessen sich damit in erster Linie über Produktinnovationen. Für die Senkung der Nutzungskosten wurden insbesondere die technischen Installationen für Heizung, Lüftung und Klima als Ansatzpunkte für Neuerungen genannt. Bisherige Lösungsansätze für die Flexibilisierung der Bauwerke liegen hauptsächlich in Stahl- und Stahlbetonskelettkonstruktionen, wirtschaftlich optimierten Grundrisskonzepten, mobilen Wänden, sinnvollen Fensterrastern usw.:

„Man muss schon den ganzen Life-Cycle des Gebäudes betrachten und nicht nur die Herstellungskosten minimieren. Das kann man nur, wenn man zukunftsmässig denkt. Die Ölpreise werden weiter steigen. Wieso also soll man weiterhin auf Ölheizungen setzten? Gibt es keine Alternative? Erdsonden zum Beispiel. Diese gibt es zwar schon seit mehreren Jahren. Man müsste aber einfach mal den Mut haben, diese in einem Projekt einzusetzen. Fotovoltaik zum Beispiel. Das sind alles Teile unseres Verständnisses für Umweltschutz, für die Energieminimierung etc."[537]

4.3.2 Prozessbezogene Ziele und Prozessinnovationen

Das prozessbezogene Ziel des Kunden, ein Bauwerk in möglichst ***kurzer Zeit zu planen und zu bauen***, ist zwar nicht neu, aber es bleibt ein wichtiges bauliches Ziel, auch im Hinblick auf eine schnelle Amortisation des investierten Kapitals:

---

[535] Interview BK1, S. 2.

[536] Interview BK2, S. 3.

[537] Interview BK4, S. 5.

„Wenn heute ein Bedürfnis da ist, kann man dies sowieso nicht mit einem Bau zeitgerecht befriedigen. Die Bedürfnisse sind kurzfristiger als die Realisierungszeit des Bauwerks. Für ein kleines Projekt rechnen wir mit einer Bauzeit, eingerechnet die Planungsdauer, mit mindestens zwei Jahren. Die Bedürfnisse werden heute auf den Tisch gelegt und sollten morgen befriedigt werden."[538]

Ein nächstes Ziel ist das Streben nach ***niedrigen Planungs- und Baukosten***. Auch dieses Ziel ist nicht neu, aber durch das gegenseitige Abhängigkeitsverhältnis zu Planungs- und Bauzeit ebenso bedeutsam. Es verliert jedoch zunehmend seinen Stellenwert als alleiniges Kriterium für die Auftragsvergabe. An dessen Stelle tritt ein Preis-Leistungs-Vergleich, der die bauliche Lösung über ihren gesamten Lebenszyklus technisch und wirtschaftlich bewertet. Voraussetzung ist aber, dass der Mehrwert einer baulichen Lösung deutlich erkennbar ist:

„Wir wollen schon primär ein möglichst gutes Preis-Leistungsverhältnis. Wir versuchen schon, dieses Verhältnis zu gewichten. Natürlich ist es aber schwierig, dies zu quantifizieren. Es kommt aber schon vor, dass wir Arbeiten vergeben zu massiv höheren Preisen, wenn wir eine komplett andere Lösung für den gleichen Zweck präsentiert bekommen. Vor kurzer Zeit ging es um einen Ersatz eines Kühlturmes. Ein Unternehmer hat ein System angeboten, wo er mit Referenzen einen massiv geringeren Energieverbrauch nachweisen konnte. [...] Die Rechnung zeigte ganz klar, dass in drei Jahren durch einen geringeren Energieverbrauch und geringere Betriebskosten die zusätzlichen Investitionskosten gutgemacht sein würden."[539]

Ausgehend von diesen beiden prozessbezogenen Zielen bestehen Innovationspotentiale vornehmlich in Prozessinnovationen wie neuen Bauverfahren, neuen, leistungsfähigeren Maschinen und Geräten oder neuen, effizienteren Prozessgestaltungen (z.B. durch Vorfertigung):

„Ich denke, man kann vor allem in den Bauverfahren innovativ sein. Die Termine sind ein Thema. Der Beton braucht einfach seine Zeit zur Aushärtung. Eine industrielle Fertigung bringt einfach einen Vorteil."[540]

4.3.3 Vertrauen und Innovation

Sehen Kunden durchaus Innovationspotentiale zur Realisierung ihrer bauwerks- wie prozessbezogenen Ziele, wird von ihnen das ***Vertrauen in die Leistungsfähigkeit und -bereitschaft*** der Unternehmen als wesentliche Voraussetzung für die Nutzung der Innovationspotentiale erachtet.

---

538 Interview BK2, S. 5.

539 Interview BK2, S. 10.

540 Interview BK7, S. 8.

4.3.3.1 Projektabwicklungsform

Obwohl professionelle Kunden aufgrund ihrer Erfahrungen und z.T. eigener Bauabteilungen eher in der Lage sind, bauliche Lösungen zu bewerten, besitzen auch sie nicht das Spezialwissen, um technische Details und komplexe Zusammenhänge vollständig verstehen und beurteilen zu können. Unsicherheit aufgrund fehlenden Wissens müssen sie durch Vertrauen in die Unternehmen ersetzen. Die Vorüberlegungen in Teil B konnten die Projektabwicklungsform als Mittel identifizieren, durch das Kunden Einfluss auf die Vertrauensbildung zwischen den Bauprojektbeteiligten nehmen können. Insbesondere wenn die Projektbeteiligten an gemeinsamen Zielen orientiert und Anreizsysteme für die Zielerreichung geschaffen werden, ist davon auszugehen, dass eine synergetische, innovationsfördernde anstelle einer fragmentierten, innovationshemmenden Zusammenarbeit realisiert werden kann.

Ein wichtiges Kriterium für die Wahl der Projektabwicklungsform durch den Kunden stellt der Konkretisierungsgrad der Kundenbedürfnisse dar. Vielfach liegen zu Beginn der Bauwerksplanung nur grob formulierte Bedürfnisse und Ziele vor, die erst im Laufe des Planungsfortschritts ihre Konkretisierung erfahren. Aus Sicht der Kunden ist dann ein offener Planungsprozess notwendig, um im Bedarfsfall weitere Wissensträger hinzuziehen zu können oder nachträgliche Änderungen zu ermöglichen. Hingegen sehen sie bei sehr konkreten Vorstellungen die Vergabe der Bauaufgabe als Gesamtpaket als vorteilhaft:

> *„Wir bauen aber nicht grundsätzlich mit einer bestimmten Bauprojektorganisation. Wir nutzen das ganze Spektrum aus. Wir analysieren zuerst die Ausgangslage und wägen die Vor- und Nachteile der einzelnen Organisationsformen ab. Wir entscheiden uns dann für ein bestimmtes Vorgehen. Dieses Projekt [Bürogebäude – Anm. d. Verf.] musste relativ schnell durchgeführt werden. Und zwar mit kleinen Risiken. Wir wussten ziemlich genau, was wir wollten. Meines Erachtens ist eine solche Ausgangslage prädestiniert für einen Gesamtleistungswettbewerb."*[541]

> *„Da spielt die Schwierigkeit des Wettbewerbes mit. Wenn ich noch Definitionen ungeklärt habe, denn kann ich keinen Wettbewerb spielen lassen. Respektive ich kann den Wettbewerb spielen lassen unter Annahmen. Ich öffne aber während dem Veränderungsprozess Tür und Tor. Das hat man am einfachsten im Griff, wenn man eine konventionelle Ausschreibung laufen lässt. Und am Schluss wird abgerechnet. Da kann ich ganz klar sagen, wo ich wie viel geleistet habe."*[542]

> *„Integrale Planung. Realisierung von A bis Z. Den Ansatz finde ich gut. Wenn ich aber selber ein Problem erkannt habe, dann will ich mit den besten Leuten zusammenarbeiten. Und die hole ich mir. Den besten GU, die besten Unternehmer, die besten Ingenieure.*

[541] Interview BK7, S. 6.

[542] Interview BK2, S. 9.

Durch diese Zusammenarbeit kann eine gute innovative Lösung entstehen. Die Lösung ist nicht im vornherein bekannt. Es ist eine Entwicklung. Wenn mir einer genau das anbieten könnte, was ich wirklich will, würde ich das Projekt einem Gesamtanbieter übergeben. Das Problem ergibt sich, wenn mir jemand etwas verkaufen will und viele Fakten sind noch ungeklärt. Arbeite ich wirklich auch mit den besten Leuten zusammen? Will der Unternehmer nicht einfach ein Produkt verkaufen? Ist es die beste Lösung? Wie reagiert der Unternehmer, wenn ich etwas anderes fordere? Wie sehen die Kosten aus? Was ist genau in einem Paket, welches 10 Mio. Franken kostet? Wie viel Kosten kommen bei Änderungen dazu? […] Wenn am Projekt sich nichts verändert, dann kann ich ein Package kaufen. Wenn ich Veränderungen vornehme, will ich sicher sein, dass die besten Leute an der Umsetzung der Änderungen arbeiten."[543]

Andererseits macht ein Kunde darauf aufmerksam, dass viele Kunden zu Beginn des Bauprojekts noch zu wenig Wert auf die Formulierung ihrer Bedürfnisse legen:

„Die SIA-Normen 102 etc. setzen keine frühe Projektdefinition voraus. An diesen Zustand haben sich die Bauherren und die Bauherrenvertreter gewöhnt. Ich kann praktisch zu jedem Zeitpunkt, obwohl keine Anforderungen definiert worden sind, nach SIA 102 etc. einen Vertrag abschliessen. […] Demgegenüber steht das LM95. Der Bauherr muss denken, bevor er handelt. Das Handeln der Bauherren basiert heute aber auch noch immer auf der Basis der SIA-Norm 102 etc. Das wird sogar noch lange so sein. […] Es darf in Zukunft nicht mehr gleich sein, wie lasch ich als Bauherr den Ingenieur unterrichte. Ich muss den Ingenieur unterrichten. Der Bauingenieur muss alles wissen, damit er seine Aufgaben umfassend erledigen kann. […] Er (der Kunde – Anm. d. Verf.) kann es sich ja einfach machen. Wenn er selber nicht in der Lage ist, seine Bedürfnisse mitzuteilen, kann er einen professionellen Baubegleiter verpflichten. Der Input muss aber von der Bauherrenseite kommen. Ist die Projektdefinition ungenügend, liegt es auch am professionellen Planungspartner, dem Bauherrn durch entsprechende Fragestellung beim Erstellen der Projektdefinition zu helfen. Die Schwierigkeit besteht natürlich darin, dass der Bauherr sein Gesicht nicht verlieren will. Die Projektdefinition ist das Allerwichtigste. Sämtliche Streitereien beruhen doch auf einer fehlenden Kommunikation. Wir müssen uns gegenseitig mitteilen, was wir voneinander erwarten dürfen und was verlangt werden darf."[544]

Wie zu erwarten, sind die Möglichkeiten des Öffentlichen Kunden zur Wahl einer Projektabwicklungsform aufgrund von Vergabeverordnungen beschränkt:

„Wir sagen uns schon, dass wir was machen sollten, da es die anderen vielleicht sonst nicht versuchen würden. Wir haben ganz andere Barrieren. Das ganze öffentliche Vergaberecht hindert uns gross am Experimentieren. Wir können nicht zuerst Unternehmer konsultieren und uns nach innovativen Lösungen erkundigen. Wir müssen das Projekt nachher wieder allgemein ausschreiben. Wir dürfen vor der Ausschreibung noch keine

543 Interview BK4, S. 8.

544 Interview BK3, S. 4f.

Bindung zu einem Unternehmer haben. So gesehen haben wir relativ wenig Spielraum.“[545]

Sobald Kunden Entscheidungskompetenz an planende und ausführende Unternehmen abtreten, ist ihnen Transparenz in der Entscheidungsfindung der Unternehmen wichtig. Hier fehlt den meisten Kunden noch das Vertrauen in die Unternehmen. Sie sind sich nicht sicher, ob die Unternehmen auch die geplante Bauwerksqualität abliefern. Sie haben teilweise den Eindruck, dass durch eine qualitativ minderwertige Ausführung versucht wird, die Margen zu erhöhen. Zudem fehlt der Einblick in das Kostengefüge der erbrachten Leistungen und damit das Vertrauen, dass Leistung und Preis in einem ausgewogenen Verhältnis zueinander stehen:

„Die Transparenz. Zu welchem Preis soll offeriert werden? Ich binde mich nicht gerne. Ich bin nicht einfach nur der Besteller. Wenn wir eine gute Idee haben, wollen wir auch davon profitieren. Ich vergebe seit 20 Jahren keine GU-Verträge mit Pauschalen. Seit 20 Jahren arbeiten wir mit GUs auf der Basis der offenen Abrechnung. Wenn ich etwas bestelle, soll ich einfach den Mehrpreis zahlen? Ich will mich nicht den Unternehmern ganz ausliefern.“[546]

„Auf der anderen Seite ist der Unternehmer heutzutage zu wenig bereit genügend Transparenz in seine Kalkulation zu geben. Wenn das vorhanden wäre, könnte man schon ein Grundprinzip festlegen, wie es mit der Schlussabrechnung aussehen könnte. In diesem Bereich hat man einfach die notwendige Offenheit nicht.“[547]

„Wir erstellen momentan ein wasserdichtes Qualitätsmanagement. Die Erstellung dieses Managementtools erfordert einen grossen Aufwand. Wir haben wahrscheinlich einen grösseren Aufwand, als wenn wir das Projekt mit einer traditionellen Bauprojektorganisation realisieren würden. Wir brauchen jetzt ein eigenes Team, welches für die Qualitätssicherung zuständig ist. Wir müssen permanent überprüfen, ob man die Leistung auch erhält, welche man bestellt hat. Der TU unterliegt der Versuchung, mit einer geringeren Qualität Einsparungen in der Zeit und in den Kosten zu erreichen. Dieses spezielle Verfahren verlangt einfach von der Bauherrenseite eine andere Reaktion. Normalerweise hat man den Planer, der die Qualitätssicherung übernimmt.“[548]

„Der TU darf nicht zu pingelig sein. Wenn er 5.1 rundet, runden wir auch eine 5.1. Wir werden sicher auch die Mehrleistungen, welche durch Nachforderungen unserseits entstanden sind, dem TU vergüten. Auf beiden Seiten muss Fairness herrschen. Wenn der TU einen höheren Gewinn mit einer geringeren Qualität zu erreichen versucht, ist das Vertrauen dahin. Dieser Unternehmer wird dann aber sicher das letzte Mal für uns gebaut haben.“[549]

---

545 Interview BK6, S. 8.

546 Interview BK4, S. 12.

547 Interview BK2, S. 9.

548 Interview BK7, S. 5.

549 Interview BK7, S. 6.

Darüber hinaus stufen einige Kunden die Relevanz des Wissens aus dem Erstellungsprozess für eine gute bauliche Lösung als gering ein. Ein Umstand der auf den Tätigkeitsbereich der Kunden zurückgeführt werden kann. Im allgemeinen Hochbau werden die Anforderungen an die Bauwerkserstellung insbesondere des Rohbaus als relativ niedrig angesehen:

„Im Anlagebereich sieht es doch anders aus, als wenn man sich den klassischen Baumeister vor Augen hält. Beton ist Beton. Dort kann man wenig verändern. Auch ob die Schalung ein bisschen schöner ausgeführt wurde, ist nicht Match entscheidend. Erst recht nicht, wenn ich eine herunter gehängte Decke darunter installiere. Die statischen Anforderungen müssen sowieso gegeben sein."[550]

Dass das nicht generell für alle Bauaufgaben gilt, beweisen die von Bauunternehmen eingereichten Alternativangebote, die meist effizientere z.T. innovative Ausführungsvarianten zum ausgeschriebenen Bauwerk darstellen. Zwar begrüssen die Kunden alternative Unternehmerangebote, die hauptsächlich auf Prozessinnovationen zielen. Aber neben den seltenen Möglichkeiten zum Innovieren betonen sie gleichzeitig, dass Bauunternehmen häufig nicht die notwendigen Ressourcen besitzen, um überhaupt innovativ tätig zu werden:

„Wir müssen auch sehen, dass die Innovationen in der Ausführung eher klein sind. Wir haben das immer wieder festgestellt. Die Ausschreibungen sind so komplex und gross, dass niemand Zeit hat, noch eine zusätzliche Innovation einzubringen. Wenn der Unternehmer den Auftrag hat, schaut er, dass er die Ausführung so durchziehen kann, wie er sich das gedacht hat. Innovationen in der Ausführung sind eine mühsame Sache."[551]

„In den letzten fünf Jahren hat eine tiefe Rezession die Bauwirtschaft beherrscht. Innovative Ideen bedingen Know-how, Geld und Zeit. Man weiss ja schon nicht, wie man die Innovation an den Markt bringen soll. Es gibt nicht sehr viele Unternehmungen mit der notwendigen Reserve."[552]

„Wobei, es gibt ja nicht so viele Neuerungen im Bauwesen Es ist eine träge Geschichte. Die Probleme sehe ich in der kleingewerblichen Struktur der Bauwirtschaft. Das Potential ist auch zu klein. Ich habe die Erfahrung gemacht, dass, wenn Sie von der Seite der Investoren keine Innovationen suchen, Ihnen auch keine Innovationen angeboten werden."[553]

Kritisch wurde in diesem Zusammenhang angemerkt, dass von einigen Kunden die Ausarbeitung innovativer Lösungen durch Bauunternehmen als Gratisdienstleistung angesehen wird:

---

[550] Interview BK2, S. 10.

[551] Interview BK6, S. 12.

[552] Interview BK4, S. 12.

[553] Interview BK1 S. 6.

„Auf der Bauherrenseite muss aber auch die Einsicht herrschen, dass nicht auf dem Buckel der Unternehmer Gratislösungen entwickelt werden können und dürfen. In dieser Hinsicht erlebt man sehr viel. Den Ingenieur im Planungsprozess bezahlt man. Sollten aber Unternehmer Lösungen ausarbeiten, sollten diese im Sinne einer unbezahlten Dienstleistung die Lösungen entwickeln. Und das ist schliesslich nicht in Ordnung."[554]

Ebenso wurde auf die teilweise geringe Akzeptanz einer nachträglichen Optimierung durch Unternehmervarianten beim Planer verwiesen, wie sie auch schon die Fallstudien in den beiden Bauunternehmen aufzeigen konnte:

„Wir versuchen sehr häufig, den Unternehmer zu Alternativen anzuregen. Die Alternativen kommen aber nicht, weil der Unternehmer den Planer nicht diffamieren will."[555]

„Der Planer hat sein eigenes Konzept. Jetzt kommt der Unternehmer mit einem eigenen Konzept. Der Planer will natürlich mir gegenüber sein Gesicht bewahren. Ich sage auch den Unternehmern, welche ich besser kenne, dass sie mit ihren Vorschlägen direkt an mich gelangen sollen. Dann kann man nämlich die Unternehmeridee zurückkoppeln. Die Psychologie spielt eine wichtige Rolle. Es gibt Planer, die bereit sind, innovative Ideen des Unternehmers zuzulassen. Es gibt natürlich auch die anderen."[556]

Letztlich erkennen die Kunden zwar den Nutzen, den ein Einbezug von Wissen aus den späteren Lebenszyklusphasen des Bauwerks in die Bauwerksplanung besitzt. Doch sie können noch auf zu wenige Projektabwicklungsformen zurückgreifen, die ihnen die Sicherheit geben, dass sie eine optimale bauliche Gesamtlösung erhalten:

„Wir experimentieren heute relativ viel. Die erste Frage stellt sich, in welcher Konstellation wir mit den Unternehmern zusammenarbeiten. Wir durchlaufen praktisch alle Phasen. Bis heute achten wir gross auf die Preissicherheit. Das sind also TU- und GU-Verträge. Gesamtheitliche Ausschreibungen, fertiger Preis. Wir haben verschiedene Erfahrungen gemacht mit TU und GU. Manchmal hat man nur Probleme mit den Garantieleistungen etc. Heute sind wir der Meinung, dass, wenn wir schon bei TU und GU Nachzahlungen machen, dann können wir das Risiko gerade so gut selber übernehmen. Gerade in der heutigen Zeit, wo man nicht sagen kann, wie sich die Teuerung entwickelt, versuchen wir über Werkgruppen die Projekte zu vergeben. Das Risiko trägt schlussendlich der Bauherr."[557]

„Beim Systemanbieter stellen sich einfach die Fragen nach dem besten Preis, nach dem besten Produkt, nach der Zielerreichung, nach dem guten Unternehmer. Sollte der Unternehmer innovativ sein, wird er einen höheren Preis für seine Leistung verlangen. Wie rechtfertige ich die Mehrausgaben? Diese Mehrausgaben muss ich irgendwie wieder reinkriegen. Hat der Ingenieur weniger Arbeit, soll dieser einen Teil des Mehrpreises bezahlen. Rechtfertigt die eingesparte Zeit die Mehrausgaben? usw. Ich kann mir eine solche

554 Interview BK3, S. 11.

555 Interview BK1, S. 4.

556 Interview BK5, S. 7f.

557 Interview BK6, S. 6.

Zusammenarbeit vorstellen. Die Frage ist, mit wem und wie die Zusammenarbeit aussehen sollte. Wird mittels einer offenen Abrechnung gearbeitet, wo ich die einzelnen Leistungen des Unternehmers einsehen kann, ist eine Zusammenarbeit möglich. Bei einem Totalunternehmervertrag, wo ich einen Preis und die Liste der mitarbeitenden Firmen einsehen kann, sehe ich Probleme. Da mache ich nicht mit. Gute Gedanken honoriere ich gerne. Nur will ich nicht den doppelten Preis dafür bezahlen."[558]

Dazu gehört aus Sicht einiger Kunden auch die ungenügende Berücksichtigung der Nutzungsphase in den frühen Projektphasen:

„Heute gibt es einfach fast niemanden, der die Ausführung mit dem Betrieb koppelt. Bei der Haustechnik gibt es vielleicht Ansätze. Das ist aber sicher ein Zukunftsmarkt. Wir haben in der Schweiz fast niemanden, der diese Leistungen machen könnte. [...] Ich hätte dann auch die viel grössere Sicherheit des Erstellers, dass das Bauwerk auch tatsächlich funktionieren wird. Durch eine entsprechende Vertragsgestaltung, kann es auch sein, dass eine solche Zusammenarbeit auch für die Planer und Betreiber interessant wird. Der Anbieter würde dann vielleicht auch mehr Geld in die Planungsphase stecken, da er ja mehr Zeit hätte, dieses durch eine optimale Nutzung und einen optimalen Betrieb wieder zurückzugewinnen. Davon hätten natürlich auch wir Vorteile."[559]

Gleichzeitig weist ein anderer Kunde auf die Schwierigkeiten hin, ein auf den Betriebskosten basierendes Bonus/Malus-System anzuwenden:

„Es ist schwierig, die zukünftigen Betriebskosten zu berechnen. Es gibt sehr viele betriebliche Einflüsse, welche die Kosten beeinflussen. Die Energie ist ein Bestandteil der Betriebskosten. Natürlich spielt auch die Qualität des Grundausbaues eine Rolle. Wobei die Dauerhaftigkeit des Innenausbaus kein Problem darstellt. Meistens wird der Innenausbau vor Ablauf der Lebensdauer der verwendeten Materialien ersetzt. [...] Wir haben den Betrieb unserer Gebäude an ein externes Unternehmen vergeben. Wir überwachen dieses externe Unternehmen. Wir hätten dann den TU und das externe Facility-Management-Unternehmen, welche beide für den Betrieb verantwortlich wären. Das betrifft jetzt die Wartung und den Betrieb. Ich kann den TU kaum zur Rechenschaft nach 10 Jahren ziehen, wenn die Materialien falsch eingesetzt wurden. Existiert er dann noch?"[560]

Lösungsansätze sehen verschiedene Kunden nicht in Leistungspaketen für das gesamte Bauwerk, sondern in der Integration von Leistungen für bauliche Teilsysteme:

„Eine projektspezifische Zusammenarbeit würde ich in einer gemeinsamen Fassadenplanung sehen. Man müsste am Anfang Stunden- und Materialansätze festlegen. Die Abrechnung muss transparent sein. Wenn man das Endprodukt definiert hat, hat man eine gemeinsame Ausgangslage und somit ergibt sich auch der Preis. Man kann auch direkt sagen, Fremdofferte minus 10% [...]. Es ist sicher machbar. Wir haben aber keine Erfahrung. Und bis jetzt war kein Projekt vorhanden, wo wir in diese Richtung gehen mussten.

---

558 Interview BK4, S. 11.

559 Interview BK1, S. 5.

560 Interview BK7, S. 5.

Als Lösungsansatz sehe ich diese Zusammenarbeit. Aber ich kann keine Aussage über das Funktionieren machen."[561]

„Für mich klar ein Thema ist aber die funktionale Beschreibung von ganzen Bauteilen. So zum Beispiel die Fassade. Ein Unternehmer soll in einer Art Sub-GU Fenster, Fassadenteile inkl. Rolläden, also das ganze System Fassade, als Bauleistung erbringen. Eine Aufteilung in Teil-GU Verträge macht Sinn. Bei diesen Verträgen sieht auch die Zuteilung der Zuschläge und Risiken anders aus. Der Gewinn liegt eigentlich darin, dass sich die Unternehmen besser koordinieren können und damit einen Gewinn erzielen können. Diese optimale Koordinierung bringt dem Bauherr natürlich auch etwas."[562]

Die Kundenbefragung machte erneut deutlich, dass der Projektabwicklungsform als Bedingungsgrösse für das Innovationsverhalten von Bauunternehmen entscheidende Bedeutung zukommt. Insbesondere zeigte sich, dass bestehende Formen der Projektabwicklung den Kunden noch zu wenig Sicherheit in Bezug auf die bauliche Gesamtlösung bieten und damit integralen Leistungsangeboten, die dem Bauunternehmen Innovationsspielräume eröffnen können, vom Kunden noch kein umfassendes Vertrauen entgegengebracht wird.

4.3.3.2 Unternehmenswissen

Vertrauen können Unternehmen, die insbesondere Planungsleistungen erbringen, auch durch ihr fachliches Können aufbauen. Die befragten Kunden erwarten von den Unternehmen einen hohen Wissensstand, der sowohl die letzten technischen Entwicklungen als auch erfolgreiche und weniger erfolgreiche Anwendungen dieser Entwicklungen umfasst:

„Die Planer müssen neue Verfahren und Methoden vermehrt prüfen. Ich treffe heute noch Architekten, welche das LM95 nicht kennen. Das LM95 ist 5 Jahre alt. Das ist Wahnsinn. Das ist ein Leistungs- und Honorarverfahren. Da habe ich dann schon Zweifel, ob der Architekt sich in der neusten technischen Entwicklung auskennt. Das ist eine Katastrophe, wenn der Architekt/Planer sich nicht weiterbildet und auf dem neusten Stand der Technik ist. Der [...] hat [...] ein Gebäude erstellen lassen, welches gebäudetechnisch nicht funktioniert. Ich bin der Meinung, dass jeder Planer wissen sollte, was in [...] passiert ist, damit er den gleichen Fehler nicht auch selber begeht. Es gibt Planer, welche von dieser Problematik [...] noch nie gehört haben. Die Bereitschaft sich mit Kritik auseinander zu setzten, um aus Fehlern zu lernen, muss grösser werden [...] Ich will einfach die Gewissheit haben, dass der Planer auf dem neuesten Stand der Technik ist. Technisch neue Sachen müssen bekannt sein. Mit all den Vor- und Nachteilen. Die Planer sind nämlich für

[561] Interview BK4, S. 11.

[562] Interview BK2, S.15.

die technischen Spielereien meistens recht offen. Sie sind aber zu wenig kritisch. Sie müssen die Bedingungen kennen, unter denen eine Innovation tatsächlich funktioniert.“[563]

„Ein GU müsste in meinen Augen heute innovativ sein. Er muss ein gutes Produkt an den Markt bringen, welches auch in 10 bis 15 Jahren up to date ist. Er muss ein neues Produkt bringen, welches dem Investor einen Mehrnutzen bringt. Ich gehe heute davon aus, dass Investoren innovativ denken. Somit müsste der GU Produkte anbieten, die innovativ sind. Wenn er Produkte anbietet wie vor 10 Jahren sagen wir […] nein. Wenn ein GU nicht innovativ ist, wird er bald einmal nicht mehr am Markt sein, da andere innovative Unternehmer Investoren finden werden. Ingenieure müssten eigentlich von Haus aus innovativ denken. Wenn ein Ingenieur nicht innovativ ist, frage ich mich, für was man Ingenieure denn braucht.“[564]

Referenzen spielen in diesem Zusammenhang eine erhebliche Rolle, da sie die Erfahrungen des Unternehmens widerspiegeln. Dazu gehören neben ausgeführten Bauwerken auch kompetente Mitarbeiter, die im persönlichen Kontakt, der bereits aus früheren Projekten herrühren oder durch eine überzeugende Projektvorstellung erfolgen kann, zur Vertrauensbildung auf Seiten des Kunden beitragen:

„Schlussendlich ist es immer der Mensch, der eine Lösung gegenüber seinen Vorgesetzten durchsetzten muss. Das kann man auf verschiedene Arten machen. Durch brillante Präsentationen kann man Boden gut machen. Das kann man auch durch einen guten Aufbau erreichen. Der hinterlassene persönliche Eindruck in Gesprächen, in Präsentationen ist entscheidend. Es sind sehr oft diese menschlichen Beziehungen, die ausschlaggebend sind.“[565]

„Es kommt darauf an, wie sie mir eine Lösung unterbreiten. Wie sie sich präsentieren. Wenn ich an einen Planer gelange, muss es einfach stimmen. Natürlich spielt die Erfahrung und die Referenzobjekte eine grosse Rolle.“[566]

„In den Präqualifikationsgesprächen kann man dieses Wissen testen. Durch Diskussionen kann man viel erkennen. Die Planer müssen sich besser verkaufen können. Er muss die Neuigkeiten kennen. Er muss sein Wissen kundtun. Das schafft Vertrauen.“[567]

Für eine vertrauensvolle Zusammenarbeit ist ebenso entscheidend, dass sich die Kunden nicht als blosse Besteller eines Bauwerks sehen, sondern als partnerschaftliches Mitglied des Bauprojektteams (Integrativität und Interaktion der Leistungserbringung). Als solches sind sie in die Planungsüberlegungen der beauftragten Unternehmen einzubeziehen, damit sie möglichst rationale Entscheidungen treffen können bzw. damit für sie die Entscheidungen der Unternehmen transparent werden:

---

563 Interview BK7, S. 7f.

564 Interview BK4, S. 4f.

565 Interview BK3, S. 11f.

566 Interview BK5, S.8.

567 Interview BK7, S. 9.

„Wir können nur erfolgreich sein, wenn wir als ein Team zusammenarbeiten. Nicht nur die Planer, sondern auch der Bauherr sollte zum Team gehören. Das Thema ist das gleiche. Wir sitzen zwar nicht auf derselben Seite des Tisches, aber am selben Tisch. Das ist heute noch nicht so. Ich weiss nicht, ob wir jemals soweit kommen werden. Heute wird vom Bauherrn verlangt, dass er sagt, was er will. Man versucht aber nicht, in einem Team die Bedürfnisse des Bauherrn zu evaluieren. Für mich ist das eine Denkhaltung, die auch an der Schule gelernt werden sollte."[568]

„Wir Bauherren sind immer mit dabei. Wir entscheiden schlussendlich auch. Wir müssen die Risiken abschätzen und kennen. Wir sind nicht einfach Besteller. Wir sehen uns als Teammitglieder. Das ist einfach. Wir geben auch das Geld und die Ideen. Wir wollen nicht von oben nach unten wirken."[569]

Die Fallstudie hat bestätigt, dass Vertrauen zum entscheidenden Kriterium für die Nutzung von Innovationspotentialen wird, denn auf der einen Seite ist Teambildung unter rechtzeitigem Einbezug aller Projektbeteiligten Voraussetzung für weitreichende innovative Lösungen. Auf der anderen Seite erfordert eine umfassende, die Planungs- und Bauphase berücksichtigende Teambildung das Vertrauen des Kunden in die Fähigkeit und die Bereitschaft der beteiligten Unternehmen, ein seinen Vorstellungen entsprechendes, funktional, technisch und wirtschaftlich optimales Bauwerk zu erstellen.

4.3.4 Risiko und Innovation

Das markanteste Merkmal von Innovationen ist deren ***Neuartigkeit***, und eng verknüpft mit der Neuartigkeit ist das Merkmal der ***Unsicherheit***. Das heisst, dass wenige bis keine Erfahrung mit innovativen baulichen Lösungen zu Unsicherheiten darüber führen, ob die mit der Innovation verfolgten Ziele auch wirklich erreicht werden. Grundsätzlich müssen sich Kunden immer mit Unsicherheiten auseinandersetzen, da sie sachliche, terminliche und finanzielle Entscheidungen zu treffen haben, ohne sich vorab ein genaues Bild über das fertige Bauwerk machen zu können (Immaterialität der baulichen Leistung). Mit der Unsicherheit sehen sie sich gewissen ***Risiken*** gegenüber, die bei innovativen baulichen Lösungen noch ein zusätzliches Moment erhalten. Kann die Unsicherheit beim Kunden im Allgemeinen auf die begrenzten fachlichen Fähigkeiten zurückgeführt werden, wird sie bei neuartigen Lösungen durch die der Innovationsaufgabe inhärente Unsicherheit erhöht. Die befragten Kunden nutzen verschiedene Möglichkeiten, mit den daraus entstehenden Risiken umzugehen.

---

[568] Interview BK1, S. 4.

[569] Interview BK4, S. 9.

4.3.4.1 Risikoübertragung

Eine Möglichkeit besteht darin, die Risiken auf die Unternehmen zu übertragen und auf deren fachliche Fähigkeit zu vertrauen, die Risiken beherrschen zu können. Die Frage der Vertrauensbildung durch fachliche Fähigkeiten wurde bereits angesprochen. Sie wirkt sich auch auf den Umgang mit Risiken aus, wie ein Kunde anmerkt:

> *„Jetzt sind sie in einem Bereich, wo ich das technische Verständnis nicht habe. Ich würde jetzt sagen:" [...] Sie sind Ingenieur und sie begleiten uns seit 15 Jahren. Wenn Sie mir sagen, Sie stehen hinter der Lösung, dann machen wir es." Ich vertraue meinen Mitarbeitern und Partnern. Somit überlasse ich dem Projektbearbeiter den Entscheid, wie er ein Problem lösen will. Fertig."*[570]

Die Vergabe von Leistungspaketen ist ein weiterer Weg, um Risiken durch das Unternehmen tragen zu lassen:

> *„Wir haben dieser Lösung zugestimmt, weil das architektonische Konzept überzeugt hat. Bei der Ausführung hat es unendlich viele Probleme gegeben. Mehrkosten waren die Folge. Dort sind wir ein Risiko eingegangen. Wie kannten die Folgen zu wenig genau. Wie hätten wir rationell gegen die Architektenlösung argumentieren sollen? Wir können nicht generell einfach so gegen eine Lösung sein. Wenn wir einen TU Vertrag hätten, würden mich die Kosten sowieso nicht interessieren. Der TU trägt dann das Kostenrisiko."*[571]

Jedoch sind viele Kunden, wie bereits erwähnt, gegenüber solchen neuen vertraglichen Regelungen noch skeptisch eingestellt, da der Unternehmer dann auch die Risikoübernahme vergütet sehen will und aus Sicht der Kunden, die Risikovergütung nicht immer transparent ist und gerechtfertigt scheint. Zudem übernehmen Unternehmen, die für Planung und Erstellung verantwortlich zeichnen, auch nur die damit verbundenen Risiken. In den Augen der Kunden führt das dazu, dass die Unternehmen die bauliche Lösung ausschliesslich nach Planungs- und Erstellungsgesichtspunkten betrachten. Die Auswirkungen auf die Nutzungsphase des Bauwerks werden vielfach unberücksichtigt gelassen. Infolgedessen stehen die Kunden Produktinnovationen kritisch gegenüber, denn über deren Erfolg lassen sich erst in der Nutzungsphase Aussagen machen, so dass die Kunden auch primär die Risiken dafür tragen müssen:

> *„Wir haben ein Gebäude erstellt mit einer relativ neuen Art von Glasfassade. Wir haben versucht das Risiko mit Garantien in den Griff zu bekommen. Leider waren wir in der Rezession, und man wusste nichts über die Zukunft einzelner Unternehmer. Sie können ver-*

---

570 Interview BK3, S. 10.

571 Interview BK7, S. 7.

suchen, das Risiko abzuschätzen. Schlussendlich müssen aber Sie als Bauherr einfach sagen, ob die Übernahme des Risikos Ihnen die neue Lösung wert ist.“[572]

„Ich sage jetzt etwas Böses. Für den GU muss das Bauwerk 2 Jahre lang halten. Was nachher ist, kann ihm eigentlich egal sein. Wir betreiben aber unsere Häuser für ungefähr 50 Jahre.“[573]

„Schlussendlich trägt immer der Bauherr das Risiko. Der kurzfristigste Horizont beträgt 25 Jahre. Sonst haben wir ein Problem. Wir können uns nicht erlauben, dass sich der Erneuerungszyklus bei so vielen Gebäuden verkleinert.“[574]

Entsprechend werden Prozessinnovationen eher akzeptiert, da der Erfolg sich bereits am Ende des Erstellunsprozesses z.B. in Form von Zeit- und Kosteneinsparungen zeigt, die Risiken dafür primär bei den Unternehmen liegen. Nun wäre es nur konsequent, auch den Betrieb und Unterhalt des Bauwerks oder Teilsysteme, wie z.B. die Heizungs- und Lüftungsanlage, im Rahmen eines Contracting der Verantwortlichkeit eines der planenden und/oder erstellenden Unternehmen zu unterstellen. Erste Projekte haben sich in der Praxis bereits erfolgreich bewährt. Insbesondere im Energie-Contracting konnten Anlagenkomponenten und Energiebezug optimiert und die Betriebskosten minimiert werden. Bei einem auf Win-Win-Basis ausgearbeiteten Vertragskonzept entstehen für den Contracting-Unternehmer Anreize, innovative, energiesparende und wartungsarme Anlagen einzusetzen.

4.3.4.2 Risikoreduzierung

Eine weitere Möglichkeit des Umgangs mit Innovationsrisiken besteht für den Kunden darin, die Risiken weitestgehend zu reduzieren, indem er sich so viele Informationen wie möglich über eventuelle Auswirkungen der innovativen Lösung beschafft. Dafür stehen ihm verschiedene Informationsquellen zur Verfügung. Ist die Lösung nur für den Kunden neuartig, befragt er Spezialisten, die bereits Erfahrungen bei der Realisierung dieser Lösung sammeln konnten. Eine wesentliche Rolle spielen aber auch die eigenen fachlichen Kenntnisse. So beschäftigt einer der befragten Kunden eine eigene Architektur- und Ingenieurabteilung, die selbständig auf dem Markt agiert und dadurch permanent neues Wissen und Erfahrung erwerben kann:

„Wir üben uns im Markt. [...] Ich muss im täglichen Marktkampf Erfahrungen sammeln. Ich muss wissen, was heute bei einer Realisierung läuft. Es ist ein Unterschied, ob sie nur darüber sprechen und nur die Verantwortung für das gesprochene Wort übernehmen müssen, oder ob dahinter ein Projekterfolg erreicht werden muss. Ich kann nicht als reiner Theoretiker den Leuten vorformulierte Vertragsurkunden verkaufen, ohne dass ich die

---

572 Interview BK1, S. 6.

573 Interview BK5, S. 9.

574 Interview BK6, S. 9.

Praxis kenne. Ich muss die Praxis kennen, damit ich die Koordinationsaufgaben übernehmen kann. Um diesen Praxisbezug zu garantieren, sind immer 20 Mitarbeiter hier in der Zentrale immer direkt im Markt tätig."[575]

Eine weitere Informationsquelle stellen Referenzobjekte dar, bei denen neue Lösungen bereits in ähnlicher Weise zur Anwendung gelangten. Des Weiteren setzen die Kunden vermehrt auf Expertisen und Gutachten:

„Wir haben einen Metalldoppelboden eingebaut. Der Vorteil lag darin, dass der Metalldoppelboden gleichzeitig als Baubühne verwendet werden konnte. Wir haben das System jetzt eingebaut. Ich weiss jetzt aber nicht, ob in Zukunft das System uns Sorgen bereiten wird. Wie sieht es aus mit der elektrischen Leitfähigkeit? Wir haben ein EMPA Gutachten erstellen lassen."[576]

„Wenn eine […] das System schon hat, ist das System sicher auch für uns geeignet. Wenn es z.B. schon in Amerika verwendet wird, ist es i.O. Vielleicht schauen wir das System dann ein bisschen genauer an. […] Wenn Sie Referenzobjekte haben, ist es immer besser. Meistens hole ich eine zweite Meinung ein. Uns muss es plausibel erscheinen, dass die Lösung funktioniert. Das Vertrauen in den Planer spielt eine wichtige Rolle."[577]

„Wir versuchen, die Risiken aufzuzeigen. Wir versuchen, Antworten auf ungeklärte Fragen zu finden. Wir sprechen mit Fachleuten. Wir studieren neue Gebäude genau. Wir können nur sagen, wie gross die Wahrscheinlichkeit ist für jenes Szenario."[578]

Laboruntersuchungen, Simulationen sowie Kosten-Nutzen-Analysen besitzen jedoch nur eine beschränkte Aussagekraft, da Baustoffe und Bauteile meist isoliert vom Gesamtsystem Bauwerk betrachtet werden und zudem das Langzeitverhalten nur begrenzt simuliert werden kann. Nach Aussagen eines Kunden muss dies jedoch kein Grund sein, um eine Neuerung abzulehnen:

„Natürlich muss man Nutzen-Risiko-Berechnungen durchführen. Wenn mir die Risiken nicht bekannt sind, kann ich mit den Problemen leben. Vielleicht sehe ich die Probleme von neuartigen Systemen gar nicht. Da bin ich eher offen. Da sehe ich vor allem den Nutzen einer Innovation. Auch der professionelle Bauherr kann nicht alles wissen. Genauso wie der Architekt, der Planer, mögliche Probleme nicht erkannt haben, kann ich die Probleme ja auch nicht abschätzen. Ich kann das Neue ja nicht einfach ablehnen."[579]

---

575 Interview BK3, S. 2.

576 Interview BK7, S. 10.

577 Interview BK5, S. 7.

578 Interview BK4, S. 7.

579 Interview BK7, S. 10.

4.3.4.3 Risikoübernahme

Letztlich bleiben immer Risiken bestehen, die durch den Kunden zu übernehmen sind. Welche Risiken die Kunden zu tragen gewillt sind, richtet sich stark nach dem Mehrwert, den die innovative Lösung verspricht. Dazu gehören z.B. wesentliche Preisvorteile, hohe Energieeinsparungen oder geringe Unterhaltskosten. Wesentliche Voraussetzung ist jedoch, dass die Risiken bekannt und abschätzbar sein müssen:

> *„Wenn Sie als Bauherr nicht bereit sind, einen Teil des Risikos zu übernehmen, dann können Sie die Innovation sowieso vergessen."*[580]

> *„Die Innovation muss aber einen offensichtlichen Vorteil bringen. In Bezug zu den Kosten, Qualitäten und Termine. Dann bin ich auch in einem gewissen Rahmen bereit, die Risiken zu übernehmen. Wenn ich die Gefahr, das Risiko erkenne, und das Risiko ist grösser als der Nutzen, werde ich die Innovation selbstverständlich nicht akzeptieren."*[581]

> *„Die Risiken müssen bekannt sein. Und sonst macht man halt nichts Neues. Auch bei diesem Bau hätten wir einen konventionellen Bau wählen können. Wir wollten aber nicht. Wir haben auch gewusst, dass nicht immer alles perfekt sein kann. Was nicht perfekt ist, sollte verkraftbar sein."*[582]

> *„Immer interessant ist ein gewaltiger Mehrnutzen. Wir fragen immer nach dem Nutzen. Das können wesentliche Preisvorteile sein. Ein höherer Nutzen im Betrieb. Energiesparen. Pflegeleichtigkeit. Etc. Wir verschliessen uns sicher nicht innovativen Ideen. Wir sind aber recht kritisch gegenüber Innovationen. Wir haben einfach schon genug schlechte Erfahrungen mit Neuerungen gemacht."*[583]

Einer der befragten Kunden deutet darauf hin, dass ein Kunde insbesondere dann gewillt ist, Risiken einzugehen bzw. innovativ tätig zu werden, wenn er auch in seinem Kerngeschäft innovatives Verhalten zeigt:

> *„Wir sind ein kleines Labor. Wir haben eine Geschäftsleitung, welche nur grobe Ziele vorgibt. Die Anforderungen an das Bauwerk können wir festlegen. Wir sind sicher in der Ehre gepackt, damit wir etwas Gutes erstellen. Es sind vielleicht verschiedene Faktoren, die bei [...] zusammentreffen. Warum sind die anderen nicht innovativ? Eine Investition, eine Innovation ist immer mit einem Risiko verbunden. Vielleicht auch mit Mehrausgaben. Wenn man die Forderung hat, dass man in einem vorgegebenen Budget liegen muss, dass man eine entsprechende Anfangsrendite erbringen muss, wird er zwangsläufig nur das machen, woran er gemessen wird. Minimale Investitionen als Zielvorgabe verunmöglichen gewisse Projekte. Sollte er kein Risiko eingehen, dann kann er auch nicht innovativ sein."*[584]

---

[580] Interview BK1, S. 7.

[581] Interview BK7, S. 10.

[582] Interview BK4, S. 7.

[583] Interview BK6, S. 9.

[584] Interview BK4, S. 7.

4.4 Implikationen für die Generierung innovativer baulicher Gesamtlösungen

Auch aus der Kundenbefragung konnten wesentliche Schlussfolgerungen für die Generierung innovativer baulicher Gesamtlösungen gezogen werden.

Grundsätzlich verlangen die Kundenziele sowohl ***Produkt-*** als auch ***Prozessinnovationen***. Bis heute können Bauunternehmen jedoch das vorhandene Innovationspotential nur in geringem Masse ausschöpfen. Ein Grund dafür kann darin gesehen werden, dass die Unternehmen nur in geringem Umfang integrale Leistungspakete anbieten und aufgrund ihres passiven Leistungsangebots erst dann in ein Bauprojekt einbezogen werden, wenn die technischen Parameter des Bauwerks weitgehend festgelegt sind. Dadurch können die Unternehmen Veränderungen des Bauwerks (Produktinnovationen) kaum und Neugestaltungen des Leistungserstellungsprozesses (Prozessinnovationen) nur in dem durch die bereits festgelegten Bauwerksparameter definiertem Rahmen generieren. Die Feststellung aus Teil B, dass das nutzbare Innovationspotential in Bezug auf Bauwerk und Bauprozess vor allem über Leistungsinnovationen zu vergrössern ist, wurde erneut untermauert. Um für eine lebenzyklusorientierte Optimierung von Bauwerken verstärkt innovative bauliche Lösungen entwickeln zu können, müssen Bauunternehmen über neue Leistungsangebote, die verstärkt die frühen Phasen des Bauprojekts berücksichtigen, ihren kreativen Gestaltungsspielraum ausbauen.[585]

Insbesondere bei komplexen Bauaufgaben muss das Fachwissen von verschiedenen Unternehmen gebündelt werden. ***Teamarbeit*** bzw. ***Kooperationen*** sind hier der Schlüssel zu innovativen baulichen Lösungen. Leistungsinnovationen sind von Bauunternehmen nicht nur über die Erweiterung des eigenen Leistungsangebots, sondern auch durch die aktive Suche nach neuen Formen der Zusammenarbeit zu realisieren. Das Kooperationsverhalten der an einem Bauprojekt Beteiligten wirkt massgeblich auf die Möglichkeiten, innovative bauliche Lösungen zu gestalten. Gleichzeitig bedeutet dies, neue bzw. verbesserte Projektabwicklungsformen zu etablieren, die den Einbezug des Wissens aus den späten in die frühen Bauprojektphasen ermöglichen. Gefordert sind hier nicht nur die Unternehmen, sondern ebenso die Kunden, die entscheidend auf die Wahl der Projektabwicklungsform einwirken.

Weiterhin bedarf es für die erfolgreiche Entwicklung und Einführung von Neuerungen eines ausgeprägten ***Vertrauensverhältnisses*** zwischen Kunden und Unternehmen, denn nach diesem richtet sich, inwieweit der Kunde Entscheidungskompetenzen an die Unternehmen abgibt und den Freiraum für innovatives Handeln öffnet. Vertrauen können die Unternehmen vor allem durch fachliche und kooperative Fähigkeiten sowie Transparenz in der Entscheidungsfindung gewinnen. Ein ausgeprägtes Koope-

585 Vgl. Girmscheid, G. (Wettbewerbsvorteile 2003).

rationsverhalten und ein hoher fachlicher Sachverstand können insbesondere über das Auftreten und Verhalten der Mitarbeiter während des Bauprojekts wirksam kommuniziert werden. Transparenz in der Entscheidungsfindung kann durch den Einbezug des Kunden in die Entscheidungsprozesse des Unternehmens gewährleistet werden. Der Kunde ist in das Bauprojektteam zu integrieren.

Mit dem über die Wissensstärke des Unternehmens aufgebauten Vertrauen ist auch das ***Risiko*** verbunden, das die Kunden bei innovativen baulichen Lösungen bereit sind einzugehen. Kunden akzeptieren innovative Lösungen nur, wenn Nutzen und Risiken der Lösung klar abgeschätzt werden können. Das heisst für die Unternehmen, dass ihr technisches Wissen ständig zu aktualisieren, ähnlich ausgeführte Projekte zu finden, aus Fehlern anderer Projekte im Rahmen eines kontinuierlichen Verbesserungsprozesses zu lernen und nicht zuletzt Lösungen überzeugend zu präsentieren sind. Darüber hinaus sind die Kunden insbesondere bei Produktinnovationen und bei Neuerungen mit hohen Innovationsgraden während der Ideengenerierung spätestens aber zur Ideenbewertung mit in den bauprojektabhängigen Innovationsprozess der Unternehmen einzubeziehen, um die Unsicherheit des Kunden beim Adoptionsentscheid zu verringern. Bei Lösungen, die für Unternehmen wie Kunden neu sind, kann sich eine innovationsfördernde Unternehmenskultur des Kunden vorteilhaft auf die Realisierung einer mit hohen Risiken behafteten innovativen baulichen Lösung auswirken. Ein innovativer Kunde ist bei fehlenden Referenzen eher bereit, die höheren Risiken einzugehen.

Eine Schwierigkeit für die Wahl innovationsfördernder Projektabwicklungsformen liegt in dem Bedürfnis der Kunden, noch nachträglich Änderungen am geplanten Bauwerk vorzunehmen bzw. Ziele erst im Laufe des Planungsprozesses zu konkretisieren. Neben der Ergänzung der Projektabwicklung durch Elemente wie GMP oder die kosten- und leistungstransparente Antizipierung von Änderungen durch Alternativ- und Störfallpositionen[586] stellt sich hier für Unternehmen die Herausforderung, den Kunden geeignete Unterstützung für die frühzeitige Formulierung ihrer Ziele zu geben. ***Technische Hilfsmittel*** wie Visualisierungen und ***methodische Hilfsmittel*** wie Value Management oder Quality Function Deployment sollten verstärkt auf ihre Einsatzmöglichkeiten hin geprüft, weiterentwickelt und angewendet werden.[587] Der Fähigkeit, Methoden zur Unterstützung von Bau- bzw. Innovationsaufgaben zu entwickeln und in Bau- bzw. Innovationsprozess zu verankern, ist vermehrt Aufmerksamkeit zu schenken. Gleichzeitig ist von den Kunden eine stärkere Auseinandersetzung mit ihren baulichen Zielen in den frühen Projektphasen zu fordern, um rechtzeitig eine tragfähige Basis zur Zusammenarbeit der Projektbeteiligten zu legen und unnötige Konflikte zu vermeiden.

---

[586] Vgl. Girmscheid, G. (Projektabwicklungsformen 2003).

[587] Zum möglichen Einsatz von Quality Function Deployment vgl. Teil D, Abschn. 2.1.4.

Soweit es der Umfang der Untersuchung zulässt, sind abgesehen von den Einschränkungen in der Vergabe von Bauaufgaben die gefundenen Erkenntnisse für private und öffentliche Kunden weitgehend identisch.

5 Zusammenfassung

Inhalt dieses Teils der Arbeit waren die von den theoretischen Überlegungen aus Teil B ausgehenden eigenen empirischen Untersuchungen zur Generierung innovativer baulicher Gesamtlösungen. Aufgrund des geringen Erkenntnisstands trugen die Untersuchungen einen stark explorativen Charakter. Entsprechend wurde die Untersuchungsmethodik angelegt.

Im Mittelpunkt der Untersuchungen standen die in zwei ***Schweizer Bauunternehmen*** durchgeführten Fallstudien, durch die das ***Innovationsverhalten*** der beiden Unternehmen erfasst werden konnte. Eine wesentliche Erkenntnis in Bezug auf die Generierung innovativer baulicher Gesamtlösungen bestand darin, dass das von den Unternehmen nutzbare ***Innovationspotential*** aufgrund des vornehmlich auf die Bauwerkserstellung ausgerichteten Leistungsangebots gering und über ***Leistungsinnovationen*** und ***kooperative Arrangements*** zu erweitern ist. Um sich verstärkt Innovationspotentiale erschliessen zu können, müssen sich die Unternehmen zukünftig über den ***Systemintegrator*** zum ***Systemanbieter*** entwickeln. Das bedingt gleichzeitig, dass die Unternehmen der Einbindung des vorgelagerten F&E-Prozesses der Zulieferer und des nachgelagerten Adoptionsprozesses der bauwirtschaftlichen Kunden in ihren eigenen Innovationsprozess eine grössere Aufmerksamkeit schenken. Zum einen sind sie auf innovative Entwicklungen der Zulieferer angewiesen, um grössere Innovationsgrade realisieren zu können, und zum anderen benötigen sie die Innovationsbereitschaft der Kunden, um neue Lösungen erfolgreich am Markt platzieren zu können. Zwei ergänzende Fallstudien haben sich dieser wichtigen Schnittstellen im Innovationsprozess angenommen, indem eine Fallstudie den F&E-Prozess für eine Produktinnovation mit hohem Innovationsgrad bei einem Zulieferer analysierte und die andere Fallstudie die Innovationsakzeptanz bauwirtschaftlicher Kunden untersuchte.

Ein wichtiges Ergebnis der Studie beim Zulieferer war, dass Bauunternehmen insbesondere zur Umsetzung innovativer Ideen mit hohen Innovationsgraden ***kooperative Arrangements*** z.B. Ad-hoc-Kooperationen für die Dauer der Innovationsrealisierung eingehen sollten. Nur so lässt sich das auf die Gestaltung von Bauwerks- und Prozesselementen naturwissenschaftlich orientierte Wissen mit dem auf die Gestaltung von Bauwerks- und Prozesssystem anwendungsorientierte Wissen wirkungsvoll verknüpfen.

Aus der Studie über die Innovationsakzeptanz der Kunden ist als wesentliche Erkenntnis zu ziehen, dass zur Ausschöpfung der durchaus von den Kunden gesehenen Innovationspotentiale ***Vertrauen*** bei den Kunden aufzubauen ist.[588] Das kann zum einen durch fachliche und kooperative Fähigkeit und zum anderen durch Beteiligung der Kunden an der Entscheidungsfindung erfolgen. Zudem sind von allen Bauprojektbeteiligten weitere Bemühungen zur Etablierung ***innovationsfördernder Projektabwicklungsformen*** notwendig.

Mit diesen und den weiteren Erkenntnissen aus den Fallstudien können die im Teil B angestellten organisatorischen Überlegungen zur Generierung innovativer baulicher Gesamtlösungen zum organisatorischen Gestaltungsmodell ausgebaut werden, das Gegenstand des nachfolgenden Teils der Arbeit ist.

[588] Vgl. auch Schulte, M. (Beitrag 2003) S. 125.

Teil D: Das organisatorische Gestaltungsmodell für die Generierung innovativer baulicher Gesamtlösungen

Wurden im Teil B der Arbeit erste ***theoriegeleitete Überlegungen*** für die Innovationsorganisation zur Generierung innovativer baulicher Gesamtlösungen angestellt, standen im Teil C die Ergebnisse verschiedener ***empirischer Untersuchungen*** zur Bestätigung, Konkretisierung und Erweiterung der vermuteten Zusammenhänge im Mittelpunkt. Im nachfolgenden Teil D der Arbeit soll das aus organisationstheoretischen und betriebswirtschaftlichen Ansätzen aufgespannte Netz durch Einbindung der empirisch gewonnen Erkenntnisse über das derzeitige Innovationsverhalten von Bauunternehmen und seine Bedingungen zu einem ***organisatorischen Gestaltungsmodell*** für die zukünftig an Bedeutung gewinnende Generierung innovativer baulicher Gesamtlösungen ausgebaut werden.

Zu Beginn diesen Teils der Arbeit soll die dem organisatorischen Gestaltungsmodell zugrunde liegende ***Struktur***, d. h. die einzelnen Strukturkategorien und ihre Beziehungen zueinander, erläutert werden (Kapitel 1). Im Anschluss werden die Strukturkategorien des Modells weiter präzisiert, indem deren Strukturelemente in ihren Ausprägungen und Wirkungen auf das Innovationsverhalten dargestellt und daraus Handlungsalternativen für Bauunternehmen abgeleitet werden. Am Anfang steht die Konkretisierung des ***Innovationspotentials baulicher Gesamtlösungen***, das sich einerseits aus den von Bauunternehmen realisierbaren ***Innovationsaufgaben*** und andererseits aus den die Realisierung beeinflussenden ***Innovationsbedingungen*** bestimmt (Kapitel 2). Danach sollen die ***innovationsstrategischen Optionen*** aufgezeigt werden, die Bauunternehmen zur Verfügung stehen, um wettbewerbsstrategisch bedeutsame Innovationsaufgaben identifizieren und erfolgreich umsetzen zu können bzw. um durch Einflussnahme auf die Innovationsbedingungen die Umsetzung dieser Innovationsaufgaben erst zu ermöglichen (Kapitel 3). Hierauf soll sich der ***Innovationsorganisation*** bzw. den ***innovationsorganisatorischen Gestaltungsansätzen*** zugewandt werden, mit denen die Voraussetzungen zu schaffen sind, um die strategisch relevanten Innovationsaufgaben realisieren zu können (Kapitel 4). Den Abschluss bildet eine Zusammenfassung der wesentlichen Ergebnisse dieses Teils der Arbeit (Kapitel 5).

1 Konstruktion des organisatorischen Gestaltungsmodells

Liegt der Arbeit die Prämisse zugrunde, dass innovationsorganisatorische Gestaltungsmassnahmen nur dann ihre innovationsfördernde Wirkung entfalten, wenn sie im Gesamtzusammenhang eines baubetrieblichen Innovationsmanagement betrachtet und umgesetzt werden, ist auch das organisatorische Gestaltungsmodell aus dem Grundverständnis eines baubetrieblichen Innovationsmanagements heraus zu entwickeln.[589]

Ausgehend von einigen Bemerkungen zur ***Konstruktion von Modellen*** (Abschnitt 1.1) gibt dieses Kapitel einen Überblick über die ***Gesamtstruktur des Modells*** und die Einordnung des Modells in den Gesamtzusammenhang des Innovationsmanagements in Bauunternehmen (Abschnitt 1.2).

1.1 Grundlagen der Modellkonstruktion

Unter Modellen werden im Allgemeinen homomorphe Abbildungen realer Systeme verstanden.[590] Sie reduzieren die Komplexität dieser Systeme, indem sie wesentliche Merkmale der Wirklichkeit herauslösen und abgrenzen. Welche Merkmale zur Modellbildung herangezogen werden, ist von der zugrunde liegenden Problemstellung abhängig und wird durch die subjektiven Interessen des Modellkonstrukteurs beeinflusst.[591] Der Nutzen eines Modells äussert sich dann in der Fähigkeit des Modellkonstrukteurs, die für die Problemstellung relevanten Merkmale zu erfassen und so zueinander in Beziehung zu setzen, dass der Modellnutzer mit geringem Interpretationsaufwand eine Entsprechung in der Realität finden kann.[592] Hierin liegt die Schwierigkeit der Modellkonstruktion begründet, sind doch einerseits über die Vereinfachung der Modellstruktur die kognitiven Anforderungen der abgebildeten Zusammenhänge an den Modellnutzer zu reduzieren. Andererseits ist über die Berücksichtigung der für die Problemstellung wesentlichen Merkmale die Brauchbarkeit des Modells sicherzustellen. Möglichkeiten zur Komplexitätsreduktion bestehen z.B. in der Variation nur eines Merkmals, während andere Merkmale des Modells konstant gehalten werden oder in der Bildung von wenigen idealtypischen Merkmalskonstellationen, auf die sich die Aussagen beschränken.[593]

---

[589] Vgl. dazu auch Teil A, Abschn. 3.1.

[590] Vgl. Hill, W.; Fehlbaum, R.; Ulrich, P. (Organisationslehre 1992) S. 47.

[591] Vgl. Girmscheid, G. (Forschungsmethodik 2003).

[592] Vgl. Grochla, E. (Modelle 1969) S. 385.

[593] Vgl. Hill, W.; Fehlbaum, R.; Ulrich, P. (Organisationslehre 1992) S. 47f. und die dort angegebenen weiteren Möglichkeiten zur Komplexitätsreduktion.

Modelle lassen sich hinsichtlich ihres Verwendungszweckes in drei Arten unterteilen:

- **Beschreibungsmodelle**

  Beschreibungsmodelle erfassen reale Tatbestände deskriptiv. Sie dienen dazu, die für die Charakterisierung einer Problemstellung wichtigen Merkmale zu erkennen, um darauf aufbauend Beziehungshypothesen zu formulieren und Forschungsfragen abzuleiten.

- **Erklärungsmodelle**

  Erklärungsmodelle beinhalten die modellhafte Darstellung von Ursache-Wirkungs-Beziehungen, d. h. sie versuchen, die kausalen Zusammenhänge zwischen einigen wesentlichen Merkmalen realer Phänomene darzustellen.

- **Entscheidungsmodelle**

  Besondere Bedeutung im Rahmen der handlungsorientierten Wissenschaften erlangen Entscheidungsmodelle. Aus ihnen lassen sich Handlungsweisen für die Lösung spezifischer Probleme der Praxis ableiten. Entscheidungs- und Erklärungsmodelle stehen insofern miteinander in Beziehung, wie handlungsleitende Entscheidungen ohne das Wissen um kausale Zusammenhänge vielfach nicht möglich sind.[594]

Ausgehend von diesen grundlegenden Überlegungen kann nun die eigene Modellstruktur beschrieben und begründet werden.

1.2 Struktur des Gestaltungsmodells

Die Struktur des organisatorischen Gestaltungsmodells ergibt sich zum einen aus den in Teil B theoretisch hergeleiteten Überlegungen und zum anderen aus den empirischen Untersuchungsergebnissen des Teils C. Der Hintergrund zur Verknüpfung von Theorie und Empirie bildet der im einleitenden Teil A der Arbeit dargelegte Gesamtzusammenhang des baubetrieblichen Innovationsmanagements.[595] Dadurch gelingt es, das hier betrachtete Problem der baubetrieblichen Praxis im organisatorischen Gestaltungsmodell erklärungs- und lösungsorientiert abzubilden. Es handelt sich folglich um ein Erklärungs- und Entscheidungsmodell, was dem theoretischen wie pragmatischen Ziel der Arbeit entspricht (Bild 49).

---

[594] Vgl. Teil A, Abschn. 5.1.

[595] Vgl. Teil A, Abschn. 1.2.

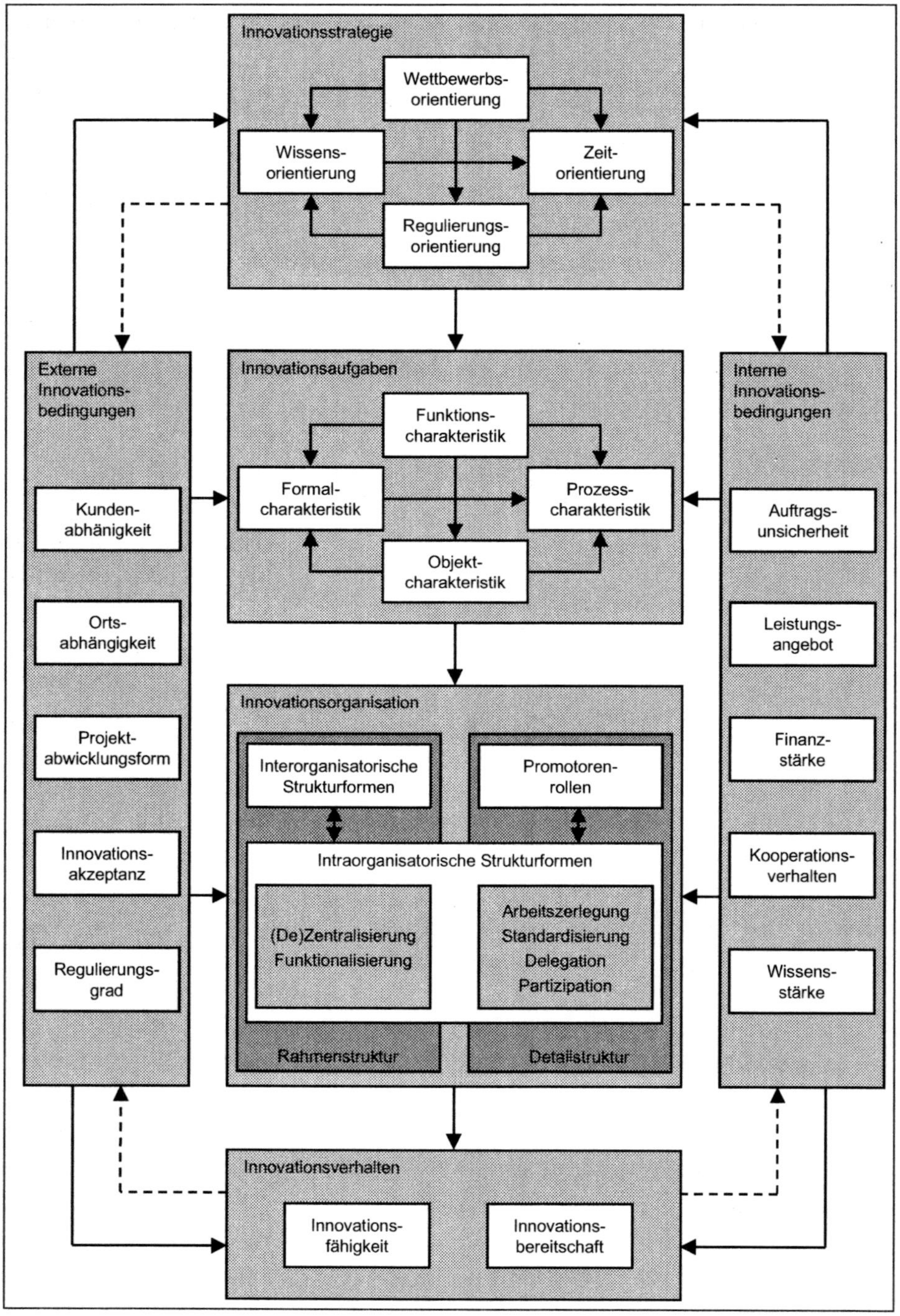

Bild 49: Organisatorisches Gestaltungsmodell zur Generierung innovativer baulicher Gesamtlösungen in Bauunternehmen

Fig. 49: Model for the organizational design to generate innovative constructional solutions in construction companies

Sind in das Modellkonstrukt die empirischen Erkenntnisse eingebettet und theoriegeleitet strukturiert, vollzog sich die Verschränkung der empirischen Untersuchungsergebnisse mit den theoretischen Vorüberlegungen in mehreren iterativen Schritten, bis ein Konkretisierungsgrad erreicht wurde, der die Ableitung praxisrelevanter Handlungsempfehlungen erlaubte.[596] Das hier vorgestellte Modell liefert damit einen wichtigen, letztlich aber nicht abschliessenden Beitrag zur Innovationsproblematik in Bauunternehmen.

Das Gestaltungsmodell setzt sich aus fünf Strukturkategorien zusammen, wobei vier dieser Kategorien bereits im Rahmenkonzept des baubetrieblichen Innovationsmanagements vertreten sind. Hierbei handelt es sich um die ***Innovationsbedingungen***, die ***Innovationsstrategie***, die ***Innovationsorganisation*** und das ***Innovationsverhalten***.[597] Aufgrund dessen, dass sich die Arbeit im Rahmen des Innovationsmanagements stärker auf das Problem der Innovationsorganisation konzentriert, wurden als fünfte Kategorie die ***Innovationsaufgaben*** in das Modell aufgenommen.

Die Innovationsaufgaben bilden den Kern des Modells, indem sie die anderen Strukturkategorien miteinander verbinden. So öffnen die Innovationsbedingungen einen Korridor für die effiziente Abwicklung spezifischer Innovationsaufgaben. Innerhalb dieses Korridors stehen wiederum verschiedene strategische Alternativen zur Bewältigung der Innovationsaufgaben zur Verfügung. Gleichzeitig lässt sich über Veränderungen der Innovationsbedingungen der Korridor ausdehnen, um weitere, für das Unternehmen strategisch bedeutsame Innovationsaufgaben umsetzen zu können. Von den strategisch definierten Innovationsaufgaben gehen dann die Anforderungen an die Innovationsorganisation aus, durch deren Gestaltung dem Innovationsverhalten des Unternehmens die zur effizienten Realisierung der Innovationsaufgaben gewünschte Richtung gegeben werden soll.

Das soeben beschriebene Zusammenwirken der Strukturkategorien ist im Modell mittels durchgezogener Linien wiedergegeben, wobei die Pfeile die Wirkungsrichtungen angeben. Das Beziehungsverhältnis der Strukturkategorien ist zunächst statisch, was sich in einem durch die Innovationsbedingungen festgelegten Spielraum für das Innovationshandeln des Bauunternehmens ausdrückt. Beispielsweise ist der Innovationsspielraum für Bauunternehmen, die als Einzelleistungsträger auftreten, enger als für Bauunternehmen, die lebenszyklusorientierte Systemleistungen anbieten, und wie die eigenen empirischen Untersuchungen gezeigt haben, sind die Innovationsmöglichkeiten in vielen Marktsegmenten von Bauunternehmen heute immer noch begrenzt.[598]

---

596 Vgl. Girmscheid, G. (Forschungsmethodik 2003).

597 Vgl. Teil A, Abschn. 1.2.

598 Vgl. Teil C, Abschn. 2.4.

Mit der Nachfrage nach optimal gestalteten baulichen Gesamtlösungen wächst jedoch die wettbewerbsstrategische Bedeutung von Innovationen in vielen Marktsegmenten der Bauwirtschaft. Um diese Bedeutungsverschiebung als Chance begreifen zu können, sind die herrschenden Innovationsbedingungen nicht als gegeben hinzunehmen, sondern bewusst und gezielt zu verändern. Auf der einen Seite kann das Innovationshandeln der Unternehmen selber eine Verschiebung der situativen Gegebenheiten hervorrufen. Insbesondere über Leistungsinnovationen lassen sich bauwirtschaftliche Wertschöpfungsstufen derart verknüpfen, dass sich die Spielräume für Produkt- und Prozessinnovationen vergrössern. Aber auch die Entwicklung innovativer baulicher Lösungen, die für den Kunden einen erkennbaren Mehrwert erzeugen, erhöht die zukünftige Akzeptanz innovativer Lösungen. Auf der anderen Seite besteht wie bereits erwähnt die Möglichkeit der strategischen Einflussnahme auf die das Innovationshandeln restringierenden Bedingungsgrössen wie z.B. den Regulierungsgrad oder die Wissensstärke.[599] Diese beiden Aspekte der Innovationsdynamisierung der Bauwirtschaft sind im organisatorischen Gestaltungsmodell durch eine gestrichelte Linie berücksichtigt.

Das Modell bildet damit die Situation von traditionellen, Leistungen der Bauwerkserstellung anbietenden Unternehmen ebenso ab, wie es gleichzeitig den Weg für diese Unternehmen aufzeigt, den eigenen Innovationsspielraum in Bezug auf die bauliche Gesamtlösung zu vergrössern. Darüber hinaus hält das Modell Handlungsempfehlungen zur Generierung innovativer baulicher Gesamtlösungen für systemleistungsanbietende Unternehmen bereit, die zu einer stärkeren, auf innovativen Ideen beruhenden Dynamisierung der Bauwirtschaft führen.

Bisher wurde die Modellstruktur über die einzelnen Strukturkategorien beschrieben und sich damit auf dem Abstraktionsniveau des Gesamtzusammenhangs des baubetrieblichen Innovationsmanagements bewegt. Für die Bereitstellung praxisrelevanter Gestaltungsansätze sind die Strukturkategorien weiter zu konkretisieren. Dies gelingt durch die Zuordnung von Strukturelementen, die durch die Diskussion der theoretischen Ansätze zur Innovationsorganisation und durch die empirischen Untersuchungen isoliert und für die Problemstellung als wesentlich erachtet werden konnten. Durch Einführung dieser Strukturelemente gewinnt das Modell an Handlungsrelevanz, wird jedoch gleichzeitig komplizierter. Um die Anschaulichkeit des Modells zu wahren, sind lediglich einige Beziehungen zwischen den Elementen der Strukturkategorien dargestellt. Welche weiteren Beziehungskonstellationen zwischen Elementen gleicher und verschiedener Strukturkategorien bestehen, soll in den nächsten Kapiteln eingehender erörtert werden.

[599] Vgl. Teil B, Abschn. 3.4.2.1.

2 Das Innovationspotential baulicher Gesamtlösungen

Eine erste wesentliche Beziehung im Gestaltungsmodell besteht zwischen den ***Innovationsaufgaben*** und den ***Innovationsbedingungen***, durch die sich das ***Innovationspotential baulicher Gesamtlösungen*** bestimmt. Verschieden charakterisierte Innovationsaufgaben beschreiben dabei den Möglichkeitsraum, innovative Ideen erkennen bzw. entwickeln zu können. Das Wissen um diesen als ***Generierungspotential*** zu bezeichnenden Möglichkeitsraum bildet eine erste Voraussetzung, um für die Generierung innovativer baulicher Gesamtlösungen adäquate strategische Entscheidungen treffen und angemessene organisatorische Massnahmen einleiten zu können. Daher sollen zunächst durch eine Systembetrachtung des Bauwerks und seiner Wertschöpfungsprozesse die von Bauunternehmen umsetzbaren Innovationsaufgaben gekennzeichnet werden (Abschnitt 2.1). Anschliessend ist auf die Innovationsbedingungen näher einzugehen. Durch sie bestimmt sich der Möglichkeitsraum, erkannte bzw. entwickelte innovative Ideen auch in die betriebliche Praxis überführen zu können. (Abschnitt 2.2) Die Kenntnis dieses als ***Realisierungspotential*** zu bezeichnenden Möglichkeitsraums stellt die zweite Voraussetzung für die Generierung innovativer baulicher Gesamtlösungen dar.

2.1 Bestimmung des Generierungspotentials innovativer baulicher Gesamtlösungen durch die Innovationsaufgaben

Die Charakteristiken der Innovationsaufgaben bilden den Teil des Innovationspotentials baulicher Gesamtlösungen ab, der Bauunternehmen die möglichen Ansatzpunkte für die Generierung innovativer Ideen aufzeigt. Das Generierungspotential umfasst zum einen diejenigen ***Objekte***, die innovativen Veränderungen zugänglich sind, sowie die ***Grade*** an struktureller Veränderung, die bei diesen Objekten erreicht werden können. Zum anderen schliesst dies die ***Projektbezogenheit*** und den ***Prozessumfang*** von Innovationsbemühungen ein (Bild 50).[600]

[600] Vgl. auch Teil B, Abschn. 2.

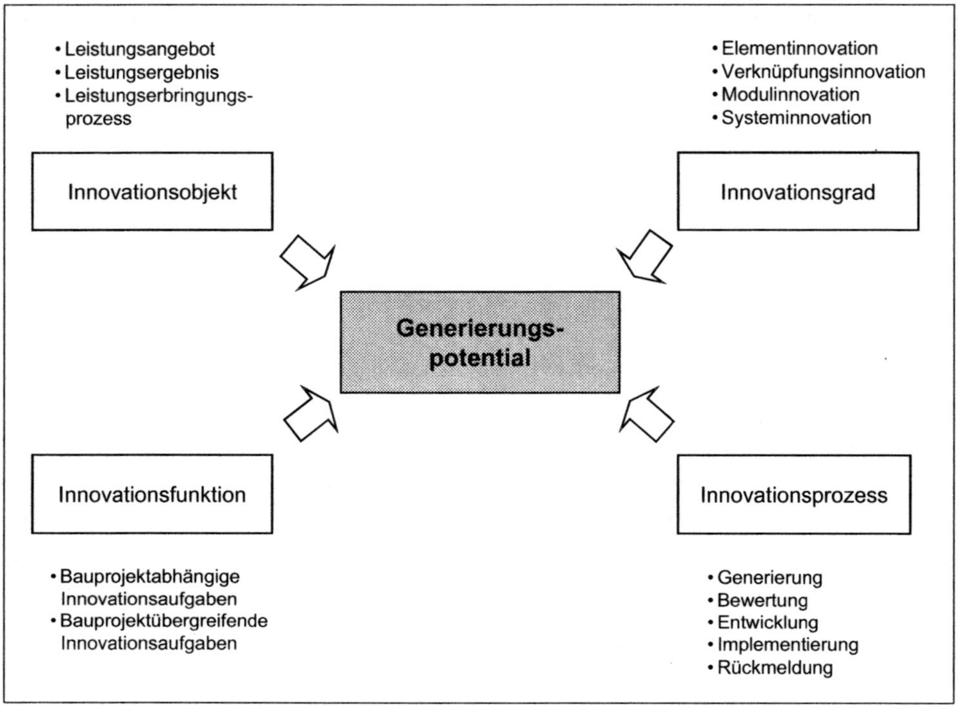

Bild 50: Das Generierungspotential innovativer baulicher Gesamtlösungen
Fig. 50: The potential for generating innovative constructional solutions

2.1.1 Potentiale in Bezug auf das Innovationsobjekt und den Innovationsgrad

Eine bauliche Gesamtlösung konnte in Teil A beschrieben werden als die Gestaltung des Bauwerkssystems unter Berücksichtigung des gesamten baulichen Lebenszyklus.[601] Die bei baulichen Gesamtlösungen zugänglichen Innovationsobjekte und Innovationsgrade ergeben sich folglich aus einer Systembetrachtung des Bauwerks über seinen Planungs-, Erstellungs- und Betriebsprozess.

Ansatzpunkte für innovative Ideen sind dann in den einzelnen ***Modulen*** oder ***Elementen*** von ***Bauwerk*** und ***Wertschöpfungsprozessen*** und in den ***Beziehungen*** zwischen diesen Elementen oder Modulen zu finden. Bedeutsam hierbei ist, dass sich erst durch die Gesamtbetrachtung von Bauwerk und Wertschöpfungsprozessen der Umfang der Ansatzpunkte und damit der Innovationsgrad steigern lässt. Darüber hinaus lassen sich nur durch diese Gesamtbetrachtung die Abhängigkeiten und gegenseitigen Beeinflussungen innovativer Veränderungen rechtzeitig erkennen und für

[601] Vgl. Teil A, Abschn. 4.1.

die Entwicklung einer für den Kunden befriedigenden baulichen Gesamtlösung berücksichtigen.[602]

Zur genauen Bestimmung der Ansatzpunkte für Innovationsideen soll im Folgenden eine Systemabgrenzung zugrunde gelegt werden, die sich an der bereits in Teil B der Arbeit getroffenen Differenzierung zwischen ***Produkt-*** und ***Prozessinnovationen*** orientiert.[603] Ansatzpunkte für Produktinnovationen umfassen dann alle das Leistungsergebnis bzw. das Bauwerk betreffenden Innovationsmöglichkeiten. Ansatzpunkte für Prozessinnovationen beziehen sich auf alle innovativen Veränderungen der Leistungserbringungsrozesse bzw. des Planungs-, Erstellungs- und/oder Betriebsprozesses.

Bauunternehmen werden das Generierungspotential für Produkt- und Prozessinnovationen in dem Masse ausschöpfen können, wie sie zum einen auf das Bauwerk und seine Wertschöpfungsprozesse gestaltend einwirken und zum anderen die Abhängigkeiten zwischen Bauwerk und Wertschöpfungsprozessen erkennen und bei der Gestaltung berücksichtigen können. Beides wird umso mehr gelingen, wie die Bauunternehmen die mit Bauwerk und Wertschöpfungsprozessen korrespondierenden Leistungen zusammenfassen und als Gesamtpakete anbieten. Damit rückt ein weiteres in Teil B abgegrenztes Innovationsobjekt in den Mittelpunkt der Betrachtung, die ***Leistungsinnovationen***. Sie nehmen hier insofern eine Sonderstellung ein, als von ihnen nicht Ansatzpunkte zur innovativen Gestaltung der baulichen Gesamtlösung ausgehen, sondern sich durch sie diese Ansatzpunkte erst erschliessen. Konnte in Teil C das Leistungsangebot eines Bauunternehmens als wesentliche Bedingungsgrösse für die Möglichkeit zum Innovieren identifiziert werden,[604] sind Leistungsinnovationen ein entscheidendes Mittel, um mit dem Leistungsangebot auch das Generierungspotential für Produkt- und Prozessinnovationen zu erweitern.

Im Folgenden sollen zunächst die Ansatzpunkte für innovative Ideen beim Bauwerk und seine Wertschöpfungsprozessen spezifiziert werden, um im Anschluss die Möglichkeiten aufzuzeigen, durch Leistungsinnovationen diese Ansatzpunkte verstärkt nutzen zu können.

---

[602] Vgl. auch Slaughter, S.; Shimizu, H. (Innovations 2000) S. 271.

[603] Vgl. Teil B, Abschn. 2.2.

[604] Vgl. Teil C, Abschn. 2.4.

2.1.1.1 Produktinnovationen oder das Potential für die innovative Gestaltung des Bauwerks

Für die Systembetrachtung des Bauwerks können unter Rückgriff auf die in Teil B eingeführte systemtheoretische Terminologie drei Hierarchieebenen unterschieden werden (Bild 51).[605]

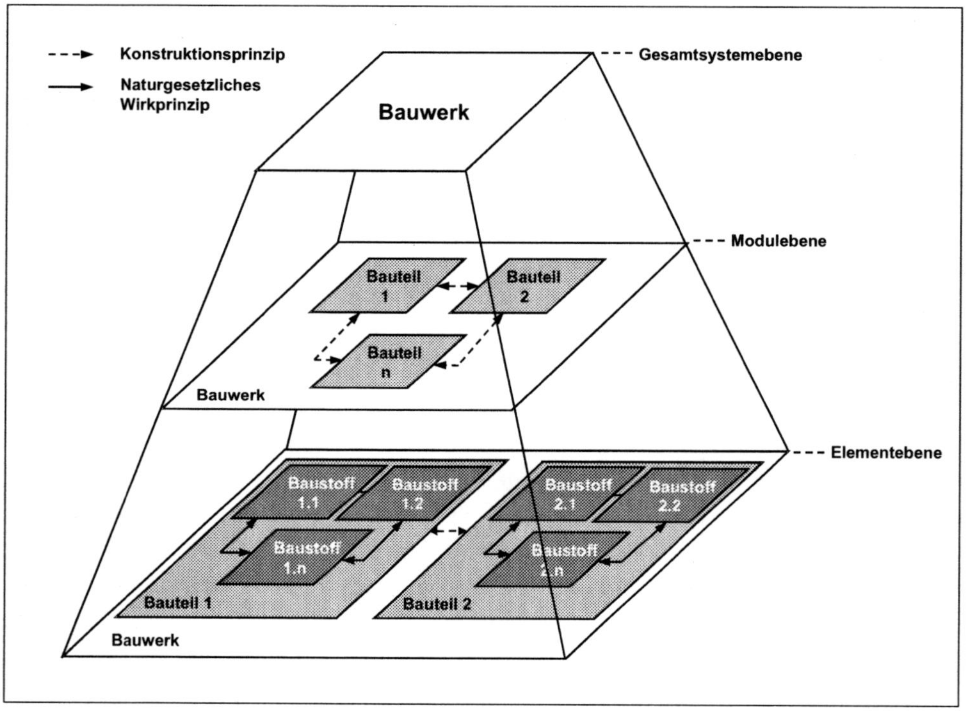

Bild 51: Ansatzpunkte für Produktinnovationen
Fig. 51: Starting points for product innovations

Repräsentiert die ***erste Hierarchieebene*** das gesamte ***Bauwerk***, sind auf der ***zweiten Hierarchieebene*** verschiedene funktionale Einheiten bzw. Module zu finden, die als ***Bauteile*** zu bezeichnen sind. Dazu gehören z.B. die der Bauwerkshülle zuzuordnenden Decken, Wände oder Stützen und die in den gestalterischen und technischen Ausbau einzugliedernden Fassadenelemente, Fenster, Türen, Ver- und Entsorgungsleitungen oder Heizungs- und Lüftungseinrichtungen. Das Bauwerkssystem setzt sich aus diesen unterschiedlichen Bauteilen zusammen, deren Verbindungen konstruktiv und architektonisch zu gestalten sind. Durch ihre Eigenschaften und die

[605] Vgl. Teil B, Abschn. 2.2.2.1. Hierbei handelt es sich um eine relativ grob gewählte Abgrenzung. Sie liesse sich durchaus noch verfeinern, wird aber für den hier verfolgten Zweck als ausreichend genau betrachtet, vgl. dazu auch Ropohl, G. (Technologie 1999) S. 121.

Prinzipien ihres Zusammenwirkens prägen die Bauteile die Eigenschaften und die Funktionserfüllung des Bauwerks. Funktion und Struktur der Bauteile ergeben sich wiederum aus dem auf Naturgesetzlichkeiten beruhenden technischen Zusammenwirken eines oder mehrerer ***Baustoffe***, die auf der ***dritten Hierarchieebene*** des Bauwerkssystems angesiedelt sind.

Mit dieser Systemabgrenzung ist ein ***erster Ansatzpunkt*** für Produktinnovationen in der häufig mangelnden Eignung von Baustoffen zur Erfüllung der strukturalen und funktionalen Anforderungen von Bauteilen zu sehen, die zur Suche nach ***anforderungsgerechten Materialien*** anregt. Dabei können die Strukturen und Funktionen der Baustoffe selbst neu ausgerichtet, ergänzt und modifiziert werden, und vielfach sind es gerade diese stofflichen Veränderungen, die zu umfassenden Erneuerungen auf Bauteilebene führen. Das hat z.B. die in Teil C ausgeführte Fallstudie bei einem Bauzulieferer verdeutlicht. Die dort betrachtete Neuerung umfasste wesentliche stoffliche Eigenschaftsänderungen der Tunnelabdichtung, die insbesondere aufgrund ihrer Spritzbarkeit zu technischen und wirtschaftlichen Verbesserungen (z.B. Materialeinsparungen) auf Bauteilebene führten.[606]

Neben verbesserten Bauteilen ermöglichten die materiellen Veränderungen der Tunnelabdichtung auch neue strukturelle Beziehungen zwischen den Bauteilen. Neue Konstruktionsprinzipien können aber auch aus der Ausnutzung von bestehenden Baustoffeigenschaften hervorgehen, indem Bauteile auf neuartige Weise konfiguriert werden. Die ***Konstruktionsprinzipien*** stellen einen ***zweiten Ansatzpunkt*** für Produktinnovationen in der Bauwirtschaft dar und äussern sich z.B. in den von den Kunden der Bauwirtschaft heute vielfach geforderten flexibel gestaltbaren Grundrissen von Bauwerken.[607]

Ob Ausnutzung, Modifikation oder Erneuerung von Baustoffeigenschaften, wesentlich ist, dass erst die Kenntnis über die Eigenschaften und das Verhalten von Baustoffen die bewusste Neugestaltung der Bauteile und der zwischen ihnen herrschenden Konstruktionsprinzipien erlaubt. Mit dieser Spezifizierung der Ansatzpunkte für Produktinnovationen lassen sich auch die bei Veränderungen des Bauwerkssystems zu erzielenden Innovationsgrade näher bestimmen. Der Bezugspunkt, an dem das Ausmass struktureller Veränderungen festgemacht wird, ist hierbei das Bauwerk.[608]

Elementinnovationen sind dann geringfügige Veränderungen von Bauteilen bei ebenfalls geringfügigen Veränderungen der zwischen Bauteilen herrschenden Kon-

[606] Vgl. Teil C, Abschn. 3.1.

[607] Vgl. Teil C, Abschn. 4.3.1.

[608] Dies entspricht der Sichtweise des innovierenden Bauunternehmens. Wie bereits in Teil B, Abschn. 2.2.2.2 ausgeführt, kann sich der Innovationsgrad aus Sicht weiterer Innovationsbeteiligter (Kunde, Zulieferer) anders darstellen.

struktionsprinzipien. Ein Beispiel für eine Elementinnovation sind die Randprofile von Fenstern, die sich zur Reduzierung der Wärmeleitung von den üblichen Aluminiumprofilen über Chromstahlprofile zu thermisch getrennten Randverbünden entwickelt haben.[609]

Als ***Verknüpfungsinnovationen*** sind grössere Veränderungen der zwischen Bauteilen herrschenden Konstruktionsprinzipien bei geringfügigen Veränderungen der Bauteile zu betrachten. Ein schon länger bekanntes Beispiel für eine Verknüpfungsinnovation sind Segmentbrücken mit externer Vorspannung, bei denen im Vergleich zu Segmentbrücken mit interner Vorspannung die Bauteile Segment und Spannglied anders miteinander verbunden sind. Durch die Anordnung der Spannglieder losgelöst vom Betonquerschnitt blieben die Bauteile Segment und Spannglied nahezu unverändert. Lediglich im Bereich der Umlenk- und Verankerungssegmente waren leichte Anpassungen erforderlich. Das Beispiel verdeutlicht, dass gerade die Neu- und Weiterentwicklung von Baustoffen Grundlage für die innovative Lösung funktionaler und strukturaler Probleme auf Bauteilebene sein kann. So war das Konstruktionsprinzip der externen Vorspannung bereits aus den Anfangstagen des Spannbetonbaus bekannt. Jedoch gelang der qualitativ und wirtschaftlich erfolgreiche Einsatz erst, nachdem die anfänglichen Probleme mit der Spanngliedkorrosion durch die Entwicklung bzw. den Einsatz verbesserter Materialien für den Korrosionsschutz weitestgehend gelöst werden konnten.[610]

Modulinnovationen sind unter der eingenommen Perspektive dann grössere Veränderungen von Bauteilen bei geringfügigen Veränderungen der zwischen Bauteilen herrschenden Konstruktionsprinzipien. Beispiele für Modulinnovation stellen aus kohlestofffaserverstärkten Kunststoffen (CFK) hergestellte Bauteile dar. So zeigen z.B. Brückenkabel aus CFK im Vergleich zu den üblichen Stahlkabeln sehr gute Eigenschaften in Bezug auf Ermüdungs- und Korrosionsbeanspruchungen. Dadurch wird es möglich, die Unterhaltskosten von Brückenbauwerken zu senken, denn die Kabel müssen nicht alle 20-30 Jahre ausgewechselt werden. Neben der lastabtragenden Funktion lassen sich CFK-Kabel auch zur Überwachung des Tragverhaltens der Brücke heranziehen, indem faseroptische Sensoren in die Kabel integriert werden. Weitere Potentiale stecken bei Brückenkabeln aus CFK vor allem in den zu realisierenden Spannweiten von Brücken.[611] Auch CFK-Bänder zur nachträglichen Ertüchtigung von Tragwerksbauteilen sind als Modulinnovation anzusehen. Indem die CFK-Bänder unter Verwendung von Epoxidharzen als Klebemittel und einer variablen Vorspannung auf das zu verstärkende Bauteil aufgeklebt werden, wird die Struktur des Bauteils kaum verändert. Neben der mechanischen Verstärkung können

---

[609] Vgl. o.V. (Entwicklungsperspektiven 1995) S. 20.

[610] Vgl. Girmscheid, G.; Hartmann, A. (Fast Track 1999) S. 332f.

[611] Vgl. Meier, U. (Werkstoffsysteme 1999) S. 35f.

die CFK-Bänder die Bauteile ebenfalls um weitere Funktionen ergänzen. Dazu zählt wiederum die Möglichkeit der Langzeitüberwachung des Tragverhaltens des Bauwerks. Zudem lassen sich die Kohlenstofffasern als Widerstandsheizung einsetzen, damit der Epoxidharz auch bei tiefen Temperaturen aushärten kann.[612]

Als ***Systeminnovationen*** sind grössere und kleinere Veränderungen von Bauteilen und den zwischen ihnen herrschenden Konstruktionsprinzipien zu bezeichnen. Mit der spritzbaren Tunnelabdichtung aus der durchgeführten Fallstudie konnte ein Beispiel für eine Systeminnovation bereits näher erläutert werden. Hier war es die aufgrund der Spritzbarkeit der Abdichtungsfolie entstehende Verbundwirkung, die Möglichkeiten zur konstruktiven Neugestaltung des Tunnelausbaus eröffnete.[613]

Zusammenfassend liegt das auf das Bauwerk bezogene Generierungspotential für innovative bauliche Lösungen in der Ausnutzung, Modifikation oder Erneuerung der Eigenschaften von Baustoffen zur funktionalen und architektonischen Verbesserung oder Neugestaltung von Bauteilen und/oder der zwischen Bauteilen herrschenden Konstruktionsprinzipien.

2.1.1.2 Prozessinnovationen oder das Potential für die innovative Gestaltung der Leistungserbringung

Wendet man sich einer Systembetrachtung der baulichen Wertschöpfungs- bzw. Leistungserbringungsprozesse zu, lassen sich ebenfalls drei Hierarchieebenen abgrenzen (Bild 52).

Ausgehend vom gesamten ***Wertschöpfungsprozess*** auf der ***ersten Hierarchieebene*** finden sich auf der ***zweiten Hierarchieebene*** verschiedene ***Prozessaktivitäten***, die zur Leistungserbringung vom Unternehmen zeitlich und räumlich zueinander in Beziehung zu setzen sind. Das heisst, dass die Eigenschaften der Leistungserbringungsprozesse (z.B. Effizienz, Arbeitssicherheit) durch die einzelnen Prozessaktivitäten und ihre strukturelle Anordnung determiniert werden.

Prozessaktivitäten übernehmen im Planungs-, Bau- und Betriebsprozess primär die Funktionen, Materialien, Energie und Informationen zu wandeln. Folglich können Prozessaktivitäten aus struktureller Sicht als eine bestimmte Kombination von Trägern dieser Funktionen betrachtet werden. Für Unternehmen bzw. sozio-technische Systeme typisch ist die Funktionsteilung zwischen den beiden Funktionsträgern bzw. Produktionsfaktoren ***Arbeitsmittel*** (z.B. Hydraulikbagger) und ***Arbeitskraft*** (z.B. Maschinist). Da die zu verändernden Materialien, Energien und Informationen das Zusammenwirken von Arbeitsmittel und Arbeitskraft beeinflussen, sind sie zur Kenn-

[612] Vgl. Meier, U. (Werkstoffsysteme 1999) S. 34.

[613] Vgl. Teil C, Abschn. 3.1.

zeichnung der Prozessaktivitäten unter dem Begriff ***Arbeitsgegenstand*** (z.B. Aushub) ebenfalls zu berücksichtigen. Die Funktion der Arbeitskräfte und Arbeitsmittel, den Arbeitsgegenstand im Sinne der gestellten Aufgaben zu verändern, kann auch als Verfahren bezeichnet werden.[614] Der Funktions- bzw. Verfahrensausführung liegen bestimmte technische Wirkprinzipien zugrunde, die sich erkannte Naturgesetzmässigkeiten zunutze machen, um eine Veränderung der Arbeitsgegenstände zu ermöglichen.[615] Innovative Veränderungen der Leistungserbringungsprozesse setzen auf dieser ***dritten Ebene*** der Systemhierarchie, der Elementebene, an.

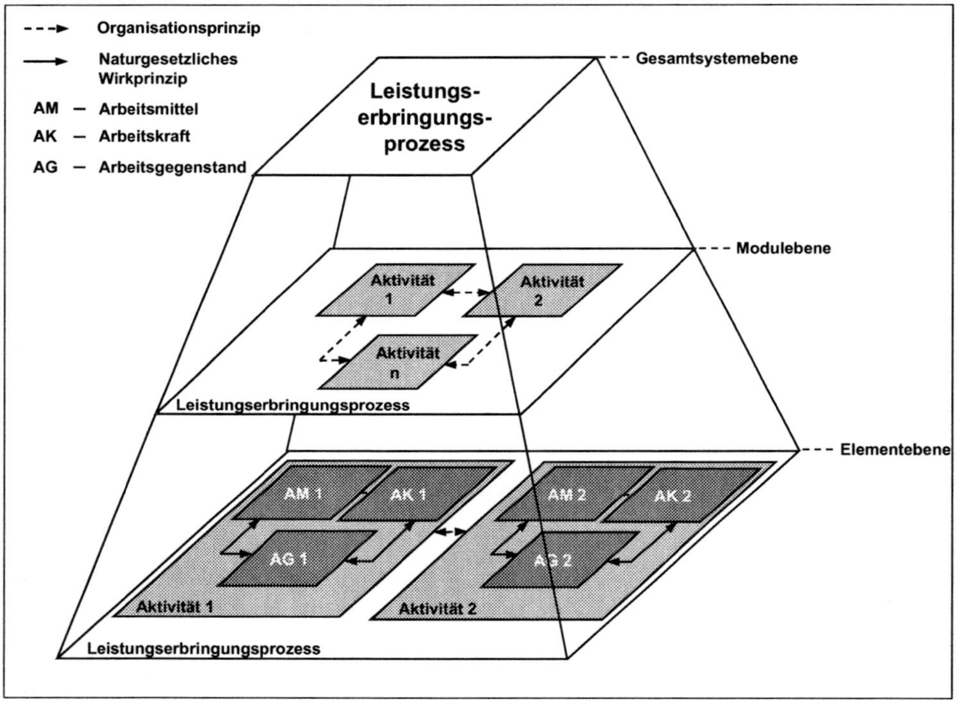

Bild 52: Ansatzpunkte für Prozessinnovationen
Fig. 52: Starting points for process innovations

Einen ***ersten Ansatzpunkt*** für Prozessinnovationen liefert die angesprochene Arbeitsteilung zwischen Arbeitsmittel und Arbeitskraft, der in der ***Substitution menschlicher durch maschinelle Arbeitsfunktionen*** besteht. Das heisst, dass stoffliche, energetische und informatorische Verfahren (z.B. Trennen, Führen, Versorgen), die vormals die Arbeitskraft getragen hat, nun das Arbeitsmittel über-

614 Vgl. Ropohl, G. (Technologie 1999) S. 126.

615 Vgl. Rosenheinrich, G. (Einführung 1977) S. 6.

nimmt.[616] Als Beispiel dafür kann die Entwicklung der Spritzbetonapplikation im Prozess des konventionellen Tunnelbaus genannt werden. Wurde zu Beginn die Spritzdüse zum Applizieren des Betons ausschliesslich handgeführt, zielte die Entwicklung von Spritzmanipulatoren mit an einem Ausleger beweglich montierten Düsen auf die Verbesserung der Arbeitssicherheit des Düsenführers und der Spritzleistung. Aufgrund der schwierigen Beurteilung des aufgespritzten Betons durch den Spritznebel konnte die Qualität des aufgebrachten Spritzbetons noch nicht als gut bezeichnet werden. Ein nächster Entwicklungsschritt umfasste daher die vollautomatische Spritzbetonapplikation, bei der auf Grundlage der mit einem Laserdensitometer abgescannten Tunneloberfläche und unter Berücksichtigung von Staub und Rückprall der Spritzbeton von der Applikationsmaschine programmgesteuert aufgebracht wird. In diesem Beispiel waren es die Handhabungs- und Führungsfunktionen der Spritzbetonapplikation, die von der Arbeitskraft (Spritbetonapplikateur) auf das Arbeitsmittel (Spritzmanipulator/Spritzroboter) übergingen.[617] Um diese Funktionsübertragungen realisieren zu können, sind die hinter dem Zusammenwirken der Arbeitskraft und Arbeitsmittel stehenden Prinzipien wie z.B. die kinematischen Verhältnisse in maschinentechnische Konzepte zu überführen. Voraussetzungen dafür sind Kenntnisse über das Zusammenwirken von Arbeitskraft und Arbeitsmittel, die naturgesetzlichen Merkmale, die der Zustandsänderung des Arbeitsgegenstands zugrunde liegen, sowie der mit der Wandlung des Arbeitsgegenstands angestrebten technischen Wirkprinzipien.[618]

Dieses Wissen erlaubt nicht nur die Technisierung einzelner Funktionen, sondern es gestattet auch, die Abhängigkeiten zwischen Prozessaktivitäten und mit ihnen die Organisationsprinzipien zu erkennen und zu gestalten. Ein ***zweiter Ansatzpunkt*** für Prozessinnovationen liegt folglich in der ***organisatorischen Neugestaltung der Arbeitsabläufe***, die durchaus auch eine Konsequenz aus der Entwicklung und dem Einsatz eines neuen oder verbesserten Arbeitsmittels sein können. Als ein weiteres Beispiel aus dem Tunnelbau kann dafür der Einsatz einer an Schienen aufgehängten Bühne bei Sprengvortrieben herangezogen werden. Dadurch, dass diese Prozessinnovation ein Förderband, eine Wagenbeladung und eine Kranbahn integriert, kann sie nicht nur die Funktionen der Ver- und Entsorgung des Vortriebes übernehmen, sondern gestattet zeitgleich die Erstellung der Tunnelsohle. Die einzelnen Prozessaktivitäten können anstatt sequentiell parallel durchgeführt werden, mit einer erheb-

616 Vgl. Ropohl, G. (Technologie 1999) S. 140ff.

617 Vgl. Girmscheid, G.; Moser, St. (Felssicherung 2001) S. 135ff.

618 Zu einer Differenzierung des für Innovationen erforderlichen Wissens vgl. Teil D, Abschn. 3.3.1.

lichen Effizienzsteigerung des Tunnelvortriebs bzw. Senkung der Erstellungskosten als Resultat.[619]

Ein ***dritter Ansatzpunkt*** für Prozessinnovationen liegt ***in dem der Zustandsänderung des Arbeitsgegenstands bzw. dem Verfahren zugrunde liegenden Wirkprinzip***, dessen innovative Veränderung i.d.R. auch neue Arbeitsmittel nach sich zieht. Hierfür lässt sich ebenfalls ein Beispiel aus Tunnelbau nennen. Erfolgt der Abbau von Felsgestein bei Tunnelbohrmaschinen üblicherweise über Disken, die mit hohem Druck gegen den Fels gepresst werden, lösen neuere Maschinen den Fels durch Abscheren gegen eine freie Fläche. Vorteile wie eine höhere Schneidleistung und geringe Antriebsleistung dieser Maschinen liegen darin begründet, dass die gegenüber der Druckfestigkeit weitaus geringere Zugfestigkeit des Gesteins überwunden wird. Das von den Maschinen genutzte Hinterschneidverfahren beruht auf einer anderen naturgesetzlichen Wirkungsweise.[620]

Wurden zur Veranschaulichung der Ansatzpunkte für Prozessinnovationen Beispiele aus dem Erstellungsprozess herangezogen, sind diese Ansatzpunkte auch bei den übrigen Teilprozessen der baulichen Leistungserbringung, d.h. dem Planungs- und dem Betriebsprozess, zu finden. Zur systematischen Erschliessung der genannten Ansatzpunkte für die gesamte bauliche Wertschöpfung bietet sich eine weitere Unterteilung in ***Primär-*** und ***Sekundärprozesse*** an (Bild 53).

Zu den Primärprozessen zählen jene Prozesse, die in erster Linie auf eine Input-Output-Wandlung von Arbeitsgegenständen zielen. Bei der Bauwerksplanung sind das der ***Entwurfs-*** und ***Konstruktionsprozess***, die vor allem die Kundenziele bzw. -anforderungen in Eigenschaften der baulichen Gesamtlösung transformieren und dies in Architekturentwürfen und technischen Konstruktionszeichnungen zum Ausdruck bringen. Bei der Bauwerkserstellung ist das der ***Fertigungsprozess***, der die in den Planungsunterlagen enthaltenden Informationen durch die Verarbeitung bzw. die konstruktive und architektonische Verknüpfung von Baustoffen und Bauteilen in ein reales Bauwerk überführt. Beim Betrieb des Bauwerks sind es die ***Unterhalts-*** und ***Instandsetzungsprozesse***, die eine effiziente Nutzung des Bauwerks über seine Lebensdauer gewährleisten.

Sekundärprozesse sind Prozesse, die nicht der Veränderung von Arbeitsgegenständen dienen, sondern die Primärprozesse unterstützen. So besitzt insbesondere für die Effizienz der Bauwerkserstellung die Orts- und Lageveränderung von Arbeitsgegenständen und Arbeitsmitteln durch ***Transportprozesse*** eine erhebliche Bedeutung. Ein Beispiel für die innovative Gestaltung von Transportprozessen sind Band-

---

[619] Vgl. Girmscheid G., Schexnayder C. (Drill 2002) S. 125ff. sowie Girmscheid, G. (Hochleistungsvortrieb 2002) S. 266ff.

[620] Vgl. Girmscheid, G. (Baubetrieb 2000) S. 436.

speicheranlagen für den Tunnelbau, die kontinuierlich hohe Förderleistungen, geringe Staubbelastungen und niedrigen Bedienungs- und Wartungsaufwand dadurch ermöglichen, dass das Förderband den Bandspeicher in mehreren Lagen durchläuft und beim Vortrieb der Bandspeicher wie ein Flaschenzug immer weiter zusammengezogen wird, bis das Band aufgebraucht ist. Das Band wird dann aufgeschnitten und ein Verlängerungsband eingeschweisst.[621]

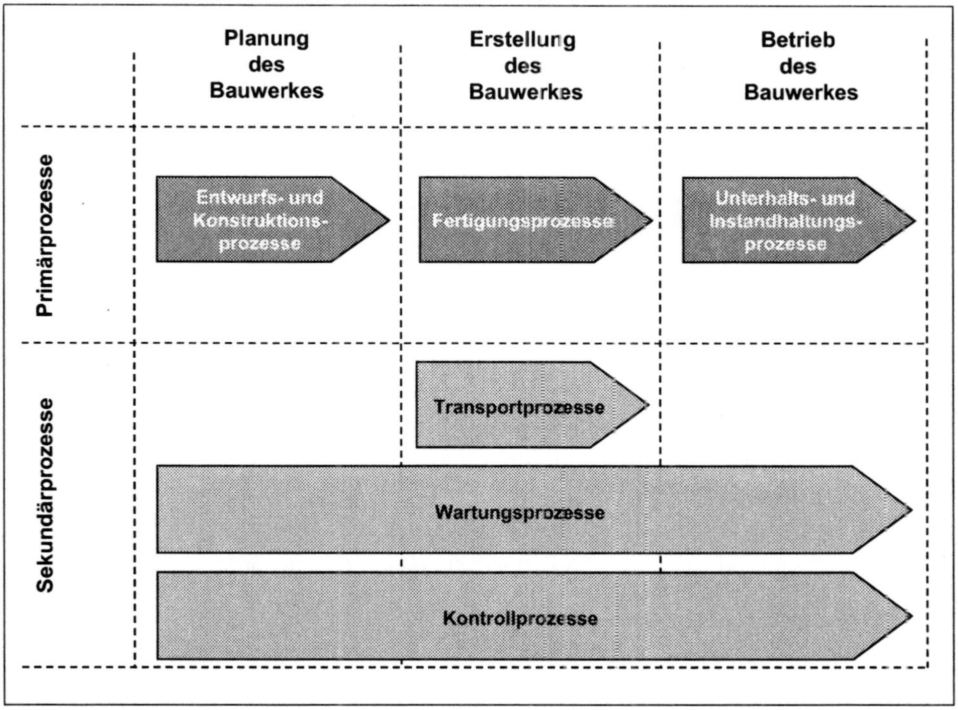

Bild 53: Innovativ gestaltbare Leistungserbringungsprozesse
Fig. 53: Possibilities for innovative design of service processes

Neben den Transportprozessen sind zu den Sekundärprozessen jene Vorgänge zu zählen, die primär nicht auf eine Veränderung des Arbeitsgegenstands zielen, aber die Qualität und Quantität der Arbeitsgegenstände und die Funktionsfähigkeit der Arbeitsmittel kontrollieren sowie die Einsatzfähigkeit der Arbeitsmittel sicherstellen.[622] Sie lassen sich entsprechend als ***Kontroll-*** und ***Wartungsprozesse*** bezeichnen.[623] Die zerstörungsfreie Prüfung von Bauteilen mittels Radar-Echo stellt ein Beispiel für

621 Vgl. Girmscheid, G. (Baubetrieb 2000) S. 262f.

622 Vgl. Fiedler, K. et al. (Grundlagen 1991) S. 21.

623 An dieser Stelle sei nochmals darauf verwiesen, dass hier nur technische Prozesse betrachtet und administrative Prozesse, wie sie von der Planung bis zum Betrieb auftreten, aus der Betrachtung ausgeklammert werden, vgl. auch Teil B, Abschn. 2.2.1.

die innovative Gestaltung von Kontrollprozessen dar. Indem elektromagnetische Impulse in das Bauteilinnere gesendet werden, die bei Eigenschaftsänderungen der Bauteile reflektiert werden, lässt sich diese Prüfmethode z.B. für die Qualitätskontrolle von Strassenbelägen, die Baugrunderkundung und die Ortung von Leitungen oder Spanngliedern einsetzen.[624] Für innovative Veränderungen bei Wartungsprozessen kann als Beispiel die Online-Überwachung von Baumaschinen genannt werden. Dabei erfassen Überwachungssensoren Zustandsdaten von Baugruppen, Positionsdaten aktueller Bewegungsvorgänge u.a., die permanente Kontrollen des Betriebszustands erlauben. Dadurch lassen sich Serviceleistungen erheblich effizienter und günstiger ausführen, da Wartungsintervalle nicht mehr fix nach einer gewissen Anzahl von Betriebsstunden ausgelegt werden müssen, sondern sich nach den technischen Indikatoren richten. Ausfallzeiten und Unterhaltskosten können reduziert werden.[625]

Mit der Spezifizierung der Ansatzpunkte für Prozessinnovationen ist auch der bei baulichen Leistungserbringungsprozessen zu erzielende Innovationsgrad konkretisierbar, wobei der Bezugspunkt für den Veränderungsumfang der einzelne Primär- oder Sekundärprozess ist.

Elementinnovationen sind dann geringfügige Veränderungen von Arbeitsmitteln bei ebenfalls geringfügiger Veränderung der zwischen Prozessaktivitäten herrschenden Organisationsprinzipien. Ein Beispiel hierfür ist der Fallkopf bei Deckenschalungen. Er erlaubt das frühzeitige Ausschalen von Decken und damit eine Reduzierung des vorzuhaltenden Materials, da die Stütze stehen bleibt und die Decke weiterhin trägt.

Als ***Verknüpfungsinnovationen*** sind grössere Veränderungen der zwischen Prozessaktivitäten herrschenden Organisationsprinzipien bei geringfügiger Veränderung der Arbeitsmittel zu bezeichnen. So ist das oben genannte Beispiel der aufgehängten Bühne für Sprengvortriebe eine Verknüpfungsinnovation, denn sie zielt in erster Linie auf die Entkopplung der Ver- und Entsorgung des Tunnelvortriebs von den nachfolgenden Arbeiten. Die Transportmittel wie das Förderband und die Kranbahn blieben bei der Integration in die Hängekonstruktion weitgehend unverändert.

Als ***Modulinnovationen*** sind grössere Veränderungen von Arbeitsmitteln bei geringfügiger Veränderung der zwischen Prozessaktivitäten herrschenden Organisationsprinzipien zu betrachten. Eine Modulinnovation stellt die bereits erwähnte Tunnelbohrmaschine dar, bei der der Felsabbau auf dem Wirkprinzip des Hinterschneidens beruht. Mit dieser funktionalen Neuerung waren auch strukturale Änderungen verbunden, die in drehbaren und radial schwenkbaren Schneidarmen ihre maschi-

[624] Vgl. Flohrer, C. (Bauwerksprüfung 1998) S. 3ff.

[625] Vgl. Lenfert, W. (Einzelentwicklungen 1997) S. 49.

nentechnische Umsetzung fanden.[626] Der Ablauf des Erstellungsprozesses bleibt hingegen nahezu unverändert.

Systeminnovationen sind dann kleinere und grössere Veränderungen von Arbeitsmitteln und der zwischen Prozessaktivitäten herrschenden Organisationsprinzipien. Ein Beispiel für eine Systeminnovation lässt sich ebenfalls bei den Tunnelbohrmaschinen ausmachen. Dort wurde der vormals auf standfesten Fels beschränkte Einsatz der Maschinen auch auf weniger standfeste Gesteine ausgeweitet. Dazu notwendige Entwicklungen umfassten die Integration der Gebirgssicherung in die TBM z.B. durch Errektoren zum Versetzen von Stahlbögen, Ankerbohr- und Ankersetzeinrichtungen, rundumlaufende Applikationseinrichtungen für Spritzbeton oder Einrichtungen für den Tunnelausbau mittels Tübbingen.[627]

Zusammenfassend liegt das auf den Leistungserbringungsprozess bezogene Generierungspotential für innovative bauliche Lösungen in der Ausnutzung, Modifikation oder Erneuerung der zwischen Arbeitsmittel, Arbeitskraft und Arbeitsgegenstand herrschenden technischen Wirkprinzipien zur funktionalen Verbesserung oder Neugestaltung der Arbeitsmittel und/oder der zwischen den Prozessaktivitäten herrschenden Organisationsprinzipien.

2.1.1.3 Das Potential aus der verknüpfenden Betrachtung von Bauwerk und Leistungserbringung

Wurden bisher die Generierungspotentiale für Bauwerk und Leistungserbringungsprozesse getrennt dargelegt, eröffnen sich zusätzliche Ansatzpunkte für innovative Ideen durch die verknüpfende Betrachtung der beiden Systeme, die insbesondere zwischen dem Bauwerk und dem Prozess der Bauwerkserstellung auszumachen sind. So geht bereits aus den Ausführungen zum Generierungspotential von Bauwerk und Erstellungsprozess hervor, dass beide Systeme den Baustoff als gemeinsames Element enthalten. Die Verbindung der beiden Systeme durch den Baustoff resultiert daher, dass einerseits die technischen Wirkprinzipien der Bauteile durch die naturgesetzlichen Merkmale der Baustoffe determiniert sind und andererseits erst durch das Einwirken der Arbeitsmittel auf die Baustoffe die naturgesetzlichen Merkmale der Baustoffe in diese technischen Wirkprinzipien der Bauteile überführt werden können. Folglich entsteht aus der Verknüpfung der beiden Systeme ein qualitativ neues System, das als ***Bauweise*** bezeichnet werden kann. An ihm lässt sich das eigentliche Generierungspotential baulicher Gesamtlösungen verdeutlichen (Bild 54).

[626] Vgl. Girmscheid, G. (Baubetrieb 2000) S. 437.

[627] Vgl. Girmscheid, G. (Baubetrieb 2000) S. 424ff.

Danach beschränken sich funktionelle und strukturelle Veränderungen in Bauwerk und Erstellungsprozess in ihren Auswirkungen nicht auf das Einzelsystem, sondern können durchaus das jeweils andere System mit einschliessen.[628] Insbesondere bei der Integration eines neuen Baustoffs ist damit zu rechnen, dass ein neues Arbeitsmittel zu entwickeln ist, das die veränderten Baustoffeigenschaften in technische Wirkprinzipien der Bauteile transformiert, und/oder dass die Arbeitsabläufe zur Verarbeitung des Baustoffes neu zu gestalten sind.

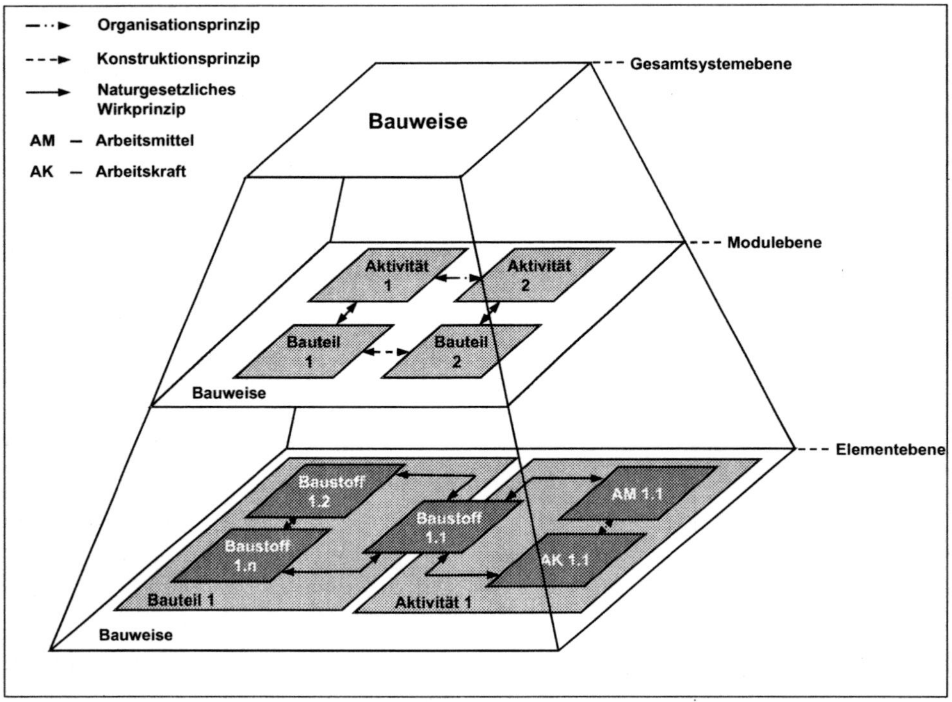

Bild 54: Ansatzpunkte für Innovationsideen aus der verknüpfenden Betrachtung von Bauwerk und Leistungserbringungsprozessen

Fig. 54: Starting points for innovative ideas due to the joint examination of the constructed facility and the service processes

Anhand des Beispiels der CFK-Bänder zur Verstärkung von Bauwerken lässt sich dieser Zusammenhang veranschaulichen. Die CFK-Bänder werden für gewöhnlich unter Spannung an das zu verstärkende Bauteil aufgeklebt. Sie nehmen Zugkräfte aus dem Bauwerk auf und sichern den Verbund zum Bauteil durch die Übertragung von Schubspannungen, die der Baustoff (z.B. Beton) nicht aufnehmen kann. Um aufwendige Endverankerungen zu vermeiden, konnte eine Spannvorrichtung ent-

[628] Vgl. auch Slaughter, S.; Shimizu, H. (Innovations 2000) S. 271ff.

wickelt werden, die in den CFK-Bändern eine gradierte, zu den Enden der Bänder auf Null gehende Vorspannung erzeugt. Das heisst, dass das neu entwickelte Arbeitsmittel das technische Wirkprinzip der CFK-Bänder derart aktiviert, dass ein wirtschaftlich vertretbarer Einsatz des Materials erst möglich wurde. Die auf das Bauwerk bezogene Modulinnovation zog ebenfalls eine auf den Produktionsprozess bezogene Modulinnovation nach sich.[629]

Ein anderes Beispiel für die Verknüpfung von Bauwerk und dem Prozess der Bauwerkserstellung ist das ebenfalls bereits erwähnte Beispiel der Segmentbrücken mit externer Vorspannung. Hier war die bauwerksbezogene Verknüpfungsinnovation mit einer nicht unerheblichen Systeminnovation des Erstellungsprozesses verbunden. Insbesondere brachte die konstruktive Neugestaltung des Überbaus neue Arbeitsmittel und neue Organisationsprinzipien mit sich, denn durch die konstruktive Aufteilung des Überbaus in einzelne Segmente mussten neue Schalungssysteme für die Segmentherstellung und neue verschiebbare Verlegegerüste für die Segmentmontage entwickelt werden. Gleichzeitig waren organisatorische Veränderungen im Erstellungsprozess dadurch möglich, dass die einzelnen Segmente aufgrund ihrer Abmessungen industriell vorgefertigt werden können. Der Überbau kann damit parallel zum Unterbau erstellt, die Erstellungszeit wesentlich verkürzt werden.[630]

Anhand dieses Beispiels lässt sich zudem die Abhängigkeit zwischen dem Bauwerk und den übrigen Leistungserstellungsprozessen (Primär- und Sekundärprozessen) aufzeigen. So erlaubt das Konstruktionsprinzip der externen Vorspannung während der Betriebsphase, die Vorspannung der Spannglieder permanent zu messen und die Spannglieder gegebenenfalls nachzuspannen (Kontrollprozess). Auch besteht die Möglichkeit, bei veränderten Nutzungsanforderungen die Spannglieder auszuwechseln bzw. zusätzliche Spannglieder einzuziehen (Unterhalts- und Instandsetzungsprozess).[631] Durch den Einbezug des Betriebsprozesses in die Betrachtung erweitert sich das Innovationspotential in der Form, dass das Verhalten des Bauwerks und seiner Komponenten über den Nutzungszeitraum beobachtet und daraus Rückschlüsse auf die Gestaltung zukünftiger Bauwerke gezogen werden und gezielte Weiterentwicklungen einzelner Komponenten erfolgen können. Wesentlich ist jedoch, dass bereits bei der Bauwerksplanung die notwendigen Grundlagen für eine effiziente Bauwerkserstellung und -bewirtschaftung zu schaffen und die Wertschöpfungsprozesse durchgängig informationstechnisch über kompatible, auf eine

---

[629] Vgl. Meier, U.; Stöcklin, I. (CFK-Bänder 2000) S. 37f.

[630] Vgl. Girmscheid, G. (Spannbeton 1993) S. 161ff. sowie Girmscheid, G. (Entwurf 1994) S. 70ff.

[631] Vgl. Girmscheid, G.; Hartmann, A. (Fast Track 1999) S. 334.

gemeinsame Datenbasis zurückgreifende CAAD-, CAD-, CAE- und CAFM-Systeme[632] zu unterstützen sind.[633]

Die Beispiele verdeutlichen, dass sich das Generierungspotential innovativer baulicher Gesamtlösungen nicht nur aus der getrennten Betrachtung des Bauwerkssystems und seiner Wertschöpfungsprozesse, sondern gleichfalls aus der gezielten Berücksichtigung der Abhängigkeiten zwischen der Wertschöpfung und dem Bauwerkssystem ergeben. So kann wie beim Beispiel der Segmentbrücken mit externer Vorspannung eine bauwerksseitige Verknüpfungsinnovation eine prozessbezogene Systeminnovation hervorrufen bzw. ermöglichen. Wie dieses Generierungspotential über Leistungsinnovationen erschlossen werden kann, ist Bestandteil des folgenden Abschnitts.

2.1.1.4 Leistungsinnovationen oder das Potential zur Realisierung von Produkt- und Prozessinnovationen

Wie die eigenen empirischen Untersuchungen gezeigt haben, stellen Leistungsinnovationen für Bauunternehmen eine wesentliche Voraussetzung dar, um das Generierungspotential für Produkt- und Prozessinnovationen ausschöpfen zu können.[634] Da sich die bauliche Gesamtlösung aus dem Bauwerk und den Wertschöpfungs- bzw. Leistungserbringungsprozessen der Planung, der Erstellung und des Betriebs zusammensetzt, sind Leistungsinnovationen auf zwei idealtypischen Wegen möglich.

Ein ***erster Weg*** besteht darin, Leistungsbündel anzubieten, die sich auf die einzelnen ***Leistungserbringungsprozesse*** beziehen (Bild 55). Dieser Weg der Leistungsintegration unterstützt vor allem bauprojektabhängige Innovationsaufgaben.

Ausgehend vom derzeitigen, bei Bauunternehmen vorherrschenden Leistungsangebot, das i.d.R. Leistungen für die Bauwerkserstellung in verschiedenen Marktsegmenten umfasst, liegt dann ein ***erster Ansatzpunkt*** für Leistungsinnovationen in der ***Integration weiterer Erstellungsleistungen*** in das Leistungsangebot für ein be-

---

[632] CAAD (Computer aided architectural design) ist ein informationstechnisches Hilfsmittel für den architektonischen Entwurf, das den Aufbau von Räumen aus definierbaren Grundelementen wie Wänden, Fenstern usw. sowie deren Modellierung und Simulation erlaubt.

CAD (Computer aided design) ist ein informationstechnisches Hilfsmittel, das zur Konstruktion und Vermassung von Bauteilen dient.

CAE (Computer aided engineering) ist ein informationstechnisches Hilfsmittel, das die Dimensionierung von Tragwerken, haustechnischen Anlagen usw. gestattet.

CAFM (Computer aided facility management) ist ein informationstechnisches Hilfsmittel, das die spezifischen Prozesse des Facility Managements unterstützt. Dazu gehört die Verarbeitung von Daten u.a. aus dem Vertrags-, Instandhaltungs- und Umzugsmanagement.

[633] Vgl. Girmscheid, G.; Borner, R. (Einsatz 2001) S. 256ff. sowie Girmscheid, G.; Schmidle, Ch. (Prozessmodell 2003).

[634] Vgl. Teil C, Abschn. 2.3.

stimmtes Marktsegment. Bei vollständigem Angebot der Bauwerkserstellung tritt das Bauunternehmen als Generalunternehmer auf, dessen Pendant für Leistungen der Bauwerksplanung der Generalplaner darstellt. Für Generalunternehmen liegt das nutzbare Generierungspotential im Bereich der primären und sekundären Prozesse der Bauwerkserstellung.

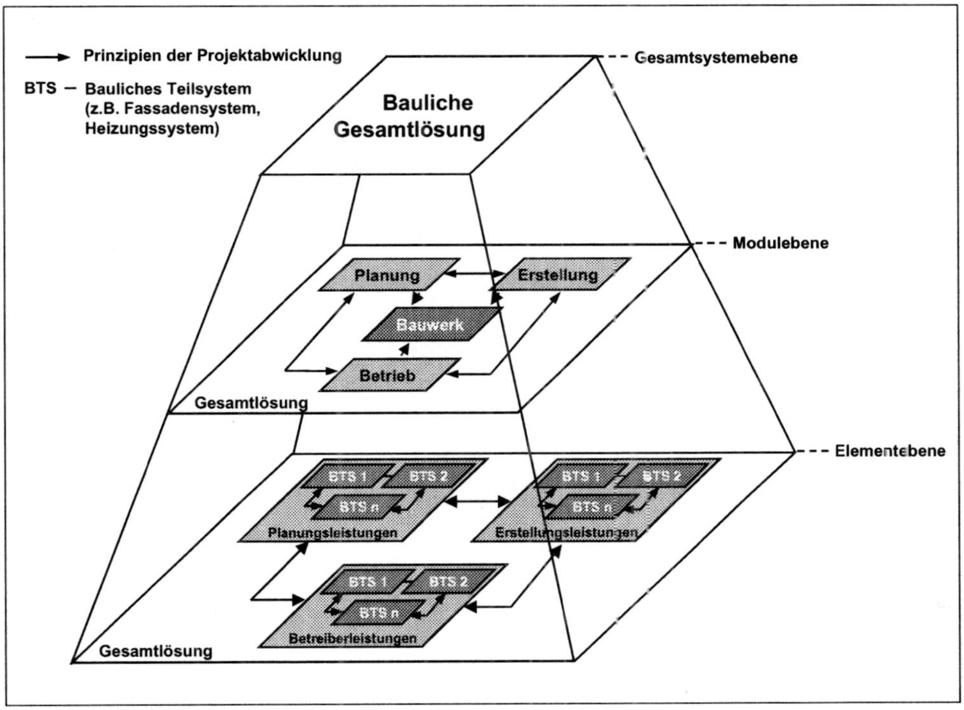

Bild 55: Ansatzpunkte für Leistungsinnovationen mit den Leistungserbringungsprozessen als Bezugspunkt

Fig. 55: Starting points for service innovations with the service processes as point of reference

Ein ***zweiter Ansatzpunkt*** für Leistungsinnovationen ist in der ***Verbindung von Generalplaner- und Generalunternehmerleistungen*** zu sehen. Das Bauunternehmen agiert in diesem Fall als Totalunternehmer am Markt, es übernimmt alle Leistungen zur Planung und Erstellung eines Bauwerks in sein Leistungsangebot. Dadurch umfasst das Generierungspotential nicht nur Prozess-, sondern ebenso Produktinnovationen und kann insbesondere durch die integrierende Betrachtung von Bauwerksplanung und -erstellung genutzt werden.

Ein ***dritter Ansatzpunkt*** für Leistungsinnovationen ergibt sich aus der ***Integration von Totalunternehmerleistungen und der zum Betrieb eines Bauwerks erforderlichen Leistungen*** in das Leistungsangebot eines Bauunternehmens, das nun als Systemanbieter am Markt agiert. In dieser Rolle kann ein Bauunternehmen sich das Generierungspotential innovativer baulicher Gesamtlösungen in vollem Umfang erschliessen.

Die bisherige Darstellung von Möglichkeiten zur Leistungsinnovation umfasste Leistungsbündel, die sich auf einzelne Leistungserbringungsprozesse beziehen. Ein ***zweiter Weg*** zur innovativen Leistungsgestaltung eröffnet sich, wenn einzelne ***Teilsysteme des Bauwerks*** den Bezugspunkt zur Bündelung von Leistungen bilden (Bild 56).

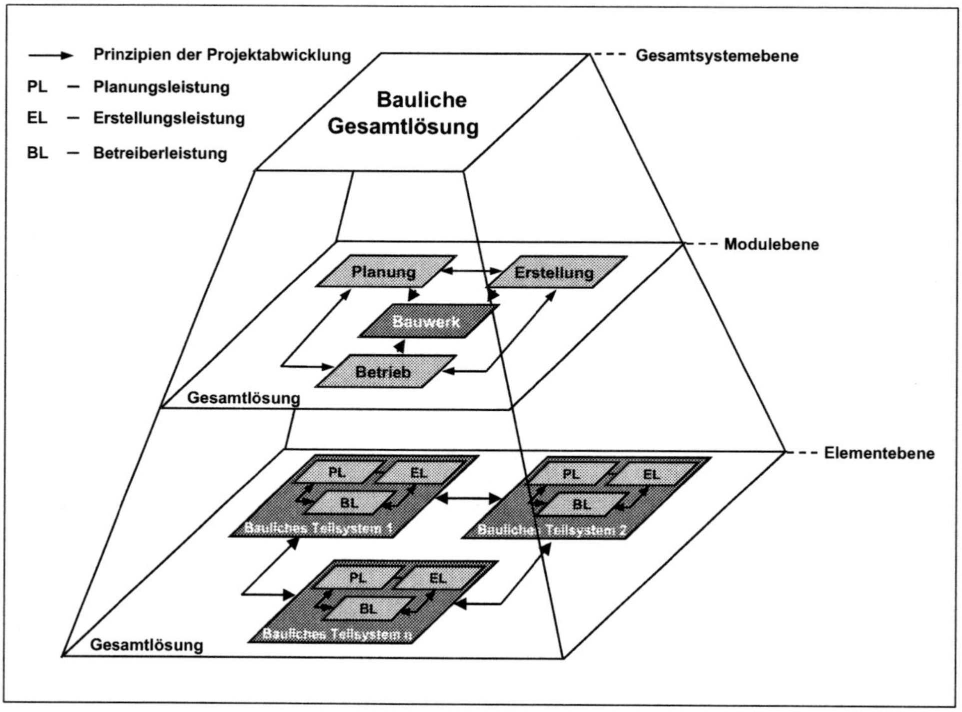

Bild 56: Ansatzpunkte für Leistungsinnovationen mit dem Bauwerk als Bezugspunkt
Fig. 56: Starting points for service innovations with the constructed facility as point of reference

Ein ***erster Ansatzpunkt*** für Leistungsinnovationen ist dann die ***Integration weiterer vor- oder nachgelagerter Leistungen für ein bauliches Teilsystem*** wie z.B. die Ergänzung des auf Erstellungsleistungen begrenzten Leistungsangebots für Fassadensysteme um die Planung dieser Systeme. Das hier nutzbare Innovationspotential kann Prozess- wie Produktinnovationen umfassen, bleibt dabei aber auf das bauliche Teilsystem beschränkt.

Das Bauunternehmen kann sein Leistungsangebot und mit ihm das Generierungspotential weiter ausbauen, indem es die Leistungen für verschiedene bauliche Teilsysteme integriert, die in funktional enger Beziehung zu einem bereits vom Leistungsangebot abgedeckten Teilsystem stehen. Ein ***zweiter Ansatzpunkt*** ist folglich das Anbieten von Leistungsbündeln, die die ***gesamte Wertschöpfung für verschiedene bauliche Teilsysteme*** integrieren. Ein Beispiel hierfür wäre die Planung, der Bau und der Betrieb für das Fassaden-, Heizungs- und Lüftungssystem einschliesslich Energielieferung,[635] die nun eine gemeinsame Optimierung erlauben und dadurch die prozess- und produktorientierten Innovationsmöglichkeiten erweitern.

Der ***dritte Ansatzpunkt*** für Leistungsinnovationen entspricht dem bereits beim prozessbezogenem Weg genannten, besteht er doch in der Entwicklung von Leistungsangeboten, die die ***Planung, die Erstellung und den Betrieb des gesamten Bauwerkssystems*** umfassen. Das Bauunternehmen übernimmt wiederum die Rolle des Systemanbieters, sein Leistungsangebot baut sich aber nun aus Modulen auf, die sich primär auf das Bauwerkssystem und nicht auf die Leistungserbringungsprozesse beziehen. Diese Art der Leistungsintegration erweist sich deshalb als besonders vorteilhaft für bauprojektübergreifende Innovationsaufgaben, weil einzelne bauliche Teilsysteme gezielter einer stetigen Verbesserung zugänglich gemacht werden können. Für die Realisierung solcher Leistungsangebote sind aber ebenso veränderte Projektabwicklungsformen bedeutsam. Eine mögliche Vorgehensweise, die die Realisierung dieser Leistungsbündel in Bauprojekten unterstützt, wäre z.B. die Gliederung des Bauprojekts in einzelne Teilprojekte, in denen Planung und Erstellung eines baulichen Teilsystems unter einer Gesamtkoordination weitgehend eigenverantwortlich zu erbringen sind.[636]

Der erzielbare Innovationsgrad ergibt sich mit dieser Spezifizierung der Ansatzpunkte für Leistungsinnovationen wie folgt:

Eine ***Elementinnovation*** liegt dann vor, wenn das Bauunternehmen in einem bestimmten Marktsegment neue Leistungen für einen Leistungserbringungsprozess anbietet, für den das Unternehmen bereits Leistungen erbringt. Beispielsweise kann das Leistungsangebot, das bisher nur Rohbauarbeiten umfasste, um Ausbauarbeiten ergänzt werden. Einer Elementinnovation entspricht es auch, wenn das Bauunternehmen für ein bestimmtes Teilsystem des Bauwerks neue Leistungen für einen Leistungserbringungsprozess anbietet, für den das Unternehmen noch keine Leistungen erbringt. Dies kommt dem oben genannten Beispiel des Unternehmens für Fassadensysteme gleich, das zusätzlich zur Erstellung noch die Planung dieser Systeme in sein Leistungsangebot integriert.

---

[635] Vgl. Girmscheid, G. (Projektabwicklungsformen 2003)

[636] Vgl. Hülskötter, E. (Spielregeln 1999) S. 19ff. sowie Nicolini, D.; Holti, R.; Smalley, M. (Integrating 2001) S. 39ff.

Einer ***Modulinnovation*** entspricht auf der einen Seite die komplette Übernahme der in einem Marktsegment erforderlichen Erstellungsleistungen in das Leistungsangebot des Unternehmens. Das heisst, dass ein Bauunternehmen z.B. im Segment Wohnbauten erstmalig als Generalunternehmer auftritt. Auf der anderen Seite ist eine Modulinnovationen in der kompletten Übernahme der Leistungserbringungsprozesse für ein Teilsystem des Bauwerks zu sehen. In diesem Fall erbringt das Unternehmen für Fassadensysteme von der Planung bis zum Betrieb sämtliche Leistungen für dieses Teilsystem.

Da die Verknüpfung der für die baulichen Gesamtlösungen zu erbringenden Leistungen bei beiden Wegen über die Projektabwicklungsform erfolgt, sind ***Verknüpfungsinnovationen*** Neuerungen in den Prinzipien der Projektabwicklung (Schnittstellenmanagement).

Das Anbieten von Leistungsbündeln für die gesamten Leistungserbringungsprozesse bzw. für die kompletten Teilsysteme der baulichen Gesamtlösung in einem spezifischen Marktsegment bei gleichzeitiger Neugestaltung der Projektabwicklungsform ist dann als ***Systeminnovationen*** zu bezeichnen. Damit kommt zum Ausdruck, dass die Entwicklung von Bauunternehmen zum Systemanbieter immer durch Veränderungen in der Projektabwicklung zu begleiten sind, um die Fähigkeit des Unternehmens zur Generierung einer optimierten baulichen Gesamtlösung wettbewerbswirksam werden zu lassen.

Zusammenfassend können Bauunternehmen Leistungsinnovationen dadurch realisieren, dass sie ihr Leistungsangebot um prozess- und/oder bauwerksbezogene Leistungsmodule erweitern.

2.1.2 Potentiale in Bezug auf die Innovationsfunktion

Die verschiedenen Innovationsobjekte und Innovationsgrade lassen sich von Bauunternehmen ***bauprojektabhängig*** und ***bauprojektübergreifend*** erschliessen. Das Generierungspotential innovativer baulicher Gesamtlösungen definiert sich gleichsam über die ***Funktionsorientierung*** bzw. ***Projektbezogenheit*** der Innovationsaufgaben.

2.1.2.1 Das Generierungspotential bauprojektabhängiger Innovationsaufgaben

Mit bauprojektabhängigen Innovationsaufgaben ist das Potential verbunden, innovative Lösungen entwickeln zu können, die sowohl die Anforderungen des Einzelkunden als auch die spezifischen Gegebenheiten des Verwendungsorts erfüllen. Die wechselnden Anforderungen, denen die Leistungserbringungsprozesse unterliegen bzw. die veränderlichen Aufgabeninputs, die sie zu verarbeiten haben, führen dazu, dass das Bauwerk und die Leistungserbringungsprozesse mit jeder Bauaufgabe bis zu einem gewissen Grad Ansätze zur Neugestaltung bieten.

Inwiefern die einzelne Bauaufgabe innovationsinduzierende Problemstellungen hervorbringt, ist von der Anzahl, der Vielfältigkeit, der Interdependenz und der Veränderlichkeit der Aufgabeninputs oder zusammenfassend von der Komplexität der Bauaufgabe abhängig.[637] Zu den Aufgabeninputs sind die Anforderungen des Kunden und des Verwendungsorts sowie die einzusetzende Bauwerks- und Prozesstechnik zu zählen. Je umfangreicher, vielfältiger, interdependenter und veränderlicher die Anforderungen des Kunden und des Verwendungsorts in einem Marktsegment sind und je mehr verschiedene, voneinander abhängige bautechnische Elemente zur Realisierung der Bauaufgaben zu berücksichtigen sind, umso mehr werden bauliche Probleme auftreten und zu lösen sein. Das heisst, dass ein bauliches Problem aus zu erzielenden Bauwerks- und Prozessparametern entsteht, für deren Realisierung zunächst keine geeigneten Lösungen zur Verfügung stehen. Die Möglichkeiten, innovative Lösungen zu generieren, werden dabei in dem Masse ansteigen, wie sich die aktuellen von den bisher verarbeiteten Aufgabeninputs unterscheiden. Der Übergang von einer routinierten zu einer innovativen Problemlösung ist durchaus fliessend.

Bauaufgaben zeichnen sich für gewöhnlich dadurch aus, dass sie innovative wie routiniert zu lösende Teilaufgaben aufweisen. Wie hoch der Anteil innovationsinduzierender Problemstellungen ausfällt, ist von der technischen und marktlichen Kompliziertheit des Bauwerks beeinflusst. Charakterisieren Bauwerks- und Prozesstechnik sowie die Gegebenheiten des Verwendungsorts die technische Kompliziertheit, sind es bei der marktlichen Kompliziertheit die Anforderungen des Kunden.[638] Eine annähernd gleiche Dynamik in den Aufgabeninputs vorausgesetzt überwiegen infolgedessen bei Bauwerken mit geringer Kompliziertheit tendenziell die routiniert zu lösenden Problemstellungen an der Bauaufgabe. Bei komplizierten Bauwerken ist dagegen mit einem höheren Anteil an Problemstellungen zu rechnen, die Möglichkeiten für innovative Lösungen bieten. Da Kunden- wie Ortsabhängigkeit nicht vollständig aufgehoben werden können, sind bei Bauaufgaben immer auch innovationsauslösende Problemstellungen wieder zu finden, die sich eben nur in Abhängigkeit von der Kompliziertheit des Bauwerks in unterschiedlichen Anteilen zeigen.[639]

Innovationsinduzierende Problemstellungen können während der gesamten Abwicklung einer Bauaufgabe auftreten, nicht zuletzt aufgrund der sich erst im Projektverlauf konkretisierenden Kundenanforderungen. Die zunehmende Konkretisierung der bau-

637 Vgl. dazu auch die Ausführungen in Teil B, Abschn. 2.4.

638 Vgl. Teil B, Abschn. 3.3.2.1.

639 Damit unterscheiden sich Bauaufgaben von Aufgaben anderer Industrien, deren Inputs sich weitgehend von Komplexität befreien lassen und die einer fast vollständigen Routinisierung zugänglich sind.

lichen Gesamtlösung ist auch als Hauptgrund dafür zu sehen, dass die Zahl innovativ lösbarer Teilaufgaben sowie der realisierbare Innovationsgrad der Problemlösungen im Planungsprozess im Vergleich zum Erstellungsprozess höher liegen. Bei Bauwerken, die eine hohe marktliche Kompliziertheit aufweisen wie z.B. Bürogebäude, treten hauptsächlich im Planungsprozess innovationsauslösende Probleme auf. Bei technisch komplizierten Bauwerken, die z.B. in starker Interaktion mit dem Verwendungsort stehen wie Tunnel, ist auch noch während der Erstellung mit innovationsinduzierenden Problemen zu rechnen (Bild 57).[640]

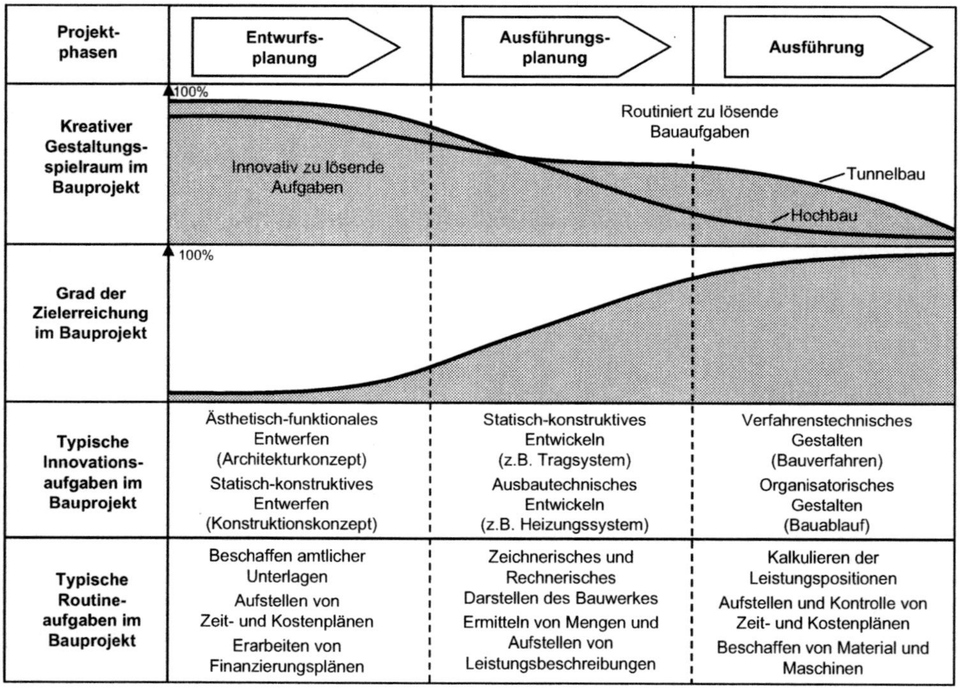

Bild 57: Das Generierungspotential bauprojektabhängiger Innovationsaufgaben
Fig. 57: The potential for realizing innovative tasks depending on construction projects

Bauprojektabhängige Innovationsaufgaben können nicht nur durch Probleme, die aus einer Diskrepanz zwischen dem baulich Möglichen und dem baulich Notwendigen entstehen, angestossen werden. Durchaus kann eine bekannte, die baulichen Anforderungen erfüllende Lösung zum Ausgangspunkt von Innovationsbemühungen gemacht werden, um die bauliche Gesamtlösung bewusst innovativ zu gestalten. Anstelle eines reaktiven wird ein aktives Innovationsverhalten angestrebt. Aufgrund der zeitlichen, finanziellen und personellen Restriktionen von Bauprojekten sind diesem

[640] Vgl. Teil C, Abschn. 2.3.2.2.

Streben jedoch häufig Grenzen gesetzt.[641] Dies hat zur Folge, dass i.d.R. versucht wird, die Anforderungen an die bauliche Gesamtlösung in Bauwerks- und Prozesseigenschaften zu transformieren, die sich mit vorhandenen Lösungen realisieren lassen.

Ob sich innovative Lösungen gezielt bauprojektabhängig generieren lassen, hängt in starkem Masse davon ab, inwieweit genug Freiräume zur Suche nach innovativen Alternativen zur Verfügung stehen und ausreichend motivationale Anreize für eine Suche nach Lösungen, die über bestehende Lösungsansätze hinausgehen, vorhanden sind. Andernfalls bleiben innovative Lösungen in Bauprojekten eher Zufallsprodukte von in ihrem Auftreten nicht steuerbaren Problemstellungen. Der technische Status quo dominiert dann die Planung und Erstellung baulicher Gesamtlösungen, nicht ein über das Gegenwärtige hinausgehendes, zukunftsgerichtetes Nachdenken über neue Möglichkeiten und deren Umsetzung.

2.1.2.2 Das Generierungpotential bauprojektübergreifender Innovationsaufgaben

Die Suche nach neuen Möglichkeiten, um zukünftige Änderungen der Aufgabeninputs zu antizipieren, ist nicht zwangsläufig an eine bestimmte Bauaufgabe gebunden. Antworten auf als offene Probleme formulierte Innovationsaufgaben lassen sich ebenso losgelöst vom spezifischen Bauprojekt suchen. Im Vergleich zu bauprojektabhängigen ist das Potential bauprojektübergreifender Innovationsaufgaben vor allem darin zu sehen, dass mit ihnen von Anfang an auf eine innovative Lösung hingearbeitet wird.

Auslöser für bauprojektübergreifende Innovationsaufgaben sind Signale in der Unternehmensumwelt, die auf eine zukünftige Veränderung der Aufgabeninputs hindeuten. Gegenwärtig gehören zu solchen Signalen z.B. die veränderten Bedürfnisse der privatwirtschaftlich orientierten Kunden infolge Globalisierung, der steigende Effizienzdruck auf die öffentlichen Kunden oder ein erhöhtes gesellschaftliches Umweltbewusstsein. Sie wurden bereits im einleitenden Kapitel der Arbeit ausführlicher behandelt und im empirischen Teil für professionelle Kunden der Bauwirtschaft spezifiziert.[642] Darüber hinaus können bauprojektübergreifende Innovationsaufgaben auch durch erkannte, aber ungenutzte Potentiale oder ungelöste bzw. ungenügend gelöste Probleme in den Bauprojekten induziert werden. Wesentlich ist, dass durch die Trennung der Innovationsbemühungen von den täglichen Bauaufgaben auch grob formulierte Ideen bzw. Problemstellungen gezielt weiterverfolgt und höhere Innovationsgrade verwirklicht werden können.

---

[641] Vgl. Teil C, Abschn. 2.3.2.8.

[642] Vgl. Teil A, Abschn. 1.1 und Teil C, Abschn. 4.3.

Der Anwendungsbereich der aus bauprojektübergreifenden Innovationsaufgaben hervorgehenden Lösungen ist von Anbeginn auf verschiedene Bauaufgaben ausgerichtet. Hingegen kann das Ergebnis bauprojektabhängiger Innovationsaufgaben entweder ausschliesslich für das konkrete Bauprojekt relevant sein oder darüber hinaus Verwendung finden. Neben den Innovationsaufgaben ist auch deren Ergebnis durch einen unterschiedlichen Projektbezug zu charakterisieren und lässt sich entsprechend in ***bauprojektabhängige*** und ***bauprojektübergreifende Innovationen*** unterteilen. Bauprojektabhängige Innovationen entstehen aus der Lösung von Problemstellungen einzelner Bauaufgaben und sind nur für das einzelne Bauprojekt relevant. Bauprojektübergreifende Innovationen gehen aus Problemstellungen einzelner oder mehrerer Bauaufgaben hervor und gelangen in verschiedenen Bauprojekten zur Anwendung. Sie stehen daher immer im Zusammenhang mit den strategischen Zielen des Unternehmens. Für beide Innovationstypen lassen sich die Aussagen zum Umfang des Anwendungsbereiches dadurch weiter differenzieren, dass zusätzlich ein Bezug zu den Marktsegmenten des Unternehmens hergestellt wird. Bauprojektabhängige Innovationen sind unter diesem Blickwinkel immer auch mit einem bestimmten Marktsegment verknüpft. Bauprojektübergreifende Innovationen können sich sowohl auf ein spezielles Marktsegment als auch auf mehrere Marktsegmente beziehen (Bild 58).

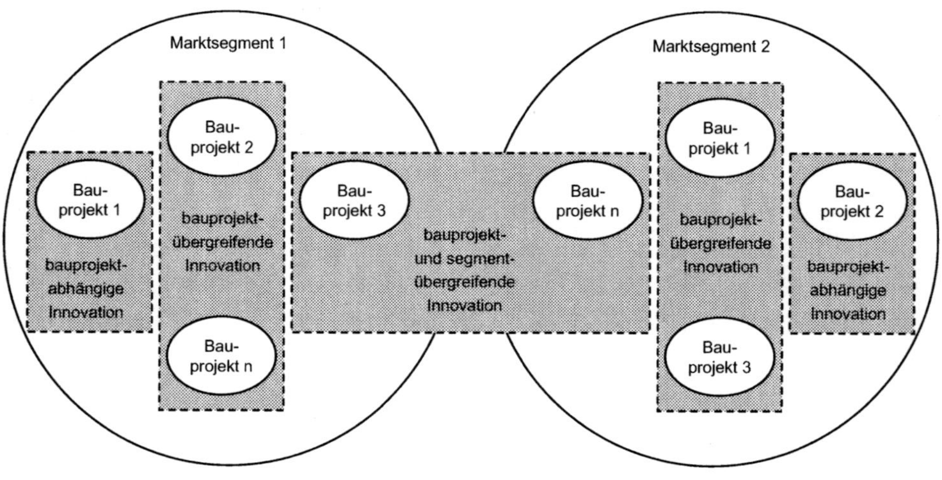

Bild 58: Das Verwertungspotential der Ergebnisse von Innovationsaufgaben
Fig. 58: The potential for utilizing the results of innovative tasks

Zusammenfassend ist festzustellen, dass sich Bauunternehmen Generierungspotentiale für innovative bauliche Lösungen sowohl bauprojektabhängig wie bauprojektübergreifend bieten. Sind es in Bauprojekten vor allem die aus den wechselnden Anforderungen der Kunden und der Verwendungsorte hervorgehenden Problemstellungen, die zur Suche nach innovativen Lösungen anregen können, sind es bauprojektübergreifend in erster Linie langfristige Entwicklungen in einzelnen Marktsegmenten, die sich gezielt, im Sinne der strategischen Ziele des Unternehmens durch innovative Lösungen antizipieren lassen. Die entwickelten Lösungen selber können wiederum unterschiedliche Potentiale hinsichtlich ihrer Anwendbarkeit in zukünftigen Projekten besitzen.

2.1.3 Potentiale in Bezug auf den Innovationsprozess

Mit den bei baulichen Gesamtlösungen zugänglichen Innovationsobjekten und Innovationsgraden und der Projektbezogenheit der Innovationsaufgaben lassen sich auch die zu ihrer Erschliessung von Bauunternehmen zu erbringenden Innovationsaktivitäten näher charakterisieren. Das Generierungspotential innovativer baulicher Gesamtlösungen ist ebenso durch einen bestimmten ***Innovationsprozess*** gekennzeichnet.

In Teil B der Arbeit wurde bereits darauf verwiesen, dass sich mit dem Innovationsobjekt und -grad i.d.R. auch die Innovationsaktivitäten ändern.[643] Gleichfalls wirken sich die angestrebte Entwicklungsstufe im gesamten Entstehungs- und Verbreitungsprozess einer Neuerung und die Projektbezogenheit der Innovationsaufgabe auf den Innovationsprozess aus. Darüber hinaus haben die eigenen empirischen Untersuchungen gezeigt, dass der Innovationsprozess in Bauunternehmen in unterschiedlichem Masse mit dem vorgelagerten F&E-Prozess der Zulieferer und dem nachgelagerten Diffusionsprozess des Kunden verzahnt ist.[644] Die Schwierigkeit besteht demnach darin, ein Prozessmodell zu finden, das auf der einen Seite die verschiedenen Gegebenheiten von Innovationsbemühungen berücksichtigt und auf der anderen Seite konkret genug formuliert ist, um für die baubetriebliche Praxis verwertbare, organisatorische Strukturierungsempfehlungen ableiten zu können. Ein Prozessmodell, das nach Ansicht des Autors diese Schwierigkeit bewältigen kann, umfasst die folgenden fünf Phasen:

- **Generierungsphase**

  Die erste Phase im hier vorgeschlagenen Innovationsprozess besteht in der Generierung von innovativen Ideen. Ausgangspunkt der Ideensuche können die spezi-

[643] Vgl. Teil B, Abschn. 2.3.1.

[644] Vgl. Teil C, Abschn. 3.4 und Abschn. 4.4.

fischen Anforderungen eines Bauprojekts oder die aus den Projektanforderungen hervorgehenden baulichen Probleme sein. Darüber hinaus lassen sich wie aufgezeigt innovative Ideen für Produkt- und Prozessinnovationen und insbesondere für an den strategischen Unternehmenszielen ausgerichtete Leistungsinnovationen bauprojektübergreifend generieren. Hier können aufgetretene Probleme in Bauprojekten oder erkannte technische wie marktliche Potentiale Auslöser für die Ideengenerierung darstellen. In beiden Fällen sind zunächst die Anforderungen an Bauwerkssystem, Leistungserbringungsprozesse oder Leistungsangebot zu erfassen und zu systematisieren sowie in neue Eigenschaftsprofile der zu verändernden Innovationsobjekte zu transformieren. Im Anschluss sind erste Ideen bzw. Lösungsansätze für die technische bzw. marktliche Umsetzung der Eigenschaftsprofile zu suchen. Ergebnis ist dann ein Set von generierten Ideen, die auf die Erfüllung von mehr oder weniger konkreten, projektbezogenen oder projektübergreifenden Anforderungen an Bauwerkssystem, Leistungserbringungsprozesse oder Leistungsangebot gerichtet sind.[645]

- **Bewertungsphase**

  Die zweite Phase im Innovationsprozess ist die Bewertung der generierten Ideen hinsichtlich ihrer Eignung, die projektbezogenen oder projektübergreifenden baulichen Anforderungen zu erfüllen. Darüber hinaus werden weitere Kriterien in die Bewertung einfliessen, die sich aus den strategischen Präferenzen des Bauunternehmens ergeben. Das kann bei bauprojektabhängig generierten Ideen z.B. das Potential für eine Verwendung der Idee in zukünftigen Bauprojekten sein. Bei bauprojektübergreifend generierten Ideen ist das z.B. die frühzeitige Fokussierung auf eine spezifische Anwendung wie ein Grossprojekt. Auf mögliche Bewertungskriterien wird weiter unten zurückgekommen.[646] Am Ende der Bewertungsphase steht die Entscheidung, eine der generierten Ideen zu realisieren oder, wenn keine der unterbreiteten Ideen in technischer und/oder wirtschaftlicher Hinsicht zufrieden stellend ist, die Generierungsphase erneut zu durchlaufen. Wird sich für die Realisierung einer Idee entschlossen, sind mit dem Entscheid finanzielle, technische, personelle und zeitliche Ressourcen bereitzustellen, die sowohl anfänglich z.B. für den Erwerb oder die Entwicklung einer technischen Neuerung als auch zur Aufrechterhaltung der Innovationsnutzung z.B. für den Unterhalt und die Wartung aufgewendet werden müssen. Insbesondere bei bauprojektübergreifenden Innovationsaufgaben sind Ziele und Bedingungen der Innovationsrealisierung für das notwendige Controlling in einem Pflichtenheft festzuhalten.

[645] Vgl. auch Teil D, Abschn. 2.1.4 und Abschn. 3.2.2.2.

[646] Vgl. Teil D, Abschn. 2.2.

- **Entwicklungsphase**

  Mit der Entwicklung als dritter Phase im Innovationsprozess wird die ausgewählte Idee bis zu einer anwendungsreifen Lösung ausgearbeitet. Entsprechend kann, je nach der bereits erreichten Anwendungsreife des zugrunde liegenden Lösungsansatzes, die Entwicklungsphase mehr oder weniger umfangreich ausfallen. Kann z.B. eine Idee zur innovativen Gestaltung des Fertigungsprozesses durch die Einführung einer neuen Baumaschine eines Zulieferers realisiert werden, ist entweder gar keine Entwicklung erforderlich oder die Entwicklungstätigkeit begrenzt sich auf Modifikationen bzw. Anpassungen an spezifische Anwendungsbedingungen. Liegt hingegen für die Idee noch kein problemadäquates Lösungssystem vor, sind verstärkt Entwicklungsarbeiten notwendig, die das Eigenschaftsprofil technisch bzw. marktlich weiter konkretisieren. Dazu sind detaillierte Lösungsansätze für Teilprobleme zu erarbeiten und bei technischen Problemen diese gegebenenfalls in Labor-, Baustellen- und/oder rechnergestützten Simulationsversuchen ersten Tests zu unterziehen. Um die Anwendungsreife einer entwickelten Lösung zu erreichen, ist auch ihre Implementierung in ein Bauprojekt vorzubereiten. Dazu gehört neben den erwähnten Baustellenversuchen gleichfalls die Einweisung des Personals, das an der Implementierung und Erstanwendung beteiligt sein wird, und die vorgängige Auseinandersetzung mit eventuellen Leistungsänderungen bei anderen Projektbeteiligten und den damit verbundenen Ressourcen- und Interessenkonflikten. Insbesondere mit steigendem Innovationsgrad werden von der innovativen Lösung mehrere Projektbeteiligte betroffen sein, die entsprechend frühzeitig zu informieren bzw. in die Implementierung einzubeziehen sind. Die Entwicklungsphase schliesst mit einer anwendungsreifen bzw. implementierungsfähigen Lösung.

- **Implementierungsphase**

  Die vierte Phase im Innovationsprozess ist die Implementierung der entwickelten Lösung in die betriebliche Praxis. Die Implementierungsphase ist folglich immer an ein Bauprojekt gekoppelt. Während der Implementierung ist vor allem darauf zu achten, ob die innovative Lösung noch weitere Auswirkungen auf andere Bauwerks-, Prozess- oder Leistungsbestandteile besitzt und dadurch zusätzliche Entwicklungen erforderlich sind. Dies gilt nicht zuletzt auch deswegen, weil mit dem Anwendungsbezug der Implementierung weitere Erfahrungen gesammelt werden. Auch dem bereits erwähnten Auftreten möglicher Ressourcen- und Interessenkonflikte ist weiterhin Beachtung zu schenken. Ergebnis der Implementierungsphase ist die erstmalige Anwendung der innovativen Lösung in einem Bauprojekt des Unternehmens.

- **Rückmeldephase**

  Die fünfte und letzte Phase im Innovationsprozess ist die Rückmeldung über Erfolg und Verlauf des Innovationsprozesses. Dazu gehört grundsätzlich, dass nach Abschluss eines Bauprojekts der Projektverlauf mit allen Hauptbeteiligten in einem Review bewertet wird. Dies umfasst zunächst eine Beurteilung der Zusammenarbeit und einen Vergleich der erwarteten mit den tatsächlichen erreichten technischen und wirtschaftlichen Zielen. Hier ist dann auch eine Bewertung eingeführter innovativer Lösungen vorzunehmen und wesentliche Informationen über die Einführung zu sammeln und aufzubereiten. Darüber hinaus sollte der Review dazu genutzt werden, ungelöste oder ungenügend gelöste Probleme zu thematisieren und Lösungspotentiale zu diskutieren, um sie gegebenenfalls einer weiterführenden, bauprojektübergreifenden Lösung zugänglich zu machen. Die Rückmeldung endet mit der Dokumentation der wesentlichen Ergebnisse des Innovationsprozesses und der Information im Unternehmen über die realisierte Neuerung.

An dieser Stelle sei nochmals darauf verwiesen, dass auch dieses Prozessmodell nur eine idealisierte Darstellung der wesentlichen Aktivitäten zur Generierung innovativer baulicher Gesamtlösungen ist. Die einzelnen Aktivitäten können danach parallel, sequentiell und/oder iterativ verlaufen. So sind in der Entwicklungsphase zur Detaillierung der innovativen Lösung wiederum Ideen zu generieren und diese hinsichtlich ihres Beitrages zur Lösung des Teilproblems zu bewerten. Ebenso können wie angedeutet in der Implementierungsphase noch Entwicklungstätigkeiten erforderlich werden und infolgedessen erneut Ideen zu generieren und zu beurteilen sein.

2.1.4 Methodische Unterstützung durch Quality Function Deployment

Die Identifizierung von Ansatzpunkten für die innovative Gestaltung baulicher Gesamtlösungen sollte, wie die empirischen Untersuchungen gezeigt haben, methodisch unterstützt werden.[647] Von den dazu zur Verfügung stehenden Hilfsmitteln, stellt das Quality Function Deployment (QFD) einen geeigneten Ansatz dar.[648] Grundidee von QFD ist die systematische Erfassung von Kundenanforderungen und ihre schrittweise Umsetzung in messbare und beurteilbare Qualitätsmerkmale bzw. Produkteigenschaften.[649] Die besondere Eignung von QFD für bauliche Problemstellungen ergibt sich daraus, dass bei jeder Bauaufgabe die Anforderungen

[647] Vgl. Teil C, Abschn. 3.4 und Abschn. 4.4.

[648] Zur ausführlichen Darlegung von QFD vgl. Aka, Y. (QFD 1992) S. 15ff.

[649] Vgl. Pötz, M. (Kundenwunsch 1998).

der Kunden und des Verwendungsorts zu erfassen und in Merkmale von Bauwerk und Wertschöpfungsprozesse umzusetzen sind.

Das Instrument QFD setzt sich aus so genannten ***Houses of Quality*** zusammen, die von der Bauwerks- bis zur Prozessplanung reichen können (Bild 59). Alle Houses of Quality werden nacheinander mit Informationen gefüllt, wobei die Eingangsgrössen auf den Erkenntnissen des vorherigen House of Quality aufbauen. Die einzelnen Houses of Quality dienen dabei als Dokumentation der Denk- und Planungsergebnisse. Die Vorgehensweise ist dabei wie folgt (Bild 59):[650]

In einem ersten Schritt werden die Kunden- wie örtlichen Anforderungen ermittelt und strukturiert aufbereitet (1), um sie im Anschluss aus Kundensicht zu gewichten (2). Aus den baulichen Anforderungen werden dann die Bauwerkseigenschaften abgeleitet (3). Die wesentlichen Qualitätsmerkmale des Bauwerks ergeben sich aus der Bewertung der Beziehungsstärke zwischen jeder Anforderung und jedem Bauwerksmerkmal unter Berücksichtigung der Gewichtung (4). Für ein aussagekräftiges und realistisches Bewertungsergebnis ist hier der Einbezug aller an der Bauwerksplanung beteiligten Handlungsträger entscheidend. Bauliche Lösungen können nun hinsichtlich ihres Erfüllungsgrads der Anforderungen (5) und der Bauwerkseigenschaften (6) beurteilt werden. Durch Analyse und Vergleich der Erfüllungsgrade lassen sich Zielwerte für das weitere Vorgehen festlegen (7). Die als bedeutsam anzusehenden Bauwerkseigenschaften können wiederum als Anforderungen für die Bestimmung wichtiger Bauteileigenschaften und deren Erfüllungsgrad herangezogen werden.

Indem dieses Vorgehen Stärken und Schwächen baulicher Lösungen aufdeckt, können gleichsam Ansatzpunkte für eine innovative Bauwerks- und Prozessgestaltung identifiziert werden. Eignet sich QFD vor allem für den Einsatz in Bauprojekten, lassen sich neben Ansatzpunkten für bauprojektabhängige innovative Lösungen auf diesem Wege auch bauprojektübergreifend weiter zu verfolgende Innovationsansätze identifizieren.

QFD ist aber nicht nur als ein einzelnes, methodisches Instrument zu verstehen, sondern auch als Leitfaden für einen Arbeitsstil, dessen Ziel die volle Kundenzufriedenheit ist. Zur Zielerreichung werden alle an der Bauwerks- und Prozessplanung Beteiligten eines Bauprojekts in den Transformationsprozess der baulichen Anforderungen eingeschlossen. Durch diese Intensivierung der Zusammenarbeit zwischen den Bauprojektbeteiligten und der vorausschauenden Planung lassen sich Bau- wie Innovationsaufgaben effizienter gestalten, Verluste in der Prozesskette können redu-

650 Vgl. Pötz, M. (Kundenwunsch 1998).

ziert sowie Entwicklungs- und Umsetzungszeiten verkürzt werden. Die Abwicklung der Bau- und Innovationsaufgaben wird zudem nachvollziehbar dokumentiert.

Da es sich beim QFD um keinen universellen, allgemeingültigen Ansatz handelt, muss er den spezifischen Gegebenheiten des Bauprojekts bzw. Unternehmens angepasst werden. Dabei sind die Komplexität und die speziellen Problembereiche der Unternehmensleistung, die Besonderheiten der Bau- bzw. Innovationsaufgabe und die organisatorischen Gegebenheiten zu beachten.

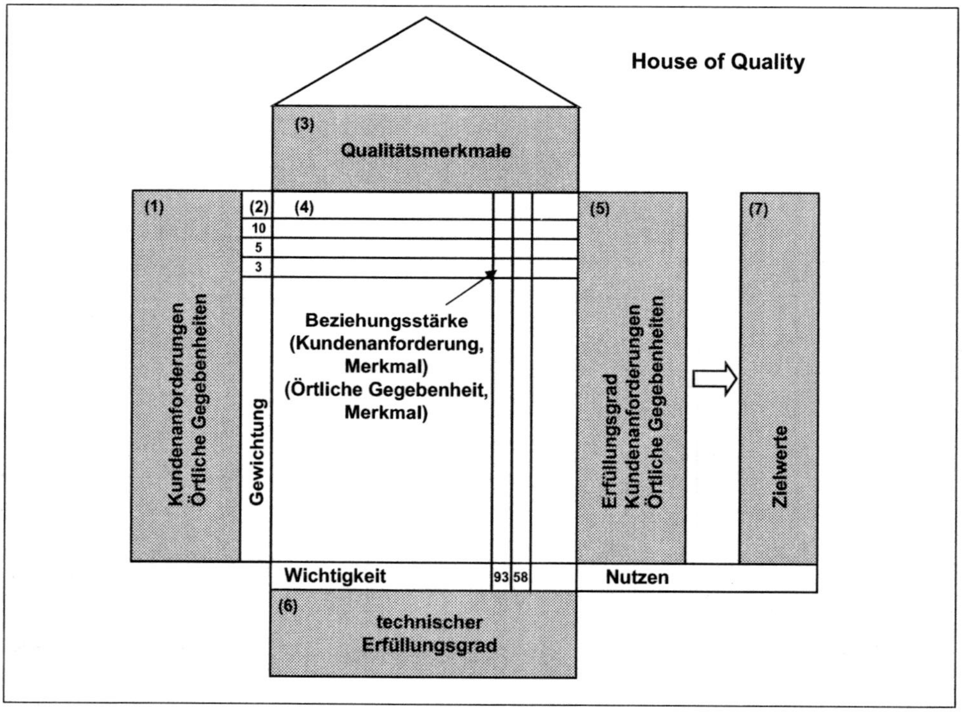

Bild 59: QFD Prinzip[651]
Fig. 59: The QFD principle

2.2 Bestimmung des Realisierungspotentials innovativer baulicher Gesamtlösungen durch die Innovationsbedingungen

Aus den in Teil B hergeleiteten bzw. in Teil C empirisch identifizierten Innovationsbedingungen bestimmt sich der Teil des Innovationspotentials baulicher Gesamtlösungen, der Bauunternehmen die Realisierungschancen innovativer Ideen aufzeigt. Die

[651] In Anlehnung an Pötz, M. (Kundenwunsch 1993).

Innovationsbedingungen lassen sich hinsichtlich ihrer Wirkung auf das ***Realisierungspotential*** ordnen, indem sie vier Subpotentialen, dem ***Problemlösungs-***, dem ***Diffusions-***, dem ***Differenzierungs-*** und dem ***Implementierungspotential***, zugewiesen werden (Bild 60).[652]

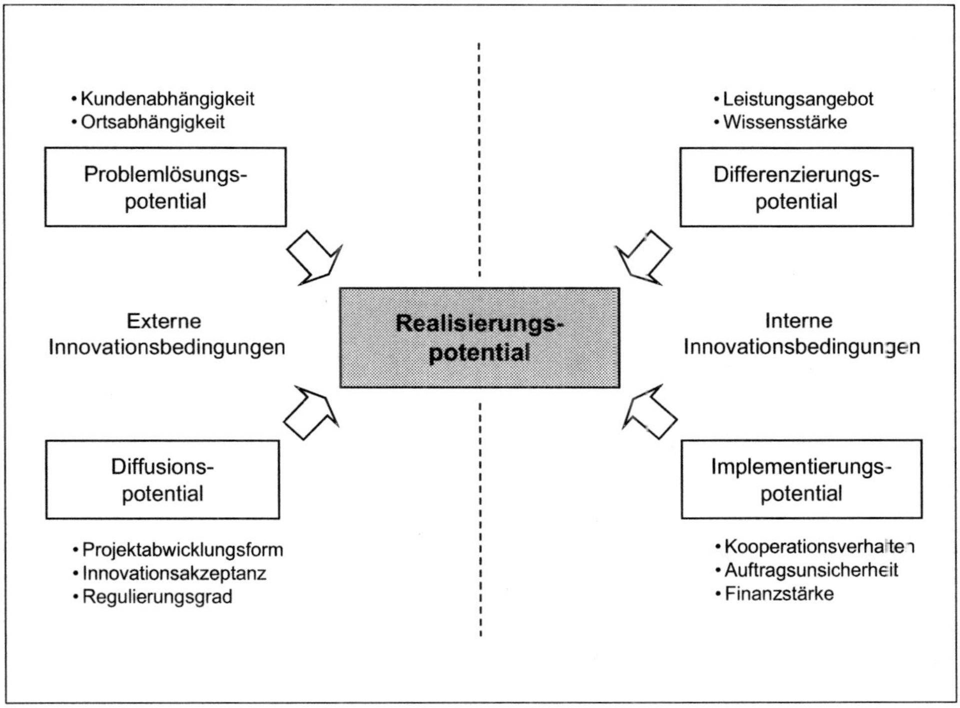

Bild 60: Bestimmung des Realisierungspotentials durch Innovationsbedingungen
Fig. 60: Determination of the potential of realizing innovative deas by innovative conditions

Das Problemlösungspotential beschreibt dabei den Beitrag einer Innovationsidee, bauliche Anforderungen in Eigenschaften einer Gesamtlösung zu überführen. Das Diffusionspotential erfasst die Durchsetzungschancen einer Innovationsidee am Markt. Das Differenzierungspotential betrachtet eine Innovationsidee dahingehend, inwieweit das Unternehmen mit ihr einen Wettbewerbsvorteil erzielen kann. Das Implementierungspotential kennzeichnet eine Innovationsidee hinsichtlich ihrer Überführbarkeit in die baubetriebliche Praxis.

---

[652] Vgl. dazu auch Michel, K. (Technologie 1990) S. 159ff., auf den diese vier Subpotentiale zurückgehen.

2.2.1 Das Problemlösungspotential

Beschreibt das Problemlösungspotential einer Innovationsidee die Chance, durch Veränderung der technischen und/oder wirtschaftlichen Parameter des Innovationsobjekts die baulichen Anforderungen in verbesserte Eigenschaften der baulichen Lösung zu transformieren, so sind damit zwei miteinander verbundene externe Innovationsbedingungen angesprochen, die ***Kunden-*** und die ***Ortsabhängigkeit der Bauaufgabe***.

Das Problemlösungspotential entspricht der Leistungsfähigkeit einer Innovationsidee und entsprechend kann zunächst davon ausgegangen werden, dass mit steigendem Innovationsgrad auch das Problemlösungspotential ansteigt.[653] Dabei ist zu beachten, dass zwar mit einem höheren Grad an strukturaler Veränderung Eigenschaften erheblich verbessert werden können, dies aber Abstriche bei anderen Parametern nach sich ziehen kann. Das Problemlösungspotential einer Innovationsidee wird deshalb am grössten sein, wenn

- einzelne Eigenschaften des Innovationsobjekts verbessert werden können, ohne grössere Veränderungen der ebenfalls für die Erfüllung der baulichen Anforderungen relevanten Eigenschaften zu verursachen,
- einzelne Eigenschaften des Innovationsobjekts verbessert werden können und dabei Veränderungen der für die Erfüllung der baulichen Anforderungen nicht relevanten Eigenschaften hingenommen werden,
- eine deutliche Gesamtverbesserung der für die Erfüllung der baulichen Anforderungen relevanten Eigenschaften des Innovationsobjekts erzielt werden kann.

Aufgrund der Kunden- und Ortsabhängigkeit von Bauaufgaben werden innovative Lösungen immer in Bauprojekten erstmalig angewendet. Kunden- und Ortsabhängigkeit wirken dann auf das Problemlösungspotential über den zur Realisierung einer innovativen Idee zur Verfügung stehenden Zeitbedarf in Bauprojekten. Das heisst, ob ein bauliches Problem innovativ gelöst werden kann, ist von der Entwicklungsdauer der Idee bis zu einer anwendungsreifen Lösung abhängig.

Mit dem Zeitbedarf zur Ideenentwicklung einher geht das Risiko, dass die gewünschte Problemlösung nicht erzielt wird. Steigt mit dem Innovationsgrad i.d.R. auch der Zeitbedarf, ist das Realisierungsrisiko bei bauprojektabhängigen Innovationsaufgaben am grössten. Bauprojektabhängige Innovationsaufgaben unterliegen den zeitlichen Rahmenvorgaben des Bauprojekts, und es kann kaum das Risiko eingegangen werden, durch aufwendige und unsichere Entwicklungen Bauverzögerun-

---

[653] Vgl. auch Teil B, Abschn. 2.2.2.1.

gen zu verursachen. Zudem steht gerade zu Beginn einer umfangreicheren innovativen Veränderung nur eine vage Idee, Kenntnisse über das Innovationsobjekt liegen noch nicht vollständig vor und müssen im Laufe des Innovationsprozesses durch die Suche nach weiteren Ideen und Informationen ergänzt bzw. durch die Realisierung dieser Ideen neu geschaffen werden.[654] Jedoch scheitert die Suche nach neuen Ideen und Informationen oder die befriedigende Umsetzung einer Idee vielfach am Zeitdruck einer Bauaufgabe. Ausgereifte Lösungen können dadurch oft nicht erarbeitet bzw. Probleme nicht zufrieden stellend gelöst werden.[655] Damit sind auch grössere Innovationsgrade durch bauprojektabhängige Innovationsaufgaben seltener zu realisieren. Erst bauprojektübergreifende Innovationsaufgaben treffen nicht auf solch restriktiven Zeitvorgaben, mit ihnen können auch höhere Innovationsgrade erreicht werden. Die Konsequenz ist, dass das Problemlösungspotential bei bauprojektabhängigen Problemstellungen i.d.R. nur durch Rückgriff auf bereits zu anwendungsreifen Lösungen entwickelten Ideen erhöht werden kann.

Darüber hinaus wirkt sich die Kunden- und Ortsabhängigkeit in der Form auf das Problemlösungspotential aus, wie die innovative Lösung in mehreren Bauprojekten zur Anwendung gelangen kann. Das Problemlösungspotential einer Innovationsidee ist danach am grössten, wenn die aus der Idee entwickelte Lösung den baulichen Anforderungen verschiedener Bauprojekte in verschiedenen Marktsegmenten des Unternehmens gerecht wird, wobei sich der Übergang von der bauprojektübergreifenden zur bauprojektabhängigen Innovation durchaus fliessend gestalten kann. Das Problemlösungspotential steigt dann auch mit der Aussicht, eine Innovationsidee durch mehr oder weniger grössere Anpassungen der innovativen Lösung an die besonderen Anforderungen des Kunden und des Verwendungsorts zukünftiger Bauaufgaben anwenden zu können. Aus strategischer Sicht sollte deshalb den Innovationsideen der Vorzug gegeben werden, die auch für kommende Bauaufgaben viel versprechend einsetzbare Lösungen hervorbringen. Aber auch in Bezug auf einen höheren Innovationsgrad ist ein projektübergreifender Einsatz innovativer Lösungen wünschenswert, können doch Entwicklungs- bzw. Investitionskosten auf mehrere Bauprojekte verteilt werden.

Bei Produkt- und Prozessinnovationen ist ein bauprojekt- und segmentübergreifender Einsatz tendenziell immer dann zu erwarten, je mehr eine neue Idee Veränderungen auf der Elementebene (Baustoffe, Arbeitsmittel) des zu innovierenden Objektes anstrebt. Dies erklärt sich aus dem Umstand, dass das Innovationsobjekt (Bauwerk oder Wertschöpfungsprozess) mit seinen individuellen Nutzenfunktionen durch die aufsteigende Integration der Module bzw. Elemente entsteht. Je höher die innovative Lösung in der Objekthierarchie ansetzt, umso mehr muss sie spezifische bauliche

654 Vgl. Ropohl, G. (Technologie 1999) S. 280f.

655 Vgl. Slaughter, S. (Builders 1993) S. 546 sowie Teil C, Abschn. 2.3.2.8.

Anforderungen berücksichtigen und umso weniger wird sie direkt auf andere Bauaufgaben übertragbar sein.

2.2.2 Das Diffusionspotential

Wurden mit dem Problemlösungspotential technisch-wirtschaftliche Realisierungskriterien einer Innovationsidee berücksichtigt, sind es beim Diffusionspotential marktliche Kriterien. So kann durchaus ein bauliches Problem gelöst sein, doch der Absatz der innovativen Lösung am Markt ist ungewiss. Daher sollen mit dem Diffusionspotential als zweitem Subpotential des Realisierungspotentials die externen Innovationsbedingungen erfasst werden, durch die sich die marktlichen Durchsetzungschancen einer aus der Innovationsidee entwickelten innovativen Lösung beurteilen lassen. Dies sind die ***Projektabwicklungsform***, die ***Innovationsakzeptanz des Kunden*** und der ***Regulierungsgrad***.

Die Projektabwicklungsform ist für die Verbreitung einer innovativen Lösung insofern relevant, wie sie die innovative Gestaltung baulicher Lösungen erst fördert bzw. der Generierung innovativer Ideen zu einem wettbewerbswirksamen Stellenwert verhilft. Das Diffusionspotential einer innovativen Lösung steigt somit an, je mehr im Marktsegment der geplanten Innovationsanwendung innovative Lösungen durch die Abwicklungsform der Bauprojekte an Wettbewerbsrelevanz gewinnen. Indikatoren hierfür können folglich sein: die Anzahl an Bauaufgaben in einem Marktsegment, die über Preis-Leistungs-Wettbewerbe vergeben werden, die in dem Marktsegment herrschenden Marktkräfte, der Umfang an Anreizsystemen für erstellungs- und betriebseffiziente bauliche Lösungen, der Zeitpunkt des Einbezugs von Wissen der nachfolgenden in die frühen Phasen des baulichen Wertschöpfungsprozesses oder die Anzahl der bisher in einem Marksegment realisierten innovativen Lösungen.

Darüber hinaus schafft die Projektabwicklungsform Voraussetzungen für die Diffusion innovativer Lösungen auch dadurch, dass sie hilft, die Unsicherheit des Kunden über das Erreichen seiner baulichen Ziele zu reduzieren und den Weg für die Realisierung innovativer Lösungen zu ebnen. Indikatoren können hier sein: die Anzahl an Bauaufgaben, bei denen mit demselben Kunden zusammengearbeitet wurde, und die Anzahl innovativer Lösungen, die bei der Zusammenarbeit mit einem Kunden bereits umgesetzt wurde. Vertrauen beim Kunden kann ebenso über die fachlichen Fähigkeiten und das soziale Verhalten der Mitarbeiter der Unternehmen aufgebaut werden.[656] Dies gilt umso mehr, je mehr Leistungen der frühen Bauprojektphasen von einem Unternehmen zu erbringen sind und je intensiver entsprechend die Interaktion zwischen Kunde und Unternehmen ausfällt. Auch Kunden greifen vielfach auf

---

[656] Vgl. Teil C, Abschn. 4.3.3.2.

Massnahmen zur Vertrauensbildung zurück, indem sie z.B. Bau- und Projektleiter anhand von Lebensläufen, Erfahrungen mit diesen Personen aus früheren Bauprojekten, Referenzen und dem Verhalten der Personen während des Vergabeprozesses bewerten.[657] Das Auftreten der Ansprechpartner vor und während der Abwicklung von Bauaufgaben beeinflusst damit nicht nur den gegenwärtigen, sondern auch den zukünftigen Auftragserfolg der Unternehmen entscheidend und legt gleichsam die Grundlage für die Realisierung innovativer Lösungen.

Um mit einer baulichen Gesamtlösung am Markt bestehen zu können, müssen Bauwerk und Leistungserbringungsprozesse in ihrem Zusammenwirken die Bedürfnisse des Kunden befriedigen können. Innovative Lösungen zielen darauf ab, durch die Neugestaltung der Leistungs-, Bauwerks- und Prozesssysteme diese Bedürfnisbefriedigung über einen durch den Kunden empfundenen Mehrwert zu erreichen. Es wird sich als schwierig erweisen, innovative Lösungen ohne erkennbaren Mehrwert durchsetzen zu wollen, denn der Kunde wird nur dann bereit sein, die Kosten und Risiken einer innovativen Entwicklung mitzutragen, wenn diesen ein in seinen Augen adäquates Äquivalent gegenüber steht.[658] Innovative Lösungen sind immer dahingehend zu untersuchten, inwieweit sie einen Mehrwert erzeugen und dieser durch den Kunden wertgeschätzt wird.

Obwohl davon auszugehen ist, dass mit steigendem Innovationsgrad auch die Wahrnehmung einer Kosten-Nutzen-Verbesserung der baulichen Gesamtlösung am grössten ist, nimmt die Unsicherheit beim Kunden mit steigendem Innovationsgrad tendenziell zu. Der Grund dafür ist das der Innovation inhärente Risiko. Da gerade der Kunde als Besteller und/oder Nutzer des Bauwerks diese Risiken in einem nicht geringen Masse tragen muss, ist er insbesondere Produktinnovationen gegenüber zurückhaltender eingestellt. Dabei korreliert der Grad seiner Zurückhaltung mit der Höhe seiner baulichen Erfahrung. Professionelle Kunden weisen durch ihre wiederholte Bautätigkeit ein gewisses Mass an Erfahrung auf, die ihnen zumindest ein grundlegendes funktionales Verständnis der baulichen Gesamtlösung erlaubt und die Einschätzung innovativer Lösungskonzepte erleichtert.[659] Eine hohe bauliche Erfahrung der Kunden wird sich positiv auf die Diffusion innovativer Lösungen auswirken. Indikatoren für eine hohe Kundenerfahrung enthält Tabelle 1.

Darüber hinaus wird die Akzeptanz des Kunden gegenüber innovativen baulichen Lösungen durch das Innovationsverhalten des Kunden in seinem eigentlichen Kerngeschäft beeinflusst.[660] Kunden, die in ihrer eigenen Geschäftstätigkeit innovatives

---

657 Vgl. Schulte, M. (Beitrag 2003) S. 167f.

658 Vgl. Teil C, Abschn. 4.3.4.3.

659 Vgl. Teil C, Abschn. 4.3.4.2.

660 Vgl. Teil C, Abschn. 4.3.4.3.

Verhalten zeigen, werden baulichen Innovationen aufgeschlossener gegenüber stehen als Kunden, die Innovationen einen geringen Stellenwert für ihr Kerngeschäft beimessen. Die Innovationskultur der Kundenorganisation sollte bei der Beurteilung des Diffusionspotentials innovativer Lösungen mitberücksichtigt werden.

Tabelle 1: Indikatoren einer hohen Kundenerfahrung[661]
Table 1: Indicators of a high experience of clients

Technischer Sachverstand	Akquisitionspraktiken	Informationsverhalten
• Gutes Verständnis des Lösungskonzepts • Hohes Bewusstsein für spezielle Eigenschaften des Lösungskonzepts • Fähigkeit, verschiedene Lösungskonzepte unterscheiden zu können • Formulieren spezifischer Anforderungen an das Lösungskonzept • Fähigkeit, Risiken einzuschätzen bzw. zu minimieren • Hohes Vertrauen in die Funktionalität des Lösungskonzepts	• Anwenden spezifischer Kriterien für die funktionale, technische und wirtschaftliche Bewertung von Lösungskonzepten • Aufstellen von Hierarchien für funktionale, technische und wirtschaftliche Kriterien für die Bewertung von Lösungskonzepten • Anwenden systematischer Verfahren für die Bewertung von Lösungskonzepten • Anwenden routinierter Verfahren zur Entscheidung über Lösungskonzepte	• Kenntnis von Informationsquellen zum Lösungskonzept bzw. Konzeptelementen • Kenntnis von alternativen Lösungskonzepten bzw. Konzeptelementen • Zugang zu persönlichen und unpersönlichen Informationsquellen • Routinierter Gebrauch spezifischer Informationsquellen in der Projektabwicklung

Das Diffusionspotential wird nicht nur durch die Projektabwicklungsform und die Innovationsakzeptanz des Kunden determiniert. Wie in Teil B bereits angemerkt, wird sich auch die Verbindlichkeit und Handhabung von Regulierungen auf die Realisierungschancen innovativer Lösungen auswirken, denn angestrebte innovative Lösungen können den Inhalten von Regulierungen entgegenstehen.[662] Das wird umso mehr der Fall sein, je höher der Innovationsgrad ausfällt. Das Verständnis der Regulierungsanwendung ist hier Voraussetzung, um die innovationsbeeinflussende Wirkung beurteilen zu können. So sind z.B. technische Regulierungen nicht von vornherein als rechtlich verbindlich zu betrachten. Sie werden es erst dann, wenn sie zum einen zur Auslegung öffentlich-rechtlicher Anforderungen an Bauwerke herangezogen werden, um Gefahren, wie sie Gebäudeeinstürze, Brände oder Umweltverschmutzungen darstellen, zu verhindern. Ziel ist es, dass durch Bauwerke die öffent-

---

661 In Anlehnung an Michel, K. (Technologie 1990) S.180.

662 Vgl. Teil B, Abschn. 3.3.2.2.

liche Sicherheit und Ordnung nicht gefährdet wird. Technische Regulierungen können hier in Form technischer Baubestimmungen die bauliche Umsetzung gesetzlicher Anforderungen verdeutlichen. Zum anderen können Regulierungen einen Beitrag zur Präzisierung zivilrechtlicher Bauverträge bzw. der vertraglich geschuldeten Bauleistung leisten.[663] Durch Bezugnahme auf technische Regulierungen lassen sich hier umfangreiche Vertragsinhalte vermeiden.[664]

Die Bedeutung technischer Regulierungen für die unternehmerische Tätigkeit erwächst somit nicht aus einer generellen rechtlichen Verbindlichkeit, sondern aus ihrer instrumentalen Verwendbarkeit zur Erleichterung alltäglicher Entscheidungen. Die Krux liegt nun darin, dass einerseits bestehende technische Regulierungen aufgrund ihrer Intransparenz und der kaum überschaubaren Vielzahl oft undifferenziert angewendet werden. So kann eine stark detaillierte, weit über das technisch gebotene Mass hinausgehende vertragliche Vereinbarung von Regulierungen die Handlungsmöglichkeiten der Unternehmen derart einschränken, dass eine für die spezifische Bauaufgabe optimale Lösung nur schwer zu finden ist.[665] Andererseits verspricht aber gerade die vertragliche Festschreibung technischer Regulierungen die Vermeidung von Rechtsstreitigkeiten infolge fehlender Inhaltsbeschreibungen für eine zu erbringende Leistung. Deshalb sollte sich frühzeitig mit dem Detaillierungsgrad der vertraglich fixierten Regulierungen bzw. mit der Wirkung der Vertragsgestaltung auf Innovationsbemühungen auseinandergesetzt werden, um innovative Lösungen im Bauprojekt realisieren zu können bei einer gleichzeitig ausreichend vertraglichen Absicherung über die Qualität der zu erbringenden Leistung.

Die Durchsetzung von innovativen Lösungen wird zusätzlich gebremst, wenn die vereinbarten Regulierungen nicht dem aktuellen technischen Wissen entsprechen und der Prozess zur schnellen Übernahme neuen technischen Wissens in die Baupraxis nur zögerlich verläuft.[666] Die Zeit bis zur Modifikation der von der innovativen Lösung tangierten Regulierungen ist vor allem in die Überlegungen zu bauprojektübergreifenden Innovationsvorhaben einzubeziehen, um etwaige Massnahmen wie bauaufsichtliche Zulassungen einplanen und rechtzeitig vorbereiten zu können.

2.2.3 Das Differenzierungspotential

Das Differenzierungspotential beschreibt die Chance, sich mit der Realisierung einer Innovationsidee langfristige Wettbewerbsvorteile zu verschaffen bzw. sich nachhaltig

---

663 Vgl. Rath, Ch.; Brendle, U. (Zukunft 1997) S. 578.

664 Vgl. Rath, Ch.; Brendle, U. (Zukunft 1997) S. 576ff.

665 Vgl. Teil C, Abschn. 3.3.2.

666 Vgl. Hewlett, P. (Assessment 1997) S. 59 sowie Gann, D.; Wang, Y.; Hawkins, R. (Regulations 1998) S. 293.

am Markt zu differenzieren. Das Differenzierungspotential ist damit insbesondere durch die internen Innovationsbedingungen des ***Leistungsangebots*** und der ***Wissensstärke*** beeinflusst.

Das Leistungsangebot wirkt zum einen über die mit ihm verbundenen wettbewerbsstrategischen Ziele auf das Differenzierungspotential einer Innovationsidee. Beispielsweise ist bei einer Beschränkung auf Erstellungsleistungen vielfach die Erzielung von Kostenvorteilen das strategische Ziel. Innovative Ideen, die auf eine effizientere Prozessabwicklung gerichtet sind, besitzen hier die grössten Realisierungschancen. Hingegen gewinnt bei Leistungsangeboten, die die gesamte Wertschöpfung bauwerksbezogener Teilsysteme umfassen, die Differenzierung über die Gestaltung dieser bauwerksbezogenen Teilsysteme an Bedeutung. Produktorientierte Ideen werden hier grössere Realisierungschancen besitzen. Entsprechend ist bei Leistungsinnovationen zu beachten, dass die innovative Lösung möglicherweise branchenstrukturelle Änderungen mit sich bringt, die sich in Verschiebungen der strategisch relevanten Erfolgsfaktoren des Unternehmens äussern können. So kann z.B. das auf Kostensenkung fokussierte Erfolgspotential der Prozessgestaltung bei Übernahme von Planungsleistungen durch eine stärkere Orientierung auf die qualitative Bauwerksgestaltung zu ergänzen sein.

Auf das Differenzierungspotential wirkt das Leistungsangebot zum anderen über die mit ihm verbundenen Möglichkeiten zur Einflussnahme auf die bauliche Gesamtlösung. Dadurch, dass bei Leistungen, die ausschliesslich die späten Wertschöpfungsphasen umfassen, sich die Gestaltbarkeit der baulichen Gesamtlösung zunehmend begrenzt,[667] sinkt gleichsam die Möglichkeit zur innovationsbasierten Differenzierung. Wirksame Ansätze zur Differenzierung sind hier nur gegeben, wenn das leistungsanbietende Unternehmen bereits frühzeitig in den Bauprozess einbezogen wird.

Um mit der Realisierung einer Innovationsidee Wettbewerbsvorteile erzielen zu können, muss das in der innovativen Lösung inkorporierte Wissen durch sein Zusammenwirken ein über den aktuellen Wissensstand hinausgehendes Niveau erreichen. Eine Innovationsidee besitzt demnach ein hohes Differenzierungspotential, wenn zu ihrer Realisierung bereits auf einen relativ hohen Wissensstand im Unternehmen zurückgegriffenen werden kann und wenn die Entwicklung der innovativen Lösung zu einem relativ hohen Wissensstand im Unternehmen führt. Indikatoren für den relativen Wissensstand eines Unternehmens ergeben sich z.B. aus der Anzahl von Bauaufträgen, die aufgrund innovativer Ideen akquiriert wurden, der Anzahl angemeldeter Patente, der Anzahl ausserhalb des Unternehmens gehaltener Vorträge an wissenschaftlichen Tagungen oder der Anzahl wahrgenommener Weiterbildungsangebote.

---

[667] Vgl. Teil B, Abschn. 3.4.2.2 und Teil C, Abschn. 2.4.

Neben einem über das aktuelle Wissen hinausgehenden Wissenstand ist zur Erzielung eines hohen Differenzierungspotentials ebenso die exklusive Nutzung des erarbeiteten Wissens über einen längeren Zeitraum zu gewährleisten. Die Wissensexklusivität gibt dabei die Zeitspanne wieder, die Wettbewerber benötigen, um sich dem mit der Realisierung der Innovationsidee angeeigneten Wissensstand des Unternehmens anzugleichen oder diesen sogar zu übertreffen. Solange die Exklusivität des erarbeiteten Wissensstands erhalten werden kann, können auch Differenzierungsvorteile wahrgenommen werden. Möglichkeiten, um neues Wissen gegenüber Mitbewerbern abzuschirmen, sind für gewöhnlich Patente oder Geheimhaltungsversuche. Patente bieten sich infolge des Prototypcharakters von Bauwerken bzw. der Nutzungsspezifität baulicher Lösungen nur für einzelne Elemente wie Baustoffe, Bauteile oder Arbeitsmittel an. Geheimhaltungsversuche erweisen sich ebenfalls als schwierig, da die Exponiertheit der Baustellenfertigung vielfach das in bauliche Gesamtlösungen inkorporierte Wissen offen legt. Umso mehr kommt es darauf an, den Wissensstand der Mitarbeiter auf einem gleich bleibend hohen Niveau zu halten bzw. den aktuellen und zukünftigen Erfordernissen anzupassen, um gerade für spezifische Problemstellungen wettbewerbsdifferenzierende Lösungsvorschläge anbieten zu können. Wissensexklusivität ist dann vor allem dadurch zu gewährleisten, dass der Gefahr des Abwanderns und Abwerbens von Mitarbeitern entgegengewirkt wird. Mitarbeiter als Wissensträger sind an das Unternehmen zu binden. Indikatoren der Wissensexklusivität sind dann neben der Zeitspanne bis zur Übernahme des Wissens durch Konkurrenten z.B. auch die Anzahl erfahrener Mitarbeiter mit langjähriger Unternehmenszugehörigkeit oder die Fluktuationsrate.

Die Differenzierung über Wissen, das zum einen über dem Niveau des aktuellen Wissens liegt und zum anderen für das Unternehmen exklusiv nutzbar ist, kann wiederum als eine Folge des Innovationsverhaltens des Unternehmens angesehen werden, denn neues Wissen wird letztlich durch innovative Lösungen generiert und der Wissensstand wird tendenziell mit dem umgesetzten Innovationsgrad zunehmen.

2.2.4 Das Implementierungspotential

Das letzte Subpotential, das Implementierungspotential, beschreibt eine Innovationsidee hinsichtlich der Aussichten, aus ihr eine anwendungsreife, innovative Lösung entwickeln und diese Lösung in die baubetriebliche Praxis überführen zu können. Die einflussnehmenden Innovationsbedingungen sind hier das ***Kooperationsverhalten***, die ***Auftragsunsicherheit*** und die ***Finanzstärke***.

Ob sich aus einer Innovationsidee eine innovative Lösung entwickeln lässt, ist zunächst vom Kooperationsverhalten abhängig. Dies geht darauf zurück, dass für die Realisierung von Innovationsideen mit hohen Innovationsgraden das Wissen im Unternehmen in aller Regel nicht vollständig vorhanden ist. Dabei ist es die aus Mitgliedern mit unterschiedlichem Erfahrungswissen zusammengesetzte, sich gegenseitig anregende Gruppe, die die Chance auf die von der Innovationsidee ausgehende Erarbeitung einer erfolgreichen Problemlösung erhöht. Innovationsförderndes Kooperationsverhalten umfasst somit zum einen die Fähigkeit der Unternehmen bzw. seiner Mitarbeiter, innerhalb von durchaus konfliktträchtigen Gruppenprozessen zur Entwicklung einer innovativen Lösung beizutragen und sich durch die gemeinsam erarbeitete Lösung neues Wissen anzueignen. Zum anderen beinhaltet es die notwendige Bereitschaft der Unternehmen bzw. seiner Mitarbeiter, ihr eigenes Wissen in den Problemlösungsprozess einzubringen und mit dem anderer Gruppenmitglieder zu teilen. Das Implementierungspotential einer Innovationsidee ist davon abhängig, in welchem Masse die zur Realisierung der Idee benötigten Wissensträger bereit und fähig sind, Kooperationen eingehen. Gleichzeitig zeigte die empirische Untersuchung, dass kurzfristige Kooperationen immer mit der Gefahr eines Verlusts an wettbewerbsrelevantem Wissen verbunden sind.[668] Das Implementierungspotential hängt ebenso davon ab, über welchen Zeitraum sich das kooperative Verhältnis aufrechterhalten lässt.

Dass Bauunternehmen mit anderen Unternehmen intensiv kooperieren, haben sie mit der Bildung von Ad-hoc-Kooperationen in Form von Arbeitsgemeinschaften (ARGE) schon vielfach unter Beweis gestellt. Bilden hier Bauunternehmen und damit Unternehmen der gleichen Wertschöpfungsstufe (Konkurrenzaspekt) eine auf die Bündelung von komplementären Ressourcen gerichtete, projektbezogen gegründete Gesellschaft, finden sich für gewöhnlich dieselben Bauunternehmen mehrmals als ARGE-Partner zusammen. Das Beispiel ARGE verdeutlicht, dass die Fähigkeit wie auch die Bereitschaft zur partnerschaftlichen Zusammenarbeit zumindest zwischen Unternehmen der gleichen Wertschöpfungsstufe vorhanden ist. Geht man nun der Frage nach, warum gerade zwischen Unternehmen verschiedener Wertschöpfungsstufen das Kooperationsverhalten gering ausgeprägt ist, drängen sich neben dem Wettbewerbsaspekt beim Einkauf von Leistungen vor- bzw. nachgelagerter Wertschöpfungsstufen Unterschiede in den kulturellen Orientierungen und Identifikationen der Akteure als Antwort auf. So gehören die Mitarbeiter der an einem Bauprojekt beteiligten Unternehmen unterschiedlichen Berufsgruppen an, von denen der Architekt und der Bauingenieur zwei der wohl bekanntesten darstellen. Sind mit verschiedenen Berufsbildern bereits selektive Wahrnehmungsmechanismen und Vorstellungen über die Realität verbunden, ist durch die temporäre und wechselnde Zusammenarbeit der Projektbeteiligten das Zugehörigkeitsgefühl zur eigenen Berufsgruppe stärker ausgeprägt als zur Gruppe der Projektbeteiligten.[669] Die Konsequenz ist, dass die Bereit-

[668] Vgl. Teil C, Abschn. 2.3.2.8.

[669] Die starke Bindung an eine spezifische Berufsgruppe findet z.B. in der Existenz zahlreicher Berufsverbände ihren Ausdruck.

schaft zu Kooperationen am ehesten bei den Unternehmen vorhanden ist, deren Mitarbeiter aus der gleichen Berufsgruppe stammen und über ähnliche Wissens- und Erfahrungshintergründe verfügen.[670] Für Kooperationen zwischen kulturell stark divergierenden Unternehmen bedarf es offensichtlich einer weitaus ausgeprägteren Kooperationsfähigkeit und -bereitschaft einzelner Mitarbeiter, um die kulturellen und strukturellen Divergenzen zwischen den Kooperationspartnern ausgleichen zu können. Diesen Beziehungspromotoren wird für den kurz- wie langfristigen Kooperationserfolg zentrale Bedeutung zukommen.[671] Sie zeichnen sich dadurch aus, dass sie Einfühlungsvermögen, Generalistenwissen, Verhandlungsgeschick und Selbstvertrauen besitzen sowie Gruppenprobleme lösen können. Sie müssen in der Lage sein, Glaubwürdigkeit und Vertrauen gegenüber dem Kooperationspartner aufzubauen und zu pflegen sowie Konflikten gegenüberzutreten und diese austragen zu können. Das Implementierungspotential steigt, wenn das Unternehmen auf Mitarbeiter mit diesen Fähigkeiten zurückgreifen kann.

Einfluss auf das Implementierungspotential einer Innovationsidee nimmt auch die Auftragsunsicherheit. Da gerade Lösungen, die mit hohen Investitionen verbunden sind, i.d.R. den Einsatz in einer Vielzahl von Bauaufgaben erfordern, um die getätigten Investitionen amortisieren zu können, nimmt das Implementierungspotential mit steigender Unsicherheit über die zukünftige Auftragslage ab. Die Unsicherheit über die Auftragslage lässt sich reduzieren, wenn die Prognosesicherheit erhöht werden kann. Dazu sind von Seiten des Marketings verstärkt verschiedene Prognosemethoden zu entwickeln und einzusetzen. Gleichzeitig ist u.a. durch einen intensiven und feinfühligen Kontakt zu den Kunden und durch das Auswerten verschiedener volkswirtschaftlicher Daten der kommende Baubedarf in den einzelnen Marktsegmenten des Unternehmens zu prognostizieren und in verschiedenen Szenarien darzustellen.

Reduzierend auf die Auftragsunsicherheit wird auch das Angebot von Systemleistungen wirken, da sich das Unternehmen durch unabhängige Leistungserweiterungen vom reinen Bereitsteller zum aktiven Marktbearbeiter wandeln und durch Übernahme von Betreiberleistungen seine Einnahmen verstetigen kann.[672]

Die Finanzstärke beeinflusst das Implementierungspotential einer Innovationsidee durch die Fähigkeit des Unternehmens, die anfallenden Kosten bzw. Risiken der Ideenrealisierung tragen zu können. Zu beachten ist hierbei, dass steigende Risiken bei zunehmenden Innovationsgraden die Kapitalbedarfsermittlung erschweren, denn ein Bezug auf gleichartige Sachverhalte ist selten möglich. Dabei ergibt sich der Fi-

---

[670] Vgl. dazu auch Phua, F. (Effects 2002) S. 497ff.

[671] Vgl. Liestmann, V. et. al (Kooperationen 1999) S. 31ff. sowie Kabel, D.; Durst, R.; Mühlfelder, M. (Voraussetzungen 1999) S. 93ff.

[672] Vgl. Klemmer, J. (Neustrukturierung 1998) S. 138.

nanzierungsbedarf aus den Kosten des Innovationsvorhabens, die insbesondere mit der Integration der innovativen Lösung in die bauliche Gesamtlösung und den damit verbundenen Auswirkungen auf andere Elemente der Gesamtlösung ansteigen können. Ohne die strukturelle Neugestaltung bzw. Modifikation weiterer Bestandteile der baulichen Gesamtlösung lässt sich eine Idee möglicherweise nicht umsetzen. Folglich wachsen mit dem Innovationsgrad auch der Aufwand bzw. die Kosten der Ideenrealisierung. Zudem sind für innovative Lösungen teilweise Garantien zu geben oder es ist sind Contractingleistungen zur Garantiesicherung zu übernehmen. Darüber hinaus ergeben sich Kosten auch aus peripheren Aktivitäten wie der zusätzlichen Qualifizierung von Mitarbeitern.[673]

Die Risiken von Innovationsvorhaben besitzen auch Einfluss auf die Art der Kapitalbereitstellung. Da sie besonders zu Beginn eines Innovationsvorhabens am grössten sind, sollten hier Eigenkapital oder öffentliche Fördermittel eingesetzt werden, um bei einem möglichen Verlust keinen existenzbedrohenden Schaden zu verursachen.[674] Dem steht in Zeiten ungewisser Auftragslagen die Gefahr gegenüber, dass sich das Unternehmen innovationshemmend verhält und zukünftig notwendige Veränderungen nicht angeht.

Zu den Ungewissheiten eines Innovationsvorhabens zählen gerade zu Beginn Aussagen über das ob, wann und wie des angestrebten Ergebnisses. Zum Auffangen der damit verbundenen Risiken bedarf es nicht nur einer ausreichenden Finanzierungshöhe, sondern die Finanzierung sollte auch kontinuierlich möglich sein.[675] Muss nämlich die Kapitalzufuhr gestoppt werden oder fehlen schlichtweg die Mittel, um bspw. erneute Modifikationen der Lösung durchzuführen, können sich Aktivitäten verzögern oder die Innovationsbemühungen müssen vollständig eingestellt werden. Bei bauprojektübergreifenden Innovationsaufgaben können sich daraus vor allem Folgen für die wettbewerbsstrategische Position des Unternehmens ergeben, wenn mit der innovativen Lösung aufgrund einer verspäteten Markteinführung die erhofften Erträge ausbleiben.[676] Bei bauprojektabhängigen Innovationsaufgaben sind möglicherweise Bauverzögerungen oder qualitative Mängel bzw. eine unbefriedigende bauliche Lösung die Folge, die sich negativ auf das Unternehmensimage und die Kundenbindung auswirken. Das Implementierungspotential einer Innovationsidee

---

[673] Vgl. Thomas, H. (Finanzierung 1989) S. 87.

[674] Vgl. Thomas, H. (Finanzierung 1989) S. 88.

[675] Die Ungewissheit im Verlauf von Innovationsprozessen befreit jedoch nicht vom Einsatz eines Projektmanagements oder Projektcontrollings. Vielmehr ist auch der Verlauf von Innovationsprozessen ausreichend zu kontrollieren und zu dokumentieren, um möglichen Risiken rechtzeitig begegnen zu können.

[676] Vgl. Girmscheid, G. (Wettbewerbsvorteile 2003).

steigt folglich, wenn die mit der Ideenrealisierung verbundenen Kosten vom Unternehmen abgedeckt werden können.

2.2.5 Methodische Unterstützung durch Portfolio-Modelle

Mit den vier Subpotentialen des Realisierungspotentials innovativer baulicher Gesamtlösungen wurden verschiedene interne und externe Innovationsbedingungen zusammengefasst und zur Bewertung der Realisierbarkeit von Innovationsideen systematisiert. Eine methodische Unterstützung des Bewertungsprozesses bietet der Einsatz von Portfolio-Modellen, die in der betriebswirtschaftlichen Praxis und Literatur breite Verwendung finden. Dies geht vor allem darauf zurück, dass mit ihnen die Zusammenhänge verschiedenster Entscheidungsprobleme untersucht werden können, wobei sich die entscheidungsbeeinflussenden Grössen meist auf zwei Hauptfaktoren verdichten und in einer zweidimensionalen Matrix mit dreistufiger Nominalskala anschaulich gegenüberstellen lassen. Welche Hauptfaktoren gewählt und welche Faktoren von ihnen berücksichtigt werden, hängt von der zu treffenden Entscheidung ab.[677]

Portfolio-Modelle werden häufig für die Strukturierung und Visualisierung strategischer Entscheidungsprobleme angewendet, von denen das Marktattraktivitäts-Wettbewerbsstärke-Portfolio eines der bekanntesten darstellt.[678] Darin bilden die beiden Hauptfaktoren der Wettbewerbsstärke und der Marktattraktivität die interne (Stärken und Schwächen) und die externe (Chancen und Risiken) Unternehmenssituation ab. Angewendet auf die Bewertung und Auswahl von Innovationsideen sind unter dem Differenzierungs- und dem Implementierungspotential Faktoren der internen und unter dem Problemlösungs- und dem Diffusionspotential Faktoren der externen Unternehmenssituation zusammengefasst. Entsprechend lassen sich die Subpotentiale weiter aggregieren, indem Differenzierungs- und Implementierungspotential zum Kriterium der ***relativen Innovationsstärke*** und Problemlösungs- und Diffusionspotential zum Kriterium der ***Innovationsattraktivität*** zusammenfasst werden. Aus der Gegenüberstellung von relativer Innovationsstärke und Innovationsattraktivität kann dann ein neunfeldiges Portfolio aufgespannt werden, in das sich alternative Innovationsideen anschaulich platzieren lassen (Bild 61).

---

677 Vgl. Pleschak, F.; Sabisch, H. (Innovationsmanagement 1996) S. 66.

678 Vgl. auch Teil C, Abschn. 3.2.1.

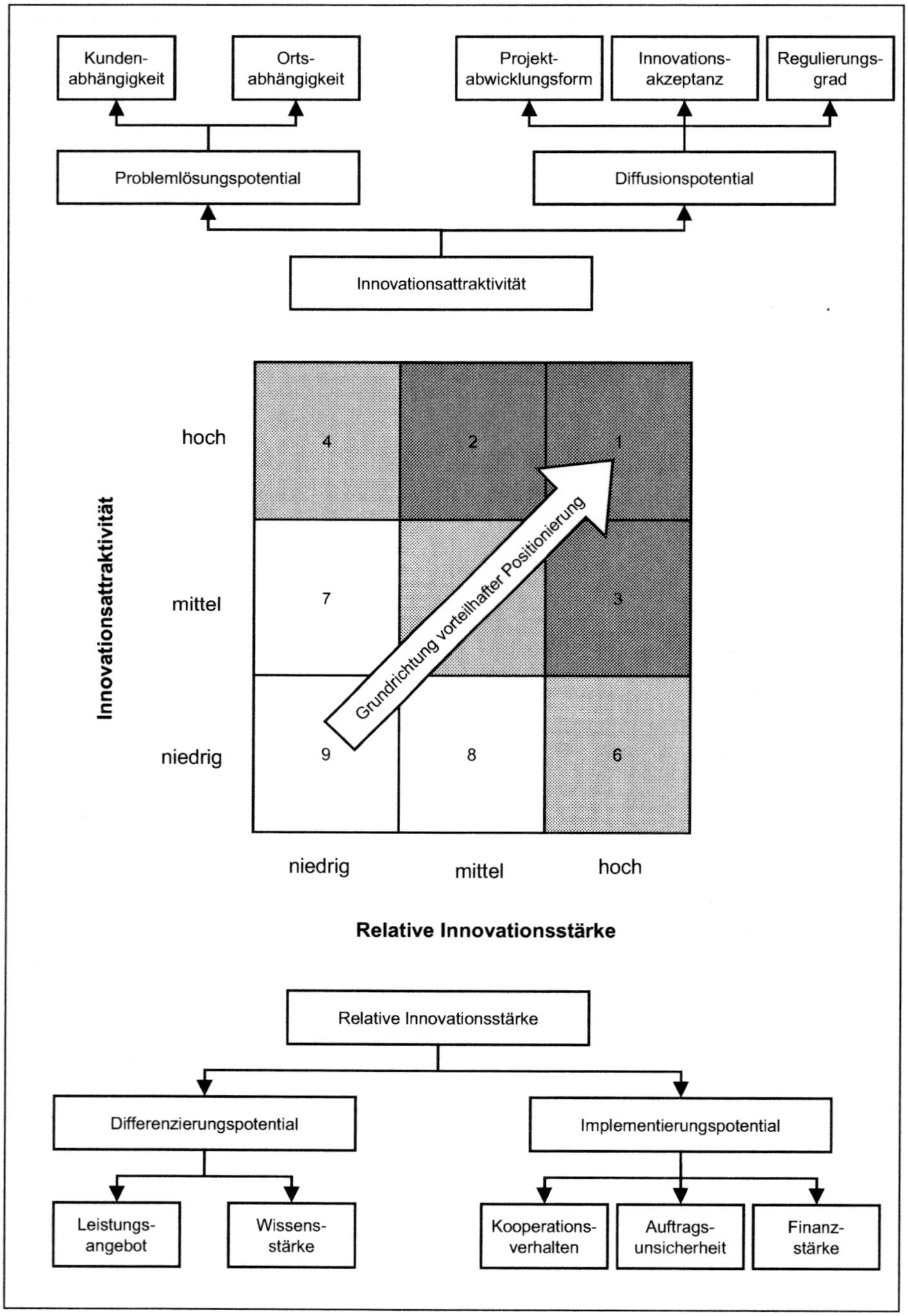

Bild 61: Innovationspotentialportfolio[679]

Fig. 61: Portfolio of the innovation potential

---

[679] In Anlehnung an Michel, K. (Technologie 1990) S. 198.

Ideen, die in den Quadranten 1 bis 3 des Portfolios angesiedelt sind, besitzen hohe Chancen erfolgreich realisiert zu werden. Hingegen weisen Ideen in den Feldern 7 bis 9 ein hohes Misserfolgsrisiko auf. Für die Ideen in den Quadranten 4 bis 6 sind selektiv Entscheidungen zu treffen. Hier sollten die einzelnen Faktoren nochmals eingehend auf ihre Streubreite und eine mögliche Beeinflussbarkeit untersucht werden.

Wesentlich für die Anwendung des Innovationspotentialportfolios ist, dass seine Qualität, Vollständigkeit und Aussagekraft hauptsächlich von den verarbeiteten Informationen beeinflusst wird. Insbesondere können sie eine eingehende Analyse der Innovationsbedingungen nicht ersetzen, und die einzelnen Hauptfaktoren sind stets zu hinterfragen, um ein Ausgleichen gegenläufiger Ausprägungen der erfassten Einflussgrössen erkennen und beurteilen zu können.[680] Letztlich darf der Beitrag des Portfolios zur Ableitung von Handlungsempfehlungen nicht überbewertet werden. Seine Leistung besteht vor allem darin, dass es zur Diskussion über die für unternehmerische Entscheidungen als relevant zu erachtenden Einflussgrössen anregt und die Form eines Kommunikationsinstrumentes übernimmt, das aufgrund seiner Transparenz und Anschaulichkeit zwischen differierenden, problembezogenen Anschauungen verschiedener Unternehmensbereiche und Hierarchieebenen vermitteln kann.[681] Damit wird gleichermassen deutlich, dass Auswahl und Gewichtung relevanter Einflussgrössen unternehmensindividuell zu erfolgen haben. Folglich sind im hier aufgestellten Portfolio die mit den Subpotentialen verbundenen Grössen als erste Orientierung für eine von den Unternehmen durchzuführende tiefergehende Analyse zu verstehen.

Mit dem letztgenannten soll zu den innovationsstrategischen Optionen von Bauunternehmen übergeleitet werden. Sie beinhalten diejenigen strategischen Entscheidungen, mit denen unter Einbezug von Generierungs- und Realisierungspotential die wettbewerbsstrategisch relevanten Innovationsaufgaben und die Form ihrer Umsetzung bestimmt werden.

---

680 Vgl. Wolfrum, B. (Technologiemanagement 1994) S. 243 sowie Jacob, M. (Unternehmensplanung 1995) S. 302.

681 Vgl. Wolfrum, B. (Technologiemanagement 1994) S. 244.

3 Strategische Handlungsempfehlungen zur Generierung innovativer baulicher Gesamtlösungen

Mit den vorangegangen Ausführungen zum Innovationspotential baulicher Gesamtlösungen konnten die Bauunternehmen zur Verfügung stehenden Ansatzpunkte für die Generierung von innovativen Ideen benannt und die durch bestimmte Bedingungen beeinflussten Chancen zur Realisierung dieser Ideen aufgezeigt werden. Mit dem Innovationspotential verbunden sind verschiedene Handlungsspielräume bzw. Entscheidungsoptionen zu Umfang und Art der von den Unternehmen zu bewältigenden Innovationsaufgaben.

Da Innovationen auf die Veränderung des Status quo eines Unternehmens gerichtet sind und die Wettbewerbsposition des Unternehmens nachhaltig verbessern sollen, gehen mit ihnen gewöhnlich langfristige Ziele einher. Die zu treffenden Entscheidungen zur Innovationstätigkeit eines Unternehmens besitzen strategischen Charakter und lassen sich unter dem Begriff der ***Innovationsstrategie*** zusammenfassen. Welche innovationsstrategischen Optionen sich Bauunternehmen bieten und unter welchen Innovationsbedingungen sich die Wahl bestimmter Optionen als effizient erweist, soll Bestandteil dieses Kapitels sein. Dabei wird innovationsstrategisches Handeln nicht nur als Ausschöpfen eines durch die Innovationsbedingungen geschaffenen Freiraums für innovative Ideen begriffen, sondern ebenso als bewusste Einflussnahme auf die Innovationsbedingungen zur Schaffung bzw. Vergrösserung des nutzbaren Ideengenerierungspotentials. Mit der Innovationsstrategie wird im Folgenden eine weitere Strukturkategorie des organisatorischen Gestaltungsmodells eingehender betrachtet.

Zu Beginn des Kapitels sollen einige grundlegenden ***Merkmale von Innovationsstrategien*** aufgezeigt werden, indem die Rolle von Innovationen als strategisches Erfolgspotential von Unternehmen beleuchtet und innovationsstrategische Entscheidungen in den Gesamtzusammenhang unternehmerischen Handelns gestellt werden (Abschnitt 3.1). Im Anschluss ist sich eingehender den einzelnen Entscheidungsdimensionen einer baubetrieblichen Innovationsstrategie zuzuwenden. Es sind dies die ***wettbewerbsorientierte Dimension***, über die sich die innovationsstrategischen mit den wettbewerbsstrategischen Überlegungen des Unternehmens verbinden (Abschnitt 3.1), die ***wissensorientierte Dimension***, mit der über die Bereitstellung des zur Realisierung der Innovationsaufgaben notwendigen Wissens entschieden wird (Abschnitt 3.2), die ***zeitorientierte Dimension***, die Aussagen über den Zeitpunkt des Markteintritts mit einer innovativen Lösung trifft (Abschnitt 3.4) und die ***regulierungsorientierte Dimension***, die sich zur Einflussnahme auf restringierende Bedingungen des Innovationshandelns äussert (Abschnitt 3.5).

3.1 Merkmale von Innovationsstrategien

3.1.1 Innovationen als strategisches Erfolgspotential

Innovationen dienen nicht dem Selbstzweck, sie sind für gewöhnlich mit der Verfolgung langfristiger Ziele zur Sicherung des Unternehmenserfolgs verbunden. In diesem Sinne legen Innovationsstrategien fest, in welcher Weise Innovationen zur zukünftigen Positionierung des Unternehmens am Markt beitragen sollen[682] sowie in welchem Umfang und in welcher Form die dafür zu erfüllenden Innovationsaufgaben zu bewältigen sind.[683] Das umfasst Fragen nach dem zukünftigen Umsatz- und Gewinnanteil, der Innovationen beigemessen wird, oder nach den im Unternehmen vorhandenen finanziellen, personellen und technischen Ressourcen zur Realisierung von Innovationen.

Innovationsziele bzw. Innovationsstrategien leiten sich aus den allgemeinen Unternehmenszielen ab. Sie sind damit als Teil des strategischen Managements zu betrachten, dessen Ziel im Identifizieren, dem Auf- und Ausbau sowie dem Erhalt der ***strategischen Erfolgspotentiale*** des Unternehmens besteht, wenn unter strategischen Erfolgspotentialen die Fähigkeiten von Unternehmen zu verstehen sind, die es den Unternehmen im Vergleich zu Mitbewerbern erlauben, überdurchschnittliche Erträge zu erarbeiten.[684]

Wenn das Generieren innovativer baulicher Gesamtlösungen als strategisches Erfolgspotential von Bauunternehmen angesehen wird, umfasst das nicht nur die Fähigkeit und die Bereitschaft der Unternehmen, innovative Ideen hervorzubringen, sondern auch den Einfluss verschiedener Bedingungen auf die Realisierung dieser Ideen.[685] Das heisst, ob und in welchem Umfang Innovationen zum langfristigen Markterfolg eines Bauunternehmens beitragen können, wird letztlich durch eine Reihe auf das Kosten-Nutzen-Verhältnis innovativer Lösungen zurückzuführender unternehmensinterner und -externer Innovationsbedingungen bzw. Erfolgsfaktoren determiniert. Das verwundert kaum, ist doch letztlich eine Innovation nur dann als Erfolg zu verbuchen, wenn neben der Lösung einer Problemstellung die innovative Problemlösung auch in die betriebliche Praxis überführt und am Markt verwertet werden kann. Dieser Argumentationsstrang wurde bereits im vorangegangenen Kapitel begonnen, indem das Realisierungspotential von Innovationsideen mit seinen

---

682 Vgl. Vahs, D.; Burmester, R. (Innovationsmanagement 1999) S. 106.

683 Vgl. Hauschildt, J. (Innovationsstrategien 1991) S. 257.

684 Vgl. Seibert, S. (Management 1998) S. 130ff.

685 Für eine ähnliche Argumentation vgl. Michel, K. (Technologie 1990) S. 153f.

durch unterschiedliche Bedingungen determinierten Subpotentialen systematisch beleuchtet wurde.

3.1.2 Innovationsstrategische Interdependenzen

Als Teil des strategischen Managements gliedert sich die Innovationsstrategie in die Gesamtstrategie des Unternehmens ein und kann nicht losgelöst von anderen Teilstrategien gesehen werden. Entsprechend kann sich auch die Innovationsstrategie auf unterschiedliche Funktionsbereiche des Unternehmens (z.B. Marketing oder Leistungserstellung) beziehen, einen unterschiedlichen Geltungsbereich besitzen (z.B. Gesamtunternehmen oder Geschäftsbereich), sich an verschiedenen Zielgrössen orientieren (z.B. Umsatz oder Marktanteil) und eine unterschiedliche Entwicklung dieser Grössen bezwecken (z.B. Steigerung oder Sicherung).[686]

Die Innovationsstrategie tritt als intervenierende Gestaltungsgrösse zwischen externe und interne Bedingungsgrössen auf der einen Seite und die Unternehmensorganisation auf der anderen Seite, indem sie durch Aussagen zu den Merkmalen der Innovationsaufgaben und der Form ihrer Bewältigung den Einfluss der Bedingungsgrössen auf die Innovationsorganisation regelt. Daraus folgt, dass über die Innovationsstrategie die Anforderungen an die Innovationsorganisation formuliert werden. Der Beitrag der Organisation zur innovativen Anpassung des Unternehmens an eine sich ändernde Umwelt konkretisiert sich damit dahingehend, dass die Organisationsstruktur das Innovationsverhalten der Unternehmensmitglieder in die innovationsstrategisch gewollte Richtung lenken soll.[687] Diese Strategiebezogenheit von Organisationsstrukturen verdichtete CHANDLER in der Aussage *„structure follows strategy“*.[688]

Gleichzeitig restringieren aber auch die Bedingungsgrössen die Strategieformulierung. Ob und auf welche Art und Weise bestimmte Innovationsobjekte oder -grade realisiert werden können, ist gleichsam von den unternehmensexternen und -internen Gegebenheiten abhängig. So kann z.B. das vorhandene Leistungsangebot des Unternehmens zum Bezugspunkt innovationsstrategischen Handelns werden. Indem es bestimmte Verhaltensmuster der an der Strategieformulierung und -umsetzung Beteiligten unterstützt, determiniert es gleichsam Inhalte und Durchsetzungschancen

---

686 Vgl. Maas, Ch. (Determinanten 1990) S. 177f. sowie Wolfrum, B. (Technologiemanagement 1994) S. 40ff.

687 Vgl. Bleicher, K. (Organisation 1991) S. 778.

688 Vgl. Chandler, A. (Strategy 1962), S. 383, der durch umfassende Analysen amerikanischer Industrieunternehmen Unterschiede in Organisationsstrukturen auf verschiedene Wachstumsstrategien zurückführte.

der Innovationsstrategie. Das Verhältnis von Innovationsstrategie und Unternehmensbedingungen ist kein einseitiges, sondern ein interdependentes.[689]

Interdependenz besteht ebenso zwischen dem innovationsstrategischen Handeln und den Bedingungsgrössen. In diesem Sinne beeinflussen externe und interne Bedingungen nicht nur die Formulierung der Innovationsstrategie. Strategische Handlungen können sich ihrerseits auch auf Veränderungen der Bedingungen richten, um den innovatorischen Gestaltungsspielraum des Unternehmens zu vergrössern. Solche angestrebte Veränderungen sind bspw. durch die in Teil B hergeleiteten und in Teil C empirisch gestützten Handlungsansätze zu erzielen, von denen der Einführung neuer Projektabwicklungsformen und der Etablierung neuer Leistungsangebote zur Zeit die grösste Wirkung auf die Erweiterung der Innovationsmöglichkeiten zugebilligt werden kann.[690] Sie sind bereits als innovationsstrategische Handlungen zu begreifen im Sinne einer initialen, proaktiven Dynamisierung der Bauwirtschaft. Die Interdependenz zwischen Innovationsstrategie und Bedingungsgrössen führt dazu, dass die CHANDLERSCHE Aussage um ihre Umkehrung *„strategy follows structure“* zu ergänzen ist.[691]

3.1.3 Innovationsstrategische Dimensionen

Vor diesem Hintergrund sollte eine Innovationsstrategie für Bauunternehmen vier Dimensionen umfassen, eine ***wettbewerbsorientierte***, eine ***wissensorientierte***, eine ***zeitorientierte*** und eine ***regulierungsorientierte Dimension***.

Die wettbewerbsorientierte Dimension verknüpft die Innovationsstrategie mit der Wettbewerbsstrategie des Unternehmens, indem Entscheidungen zum Beitrag von Innovationen zur Erreichung der Marktziele getroffen werden.[692] Durch sie werden die zukünftigen Innovationsfelder des Unternehmens bestimmt und die Grundlage für die Ausprägung der anderen Dimensionen gelegt. Die wissensorientierte Dimension behandelt die Frage nach den notwendigen Kenntnissen für die Realisierung der Innovationsaufgaben und den Formen ihres Erwerbs. In der zeitorientierten Dimension der Innovationsstrategie trifft das Unternehmen Aussagen zum Zeitpunkt der erstmaligen Anwendung einer innovativen Lösung. Die regulierungsorientierte Dimension erfasst all jene Bestrebungen des Unternehmens, durch die es Einfluss auf sein Innovationshandeln restringierende Regulierungen nimmt.

---

689 Vgl. Zimmer, M.; Ortmann, G. (Management 2001) S. 38f. und Teil B, Abschn. 3.4.

690 Vgl. Teil B, Abschn. 3.2.2.2 und Abschn. 3.4.2.2 sowie Teil C, Abschn. 2.4.

691 Vgl. Gaitanides, M. (Strategie 1985) S. 115ff.

692 Vgl. Maas, Ch. (Determinanten 1990) S. 178.

Die verschiedenen dimensionalen Ausprägungen eröffnen Bauunternehmen strategische Gestaltungsspielräume, die jedoch immer in Wechselwirkung mit den herrschenden Innovationsbedingungen zu sehen sind. So kann bspw. die Wettbewerbsorientierung der Innovationsstrategie darin bestehen, aufbauend auf einem bestehenden Systemleistungsangebot den Umsatz mit Hilfe von bauwerksbezogenen innovativen Lösungen zu steigern. Der wissensorientierte Entscheid könnte zugunsten einer langfristigen Kooperation mit einem Zulieferer ausfallen, um die zur Realisierung der Innovationen notwendigen technischen Kenntnisse zusammenzuführen. In zeitlicher Hinsicht könnte sich das Unternehmen dafür entscheiden, zu einen der ersten Unternehmen zu gehören, die mit Produktinnovationen am Markt auftreten. Um Voraussetzungen für einen schnelle Implementierung in die betriebliche Praxis zu schaffen, könnte in Bezug auf die regulierungsorientierte Dimension ein strategischer Entscheid in der Mitarbeit von Normungsausschüssen bestehen.

3.2 Die Wettbewerbsorientierung in der Innovationsstrategie

Wettbewerbsorientierte Entscheidungen innerhalb der Innovationsstrategie orientieren sich an den zukünftigen Zielpositionen des Unternehmens und befassen sich mit der Rolle von Innovationen zur Erreichung dieser Zielpositionen. Sie legen die Tätigkeitsfelder des Unternehmens fest, in denen durch innovative Lösungen dauerhafte Wettbewerbsvorteile für das Unternehmen entstehen sollen. Aussagen des Unternehmens zur Positionierung und zum Verhalten im Wettbewerbsgeschehen sind folglich immer mit Aussagen darüber verknüpft, wie Innovationen die wettbewerbsstrategische Ausrichtung des Unternehmens unterstützen. Die wettbewerbsorientierte Dimension der Innovationsstrategie verbindet die grundlegenden wettbewerbsstrategischen Überlegungen mit den Überlegungen zur Gestaltung der Innovationstätigkeit des Unternehmens.

3.2.1 Wettbewerbsstrategische Positionierungen

Entscheidungen zur Positionierung im Wettbewerb bilden den Ausgangspunkt für die Formulierung der Innovationsstrategie und haben grundsätzlich drei Aspekte zu berücksichtigen, das ***bestehende Leistungsangebot***, die zu ***bearbeitenden Märkte*** und die ***Erfolgspotentiale des Unternehmens***.

Die Unternehmensleistung korrespondiert mit dem bearbeiteten Markt in der Form, dass ihr Zusammenspiel verschiedene ***Marktphasen*** durchläuft. In ihrer Gesamtheit ergeben diese Phasen den ***Lebenszyklus der Unternehmensleistung***. Das klassische Lebenszyklusmodell unterscheidet 4 Phasen (Bild 62):[693]

- **Einführung**

  Die Einführungsphase ist gekennzeichnet durch eine geringe Nachfrage der Leistung im bearbeiteten Markt. Die Kosten zur Etablierung der Leistung sind hoch, Gewinne werden noch nicht erwirtschaftet. So können z.B. bei der Einführung von Systemleistungsangeboten noch keine oder nur sehr wenige Erfahrungen und Referenzen über die Abwicklung dieser komplexen Leistungspakete vorliegen. Entsprechend hoch wird anfänglich die Unsicherheit beim Kunden gegenüber solchen Leistungsangeboten sein. Zur Gewinnung von Referenzkunden kann es daher angebracht sein, den Folgenutzen aus einer Erstbeauftragung monetär zu bewerten und bei der Preisgestaltung zu berücksichtigen.[694]

- **Wachstum**

  In der Wachstumsphase nimmt die Nachfrage der Leistung im bearbeiteten Markt zu und mit ihr wachsen auch die Gewinne. Beispielsweise werden nach ersten erfolgreichen Referenzprojekten die Kunden auch neuen Systemleistungsangeboten nicht mehr passiv, sondern aktiv gegenüberstehen. Mit der zunehmenden Nachfrage von Systemleistungen werden dann weitere Leistungsanbieter auf den Markt drängen. Vorteile ergeben sich hier für Unternehmen, die bereits in der Einführungsphase beteiligt waren, können sie sich doch über bereits abgewickelte Projekte als kompetente Anbieter positionieren.[695]

- **Stagnation**

  In der Phase der Stagnation gehen die Gewinnzuwächse zurück. Die Leistung wird im bearbeiteten Markt zwar weiterhin nachgefragt, doch steigt die Nachfrage kaum noch. So ist auch davon auszugehen, dass sich nach der Etablierung von Systemleistungen die Nachfrage auf einem gewissen Niveau einpendelt, das in erster Linie vom Potential der Leistungsangebote, den baulichen Anforderungen in einzelnen Marktsegmenten besser gerecht zu werden als alternative Leistungsangebote, abhängt.[696]

---

693 Vgl. Nieschlag, R.; Dichtl, E.; Hörschgen, H. (Marketing 1994) S. 896ff. sowie Kotler, Ph.; Bliemel, F. (Marketing 1995) S. 559. Es handelt sich hierbei um einen idealtypischen Verlauf, der keine Allgemeingültigkeit für sämtliche Unternehmensleistungen besitzt. Die Schwierigkeit bei Anwendung des Modells besteht deshalb auch in der Prognose zukünftiger Verläufe.

694 Vgl. Schulte, M. (Beitrag 2003) S. 261f.

695 Vgl. Schulte, M. (Beitrag 2003) S. 266f.

696 Vgl. Schulte, M. (Beitrag 2003) S. 268.

- **Schrumpfung**

  Merkmal der Schrumpfungsphase ist eine sinkende Nachfrage der Leistung im bearbeiteten Markt, die Unternehmensgewinne sinken gleichfalls. Auch beim Beispiel der Systemleistungsangebote kann es zu einem Nachfragerückgang infolge konjunktureller Schwankungen kommen. In welchem Umfang ein systemleistungsanbietendes Unternehmen von diesen Schwankungen betroffen ist, wird sich über die Art seines Systemleistungsangebotes (prozess- oder bauwerksbezogen) und die Höhe des erzielten Differenzierungsvorteils gegenüber seinen Mitbewerbern entscheiden.[697]

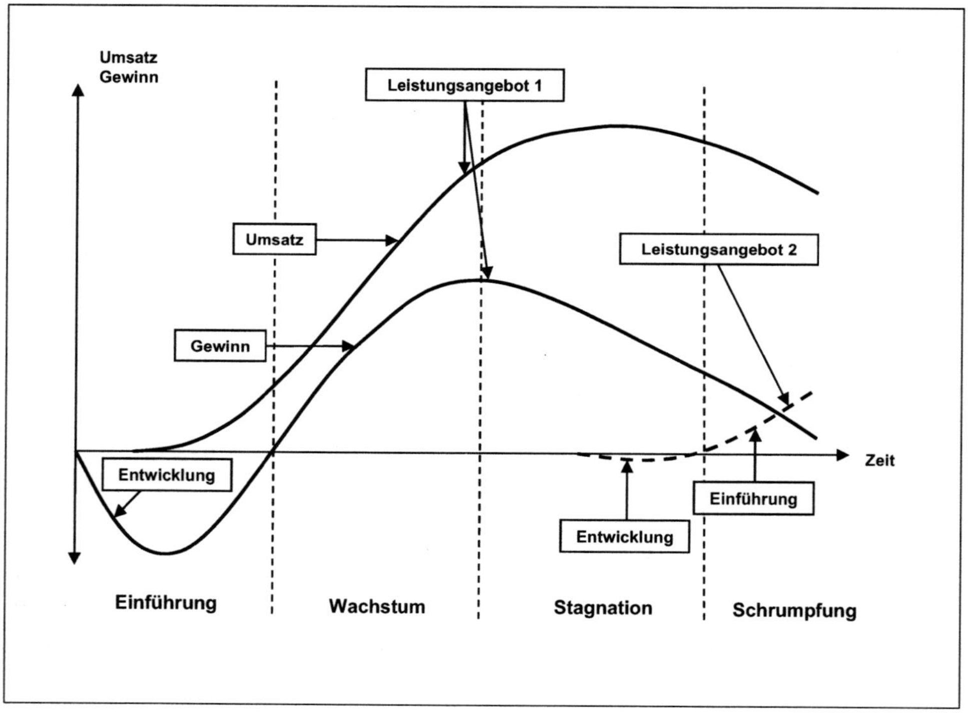

Bild 62: Marktphasen von Leistungsangeboten[698]
Fig. 62: Market phases of service offers

Je nach Lebensphase kann das Ziel eines Unternehmens entweder in einer ***Umsatzsteigerung***, einer ***Verteidigung der augenblicklichen Marktposition*** oder

[697] Vgl. Schulte, M. (Beitrag 2003) S. 269.

[698] In Anlehnung an Girmscheid, G. (Wettbewerbsvorteile) S. 34.

einer ***Senkung ihrer Aktivitäten*** liegen. Um diese Ziele zu erreichen, bieten sich entsprechende Wege oder Wettbewerbsstrategien an:[699]

- **Wachstumsstrategien**

  Wachstumsstrategien zielen auf eine Umsatzsteigerung im Unternehmen. Beispielsweise kann in der Einführungs- und Wachstumsphase von Systemleistungen eine Marktdurchdringung als Umsatzsteigerung bei gleichbleibendem Leistungsangebot und Marktsegment verfolgt werden. In der Stagnationsphase kann eine Markterweiterung als Umsatzsteigerung mit bestehendem Leistungsangebot in neuen Märkten den erklärten Weg darstellen. In der Schrumpfungsphase ist möglicherweise eine Diversifikation als Umsatzsteigerung mit neuem Leistungsangebot in neuen Märkten der richtige Weg.

- **Stabilisierungsstrategien**

  Stabilisierungsstrategien sind zur Verteidigung der bisherigen Marktposition des Unternehmens auf ein konsolidiertes Wettbewerbsverhalten gerichtet. Eine Stabilisierungsstrategie kann bspw. während der Stagnationsphase in der Spezifizierung einer Systemleistung bestehen, um die bisherigen Kunden stärker zu binden. In der Schrumpfungsphase kann zur Aufrechterhaltung des Umsatzes ein Weg in Kostensenkungen gesehen werden.

- **Schrumpfungsstrategien**

  Schrumpfungsstrategien bestehen darin, dass sich das Unternehmen entweder auf besonders erfolgversprechende Leistungsbestandteile oder Märkte zurückzieht oder das Leistungsangebot vollständig abstösst. Insbesondere in der Schrumpfungsphase wird darüber zu entscheiden sein, ob das Unternehmen z.B. in eine Systemleistung weiterhin investieren soll. Ein Risiko kann sich hier vor allem aus der mit der Konzentration bzw. dem Rückzug auf ausgewählte Märkte verbundenen Auftragsunsicherheit ergeben. Plötzlichen Nachfragerückgängen in den Märkten stehen dann insbesondere bei sehr spezifischem Wissen für die dort zu erbringenden Leistungen ungenügende Ausweichmöglichkeiten gegenüber.[700]

Welche Wettbewerbsstrategien das Unternehmen verfolgen wird, hängt letztlich von den ***erzielbaren Wettbewerbsvorteilen*** des Unternehmens auf seinen derzeitigen und zukünftigen Märkten ab. Wettbewerbsvorteile kann das Unternehmen dann erarbeiten, wenn die ***Markterfolgsfaktoren*** und die ***Erfolgspotentiale*** des Unternehmens einen „*Fit*" bilden und dieser dauerhaft Bestand hat. Die Nachhaltigkeit der

[699] Vgl. dazu Maas, Ch. (Determinanten 1990) S. 179.

[700] Vgl. Schulte, M. (Beitrag 2003) S. 272.

Wettbewerbsvorteile äussert sich dann in längerfristigen ***Kosten-*** und/oder ***Differenzierungsvorteilen***.[701]

Insbesondere Differenzierungsvorteile lassen sich verstärkt im Rahmen von Systemleistungsangeboten erzielen, da neben dem Preis der angebotenen Leistung auch dem Potential des Unternehmens, eine den Bedürfnissen des Kunden gerecht werdende bauliche Gesamtlösung zu liefern, und der Ausgestaltung der baulichen Gesamtlösung als Wettbewerbskriterien stärkeres Gewicht zukommen. Eine durch den Kunden wahrgenommene Differenzierung im Leistungsangebot der Unternehmen wird sich aber auch gerade deshalb einstellen können, weil sich die Unternehmen nunmehr nicht nur auf eine Wertschöpfungsstufe über verschiedene Marktsegmente hinweg, sondern auf die Integration verschiedener Wertschöpfungsstufen in spezifischen Marksegmenten konzentrieren können. Das Unternehmen ist in der Lage, sein Leistungsangebot auf die Bedürfnisse ausgewählter Märkte hin individuell zu gestalten.

Einen ersten Anhaltspunkt für Entscheidungen darüber, ob und wie Innovationen als strategische Instrumente zur Erzielung von Wettbewerbsvorteilen heranzuziehen sind, kann die Beurteilung der ***Attraktivität derzeitiger und potentieller Märkte*** und der ***relativen Wettbewerbsstärke*** des Unternehmens liefern. Unter Anwendung einer dreistufigen, qualitativen Nominalskala kann mit beiden Grössen ein Portfolio aufgespannt werden, mit dem sich die Marktsegmente identifizieren lassen, in denen das Unternehmen Investitionen tätigen und in denen es eher desinvestieren sollte. Das heisst, dass das Portfolio noch keine Auskünfte darüber gibt, ob die Investitionen für innovative Entwicklungen oder andere Massnahmen wie Marketingaktivitäten aufzuwenden sind. Es erfolgt lediglich eine wettbewerbsstrategische Vorauswahl von Marktsegmenten, die dann bezüglich der strategisch einzusetzenden Instrumente weiter zu untersuchen sind.

Das Portfolio zur Bewertung der vom Unternehmen bedienten Marksegmente setzt sich aus den beiden Hauptfaktoren ***Marktattraktivität*** und ***relative Wettbewerbsstärke*** zusammen, die beide wiederum von einer ganzen Reihe von Einflussfaktoren bestimmt werden. Als relevant für Bauunternehmen sind in Bezug auf die Marktattraktivität das ***Marktvolumen***, das ***Marktwachstum***, die ***Wettbewerbsintensität*** und die ***Umweltsituation*** zu erachten. Für die relative Wettbewerbsstärke können die ***relative Marktposition*** (z.B. Rentabilität, Angebotsquote, Marktanteil, Kundenkontakte), das ***Leistungserbringungspotential*** (z.B. Terminzuverlässigkeit, Kostensicherheit, Qualität der baulichen Lösung, Qualität der Projektsteuerung und -betreuung, spezifisches Wissen) und die ***Qualifikation des Personals*** (z.B. Professionalität, Fluktuationsrate, Aus- und Weiterbildung) als wichtige Einflussgrössen genannt

---

[701] Vgl. Klemmer, J. (Neustrukturierung 1998) S. 43ff. und die dort angegebene Literatur.

werden.[702] Welche Faktoren bzw. Indikatoren zur Beurteilung heranzuziehen sind, ist unternehmensindividuell zu bestimmen.

Durch die Analyse der einzelnen Faktoren für die Marktsegmente, in denen das Unternehmen tätig ist bzw. mögliche Aktivitäten anstrebt, lassen sich die Marktsegmente im Portfolio platzieren. Danach werden für Marktsegmente, die sich in den Quadranten 1 bis 3 befinden, Wachstumsstrategien anzustreben sein. Marktsegmente, die sich in den Quadranten 7 bis 9 wieder finden, sind potentielle Kandidaten für Schrumpfungsstrategien. Für Marktsegmente in den Quadranten 4 bis 5 wird selektiv zu entscheiden sein, ob eher investiert oder desinvestiert werden sollte. Aber auch Stabilisierungsstrategien sind hier denkbar, um die bisherige Position zu wahren und die weitere Marktentwicklung abzuwarten.

Wenn ein Unternehmen z.B. in den beiden Segmenten Geschäftsgebäude und Wohngebäude bereits Systemleistungen anbietet und das Marktsegment Sportbauten als potentiellen Markt für Systemleistungen identifiziert hat, könnte eine Positionierung gemäss Bild 63 das Analyseergebnis sein.

Das Marktsegment *Geschäftsgebäude* besitzt in diesem Fall eine hohe Marktattraktivität bei gleichzeitig relativ hoher Wettbewerbsstärke des Unternehmens. Dieses Marktsegment erweist sich als besonders geeignet für Investitionen. Ist z.B. von einem mittleren Marktanteil – dargestellt durch die Grösse der Kreisfläche – bei gleich bleibendem Marktvolumen auszugehen, könnte das Unternehmen aufgrund seiner relativ hohen Wettbewerbsstärke eine weitere Marktdurchdringung anstreben.

Hingegen ist für das Segment *Wohngebäude* anhand der ermittelten Ausprägungen der einzelnen Einflussfaktoren zu erwägen, ob Wachstum oder Schrumpfung der Vorzug zu geben ist. Möglicherweise kann vor einer Entscheidung die weitere Entwicklung einzelner Einflussgrössen abgewartet werden oder es ist zu versuchen, die Entwicklungsrichtung aktiv zu beeinflussen, um strategische Präferenzen durchzusetzen. So könnte die mittlere Marktattraktivität durch hohe Zinsen und eine starke Wettbewerbsintensität verursacht sein. Aufgrund des hohen Marktanteils wären weitere Investitionen denkbar, um bei einer zukünftigen Zinssenkung eine vorteilhafte Ausgangsposition im Wettbewerb zu besitzen.

Für das potentielle Marktsegment *Sportbauten* liess sich eine hohe Marktattraktivität ermitteln, die z.B. auf eine starke Baunachfrage in diesem Segment zurückgehen kann. Für das Unternehmen könnten sich aufgrund der Nähe zu den bereits bedienten Segmenten Investitionen für einen Markteinstieg als lohnend erweisen.

---

[702] Vgl. dazu Jacob, M. (Unternehmensplanung 1995) S. 295; Pleschak, F.; Sabisch, H. (Innovationsmanagement 1996) S. 83 sowie Wagner, P. (Know-how I 2000) S. 861f.

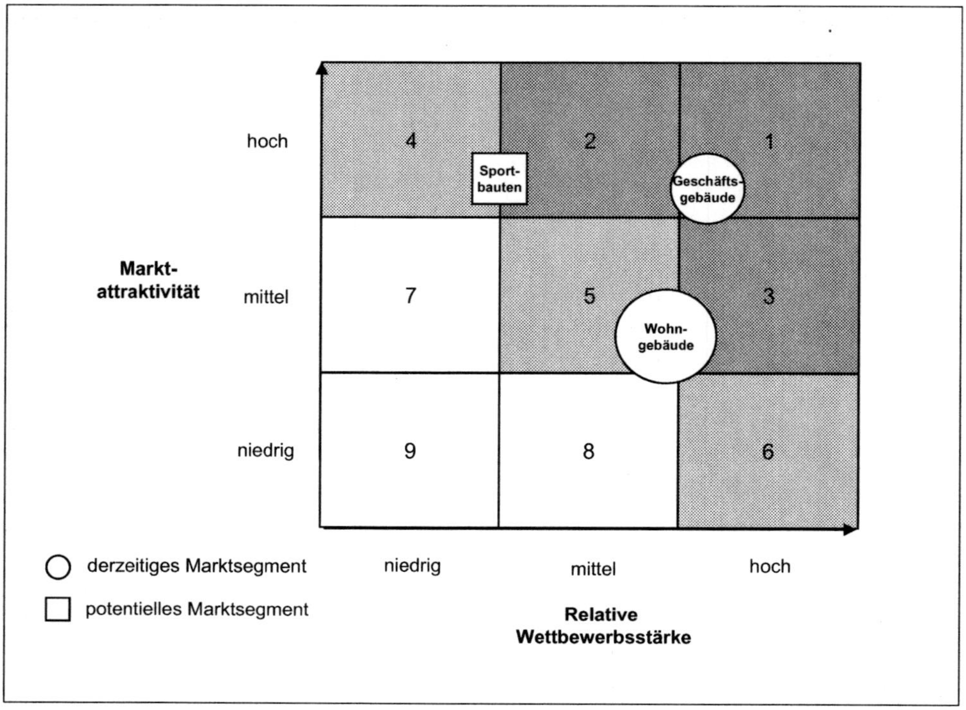

Bild 63: Marktattraktivitäts-Wettbewerbsstärke-Portfolio
Fig. 63: Portfolio of market attractiveness and business strength

3.2.2 Entscheidungen zu den zu realisierenden Innovationsaufgaben

Mit der derzeitigen und zukünftig angestrebten wettbewerbsstrategischen Positionierung des Unternehmens in den verschiedenen Marktsegmenten sind die Massnahmen zur Verteidigung oder Erzielung dieser Positionen zu untersuchen. Dazu gehört auch die Bewertung von Innovationen als strategisches Instrument.

3.2.2.1 Entscheidungsfindung als iterativer Prozess

Greift man die oben genannten Beispiele wieder auf, könnten Produkt- und/oder Prozessinnovationen die weitere Marktdurchdringung im Marktsegment *Geschäftsgebäude* unterstützen, wenn davon ausgegangen wird, dass die Kunden zu diesem Zeitpunkt die Systemleistung bereits gezielt nachfragen. Bauwerks- und prozessbezogene Innovationen können den Kunden dann zu einer verbesserten Umsetzung ihrer baulichen Anforderungen verhelfen. Sie dienen gleichzeitig dazu, über leistungsdifferenzierende Merkmale wirksame Markteintrittsbarrieren gegen neu auf den Markt strebende Leistungsanbieter aufzubauen. Ein Beispiel für Produktinnovationen ist die bauprojektübergreifende Entwicklung und der Einsatz hochfester Betone, durch die bauprojektabhängig innovativ veränderte Bauteilstrukturen und neue Konstruktionsprinzipien entworfen und insbesondere die Kundenanforderungen zur Flexibilisierung der Grundrisse erfüllt werden können. Was diese auf die Elementebene des Bauwerks bezogenen innovativen Lösungen zusätzlich attraktiv erscheinen lässt, ist die Nutzung von Synergien zu anderen Marktsegmenten. So wären für den hochfesten Beton durchaus Anwendungen im Segment *Wohngebäude* denkbar, um dort die relative Wettbewerbsstärke erhöhen und den Marktanteil halten zu können. Daneben bieten sich auch segmentspezifische Entwicklungen an, wie sie bspw. bei Geschäftsgebäuden mit energiesparenden Fassaden- oder thermoaktiven Deckenkonstruktionen gegeben sind. Prozessinnovationen können für eine Marktdurchdringung hilfreich sein, wenn die mit ihnen verbundene Senkung von Baukosten und -zeit zum Angebotserfolg beiträgt. Beispielhaft wäre hier eine Verringerung der Fertigungstiefe auf der Baustelle durch eine stärke Modularisierung und Vorfertigung einzelner Bauwerksteile zu nennen, bei der sich Produkt- und Prozessinnovationen gleichsam ergänzen.

Für den Einstieg mit Systemleistungen in das Marktsegment *Sportbauten* werden sich die systemleistungsbezogenen Erfahrungen aus den beiden anderen Segmenten nutzen lassen. Daneben kann es sich für die eigene Wettbewerbsstärke als notwendig erweisen, das bestehende Leistungsangebot für die segmentspezifischen Anforderungen neu zu konfigurieren bzw. um neue Leistungen zu ergänzen. Besitzen die Kunden in diesem Segment noch keine Erfahrungen mit Systemleistungen, werden sie wie schon angesprochen dem neuen Leistungsangebot zunächst skeptisch gegenüberstehen und mit Unsicherheit begegnen. Entsprechend ist mit der Realisierung und Einführung von Leistungsinnovationen von einer geringen wettbewerbsstrategischen Bedeutung bauwerks- und prozessbezogener Innovationen auszugehen, denn die bereits bestehende Kundenunsicherheit würde sich durch gleichzeitig innovativ gestaltete bauliche Lösungen noch intensivieren. Auf Seite des Unternehmens ist ebenso zu argumentieren, liegen doch noch keine Erfahrungen und Referenzen zumindest für das betreffende Marktsegment vor. Daher werden in diesem Segment zunächst die Schaffung von Erfahrungsvorteilen und die Gewinnung von Referenzobjekten im Vordergrund stehen. Dennoch sollte das Marktsegment auch in die Bewertung für Produkt- und Prozessinnovationen mit einbezogen werden, um den Anwendungsbereich der innovativen Lösungen und damit ihren strategischen Stellenwert für das Unternehmen richtig einschätzen zu können. So kann z.B. der Einsatz von hochfesten Betonen auch für das Marktsegment Sportbauten zukünftig Vorteile für die konstruktive Gestaltung bringen.

Die Bewertung und Entscheidung, ob Innovationen als strategisches Instrument geeignet sind, sollte sich in zwei Schritten vollziehen.[703] Der ***erste Schritt*** umfasst die

[703] Vgl. zu einer ähnlichen Vorgehensweise Michel, K. (Technologie 1990) S. 190ff.

Identifizierung von Innovationsfeldern in den investitionsträchtigen Marktsegmenten. Innovationsfelder beschreiben bauwerks- und/oder prozessbezogene Problemstellungen und erste grob formulierte Innovationsideen zur Lösung dieser Problemstellungen. So lässt sich das oben angeführte Beispiel des hochfesten Betons als innovative Lösung aus dem Innovationsfeld Betontechnik ansehen. Weitere aus diesem Innovationsfeld hervorgegangene neue, bauprojektübergreifend wirkende Lösungen sind der Self Compacting Concrete, der Stahlfaserbeton oder der textilbewehrte Beton. Bauprojektabhängige Lösungen gehen aus diesem Innovationsfeld vor allem in Form neuer Bauwerkskonstruktionen hervor. Im ***zweiten Schritt*** werden die erkannten ***Innovationsfelder hinsichtlich ihrer segmentbezogenen Attraktivität und der unternehmensbezogenen Stärke bewertet***. Es wird deutlich, dass mit beiden Schritten die Innovationspotentiale der Marktsegmente ausgelotet werden. Im ersten Schritt ist es das Generierungspotential, im zweiten Schritt das Realisierungspotential.

Es wird weiterhin deutlich, dass beide Schritte Aussagen mit unterschiedlichem Detaillierungsgrad zum Innovationspotential bzw. Innovationsfeld liefern können, das sich erst in einem iterativen Prozess wiederholend weiter konkretisiert. Die erkannten Innovationsfelder geben dann einen Rahmen vor, der zukünftigen Handlungen eine Richtung geben soll, aber noch eine gewisse Allgemeingültigkeit aufweist und sich eben erst durch das weitere innovationsstrategische Handeln inhaltlich füllt. Das beinhaltet natürlich auch Abweichungen von ursprünglichen Intentionen bzw. das flexible Reagieren auf sich ändernde Umweltbedingungen. Der Rahmen selbst ist nicht als starr zu betrachten und sollte in einem fortlaufenden Lernprozess ständig vor der aktuellen Unternehmenssituation reflektiert und gegebenenfalls angepasst werden. Beispielsweise kann eine systematische Suche nach Innovationsideen in Bauprojekten nicht nur zu Lösungen führen, die die projektspezifischen Anforderungen besser umsetzen helfen, sondern ebenso Ideen und Problemstellungen für zukünftige Innovationsfelder des Unternehmens hervorbringen.

3.2.2.2 Die Identifizierung von Innovationsfeldern

Um im ersten Schritt Innovationsfelder für ein Marktsegment bestimmen zu können, empfiehlt sich ein Vorgehen, wie es mit dem Einsatz des QFD verbunden ist.[704] Das heisst, dass die segmentspezifischen Anforderungen von Kunde und Verwendungsort in bauwerks- und prozessbezogene Merkmale zu übersetzen und den vom Unternehmen im Marktsegment gestaltbaren Bauwerks- und Prozesssystemen gegenüberzustellen sind. Besitzt das Unternehmen Gestaltungseinfluss auf das Bauwerkssystem, sind hierbei die ***Konstruktionsprinzipien***, ***Bauteile*** und ***Baustoffe*** zu

[704] Vgl. Teil D, Abschn. 2.1.4.

berücksichtigen. Bei Möglichkeiten zur Gestaltung der Leistungserbringungsprozesse sind die jeweiligen ***Organisationsprinzipien***, ***Prozessaktivitäten***, ***Arbeitsmittel*** und ***technischen Verfahren*** in die Betrachtung einzubeziehen. Dabei kann der Detaillierungsgrad der beiden Dimensionen bzw. der identifizierten Innovationsfelder variieren. In Bereichen, in denen bereits verstärkt Innovationsbemühungen laufen, wird die Detaillierung aufgrund des erarbeiteten Wissens relativ konkret ausfallen. Beispielsweise kann die Innovationsidee des hochfesten Betons selbst zum Innovationsfeld werden, d.h. die Ausgangsidee wird dann durch weiterführende Entwicklungen spezifiziert und in ihren Anwendungsmöglichkeiten erweitert. Hingegen wird die Detaillierung in Bereichen, in denen noch keine oder wenige Innovationsanstrengungen unternommen wurden, in einem ersten Zugriff noch relativ gering sein bzw. nur soweit voranzutreiben sein, wie erste Ansatzpunkte für innovative Ideen bzw. für die zu lösenden Problemstellungen sichtbar werden.

Innovationsfelder im betrachteten Marktsegment eröffnen sich aufgrund der Eignung der im Segment zur Anwendung gelangenden bauwerks- und prozessbezogenen Lösungen, die baulichen Anforderungen bzw. die segmentspezifischen Bauwerks- und Prozessmerkmale zu erfüllen. Sie umfassen folglich jene vom Unternehmen abgedeckten Leistungserbringungsprozesse und/oder realisierten Bauwerkssysteme, mit denen die segmentspezifischen Anforderungen nicht oder nur unzureichend umgesetzt werden können oder die von Veränderungen in den Bauwerks- und Prozesssystemen betroffen sind (Bild 64).

Zielt das beschriebene Vorgehen auf die Generierung ***marktinduzierter Innovationen***, eignet es sich ebenso für die Umsetzung ***technikinduzierter Innovationen***. Dazu sind potentielle bauwerks- und/oder prozessbezogene Innovationsfelder aus der Verarbeitung verschiedenster Informationen aus der Unternehmensumwelt (z.B. Neuentwicklungen der Zulieferer oder neuste Erkenntnisse der Bauforschung) abzuleiten und mit ihrem Versprechen, die Anforderungen des Kunden oder des Verwendungsorts besser zu erfüllen, im Raster darzustellen, das dann gleichsam der im zweiten Schritt durchzuführenden Bewertung des Problemlösungspotentials der erkannten Innovationsfelder dient.

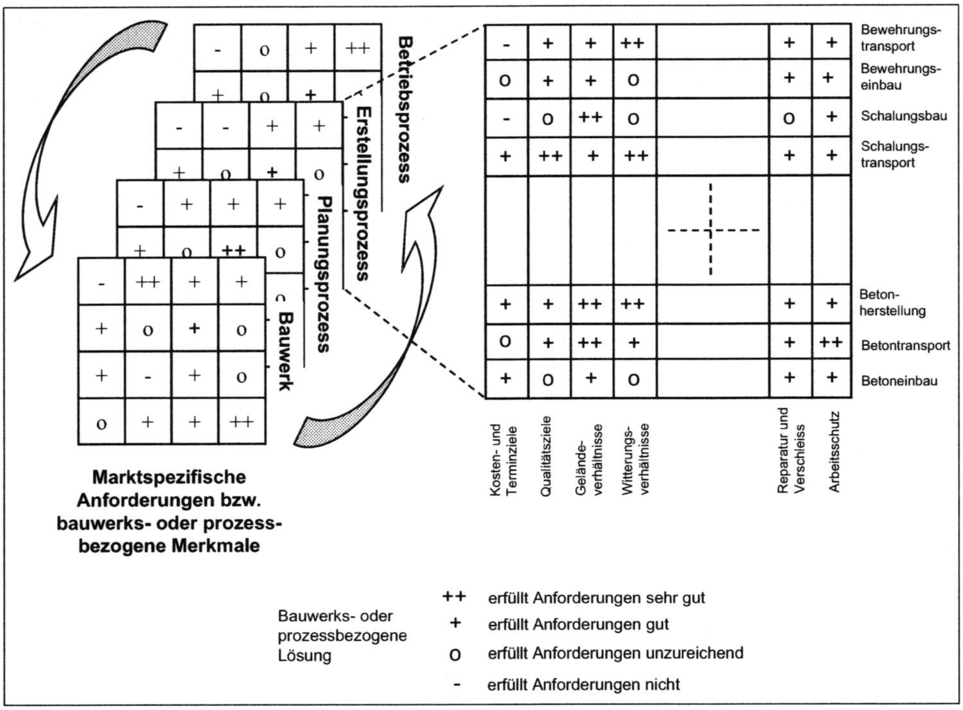

Bild 64: Die Identifizierung von segmentspezifischen Innovationsfeldern
Fig. 64: The identification of specific innovation fields for a market segment

3.2.2.3 Die Bewertung von Innovationsfeldern

Die identifizierten Innovationsfelder sind im zweiten Schritt hinsichtlich ihres Realisierungspotentials zu bewerten, wobei sich dieser Schritt durch Anwendung von Innovationspotentialportfolios methodisch unterstützen lässt. Es ist zu klären, ob im Hinblick auf die wettbewerbsstrategische Positionierung des Unternehmens eine weitere Auseinandersetzung mit den erkannten Innovationsfeldern lohnend erscheint. Dabei werden sich die Felder als besonders attraktiv herausstellen, die nicht nur für ein Marktsegment, sondern für mehrere Segmente strategisch bedeutsame innovative Lösungen hervorbringen können (Unterstützung von segmentübergreifenden Kernkompetenzen bzw. strategischen Erfolgspotentialen).[705] Folglich sollte die Bewertung auf zwei Ebenen angesiedelt sein, der ***Marktsegmentebene*** und der ***Gesamtunternehmensebene***.

Auf der Ebene des Marktsegments fliesst in die Bestimmung des Problemlösungspotentials die Frage nach der segmentspezifischen Projektbezogenheit des Innova-

[705] Vgl. Prahalad, C.; Hamel, G. (Kernkompetenzen 1991) S. 66ff.

tionsfelds ein. Das Innovationsfeld ist dahingehend zu untersuchen, in welchem Masse es den baulichen Anforderungen einer Vielzahl von Bauprojekten im betrachteten Marktsegment gerecht werden kann. Letztlich sind die verschiedenen Innovationsfelder bezüglich ihrer Innovationsattraktivität und der relativen Innovationsstärke zu beurteilen und in einem ***segmentbezogenen Innovationspotentialportfolio*** zu platzieren (Bild 65).[706]

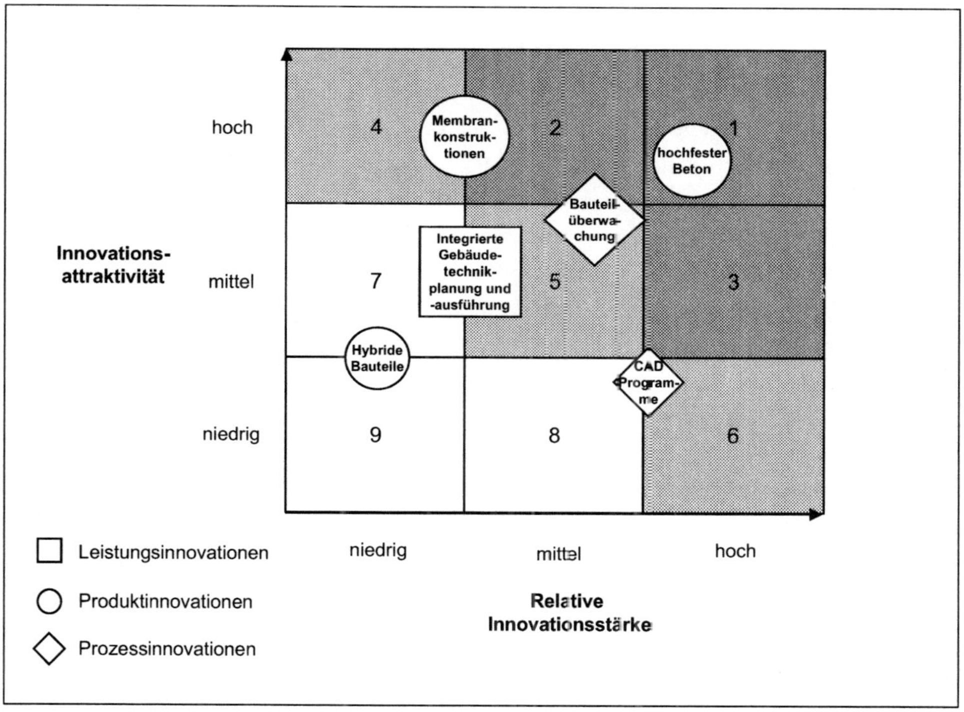

Bild 65: Segmentbezogenes Innovationspotentialportfolio[707]
Fig. 65: Segment orientated portfolio of the innovation potential

Je mehr das Innovationsfeld in der oberen rechten Ecke des Portfolios einzuordnen ist, desto höher ist sein Realisierungspotential. Hier fallen hohe externe Chancen und hohe interne Stärken zusammen. Felder in der oberen linken Ecke weisen eine hohe Attraktivität bei gleichzeitig geringer unternehmensspezifischer Stärke auf. Hier lässt sich eine Lücke ausmachen, deren Schliessung für die zukünftige Tätigkeit des Unternehmens erfolgsrelevant werden könnte. Hingegen sind für Felder in der unteren rechten Ecke Investitionen zu reduzieren, wenn es sich um Felder handelt, in denen das Unternehmen bereits innovativ tätig ist. Durch die Symbolgrösse lässt sich der zu

706 Vgl. dazu auch Michel, K. (Technologie 1990) S. 212ff.

707 In Anlehnung an Michel, K. (Technologie 1990) S. 215.

erwartende Innovationsgrad der aus den Innovationsfeldern hervorgehenden innovativen Lösungen bzw. die Bedeutung des Innovationsfeldes für die lebenszyklusorientierte Optimierung baulicher Gesamtlösungen visualisieren.

Die Beschreibung des Innovationsfelds und die zur Bewertung herangezogenen Kriterien und Gewichtungen sind ausreichend zu dokumentieren, um zum einen die segmentübergreifende Anwendung identifizierter Innovationsfelder auf der Ebene des Gesamtunternehmens prüfen und zum anderen Entscheidungen zur Ressourcenbereitstellung durch die Unternehmensleitung unterstützen zu können.

Während auf der Ebene Marktsegment verschiedene Innovationsideen hinsichtlich ihrer segmentbezogenen Attraktivität zu bewerten sind, ist auf der Ebene Gesamtunternehmen das einzelne Innovationsfeld hinsichtlich seiner Bedeutung für verschiedene Marktsegmente zu beurteilen. Die Bewertung erfolgt in der Weise, dass in einem ***innovationsfeldbezogenem Innovationspotentialportfolio*** die Marktsegmente platziert werden, für die das Innovationsfeld strategische Relevanz besitzt (Bild 66).[708] Beispielsweise kann wie angenommen die Innovationsidee bzw. das Innovationsfeld des hochfesten Betons für die Marktsegmente Geschäftsbauten, Wohngebäude und Sportbauten gleichermassen strategisch bedeutsam sein. Die Position der Marktsegmente in diesem Portfolio entspricht dann der Position der Innovationsfelder in den segmentspezifischen Portfolios. Aus dem innovationsfeldbezogenen Innovationspotentialportfolio kann nun die Attraktivität des Innovationsfelds und die mit dem Innovationsfeld korrespondierende relative Innovationsstärke für verschiedene Marktsegmente abgelesen werden, wobei neben den aktuellen auch zukünftige Marktsegmente in das Portfolio aufgenommen werden sollten. Das aktuelle bzw. potentielle wettbewerbsstrategische Gewicht der Marktsegmente lässt sich wiederum über die Symbolgrösse darstellen.

Liegen die einzelnen Marktsegmente weit auseinander, sollten die Bewertungen der Innovationsfelder auf der Ebene Marksegment analysiert werden, um die Ursachen der Bewertungsunterschiede zu ermitteln. Dabei kann sich zeigen, dass andere Indikatoren in Anschlag gebracht oder unterschiedliche Gewichtungen gewählt wurden. Aber auch bei nahezu identischen Bewertungsergebnissen sind die zugrunde liegenden Faktoren nochmals zu hinterfragen, um die Qualität der Resultate und somit auch die Qualität der nachfolgenden Entscheidungen zu erhöhen.

Wesentlich für die Selektion von für das Unternehmen wettbewerbsstrategisch bedeutsamen Innovationsfeldern ist, dass auf der einen Seite für die Bewertung der Innovationsfelder nicht nur die gegenwärtigen Bedingungen heranzuziehen sind, sondern ebenso zukünftige Bedingungsverschiebungen zu berücksichtigen sind. So sind z.B. zur Bestimmung des Problemlösungs- und Diffusionspotentials mögliche Ände-

---

[708] Vgl. dazu auch Michel, K. (Technologie 1990) S. 217ff.

rungen in den Kundenanforderungen und den herrschenden Regulierungen zu beachten. Auf der anderen Seite sind zur Bestimmung künftiger wettbewerbsstrategischer Positionen nicht nur die augenblicklich attraktiven Innovationsfelder einzubeziehen, sondern gleichfalls potentielle Entwicklungsverläufe in anderen Innovationsfeldern zu beachten. Danach steigt die wettbewerbsstrategische Bedeutung eines Innovationsfelds, je höher seine derzeitige und/oder zukünftige Innovationsattraktivität und -stärke für ein spezifisches Marktsegment ist, je mehr das Innovationsfeld derzeitig und/oder zukünftig zur lebenszyklusorientierten Optimierung baulicher Gesamtlösungen im Marktsegment beiträgt und je mehr Marktsegmente das Innovationsfeld erfasst.

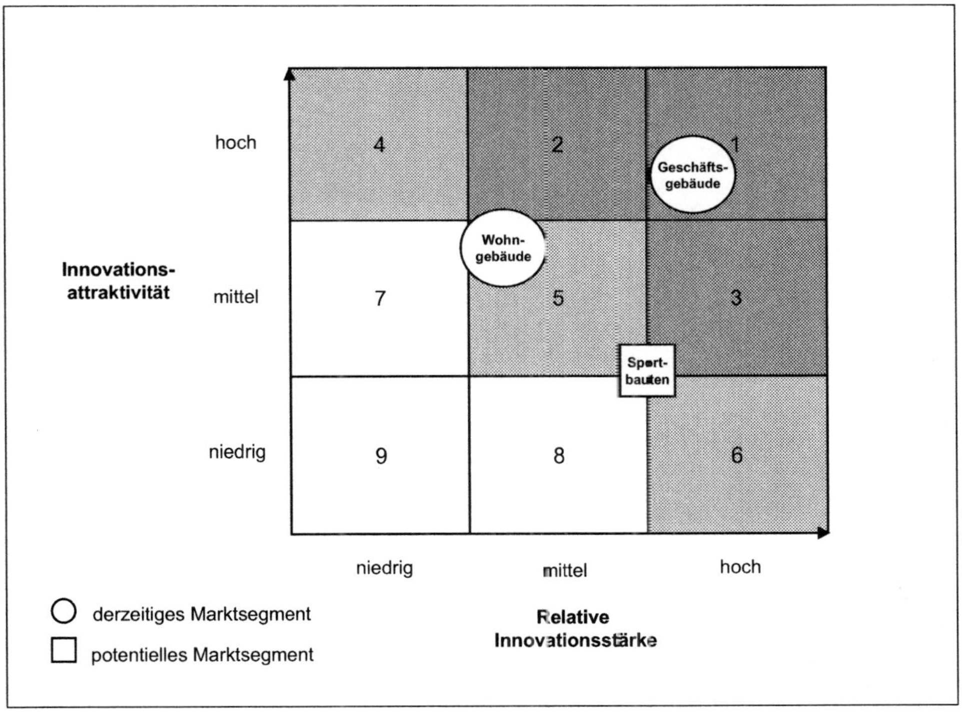

Bild 66: Innovationsfeldbezogenes Innovationspotentialportfolio[709]
Fig. 66: Innovation area orientated portfolio of the innovation potential

Mit der Selektion von Innovationsfeldern macht das Unternehmen neben Aussagen zu den Innovationscharakteristiken auch Angaben über den Umfang der Innovationsbemühungen des Unternehmens, die von temporären, einmaligen Handlungen durch Auswahl eines einzelnen, stark eingegrenzten Innovationsfelds bis zu permanenten, parallel abzuwickelnden bauprojekt- wie bauprojektübergreifenden Aufgaben

709 In Anlehnung an Michel, K. (Technologie 1990) S. 198.

durch die Wahl einer Vielzahl offen formulierter Innovationsfelder reichen können. Zudem legt es mit der Selektion die Budgets fest, um die notwendigen finanziellen Voraussetzungen für die strategisch definierte Innovationstätigkeit zu schaffen. Hierbei sollte in zeitlicher Hinsicht ein Gleichgewicht zwischen einer kurzfristig und langfristig orientierten Budgetierung angestrebt werden, die im Sinne des oben beschriebenen iterativen Prozesses mit den langfristig angestrebten Zielen und den kurzfristig zu erreichenden Teilzeilen abzustimmen ist.[710]

Eine Identifizierung und Bewertung wettbewerbsstrategisch relevanter Innovationsfelder für Bauunternehmen ist nicht Gegenstand dieser Arbeit. Beachtung ist vielmehr den verschiedenen Optionen zu schenken, die den Unternehmen für den Vollzug der zur wettbewerbstrategischen Positionierung zu erbringenden Innovationsaufgaben zur Verfügung stehen, und den Auswirkungen ihrer Inanspruchnahme auf die Innovationsorganisation. Da hier nicht eine spezifische Unternehmensleistung im Mittelpunkt steht, die mit ihren technischen und marktlichen Gegebenheiten ein bestimmtes Innovationspotential determiniert, sondern die bauliche Gesamtlösung als solche, wird für die weiteren Überlegungen von den Möglichkeiten einer umfänglichen Nutzung des skizzierten Generierungspotentials und der aktiven Einflussnahme aller Faktoren des Realisierungspotentials ausgegangen. Damit wird gleichsam dem dynamischen Aspekt des Modells Rechnung getragen, der die auf Leistungsinnovationen basierende Entwicklung von Bauunternehmen zu Systemanbietern wie den von Produkt- und Prozessinnovationen getriebenen Wettbewerb von systemleistungsanbietenden Bauunternehmen umfasst. Sind die effektivitäts- und effizienzbegründeten Entscheidungen der Unternehmen über die Form der Bewältigung innovativer Aufgaben und ihre Determinanten Bestandteil der nächsten Abschnitte, werden hierbei beide Dynamisierungsaspekte berücksichtigt.

3.3 Die Wissensorientierung in der Innovationsstrategie

Es konnte bereits darauf verwiesen werden, dass Bauunternehmen zur Übernahme der Rolle des Systemintegrators bzw. Systemanbieters über verschiedene Wissensarten verfügen sollten, von denen das ***systemleistungsbezogene*** und das ***branchenbezogene Generalistenwissen*** aus wettbewerbsstrategischer Sicht unabdingbar sind.[711] Aufgrund des Verständnisses der baulichen Gesamtlösung und der Kenntnisse um den Branchenkontext erlauben erst diese beiden Wissensarten, die für die bauliche Gesamtlösung erforderlichen Leistungen koordinierend zusammenzuführen und damit entwickelte innovative Lösungen in die betriebliche Praxis zu

---

[710] Vgl. Widmer, A. (Innovationsmanagement 1986) S. 242.

[711] Vgl. Teil B, Abschn. 3.4.2.1.

implementieren.[712] Für die Generierung der innovativen Lösungen ist wiederum ***technisches Spezialistenwissen*** erforderlich, wobei hier für die Unternehmen wettbewerbsstrategischer Entscheidungsspielraum besteht. Innovationsstrategische Entscheidungsoptionen gehen daher zunächst von der Frage nach Art und Umfang des benötigten technischen Spezialistenwissens aus. Anforderungen an die Innovationsorganisation ergeben sich dann vor allem aus der Beantwortung der weiterführenden Frage, wie das benötigte Spezialistenwissen bereitzustellen ist. Die hier zutreffende Entscheidung kann auch als Frage nach den vom Unternehmen intern und extern zu erbringenden Bau- wie Innovationsaufgaben interpretiert werden.[713]

3.3.1 Art und Umfang des technischen Wissens

Das zur Realisierung bzw. innovativen Gestaltung baulicher Gesamtlösungen benötigte technische Spezialistenwissen soll aufgrund fehlender empirisch gestützter Erkenntnisse denklogisch hergeleitet werden. Dazu wird auf einen Differenzierungsansatz von ROPOHL zurückgegriffen, der im Hinblick auf die eingeführte Systemabgrenzung von Bauwerk und Leistungserbringungsprozessen modifiziert wird. Danach lassen sich vier Arten technischen Spezialistenwissens unterscheiden:

- **Strukturales Systemwissen**

  Das strukturale Systemwissen als erste Art des technischen Spezialistenwissens umfasst Kenntnisse über die Struktur von Bauwerken und Leistungserbringungsprozessen und die Verknüpfung ihrer Module sowie darüber, welche Module für welche Bauaufgaben einzusetzen und wie ihre Beziehungen konkret auszubilden sind.[714]

  Sind wie aufgezeigt Bauteile und Prozessaktivitäten die Module von Bauwerk und Leistungserbringungsprozessen, bilden die Konstruktions- und Organisationsprinzipien die zwischen ihnen bestehenden Relationen ab. Mittels strukturalem Systemwissen setzt das Bauunternehmen dann die Bauteile konstruktiv und die Prozessaktivitäten organisatorisch zueinander in Beziehung. Beispielsweise braucht es strukturales Systemwissen, um den Sprengvortrieb eines Tunnels effizient gestalten zu können. Das heisst, es sind Kenntnisse darüber erforderlich, welche Geräte (Bohrjumbo, Dumper, etc.) mit welchen Leistungen für den vorgesehenen

---

[712] Hier ist anzumerken, dass Wissenspotentiale für erfolgreiches Innovieren allein nicht ausreichend sind. Der Innovationserfolg wird vielmehr durch eine Reihe von Faktoren beeinflusst, auf die im Rahmen des Innovationsmanagements gestaltend einzuwirken ist, vgl. auch Pleschak, F.; Sabisch, H. (Innovationsmanagement 1996) S. 64f., Staudt, E.; Kriegesmann, B. (Kompetenz 2001) S. 29ff. und Teil A, Abschn. 2.1.

[713] Vgl. Hauschildt, J. (Innovationsstrategien 1991) S. 261ff.

[714] Vgl. dazu auch Ropohl, G. (Technologie 1999) S. 210f.

Ausbruchquerschnitt und die vorhandene Geologie einzusetzen sind und in welcher Reihenfolge die Arbeiten auszuführen sind (Sprengzyklus).

Der Umfang des benötigten strukturalen Systemwissens zur Gestaltung baulicher Gesamtlösungen richtet sich nach der Komplexität der Bauaufgaben. Bei steigender Komplexität sind die Unternehmen aufgefordert, die Bauwerks- und Prozesssysteme konstruktiv und/oder organisatorisch den spezifischen und zugleich veränderlichen Erfordernissen der Bauaufgaben anzupassen und müssen dazu eine Vielzahl unterschiedlicher Bauwerks- und Prozesselemente berücksichtigen. Der Umfang an strukturalem Systemwissen steigt, was gleichzeitig dazu beitragen kann, mit der Neukonfiguration der Systemstrukturen vor allem Verknüpfungsinnovationen bauprojektabhängig zu generieren. Ein Beispiel ist die bereits erwähnte Hängebühne für den Sprengvortrieb, durch die einzelne Prozessaktivitäten parallel ablaufen können.

Kennzeichnend für strukturales Systemwissen ist, dass es sich aus bereits realisierten Bauaufgaben nährt und sich durch die Neukombination des vormals erlernten Wissens ständig weiterentwickelt.[715]

- **Funktionales Modulwissen**

  Die Nutzbarmachung von Wissen aus früheren Bauaufgaben kann auch auf dem Weg erfolgen, dass nicht das Wissen selbst, sondern Bauteile oder die die Prozessaktivitäten kennzeichnenden Arbeitsmittel als materialisierte Erscheinungsformen von Wissen übertragen werden. Innovativen Charakter erhält diese Art der Wissensübertragung, wenn Bauteile und Arbeitsmittel aufgrund ihrer erkannten Multifunktionalität in einen anderen Anwendungsbereich übertragen werden, ohne selbst grössere Änderungen zu erfahren.[716] Ausreichend hierfür sind Kenntnisse über das funktionale Verhalten der Bauteile und Arbeitsmittel oder funktionales Modulwissen.[717]

  Innovationsaufgaben lassen sich mit funktionalem Modulwissen auch dann realisieren, wenn von den Zulieferern neu entwickelte Bauteile oder Arbeitsmittel zur Gestaltung der baulichen Gesamtlösung eingesetzt werden und wenn sich aufgrund geringer gegenseitiger Beeinflussung der Bauwerks- und Prozesselemente

---

715 Ein empirischer Nachweis dafür konnte von NAM erbracht werden. In den von ihm untersuchten Produktinnovationen entwickelten sich von den insgesamt 32 Schlüsselideen 14 aus der Zusammenführung von Wissen, das in ähnlichen Bauaufgaben gesammelt wurde. Als Beispiel nennt NAM die Kombination von auf Abscheren ausgebildete Gebäudekerne für nicht-seismische Gebiete mit momentenresistenten Gebäuderahmen für seismische Gebiete, vgl. Nam, C. (Process 1990) S. 104f.

716 12 Ideen aus der bereits erwähnten Studie von NAM entsprechen dieser Art der Wissensübertragung. NAM führt hier als Beispiel die Übernahme der Anwendung von Grosspfählen bei der Hochseeölförderung für den Bereich des Hafenbaus an, vgl. Nam, C. (Process 1990) S. 104f.

717 Vgl. dazu auch Ropohl, G. (Technologie 1999) S. 209f.

die neuen Bauteile oder Arbeitsmittel ohne grössere Anpassung der Systemstruktur integrieren lassen. Die Unternehmen können auf bewährte Konstruktions- und Organisationsprinzipien zurückgreifen und auf diesem Wege bauprojektabhängig wie bauprojektübergreifend Element- und Modulinnovationen in Bauwerk und Leistungserbringungsprozesse implementieren. Die Leistungsfähigkeit der neu eingesetzten Bauteile und Arbeitsmittel ist im Verbund mit den bestehenden Bauwerks- und Prozesssystemen gut einschätzbar. Für das Beispiel des Sprengvortriebs wäre funktionales Modulwissen für den Einsatz eines neuen computerunterstützten Bohrjumbos ausreichend bzw. notwendig.

- **Strukturales Modulwissen**

Bei steigender Komplexität der Bauaufgaben werden sich bei der Integration neuer Bauteile und Arbeitsmittel zunehmend Inkompatibilitäten mit bekannten Bauwerks- und Prozesssystemen einstellen. Um die baulichen Anforderungen erfüllen zu können, sind mehr oder weniger starke Modifikationen der Bauteile und/oder Arbeitsmittel sowie ihrer konstruktiven und/oder organisatorischen Beziehungen erforderlich.[718] Bedarf es für Modifizierungen der Systembeziehungen strukturalen Systemwissens, ist für notwendige Änderungen an Bauteil oder Arbeitsmittel strukturales Modulwissen nötig.

Strukturales Modulwissen, das eine weitere Art des technischen Spezialistenwissens darstellt, ist ebenso wie das strukturale Systemwissen zu definieren, nur dass der Bezugspunkt das Systemmodul (Bauteil, Prozessaktivität) ist. Das bedeutet, je stärker es zur innovativen Lösung baulicher Problemstellungen beizuziehen ist, umso mehr verlagert sich die Innovationsaufgabe auf die nächst tiefere Hierarchieebene der Systemstruktur. Hier sind zum einen Kenntnisse über den Aufbau von Bauteilen sowie den Einsatz und das Zusammenwirken verschiedener Baustoffe gefragt. Zum anderen bedarf es Kenntnissen über den Aufbau und die Wirkungsweise der verschiedenen Arbeitsmittel. Damit erlaubt strukturales Modulwissen vornehmlich die bauprojektübergreifende Entwicklung und die bauprojektabhängige Implementierung von Element- und Modulinnovationen. Für den Sprengvortriebs war z.B. strukturales Modulwissen erforderlich, um die Bohrhämmer für die Erstellung der Sprenglöcher von pneumatischem auf hydraulischen Antrieb umzustellen.

---

718 Eine empirische Bestätigung für die Anpassung von Bauwerkssystemen bei Einführung eines neuen Systemelements wurde von Slaughter vorgelegt. Von 34 durch sie nachgewiesenen innovativen Weiterentwicklungen eines Bauteils wurden 28 durch den Anwender erbracht. Jeweils 50% dieser Weiterentwicklungen betrafen entweder das Bauteil selbst oder Verbindungen des Bauteils zu anderen Bauteilen, vgl. Slaughter, S. (Builders 1993) S. 538.

- **Technologisches Systemwissen**

  Da wie aufgezeigt Materialien als Verbindungselement zwischen Bauwerk und Leistungserbringungsprozessen fungieren, beruhen einzelne sowie verknüpfende innovative Veränderungen von Bauwerks- und Prozesssystem häufig im Ausnutzen von Materialeigenschaften. Der mit strukturalem Modulwissen erzielbare Innovationsgrad wird dabei umso grösser sein, je stärker die Materialien selbst zu Ansatzpunkten für Veränderungen werden können oder müssen. Hierzu muss jedoch vielfach in den Mikro- und Nanobereich materialstruktureller Zusammenhänge vorgedrungen werden. Die hier wirkenden Prinzipien lassen sich meist nur mit speziellem, naturwissenschaftlichen Wissen erschliessen. Allerdings erlauben erst Kenntnisse um die auf naturwissenschaftliche Zusammenhänge zurückgehenden materialtechnischen Wirkprinzipien die gezielte Beeinflussung von Materialeigenschaften für Strukturveränderungen von Bauteilen und Arbeitsmitteln.

  Eine umfängliche und gezielte Nutzung der Generierungspotentiale baulicher Gesamtlösungen resultiert dann aus der Zusammenführung des Wissens um die strukturalen Zusammenhänge von Bauwerk- und Prozesssystem (strukturales Systemwissen) und der naturgesetzlichen Ursache-Wirkungs-Beziehungen, die den Funktions- und Strukturprinzipien der Bauteile und Arbeitsmittel zu Grunde liegen (strukturales Modulwissen). Das zusammengeführte Wissen kann als technologisches Systemwissen bezeichnet werden.[719] Technologisches Systemwissen stellt die Grundlage für die bauprojektübergreifende Entwicklung von Modul- und Systeminnovationen dar. Technologisches Systemwissen wurde bspw. benötigt, um Tunnelbohrmaschinen als Alternative zum Sprengvortrieb zu entwickeln und einzusetzen. Hier war das auf naturgesetzlichen Wirkprinzipien beruhende Lösen des Fels durch Disken in ein maschinentechnisches Konzept zu überführen und gleichzeitig die Materiallogistik und die nachfolgenden Aktivitäten zum Tunnelausbau organisatorisch neu zu gestalten.

Es wird erkennbar, dass sich die eben charakterisierten Arten des technischen Spezialistenwissens durch ihre Spezifität in Bezug auf die Systemstruktur unterscheiden (Bild 67). Während strukturales Systemwissen eine hohe Spezifität in Bezug auf das Zusammenwirken von Bauteilen im Bauwerk und der Prozessaktivitäten bzw. Arbeitsmittel in den Leistungserbringungsprozessen besitzt, umfasst strukturales Modulwissen spezifische Kenntnisse über die Struktur einzelner Bauteile und Arbeitsmittel. Hingegen besitzt das funktionale Modulwissen sowohl in Bezug auf die Systembeziehungen als auch auf die Systemelemente eine geringe Spezifität. Das technologische Systemwissen zeichnet sich wiederum durch eine hohe Spezifität im Wissen über die gesamte betrachtete Systemstruktur aus.

---

[719] Vgl. dazu auch Ropohl, G. (Technologie 1999) S. 211.

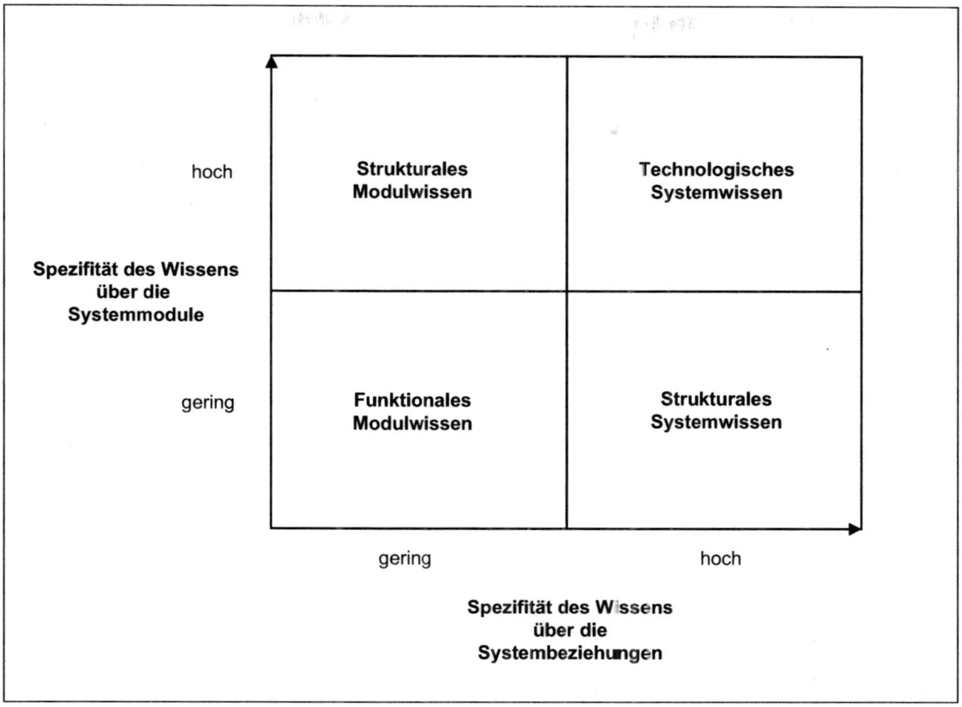

Bild 67: Technisches Spezialistenwissen nach der Wissensspezifität
Fig. 67: Technical knowledge characterized by the specificity of the knowledge

Grundsätzlich werden die verschiedenen Arten technischen Wissens bei jeder Innovations- bzw. Bauaufgabe bereitzustellen sein, in welchem Umfang, das bestimmt sich massgeblich aus der Aufgabenkomplexität bzw. dem Innovationsgrad. Es gilt jedoch zu beachten, dass es sich hierbei nicht um ein deterministisches Kriterium handelt. Eine bauprojektabhängige Neugestaltung der Bauwerks- und Prozesssysteme, die den baulichen Anforderungen gerecht wird, ist durchaus mit unterschiedlichen Wissensanteilen zu erzielen. So genügt für die Implementierung von Element- und Modulinnovationen funktionales Modulwissen, für Verknüpfungs- und Systeminnovationen ist zusätzliches strukturales Systemwissen als ausreichend zu betrachten. Da gerade die Entwicklung von technologischem Systemwissen zeit- und kapitalintensiv ist, schliesst sich hier unmittelbar die Frage an, wann Bauunternehmen die Spezifität des intern verfügbaren technischen Spezialistenwissen erhöhen und wann sie spezifisches Wissen aus unternehmensfremden Wissensquellen beziehen sollten.

3.3.2 Entscheidungen zur Bereitstellung des technischen Wissens

3.3.2.1 Strategische Alternativen

In Bezug auf die Wissensbereitstellung lassen sich zwei strategische Entscheidungsalternativen unterscheiden, die ***interne*** und die ***externe Innovationsstrategie***.

Bei einer internen Innovationsstrategie entschliesst sich das Unternehmen, für die Abwicklung der Innovationsaufgaben auf eigene Wissensressourcen zur Lösung innovativer Problemstellungen zurückzugreifen bzw. diese selbst weiterzuentwickeln. Hingegen nutzt es bei Verfolgung einer extern ausgerichteten Innovationsstrategie das Wissen anderer Unternehmen für die Durchführung der Innovationsaufgaben vollständig oder für ausgewählte Aktivitäten.[720] In Teil B der Arbeit konnte bereits darauf verwiesen werden, dass die Frage nach der internen oder externen Bereitstellung von Wissen keine Entweder-Oder-Entscheidung ist. Zwischen den beiden Varianten vollständige Eigenentwicklung und vollständiger Kauf von innovativen Leistungen gibt es eine Reihe hybrider Formen der Wissensbereitstellung, die unmittelbar zu verschiedenen interorganisatorischen Strukturformen führen (Bild 68).[721]

Einen ersten Anhaltspunkt für die Entscheidung, in welchem Umfang Innovations- bzw. Bauaufgaben intern oder extern abzuwickeln sind, liefert das Differenzierungspotential. Grundsätzlich sollte eine interne Wissensbereitstellung nur angestrebt werden, wenn das Innovationsfeld bzw. die zu realisierende Idee ein hohes Differenzierungspotential aufweisen, d.h. wenn die aus Innovationsfeld bzw. Innovationsidee entwickelten Lösungen dem Unternehmen zu nachhaltigen Wettbewerbsvorteilen verhelfen. Nachhaltige Wettbewerbsvorteile können wie aufgezeigt immer dann erzielt werden, wenn das mit der Ideenrealisierung erarbeitete und in die innovierte Lösung inkorporierte Wissen durch das Unternehmen längerfristig exklusiv nutzbar ist.[722] Dabei wird die Exklusivität des Wissens mit der Spezifität steigen, denn spezifisches Wissen beruht auf der erfahrungsbasierten Verknüpfung verschiedenster Kenntnisse und kann nur über einen längeren Zeitraum durch einen fortlaufenden Lernprozess erworben werden. Hieraus die Empfehlung abzuleiten, Wissen mit hoher Spezifität intern zu entwickeln, wäre jedoch voreilig. So sollte wie ebenfalls schon angemerkt für die interne Ideenrealisierung ein hoher Wissenstand im Unternehmen bereits aufgebaut sein,[723] denn ein unzureichender interner Wissensstand kann z.B. in Bauprojekten mit restriktiven Zeitvorgaben die Erarbeitung neuer Problemlösungen erschweren. Darüber hinaus ist nicht jedes spezifische Wissen für

[720] Vgl. Hauschildt, J. (Innovationsstrategien 1991) S. 261ff.

[721] Vgl. Teil B, Abschn. 3.2.2.1.

[722] Vgl. Teil D, Abschn. 2.2.3.

[723] Vgl. Picot, A. (Ansatz 1991) S. 344ff. und Teil D, Abschn. 2.2.3.

das Unternehmen auch strategisch bedeutsam. Das Wissen hat die wettbewerbsstrategische Stossrichtung des Unternehmens zu unterstützen. Aus der Gegenüberstellung dieser Faktoren des Differenzierungspotentials lassen sich die generellen strategischen Richtungen der Wissensbereitstellung ableiteten (Bild 68), die im Folgenden für die verschiedenen Wissensarten weiter diskutiert werden sollen.

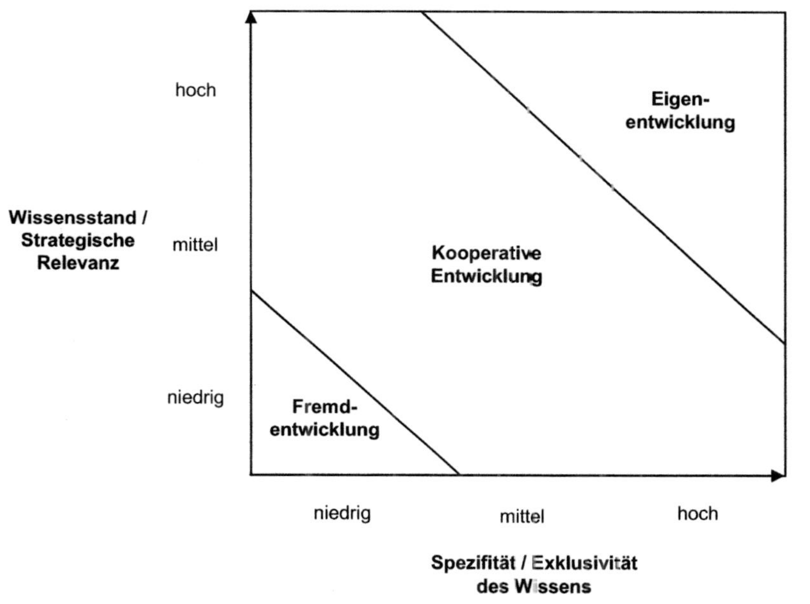

Bild 68: Strategische Alternativen der Wissensbereitstellung
Fig. 68: Strategic alternatives of providing knowledge

3.3.2.2 Die interne Innovationsstrategie

Für die interne Bereitstellung von strukturalem Modulwissen und technologischem Systemwissen bzw. die interne Entwicklung von Modul- und Systeminnovationen sprechen vor allem Leistungsangebote, die sich auf einzelne Teilsysteme des Bauwerks und der Leistungserbringungsprozesse konzentrieren (z.B. Fassadensystem), denn deren bauprojektabhängige wie bauprojektübergreifende Gestaltung ist im besonderen Masse differenzierungswirksam. Hingegen sinkt die strategische Bedeutung bestimmter Teilsysteme von Bauwerk und Leistungserbringungsprozessen, je mehr das Leistungsangebot des Bauunternehmens auf die bauliche Gesamtlösung gerichtet ist und je komplexer die Bauaufgaben werden. In diesem Fall sind vom Unternehmen mit jeder Bauaufgabe eine zunehmende Zahl von Bauteilen und Arbeitsmitteln zu berücksichtigen.[724] Beispielsweise sind für die Realisierung von Bürogebäuden verschiedenste Bauteile und Arbeitsmittel für die Erstellung des Gründungs-, Rohbau-, Fassaden-, Lüftungs- und Heizungssystem notwendig. Für die innovative Gestaltung dieser Bauteile und Arbeitsmittel müsste in den Bauunternehmen ein umfangreiches strukturales Modulwissen bzw. technologisches Systemwissen vorgehalten werden, was sich schon allein aus Effizienzgründen verbietet. Da viele Bauteile und Arbeitsmittel zudem mehrere, von den Tätigkeitsbereichen eines einzelnen Unternehmens abweichende Anwendungsfelder besitzen, die vor allem bei Baustoffen sogar in baufremden Anwendungsgebieten liegen können, werden sie von einer ganzen Reihe spezialisierter Unternehmen anderer Industrien bereitgestellt. Entsprechend hoch ist der Beitrag dieser Zulieferer für Element- und Modulinnovationen in der Bauwirtschaft. Dies ist umso mehr der Fall, je mehr Bauteile und Arbeitsmittel in der Bauwirtschaft zum Einsatz gelangen und je mehr sie einer ortsunabhängigen Fertigung zugänglich sind.[725]

Entscheidungsrelevant werden damit auch Kunden- und Ortsabhängigkeit der Bauaufgaben als Kriterien des Problemlösungspotentials, denn Hersteller von Bauteilen und Arbeitsmitteln besitzen i.d.R. kein Interesse an einer Kommerzialisierung von Entwicklungen, die aus Anpassungen an die besonderen Gegebenheiten einer Bauaufgabe resultieren. Ihr Hauptaugenmerk richtet sich auf die Entwicklung eines mehrfach verwendbaren Baustoffs, Bauteils oder Arbeitsmittels, weniger auf die durch spezifische Bedingungen beeinflussten Modifikationen dieser Elemente und Module sowie ihre Verknüpfungen. Der Grund liegt in der Ungewissheit über ihre weitere marktliche Verwertbarkeit.[726] Folglich erscheint die interne Bereitstellung von strukturalen Modulwissens und technologischem Systemwissen besonders für die Innovationsfelder bzw. Innovationsideen viel versprechend, bei denen die innovativ zu verändernden Bauteile und Arbeitsmittel nur für bestimmte, aus Sicht des Unternehmens aber strategisch relevante Bauaufgaben zum Einsatz gelangen können, bei denen die Entwicklung oder Implementierung der Bauteile und Arbeitsmittel nur in begrenztem Masse unabhängig von den Gegebenheiten der Bauaufgabe möglich ist oder bei denen sich die endgültigen Charakteristiken der Bauteile und Arbeitsmittel (z.B. Form und statische Eigenschaften von Bauteilen) erst mit der Bauaufgabe herausbilden. Ein Beispiel hierfür ist das bereits genannte Innovationsfeld der Betontechnik.[727]

---

[724] Vgl. Nam, C.; Tatum, C. (Characteristics 1988) S.135.

[725] Vgl. Gann, D. (Building Innovation 2000) S. 143.

[726] Vgl. Slaughter, S. (Builders 1993) S. 544f. und Teil C, Abschn. 2.3.2.1.

[727] Im auf Erstellungsleistungen beschränkten Bauunternehmen war strukturales Modulwissen bisher vor allem in Werkhöfen und Baustofflabors anzutreffen.

Da Zulieferer ihre Innovationsbemühungen im Regelfall auf die strukturellen Zusammenhänge der einzelnen Bauteile und Arbeitsmittel begrenzen, sollten Bauunternehmen über ausreichend strukturales Systemwissen für die Neukonfiguration der Bauwerks- und Prozesssysteme bzw. die Entwicklung von Verknüpfungsinnovationen verfügen. Wie strukturales Modulwissen kann auch strukturales Systemwissen nicht kurzfristig erworben werden. Es muss über einen längeren Zeitraum durch eine Vielzahl ähnlich gelagerter Bauaufgaben erarbeitet werden und ist schwer übertragbar, da es aufgrund seiner Erfahrungsbasierung meist in impliziter Form vorliegt.

Doch nicht nur, dass die Beschaffung strukturalen Systemwissens mit Schwierigkeiten verbunden ist, spricht für die strategische Entscheidung einer internen Bereitstellung, sondern auch die Interdependenz des Wissens bei steigender Kunden- und Ortsabhängigkeit der Bauaufgaben bzw. bei der Realisierung von Verknüpfungs- und Systeminnovationen. Wenn es dem Unternehmen hier nicht gelingt, das für die Gestaltung von innovativen baulichen Lösungen besonders relevante Wissen entweder vollständig intern zu entwickeln oder langfristig extern zu binden und zur Verstärkung seiner eigenen Fähigkeiten zu nutzen, können Abstimmungsschwierigkeiten zwischen den an der Entwicklung und Implementierung innovativer Lösungen beteiligten Wissensträgern auftreten.[728] Das Ergebnis sind suboptimal konfigurierte bauliche Gesamtlösungen, die erhebliche Mängel aufgrund der schlechten oder verspäteten Integration einzelner Wissensträger aufweisen können. Zudem wird es bei steigender Abhängigkeit zwischen dem Wissen zur Realisierung der baulichen Lösung immer weniger gelingen, die Transaktionen zwischen den beteiligten Wissensträgern vertraglich umfassend abzusichern, ohne die Transaktionskosten bei Vertragsabschluss oder späteren Anpassungen auf ein hohes Niveau steigen zu lassen.[729]

3.3.2.3 Die externe Innovationsstrategie

Wie eben angedeutet kann die Kunden- und Ortsabhängigkeit der Bauaufgaben auch für eine externe Innovationsstrategie sprechen, denn mit der Kunden- und Ortsabhängigkeit der Bauaufgabe steigt die Notwendigkeit, für die Entwicklung baulicher Gesamtlösungen unterschiedliche Kenntnisse zusammenführen zu müssen. Neu generiertes Wissen ist dadurch dem Risiko einer verkürzten Nutzungsdauer ausgesetzt,[730] das mit der Auftragsunsicherheit als Kriterium des Implementierungspotentials noch weiter ansteigen kann.

---

[728] Vgl. Chesbrough, H.: Teece, D. (Innovation 1996) S. 68f. sowie Teil B, Abschn. 3.4.2.2.

[729] Vgl. Picot, A. (Ansatz 1991) S. 344ff. und Teil B, Abschn. 3.2.2.1.

[730] Vgl. auch Picot, A.; Reichwald R. (Auflösung 1994) S. 564f.

Um bei strukturalem Systemwissen einerseits effizienzmindernde Schwierigkeiten aus der Interdependenz des Wissens zu vermeiden und andererseits die Risiken einer verkürzten Nutzungsdauer zu verringern oder vorhandene Wissenslücken zu schliessen, empfehlen sich als strategische Alternative zur Eigenentwicklung kooperative Arrangements mit externen Wissensträgern. Als Kooperationspartner für Bauunternehmen können in erster Linie Unternehmen identifiziert werden, die spezialisierte Planungs-, Erstellungs- oder Betreiberleistungen anbieten. Die Intensität der Anbindung richtet sich wiederum nach der strategischen Bedeutung des Wissens. Je mehr das Wissen zur nachhaltigen Differenzierung der innovativen Lösung beiträgt und je mehr es auch zukünftig zur Entwicklung innovativer Lösungen beitragen kann, umso enger und langfristiger sollte die Zusammenarbeit mit dem externen Wissensträger ausfallen. Bei hoher strategischer Bedeutung wird jedoch die interne Wissensbereitstellung zu bevorzugen sein. Dabei kann insbesondere bei niedrigem internen Wissensstand das Bauunternehmen den Wissensaufbau durch die Akquisition der Wissensträger (z.B. spezialisierter Subunternehmer) verkürzen. Dieses Vorgehen setzt aber voraus, dass sowohl zum Kauf geeignete Unternehmen vorhanden sind als auch das kaufende Unternehmen eine ausreichende Finanzstärke aufweist.

Zur externen Bereitstellung strukturalen Modulwissens bietet sich für Bauunternehmen an, die von den Zulieferern angebotenen Bauteile und Arbeitsmittel zu kaufen oder bei Arbeitsmitteln auch zu mieten. Das Bauunternehmen beschränkt sich in diesem Fall auf die Implementierung weitgehend anwendungsreifer Lösungen in die betriebliche Praxis bzw. auf die Bereitstellung funktionalen Modulwissens. Dies ist immer dann zu empfehlen, wenn die innovativen Bauteile und Arbeitsmittel zwar zur Optimierung der baulichen Gesamtlösungen beitragen aber das Optimierungspotential gering ist, denn langfristige Wettbewerbsvorteile werden sich dadurch i.d.R. kaum erschliessen lassen. Insbesondere die Nachhaltigkeit wird begrenzt ausfallen, da auch Konkurrenzunternehmen der Zugriff auf die Bauteile und Arbeitsmittel grundsätzlich offen steht. Lediglich über das Implementierungspotential der innovativen Lösung könnten sich Nutzungsbarrieren für andere Unternehmen aufbauen, nämlich dann, wenn die mit der innovativen Lösung verbundenen Investitionen nur von finanzstarken Unternehmen getätigt werden können.

Bei Investitionen in technologisches Systemwissen bzw. in die bauprojektübergreifende Entwicklung von System- oder Modulinnovationen steigen die Risiken weiter an, da hier Kenntnisse über die Anwendung von Bauteile und/oder Arbeitsmittel im Bauwerk oder Leistungserbringungsprozess mit Kenntnissen über Aufbau und Gestaltung dieser Bauteilen und/oder Arbeitsmitteln verknüpft sind. Neben dem Nutzungsrisiko treten hier verstärkt das technische Realisierungsrisiko und das Risiko fehlender Marktakzeptanz in Erscheinung.[731] Fehlen zudem die personellen und

[731] Vgl. Wolfrum, B. (Technologiemanagement 1994) S. 329.

technisch-organisatorischen Voraussetzungen, wird die Entwicklung und Anwendung von technologischem Systemwissen nur in Kooperation mit externen Wissensträgern strategisch sinnvoll sein.[732] Hauptsächlich mit Zulieferern und Spezialunternehmen (z.B. Spezialtiefbauunternehmen) sind diesbezüglich Synergien zu erwarten, da deren Wissen um die strukturellen Zusammenhänge der Bauteile und Arbeitsmittel mit dem Wissen der Bauunternehmen über das Zusammenwirken dieser Systemmodule verschränkt werden kann. Aber auch unabhängige Forschungseinrichtungen wie Universitäten sind als Kooperationspartner in Betracht zu ziehen.

Neben der gemeinschaftlichen Bewältigung der Innovationsaufgaben bietet sich auch deren komplette Delegation als strategische Option an. Der Vorteil bei letzterem liegt darin, dass keine eigenen Ressourcen für die Entwicklungstätigkeiten vorzuhalten sind. Die Delegation der Innovationsrealisierung ist aber nicht gleichzusetzen mit der Delegation der Innovationsrisiken, denn die Auftragnehmer sind meistens auf der Grundlage von Dienstverträgen tätig.[733] Nachteile einer Vergabe von Innovationsaufgaben ergeben sich hinsichtlich einer fehlenden Exklusivität der erzielten Ergebnisse, die jedoch durch anwenderorientierte Weiterentwicklungen gemindert werden kann. Gegenüber einer kooperativen Entwicklungsarbeit, die zumindest partiell eine Weiterentwicklung des internen Wissens erlaubt, wird bei einer Auftragsvergabe gänzlich auf einen internen Wissenserwerb verzicht.[734] Da zudem die Auftragnehmer i.d.R. wenig mit den Besonderheiten des Tätigkeitsbereiches und den unternehmensinternen Gegebenheiten des Auftraggebers vertraut sind, sollte die Entwicklungsarbeit immer von reflektierenden Fortschrittskontrollen begleitet werden.[735]

3.4 Die Zeitorientierung in der Innovationsstrategie

Mit dem Verweis auf die Nachhaltigkeit von Wettbewerbsvorteilen konnte in den vorangegangenen Abschnitten die Bedeutung des zeitlichen Aspekts für innovationsstrategische Entscheidungen bereits angedeutet werden. Danach wird sich ein Unternehmen am Markt dann nachhaltig differenzieren, wenn es mit der Innovationsrealisierung Wissen generiert, das sich über einen bestimmten Zeitraum exklusiv nutzen lässt. Die exklusive Nutzung neuen Wissens kann das Unternehmen erreichen, indem es als erstes das Wissen entwickelt und als erstes das Wissen in die betriebliche Praxis überführt. Da wie aufgezeigt mit der Erarbeitung und Anwendung exklu-

[732] Vgl. dazu auch Picot, A. (Ansatz 1991) S. 347f.

[733] Vgl. Brockhoff, K. (Forschung 1989) S. 35.

[734] Vgl. Wolfrum, B. (Technologiemanagement 1994) S. 334.

[735] Vgl. Brockhoff, K. (Forschung 1989) S. 38.

siv nutzbaren Wissens nicht unerhebliche Risiken einhergehen, kann ein anderes Vorgehen auch darin bestehen, auf die Ausschöpfung befristeter Monopolisierungspotentiale zu verzichten und stattdessen an den Erfahrungen des erstinnovierenden Unternehmens zu partizipieren, um dadurch technische und marktliche Risiken zu minimieren.[736] Das Unternehmen kann eine ***offensive*** oder eine ***defensive Innovationsstrategie*** verfolgen.

Zunächst soll sich den verschiedenen Konstellationen offensiven und defensiven Verhaltens im Innovationsverlauf zugewandt werden, um im Anschluss Determinanten einer häufig auftretenden Konstellation näher zu betrachten.

3.4.1 Zeitliche Konstellationen im Innovationsverlauf

Innovationsaufgaben sind eine Abfolge von Einzeltätigkeiten, die verschiedene Zwischenergebnisse hervorbringen. In verallgemeinerter Form sind als wesentliche Zwischenergebnisse die Invention als generierte Innovationsidee und die Innovation als realisierte Innovationsidee genannt worden.[737] Aus strategischer Sicht interessiert, zu welchem Zeitpunkt ein Bauunternehmen eine innovative Idee bis zur Anwendungsreife entwickelt haben sollte und zu welchem Zeitpunkt es die aus der Innovationsidee entwickelte Lösung marktlich verwerten sollte. Die Frage nach den Zeitpunkten der Innovationsrealisierung kann auch als Suche nach dem optimalen Fit zwischen den Anforderungen des Marktes und den Erfolgspotentialen des Unternehmens interpretiert werden.[738] In diesem Sinne bieten sich dem Unternehmen die Optionen, sowohl beim Zeitpunkt der generierten Idee als auch beim Zeitpunkt der realisierten Idee entweder eine offensive oder defensive bzw. eine führende oder eine nachfolgende Position einzunehmen.

Die Unterscheidung zwischen den beiden Zeitpunkten der Innovationsrealisierung ist durchaus sinnvoll zu begründen. So können die Risiken einer Markteinführung Unternehmen mit begrenzten finanziellen Ressourcen dazu veranlassen, erst zu einem späteren Zeitpunkt mit der innovatven Lösung in den Markt einzutreten. Risiken können sich bspw. aus schwer einzuschätzenden Auswirkungen der innovativen Lösung auf Bauwerks- und/oder Prozesssystem ergeben. Hier kann es sich für ein Unternehmen als ratsam erweisen, anderen Unternehmen den Vortritt zu lassen und die ersten Erfahrungen in der Innovationsanwendung abzuwarten bzw. diese zu nutzen. Dies wird umso mehr zu empfehlen sein, wie mit der Ideenrealisierung erhebliche Investitionen verbunden sind und der erzielbare Wettbewerbsvorteil gering ist. Bei

[736] Vgl. Michel, K. (Technologie 1990) S. 237f.

[737] Vgl. Teil B, Abschn. 2.3.1.

[738] Vgl. Wolfrum, B. (Technologiemanagement 1994) S. 293.

spielhaft können hier neue, kapitalintensive Arbeitsmittel der Zulieferindustrien genannt werden. Ein defensives Verhalten in Bezug auf den Markteinführungszeitpunkt einer innovativen Lösung wird nur bei bauprojektübergreifenden Innovationsaufgaben realisierbar sein. Hingegen wird bei bauprojektabhängigen Innovationsaufgaben derjenige, der die Ideen generiert hat, i.d.R. auch derjenige sein, der sie als erster marktlich verwertet. Von dieser Konstellation gehen auch die nachfolgenden Überlegungen aus.

3.4.2 Entscheidungen zum Zeitpunkt der marktlichen Verwertung

3.4.2.1 Strategische Alternativen

Offensiv ist eine Innovationsstrategie dann, wenn das Unternehmen als erstes innovative Lösungen auf dem Markt platziert und dadurch die Rolle des Vorreiters oder ***Pioniers*** übernimmt. Der vom Markt bzw. Kunden wahrgenommene Innovationsgrad entspricht dem des innovierenden Unternehmens. Der Vorteil dieser Strategie ist darin zu sehen, dass das Unternehmen für einen befristeten Zeitraum eine Monopolstellung erringen kann, die bis zur Reaktion der Mitbewerber besteht. Der Vorsprung kann dem Unternehmen aber auch zu Wettbewerbsvorteilen verhelfen, die den Zeitraum der Führerschaft überdauern. Dazu zählen z.B. Image- oder Erfahrungskurveneffekte.[739]

Eine Innovationsstrategie ist als defensiv zu bezeichnen, wenn das Unternehmen dem Vorreiter zeitlich versetzt folgt. Der vom Markt wahrgenommene Innovationsgrad liegt dabei unter dem des innovierenden Unternehmens. Der zeitliche Abstand zwischen Pionier und Folger kann unterschiedlich gross sein, es kann zwischen dem ***frühen Folger*** und dem ***späten Folger*** unterschieden werden.[740] Frühe Folger sind Unternehmen, die bereits kurze Zeit nach dem Pionier mit einer vergleichbaren Lösung am Markt auftreten. Späte Folger entschliessen sich erst dann eine Lösung am Markt anzubieten, wenn eine Stabilisierung des Kundenverhaltens eingetreten ist bzw. die Wirtschaftlichkeit und Funktionsfähigkeit der neuen Lösung gesichert scheint. Der Vorteil einer Folgerstrategie liegt darin, dass innovationsspezifische Investitionen vermieden werden können. So kann der Folger an den technikorientierten Investitionen des Pioniers partizipieren, wenn die innovative Lösung nur schlecht zu schützen ist. Oder er kann von den marktorientierten Investitionen profitieren, zu

---

739 Vgl. Michel, K. (Technologie 1990) S. 89.

740 Vgl. Maas, Ch. (Determinanten 1990) S. 180f.; Wolfrum, B. (Technologiemanagement 1994) S. 299 sowie Seibert, S. (Management 1998) S. 143f.

denen z.B. Aufwendungen für gesetzliche und regulatorische Anpassungen oder die Information und Schulung von Kunden und Anwendern gehören.[741]

3.4.2.2 Die offensive Innovationsstrategie

Eine Pionierstrategie wird sich bei einem hohen Problemlösungspotential des Innovationsfelds bzw. der Innovationsidee empfehlen, d.h. wenn die aus Innovationsfeld bzw. Innovationsidee hervorgehenden Lösungen für verschiedene Bauprojekte und Marktsegmente gültige Problemstellungen zu lösen versprechen. Dies wird verständlich, bedenkt man, dass mit einer Führerschaft insbesondere bei hohen Innovationsgraden hohe Risiken verbunden sind, die vor allem die technische Machbarkeit und die wirtschaftlichen Erfolgsaussichten betreffen. Hohe Risiken einzugehen, ist daher nur bei einem mehrfachen Einsatz der innovativen Lösung bzw. bei Modifizierbarkeit der Lösung für kommende Bauaufgaben zu rechtfertigen. Daneben wird es erst durch die mehrmalige Anwendung möglich sein, zum einen die hohen Kosten der Ideenrealisierung auf mehrere Bauprojekte zu verteilen und zum anderen anfängliche Schwierigkeiten zu beseitigen und zu einer optimierten Anwendung zu finden. Dies beinhaltet auch zu erwartende Lernkurveneffekte bei den Mitarbeitern.

Risiken werden immer dann getragen, wenn ihnen ausreichende Gewinnaussichten gegenüber stehen. Eine offensive Innovationsstrategie verspricht aufgrund der temporären Monopolstellung des Unternehmens diese Gewinnchancen. Dies setzt aber voraus, dass mit der innovativen Lösung ein deutlicher Mehrwert im Vergleich zu bisherigen Lösungen verbunden ist. Zur Entscheidungsfindung sind ebenso die Determinanten des Diffusionspotentials heranzuziehen. Neben einer vom Kunden wertgeschätzten Kosten-Nutzen-Relation der innovativen Lösung ist auch die kundenspezifische Akzeptanz dazu zu zählen. Der Erfolg einer Pionierstrategie wird hier in entscheidendem Masse vom Innovationsverhalten des Kunden beeinflusst, von dem auszugehen ist, dass es mit zunehmender Kundenprofessionalität innovationsförderlicher ausgerichtet ist. Doch nicht nur der bauliche Erfahrungshintergrund wird das Innovationsverhalten prägen, sondern ebenso der Stellenwert, den Innovationen beim Kunden besitzen. Geniessen Innovationen beim Kunden, sei es ein privater oder ein öffentlicher Kunde, ein hohes Ansehen, d.h. zeichnet sich die Geschäftstätigkeit des Kunden selbst durch Innovationsbemühungen aus, wird eine offensive Innovationsstrategie in Marktsegmenten mit professionellen, innovationsorientierten Kunden die grössten Erfolgsaussichten aufweisen. Nicht zuletzt werden diese Kunden auch vermehrt Projektabwicklungsformen favorisieren, die Innovationsanreize setzen und innovative Lösungen wettbewerbswirksam werden lassen. Gelingt dem Pionier letztlich die Realisierung einer innovativen Lösung, durch die der Kunde eine

---

[741] Vgl. Michel, K. (Technologie 1990) S. 89.

überzeugende Erfüllung seiner baulichen Anforderungen erkennen kann, wird der Pionier mit einen Vertrauensvorsprung bzw. Leistungsausweis (Referenzprojekt) belohnt, der ihm einen über den Monopolisierungszeitraum hinausgehenden Wettbewerbsvorteil sichert.[742]

Weitere Entscheidungsdeterminanten ergeben sich aus dem Differenzierungspotential der innovativen Idee. Vorteilhaft für eine offensive Innovationsstrategie ist hier ein hoher relativer Wissensstand im Unternehmen, denn zum einen wird sich die Dauer des Pioniervorteils aus dem durch die innovative Lösung erzielbaren Wissenszuwachs bestimmen. Da dieser mit dem Innovationsgrad ansteigt, sind bei hohem Innovationsgrad die grössten Barrieren für Folger zu erwarten. Zum anderen müsste der Pionier bei einem geringen Wissensstand selbst mögliche Barrieren überwinden, um sich zunächst das zur Innovationsrealisierung notwendige Wissen anzueignen. Ebenfalls vorteilhaft wirkt sich Wissen aus, das geschützt werden kann. Die Erfolge offensiver Innovationsstrategien werden immer dann gefährdet sein, wenn die innovative Lösung leicht nachzuahmen und nur unzureichend abgeschirmt ist. Daraus lässt sich ableiten, dass ein Pionier insbesondere für Verknüpfungs- und Systeminnovationen über durch viele Bauaufgaben angeeignetes strukturales Systemwissen in einem Marktsegment verfügen sollte (z.B. langjährige Erfahrungen im Tunnelbau). Dieses Wissen lässt sich aufgrund seiner Nutzungsspezifität zwar schwer schützen, aber es ist infolge seiner impliziten Form auch schwer übertragbar. Hingegen können innovative Lösungen wie Element- und Modulinnovationen, die auf strukturalem Modulwissen beruhen, leichter durch Patente geschützt werden. Das wird umso mehr der Fall sein, wie es sich dabei nicht um von bestehenden Anwendungen ausgehende Modifizierungen, sondern eigenständige funktionale und/oder strukturale Konzepte handelt. Eine Pionierstrategie empfiehlt sich hier insbesondere für neu konzipierte Baustoffe, Bauteile, Arbeitsmittel, Konstruktionsprinzipien oder Verfahren, deren inkorporiertes Wissen sich patentrechtlich sichern lässt.

3.4.2.3 Die defensive Innovationsstrategie

Das hohe Risiko einer offensiven Innovationsstrategie reduziert sich beim Folger dadurch, dass er von den Investitionen und Erfahrungen des Pioniers profitieren kann. Entwicklung und Markteinführung der innovativen Lösung kann mit einem geringeren Ressourceneinsatz erfolgen. Während der frühe Folger versucht, noch Vorteile des Pioniers zu nutzen, beginnt der späte Folger mit der marktlichen Verwertung einer innovativen Lösung, wenn der technische Erfolg bekannt und der Absatz der innovativen Lösung abgeschätzt werden kann.

742 Vgl. Maas, Ch. (Determinanten 1990) S. 182.

Der frühe Folger sieht sich zwar geminderten aber grundsätzlich ähnlichen Risiken ausgesetzt wie der Pionier. Auch hier ist der technische und marktliche Erfolg einer innovativen Lösung noch nicht gesichert. Vorteile des frühen Folgers ergeben sich jedoch im Ausnutzen von Vorleistungen des Pioniers. Eine frühe Folgerstrategie wird folglich empfehlenswert sein, wenn eine innovative Lösung nur unzureichend geschützt werden kann oder die Marktakzeptanz der Lösung unsicher ist. Beispielsweise ist dies bei neuen Baustoffen, Bauteilen und Arbeitsmitteln der Zulieferer der Fall, die eine hohe Kapitalintensität aufweisen, aber grundsätzlich für jedes Unternehmen zugänglich sind. Dem Folger bietet sich dann vor allem die Gelegenheit, die Problemlösung nach ihrer erstmaligen Anwendung durch den Pionier aufzugreifen und zu modifizieren, um sie den baulichen Anforderungen zukünftiger Bauaufgaben anzupassen. Zwar kann der frühe Folger auf erste Referenzprojekte verweisen, aber auch er wird insbesondere bei Produktinnovationen darauf angewiesen sein, einen innovativen Kunden zu finden, der die Risiken einer langfristig noch nicht bewährten Lösung mitträgt. Ebenso ist eine bauprojektübergreifende Anwendung der Innovation zu fordern, da aufgrund einer immer noch als hoch zu bezeichnenden Kapitalintensität ein einmaliger Einsatz nicht zu rechtfertigen ist.

Im Vergleich zum frühen Folger sieht sich der späte Folger geringen technischen und marktlichen Risiken gegenüber. Die innovative Lösung konnte sich bereits in verschiedenen Bauprojekten bewähren, die dem späten Folger als Referenz dienen. Dadurch, dass die meisten Kunden die innovative Lösung akzeptierten, lassen sich auch weniger innovative Kunden von der Anwendung überzeugen. Daneben ist die defensive Innovationsstrategie des späten Folgers für die bauprojektabhängige Realisierung von innovativen Lösungen mit hohem Innovationsgrad vorteilhaft, denn die Kapitalintensität einer solchen Ideenrealisierung kann entweder durch Rückgriff auf nicht geschütztes Wissen der Vorgänger gesenkt oder der entsprechende Mehrwert aufgrund der vorhandenen Referenzen leichter nachgewiesen werden.

Grundsätzlich ist bei einer defensiven Innovationsstrategie zu beachten, dass Referenzen zwar die Funktionsfähigkeit der innovativen Lösung aufzeigen und dadurch Risiken reduzieren können. Ob der frühe oder späte Folger aber auch die Fähigkeit besitzt, die innovative Lösung in ein Bauwerks- oder Prozesssystem zu implementieren, bleibt unbeantwortet. Hier wird der Folger einen ausreichenden Nachweis zu erbringen haben, dass er aufgrund seiner langjährigen Erfahrungen in diesem Marktsegment auch in der Lage ist, die innovative Lösung zu realisieren.

3.5 Die Regulierungsorientierung in der Innovationsstrategie

3.5.1 Die strategisch intendierte Einflussnahme auf Regulierungen

Die Umwelt eines Unternehmens konnte als miteinander in Beziehungen stehender Akteure beschrieben werden, durch deren Handeln sich die situativen Gegebenheiten oder Branchenbedingungen konstituieren. Strategisches Handeln zielt darauf ab, die Beziehungen der Akteure zu kontrollieren bzw. die Bedingungen zugunsten des eigenen Unternehmens vorteilhaft zu beeinflussen. Wurden bisher innovationsstrategische Optionen zur Einflussnahme der Beziehungen zwischen wirtschaftlich handelnden Akteuren betrachtet, soll nun das Betrachtungsfeld auf die Beziehungen zu denjenigen Akteuren ausgedehnt werden, die das Innovationshandeln der wirtschaftlichen Akteure legitimieren. Zu diesen Akteuren gehören z.B. alle regulierungsschaffenden und -anwendenden Institutionen.

Die Beeinflussung technischer, rechtlicher und politischer Regulierungen ist in der strategischen Managementliteratur bislang wenig behandelt worden.[743] Deren teilweise restringierende Wirkung auf das Innovationsverhalten von Bauunternehmen konnte jedoch mit den Ausführungen zum technischen Regulierungsgrad als Innovationsbedingung bereits hervorgehoben werden. Folglich spielt die Anpassung der regulierenden Umweltbedingungen an die unternehmensrelevanten Erfolgspotentiale für Unternehmen eine nicht unbedeutende strategische Rolle. Sie ist zudem immanent aufgrund der z.T. starken regionalen Tätigkeit von Bauunternehmen, durch die bereits lokalpolitische Entscheidungen erhebliche Auswirkungen auf den Handlungsspielraum der Unternehmen haben können.

Aufgrund der geringen empirischen und theoretischen Fundierung zur strategisch intendierten Einflussnahme auf Regulierungen durch Bauunternehmen sind die nachfolgenden Ausführungen in erster Linie denklogisch hergeleitet.

Wesentlich für eine bewusste Einflussnahme ist zum einen das Wissen um diese Möglichkeit und die dafür zur Verfügung stehenden Wege,[744] denn erst wenn Regulierungen nicht als gegeben hingenommen werden und gezielt nach Möglichkeiten zu ihrer Veränderung gesucht wird, lassen sich Verschiebungen zugunsten der Unternehmenspotentiale erzielen. Zum anderen ist als Voraussetzung für eine Einflussnahme ausreichende Macht des Unternehmens vonnöten.[745] Macht bezeichnet hier das Vermögen von Unternehmen, Einfluss auf Entscheidungspersonen in regulierenden Institutionen zu nehmen. Sie geht darauf zurück, dass Unternehmen

743 Vgl. Zimmer, M.; Ortmann, G. (Management 2001) S. 47f.

744 Vgl. Zimmer, M. (Wege 2001) S. 390.

745 Vgl. Zimmer, M. (Wege 2001) S. 390.

Verfügungsgewalt über Ressourcen besitzen, die sie zu politischem Handeln befähigen. Eine der bekanntesten Bezugnahmen auf Ressourcen zur Einflussnahme auf unternehmerische Rahmenbedingungen ist die Drohung mit Arbeitsplatzabbau. Da der Staat für seine politische Souveränität auf Steuereinnahmen angewiesen ist, erschliesst sich Unternehmen hier ein wirksames Mittel für Veränderungen unternehmerischer Rahmenbedingungen.[746] Gleichzeitig verleiht die wirtschaftliche Macht der Einflussnahme der Unternehmen erst das notwendige argumentative Gewicht. So können sie mit drohendem Arbeitsplatzabbau die Abhängigkeit der Politiker von Wählerstimmen ausnutzen. Ein Beispiel hierfür war der Versuch der deutschen Bundesregierung, den ehemaligen Baukonzern Philipp Holzmann durch finanzielle Unterstützung vor dem Konkurs zu bewahren.

Dem einzelnen Bauunternehmen werden sich vor allem auf regionaler Ebene Handlungsmöglichkeiten eröffnen, um Einfluss auf ihre regulierende Umwelt ausüben zu können. Dagegen wird für eine überregionale Einflussnahme das dazu notwendige Machtpotential erst durch Unternehmensverbände auszuschöpfen sein. Dabei ist aber zu beachten, dass Unternehmensverbände Ziele vertreten, die nicht den Zielen eines einzelnen Unternehmens entsprechen, sondern auf einen Kompromiss der verschiedenen Mitgliedsunternehmen zurückgehen.[747]

3.5.2 Entscheidungen zur Beeinflussung von Regulierungen

3.5.2.1 Strategische Alternativen

Im Hinblick auf die Beeinflussung von Regulierung lassen sich zwei strategische Alternativen abgrenzen, die ***direkte*** und die ***indirekte Innovationsstrategie***.

Eine direkte Innovationsstrategie liegt dann vor, wenn Unternehmen auf die Ausarbeitung von Regulierungen durch regulierende Institutionen wie z.B. in Deutschland das Deutsche Institut für Normung (DIN) oder in der Schweiz der Schweizerische Architekten- und Ingenieur-Verein (SIA) Einfluss nehmen. Relevant für das Innovationsverhalten von Bauunternehmen erscheint hierbei insbesondere die Einflussnahme auf Prozesse zur Erarbeitung technischer Regulierungen oder von Regulierungen zur Abwicklung von Bauprojekten (z.B. PPP-Projekte). Dies schon aus dem Grund, da die regulierenden Institutionen auf das Fachwissen der Unternehmen angewiesen sind, die erst durch ihre Unternehmenstätigkeit das Wissen über die technische und wirtschaftliche Realisierbarkeit von Neuerungen mitbringen. Das ist in den meisten Fällen gleichzusetzen mit einem Informationsvorsprung, auf den die regulie-

---

746 Vgl. Zimmer, M. (Wege 2001) S. 395.

747 Vgl. Zimmer, M. (Wege 2001) S. 391f.

renden Institutionen zurückgreifen, um Wirkungen und Folgen von Regulierungen abwägen zu können. Die Ausnutzung des Informationsvorsprunges durch das Unternehmen kann soweit gehen, dass regulierende Massnahmen antizipiert werden, um Anforderungen zu vermeiden, die von den Parametern der eigenen Unternehmensleistung abweichen. Ebenso kann der Informationsvorsprung genutzt werden, um darauf hinzuweisen, dass die angestrebte Regulierung technisch und wirtschaftlich nicht umsetzbar ist.[748]

Beim soeben Genannten ist zu beachten, dass z.B. technische Regulierungen von nichtstaatlichen Einrichtungen erarbeitet werden und damit nicht per se als rechtliches Regelwerk gelten. Vielmehr liegen den auf die Bautätigkeit bezugnehmenden Regulierungen rechtlich unbestimmte Begrifflichkeiten zugrunde wie *„allgemein anerkannte Regeln der Technik“*, und grundsätzlich ist ein Verweis auf technische Regulierungen, wenn überhaupt vorhanden, so doch nicht verbindlich.[749] Die Bedeutung technischer Regulierungen erwächst nun daraus, dass sie konkretisierte Anhaltspunkte zur Auslegung der allgemeinen staatlichen Regulierungen liefern. Das kann durchaus soweit führen, dass durch staatliche Institutionen technischen Regulierungen als Baubestimmungen eingeführt, also auf das Niveau rechtlicher Regulierungen gehoben werden. Gelingt es Unternehmen demnach, technische Regulierungen für ihre Produkt- oder Prozessinnovationen zu etablieren, kann eine Grundlage für die langfristige Verwertbarkeit der Neuerungen geschaffen werden.

Eine indirekte Innovationsstrategie liegt vor, wenn das Unternehmen Einfluss auf die Anwendung von Regulierungen nimmt. Sie ergibt sich unmittelbar aus der flexiblen Anwendung von Regulierungen durch den Kunden der Bauwirtschaft. Das heisst, ob und welche Regulierungen für welche baulichen Anforderungen die Erfüllungsgrundlage darstellen, liegt im Ermessen des Kunden. Wesentlich ist nur, dass die rechtlichen Randbedingungen eingehalten sind, z.B. bei technischen Regulierungen die öffentliche Sicherheit gewährleistet ist. Einflussnahme kann ein Unternehmen hier im Hinblick auf die Handlungsträger zur Festlegung der bauvertraglich einzuhaltenden technischen Regulierungen oder die Projektabwicklungsform üben, um sich dadurch den notwendigen Spielraum für innovative Ideen zu verschaffen. Danach liegt eine indirekte Innovationsstrategie dann vor, wenn Unternehmen zur Beeinflussung des Regulierungsgrads auf die Handlungsträger in den regulierungsanwendenden Institutionen einwirken.

Eine weitere Handlungsmöglichkeit, bei der das Innovationsverhalten von Bauunternehmen indirekt beeinflusst wird, besteht in der Akquirierung staatlicher Fördermittel

---

[748] Vgl. Zimmer, M. (Wege 2001) S. 397.

[749] Vgl. Rath, Ch.; Brendle, U. (Zukunft 1997) S. 579.

bzw. der Aktivierung staatlicher Förderprogramme für Innovationsvorhaben in der Bauwirtschaft.

3.5.2.2 Die direkte Innovationsstrategie

Entscheidungskriterien für eine direkte Innovationsstrategie ergeben sich unmittelbar aus dem Diffusionspotential einer innovativen Idee. Weicht eine Innovationsidee stark vom momentanen Wissensstand ab bzw. lässt sie sich nicht mit einer bestehenden Regulierung abstützen, wird zur Durchsetzung der innovativen Lösung eine Regulierungsänderung bzw. -ergänzung einzuleiten sein. Das gilt sowohl für Produkt- und Prozessinnovationen wie für Leistungsinnovationen und wird mit zunehmendem Innovationsgrad der Fall sein. Da gleichsam mit dem Innovationsgrad das Innovationsrisiko zunimmt, werden entsprechende Neuerungen erst bei zertifizierter Funktionalität den Weg in die Praxis finden. Das können z.B. bei Produktinnovationen Gutachten bzw. Expertisen einer unabhängigen Materialprüfanstalt sein. Hier kommt ebenso die geringe Akzeptanz des Kunden zum Tragen, durch die, obwohl nicht zwangsläufig notwendig, bei produkt- und prozessbezogenen Neuerungen eine vor der eigentlichen Regulierungsänderung geprüfte Zulassung (z.B. in Deutschland durch das Institut für Bautechnik) häufig unumgänglich ist. Aufgrund der umfassenden, z.T. auf veränderten Verfahren beruhenden Prüfungen können diese Zulassungen erhebliche Kosten verursachen.

Mit dem Letztgenannten gewinnt auch das Problemlösungspotential für die innovationsstrategische Entscheidung an Bedeutung, denn der finanzielle Aufwand für eine Zulassung bzw. einer Regulierungsänderung für die Innovationsidee lässt sich nur bei bauprojektübergreifenden Innovationen rechtfertigen. Gleichzeitig restringieren die zeitlichen Rahmenbedingungen des Bauprojekts den Zulassungsprozess, umfangreiche Prüfungen mit neuen Prüfverfahren sind schwer zu realisieren.

Weitere Entscheidungskriterien für eine direkte Innovationsstrategie sind mit dem Differenzierungspotential der Innovationsidee gegeben. Danach werden Neuerungen leichter Eingang in Regulierungen finden, wenn das Unternehmen in dem entsprechenden Fachgebiet über einen hohen Wissensstand verfügt. Es ist davon auszugehen, dass in diesem Fall das Unternehmen bereits bei der Etablierung anderer regulativer Massnahmen beteiligt war. Denn der Erfolg einer Regulierung hängt u.a. von der Bereitschaft der Unternehmen ab, ihr Wissen im Sinne der Regulierung einzusetzen. Je mehr sich das Wissen auf einzelne Unternehmen konzentriert, desto schwieriger gestaltet sich eine Umsetzung der Regulierung ohne Beteiligung dieser Unternehmen.[750] Dadurch besitzen die Unternehmen aber auch ausreichendes Gewicht, um regulative Änderungen infolge von Neuerungen durchzusetzen. Daneben

[750] Vgl. Zimmer, M. (Wege 2001) S. 397.

kann auch der Versuch unternommen werden, jenseits der bestehenden Regulierungen eigene Regeln aufzustellen und einzuführen. Dies wird im Regelfall nur auf Verbandsebene gelingen, wo den erarbeiteten Regulierungen auch die notwendige Durchsetzungskraft verliehen werden kann, denn letztlich schaffen sie eine Konkurrenzsituation zum existierenden Regelwerk. Ihr Erfolg wird sich darin ausdrücken, inwieweit sie zur bauvertraglichen Grundlage werden bzw. von der Rechtsprechung z.B. als allgemein anerkannte Regeln der Technik akzeptiert werden.

3.5.2.3 Die indirekte Innovationsstrategie

Entscheidungskriterien für eine indirekte Innovationsstrategie können ebenfalls aus dem Diffusionspotential einer Innovationsidee extrahiert werden. Hier ist es vor allem die Kundenakzeptanz, die Massnahmen zur Beeinflussung des Regulierungsgrads in Bauprojekten sinnvoll erscheinen lässt. Dies wird insbesondere dann der Fall sein, wenn von Seiten des Kunden die Unsicherheit über die Qualität der vertraglich geschuldeten Bauleistung so gross ist, dass z.B. technische Regulierungen in einem Ausmass zum Vertragsbestandteil erhoben werden, die den Innovationsspielraum des Unternehmens erheblich eingrenzen. Hierbei geht es in erster Linie um die objektive Unsicherheit der Kunden, die durch das innovativen Lösungen inhärente Risiko ausgelöst wird. Entsprechend ist eine Einflussnahme auf die Kunden vor allem bei steigendem Innovationsgrad angezeigt.

Die Einflussnahme auf den Kunden zum Regulierungseinsatz erleichtert sich, wenn die innovative Idee lediglich aus Sicht des Unternehmens erstmalig realisiert wird und sie bereits in Bauprojekten anderer Unternehmen bzw. Kunden vollständig oder zumindest in Teilen identisch umgesetzt wurde, d.h. wenn das Unternehmen als Innovationsfolger in Erscheinung tritt. Das Vorhandensein von Referenzen erleichtert es, z.B. bei Produkt- und Prozessinnovationen Risiken ohne aufwendige Prüfverfahren zu minimieren und die innovative Idee im Rahmen des Bauprojekts, in der sie entstanden ist, zu realisieren. Eine wesentliche Voraussetzung hierfür ist wie bereits angemerkt, dass das Unternehmen zumindest ausreichendes Wissen im Marktsegment besitzt. Nur so werden Bezugnahmen auf ähnliche, bestehende Lösungen überhaupt möglich und kann dem Kunden überzeugend die Funktionsfähigkeit und Realisierbarkeit der innovativen Lösung präsentiert werden. Dieses Vorgehen eignet sich für bauprojektabhängige wie bauprojektübergreifende Innovationsaufgaben im Rahmen einer Folgerstrategie.

Darüber hinaus ist eine indirekte Innovationsstrategie auch für bauprojektübergreifende Innovationsaufgaben mit marktbezogenen hohen Innovationsgraden angebracht, wenn damit die Einflussnahme auf die Entscheidungsträger zur Vergabe staatlicher Forschungs- und Entwicklungsförderung thematisiert wird. Entscheidungskriterien ergeben sich hauptsächlich aus dem Implementierungspotential der innovativen Idee. Sobald die Finanzierungshöhe und -kontinuität zur Ideenrealisierung nicht mit Eigenmitteln gewährleistet werden kann, stellt der Zugriff auf öffentliche Fördermittel eine probate Alternative dar. Dabei werden die Erfolgsaussichten einer Einflussnahme mit dem Gewicht, das hinter den Förderbegehren steht, zunehmen. Auf regionaler Ebene können noch einzelne Unternehmen ausreichende wirtschaftliche Macht aufbringen, auf nationaler Ebene wird dies vor allem über die Unternehmensverbände zu erreichen sein. Ein Beispiel für die indirekte Beeinflussung des Innovationsverhaltens auf regionaler Ebene ist der in Deutschland durch öffentliche Mittel geförderte Aufbau eines regionalen Netzwerks als Plattform für praxisnahe Entwicklungsprojekte. Kernpartner des Netzwerks sind zwei mittelständische Bauunternehmen, die aufgrund ihrer wirtschaftlichen Bedeutung für die Region der regionalen Politik Anlass gaben, die Bereitstellung von staatlichen Fördermitteln zum Netzwerkaufbau zu unterstützen.[751] Ein Beispiel für die indirekte Beeinflussung des Innovationsverhaltens auf nationaler Ebene ist eine vom VDI in Deutschland gestartete Initiative zur Auflegung eines staatlich geförderten Bauforschungsprogramms, die sich im Forschungsprogramm „*Bauen und Wohnen*“ des Bundesministeriums für Bildung und Forschung der BRD niederschlug.[752]

4 Organisatorische Handlungsempfehlungen zur Generierung innovativer baulicher Gesamtlösungen

Mit dem Treffen innovationsstrategischer Entscheidungen hat das Bauunternehmen die von ihm zu bewältigenden Innovationsaufgaben charakterisiert und Aussagen zur Aufgabenbewältigung getroffen. Damit hat es gleichsam die Anforderungen an die ***Innovationsorganisation*** als weitere Strukturkategorie des organisatorischen Gestaltungsmodells formuliert. Ausgehend von diesen Anforderungen stehen dem Bauunternehmen verschiedene Alternativen für die Gestaltung der Innovationsorganisation zur Generierung innovativer baulicher Gesamtlösungen zur Verfügung, auf die in diesem Kapitel näher eingegangen werden soll.

Zu Beginn werden die wesentlichen baubetrieblichen ***Organisationseinheiten*** für die Erfüllung von Innovationsaufgaben abgegrenzt (Abschnitt 4.1). Im Anschluss ist die Institutionalisierung bauprojektabhängiger Innovationsaufgaben durch die erste Organisationseinheit, das ***Bauprojekt***, Gegenstand der Betrachtung. Bauprojekten kommt für die Innovationstätigkeit von Bauunternehmen insofern zentrale Bedeutung zu, als sie den organisatorischen Rahmen für die Implementierung jedweder innovativen Lösung in die baubetriebliche Praxis setzen (Abschnitt 4.2). Dies gilt auch für

[751] Vgl. o.V. (Magazin 2001) S. 7.

[752] Vgl. o.V. (Forschungsprogramm 2000).

die Lösungen bauprojektübergreifender Innovationsaufgaben, die das ***Innovationsprojekt*** als zweite Organisationseinheit fasst. Das Innovationsprojekt gestattet gegenüber dem Bauprojekt vor allem die vom Tagesgeschäft getrennte Entwicklung innovativer Lösungen mit höheren Innovationsgraden (Abschnitt 4.3). Die Rolle des verknüpfenden Elements zwischen Bau- und Innovationsprojekt mit strategischer und/oder operativer Zielsetzung übernimmt die ***Innovationsgruppe***. Sie soll als dritte Organisationseinheit eingeführt und beschrieben werden (Abschnitt 4.4). Abschliessend ist sich der Koordinierung der mit den Organisationseinheiten institutionalisierten Innovationstätigkeit durch ein ***baubetriebliches Innovationsmanagement*** zu widmen und die Verankerung des Innovationsmanagements in Bauunternehmen aufzuzeigen (Abschnitt 4.5).

4.1 Baubetriebliche Organisationseinheiten zur Abwicklung von Innovationsaufgaben

Ist die Innovationsorganisation zur Generierung innovativer baulicher Gesamtlösungen zum einen durch die Zuordnung der Innovationsaufgaben und der mit ihnen verbundenen Aktivitäten zu verschiedenen inter- wie intraorganisatorischen Handlungsträgern zu gestalten, sollen in folgenden Organisationseinheiten die Handlungsträger zur Aufgabenerfüllung zusammenarbeiten:

- im Bauprojekt
- im Innovationsprojekt
- in der Innovationsgruppe

Zum anderen ist von der innovationsorganisatorischen Gestaltung zu berücksichtigen, dass die Aufgabenerfüllung in und zwischen den Organisationseinheiten im Hinblick auf die strategischen Ziele abzustimmen, zu steuern und zu kontrollieren ist. Die mit den dem Innovationsmanagement verbundenen Aufgaben sind ebenso im Unternehmen zu verankern.

4.1.1 Das Bauprojekt

Wie bereits aus der terminologischen Abgrenzung zu entnehmen ist, dient das Bauprojekt als erste betrachtete Organisationseinheit vor allem der Realisierung bauprojektabhängiger Innovationsaufgaben. Dass mit dem Bauprojekt die Strukturform der Projektorganisation in den Mittelpunkt der innovationsorganisatorischen Überlegungen gestellt wird, hat den Grund, dass Bauaufgaben aufgrund ihrer Kunden- und

Ortsabhängigkeit eine auf die Erfüllung wechselnder Anforderungen gerichtete Ressourcenallokation erfordern.[753]

Bauprojekte beginnen i.d.R. mit den Vorstudien zum beabsichtigten Bauvorhaben und enden mit der Inbetriebnahme eines nutzungsgerechten Bauwerks. Dabei können im Bauprojekt Aufgabeninputs zu verarbeiteten sein, die in ihrer Ausprägung bzw. Kombination erstmalig in Erscheinung treten und zur Suche nach neuen baulichen Lösungen anregen. Daneben lassen sich auch gezielt innovative Lösungen suchen, um über den bestehenden architektonischen und/oder technischen Status quo hinaus optimierte bauliche Lösungen zu entwickeln. Die Besonderheit von Bauprojekten besteht darin, dass sie zwar den organisatorischen Rahmen für die effiziente Abwicklung des Tagesgeschäfts von Bauunternehmen bilden aber gleichsam die Umsetzung innovativer Lösungen erfordern bzw. ermöglichen. Das heisst, dass Bauunternehmen ihre wertschöpfenden Ziele für gewöhnlich über routiniert wie innovativ zu lösende Teilaufgaben erreichen. Die Teilaufgaben können wie bereits angemerkt in unterschiedlichen Anteilen auftreten, wobei zu Beginn eines Bauprojekts der Anteil innovativ lösbarer Teilaufgaben tendenziell überwiegt.[754]

Werden bauprojektabhängige Innovationsaufgaben durch das Bauprojekt institutionalisiert, begrenzt sich i.d.R. die Suche nach Problemlösungen bzw. die Ideengenerierung und -entwicklung durch den einschränkenden Rahmen des Bauprojekts. Insbesondere fehlt oft die Zeit, um ausführliche Recherchen durchzuführen, weitere Alternativen zu suchen und die Leistungsfähigkeit einer Problemlösung, insofern technisch möglich, eingehender zu prüfen. Wenn die Suche nicht bereits bei einer bewährten, für die baulichen Anforderungen als ausreichend betrachteten Lösung beendet wird, werden deshalb Ideen vorzugsweise weiter zu verfolgen sein, bei denen die Anwendungsreife der Idee schon erreicht ist oder mit einem Minimum an zusätzlichem Ressourcenaufwand erreicht werden kann. Zu solchen innovativen Lösungen gehören z.B. Neuentwicklungen der Zulieferindustrien, die sich als Element- oder Modulinnovationen in die bauliche Gesamtlösung integrieren lassen. Der bauprojektabhängige Innovationsprozess wird vor allem durch die Identifizierung solcher Problemlösungen und ihre Implementierung in die betriebliche Praxis dominiert.

4.1.2 Das Innovationsprojekt

Neben dem, dass im Bauprojekt innovative Lösungen für bauliche Probleme erkannt und in die betriebliche Praxis implementiert werden, können vom Bauprojekt ebenso

---

[753] Vgl. Teil B, Abschn. 1.2.3.1 und Abschn. 3.1.2.1.

[754] Vgl. Teil D, Abschn. 2.1.2.

Impulse für Innovationsaufgaben ausgehen, die losgelöst von den spezifischen Gegebenheiten der Bauaufgabe zu realisieren sind. Dabei kann es sich sowohl um ungelöste oder unzureichend gelöste Probleme als auch im Kontext des Bauprojekts nicht realisierbare Ideen handeln. Was diese Probleme und Ideen auszeichnet, ist die Aussicht, sie für die Anwendung in weiteren Bauprojekten lösen bzw. weiterentwickeln zu können. Die Organisationseinheit, die Innovationsaufgaben bauprojektübergreifend umsetzt, ist das Innovationsprojekt. Der Unterschied zum Bauprojekt besteht darin, dass Innovationsprojekte direkt auf die Neugestaltung von Leistungen, Bauwerk und Leistungserbringungsprozessen zielen, hingegen Bauprojekte Innovationen nur indirekt, über die Optimierung der baulichen Gesamtlösung anstreben.

Mit Innovationsprojekten lassen sich aufgrund dessen, dass sie gezielt innovative Lösungen verfolgen, nicht nur in Bauprojekten erkannte Potentiale umsetzen. Darüber hinaus sind Innovationsprojekte auch dazu geeignet, die strategisch definierten Innovationsfelder des Unternehmens zu erschliessen.

Beim Innovationsprojekt wird ebenso wie beim Bauprojekt die Projektorganisation als Strukturform herangezogen. Ein Grund dafür ist gleichfalls, dass mit dem Projekt gezielt spezifische Ressourcen zusammengeführt werden können, wie es die Verarbeitung neuartiger Aufgabeninputs verlangt.[755] Darüber hinaus ist mit dem Innovationsprojekt eine Organisationseinheit gegeben, mit der sich umfangreiche Neuerungsaufgaben abgegrenzt vom laufenden Tagesgeschäft bearbeiten lassen. Die organisatorische Separierung begründet sich damit, dass zur gezielten Entwicklung von innovativen Lösungen mit hohen Innovationsgraden verstärkt Kreativpotential zur Entfaltung zu bringen ist, das jedoch durch die Belastung mit dem Alltagsgeschäft unterdrückt wird. Dem Neuen kann nicht die notwendige Aufmerksamkeit geschenkt werden, der Freiraum zur gezielten und systematischen Umsetzung von Innovationspotentialen fehlt vielfach.[756] Die Trennung der Innovation vom Tagesgeschäft kann ebenso als Abschirmung des Neuen vom Alten interpretiert werden, denn Neuerungen treffen nicht selten auf erhebliche Widerstände, bei denen davon auszugehen ist, dass sie mit dem Innovationsgrad anwachsen. Folglich ist bei steigendem Innovationsgrad der Innovationsprozess vom bestehenden Organisationskontext zunehmend zu separieren bzw. sind Kompetenzen und Verantwortlichkeiten zur Aufgabenerfüllung weitgehend dem Innovationsprojekt zu übertragen.

Grenzen sich Bau- und Innovationsprojekt über die Intention zur Innovation ab, sind beide Organisationseinheiten gleichzeitig über eine gemeinsame Schnittmenge an Aktivitäten miteinander verbunden. Diese ergeben sich aus dem Umstand, dass auch in Innovationsprojekten verfolgte Ideen ihre erstmalige Anwendung immer in einem

---

[755] Vgl. Teil B, Abschn. 3.1.2.1.

[756] Vgl. Teil C, Abschn. 2.4.

Bauprojekt erfahren. So markieren im bauprojektübergreifenden Innovationsprozess die beiden Aktivitäten Entwicklung und Implementierung die Schnittstellen zu bauprojektabhängigen Innovationsaufgaben. Während bereits die Entwicklung der innovativen Lösung auf eine erste Anwendung fokussieren kann, haben sich spätestens mit der Implementierung der Lösung in die betriebliche Praxis die beiden Innovationsprozesse überlagert. Gegenüber dem Bauprojekt besitzen beim Innovationsprojekt jedoch die Aktivitäten von der Ideengenerierung bis zur Entwicklung der innovativen Lösung ein deutlich höheres Gewicht.

4.1.3 Die Innovationsgruppe

In den vorangegangenen Abschnitten konnten mit dem Bau- und dem Innovationsprojekt zwei Organisationseinheiten beschrieben werden, die zur bauprojektabhängigen und bauprojektübergreifenden Umsetzung von innovativen Ideen geeignet sind. Zwischen dem Bauprojekt als Quelle von Erfahrungen in Form von ungelösten Problemen oder erkannten Potentialen und dem Innovationsprojekt zur intendierten Lösung von Problemen bzw. Umsetzung von Potentialen klafft jedoch noch eine organisatorische Lücke, die zum einen die Identifizierung strategisch bedeutsamer Innovationsfelder verhindert und zum anderen einer gezielten Kanalisierung des umfangreichen Wissens der Handlungsträger in Bauunternehmen entgegen steht.

Die eigenen empirischen Untersuchungen haben gezeigt, dass es Bauunternehmen schwer fällt, Innovationen den Charakter des Zufälligen zu nehmen und ihre Entwicklung bewusst zu initiieren.[757] Das liegt vor allem daran, dass auf der einen Seite eine Organisationseinheit fehlt, die langfristige Trends in der Unternehmensumwelt erkennt, auswertet, in für das Unternehmen wichtige Innovationsfelder überführt und erste Innovationsprojektideen definiert. Mit ***strategischen Innovationsgruppen*** ist eine Organisationseinheit gegeben, die diese Lücke schliessen kann. Auf der anderen Seite fehlt eine Organisationseinheit, die das in Bauprojekten gesammelte Wissen auffängt, in für das Unternehmen nutzbringende Ideen transformiert und diese Ideen einer Lösung zuführt. Zur Schliessung dieser Lücke kann auf die Organisationseinheit der ***operativen Innovationsgruppe*** zurückgegriffen werden.

Strategische wie operative Innovationsgruppe sind dadurch gekennzeichnet, dass sie auf Dauer angelegte Kleingruppen darstellen, in der fünf bis zehn Mitarbeiter einer oder verschiedener hierarchischer Ebenen mit einer gemeinsamen oder unterschiedlichen Erfahrungsgrundlage in regelmässigen Abständen auf freiwilliger Basis zusammenkommen.

[757] Vgl. Teil C, Abschn. 2.3.2.2.

Obwohl sich für Gruppen mit diesen Merkmalen unterschiedliche Termini wie Qualitätszirkel, Lernstatt, Innovationsgremien u.a. in der Literatur etabliert haben, soll hier am Begriff der Innovationsgruppe festgehalten werden. Der Grund dafür ist, dass gegenüber dem primären Anliegen der anderen Gruppenkonzepte, dem Lernen und Problemlösen, Innovationsgruppen verstärkt auf das bauprojektübergreifende Generieren sowohl strategisch wie operativ orientierter innovativer Ideen und Lösungskonzepte zielen. Darüber hinaus sind Innovationsgruppen nicht ausschliesslich auf einer Hierarchieebene angesiedelt. Sie können sowohl untere Hierarchieebenen (z.B. Poliere), mittlere Hierarchieebenen (z.B. Bauführer) und/oder obere Hierarchieebenen (z.B. Spartenleitung) des Unternehmens umfassen. Des Weiteren können sie sich gerade im Hinblick auf die Ideengenerierung aus Handlungsträgern mit verschiedenen Erfahrungshintergründen zusammensetzen (z.B. Mitarbeiter aus verschiedenen Sparten).

Ziel der strategischen Innovationsgruppe ist es, in einem ersten Schritt stattfindende und sich abzeichnende Veränderungen in den baulichen Anforderungen und im Unternehmensumfeld zu erkennen, zu analysieren und darauf aufbauend zukünftige Innovationsfelder für das Unternehmen zu identifizieren. Darüber hinaus lassen sie sich in einem zweiten Schritt für die Erarbeitung von ersten konkreten Innovationsprojektideen in einzelnen Innovationsfeldern einsetzen. Die Ideenbewertung stellt dann den Übergang von der strategischen Innovationsgruppe zum Innovationsprojekt dar.

Die operative Innovationsgruppe widmet sich den durch die betrieblichen Handlungsträger erkannten Problemen und Potentialen ihrer täglichen Arbeit in den Bauprojekten. Die Rückmeldung über den Verlauf des Bauprojekts kennzeichnet hier den Übergang zur Innovationsgruppe. Ziel ist es, in einem ersten Schritt selbstgewählte Problemstellungen aus dem eigenen Arbeitsbereich oder an die Gruppe herangetragene Probleme zu analysieren, Lösungsvorschläge zu erarbeiten und zu präsentieren. In einem zweiten Schritt sind diese Vorschläge selbständig oder im Instanzweg umzusetzen oder für die Weiterbehandlung in Innovationsprojekten aufzubereiten.[758] Je nach Lösungsvorschlag kann auch hier die Ideenbewertung den Übergang zum Innovationsprojekt markieren.

Strategische und operative Innovationsgruppe sind folglich als eigenständige Organisationseinheiten zu betrachten, die zusätzlich zu Bau- und Innovationsprojekt eingesetzt werden können. Durch ihre Anwendung lässt sich jedoch der Innovationstätigkeit des Unternehmens die notwendige strategische Ausrichtung geben und der Wissensfluss vom Bau- zum Innovationsprojekt organisatorisch unterstützen und intensivieren.

---

[758] Vgl. Deppe, J. (Quality 1990) S. 42 u. S 147.

4.1.4 Das Innovationsmanagement

Das Innovationsmanagement wurde definiert als alle mit der Entwicklung, Realisierung und Durchsetzung neuer Problemlösungen verbundenen Handlungen betrieblicher Führungskräfte, die auf die Beeinflussung des Innovationsverhaltens eines Unternehmens zielen.[759]

Den Ausgangspunkt eines baubetrieblichen Innovationsmanagements bildet die strategische Entscheidung, als Unternehmen innovativ tätig zu sein. Mit den drei Organisationseinheiten Bauprojekt, Innovationsprojekt und Innovationsgruppe lassen sich dann die innovationsstrategischen Entscheidungen des Unternehmens organisatorisch fassen und die strategisch definierten Innovationsaufgaben abwickeln. Dabei weisen die Organisationseinheiten in der gemeinsamen Anwendung verschiedene Schnittstellen auf. So werden im Bauprojekt die vom Innovationsprojekt oder von der Innovationsgruppe entwickelten Lösungen implementiert, wobei ein Bauprojekt selbst den Anstoss zur Ideengenerierung geben kann. Die Innovationsgruppe kann Ideen erarbeiten, die einer weiterführenden Behandlung durch ein Innovationsprojekt bedürfen. Das Innovationsprojekt kann Neuerungen hervorbringen, die bei ihrer Anwendung in Bauprojekten zu modifizieren sind.

Gerade die Schnittstellen zwischen bauprojektabhängigen zu bauprojektübergreifenden Innovationsaufgaben und damit der Übergang vom reaktiven zum proaktiven Innovationshandeln können Probleme bereiten, denen sich das baubetriebliche Innovationsmanagement anzunehmen hat. Zu diesen Problemen gehört, dass an der Lösung bauprojektübergreifender Innovationsaufgaben vielfach Mitarbeiter parallel zu ihrer Tätigkeit im operativen Geschäft, sprich der Abwicklung der Bauaufgaben, beteiligt sind. Die Umsetzung innovativer Aufgaben kann in Konkurrenz zum Vollzug der operativen Aufgaben treten, mit dem entsprechenden Konfliktpotential.

Darüber hinaus können mit Innovationsentscheidungen auch Widerstände einhergehen, die sich in dem Bestreben betroffener Unternehmensmitglieder äussern, den Status-Quo beizubehalten, den Veränderungen skeptisch gegenüber zu stehen oder sie gänzlich abzulehnen. Ursachen für diese Widerstände lassen sich in der Bedrohung von Machtpositionen, der fachlichen Überforderung, der unzureichenden Einbeziehung, in unerwünschten Risiken und der mangelhaften Information der Betroffenen ausmachen.[760] Da sich Entscheidungswiderstände hemmend auf die erfolgreiche Realisierung von Innovationsaufgaben auswirken, hat sich das Innovationsmanagement in Bauunternehmen neben der Gestaltung der Innovationspro-

---

759 Vgl. Teil A, Abschn. 1.2.

760 Vgl. Bleicher, K. (Konzept 1992) S. 460f.

zesse auch der Schaffung innovationsfördernder Rahmenbedingungen anzunehmen.[761]

Dem baubetrieblichen Innovationsmanagement obliegen damit schwerpunktmässig folgende Aufgaben (Bild 69):

- **Implementierung**

  Da innovationsförderliche Strukturen nicht von vornherein vorhanden sind, sind entsprechend den innovationsstrategischen Präferenzen des Unternehmens die strukturellen Voraussetzungen zur Bildung von innovationsrealiserenden Organisationseinheiten zu schaffen. Das heisst zunächst, dass Innovationsziele und -strategien für das Unternehmen und die Geschäftsbereiche aufzustellen sind. Es heisst weiterhin, Innovationsprojekte und -gruppen über Pilotvorhaben schrittweise zu implementieren. Dazu zählt ebenso, die Aufgaben und Kompetenzen für Innovationen einzelnen Unternehmenseinheiten und Mitarbeitern zu zuordnen, Budgets für Innovationsvorhaben bereitzustellen und innovationsfördernde Anreiz- und Führungskonzepte zu etablieren.

- **Koordinierung**

  Sind die strukturellen Voraussetzungen geschaffen, ergeben sich weitere Aktivitäten des Innovationsmanagements aus der Koordinierung der Innovationstätigkeit des Unternehmens. Je nach Innovationsaufgabe und zwischenbetrieblichem Beziehungskontext sind Innovationsanstrengungen im Unternehmen oder im Unternehmensnetzwerk abzustimmen. Dazu gehört z.B. die Gewährleistung einer optimalen Ressourcenallokation, indem die in den Innovationsprojekten und -gruppen bearbeiteten Themen erfasst und aufbereitet werden. Synergiepotentiale lassen sich nutzen, wenn ähnliche Probleme der Unternehmensteile gemeinsam bearbeitet werden können. Dies sollte durch eine ausreichende Information der leitenden Mitarbeiter über zukünftige und laufende Innovationsaktivitäten unterstützt werden. Hierunter kann auch der Aufbau und die Pflege externer Kontakte fallen, um bspw. für die Arbeit von Innovationsgruppen auf Expertenwissen zurückgreifen zu können. Gleichzeitig ist ein flexibler und offener Informationsaustausch zwischen den Beteiligten an der Innovationsrealisierung und Betroffenen von innovativen Lösungen zu gewährleisten.

- **Bewertung**

  Mit der Koordinierung der Innovationstätigkeit sind Aktivitäten der Sammlung, Bewertung und Auswahl von Innovationsideen verbunden. In diesem Sinne sollte das institutionalisierte Innovationsmanagement als permanenter Ansprechpartner für alle Mitarbeiter des Unternehmens wie für andere Unternehmen, Kunden oder

---

[761] Vgl. Pleschak, F.; Sabisch, H. (Innovationsmanagement 1996) S. 44.

Lieferanten dienen, um Ideenvorschläge oder Anfragen für Innovationskooperationen entgegen zu nehmen und zu bearbeitende Probleme an Innovationsgruppen heranzutragen oder entwickelte Ideen über initiierte Innovationsprojekte in anwendungsreife Lösungen überführen zu können. Dabei wird je nach Bedeutung der innovativen Idee und den benötigten Ressourcen die Ideenauswahl von unterschiedlichen Unternehmensinstanzen vorzubereiten bzw. zu treffen sein. Da sich die Bewertung der Zielerreichung im Laufe des Innovationsprozesses fortsetzt, übernimmt das Innovationsmanagement gleichzeitig die Aufgabe eines übergeordneten Controllings.

- **Methodenanwendung**

  Die auf Innovationen ausgerichteten Organisationseinheiten können vom Innovationsmanagement auch methodisch und/oder fachlich betreut werden. Dazu lässt sich z.B. der Einsatz von Kreativitäts- und Problemlösungstechniken wie dem QFD[762] während der Konzepterarbeitung oder die Übernahme der Moderatorenrolle in den Innovationsgruppen zählen. Unter Zuhilfenahme von Bewertungsinstrumenten wie Portfolio-Modellen[763] kann die Beurteilung generierter Ideen unterstützt werden. Neben der Stärkung der eigenen Fähigkeiten sind auch der Ausbau und die Pflege des Wissens der Mitarbeiter und Führungskräfte sowie ihrer Fach- und Methodenkompetenz in Bezug auf Innovationen Aufgabe des Innovationsmanagements.

Grundsätzlich wird mit steigender Innovationstätigkeit des Unternehmens auch der Aufwand zur Koordinierung, Kontrolle, Bewertung und zur methodischen/fachlichen Unterstützung zunehmen. Das heisst, je mehr Innovationsaufgaben mit unterschiedlichen Charakteristiken zu bewältigen sind und je mehr Organisationseinheiten sich innovativen Vorhaben widmen, umso grösser ist auch der Managementbedarf. Die Wahrnehmung einzelner Aktivitäten kann bereits durch die innovativen Organisationseinheiten erfolgen. So kann bei Elementinnovationen die Koordinierung des Innovationsprozesses, der Methodeneinsatz sowie die Bewertung und Auswahl von Ideen in Bauprojekt und Innovationsgruppe selbst durchgeführt werden. Auch bei steigendem Innovationsgrad werden die Organisationseinheiten autonom handeln können. Nur wird sich ihr Handeln nun in einem durch technische und wirtschaftliche Kriterien definiertem Rahmen bewegen, dessen Festlegung und Kontrolle dann zu den Aktivitäten des übergeordneten Innovationsmanagements gehört. Die strategische Entscheidung zum Umfang der Innovationsbemühungen des Unternehmens nimmt hier direkt Einfluss auf die Institutionalisierung des baubetrieblichen Innovationsmanagements.

---

[762] Vgl. Teil D, Abschn. 2.1.4.

[763] Vgl. Teil D, Abschn. 2.2.5.

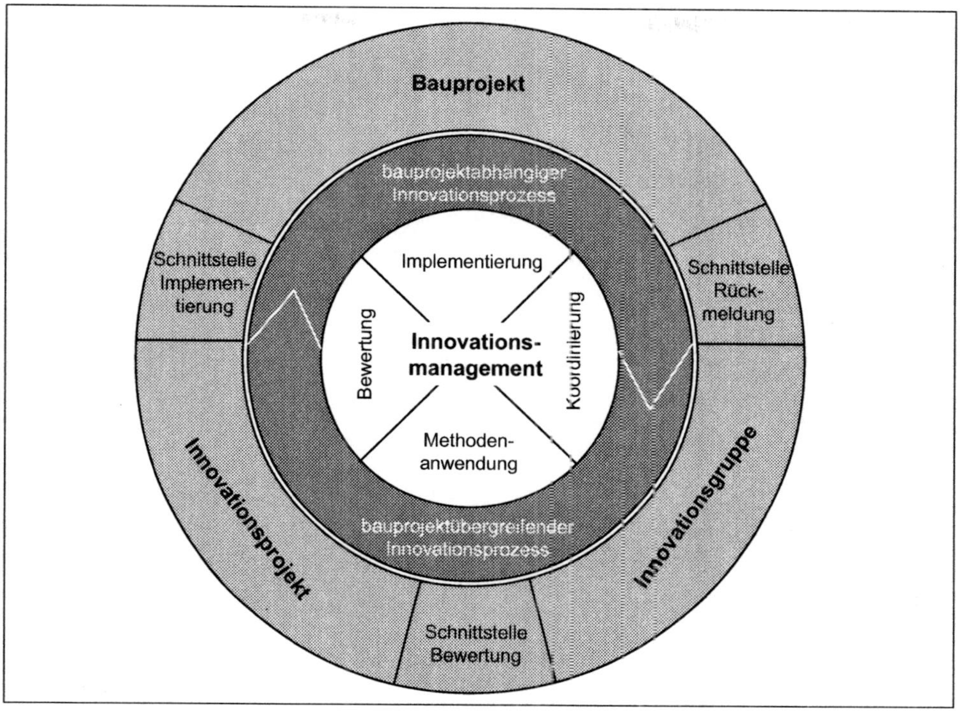

Bild 69: Das Innovationsmanagement zur Koordinierung der Innovationstätigkeit in Bauunternehmen

Fig. 69: The innovation management for the co-ordination of innovative activities in construction companies

Erlauben Bauprojekt, Innovationsprojekt und Innovationsgruppe einem Bauunternehmen die Innovationsaufgaben zur Generierung innovativer baulicher Gesamtlösungen zu realisieren, sind diese Organisationseinheiten ebenso wie das Innovationsmanagement in die bestehende Organisationsstruktur des Unternehmens zu implementieren. Die ***innovationsorganisatorische Rahmenstrukturierung*** ist der erste Schritt dieser Implementierungsaufgabe. Intraorganisatorisch setzt sie sich mit Fragen der (De)Zentralisation und Funktionalisierung auseinander und bezieht sich auf das Gesamtunternehmen und die verschiedenen Stellengruppen, wie sie bspw. Sparten darstellen.[764] Interorganisatorisch beschäftigt sie sich mit der Gestaltung von den auf die Aussenbeziehungen des Unternehmens gerichteten Strukturvariablen.[765] Die Rahmenstruktur als Ergebnis stellt dann ein bestimmtes, auf die Abwicklung der Unternehmensaufgaben programmiertes inter- wie intraorganisatorisches Beziehungsgefüge dar, aus dem sich Bauprojekt, Innovationsprojekt und Innovations-

[764] Vgl. Teil B, Abschn. 1.2.2.1.

[765] Vgl. Teil B, Abschn. 1.2.2.2.

gruppe konstituieren bzw. in das sie zu verankern sind. Die Rahmenstruktur gibt folglich Auskunft darüber, wie und in welchem Masse das Bauunternehmen Innovationsideen selbst realisiert, in Kooperationen entwickelt oder innovative Lösungen extern bezieht.

Der zweite Schritt der Implementierungsaufgabe ist die ***innovationsorganisatorische Detailstrukturierung***, deren Ergebnis eine bestimmte Ausprägung der organisatorischen Strukturvariablen der Delegation, Partizipation, Standardisierung und Arbeitszerlegung ist.[766] Mit der Detailstrukturierung werden Fragen zur Abwicklung der einzelnen Innovationsaktivitäten in Bauprojekt, Innovationsprojekt und Innovationsgruppe beantwortet und sich auf das Arbeitsumfeld des einzelnen Handlungsträgers bezogen. Die Detailstrukturierung zielt damit auch auf die Schaffung der organisatorischen Voraussetzungen zur Herausbildung inter- wie intraorganisatorischer Promotorenrollen.[767]

Im Folgenden ist die Institutionalisierung bauprojektabhängiger und bauprojektübergreifender Innovationsaufgaben durch die inter- und intraorganisatorische Rahmen- und Detailstrukturierung der drei Organisationseinheiten des Bauprojekts, des Innovationsprojekts und der Innovationsgruppe weiter zu betrachten.

4.2 Die Institutionalisierung bauprojektabhängiger Innovationsaufgaben durch Bauprojekte

4.2.1 Gestaltung der Rahmenstruktur

Die Rahmenstrukturierung für die Abwicklung bauprojektabhängiger Innovationsaufgaben hat dem Umstand Rechnung zu tragen, dass in Bauprojekten von der Vorstudie über die Bauwerksplanung bis zur Bauwerkserstellung sämtliche zur Realisierung eines Bauwerks erforderlichen Aufgaben organisatorisch gefasst werden. Aufgabenträger sind eine Reihe selbständiger Unternehmen, die für die Dauer des Projekts koordinierte Beziehungen eingehen. Die Organisationseinheit des Bauprojekts konstituiert sich somit über einen sich auf zwei Ebenen erstreckenden Beziehungskontext. Das ist zum einen das interne Beziehungsgefüge der am Bauprojekt beteiligten Organisationseinheiten des Unternehmens, das durch kooperative wie hierarchische Beziehungen gekennzeichnet sein kann. Zum anderen ist es das externe Beziehungsgeflecht der am Bauprojekt beteiligten Unternehmen, das marktliche wie kooperative Beziehungen aufweisen kann. Aus welchem inter- und intraorganisato-

---

[766] Vgl. Teil B, Abschn. 1.2.2.1.

[767] Vgl. Teil B, Abschn. 3.1.2.2.

rischen Beziehungskontext das Bauprojekt hervorgeht, wird neben der Projektabwicklungsform in entscheidendem Masse von den strategisch definierten Aufgaben und der Form ihrer Bewältigung beeinflusst. Dem ist im Folgenden weiter nachzugehen.

4.2.1.1 Intraorganisatorische Strukturierungsempfehlungen

Die intraorganisatorische Konstituierung eines Bauprojekts geht zu einem gewissen Teil auf die interne Innovationsstrategie des Bauunternehmens zurück, mit der das Unternehmen den Umfang der eigenen Wissensressourcen im Hinblick auf die Realisierung bauprojektabhängiger Innovationsaufgaben festlegt.[768] In welchem Masse das Unternehmen Teilaufgaben für die Realisierung der baulichen Gesamtlösung selbst erbringt, richtet sich u.a. nach der strategischen Bedeutung des Wissens und der Fähigkeiten, die dazu benötigt werden, sowie dem intern bereits vorhandenem Wissen und den beherrschten Fähigkeiten. Aus dem strategisch definierten, intern zu erbringenden Gestaltungsbeitrag für die bauliche Gesamtlösung ergibt sich dann die intraorganisatorische Rahmenstruktur des Bauunternehmens. Da hiermit eine Vielzahl von Gestaltungsalternativen verbunden sind, sollen im Folgenden zwei, für systemleistungsanbietende Unternehmen als typisch zu erachtende Rahmenstrukturen betrachtet werden.[769]

Eine erste Rahmenstruktur ergibt sich für Unternehmen, die in der Rolle des Systemintegrators bzw. Systemanbieters vornehmlich das Projektmanagement des Leistungserbringungsprozesses und ergänzende Planungsleistungen für das Systemkonzept für einzelne oder mehrere Marktsegmente intern erbringen werden.[770] Sie haben zur Komplettierung ihres Systemleistungsangebots auf externe Unternehmen zurückzugreifen, wobei sie wie weiter unten beschrieben durch die Bindung strategischer Partner das Wissen aus der Erarbeitung innovativer Lösungen nachhaltig nutzen können.

Aufgrund dessen, dass die Erbringung von Projektmanagement- und Planungsleistungen für das Systemkonzept objektspezifische Anforderungen zu berücksichtigen hat, sollte die Rahmenstruktur auf der ersten Gliederungsebene divisional unterteilt sein. Das heisst, dass die Projektmanagement- und Planungsaufgaben ent-

---

[768] Vgl. Teil D, Abschn. 3.3.2.2.

[769] Durch die Bezugnahme auf systemleistungsanbietende Unternehmen lassen sich mit den beiden Rahmenstrukturen auch andere Unternehmenskonstellationen abdecken.

[770] Im Gegensatz zu vielen heute tätigen Anbietern von GU/TU-Leistungen werden systemleistungsanbietende Unternehmen bis zu einem gewissen Grade über eigene Planungskapazitäten zu verfügen haben, um eine erfolgreiche Projektabwicklung, die stark von den Planungsleistungen abhängt, zur Wettbewerbsdifferenzierung bzw. Kundenbindung nutzen zu können, vgl. Schulte, M. (Beitrag 2003) S. 246.

sprechend den Spezifika verschiedener Marktsegmente einer Sparte eigenverantwortlich zuzuordnen sind, der Dezentralisierungsgrad ist hoch.[771] Da sich die Spezifika in der technischen und marktlichen Kompliziertheit der Bauwerke ausdrücken, ist z.B. eine Unterteilung in Sparten wie Geschäfts- oder Wohngebäude denkbar (Bild 70).

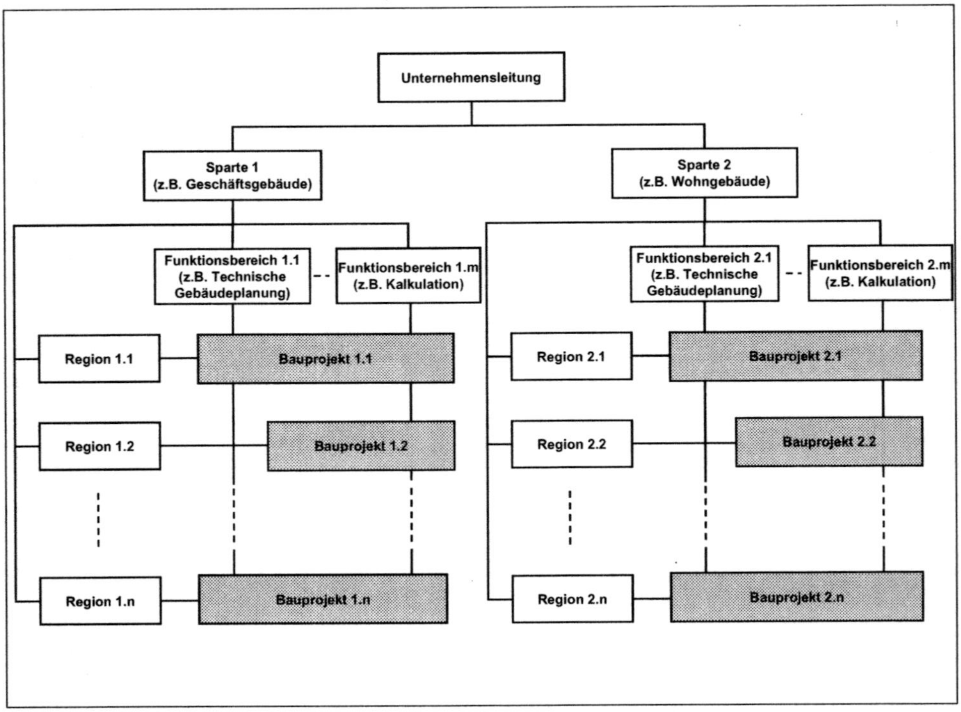

Bild 70: Beispiel für die intraorganisatorische Rahmenstrukturierung zur Realisierung bauprojektabhängiger Innovationsaufgaben bei geringem internen Leistungsumfang

Fig. 70: Example for an intra-organizational structure for realizing innovative tasks in case of few internal services

Um die aus der Divisionalisierung der Unternehmenstätigkeit hervorgehenden Spezialisierungsvorteile noch besser nutzen zu können, ist auf der zweiten Gliederungsebene eine funktional ausgerichtete Anordnung der segmentspezifischen Aufgaben anzustreben.[772] In welchem Umfang sich als Kompetenzzentren fungierende Funk-

---

771 Die Ausstattung der Sparten mit weitgehender Entscheidungskompetenz und Ergebnisverantwortung lässt sich z.B. über die Bildung von Profit Centern oder Beteilungsgesellschaften erzielen.

772 Spezialisierungsvorteile lassen sich z.B. in der schnelleren Entwicklung und der mehrfachen Verwendbarkeit von Kalkulations- und Planungsmodulen oder einer effizienteren Lernkurve für eine erstellungs-, unterhalts- und nutzungsgerechte Bauwerksplanung ausmachen.

tionsbereiche (z.B. Kalkulation) bilden lassen, hängt von der Kompliziertheit der Bauaufgabe ab. Je komplizierter die Bauaufgabe wird, umso mehr besteht zum einen aufgrund der begrenzten Rationalität der Handlungsträger die Notwendigkeit zur Arbeitsteilung und desto mehr steigt zum anderen die Möglichkeit, für die abgegrenzten Teilaufgaben spezifisches, produktivitätsförderndes Wissen zu erwerben. Darüber hinaus erlaubt gerade die Einführung von spezialisierten Funktionsbereichen, spezifische und kapitalintensive Arbeitsmittel zentral bereitzustellen.

Bei der Aufgabengliederung ist darauf zu achten, dass der Wissenstransfer an den Schnittstellen der abgegrenzten Teilaufgaben möglichst gering ist.[773] Andernfalls geht der Spezialisierungsvorteil durch einen zunehmenden Aufwand zur Koordinierung der an der Aufgabenerfüllung beteiligten Funktionsspezialisten wieder verloren. Bei Bauaufgaben mit geringerer Kompliziertheit ist grundsätzlich auf eine weitgehende Arbeitsteilung zu verzichten. Den einzelnen Handlungsträgern sind hier ganzheitliche Aufgaben zuzuweisen.

Neben der Aufgabenkompliziertheit ist zur Strukturierung der zweiten Gliederungsebene auch die Notwendigkeit einer regionalen Marktbearbeitung zu berücksichtigen. So erfordern Segmente wie z.B. Geschäfts- oder Wohngebäude i.d.R. eine starke regionale Präsenz der Unternehmen. Hingegen lassen sich Segmente aus dem Infrastrukturbereich wie z.B. Brücken- oder Tunnelbauten auch überregional bearbeiten. Bei einer regional ausgerichteten Tätigkeit der Sparte bilden dann Region und Funktionsbereich die beiden Dimensionen einer Matrix, aus denen sich als dritte Dimension das Bauprojekt konstituiert (Bild 70).

Eine zweite, für systemleistungsanbietende Unternehmen als typisch zu erachtende Rahmenstruktur erfasst Unternehmen, die eine Vielzahl der Leistungen des baulichen Wertschöpfungsprozesses für ein bauliches Teil- oder Gesamtsystem intern erbringen. Sie sind damit in der Lage, für die Erstellung von Systemleistungen zu einem grossen Teil auf eigene Ressourcen zurückgreifen zu können. Auch bei dieser Rahmenstruktur sind auf der ersten Gliederungsebene eigenverantwortlich tätige Sparten angeordnet. Im Unterschied zur ersten Rahmenstruktur beziehen sich die Sparten aber nicht auf ein spezifisches Marktsegment, sondern auf bestimmte Wertschöpfungsstufen und lassen sich entsprechend als funktionale Sparten bezeichnen. Die Besonderheit besteht darin, dass zur Erbringung von Systemleistungen zwar die Ressourcen der internen Sparten herangezogen werden können und infolgedessen die einzelnen Sparten zur Aufgabenerfüllung ihre Aktivitäten koordinieren müssen, dies aber nicht zwangsläufig der Fall ist. Vielmehr stehen die Leistungen der einzel-

---

[773] Ein geringer Wissenstransfer ist z.B. gegeben, wenn Wissen zur Bauwerksplanung sich in Bauplänen und Baubeschreibungen ausdrückt und auf dieses Wissen für die nachfolgenden Aufgaben nicht mehr zurückgegriffen werden muss, vgl. auch Picot, A.; Dietl, H; Franck, E. (Organisation 1999) S. 74f.

nen Sparten im marktlichen Wettbewerb zu vergleichbaren Leistungen externer Unternehmen. Gleichsam bieten die Sparten ihre Leistungen nicht nur intern, sondern auch gegenüber Dritten an. Typische Leistungsangebote funktionaler Sparten in Bauunternehmen sind Gesamtleistungen, Ingenieurleistungen, Bauleistungen sowie Leistungen des Betriebs und Unterhalts von Bauwerken (Bild 71).

Die zweite Gliederungsebene der Rahmenstruktur ist wiederum funktional gegliedert. Das Bauprojekt konstituiert sich entsprechend aus divisionalen Funktionsspezialisten und Projektleitern, wobei die einbezogenen Sparten bzw. Funktionsspezialisten von Bauprojekt zu Bauprojekt variieren können. Ob sich eine funktionale Strukturierung für die zweite Gliederungsebene als zweckmässig erweist, hängt wiederum von der Zahl der bedienten Marktsegmente, der Aufgabenkomplexität und der Frage nach einer regionalen Marktbearbeitung ab. Insbesondere für die Gesamt- und Bauleistungssparte ist bei mehreren objektbezogen unterschiedlichen Marktsegmenten eine Gliederung von Vorteil, wie sie der Rahmenstruktur bei geringem internen Leistungsumfang zugrunde liegt (Bild 70).

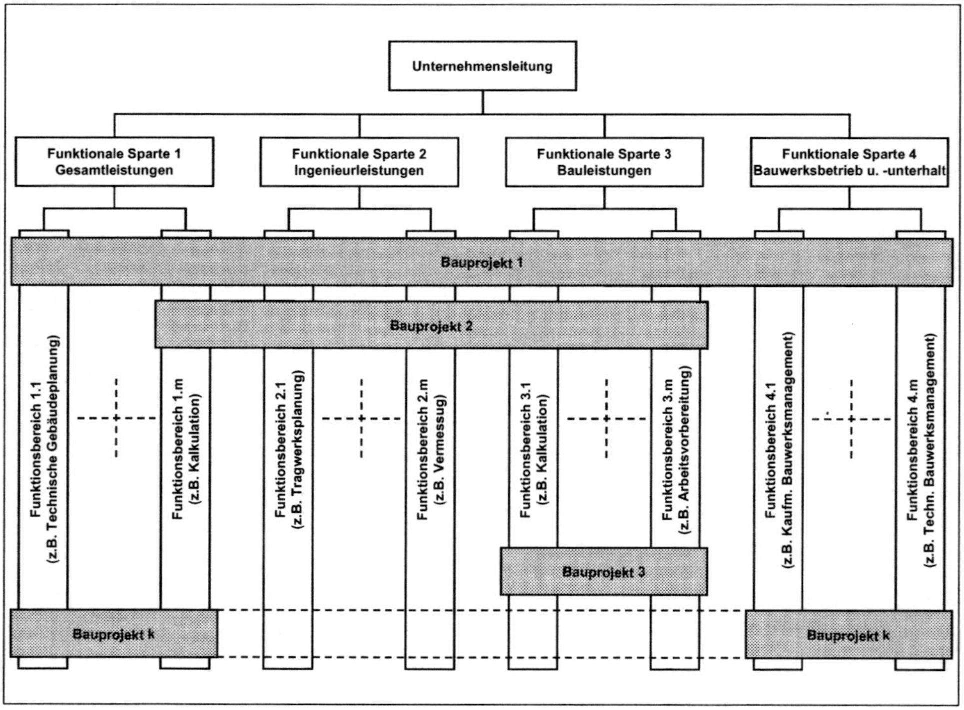

Bild 71: Beispiel für die intraorganisatorische Rahmenstruktur zur Realisierung bauprojektabhängiger Innovationsaufgaben bei grossem internen Leistungsumfang

Fig. 71: Example for an intra-organizational structure for realizing innovative tasks depending on construction projects in case of a lot of internal services

Besitzen die zu erbringenden Bauaufgaben eine geringe Kompliziertheit bzw. ist der intern zu erbringende Aufgabenumfang gering, kann der Bauprojektleiter aufgrund seiner projektbezogenen Entscheidungskompetenz und Verantwortung vor allem innovative Beiträge der externen Projektbeteiligten koordinieren. Da er meist selber über Fachkenntnisse verfügt, können von ihm auch Anregungen für die innovative Gestaltung der baulichen Lösung ausgehen.

Bei komplizierten Bauaufgaben konstituiert sich das Bauprojekt aus einem regionalen oder Spartenprojektleiter, bei dem die Kompetenz und die Verantwortung für Termine und Budget liegen, und verschiedenen Funktionsspezialisten, die zur Nutzung von Spezialisierungsvorteilen in zentralen, für die fachlichen Belange zuständigen Funktionsbereichen zusammengefasst sind. Diese Funktionsbereiche besitzen wie bereits angemerkt den Charakter von Kompetenzzentren bzw. fachspezifischen Ressourcenpools. Das heisst, dass die Funktionsbereiche und Regionen ihre Ressourcen in erster Linie für die parallel abzuwickelnden Bauprojekte temporär zur Verfügung stellen. Die Bauprojekte sind die zentralen Organisationseinheiten für die Leistungserbringung des Bauunternehmens. Dadurch, dass die Funktionsspezialisten teilweise in mehreren Bauprojekten gleichzeitig involviert sind, entstehen mögliche Ressourcenkonflikte nicht zwischen Regionen und Funktionsbereichen, sondern zwischen den aus diesen beiden Dimensionen hervorgehenden Bauprojekten. Ressourcenkonflikte aus einer zeitgleichen Bearbeitung mehrerer Projekte treten verstärkt auf, wenn mit umfangreichen und interdependenten Teilaufgaben im Verlauf des Bauprojekts zusätzlich stark veränderliche Aufgabeninputs zu verarbeiten sind. Insbesondere in den frühen Projektphasen werden sich aufgrund der sich erst konkretisierenden Kundenanforderungen die Aufgabeninputs stark dynamisch verhalten.[774] Um Konfliktpotentiale mit anderen Bauprojekten zu vermeiden und die interdependenten Teilaufgaben besser koordinieren zu können, sollte sich das Bauprojekt in diesem Fall über die Reine-Projekt-Organisation konstituieren.[775] Der regionale Projektleiter besitzt hierbei direkte Weisungsbefugnisse gegenüber den Funktionsspezialisten, die für die gesamte Bauprojektzeit oder einen vorgegebenen Zeitraum ausschliesslich diesem Projekt zugeordnet werden. Die Matrix-Projekt-Organisation bietet sich folglich an,[776] wenn der Beitrag der Funktionsbereiche zum Bauprojekt im Vergleich zur Gesamtbauaufgabe gering und wenig veränderlich ist. Der Projektleiter greift hier temporär auf die Funktionsspezialisten zu, die disziplinarisch der Funktionsbereichsleitung unterstehen und durchaus noch parallel für andere Bauprojekte tätig sein können.

---

[774] Vgl. Teil D, Abschn. 2.2.2.1.

[775] Vgl. Teil B, Abschn. 3.1.2.1.

[776] Vgl. Teil B, Abschn. 3.1.2.1.

Insbesondere bei spartenübergreifenden Projekten wird es zur erfolgreichen Abwicklung der Bauaufgabe darauf ankommen, aufgrund der Ergebnisverantwortung der Sparten die projektbezogenen Chance und Risiken zwischen den Sparten entsprechend ihrem Projektbeitrag eindeutig zu verteilen. Hierzu gehört auch eine ausgesprochene Kalkulationstransparenz, da die internen Preise abseits des Wettbewerbs festgelegt werden. Der Projektleiter sollte bei diesen Projekten entweder der Sparte mit dem Hauptprojektbeitrag zugeordnet werden oder bei strategisch bedeutsamen Projekten, wie der Einführung von Leistungsinnovationen, direkt der Unternehmensleitung unterstellt sein.

Es wird ersichtlich, dass in Abhängigkeit von Umfang und Veränderlichkeit der zu erbringenden Teilaufgaben Bauprojekte i.d.R. sowohl Merkmale der Reinen-Projekt-Organisation wie der Matrix-Projekt-Organisation aufweisen. Durch die Festlegung, wie die Funktionsspezialisten in das Bauprojekt einzubinden sind, wird neben der Gewährleistung einer effizienten Abwicklung der Bauaufgaben gleichzeitig die Grundlage für die Realisierung bauprojektabhängiger Innovationsaufgaben gelegt. So lassen sich mit der Matrix-Projekt-Organisation ohne grösseren Koordinierungsaufwand Element- und Modulinnovationen von Projektleitern oder Funktionsspezialisten für die Lösung bauprojektabhängiger Problemstellungen identifizieren und implementieren. Sind bis zur Implementierungsreife der innovativen Idee noch Entwicklungstätigkeiten erforderlich, kann es sich je nach Umfang dieser Tätigkeiten als vorteilhaft erweisen, einzelne Funktionsspezialisten im Sinne der Reinen-Projekt-Organisation ausschliesslich dem Bauprojekt zuzuordnen. Ähnlich ist bei Verknüpfungsinnovationen zu verfahren. Bei weitgehend anwendungsreifen Ideen kann der Projektleiter eine effiziente Koordination der fachlichen Beiträge der Funktionsbereiche bereits bei einer Matrix-Projekt-Organisation sicherstellen. Ist die Verknüpfungsinnovation erst noch zu erarbeiten werden die Funktionsspezialisten über die Reine-Projekt-Organisation in das Bauprojekt einzubinden sein. Bei der Einführung von Systeminnovationen wird ebenfalls bei einem hohen Entwicklungsaufwand für die einzelnen Teillösungen die Reine-Projekt-Organisation zu wählen sein.

4.2.1.2 Interorganisatorische Strukturierungsempfehlungen

Mit der interorganisatorischen Strukturierung setzt sich die Konstituierung des Bauprojekts in dem Masse fort, wie Teilaufgaben für die Realisierung der baulichen Gesamtlösung nicht das Bauunternehmen trägt, sondern externe Unternehmen erbringen. Die interorganisatorische Konstituierung eines Bauprojekts wird durch die externe Innovationsstrategie des Bauunternehmens beeinflusst, mit der die Dauer und die Intensität der Beziehung des Unternehmens zu unternehmensfremden

Wissensträgern im Hinblick auf die Realisierung bauprojektabhängiger Innovationsaufgaben mitbestimmt wird.[777]

Mit der Auftragsvergabe und der Ad-hoc-Kooperation stehen Bauunternehmen zwei interorganisatorische Strukturformen zur Verfügung, die sich aufgrund der geringen Kooperationsdauer zur bauprojektabhängigen Implementierung von wettbewerbsstrategisch wenig bedeutsamen Element- und Modulinnovationen oder bei Verfolgung einer defensiven Innovationsstrategie heranziehen lassen.[778] Dass aus Sicht bauprojektabhängiger Innovationsaufgaben die temporäre Zusammenarbeit hier einen ausreichenden Beziehungskontext für die Konstituierung des Bauprojekts liefert, begründet sich zudem in den geringfügigen Auswirkungen von Element- und Modulinnovationen auf andere Subsysteme der baulichen Gesamtlösung.

Bei vertikaler Orientierung der Auftragsvergabe ist dann aufgrund der ebenfalls geringen Kooperationsintensität der schnelle Zugriff auf einzelne Wertschöpfungsspezialisten möglich, die innovativ gestaltete Teilleistungen anbieten. Dadurch lässt sich das eigene Leistungsangebot den spezifischen baulichen Anforderungen der Bauaufgabe anpassen bzw. komplettieren, ohne eigene Investitionen tätigen zu müssen. Sind dennoch eigene Investitionen erforderlich, um z.B. von neuen Bauwerks- und Prozesselementen der Zulieferer zu profitieren, können durch die horizontale Ausrichtung einer Ad-hoc-Kooperation (z.B. ARGE) die eigenen Kapitalaufwendungen begrenzt werden. Hier gilt es zu beachten, dass insbesondere bei Elementinnovationen die Kosten-Nutzen-Effizienz von Investitionen schnell erreicht sein kann. So wird bspw. der Nutzen geringer Veränderungen bei Grossgeräten durch die hohen Anschaffungskosten relativiert. Investitionsentscheidungen werden sich dann nur bei einer generellen Neuanschaffung oder bei einem notwendigen Ersatz von Geräten stellen. Dies kann zwar umgangen werden, indem Arbeitsmittel nicht gekauft, sondern gemietet werden, doch auch hier wird die Entscheidung für oder gegen Kauf bzw. Miete eines neuen Arbeitsmittels primär durch Kriterien wie Auslastungsgrad oder Serviceleistungen geprägt sein.

Eine vertikal und/oder horizontal ausgerichtete Ad-hoc-Kooperation eignet sich darüber hinaus auch für die Generierung von projektbezogenen Verknüpfungsinnovationen, erlaubt sie doch den baulichen Anforderungen entsprechend das unternehmensinterne Wissen mit dem Wissen verschiedener externer Wertschöpfungsspezialisten komplementär zu verbinden.

---

777 Vgl. Teil D, Abschn. 3.3.2.3.
Welche Beziehungen das Unternehmen zu anderen Bauprojektbeteiligten unterhält, begründet sich ebenso durch andere Kriterien wie z.B. die Erstellungs- und Transportkosten.

778 Vgl. Teil B, Abschn. 1.2.3.2 und Abschn. 3.2.2.1.

Aufgrund der geringen Kooperationsdauer bzw. der Ungewissheit über eine zukünftige Zusammenarbeit der projektbeteiligten Unternehmen kann bei Auftragsvergabe und Ad-hoc-Kooperation der mit der Integration innovativer Teilleistungen verbundene Wissenszuwachs nicht nachhaltig genutzt werden. Die Bindung von innovationsrelevantem Wissen z.B. für die Umsetzung einer offensiven Innovationsstrategie, das erst durch seine wiederholte Verschränkung mit dem unternehmensinternen Wissen bzw. durch seinen erneuten Einsatz zu nachhaltigen Differenzierungsvorteilen führt, wird dann gelingen, wenn ein über das einzelne Bauprojekt hinausgehendes kooperatives Beziehungsgefüge zwischen den Unternehmen existiert.

In der Bauwirtschaft begünstigt bereits die regionale Tätigkeit vieler Unternehmen die Herausbildung netzwerkartiger Beziehungen. Die Unternehmen arbeiten öfter zusammen, man kennt einander und hat eine für die Projektarbeit förderliche Vertrauensbasis geschaffen. Die projektübergreifenden Beziehungen sind i.d.R. latenter Art, die erst im Zusammenhang mit einem Bauprojekt aktiviert werden. So liegen z.B. Ad-hoc-Kooperationen häufig informelle Kontakte zugrunde, die vielfach über gemeinsam ausgeführte Projekte entstanden sind. Obwohl diese Beziehungen eine Voraussetzung für eine vertrauensbasierte Zusammenführung von innovationsrelevantem Wissen darstellen, bleibt aufgrund der Polyzentriertheit des Beziehungsgefüges die Erarbeitung innovativer Lösungen eher ein zufallsgesteuertes denn ein intendiertes Ereignis. Es fehlt ein die Aktivitäten der Unternehmen koordinierendes und kanalisierendes Element, das dem gemeinsamen Handeln explizite Ziele setzt. Ein derartiges Element wird im Allgemeinen als fokales Unternehmen bezeichnet und das um dieses Element ergänzte Beziehungsgefüge stellt die Strukturform der strategischen Allianz dar (Bild 72).[779] Die Beziehungen zwischen den Unternehmen erhalten dadurch einen formaleren Charakter, durch den sie zugleich identitätsstiftend wirken. Des Weiteren lassen sich durch eine strategische Allianz mit fokalem Unternehmen ein vom Kunden wahrnehmbares Leistungsangebot und ein differenzierbares Leistungspotential aufbauen.

Die Rolle des fokalen Unternehmens kann sowohl von einem Mitglied des Unternehmensnetzwerks als auch durch ein eigens für die Belange der strategischen Allianz gegründetes Unternehmen übernommen werden. Damit ist die strategische Allianz auch als Zusammenschluss verschiedener Wertschöpfungsspezialisten interessant, die über das gemeinsame fokale Unternehmen ihr komplementäres Leistungsangebot vermarkten können. Aufgaben des fokalen Unternehmens sind in erster Linie im Projektmanagement und Marketing des Leistungsangebots des Unternehmensnetzwerks zu sehen. Das Projektmanagement beinhaltet z.B. die Koordinierung und Betreuung der Netzwerkunternehmen bei der Aufgabenerfüllung sowie

[779] Vgl. Girmscheid, G. (Wettbewerbsvorteile 2003).

die Aufstellung und Überwachung von Organisations-, Termin- und Zahlungsplänen für das Bauprojekt. Das Marketing umfasst z.B. die Kundenakquisition und -bindung sowie die Leistungspflege.[780]

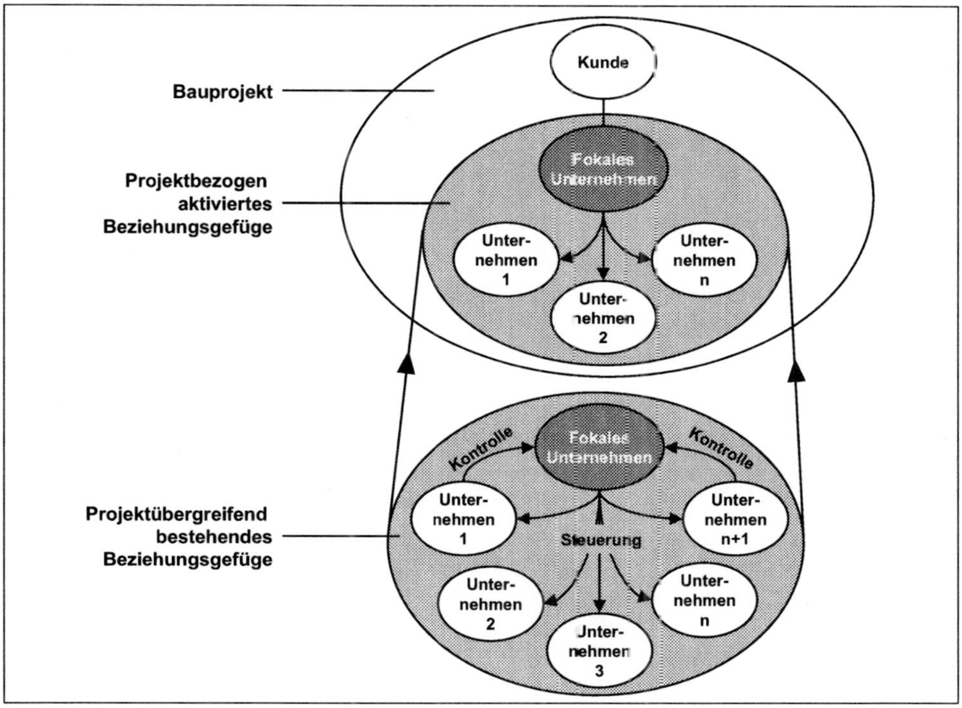

Bild 72: Strategische Allianz mit fokalem Unternehmen als interorganisatorische Rahmenstruktur für die Realisierung bauprojektabhängiger Innovationsaufgaben[781]

Fig. 72: Strategic alliances with a focal company as an inter-organizational structure for realizing innovative tasks depending on construction projects

Durch die Komplementarität der zu Erstellung baulicher Gesamtlösungen erforderlichen Leistungen und die gegenseitige Abhängigkeit des unternehmensindividuellen Wissens für die bauprojektabhängige Innovationsgenerierung ist mit strategischen Allianzen eine mittlere bis hohe Kooperationsintensität anzustreben. Eine mittlere Kooperationsintensität drückt sich z.B. in Form von Rahmenverträgen aus. Eine hohe Kooperationsintensität kann sich z.B. in einer Beteiligung der Netzwerkteilnehmer am fokalen Unternehmen äussern. Als Kooperationspartner kommen Unternehmen der gesamten baulichen Wertschöpfungskette in Betracht. Die Kooperation kann hori-

[780] Vgl. Tomczak, T.; Reinecke, S. (Ansatz 1999) S. 305ff.

[781] In Anlehnung an Girmscheid, G. (Wettbewerbsvorteile 2003) S. 34.

zontal und/oder vertikal ausgerichtet sein.[782] Die Anzahl der Kooperationspartner ist vom Verhältnis der intern zu den extern erbrachten Leistungen bzw. dem Leistungsangebot des Netzwerks abhängig. Da der Aufbau einer strategischen Allianz den Vorteil bietet, dass die an der Kooperation beteiligten Unternehmen sich auf bestimmte Leistungen spezialisieren können, um diese dann in einem flexibel gestaltbaren Leistungsangebot am Markt zu plazieren, ist von einer grösseren Anzahl netzwerkartig verbundener Unternehmen auszugehen. Dabei können sich strategische Allianzen durchaus auf bauliche Teilsysteme spezialisieren (z.B. Ausbausysteme) und in ein übergeordnetes Netzwerk eingebunden sein.

Wie eine strategische Allianz konkret auszubilden ist, wird situativ zu entscheiden sein und kann an dieser Stelle nicht vertieft erörtert werden. Dazu ist auf die vorhandene Literatur zu verweisen.[783] Hier galt es, lediglich den generellen Beziehungskontext darzustellen, aus dem sich Bauprojekte zur langfristigen Nutzung innovationsinduzierter Wettbewerbsvorteile konstituieren lassen. Dass die strategische Allianz mit fokalem Unternehmen nicht nur den Kontext für bauprojektabhängige Innovationsaufgaben bildet, sondern auch gestattet, Wissen gezielt über das einzelne Bauprojekt hinaus weiterzuentwickeln und zur Anwendung zu bringen, wird später noch zu zeigen sein.

4.2.2 Gestaltung der Detailstruktur

Zielt die Rahmenstrukturierung auf die inter- und intraorganisatorische Konstituierung von Bauprojekten zur Realisierung bauprojektabhängiger Innovationsaufgaben, widmet sich die Detailstrukturierung den im Bauprojekt zu ergreifenden Aktivitäten für die erfolgreiche Umsetzung dieser Innovationsaufgaben. So sind die am Bauprojekt beteiligten Unternehmen in der Erfüllung ihrer Teilaufgaben mehr oder weniger aufeinander angewiesen, zwischen ihnen existieren aufgabenbedingte, wechselseitige Abhängigkeiten, die sich mit der Komplexität der Bauaufgabe vergrössern. Da mit dem Innovationsgrad einer im Bauprojekt umzusetzenden Neuerung die Komplexität der Bauaufgabe zunimmt, können sich Empfehlungen für die Detailstrukturierung auch am angestrebten Innovationsgrad orientieren.

---

[782] Vgl. London, K. (Evolution 2001).

[783] Vgl. Sydow, J. (Netzwerke 1999) sowie Maier, H.-D. (Kooperationsmodelle 2002) und die dort angegebene weiterführende Literatur.

4.2.2.1 Strukturierungsempfehlungen zur Unterstützung der Generierungsphase

Vom Innovationsgrad abhängig ist zunächst der Zeitpunkt, an dem sich im Bauprojekt innovative Ideen mit Aussicht auf eine Realisierung generieren lassen. So können Ideen für Elementinnovationen in fast allen Phasen des Bauprojekts identifiziert werden, da für ihre Realisierung keine grösseren Auswirkungen auf nachfolgende Aktivitäten und keine Einschränkungen durch vorgängige Aktivitäten zu erwarten sind. Verknüpfungs- und Modulinnovationen sind hingegen bereits vor der Bauwerkserstellung zu berücksichtigen, Produktinnovationen in der Projektierungsphase und Prozessinnovationen während der Arbeitsvorbereitung. Die Identifizierung von Systeminnovationen sollte spätestens bei der Ausarbeitung des Vorprojekts erfolgen, da eine spätere Berücksichtigung weitreichende Änderungen der bis dahin ausgearbeiteten Lösungen und der Rahmenbedingungen des Bauprojekts zur Folge hätte. Zudem kann in den frühen Projektphasen die innovative Lösung noch den baulichen Anforderungen angepasst werden. Im Idealfall lässt sich schon während der Entwicklung des Systemkonzepts ein Bauprojekt für die Implementierung ausmachen.

Aufgrund ihrer täglichen, unmittelbar auf die Gestaltung der baulichen Gesamtlösung zielenden Tätigkeit und ihrer unmittelbaren Konfrontation mit den Anforderungen der Bauaufgaben können insbesondere Funktionsspezialisten wie Fachplaner und Bauführer sowohl Potentiale für die innovative Lösung baulicher Problemstellungen erkennen als auch Ansatzpunkte für eine bauwerks- oder prozessverbessernde Anwendung von Neuerungen entdecken. Ideen für innovative Lösungen bzw. Informationen zur Problemlösung können sie aus unterschiedlichsten Quellen gewinnen wie Diskussionen mit Bauzulieferern, Projektbeteiligten oder Arbeitskollegen. Darüber hinaus können Anregungen für neue Ideen aus dem Lesen von Fachzeitschriften, dem Besuch von Messen oder der Tätigkeit der Konkurrenz entstehen.[784]

Vorteilhaft wirkt sich auch die Verfügbarkeit intern entwickelter Lösungen aus. Zum einen kann man, wie bei Modul- und Systeminnovationen zu empfehlen, die Anwendung der Lösung in einem Bauprojekt bereits frühzeitig in Betracht ziehen. Zum anderen lässt sich relativ schnell auf die an der Entwicklung beteiligten Wissensträger zugreifen, um notwendige Informationen für die Bewertung zu erhalten oder bei Implementierungsschwierigkeiten mögliche Anpassungen vorzunehmen.

Gerade bei komplizierten Bauaufgaben lassen sich die Kenntnisse der verschiedenen Funktionsspezialisten über den Aufbau des Bauwerks- und/oder Prozesssystems aber auch dadurch nutzen, dass insbesondere in den frühen Bauprojektphasen (Vorprojekt) für spezifische Problemstellungen (z.B. innerstädtische Baugrube im

---

[784] Vgl. Teil C, Abschn. 2.3.2.5.

Grundwasser) Spezialistenteams zur Erarbeitung einer baulichen Lösung gebildet werden.[785] Unter Anwendung von Kreativitäts- und Problemlösetechniken lässt sich hierbei das Wissen der einzelnen Spezialisten besser verknüpfen und die Chance auf innovative Lösungen erhöhen.

Damit die Funktionsspezialisten verschiedene Ideenquellen erschliessen bzw. die Rolle des Fachpromotors übernehmen können, sollte zum einen ein gewisses Mass an zeitlichen Freiräumen für die Informationsbeschaffung und Problemlösearbeit zur Verfügung stehen.[786] Um diese Freiräume zu öffnen, bietet sich eine weitgehende Unterstützung der Aufgabenerfüllung durch Checklisten an, die wesentliche, sich mit jeder Bauaufgabe wiederholende Arbeitsschritte grob skizzieren, ohne spezifische Arbeitsabläufe wiederzugegeben. Solche Checklisten sind schon vielfach im Qualitätsmanagement der meisten Unternehmen wiederzufinden. Des Weiteren können durch den umfassenden, die verschiedenen Funktionsbereiche vernetzenden Einsatz elektronischer Informationsverarbeitungssysteme die Arbeitsprozesse effizienter gestaltet und so vermehrt Zeitfenster für die Ideensuche geschaffen werden. Dazu gehören die bereits erwähnten CAAD-, CAD-, CAE- und CAFM-Systeme ebenso wie virtuelle Projekträume, die den Datenaustausch und die Kommunikation zwischen den Projektbeteiligten erleichtern. Dies entspricht einem mittleren Standardisierungsgrad, der sich auch deshalb empfiehlt, weil er den Routineanteilen der Bauaufgabe einen effizienten Erfüllungsrahmen setzt und gleichzeitig die Anpassungsfähigkeit in der Aufgabenerfüllung bei neuen Problemstellungen gewährleistet.

Des Weiteren sollten zur Herausbildung der Fachpromotorenrolle die Inhalte der Arbeitsaufgaben von Projektleitern bzw. Funktionsspezialisten so umfangreich wie möglich gehalten werden, um die Wissensvernetzung zu unterstützen. So lassen sich, wie bereits angemerkt, je nach Kompliziertheit der Bauaufgabe verschiedene Aktivitäten zusammenfassen und einem Handlungsträger überantworten. Ein Bauführer kann z.B. bei einfachen Bauaufgaben die Kalkulation, die Arbeitsvorbereitung und die Baudurchführung übertragen bekommen. Indem die Anzahl der überantworteten Aktivitäten bzw. der Grad der Arbeitszerlegung der Kompliziertheit der Bauaufgaben angepasst werden, können sowohl Spezialisierungsvorteile genutzt als auch ideenstimulierende Wirkungen infolge der Aufgabenintegration erzielt werden. Dies ergibt sich bei tendenziell komplizierter gestalteten Arbeitsaufgaben unmittelbar aus den zur Aufgabenerfüllung aufzubauenden Beziehungen zu anderen Handlungsträgern. Dadurch lässt sich verstärkt verschiedenstes Wissen miteinander verschränken und

---

[785] Vgl. Girmscheid, G. (Entwurfswahl 1991) S. 118ff.

[786] Wenn hier und im Folgenden einzelne Handlungsträger benannt werden, die als Promotoren innovativer Lösungen auftreten, sei nochmals darauf verwiesen, dass diese Rollen nicht organisatorisch zu verordnen sind.

können neue Ideen anregt werden. Darüber hinaus wird auch die rechtzeitige Integration von der Innovationsrealisierung berührter Projektbeteiligter erleichtert.

4.2.2.2 Strukturierungsempfehlungen zur Unterstützung der Bewertungsphase

Die Bewertung einer innovativen Lösung hat in Abhängigkeit vom Innovationsgrad beim einzelnen Modul oder bei der gesamten Systemstruktur anzusetzen. Die Bewertung von Elementinnovationen erweist sich als unproblematisch, denn die innovierten Bauwerks- und Prozesselemente bauen auf bestehenden Funktionsprinzipien von Bauteilen und Arbeitsmitteln auf und lassen sich dadurch in ihren Wirkungen leicht einschätzen. Da zudem keine Veränderungen anderer Systemelemente zu erwarten sind, bestehen nur geringe Anwendungsrisiken. Bei Modulinnovationen sind aufgrund des grösseren Veränderungsumfangs von Bauteil oder Arbeitsmittel die Risiken höher. Da aber auch hier die Veränderungen auf Bauwerk oder Leistungserbringungsprozess gering ausfallen, lassen sich Leistungsfähigkeit des innovierten Bauteils oder Arbeitsmittels und Anwendungsrisiken relativ gut beurteilen. Bei Verknüpfungs- und Systeminnovationen hat die Bewertung der innovativen Lösung nicht am einzelnen Bauteil oder Arbeitsmittel, sondern bei der gesamten Bauwerks- oder Prozessstruktur anzusetzen, um das Zusammenspiel der neu konfigurierten und bei Systeminnovationen auch neu gestalteten Bauteile und/oder Arbeitsmittel und damit die Kosten, den Nutzen und die Risiken der Neuerungen richtig einschätzen zu können.[787]

Vom Innovationsgrad hängt auch ab, wer in den Bewertungs- und Entscheidungsprozess einzubeziehen ist. Für die Bewertung von Elementinnovationen sind Kenntnisse über den direkten Anwendungsbereich der Lösung vielfach als ausreichend zu betrachten. Entsprechend kann die Ideenbewertung vollständig durch den ideengebenden Fachpromotor erfolgen. Durch die oben beschriebenen Massnahmen hinsichtlich Aufgabenumfang und informationstechnischer Unterstützung wird er in die Lage versetzt, die entscheidungsrelevanten Informationen zusammenzutragen. Er kann gleichzeitig die Rolle des Prozesspromotors übernehmen. Zur Entscheidungsvorbereitung sollte der Projektleiter konsultiert werden, um die Verträglichkeit der Lösung mit den Projektkosten und -terminen zu prüfen. Diese Verträglichkeit ist i d.R. bei Elementinnovationen gegeben, denn es bedarf keiner spezifischen und umfangreichen Ressourcen, um die innovative Lösung in das bauliche Gesamtkonzept zu integrieren. Die Kosten für das innovierte Bauwerks- oder Prozesselement entsprechen meist denen von vergleichbaren Alternativen, können aber aufgrund dessen, dass mit ihnen komplette, bestehende Systeme zu ersetzen sind (z.B. bei Einführung eines neuen Schalungssystems), den Einbezug der nächst höheren

[787] Vgl. Slaughter, S. (Implementation 2000) S. 9.

Hierarchieebene (z.B. Spartenleitung) erfordern. Diese Hierarchieebene tritt dann als Machtpromotor auf, wobei keine oder nur geringe Widerstände zu erwarten sind, denn die neuen Lösungen bauen auf bekannten Konzepten auf und beeinflussen andere Subsysteme kaum. Deshalb sollten, wie in den meisten Bauunternehmen bereits üblich, grundsätzlich zur Förderung von Elementinnovationen Kompetenzen für den Realisierungsentscheid bis zu einer bestimmten, von der Sparten- bzw. Unternehmensleitung festzulegenden Tragweite an die Projektleiter bzw. Funktionsspezialisten delegiert werden.[788]

Mit steigendem Innovationsgrad sind in den Bewertungs- und Entscheidungsprozess alle internen und externen Projektbeteiligten zu integrieren, deren Leistungen oder Prozesse von den innovativen Veränderungen erfasst werden. Hierbei ist zu beachten, dass diese Veränderungen für die Projektbeteiligten einen zusätzlichen zeitlichen, finanziellen und personellen Aufwand bedeuten können, dem ein entsprechender Nutzen z.B. in Form von Kosteneinsparungen gegenüberstehen sollte. Dies verdeutlicht, wie wichtig von Beginn an eine offen gestaltete Kommunikationsstruktur und eine ausgeprägte Koordination zwischen den Projektbeteiligten sind, um eine ausreichende Informationsversorgung für die Bewertung der innovativen Lösung sicherzustellen und eine angemessene Entscheidungsgrundlage zu legen. Entsprechend gewinnt die Rolle des Prozesspromotors bei steigendem Innovationsgrad zunehmend an Bedeutung. Der einzelne Funktionsspezialist wird sich i.d.R. nicht mehr in der Lage sehen, zusätzlich zum Fach- auch als Prozesspromotor zu fungieren. Für diese Rolle ist der Projektleiter aufgrund seiner Ergebnisverantwortung und seiner koordinierenden Tätigkeit im Bauprojekt prädestiniert. Da er um die Zusammenhänge der funktionalen Teilaufgaben weiss und meistens selbst über eine technische Ausbildung verfügt, kann er den Umfang innovativer Veränderungen, die dazu benötigten Ressourcen, den zu erwartenden Nutzen und die möglichen Risiken aufzeigen. Des Weiteren sieht er sich in der Lage, zwischen den internen und externen Projektbeteiligten zu vermitteln und möglichen Konflikten entgegenzuwirken.

Die Entscheidung für die Realisierung einer innovativen Lösung wird sich mit steigendem Innovationsgrad letztlich nur über eine ausreichende Partizipation der von den Veränderungen betroffenen internen und externen Projektbeteiligten fällen lassen. Insbesondere der Kunde ist frühzeitig zu informieren und beizuziehen, wenn er erhebliche Risiken zu tragen hat. Das kann vor allem bei Leistungs- und Produktinnovationen der Fall sein, ist aber auch bei Prozessinnovationen z.B. mit hohen Termrisiken möglich. Sollten noch keine Erfahrungen mit der innovativen Lösung sowohl auf Seite des Kunden als auch auf Seite des Unternehmens bestehen, wie es

[788] Die Tragweite von Entscheidungskompetenzen lässt sich z.B. über die zeitliche Reichweite, die Wirkungsbreite, die personellen Auswirkungen, die Unsicherheit, die Risiken und die Häufigkeit der Entscheidungen bestimmen, vgl. dazu Hill, W.; Fehlbaum, R.; Ulrich, P. (Organisationslehre 1992) S. 233.

z.B. bei einer offensiven Innovationsstrategie der Fall ist, werden zur Risikoreduzierung Expertisen, Gutachten und/oder experimentelle Untersuchungen unabhängiger Institutionen (z.B. Hochschulen oder Materialprüfanstalten) bereitzustellen bzw. durchzuführen sein. Ferner sollten detaillierte Arbeitsanweisungen ausgearbeitet und rechnergestützte Verhaltenssimulationen des neukonfigurierten bzw. -gestalteten Bauwerks- und/oder Prozesssystems ausgeführt werden.[789] Diese Massnahmen unterstützen die Entscheidungsfindung des Kunden und erlauben ihm, die Rolle des interorganisatorischen Machtpromotors zu übernehmen. Vorteilhaft auf die Akzeptanz einer innovativen Lösung bzw. die Herausbildung der Machtpromotorenrolle wird sich der Umstand auswirken, dass insbesondere professionelle Kunden über einen umfangreichen baulichen Erfahrungshintergrund verfügen und innovative Lösungskonzepte bis zu einem gewissen Grad funktional, technisch und wirtschaftliche beurteilen können.[790] Vor allem bei Verfolgung einer offensiven Innovationsstrategie wird zudem ein ausgesprochen innovationsfreudiger Kunde für die erstmalige Realisierung der innovativen Lösung von Vorteil sein. Voraussetzung für die Übernahme der Rolle des Machtpromotors ist die Überzeugung des Kunden vom Nutzen der Innovation.

Hat das Unternehmen die Risiken der innovativen Lösungen selbst zu tragen (z.B. durch langfristige Garantien) kann bei steigendem Innovationsgrad der Projektleiter bzw. Funktionsspezialist die notwendige Durchsetzungskraft nicht mehr aufbringen. Da zudem die Risiken sich erhöhen bzw. die Tragweite des Realisierungsentscheids über das einzelne Bauprojekt hinausgeht, ist zur intraorganisatorischen Durchsetzung der Neuerung je nach spartenübergreifender Bedeutung die Rolle des Machtpromotors von der Sparten- oder Unternehmensleitung auszufüllen. Auch hier gilt, dass zur Übernahme dieser Rolle die Instanzen von der Innovationsidee überzeugt sein müssen. In die Diskussion über den Realisierungsentscheid sollte in jedem Fall als Ausdruck eines partizipativen Führungsstils der Ideenlieferant und die von innovativen Lösungen Betroffenen (z.B. die Anwender eines neuen Arbeitsmittels) einbezogen werden.

4.2.2.3 Strukturierungsempfehlungen zur Unterstützung der Entwicklungs- und Implementierungsphase

Entwicklung und Implementierung sind bei bauprojektabhängigen Innovationsaufgaben stark miteinander verschränkt und zwar in dem Masse, wie vor und während der

---

[789] Vgl. Girmscheid, G. (Bauausführung 1991) S. 271ff. sowie Girmscheid, G. (Spannbeton 1993) S. 161ff.

[790] Vgl. Teil B, Abschn. 3.1.2.2.

Praxisanwendung noch Modifikationen und Anpassungen der innovativen Lösung vorzunehmen sind.

Aufgrund der geringen Auswirkungen kann die Implementierung von Elementinnovationen ohne grössere Vorbereitung erfolgen. Es ist lediglich darauf zu achten, dass die Integration der Lösung in die betriebliche Praxis nicht doch zusätzliche und unerwartete Veränderungen anderer Systembestandteile hervorruft.[791] Ist die Idee noch weiterzuentwickeln bzw. den Gegebenheiten der Bauaufgabe anzupassen, lässt sich dies durch den Ideenlieferant meist selbst bewerkstelligen. Ganzheitliche Aufgaben, die Delegation von Entscheidungskompetenzen mit projektbezogener Tragweite und der Einsatz von Informationsverarbeitungssystemen zur Aufgabenerfüllung wirken auch hier unterstützend. Für spezifische Arbeiten kann er i.d.R. interne Servicecenter heranziehen (z.B. Werkhof für maschinentechnische Arbeiten oder Ingenieurabteilung für statische Berechnung).

Ein stärkerer Einbezug externer Projektbeteiligter ist bei Verknüpfungsinnovationen zu erwarten. Dem Projektleiter als Prozesspromotor kommt dabei die Aufgabe zu, mit den Projektbeteiligten mögliche Auswirkungen der innovativen Lösung auf deren Leistungserbringung rechtzeitig zu klären, da die Veränderungen sie zu einem angepassten und flexiblen Ressourceneinsatz zwingen können.[792] Die Projektbeiträge sind dann im Hinblick auf die Implementierung der innovativen Lösung aufeinander abzustimmen. So muss beim Beispiel der Hängebühne für den Sprengvortrieb sichergestellt sein, dass die An- und Abtransporte des Materials oder die Kapazitäten für die parallele Erstellung der Tunnelsohle den durch die Hängebühne geschaffenen Möglichkeiten angepasst werden.[793] Darüber hinaus kann sich zur Vorbereitung der Implementierung eine Einweisung des mit der Neuerung arbeitenden Personals als zweckmässig erweisen.

Eine ausreichende Einweisung des Personals sollte immer die Implementierung von Modul- und Systeminnovationen vorbereiten. So erfordert z.B. die Einführung eines neuen Bohrjumbos oder einen neuen Walze, die beide computerunterstützt sind, dass die Maschinisten in der Geräteanwendung eingehend zu unterrichten sind. Zudem kann es vor allem bei Produktinnovationen von Vorteil sein, im Vorfeld noch einzelne Feldversuche durchzuführen oder Expertisen einzuholen, um die Leistungsfähigkeit der Lösung unter den spezifischen Gegebenheiten sicherzustellen bzw. die Anwendungsrisiken zu minimieren. Daneben sollten zusätzliche Ressourcen z.B. Ersatzteile, Mess- und Kontrolleinrichtungen bereitgehalten oder extra Unterhaltszeiten eingeplant werden, um unerwarteten Schwierigkeiten bei der Implemen-

---

[791] Vgl. Slaughter, S. (Implementation 2000) S. 8.

[792] Vgl. Slaughter, S. (Implementation 2000) S. 12.

[793] Vgl. Girmscheid, G. (Hochleistungsvortrieb 2002) S. 266ff.

tierung begegnen zu können (z.B. Leistungsabweichungen oder Betriebsausfälle). Da bei Modulinnovationen mögliche Schwierigkeiten auf das innovierte Bauteil oder Arbeitsmittel beschränkt bleiben, wird die Behebung von Implementierungsproblemen dann in erster Linie Aufgabe des Unternehmens sein, das die Lösung entwickelt bzw. bereitgestellt hat (z.B. der Zulieferer). Bei Systeminnovationen können sich zusätzliche Anpassungen bzw. Schnittstellenmodifikationen aus dem Zusammenspiel der Einzellösungen ergeben. Entsprechend ist besonders hier die vom Projektleiter zu übernehmende Rolle des Prozessmotors weiterhin relevant, um die von den Projektmitgliedern eingebrachten Leistungen koordinieren und ressourcenbedingten Konflikten rechtzeitig begegnen zu können.

4.2.2.4 Strukturierungsempfehlungen zur Unterstützung der Rückmeldephase

Die Rückmeldung über den Innovationsprozess sollte zwischen den technisch-wirtschaftlichen Innovationsergebnissen, dem Verlauf der intra- wie interorganisatorischen Zusammenarbeit zur Innovationsrealisierung und der strategischen Bedeutung der innovativen Lösung unterscheiden (Tabelle 2).

Die Rückmeldung über den Beitrag von Elementinnovationen zur funktionalen, technischen und/oder wirtschaftlichen Verbesserung der baulichen Lösung lässt sich durch einen Vergleich des innovierten mit dem konventionell eingesetzten Bauteil oder Arbeitsmittel bestimmen. Beispielsweise lassen sich bei der bereits erwähnten Fallkopfschalung die Verkürzung der Ausschalzeiten und die Einsparungen beim Schalungsmaterial erfassen. Um aufgrund der geringfügigen Änderung Schwierigkeiten in der Beurteilung und Aufbereitung des erzielten Nutzens zu vermeiden, sollte der Vergleich bzw. eine Befragung der Anwender noch während des erstmaligen Einsatzes oder kurz nach Abschluss des Bauprojekts erfolgen. Das kann verwertbare und dokumentierbare Ergebnisse liefern.

Über eine Befragung der an der Innovationsrealisierung beteiligten Projektmitglieder lassen sich auch Rückschlüsse auf zukünftige Anwendungen von Verknüpfungsinnovationen ziehen. Die Dokumentation und Verbreitung von Verknüpfungsinnovationen im Unternehmen wird sich dabei insofern als schwierig erweisen, wie das den Lösungen zugrunde liegende Wissen meist impliziten Charakter besitzt bzw. an die spezifische Bauaufgabe gebunden ist. Daher wird vor allem von der verfolgten Innovationsstrategie abhängen, ob auf die an der Innovationsrealisierung beteiligten Wissensträger über das einzelne Bauprojekt hinaus weiter zurückgegriffen werden kann.

Tabelle 2: Informationen für die Anwendung innovativer Lösungen in Folgeprojekten
Table 2: Information for using innovative solutions in further projects

Informations-kategorie	Informations-element
1. Technische/ Wirtschaftliche Informationen	1.1 Technische/Wirtschaftliche Spezifikationen - Welche Ziele konnten mit der innovativen Lösung erreicht/nicht erreicht werden? - Wie konnten die Ziele erreicht werden? - Welche Weiterentwicklungspotentiale bestehen? - Wie ist das Kosten-Nutzen-Verhältnis der Lösung einzuschätzen? 1.2 Art der innovativen Lösung - Leistungsinnovation (bauwerks-, prozessbezogen) - Produktinnovation (Baustoff, Bauteil, Konstruktion) - Prozessinnovation (Arbeitsmittel, Verfahren, Organisation) - Innovationsgrad (Element-, Verknüpfungs-, Modul-, System-innovation) 1.3 Umfang an Modifizierungen - Welche Integrationsprobleme sind aufgetreten? - Wie musste aufgrund dessen die innovative Lösung/Elemente der baulichen Gesamtlösung modifiziert werden?
2. Organisatorische Informationen	2.1 Auswirkungen auf die Projektorganisation - Welche Projektmitglieder waren an der Implementierung beteiligt? - Wann wurden die Projektmitglieder einbezogen? - War der Einbezug zusätzlicher Spezialisten notwendig? - Wann wurden die Spezialisten beigezogen? 2.2 Konfliktpotential - Traten bei der Implementierung Koordinationsprobleme/ Widerstände auf? - Wie wurden Koordinationsprobleme/Widerstände gelöst bzw. diesen vorgebeugt? 2.3 Umfang an Personalschulung - Welches Personal musste geschult werden? - Welche Schulungsmassnahmen waren vor/während der Implementierung notwendig?
3. Strategische Informationen	3.1 Projektbezogenheit der innovativen Idee - In welchem Masse kann die innovative Lösung unverändert für Projekte im selben / anderen Marktsegment eingesetzt werden? 3.2 Wettbewerbsvorteile - Welcher Wettbewerbsvorteil wurde / ist mit der innovativen Lösung erzielt / zu erzielen? - Welche Innovationsstrategie lag dem Implementierungsentscheid zugrunde?

Bei Modulinnovationen kann durch die Abgegrenztheit der innovativen Lösung bei gleichzeitig hohem Veränderungsumfang die Leistungsfähigkeit der Innovation im Vergleich zu bisherigen Varianten recht gut beurteilt werden. So werden sich die Bohrgenauigkeit und -geschwindigkeit sowie die erzielbaren Abschlagslängen und Profilgenauigkeiten eines neuen Bohrjumbos recht gut ermitteln lassen. Die Dokumentation der erreichten Ergebnisse und die Übertragbarkeit auf andere situative Bedingungen werden erleichtert. Dies gilt auch deshalb, weil sich im Gegensatz zu Verknüpfungsinnovationen die bauwerks- oder prozessbezogene Lösung in einem Bauteil oder Arbeitsmittel materialisiert.

Bei Systeminnovationen sollte die Rückmeldung unter Mitwirkung aller Projektbeteiligten erfolgen, um den erzielten Gesamtnutzen, aufgetretene Schnittstellenprobleme und Möglichkeiten für zukünftige Verbesserungen des Systemkonzepts erfassen und dokumentieren zu können. Mit der Rückmeldung ist dann ein erster Schritt für nächste Projekte getan, die auf weitere Veränderungen des Systemkonzepts z.B. in Form von Modulinnovationen zielen können. Das kann beim Beispiel der spritzbaren Abdichtungsfolie für den Tunnelbau u.a. die Anpassung der Applikationsmaschine an die spezifischen Materialparameter (z.B. Düsengeometrie) sein.

Innovative Lösungen sind nicht nur zu erfassen und zu dokumentieren sondern auch im Unternehmen zu verbreiten. Bei spartenbezogenen Neuerungen bieten sich regelmässig stattfindende Besprechungen in den Sparten (z.B. wöchentliche Teamsitzungen) oder Kurzmitteilungen an. Geeignete Wege für die Kommunikation spartenübergreifender Lösungen sind z.B. die Hauszeitung, Bilddokumentationen in öffentlichen Bereichen, Broschüren oder Informations- und Weiterbildungsveranstaltungen. Zur Kommunikation sollten auch Baustellenbesuche genutzt werden, insbesondere wenn die Lösungen nur im spezifischen Kontext der Bauaufgabe zu verstehen sind. Baustellenbesuche eignen sich darüber hinaus für die unternehmensexterne Kommunikation (z.B. für Kunden) von Modul- und Systeminnovationen. Um die Diffusion der innovativen Lösung zu beschleunigen und das Image als innovatives Unternehmen zu stärken, sollten des Weiteren öffentliche Fachveranstaltungen und Publikationen in Fachzeitschriften genutzt werden.

4.3 Die Institutionalisierung bauprojektübergreifender Innovationsaufgaben durch Innovationsprojekte

4.3.1 Gestaltung der Rahmenstruktur

Greift die Rahmenstrukturierung zur Realisierung bauprojektübergreifender Innovationsaufgaben auf die Organisationseinheit des Innovationsprojekts zurück, konstituiert sich dieses ebenso wie das Bauprojekt über einen inter- und intraorganisatorischen Beziehungskontext. Welcher Beziehungskontext den Innovationsprojekten zugrunde liegt, ist wiederum von den sich aus der Innovationsstrategie des Unternehmens ergebenden Aufgaben und der Aufgabenbewältigung abhängig.

4.3.1.1 Intraorganisatorische Strukturierung

Die intraorganisatorische Konstituierung eines Innovationsprojekts ist im Gegensatz zum Bauprojekt vollständig mit der internen Innovationsstrategie des Unternehmens verknüpft, denn Innovationsprojekte zielen immer auf die Realisierung innovativer Lösungen.

Intraorganisatorisch ergänzt das Innovationsprojekt die bestehenden Strukturen zur Abwicklung der Bauaufgaben. Folglich können die beiden oben eingeführten Rahmenstrukturen für systemleistungsanbietende Unternehmen zum Ausgangspunkt der weiteren Überlegungen genommen werden. Das Innovationsprojekt konstituiert sich dann ebenfalls aus einem Projektverantwortlichen und verschiedenen Funktionsspezialisten. Während jedoch Bauprojekte permanent im Unternehmen anzutreffen sind, bestimmt sich die Anzahl der in einem bestimmten Zeitraum durchgeführten Innovationsprojekte aus dem strategisch definierten Umfang der Innovationsbemühungen des Unternehmens.

Zunächst lässt sich zur Konstituierung von Innovationsprojekten auf die Strukturierungsmerkmale der Stabs-Projekt-Organisation zurückgreifen.[794] Diese Strukturform bietet sich an, wenn z.B. für die Generierung von Modulinnovationen eine Vielzahl der Innovationsaktivitäten insbesondere in den frühen Prozessphasen von einem beteiligten Zulieferer zu übernehmen ist und die inhaltlichen Beiträge des Unternehmens sich auf die Formulierung der Anforderungen an die Problemlösung konzentrieren. Die Integration interner Spezialisten wird sich dann auf einzelne Funktionsbereiche und auf deren kurzfristigen Einbezug beschränken können. Das Innovationsprojekt ist nur temporär vom Beitrag der Funktionsbereiche abhängig. Wesentlich ist vor allem die Abstimmung und Koordinierung der internen mit den externen Aktivitäten durch die Projektleitung, die je nach spartenbezogener Bedeutung der Neuerung der Sparten- oder Unternehmensleitung zu unterstellen sein wird (Bild 73). Die Projektleitung übernimmt dann neben der Koordinierungstätigkeit ebenso die Aufgabe der Entscheidungsvorbereitung und der methodischen Unterstützung zu Erfassung der Lösungsanforderungen.

Die Strukturierungsmerkmale der Stabs-Projekt-Organisation sind darüber hinaus auch für Innovationsaufgaben geeignet, die wie z.B. bei Elementinnovationen fast vollständig der Ideenlieferant abwickeln kann und nur kurzfristig den Rückgriff auf zu-

[794] Vgl. Teil B, Abschn. 3.1.2.1.

sätzliches Spezialistenwissen erfordern. Wenn sich die Innovationsideen, wie bei Elementinnovationen zu erwarten, auf die Leistung der ideengebenden Sparte beziehen und die Innovationsprojekte den Budgetrahmen der Sparte nicht übersteigen, ist das Projekt der Spartenleitung zu unterstellen. Im Gegensatz zur reinen Stabs-Projekt-Organisation sollte der Projektleiter, da er gleichzeitig Ideenlieferant ist, jedoch über gewisse fach- wie projektbezogene Entscheidungskompetenzen verfügen.

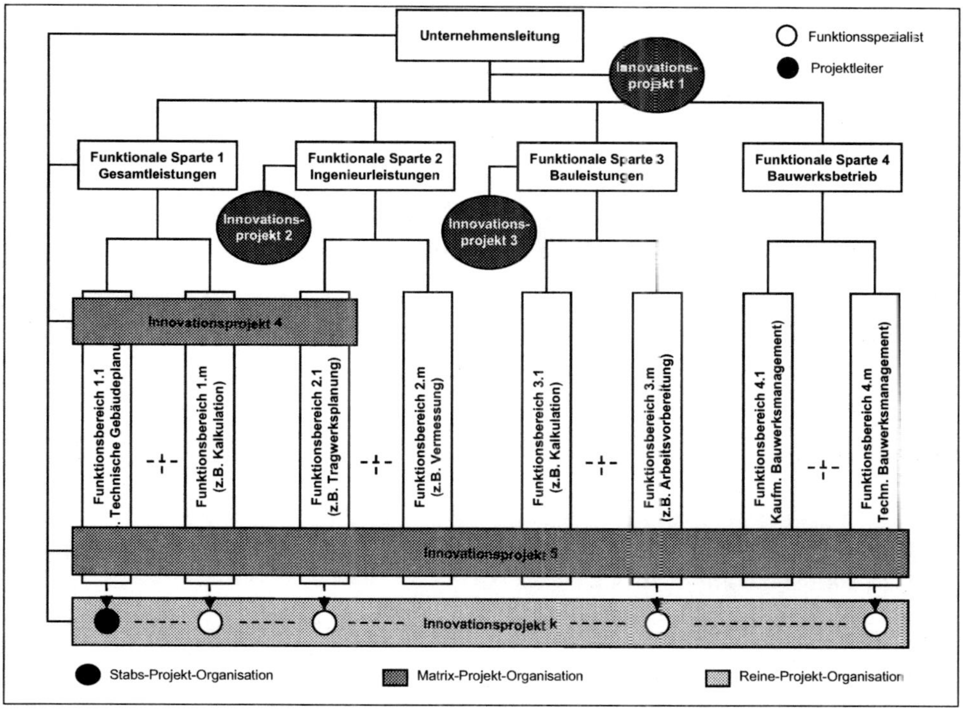

Bild 73: Intraorganisatorische Rahmenstrukturierung für die Realisierung bauprojektübergreifender Innovationsaufgaben

Fig. 73: Intra-organizational structure for realizing innovative tasks spanning across different construction projects

Steigt der interne Beitrag zur Problemlösung an und ist gleichzeitig nur ein temporärer Einbezug der Funktionsspezialisten aufgrund geringer Veränderlichkeit der Aufgabeninputs bzw. geringem Innovationsgrad notwendig, eignet sich die Matrix-Projekt-Organisation. Die Funktionsspezialisten arbeiten für das Innovationsprojekt parallel zu ihren eigentlichen Aufgaben in den Bauprojekten. Konflikte, die sich aus der parallelen Zugehörigkeit der Funktionsspezialisten zu Bau- und Innovationsprojekt ergeben können, lassen sich dadurch vermeiden, dass dem Funktionsspezialisten feste Zeitbudgets zugeordnet werden, die ihm für seine Tätigkeit im Innovationsprojekt zur Verfügung stehen. So lässt sich das fachspezifische Wissen entsprechend den Erfordernissen der Innovationsaufgabe in das Projekt integrieren. Das Projekt ist wiederum je nach Bedeutung der Innovationsaufgabe für die einzelnen Sparten bzw. das Gesamtunternehmen entweder der Sparten- oder der Unternehmensleitung zu unterstellen (Bild 73).

Sind wie bei der Verfolgung einer offensiven Innovationsstrategie Beiträge für Innovationsaufgaben mit hohem Veränderungsumfang (Modul- und Systeminnovationen) zu einem grossen Teil intern zu erbringen, sollte eine Anbindung des Innovationsprojekts an die bestehenden Strukturen für umfangreiche und stark veränderliche Teilaufgaben über die Reine-Projekt-Organisation erfolgen. Die für diese Teilaufgaben zuständigen Funktionsspezialisten arbeiten dann für die gesamte Projektdauer oder für einen bestimmten Zeitraum nur an der Problemlösung. Die hohe Dezentralisierung erlaubt hier eine effiziente Bearbeitung der komplexen Aufgaben losgelöst vom Tagesgeschäft und die Verhinderung von Ressourcenkonflikten mit den Bauprojekten durch die permanente Beanspruchung der Mitarbeiter. Daneben werden auch bei diesen Projekten einzelne Funktionsspezialisten temporär im Sinne der Matrix-Projekt-Organisation beizuziehen sein. Aufgrund ihrer strategischen und spartenüberfreifenden Bedeutung sind die Projekte i.d.R. direkt der Unternehmensleitung zu unterstellen (Bild 73).

4.3.1.2 Interorganisatorische Strukturierung

Wie die intraorganisatorische Rahmenstruktur Ausdruck der internen Innovationsstrategie des Unternehmens ist, manifestiert sich in der interorganisatorischen Rahmenstruktur die externe Innovationsstrategie.

War die Ad-hoc-Kooperation mit vertikalen oder horizontalen Wertschöpfungsspezialisten bei bauprojektabhängigen Innovationsaufgaben geeignet, um bauwerks- und prozessbezogene Element- und Modulinnovationen einzuführen, bietet sie sich bei bauprojektübergreifenden Innovationsaufgaben an, um diese Innovationen mit Zulieferern zu entwickeln. Diese temporären, diagonal ausgerichteten Kooperationen sind vor allem für die Umsetzung einer offensiven Innovationsstrategie bei gleichzeitig geringem strukturalem Modulwissen angesagt. Das Ziel eines befristeten Wissensvorsprungs wird dann zu erreichen sein, wenn das Unternehmen eben nicht nur anwendungsreife Neuerungen der Zulieferer übernimmt, sondern schon in der Generierungs- bzw. Entwicklungsphase der Neuerungen aktiv bei der Festlegung der Innovationsparameter mitwirkt, eigene Entwicklungstätigkeiten einbringt oder sogar den Auslöser von Innovationsbemühungen der Zulieferindustrien darstellt. Solche

Unternehmen lassen sich seit den Arbeiten von VON HIPPEL als ***Lead User*** bezeichnen.[795]

Da im Wesentlichen nur ein Systemmodul oder -element von den Veränderungen betroffen ist, wird an der Kooperation nur eine geringe Anzahl von Unternehmen beteiligt sein. Die Kooperationsdauer wird i.d.R. auf die Dauer des Innovationsprojekts begrenzt bleiben, wobei durchaus aufgrund der komplementären Spezialisierung der Unternehmen zukünftige Kooperationen denkbar sind. Der vertraglichen Regelung dieser kooperativen Beziehungen kommt hinsichtlich der Eigentums- und Verfügungsrechte an den bereitgestellten Ressourcen und am generierten Wissen besondere Bedeutung zu. Hier kann sich die Problematik eröffnen, dass die Nachhaltigkeit des Differenzierungsvorteils von Bauunternehmen und Zulieferer gegenläufig sind. Während dem Bauunternehmen an einer möglichst langen Alleinnutzung gelegen ist, ist der Zulieferer an einer schnellen und breiten Ausschöpfung des Entwicklungsvorsprungs interessiert. Zur Lösung des Dilemmas bieten sich vertraglich fixierte Kompromisslösungen in Form von befristeten Geheimhaltungsabkommen, Verkaufs- und/oder Wettbewerbsverboten an.[796]

Neben Bauunternehmen und Zulieferer kann sich je nach Bedarf an wissenschaftlichen Erkenntnissen der Beizug von Forschungseinrichtungen wie Hochschulen als zweckmässig erweisen. In Abhängigkeit von Umfang und Spezifizierbarkeit der zu erbringenden Leistungen lassen sie sich in die Ad-hoc-Kooperation einbinden, oder sie leisten über die Auftragsvergabe einen Entwicklungsbeitrag.

Tritt nicht das Bauunternehmen, sondern ein auf ein Teilsystem der baulichen Gesamtlösung spezialisiertes Unternehmen als Lead User auf, stellt sich die Frage, was das Wissen dieses Unternehmens langfristig zum Systemleistungsangebot des Bauunternehmens beitragen kann. Verspricht die Leistung des Spezialisten für das Bauunternehmen einen temporären Differenzierungsvorteil, lässt sich dieser Vorteil wie oben beschrieben über eine bauprojektbezogene Auftragsvergabe oder Ad-hoc-Kooperation nutzen. Ist davon auszugehen, dass der Vorteil der spezifischen Leistung des Lead Users auch für nachfolgende Bauprojekte nachhaltig nutzbar ist, kann der Versuch des Wissenserwerbs über Lizenzen z.B. bei produkt- und prozessbezogenen Element- oder Modulinnovationen unternommen werden. Bei produkt- und prozessbezogenen Verknüpfungs- und Systeminnovationen sowie bei Leistungsinnovationen sollte das spezialisierte Unternehmen über eine langfristige, kooperative Beziehung an das Leistungsangebot des Bauunternehmens gebunden werden. Hier empfiehlt sich wiederum die strategische Allianz mit fokalem Unternehmen als Beziehungskontext nicht nur aufgrund der gezielten Ausnutzung des Spezialistenwis-

---

[795] Vgl. von Hippel, E. (Users 1986) S. 791ff.

[796] Vgl. Nagel, R. (User 1993) S. 171.

sens der Netzwerkunternehmen, sondern auch aufgrund dessen, dass das Netzwerk den beteiligten Unternehmen erst die Konzentration auf ihre Kernfähigkeiten und damit den nötigen Freiraum für Innovationen verschaffen kann.

Die strategische Allianz mit fokalem Unternehmen ist in besonderem Masse für die Konstituierung von Innovationsprojekten zur Generierung von Systeminnovationen geeignet, da sich zum einen strukturales System- mit strukturalem Modulwissen zur Bewältigung der Innovationsaufgabe zusammenführen und zum anderen daraus hervorgehende Wettbewerbsvorteile nachhaltig nutzen lassen. Ein Innovationsprojekt konstituiert sich zwar durch eine temporäre Unternehmenskooperation mit horizontaler, vertikaler und/oder diagonaler Ausrichtung. Es sollte jedoch mit steigendem Innovationsgrad und geringem internen Wissensstand auf einem unbefristeten, kooperativen Beziehungsgefüge der zur Innovationsrealisierung heranzuziehenden Unternehmen basieren (Bild 74).[797]

Wie viel Unternehmen einer strategischen Allianz und darüber hinaus an Innovationsprojekten zu beteiligen sind, hängt wiederum vom Innovationsgrad ab. Dem fokalen Bauunternehmen kommt die Aufgabe der Koordinierung der beteiligten Netzwerkunternehmen zu, deren Einzelbeiträge zum Innovationsprojekt nun über netzwerkinterne Vertragsroutinen geregelt werden können. Aus dem um das fokale Bauunternehmen herum organisierten Innovationsprojekt gehen dann einzelne Teilprojekte hervor, die sich auf die von Veränderungen betroffenen Bauwerks- und Prozesssysteme beziehen. So kann bspw. ein Teilprojekt aus einer Entwicklungskooperation zwischen einem Netzwerkunternehmen und einem Zulieferer entstehen, wobei auch hier das Netzwerkunternehmen gegenüber dem Zulieferer die Rolle des Lead Users einnehmen kann.

Das Lead User Konzept ist ebenso für die Beziehung zwischen Bauunternehmen und Kunde fruchtbar einzusetzen, um z.B. eine offensive Innovationsstrategie verfolgen zu können. Einem besonders innovativen Kunden kommt hier die Rolle des Lead Users zu. Das Konzept wird sich umso besser anwenden lassen, wie sich bereits frühzeitig auf einen bestimmten Anwendungsfall z.B. ein grösseres Bauvorhaben hinarbeiten lässt. Dem Bauunternehmen eröffnet sich dadurch die Möglichkeit, auf spezifisches Kundenwissen für eine bedarfsgerechte Entwicklung, für eine präzise Anforderungserfüllung und zur Risikoreduktion zurückzugreifen. Die Gefahr einer solchen frühzeitigen Zusammenarbeit ist im Abfluss des eigenen Wissens zu sehen. Dem kann in dem Masse entgegengewirkt werden, wie eine wiederholte Zusammenarbeit zwischen Kunden und Unternehmen im Sinne eines strategischen Partnerings angestrebt wird.[798]

---

[797] Vgl. Girmscheid, G. (Wettbewerbsvorteile 2003).

[798] Vgl. Teil B, Abschn. 3.2.2.2.

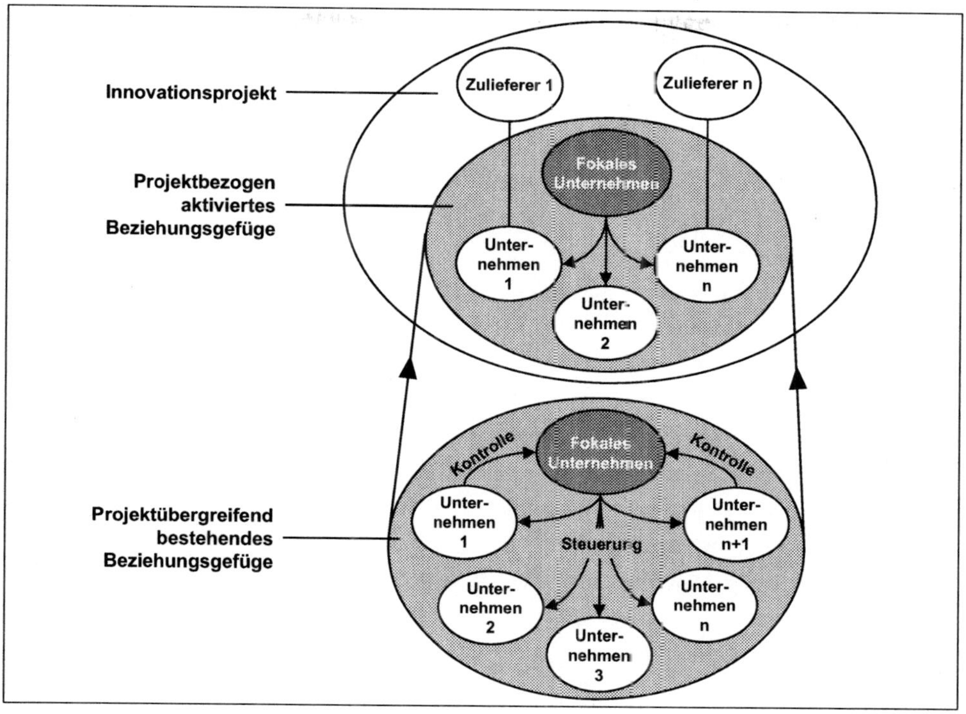

Bild 74: Strategische Allianz mit fokalem Unternehmen als interorganisatorische Rahmenstruktur für die Realisierung bauprojektübergreifender Innovationsaufgaben

Fig. 74: Strategic alliance with focal company as an inter-organizational structure for realizing innovative tasks spanning across different construction projects

4.3.2 Gestaltung der Detailstruktur

Die Detailstrukturierung von Innovationsprojekten richtet sich als Fortsetzung der Rahmenstrukturierung ebenfalls nach dem Umfang der intern erbrachten Aktivitäten und dem Innovationsgrad. Dabei ist vorauszusetzen, dass Innovationsprojekte auf Grundlage einer generierten Innovationsidee initiiert werden, die die Unternehmens- bzw. Spartenleitung bewertet und als erfolgversprechend eingestuft hat. Entsprechend sind Innovationsprojekte vor allem durch die Entwicklungsphase des Innovationsprozesses geprägt. Hier sei aber nochmals darauf verwiesen, dass auch während der Entwicklung für die Lösung von Teilproblemen Ideen zu generieren und zu bewerten sind.

4.3.2.1 Strukturierungsempfehlungen zur Unterstützung der Entwicklungsphase bei geringem internen Entwicklungsbeitrag

Funktionsspezialisten sind oft die Quellen von Innovationsideen, da sie spezifische Kenntnisse um die strukturalen Zusammenhänge baulicher Teilsysteme und die Anwendungsbedingungen der einzelnen Bauteile und Arbeitsmittel besitzen. Sie übernehmen i.d.R. die Rolle des Fachpromotors und können aufgrund ihrer fachlichen Kenntnisse Entwicklungsarbeiten selber ausführen. Daneben erleichtern ihnen diese Kenntnisse den Aufbau kooperativer Beziehungen zum auf die Bauwerks- und Prozesselemente spezialisierten Zulieferer. Ist der interne Entwicklungsanteil von Innovationsprojekten, die z.B. auf Element- oder Modulinnovationen zielen, gering, kann der Funktionsspezialist durch die Übertragung fach- und prozessbezogener Kompetenzen zusätzlich die Rolle des Prozesspromotors übernehmen. Voraussetzung dafür ist, dass der Funktionsspezialist über ausreichende Fähigkeiten (z.B. Kommunikationsstärke oder Organisationstalent) verfügt, um die zur Aufgabenerfüllung notwendige Koordinationstätigkeit zu erbringen. Fehlen ihm diese Fähigkeiten, ist er z.B. durch die Spartenleitung oder eine Stabsstelle zu unterstützen, die dann als Prozesspromotoren auftreten. Bei Zusammenarbeit mit einem Zulieferer sollten sich auch auf Seiten des Zulieferers äquivalente Rollen herauszubilden.

Vorteilhaft auf die Motivation des Projektleiters wird sich die Delegation von Entscheidungskompetenz im Rahmen eines festgelegten Budgets auswirken. Je nach Projektumfang sind dann verschiedene Meilensteine zu definieren, an denen der Projektleiter eine Zwischenfazit über die bis dahin erreichten Ergebnisse zu ziehen, die Ergebnisse der übergeordneten Instanz zu präsentieren und z.B. in Form von Zwischenberichten zu dokumentieren hat. Deuten sich Abweichungen in den inhaltlichen und/oder finanziellen Zielen an, wird der Sparten- oder Unternehmensleitung die Entscheidung für die Projektfortführung bzw. -anpassung oder den Projektabbruch obliegen. Indem diese übergeordnete Instanz die Projektleitung mit ausreichenden Ressourcen und Handlungsfreiheiten ausstattet, schirmt sie gleichsam das Innovationsprojekt vom laufenden Tagesgeschäft ab. Der Sparten- oder Unternehmensleitung kommt die Rolle des Machtpromotors zu. Sie wird ebenso unter Einbezug der Projektleitung die Entscheidung zur erstmaligen Anwendung der innovativen Lösung in einem Bauprojekt treffen.

Ob der Funktionsspezialist für die Dauer des Projekts von seinen Funktionsbereichsaufgaben vollständig entbunden wird oder die Problemlösung und/oder Projektleitung neben seiner eigentlichen Tätigkeit ausübt, ist fallweise je nach Aufgabenumfang und Koordinierungsaufwand zu entscheiden. So wird bei einer Kooperation mit einem Zulieferer insbesondere während der Entwicklung des Anforderungs- und Eigenschaftsprofils der innovativen Lösung eine intensive Zusammenarbeit mit dem Zulieferer zu erwarten sein, die bspw. im Rahmen von Workshops erfolgen kann. In Abhängigkeit von der Problemstellung lassen sich wie erwähnt Spezialisten aus anderen Funktionsbereichen oder Netzwerkunternehmen temporär hinzuziehen. Die Intensität der Zusammenarbeit und damit der Koordinierungsaufwand erhöht sich in dem Masse, wie bspw. das Bauunternehmen selbst Entwicklungsarbeiten beisteuert oder Versuche im eigenen Labor oder auf Baustellen unter Anwendungsbedingungen durchführt.

4.3.2.2 Strukturierungsempfehlungen zur Unterstützung der Entwicklungsphase bei hohem internen Entwicklungsbeitrag

Bei Innovationsprojekten, die umfangreiche, voneinander abhängende Teillösungen erfordern wie z.B. Systeminnovationen oder intern entwickelte Modulinnovationen, sind Teilaufgaben auf Subgruppen innerhalb des Innovationsprojekts zu delegieren. Die Koordinierung der so entstehenden interdependenten Teilprojekte kann dadurch sichergestellt werden, dass die jeweiligen Leiter der auf einzelne Bauteile oder Arbeitsmittel bezogenen Teilprojekte gleichzeitig Mitglieder der übergeordneten, auf das gesamte zu innovierende bauliche System gerichteten Projektgruppe sind. Das heisst, dass durch ihre Doppelmitgliedschaft in zwei Projektgruppen einzelne Personen als koordinierende Bindeglieder zwischen Gesamt- und Teilprojekt fungieren.[799]

Da die Qualität der innovativen Lösung von den Einzelergebnissen der Teilprojekte und ihrer Verknüpfung abhängt, sollte in den Projektgruppen ein hoher Delegations- und Partizipationsgrad angestrebt werden. Die Gruppen agieren als Teams, die dadurch gekennzeichnet sind, dass zur Entscheidungsfindung die Teammitglieder ihr gesamtes Wissen bereitstellen. Die komplexe Innovationsaufgabe kann nur durch die kooperative Interaktion der Teammitglieder erfolgreich gelöst werden. Hierbei kann sich insbesondere während der Entwicklung des Lösungskonzepts die Zahl der Teammitglieder rasch ändern und zwar in dem Masse, wie neue Anforderungen erkannt und durch Einbezug von weiterem Spezialistenwissen umzusetzen sind.

Die Dauer der Teammitarbeit richtet sich dann nach dem Umfang der zu erbringenden Aufgaben. Hier wird auch zu entscheiden sein, ob einzelne Mitarbeiter vollständig für das Projekt freizustellen sind oder die anstehenden Aufgaben zusätzlich zu ihrer eigentlichen Tätigkeit übernehmen. Als zweckmässig wird es sich erweisen, wenn sich der Gesamtprojektleiter ausschliesslich dem Innovationsprojekt widmet, denn ihm obliegt die Koordinierung und Verknüpfung der Teillösungen. Ihm wird dadurch die Übernahme der Rolle des Prozesspromotors erleichtert. Aufgrund seiner Erfahrungen aus Bauprojekten kann ein regionaler Projektleiter auch die Projektleitung für das Innovationsprojekt übernehmen. Dem Projektleiter als Prozesspromotor kommt hier insofern eine besondere Bedeutung zu, da er in diesem Prozess auf die

---

799 Der hier zugrunde liegende Gedanke überlappender Gruppen geht auf LIKERT zurück, vgl. Likert, R. (Organisationsstruktur 1975) S. 197ff.

Leistungsfähigkeit der Gesamtlösung zu achten bzw. das Zusammenwirken der Teillösungen in Bezug auf die Projektziele zu gewährleisten hat. Teammitglieder auf Gesamtprojektebene sind dann Spezialisten aus den Funktionsbereichen bzw. funktionalen Sparten und/oder Mitarbeiter aus den Netzwerkunternehmen bei strategischen Allianzen. Ihnen kann wiederum je nach Aufgabenumfang und Fähigkeit gleichzeitig die Rolle des Fachpromotors und die Rolle des Prozesspromotors für ihr Teilprojekt zukommen.

Mit der erstmaligen Anwendung der innovativen Lösung überlagert sich das Innovations- mit dem Bauprojekt. Die weitere Detailstrukturierung entspricht folglich der bereits unter Abschnitt 4.2.2 beschriebenen.

4.4 Die Institutionalisierung der Schnittstelle zwischen bauprojektabhängigen und bauprojektübergreifenden Innovationsaufgaben durch Innovationsgruppen

Innovationsgruppen sind Organisationseinheiten, die Bauunternehmen den Schritt vom reaktiven zum proaktiven Innovieren ermöglichen und damit insbesondere dazu beitragen, eine interne wie offensive Innovationsstrategie organisatorisch umzusetzen. Durch die Einführung von strategischen und operativen Innovationsgruppen können Bauunternehmen gleichermassen zukünftige Innovationsfelder identifizieren wie in dem durch die erkannten Innovationsfelder abgesteckten Rahmen konkrete Innovationsideen generieren.

4.4.1 Die strategische Innovationsgruppe

4.4.1.1 Gestaltung der Rahmenstruktur

Da strategische Innovationsgruppen ausgehend von den allgemeinen strategischen Zielsetzungen des Bauunternehmens die Grundlagen für dessen zukünftige Innovationstätigkeit legen, sollten sie sich für die Identifizierung von unternehmensrelevanten Innovationsfeldern aus fachlich heterogenen Mitarbeitern (z.B. Projektleiter und verschiedene Fachplaner) bzw. aus Mitarbeitern verschiedener Sparten des Unternehmens konstituieren (Bild 75). Dadurch kann ein Ausgleich zwischen fach- bzw. spartenbezogenen Interessen geschaffen und gleichzeitig unterschiedlichstes Wissen vereint werden, um interdependente Trends in der Bautechnik oder den bauwirtschaftlichen Rahmenbedingungen besser erkennen und in mittel- bis langfristig auszuschöpfende, spartenübergreifende Innovationsfelder überführen zu können. Wesentliche Voraussetzung dafür ist, dass die Mitglieder der strategischen Innovationsgruppe sowohl im Hinblick auf ihre fachlichen Fähigkeiten im Unternehmen anerkannt sind wie auch die Fähigkeit zum konzeptionellen Denken besitzen sollten. Entsprechend eignen sich insbesondere fachlich erfahrene Mitarbeiter mit gleichzeitiger Führungserfahrung wie Projektleiter grosser Bauprojekte, Funktionsbereichs- oder Spartenleiter. Grundsätzlich sollte ihre Mitarbeit in der Innovationsgruppe auf Freiwilligkeit beruhen. Dennoch wird von der Unternehmensleitung die Initiative zur Formierung der Gruppe auszugehen haben, zum einen über die Ansprache geeigneter Mitarbeiter und zum anderen über das Setzen von Anreizen. Solche Anreize sind z.B. in verbesserten Aufstiegschancen durch die Gruppenmitarbeit oder in der Gewährung zusätzlicher Ressourcen für den Aufgabenbereich zu sehen.

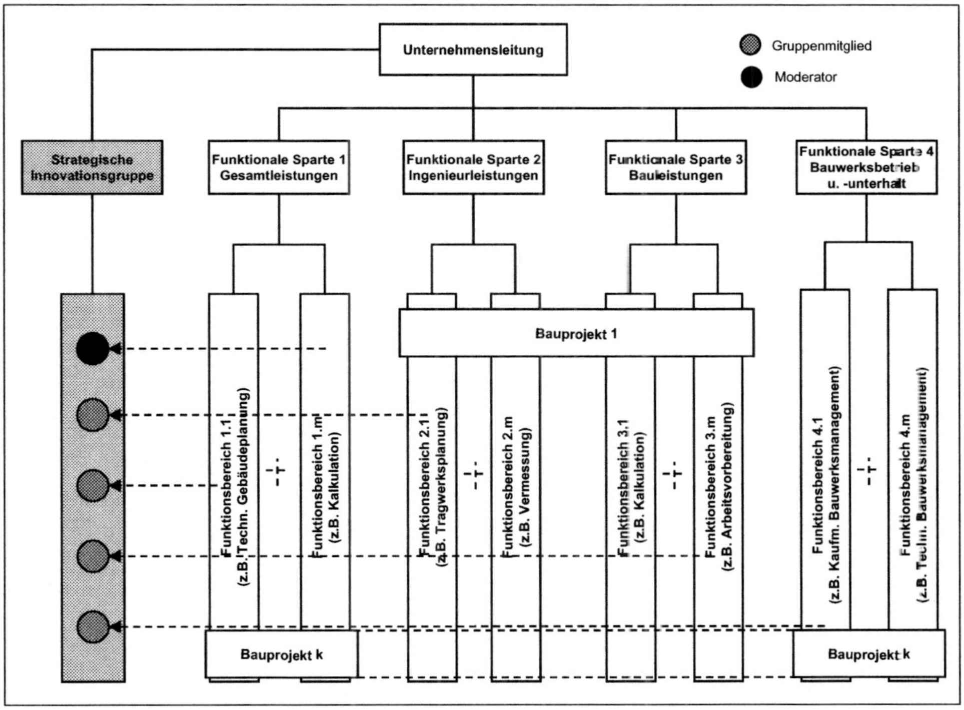

Bild 75: Rahmenstruktur von strategischen Innovationsgruppen
Fig. 75: Organizational structure of strategic innovation groups

Die strategische Innovationsgruppe ist der Unternehmensleitung direkt zu unterstellen, von der sie die grundlegenden Vorgaben und die zeitlichen Freiräume für ihre Arbeit erhält. Die enge Beziehung zum obersten Management des Bauunternehmens verhindert eine von den Unternehmenszielen isolierte Tätigkeit der Innovationsgruppe, stellt die Akzeptanz der Gruppenarbeit im Unternehmen sicher und gewährleistet die konsequente Umsetzung der Gruppenergebnisse. Die enge Zusammenarbeit ist aber auch deshalb bedeutsam, da die Unternehmensleitung über die Durchführung der aus den Innovationsfeldern hervorgehenden Innovationsprojekte zu befinden hat und die Ausschöpfung bestimmter Innovationsfelder die Unternehmensstrategie beeinflussen kann. Gleichzeitig ist darauf zu achten, dass die Innovationsgruppe nicht nur auf Anordnung der Unternehmensleitung aktiv wird. Sie sollte über gewisse Kompetenzen verfügen, die den notwendigen Freiraum für das Erkennen unternehmensrelevanter Innovationsfelder schaffen. Zu diesen Kompetenzen zählt z.B., dass die Innovationsgruppe mögliche interne Stabsstellen oder externe Institutionen zur Informationsbeschaffung und -aufbereitung beauftragen kann. Die Innovationsgruppe besitzt daraus auch die Verantwortung für die Qualität ihrer Analyseergebnisse und Ideenvorschläge, über die sie die Unternehmensleitung regelmässig zu unterrichten hat. Dabei sollten die Zusammenkünfte den Charakter von Präsentations- und Diskussionsrunden tragen, um die letztlich über die Umsetzung möglicher Innovationsprojekte befindende Instanz frühzeitig in die Gruppenarbeit zu involvieren.[800]

Da sich die strategische Innovationsgruppe auf die Identifizierung von Innovationsfeldern und die Formulierung von ersten Innovationsprojektideen beschränkt, kann sie abgesehen vom notwendigen Zugriff auf aufgabenrelevante Informationen relativ unabhängig von anderen Unternehmenseinheiten des Unternehmens agieren. Ebenso bedarf es keiner spezialisierten Leitung. Wesentlich für den Gruppenerfolg ist vor allem, dass für eine offene, problemlösungsorientierte Atmosphäre während der Gruppendiskussionen zu sorgen ist, um der Innovationsgruppe die kreative Informationsverarbeitung zu erleichtern. Hierzu sind Kenntnisse über verschiedene methodische Hilfsmittel wie Moderationstechnik, Kreativitätstechniken, Präsentationstechniken u.a. und deren situationsgerechte Anwendung ebenso hilfreich wie die Fähigkeit, motivationale und psychologische Barrieren bei den Gruppenmitgliedern abzubauen. Dazu sollte eine entsprechend ausgebildete und durch die Gruppenmitglieder akzeptierte Person in der Rolle des Moderators fungieren. Hier wird wahlweise zu entscheiden sein, ob ein hierarchisch gleichgestellter Mitarbeiter z.B. ein erfahrener Projektleiter oder eine der Unternehmensleitung angehängte Stabsstelle die Moderatorenrolle übernehmen soll.

4.4.1.2 Gestaltung der Detailstruktur

Besteht die primäre Aufgabe der strategischen Innovationsgruppe in der Identifizierung von zukünftigen Innovationsfeldern, sind zur Aufgabenerfüllung von den Gruppenmitgliedern eine Vielzahl von Informationen zusammenzutragen und diese Informationen einem kreativen Informationsverarbeitungsprozess zuzuführen. Bis zu einem gewissen Grad können bereits die Gruppenmitglieder durch ihre Tätigkeit in den einzelnen Sparten den Informationsfluss gewährleisten. Über die erwähnten internen wie externen Aufträge kann die Informationsversorgung zusätzlich verbessert

---

[800] Vgl. auch Widmer, A. (Innovationsmanagement 1986) S. 424.

werden. Auch ein in regelmässigen Abständen stattfindender Wechsel oder eine Ergänzung in der Gruppenzusammensetzung kann zu einer Verbesserung der Informationsbasis führen. Zu den aufgabenrelevanten Informationen sind, wie bereits an anderer Stelle dargelegt, zum einen die segmentspezifischen Anforderungen der Kunden und der Verwendungsorte und die gestaltbaren Bauwerks- und Prozesssysteme in diesen Marktsegmenten zu zählen. Zum anderen gehören verschiedene technik- und umweltbezogene Trends dazu.[801] Neben der Informationssammlung und -aufbereitung ist eine weitere wesentliche Teilaufgabe der Innovationsgruppe darin zu sehen, dass die Informationen zu einer gemeinsam getragenen Wissensbasis zu integrieren und zu verdichten sind, um davon ausgehend die zukünftigen Innovationsfelder des Unternehmens zu bestimmen.[802] Damit dies gelingen kann, sind die Informations- und Gestaltungsbeiträge der einzelnen Gruppenmitglieder partizipativ zu integrieren, die Innovationsgruppe agiert teamorientiert. Zur methodischen Unterstützung der Informationsverarbeitung und Innovationsfeldbestimmung lässt sich z.B. das bereits vorgestellte QFD nutzen.[803]

Darüber hinaus sollte die Innovationsgruppe auch bereits vorhandene und/oder realisierte Ideen in den einzelnen Sparten aufgreifen und verwerten. So können in Bauprojekten verwirklichte Lösungen spartenbezogenes wie spartenübergreifendes Weiterentwicklungspotential besitzen bzw. die Suche nach bauprojektabhängigen Problemlösungen Ideen für neue Innovationsfelder hervorbringen. Solche Ideen mit tendenziell hohem Innovationsgrad können ebenso die weiter unten beschriebenen operativen Innovationsgruppen bereitstellen.

Zur Unterstützung des Informationsflusses zwischen den unterschiedlichen Ideenquellen lässt sich z.B. die bereits angesprochene Stabsstelle nutzen, die dann als zentraler Ansprechpartner für Innovationen im Unternehmen Ideenvorschläge aus den Sparten entgegennimmt und für den Realisierungsentscheid der Unternehmensleitung vorbereitet.[804] Je nach Konkretisierungs- bzw. Innovationsgrad der Ideenvorschläge können für die vorausgehende Bewertung die Stabsstelle und/oder die Innovationsgruppe unter Einbezug des Ideengebers weitere Informationen zur Entscheidungsvorbereitung sammeln. In jedem Fall sollte die Innovationsgruppe über die eingereichten Ideenvorschläge informiert werden, damit sie diese für die Identifizierung von neuen Innovationsfeldern mit berücksichtigen kann.

An den erwähnten Zusammenkünften von Innovationsgruppe und Unternehmensleitung, die zu bestimmten Terminen oder nach Bedarf abzuhalten sind, präsentiert die

---

801 Vgl. Teil D, Abschn. 3.2.2.2.

802 Vgl. auch Savioz, P. et al. (Organisation 2002) S. 401.

803 Vgl. Teil D, Abschn. 2.1.4.

804 Vgl. Teil D, Abschn. 4.5.2.

Innovationsgruppe die Ergebnisse ihrer Arbeit. Beruhen identifizierte Innovationsfelder auf Ideenvorschlägen von Mitarbeitern aus dem Unternehmen, sollte aus Gründen der Motivationsförderung der Ideengeber in die Vorstellung des Innovationsfelds einbezogen werden.[805]

Wird von der Unternehmensleitung ein Innovationsfeld als attraktiv erachtet, sind in einem nächsten Schritt Innovationsprojekte zu definieren. Auch hier können wiederum weitere Abklärungen und Detailanalysen erforderlich sein, die von der Stabsstelle und/oder der Innovationsgruppe in enger Zusammenarbeit mit dem Ideengeber erfolgen sollten. Vor der Bereitstellung von Ressourcen für ein Innovationsprojekt wird von der Unternehmensleitung eine abschliessende Beurteilung vorzunehmen sein. Der gesamte Bewertungs- und Entscheidungsprozess kann z.B. mit Hilfe der aufgezeigten Portfoliomodelle methodisch unterstützt werden.[806]

4.4.2 Die operative Innovationsgruppe

4.4.2.1 Gestaltung der Rahmenstruktur

Nehmen sich die operativen Innovationsgruppen innovationsträchtigen Problemen und Potentialen aus den Bauprojekten an, lassen sich für ihre Konstitution zwei Möglichkeiten in Betracht ziehen:

- In einer ersten Innovationsgruppe finden sich Mitarbeiter zusammen, die gleichzeitig Mitglieder eines abgeschlossenen Bauprojekts sind, z.B. Projektleiter und Fachplaner. In diesem Fall stellt die Innovationsgruppe den institutionalisierten Rahmen für die Auswertung und Reflexion des Projektverlaufs dar. Schwachstellen in der baulichen Lösung lassen sich analysieren, aufgetretene und ungelöste Probleme können diskutiert sowie Ideen für mögliche Lösungen und Umsetzungsstrategien in zukünftigen Bauprojekten formuliert werden. Von Vorteil kann hier die Teilnahme externer Projektbeteiligter z.B. des Kunden sein, die aufgrund einer veränderten Sichtweise zur Aufdeckung und Beseitigung von Problemen beitragen können.
- In einer zweiten Innovationsgruppe sind Mitarbeiter mit funktional bzw. fachlich ähnlich gelagerten Aufgaben involviert (z.B. Projektleiter oder Fachplaner), die durchaus aus verschiedenen regionalen Niederlassungen stammen können. Dadurch kann das bei vergleichbaren Bauaufgaben gesammelte, aber im Unternehmen verstreute Wissen zur Lösungsfindung spezifischer fachlicher Probleme

---

[805] Vgl. auch Savioz, P. et al. (Organisation 2002) S. 402.

[806] Vgl. Teil D, Abschn. 2.2.5.

zusammengeführt und erweitert werden (z.B. Wissen im Bereich Spezialtiefbau). Diese Gruppenkonstellation kann aber auch dazu genutzt werden, um vorgegebene, fachspezifische Themenstellungen durch die Gruppe bearbeiten zu lassen, die sich z.B. aus den strategisch definierten Innovationsfeldern des Unternehmens ableiten. Hier kann der Einbezug von fachfremden Personen durchaus von Vorteil sein, um durch veränderte Problemperspektiven der Gruppenarbeit neue Impulse verleihen zu können.

Inwieweit sich eine operative Innovationsgruppe aus Mitarbeitern verschiedener Unternehmen zusammensetzt, ist wiederum vom Beziehungskontext, in dem die Unternehmen agieren, abhängig. So wird sich dauerhafte Zusammenarbeit, die sich für Innovationsgruppen als charakteristisch herausgestellt hat, interorganisatorisch nur verwirklichen lassen, wenn auch der zu ergänzende Beziehungskontext langfristig angelegt ist. Über die bereits mehrfach aufgeführte strategische Allianz mit fokalem Unternehmen lässt sich solch ein Beziehungskontext schaffen. Häufigkeit und Dauer der Gruppenarbeit ebenso wie die zu bearbeitenden Themenstellungen sind im gemeinsamen Konsens festzulegen und werden danach in erster Linie auf Fragen der interorganisatorischen Zusammenarbeit fokussieren oder technischen Problemstellungen nachgehen, die allen beteiligten Unternehmen gleichermassen interessant erscheinen wie z.B. computerunterstütztes Projektmanagement. Bei strategischen Allianzen liegt die Schwierigkeit für den Einsatz interorganisatorischer Innovationsgruppen darin, dass für eine langfristige Existenz kontinuierlich Themen gefunden werden müssen, ohne Interessenkonflikte hervorzurufen. Daher werden Innovationsgruppen verstärkt intraorganisatorisch zur Anwendung gelangen. Zwar können auch hier Interessenkonflikte bei der Themenwahl auftreten, doch wird dies weniger häufig der Fall sein, da mit dem spezifischen Leistungsbereich des jeweiligen Unternehmens ein enger abgegrenzter Erfahrungshintergrund vorliegt.

Da sich die operative Innovationsgruppe in erster Linie auf die Erarbeitung von Lösungsvorschlägen bzw. die Realisierung von Ideen mit geringem Neuigkeitsgrad konzentriert, kann sie ebenfalls von anderen Organisationseinheiten weitgehend unabhängig tätig sein. Auch die Arbeit operativer Innovationsgruppen bedarf keiner spezialisierten Leitung. Leitungsaktivitäten sind vor allem darin zu sehen, dass die Innovationsgruppe zu formieren, in der Problemlösungsarbeit auszubilden, nach aussen zu repräsentieren und zu vertreten ist. Gleichfalls ist auch hier für eine kreativitätsfördernde Atmosphäre zu sorgen sowie methodische und motivationale Unterstützung zu geben. Da gerade hier der Moderator wesentlich zum Erfolg der Innovationsgruppenarbeit beiträgt, sollte er neben psychologischen und fachlichen Kenntnissen auch pädagogisches und organisatorisches Wissen mitbringen. Daher bietet sich wiederum ein erfahrener Projektleiter oder die Stabsstelle für die Übernahme der Moderatorenrolle an (Bild 76).

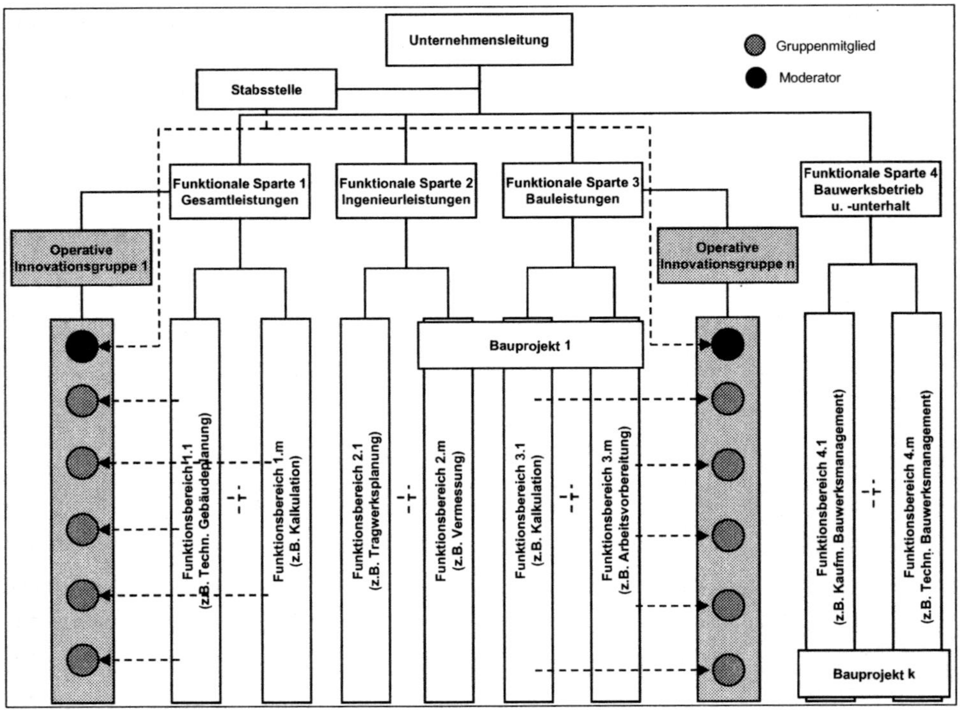

Bild 76: Rahmenstruktur von operativen Innovationsgruppen
Fig. 76: Organizational structure of operational innovation groups

Der Einsatz einer Stabsstelle hätte den zusätzlichen Vorteil, dass sie zugleich als Koordinator der verschiedenen, unternehmensweiten operativen Innovationsgruppen fungieren kann. Unterstützung erfahren die Innovationsgruppen von ihr dann vor allem in „ [...] *prozessualer (z.B. Termine machen, Vorschläge weiterleiten), materieller (z.B. Räume, Arbeitsunterlagen besorgen), personeller (z.B. Experten aus anderen Abteilungen einladen) und inhaltlich, fachlicher Hinsicht (z.B. Aus- und Weiterbildung der Moderatoren)*“[807]. Sie bereitet auch Lösungsvorschläge der Innovationsgruppe zur Bewertung durch die Unternehmensleitung auf bzw. leitet diese Lösungsvorschläge an die strategische Innovationsgruppe weiter.

Die operative Innovationsgruppe kann durch den Zuzug von Experten in ihrer Arbeit unterstützt werden. Der Experteneinsatz richtet sich nach der jeweiligen Problemstellung und kann sowohl interne wie externe Personen umfassen. Zu beachten ist, dass das Expertenwissen nicht zu einer Manipulation der Gruppenmeinung benutzt wird, da bei Erkennen dieser eine Demotivation der Gruppenmitglieder eintreten kann.

[807] Deppe, J. (Quality 1990) S. 57.

Der Unternehmensleitung obliegt die zentrale Planung, Lenkung und Kontrolle aller inhaltlichen, materiellen und personellen Anliegen der operativen Innovationsgruppenarbeit. Sie trägt die Verantwortung für den Erfolg der Innovationsgruppenarbeit im Unternehmen. Die Aufgaben der Unternehmensleitung umfassen die Festlegung des finanziellen Rahmens für die Innovationsgruppenarbeit, indem es den Sparten ein bestimmtes Zeitbudget für die Gruppenarbeit und finanzielle Mittel für die Umsetzung von Ideen gewährt. Darüber hinaus stellt die Unternehmensleistung weitere Mittel für die Bezahlung externer Berater, Trainer und Moderatoren sowie die Ausstattung von Sitzungsräumen und Arbeitsmittel bereit. Sie nimmt auch Vorschläge aus den Sparten entgegen, zu deren Realisierung weitere, die gewährten Mittel übersteigende Ressourcen erforderlich sind, beurteilt diese Vorschläge und unterstützt die Umsetzung erfolgversprechender Ideen z.B. durch die Initiierung eines Innovationsprojekts.

Der Spartenleitung kommt im Rahmen der gewährten zeitlichen bzw. finanziellen Mittel ebenfalls die Aufgabe zu, Lösungsvorschläge der sparteninternen Innovationsgruppen zu bewerten und über die Ideenrealisierungen zu entscheiden. Sie kontrolliert ausserdem, ob die Aktivitäten der einzelnen Innovationsgruppen mit der Innovationsausrichtung des Unternehmens bzw. der Sparte übereinstimmen und ob die vertikale wie horizontale Kommunikation offen gestaltet ist, um die Innovationsgruppen mit ausreichend Informationen für ihre Arbeit zu versorgen. Die starke Einbindung der Unternehmens- bzw. Spartenleitung in die Innovationsgruppenarbeit hat den Vorteil, dass zum einen den Mitarbeitern die Bedeutung der operativen Innovationsgruppen signalisiert werden kann und zum anderen die schnelle Umsetzung realisierungswürdiger Ideen gewährleistet ist.

4.4.2.2 Gestaltung der Detailstruktur

Im Mittelpunkt der Arbeit von operativen Innovationsgruppen stehen zunächst Fragen zur Verbesserung der Leistungsqualität, zur Veränderung baulicher Systeme, zur Lösung von Problemen in den Prozess- und Arbeitsabläufen, in den Arbeitsbedingungen, der Arbeitssicherheit oder der innerbetrieblichen Zusammenarbeit.[808] Durch diese Ausrichtung auf das unmittelbare Arbeitsumfeld der einzelnen Handlungsträger wird deren Wissen und Kreativität vornehmlich für produkt- und prozessbezogene Element- und Verknüpfungsinnovationen bauprojektübergreifend erschlossen. Vom Innovationsgrad hängt auch ab, inwieweit Innovationsgruppen generierte innovative Ideen selbst einer innovativen Lösung zuführen oder sich auf die Ideengenerierung beschränken. Zeichnet sich mit der Ideengenerierung ein hoher Innovationsgrad ab, wird bei erfolgsträchtigen Ideen die weitere Ausarbeitung der Idee in separat zu initiierenden Innovationsprojekten erfolgen.

[808] Vgl. auch Beriger, P. (Quality 1986) S. 120.

Verbinden operative Innovationsgruppen das Bau- mit dem Innovationsprojekt, ist die Rückmeldung über den Verlauf des Bauprojekts die Schnittstelle zwischen Bauprojekt und Innovationsgruppe und die Bewertung der bauprojektübergreifend generierten Ideen kann den Übergang von der Innovationsgruppe zum Innovationsprojekt markieren. Das bedeutet, dass nicht jeder Bauprojektreview zwangsläufig in einem Innovationsprojekt mündet. Zum einen werden nicht aus jedem Bauprojekt ungelöste Probleme oder Problemlösungspotentiale hervorgehen. Das einzelne Bauprojekt kann, muss aber nicht Ausgangspunkt der Gruppenarbeit sein. Zum anderen muss nicht jeder von der Gruppe erarbeitete Lösungsvorschlag in einem Innovationsprojekt zur Anwendungsreife gebracht werden. Gegenstand der Problemlösungsarbeit von operativen Innovationsgruppen ist nicht nur die innovative Veränderung des unternehmerischen Status quo, vielmehr werden auch Probleme in Form von Soll-Ist-Abweichungen zu lösen sein. Die Lösungsvorschläge müssen nicht zwangsläufig innovativen Charakter besitzen, sie können ebenso durch den Rückgriff auf alternative, bereits bekannte Lösungsmöglichkeiten und Vorgehensweisen die Zielerreichung gewährleisten.

Darüber hinaus erfüllen operative Innovationsgruppen noch andere Zwecke, die für die Wettbewerbsfähigkeit des Unternehmens ebenfalls nicht unbedeutend sind. So stellen sie eine Plattform zum gemeinsamen Erfahrungs- und Wissensaustausch im Bauunternehmen dar. Es lässt sich gezielt das Grundwissen über technische und/oder betriebliche Zusammenhänge erweitern sowie die Kommunikation und Zusammenarbeit im und zwischen Unternehmen verbessern und vertiefen.[809] So kann bspw. über neue Baustoffe, Baumaschinen und Bauverfahren oder Weiterbildungsangebote informiert werden. Auch die Vermittlung von Kenntnissen über verschiedene Problemlösungstechniken und das Vorgehen bei der Problemlösungsarbeit fallen darunter.

Damit die Gruppenmitglieder aktiv an den Gruppendiskussionen teilnehmen und zur Entwicklung und Realisierung von Problemlösungen beitragen, ist entscheidend, dass die Mitgliedschaft zwar durch die Spartenleitung motiviert erfolgen sollte, aber auf Freiwilligkeit beruhen muss und nicht verordnet werden kann. Die Gruppenarbeit selber sollte dem Teamgedanken unterliegen und einen hohen Partizipationsgrad anstreben. Das heisst, dass Entscheidungen z.B. über die zu behandelnden Themen gemeinsam zu treffen sind und die Gruppe als Ganzes die Verantwortung für ihre Tätigkeit zu tragen hat. Dem Moderator kann hierbei die Rolle des Prozesspromotors zufallen, indem er die fachlichen Beiträge der Gruppenmitglieder ordnet und auf das verfolgte Ziel hin zusammenführt, die Grundlagen für den Realisierungsentscheid

[809] Vgl. Deppe, J. (Quality 1990) S. 181f.

schafft, Gruppenkonflikte löst und den Informationsfluss zu den Koordinierungs- und Entscheidungsstellen sichert.

Zur Teilnahme an der Gruppenarbeit ist den Mitarbeitern vor allem ein ausreichendes Zeitkontingent zu gewähren, über das sie verfügen und innerhalb dessen sie selbständig über ihr Vorgehen entscheiden können. Die innerhalb des Zeitbudgets erzielten Ergebnisse sind zu dokumentieren und in regelmässigen Abständen der Spartenleitung zu präsentieren. Die vertikale Autonomie der Innovationsgruppe begrenzt sich jedoch dadurch, dass über die Verfügung z.B. materieller oder finanzieller Ressourcen für die Ideenrealisierung in Abhängigkeit von den erarbeiteten Problemlösungen zu entscheiden ist. Dabei kann das Ergebnis der Gruppenarbeit je nach Kompliziertheit des in Angriff genommenen Problems unterschiedlich ausfallen. Bei einfachen Problemen wird die Innovationsgruppe in einer oder mehreren Zusammenkünften eine Lösung erarbeiten, die nach einer positiven Bewertung durch die Spartenleitung ohne weitere Entwicklungen in die betriebliche Praxis implementiert werden kann. Bei komplizierten Problemen werden die Mitglieder der Innovationsgruppe zunächst ausserhalb der Gruppensitzungen weitere Informationen sammeln und Anstrengungen unternehmen, um zu einer verwertbaren Lösung zu gelangen. Gelingt ihnen das, ohne auf Ressourcen ausserhalb der Innovationsgruppe zugreifen zu müssen, kann auch hier eine implementierungsfähige Lösung erarbeitet werden. Erfordert die Ausarbeitung einer Lösung jedoch über die Ressourcenausstattung der Innovationsgruppe hinausgehende Aktivitäten, muss der Lösungsvorschlag bis zu einem gewissen Grad grob formuliert bleiben.

Die Bewertung direkt umsetzbarer Lösungsvorschläge und die Entscheidung über deren Implementierung erfolgt wie bereits angemerkt durch die Spartenleitung. Der Bewertung voraus geht eine Präsentation der Ergebnisse durch die Innovationsgruppe. Sind Lösungsvorschläge Gegenstand der Bewertung, die umfangreiche Ressourcen zur weiteren Ausarbeitung bedürfen, wird von der Unternehmensleitung zu entscheiden sein, ob eine andere Organisationseinheit z.B. ein zu initiierendes Innovationsprojekt mit der weiteren Entwicklung der Lösung zu betrauen ist. Entsprechend ist von Sparten- und Unternehmensleitung je nach Gruppenoutput die Rolle des Machtpromotors zu übernehmen.

4.5 Die Institutionalisierung des Innovationsmanagements

Geht man davon aus, dass mit der Bedeutung eines proaktiven Innovierens das Innovationsmanagement zu institutionalisieren ist, bietet sich hinsichtlich der beiden eingeführten Rahmenstrukturen die Einrichtung eines zentralen und ein dezentralen Innovationsmanagements an, die durch einen unternehmenszentralen Dienstleister für Innovationen zu unterstützen sind.

4.5.1 Das zentrale und dezentrale Innovationsmanagement

Indem das zentrale Innovationsmanagement der Unternehmensleitung obliegt, kann dem strategischen Charakter von Innovationen Rechnung getragen und die Bedeutung von Innovationen für die Unternehmenstätigkeit nachdrücklich kommuniziert werden.

In Bezug auf die unter Abschn. 4.1.4 genannten Aufgaben sind folgende Aktivitäten vom zentralen Innovationsmanagement zu tragen:

- Definition der Innovationsziele und -strategien für das Unternehmen und die einzelnen Unternehmenssparten
- Zuordnen der Aufgaben und Verantwortlichkeiten für die Innovationstätigkeit zu den Unternehmenssparten
- Festlegen von Innovationsbudgets insbesondere zur Realisierung bauprojektübergreifender Innovationsaufgaben
- Beschliessen der zur Innovationsförderung im Unternehmen zu ergreifenden Massnahmen
- Aufstellen eines Bewertungs- und Anreizsystems für innovative Lösungen
- Bewerten der Innovationstätigkeit der einzelnen Unternehmenssparten
- Begleiten strategisch bedeutsamer Innovationsprojekte
- Treffen wesentlicher Entscheidungen im Rahmen dieser Projekte
- Treffen von Realisierungsentscheiden für spartenübergreifende Innovationsprojekte
- Gewähren und Zuweisen der dazu notwendigen Ressourcen
- Planung, Lenkung und Kontrolle der strategischen und operativen Innovationsgruppenarbeit im Unternehmen
- Bereitstellen von Ressourcen, die zur Realisierung bauprojektabhängiger Innovationsaufgaben mit über das einzelne Projekt hinausgehender Tragweite in den Sparten Verwendung finden
- Aufstellen von Kriterien zur Vergabe von Prämien für besonders innovative Leistungen von Mitarbeitern in den Unternehmenssparten und Vergabe dieser Prämien

Das dezentrale Innovationsmanagement ist bei den Spartenleitungen anzusiedeln, damit die Realisierung innovativer Lösungen im Rahmen der Ergebnisverantwortung der Sparten wirksam werden kann bzw. sich Anreize für zukunftsorientiertes Handeln in den Unternehmenseinheiten etablieren lassen.

Die Aktivitäten des dezentralen Innovationsmanagements umfassen:

- Mitwirkung an der Definition der spartenbezogenen Innovationsziele und -strategien

- Umsetzen innovationsfördernder Massnahmen zur Generierung und Realisierung von Ideen für bauprojektabhängige wie bauprojektübergreifende Innovationsaufgaben
- Treffen von Realisierungsentscheiden für bauprojektabhängige wie bauprojektübergreifende Innovationsaufgaben, die im Rahmen des eigenes Budgets abgewickelt werden können
- Planung, Lenkung und Kontrolle der operativen Innovationsgruppenarbeit in der Sparte
- Weiterleiten von Innovationsideen mit grösserem Ressourcenbedarf an die Unternehmensleitung zur Bewertung
- Vorschlagen besonders innovativer Mitarbeiter für Prämierungen durch die Unternehmensleitung
- Fördern und Bewerten des Innovationsverhaltens der Mitarbeiter

Durch die Schaffung eines zentralen und ein dezentralen Innovationsmanagements lässt sich zum einen die Nähe der zu realisierenden Innovationsidee zum Leistungserbringungsprozess und zum Kunden und damit die interne wie externe Akzeptanz der Innovationen sicherstellen. Zum anderen kann die Innovationstätigkeit auf die Ziele des Gesamtunternehmens ausgerichtet und die Realisierung gleicher oder ähnlicher Innovationsideen in den Unternehmenseinheiten vermieden werden. Gerade letzteres bedarf einer zusätzlichen die Sparten übergreifenden Koordination der Innovationstätigkeit und einer Unterstützung der Unternehmensleitung bei der Bewertung von Ideenvorschlägen aus den Sparten. In Abhängigkeit vom strategisch formulierten Umfang der Innovationstätigkeit sind diese Aufgaben entweder einer Stelle oder einer Stellengruppe zuzuordnen, die als Ansprechpartner bzw. Dienstleister für Innovationen im Unternehmen zentral verankert sein sollte. Im Fall der Stelle kann von einem ***Innovationsmanager***, im Fall der Stellengruppe von einer ***Innovationsmanagementabteilung*** gesprochen werden.

4.5.2 Die Innovationsmanagementeinheit

Innovationsmanager wie Innovationsabteilung müssen über die Ziele und Strategien des Unternehmens und über die aktuellen Richtungen der technischen Entwicklung gut informiert sein. Sie benötigten ausreichend technische Kenntnisse für die Bewertung alternativer Lösungskonzepte, umfangreiches methodisches Wissen zur Unterstützung der Innovationsprozesse in den Unternehmenseinheiten und sehr gute kommunikative Fähigkeiten für die intensive Zusammenarbeit mit Personen innerhalb und ausserhalb des Unternehmens. Sie bereiten die Bewertung und Realisierung von Innovationsideen vor, die von den Sparten an die Unternehmensleitung herangetragen worden sind, und verbreiten die Ergebnisse von erfolgreich realisierten Innovationsaufgaben im Gesamtunternehmen. Dies betrifft sowohl die Ergebnisse kleinerer Innovationsprojekte, die von den Sparten eigenverantwortlich durchgeführt wurden, als auch grösserer Innovationsprojekte, die aufgrund ihrer strategischen Ausrichtung der Zustimmung durch die Unternehmensleitung bedurften.

Zu ihren vor allem in Bezug auf die Unterstützung der betrieblichen Innovationsprozesse zu tragenden Aktivitäten zählen:

- **Unterstützung der Generierungsphase**

  Zur Unterstützung der Generierung von Innovationsideen kann die Innovationsmanagementeinheit die spartenübergreifenden Innovationsgruppen organisatorisch unterstützen und gleichzeitig die Moderatorentätigkeit für die Gruppenarbeit übernehmen. Dazu gehört dann auch methodische Hilfe, z.B. durch Einsatz von Kreativitäts- und Präsentationstechniken, die ebenso die Sparten in Anspruch nehmen können, z.B. für Workshops mit Zulieferern. Da die Innovationsmanagementeinheit als zentraler Ansprechpartner weitgehenden Überblick über die realisierten Innovationen im Unternehmen besitzt, sollte sie darüber hinaus zur Prüfung von Ideenvorschlägen in den Sparten herangezogen werden. Dadurch lässt sich sicherstellen, dass Ideen nicht parallel oder wiederholt verfolgt werden und sich Wissensträger aus ähnlich gelagerten Vorhaben identifizieren lassen. Weiterhin sollte sie die strategische Innovationsgruppe bei der Informationssammlung unterstützen sowie über Ideenvorschläge und realisierte Ideen in den Sparten unterrichten.

- **Unterstützung der Bewertungsphase**

  Zur Unterstützung der Bewertungsphase sollte die Innovationsmanagementeinheit Entscheidungen der Unternehmensleitung über die Unterstützung von Innovationsprojekten vorbereiten, Bewertungskriterien für Innovationsideen aufstellen und Antragsformulare zur Einreichung von Ideen bereitstellen.

- **Unterstützung der Entwicklungsphase**

  Bei Innovationsprojekten, die unternehmenszentral durchgeführt werden, sollte die Innovationsmanagementeinheit das Projektcontrolling übernehmen. Projektleitungsaufgaben kann sie bei Innovationsprojekten tragen, die einen geringen internen Beitrag erfordern und für die in den Sparten die notwendigen Kapazitäten fehlen. Des Weiteren kann sie Entwicklungstätigkeiten dadurch unterstützen, indem sie Kontakte zu Hochschulen, Zulieferern, externen Experten u.a. herstellt und pflegt.

- **Unterstützung der Implementierungsphase**

  Für die Implementierung innovativer Lösungen aus spartenübergreifenden Innovationsprojekten sollte die Innovationsmanagementeinheit zur frühzeitigen Kontaktaufnahme mit Kunden und anderen Projektbeteiligten beitragen. Von ihr ist auch das übergeordnete Controlling während der erstmaligen Anwendung dieser Lösungen in einen Bauprojekt durchzuführen.

- **Unterstützung der Rückmeldephase**

  In der Rückmeldephase sollte die Innovationsmanagementeinheit abgeschlossene Innovationsprojekte bzw. Innovationsanwendungen in Bauprojekten nachvollziehbar aufbereiten und andere Sparten über die Ergebnisse realisierter Innovationen informieren. Das umfasst auch das Anlegen und die Pflege einer Wissensdatenbank.

Neben diesen den Innovationsprozess unterstützenden Aufgaben sollte die Innovationsmanagementeinheit die Sparten bei der Implementierung von innovationsfördernden Massnahmen unterstützen, indem z.B. Pilotprojekte oder der Beginn der Innovationsgruppenarbeit methodisch begleitet werden. Weiterhin ist von der Innovationsmanagementeinheit die Innovationstätigkeit innerhalb und ausserhalb des Unternehmens zu präsentieren (z.B. über Fachveranstaltungen oder Veröffentlichungen).

Bei einem geringen Bedarf der genannten Managementaktivitäten, wie er sich bei wenigen Innovationsvorhaben oder Innovationsvorhaben mit niedrigem Innovationsgrad ergibt, eignet sich der Innovationsmanager als zentral ausgebildete Stabsstelle. Entsprechend ist eine Innovationsmanagementabteilung vorteilhaft, wenn im Unternehmen mehrere Innovationsvorhaben mit z.T. hohen Innovationsgraden gleichzeitig bzw. nacheinander zu betreuen sind (Bild 77).

Zusätzlicher Gestaltungsspielraum eröffnet sich dadurch, dass die Innovationsmanagementeinheit ihrer Tätigkeit entweder hauptamtlich oder ergänzend zu anderen Tätigkeiten nachgehen kann. Beim Innovationsmanager sind ergänzenden Tätigkeiten z.B. im Wissens- und Risikomanagement zu sehen. Bei der Innovationsmanagementabteilung können das z.B. fachspezifische Aufgaben für Bauprojekte sein. So bietet sich gerade die in Bauunternehmen häufig anzutreffende und als internes Servicecenter agierende Ingenieurabteilung für die funktionale Ausweitung zur Innovationsmanagementabteilung an (Bild 78). Durch ihre bereits bestehende Servicefunktion im Untenehmen kann sie neu gewonnenes Wissen direkt in die Bauprojekte der Sparten einfliessen lassen und dadurch im Unternehmen verbreiten. Daneben bringt sie den Vorteil der Konzentration von Fachwissen mit sich, das sich für bauprojektabhängige und bauprojektübergreifende Innovationsaufgaben gleichermassen nutzen lässt.

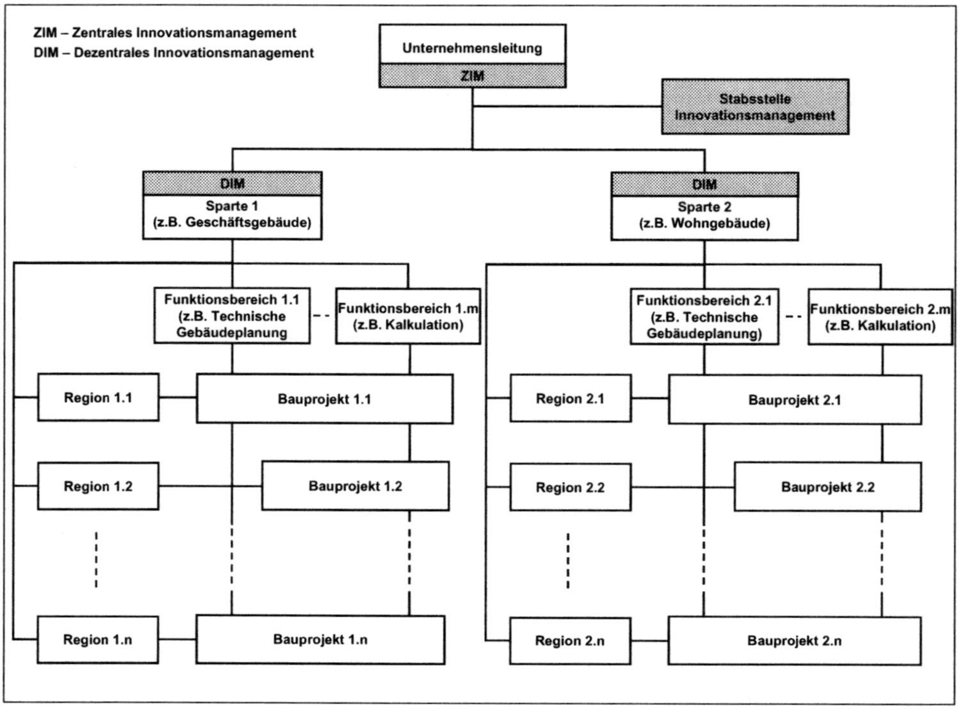

Bild 77: Institutionalisierung des Innovationsmanagements über eine zentrale Stabsstelle
Fig. 77: Innovation management with a central staff position

Die Innovationsabteilung eignet sich auch für strategische Netzwerke, indem sie auf der Ebene des fokalen Bauunternehmens ihre Aktivitäten als netzwerkinterne Dienstleistungen anbietet. Die Abteilung kann die Innovationstätigkeit in und zwischen den Netzwerkunternehmen unterstützen. Dies kann gelingen, wenn bei den Netzwerkunternehmen selbst das Innovationsmanagement institutionalisiert ist z.B. in Form eines Innovationsmanagers. Dieser stellt dann das Verbindungsglied zur fokalen Innovationsabteilung dar und meldet dort Unterstützungsbedarf an. Die Stelle eines Innovationsmanagers stellt gleichzeitig sicher, dass auch in den Netzwerkunternehmen Innovationsvorhaben betreut werden und die Bedeutung von Innovationen vermittelt wird. Gerade letzteres lässt die Überantwortung der Managementaktivitäten an eine Person der obersten Hierarchieebene sinnvoll erscheinen. Auch im fokalen Bauunternehmen wird aus dem gleichen Grund die Innovationsabteilung der Geschäftsleitung direkt unterzuordnen sein. Sie unterhält dann als zentrale Dienstleistungseinheit ebenfalls Verbindungen zu den Sparten des fokalen Unternehmens, in denen wie oben dargestellt der Spartenleiter als Kontaktperson fungiert und die Innovationsbelange der Sparte steuert.

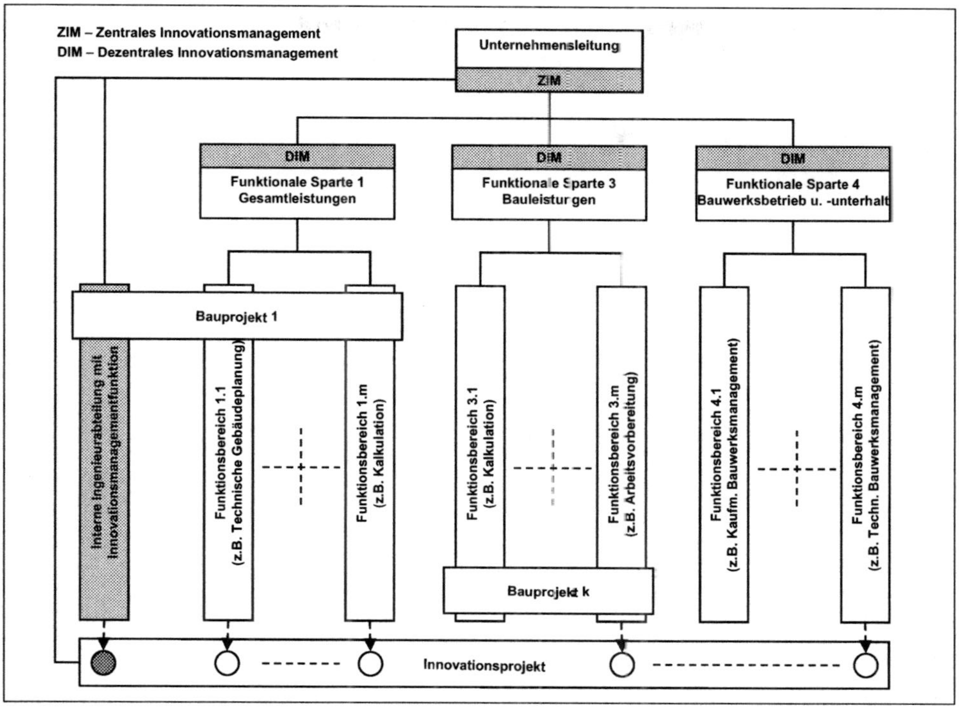

Bild 78: Institutionalisierung des Innovationsmanagements über eine zentrale Serviceabteilung

Fig. 78: Innovation management with a central service department

5 Zusammenfassung

Ziel dieses Teils der Arbeit war die Konstruktion eines organisatorischen Gestaltungsmodells zur Generierung innovativer baulicher Gesamtlösungen und die Herleitung von mit diesem Gestaltungsmodell verbundenen Handlungsempfehlungen für Bauunternehmen.

Im Kapitel 1 wurden einige grundlegende Aussagen zur Konstruktion von Modellen getroffen, um im Anschluss das entwickelte ***Gestaltungsmodell*** mit seinen ***Strukturkategorien*** und -***elementen*** sowie ihrem Zusammenwirken kurz vorzustellen.

Gegenstand der Betrachtung in Kapitel 2 war das ***Innovationspotential baulicher Gesamtlösungen***, das sich aus den beiden Modellkategorien der ***Innovationsaufgaben*** und der ***Innovationsbedingungen*** bestimmt.

Die Charakteristiken von Innovationsaufgaben beschreiben dabei das Bauunternehmen zur Verfügung stehende ***Generierungspotential*** für innovative Ideen. Es ergibt sich aus einer Betrachtung des Bauwerks über seinen gesamten Lebenszyklus und deckt die Ansatzpunkte für ***bauprojektabhängige*** und ***bauprojektübergreifende Produkt-*** und ***Prozessinnovationen*** auf. Gleichzeitig wurden mit dem Generierungspotential die Möglichkeiten für ***Leistungsinnovationen*** eingefangen, durch die sich diese Ansatzpunkte für bauwerks- und prozessbezogene Ideen erst erschliessen lassen.

Die Möglichkeiten zur Realisierung erkannter Ideen durch Bauunternehmen sind wiederum durch verschiedene Innovationsbedingungen determiniert. Dabei wurde die Wirkung der Innovationsbedingungen auf das ***Realisierungspotential*** innovativer Ideen über vier Subpotentiale (***Problemlösungs-***, ***Diffusions-***, ***Differenzierungs-*** und ***Implementierungspotential***) systematisiert.

Für die Identifizierung von Ansatzpunkten für Innovationsideen und die Bewertung der Realisierungschancen von Innovationsideen wurden Bauunternehmen zwei methodische Hilfsmittel aufgezeigt. Als Hilfsmittel für die Ideengenerierung wurde das ***Quality Function Deployment*** vorgestellt, für die Ideenbewertung liess sich der Einsatz von ***Portfolio-Modellen*** darstellen.

Kapitel 3 befasste sich dann mit den ***innovationsstrategischen Alternativen***, die Bauunternehmen zur Verfügung stehen, um die durch das Innovationspotential definierten Spielräume für innovative Lösungen zu nutzen. Dazu wurde zwischen der ***Wettbewerbs-***, der ***Wissens-***, der ***Zeit-*** und der ***Regulierungsorientierung*** in der Innovationsstrategie unterschieden.

Die wettbewerbsorientierte Dimension zeigt auf, wie ***Innovationsfelder*** für Bauunternehmen zu identifizieren und hinsichtlich ihrer Bedeutung für die wettbewerbsstrategische Positionierung der Unternehmen zu bewerten sind. Die wissensorientierte Dimension unterscheidet zwischen der ***internen*** und der ***externen Innovationsstrategie*** und gibt Bauunternehmen Hinweise auf die strategischen Alternativen für die Bereitstellung des innovationsrelevanten Wissens. Die zeitorientierte Dimension differenziert sich in eine ***offensive*** und eine ***defensive Innovationsstrategie***. Damit verbunden ist für Bauunternehmen der strategische Gestaltungsspielraum, entweder als erstes Unternehmen eine innovative Lösung in der betrieblichen Praxis anzuwenden und dadurch Monopolisierungsvorteile zu nutzen oder als nachfolgendes Unternehmen an den Erfahrungen des erstinnovierenden Unternehmens zu partizipieren und dadurch Risiken zu mindern. Die regulierungsorientierte Dimension zeigt Bauunternehmen Wege auf, durch Einflussnahme auf regulierungsschaffende und -anwendende Institutionen die eigenen Innovationsspielräume zu vergrössern und unterscheidet zwischen der ***direkten*** und der ***indirekten Innovationsstrategie***. Ein direkter Weg besteht hierbei in der Mitwirkung an der Formulierung von Regulierungen. Ein indirekter Weg ist in der Beeinflussung der Regulierungsanwendung z.B. bei Bauprojekten und in der

Aktivierung von z.B. staatlich geförderten Innovationsprogrammen für die Bauwirtschaft zu sehen.

Aufbauend auf den beiden vorherigen Kapiteln konnten im Kapitel 4 Gestaltungsempfehlungen zur ***Innovationsorganisation*** in Bauunternehmen gegeben werden.

Um die sich mit baulichen Gesamtlösungen eröffnenden Innovationspotentiale zur Entfaltung zu bringen, lassen sich von Bauunternehmen verschiedene ***Organisationseinheiten*** nutzen, die über die Gestaltung der organisatorischen ***Rahmenstruktur*** in das Bauunternehmen zu implementieren und über die Gestaltung der organisatorischen ***Detailstruktur*** auf das Zusammenwirken der Handlungsträger (Promotoren) auszurichten sind.

Das ***Bauprojekt*** stellt die Organisationseinheit dar, mit der Bauunternehmen innovative Lösungen zur Optimierung der baulichen Gesamtlösung in die betriebliche Praxis überführen können. Durch Rückgriff auf die Organisationseinheit des ***Innovationsprojekts*** lassen sich von Bauunternehmen erkannte Probleme und Potentiale bauprojektübergreifend in innovative Lösungen umsetzen. Zur Verknüpfung von Bau- und Innovationsprojekt kommt als dritte Organisationseinheit die ***Innovationsgruppe*** zum Einsatz, durch die Bauunternehmen gezielt die Kreativitätspotentiale der betrieblichen Handlungsträger sowohl für kleine Veränderungen im unmittelbaren Arbeitumfeld als auch zur Erschliessung strategisch bedeutsamer Innovationsfelder aktivieren können. Die Koordination der genannten Organisationseinheiten wird durch das ***Innovationsmanagement*** übernommen, das in Bauunternehmen zentral und dezentral zu verankern und über eine Innovationsmanagementeinheit zu institutionalisieren ist.

Teil E: Zusammenfassung der Arbeit und Ausblick

Ziel jeder baubetriebswissenschaftlichen Arbeit ist es, für ein existentes Problem der Bauwirtschaft und den damit zusammenhängenden Fragen der baubetrieblichen Praxis Lösungsansätze zu entwickeln bzw. Antworten für die offenen Fragen der Praxis bereitzustellen. Der Weg zu diesem Ziel ist bei Problemen, die von der Forschung weitgehend unbehandelt sind, i.d.R. dadurch gekennzeichnet, dass sich das Ausgangsproblem in einem stetigen Lernprozess fortlaufend konkretisiert und mit der Durchdringung des untersuchten Problems auch immer weitere Fragen aufgeworfen werden.

In diesem letzten Teil der Arbeit sollen die ***Resultate des Forschungsprozesses***, der auf die Bereitstellung von Handlungsempfehlungen für Bauunternehmen zur Generierung innovativer baulicher Gesamtlösungen zielte, im Hinblick auf die Beantwortung der mit der auslösenden Problemstellung verbundenen Fragen der Praxis beurteilt werden (Kapitel 1). Darüber hinaus sollen die Fragen, die sich im Laufe des Forschungsprozesses ergaben, aber offen gebliebenen sind, aufgegriffen werden, um Ansatzpunkte für ***weiterführende Forschungsbemühungen*** darzulegen (Kapitel 2).

1 Problembezogene Beurteilung der Ergebnisse

Das der Arbeit zugrunde liegende Praxisproblem ergibt sich aus dem derzeitig zu beobachtenden Druck auf die Bauwirtschaft, vermehrt lebenszyklusoptimierte bauliche Gesamtlösungen zu erstellen, und den ungenügenden markt- und ressourcenorientierten Fähigkeiten von Bauunternehmen, um diese baulichen Gesamtlösungen zu erbringen. Es besteht in der dringenden, aber mangelnden organisatorischen Gestaltung der Prozesse, die innovative Systemleistungsangebote bzw. innovativ gestaltete bauliche Gesamtlösungen hervorbringen. Die Fragen der Praxis richten sich damit vor allem auf die notwendigen organisationsstrukturellen Voraussetzungen von Bauunternehmen, um die sich aus den Anforderungen der Bauaufgaben ergebenden Problemstellungen gezielt innovativen baulichen Gesamtlösungen zuführen zu können.[810]

Ein umfangreiches Literaturstudium hat aufgezeigt, dass die allgemeine betriebswissenschaftliche wie auch die spezielle baubetriebswissenschaftliche Forschung bis heute nur wenige Versuche unternommen haben, um Antworten auf die innovationsorientierten Praxisfragen der Bauwirtschaft zu finden. Darüber hinaus konnte die Literaturrecherche verdeutlichen, dass für wirkungsvolle Lösungen das organisatorische Gestaltungsproblem im Gesamtzusammenhang eines baubetrieblichen Innovationsmanagements zu betrachten und zu untersuchen ist. Die sich hieraus ergebende Forschungslücke umfasste somit fehlende Forschungsbemühungen sowohl für eine auf Bauunternehmen bezogene Akzentuierung der Innovationsorganisation zur Generierung innovativer baulicher Gesamtlösungen als auch für eine Verankerung der innovationsorganisatorischen Problematik im Gesamtzusammenhang eines baubetrieblichen Innovationsmanagements. Um die Forschungslücke zu schliessen und damit gleichzeitig Antworten auf die Fragen der Praxis zu finden, wurden folgende mit dieser Arbeit zu beantwortenden Forschungsfragen formuliert:[811]

- ***Was kennzeichnet Innovationsaufgaben, die sich aus einer Systembetrachtung baulicher Gesamtlösungen ergeben?***
- ***Welche Bedingungsgrössen beeinflussen die Realisierung der sich aus der Systembetrachtung baulicher Gesamtlösungen ergebenden Innovationsaufgaben?***
- ***Welche strategischen Optionen stehen Unternehmen der Bauwirtschaft zur Verfügung, um die sich aus der Systembetrachtung baulicher Gesamtlösungen ergebenden Innovationsaufgaben zu verwirklichen?***

---

810 Vgl. Teil A Abschn. 1.1.

811 Vgl. Teil A Abschn. 3.1.

- ***Welche organisatorischen Gestaltungsmassnahmen erlauben, die sich aus der Systembetrachtung ergebenden Innovationsaufgaben effektiv und effizient zu realisieren?***

Aufgrund des geringen Erkenntnisstands um die baubetriebliche Innovationsorganisation bestand ein ***erster Schritt*** zur Beantwortung der Fragen darin, mit Hilfe theoretischer Erklärungsansätze und bestehender empirischer Erkenntnisse erste Überlegungen zur innovationsorganisatorischen Gestaltung anzustellen.

Ausgangspunkt der Überlegungen war das Verständnis der Organisation als Zielerreichungsinstrument von Unternehmen und speziell des Innovationsmanagements. Damit Bauunternehmen die Organisation zur Generierung innovativer baulicher Gesamtlösungen bewusst und zielgerichtet gestalten können, waren die einer organisatorischen Gestaltung zugänglichen Elemente zu bestimmen und Strukturvariablen zu definieren, mit denen sich die Elemente entsprechend den angestrebten Zielen konfigurieren lassen. Eine wesentliche Feststellung hierbei war, dass die Unternehmensaufgabe das Hauptelement der Organisationsgestaltung ist, gleichzeitig das primäre Organisationsziel in der effizienten Erfüllung der Unternehmensaufgabe besteht und folglich die Charakteristiken der Unternehmensaufgaben die Ausprägung der Strukturvariablen beeinflussen.[812]

Diese Feststellung erforderte eine differenzierte Auseinandersetzung mit den Charakteristiken von Innovationsaufgaben, um die Anforderungen an die Innovationsorganisation ermitteln zu können. Innovationsaufgaben wurden daraufhin hinsichtlich ihrer formalen, objektorientierten, prozessorientierten und funktionsorientierten Merkmale eingehender beschrieben, wobei insbesondere die Charakterisierung von Innovationsaufgaben über ihre Funktion innerhalb der Wertschöpfung eines Unternehmens zu der für die weiteren Betrachtungen wertvollen Differenzierung zwischen bauprojektabhängigen und bauprojektübergreifenden Innovationsaufgaben geführt hat.[813]

Nachdem die Organisation als Gestaltungsinstrument und die Innovationsaufgaben als Gestaltungsanforderungen konkretisiert wurden, liessen sich erste Überlegungen für die innovationsorganisatorische Gestaltung zur Generierung innovativer baulicher Gesamtlösungen anstellen. Hierfür lieferten vier organisationstheoretische Ansätze den Erklärungshintergrund. Wesentliche Implikationen aus diesen Ansätzen für die Innovationsorganisation waren:[814]

---

[812] Vgl. Teil B, Abschn. 1.2.

[813] Vgl. Teil B, Kapitel 2.

[814] Vgl. Teil B, Kapitel 3.

- dass für die intraorganisatorische Innovationsorganisation auf unterschiedliche projektbezogene Strukturformen zurückzugreifen ist,
- dass für die interorganisatorische Innovationsorganisation verschiedene zwischen Markt und Hierarchie angesiedelte Alternativen des Wissenserwerbs existieren,
- dass intra- wie interorganisatorische Gestaltungsmassnahmen die Herausbildung innovationsfördernder Promotorenrollen zu ermöglichen haben,
- dass nur über veränderte, vertrauensfördernde Projektabwicklungsformen die Unsicherheit des Kunden in Bezug auf das Erreichen seiner baulichen Ziele und ausreichend Innovationsanreize bei den Unternehmen gesetzt werden können,
- dass verschiedene interne wie externe Bedingungen das Innovationsverhalten von Bauunternehmen beeinflussen und sich diese Bedingungsgrössen auf die technik- und umweltbezogenen Eigenschaften von Bauwerken zurückführen lassen,
- dass zur Innovationsdynamisierung in der Bauwirtschaft die Unternehmen Einfluss auf einzelne Innovationsbedingungen nehmen müssen,
- dass insbesondere über das Leistungsangebot Bauunternehmen ihrer Innovationsspielraum vergrössern können.

Aufbauend auf diesen theoriegeleiteten Vorüberlegungen konnten im ***zweiten Schritt*** zur Beantwortung der Forschungsfragen eigene empirisch-explorative Untersuchungen durchgeführt werden. Hierbei stand das derzeitige Innovationsverhalten von zwei Schweizer Bauunternehmen im Mittelpunkt des Interesses. Insbesondere interessierten die Charakteristiken der von den Unternehmen zurzeit realisierten Innovationsaufgaben und die Bedingungsgrössen der Innovationsrealisierung. Ergänzt wurden die beiden Primärerhebungen um eine Untersuchung über den Verlauf eines Innovationsprozesses bei einem Zulieferer der Bauwirtschaft und eine Untersuchung über das Verhalten professioneller Kunden der Bauwirtschaft gegenüber innovativen Lösungen. Wesentliche Implikationen aus den empirischen Untersuchungen für die Innovationsorganisation waren:[815]

- dass das durch Bauunternehmen nutzbare Innovationspotential von der angebotenen Leistung und von der Projektbezogenheit der Innovationsaufgaben beeinflusst wird,
- dass die Mitglieder des Projektteams als Fach- und Prozesspromotoren, der Vorgesetzte und der Kunde als Machtpromotoren auftreten,
- dass der Innovationsprozess des Zulieferers insbesondere bei hohen Innovationsgraden mit der Formulierung der Lösungsanforderungen mit dem Innovationsprozess des Bauunternehmens zu koppeln ist,
- dass die Ziele der bauwirtschaftlichen Kunden Produkt- wie Prozessinnovationen verlangen,

[815] Vgl. Teil C, Abschn. 2.4, Abschn. 3.4 und Abschn. 4.4.

- dass das Vertrauensverhältnis zwischen Kunde und Projektbeteiligten für die Innovationsrealisierung entscheidend ist,
- dass der Innovationsprozess des Unternehmens mit dem Adoptionsprozess des Kunden bereits während der Ideengenerierung spätestens doch mit der Ideenbewertung zu verknüpfen ist.

Indem die Ergebnisse der empirischen Untersuchungen in das aus betriebswirtschaftlichen und organisationsstheoretischen Ansätzen aufgespannte Netz eingebunden wurden, liess sich als Antwort auf die Forschungsfragen im ***dritten Schritt*** ein organisatorisches Gestaltungsmodell zur Generierung innovativer baulicher Gesamtlösungen entwickeln. Das Modell hält nicht nur Erklärungsansätze für das innovationsorganisatorische Gestaltungsproblem bereit, sondern es lassen sich aus ihm auch Handlungsempfehlungen für die Problemlösung ableiten. Das Modell liefert gleichsam Antworten auf die Fragen der Praxis.[816]

Die ***erste Forschungsfrage*** zielte auf die Merkmale von Innovationsaufgaben, die sich aus einer Systembetrachtung baulicher Gesamtlösungen ergeben. Sie liess sich in der Form beantworten, dass die sich Bauunternehmen bietenden bauwerks- und prozessbezogenen Ansatzpunkte für innovative Ideen bzw. die Möglichkeiten für Produkt- und Prozessinnovationen identifiziert und die erzielbaren Innovationsgrade benannt wurden. Wesentlich hierbei war, dass sich verstärkt Ansatzpunkte für Innovationsideen erkennen lassen, wenn das Bauwerk und seine Wertschöpfungsprozesse einer integrativen Gesamtbetrachtung unterzogen werden. Damit wurden gleichzeitig die Bedeutung von Leistungsinnovationen herausgestellt und die Wege für Bauunternehmen aufgezeigt, innovative Leistungsangebote zu generieren und sich die Ansatzpunkte für Produkt- und Prozessinnovationen zu erschliessen. Mit der Unterscheidung von bauprojektabhängigen und bauprojekübergreifenden Innovationsaufgaben und der Beschreibung des baubetrieblichen Innovationsprozesses wurden die Merkmale von Innovationsaufgaben komplettiert und unter dem Begriff des Generierungspotentials zusammengefasst.[817]

Die ***zweite Forschungsfrage*** thematisierte die Bedingungsgrössen, die die Realisierung der aus einer Systembetrachtung baulicher Gesamtlösungen hervorgehenden Innovationsaufgaben beeinflussen. Diese Frage liess sich dadurch beantworten, dass die theoretisch begründeten und empirisch gefundenen internen und externen Innovationsbedingungen hinsichtlich ihrer Wirkung auf die Realisierungschancen innovativer Ideen systematisiert wurden. So wurden unter dem Problemlösungspotential die externen Bedingungen der Kunden- und Ortsabhängigkeit von Bauaufgaben, unter dem Diffusionspotential die externen Bedingungen der Projektabwicklungsform,

---

[816] Vgl. Teil D, Abschn. 1.2.

[817] Vgl. Teil D, Abschn.2.1.

der Kundenakzeptanz und des Regulierungsgrads, unter dem Differenzierungspotential die internen Bedingungen des Leistungsangebots und der Wissensstärke und unter dem Implementierungspotential die internen Bedingungen des Kooperationsverhaltens, der Auftragsunsicherheit und der Finanzstärke zusammengefasst. Die vier Einzelpotentiale wurden wiederum unter dem Begriff des Realisierungspotentials subsumiert.[818]

Generierungs- und Realisierungspotential innovativer baulicher Gesamtlösungen lieferten die Grundlage für die Beantwortung der ***dritten Forschungsfrage***, den innovationsstrategischen Optionen von Bauunternehmen. Hier wurde zunächst die Innovationsstrategie in den Gesamtzusammenhang des strategischen Managements gestellt und insbesondere die Verbindung zur Wettbewerbsstrategie eines Unternehmens hergestellt. Bestimmt das Unternehmen mit dieser wettbewerbsorientierten Dimension der Innovationsstrategie die Innovationsfelder, die zur zukünftig angestrebten Positionierung des Unternehmens am Markt beitragen, konnte das Vorgehen zur Identifizierung und Bewertung dieser Innovationsfelder beschrieben werden. Weitere innovationsstrategische Optionen ergeben sich in Bezug auf die Bereitstellung des zur Innovationsrealisierung benötigten Wissens. Unter der wissensorientierten Dimension der Innovationsstrategie konnten hierzu für verschiedene Arten des technischen Spezialistenwissens strategische Alternativen benannt werden. Mit der zeitorientierten Dimension der Innovationsstrategie wurden dann die Handlungsspielräume von Bauunternehmen für den Zeitpunkt des Markteintritts mit einer Neuerung dargelegt. Da innovationsstrategisches Handeln nicht nur als Ausschöpfen bestehender Innovationsmöglichkeiten begriffen wurde, liessen sich mit der regulierungsorientierten Dimension der Innovationsstrategie die Ansatzpunkte erfassen, die Bauunternehmen zur Vergrösserung des eigenen Innovationsspielraums zur Verfügung stehen.[819]

Mit der ***vierten Forschungsfrage*** wurde eine Antwort darauf gesucht, welche organisatorischen Gestaltungsmassnahmen zur Bewältigung der strategisch definierten Innovationsaufgaben zur Generierung innovativer baulicher Gesamtlösungen zu ergreifen sind. Zur Beantwortung wurden verschiedene, von Bauunternehmen einzusetzende Organisationseinheiten definiert. Diese Organisationseinheiten, das Bauprojekt, das Innovationsprojekt und die Innovationsgruppe eignen sich in unterschiedlichem Masse für die Realisierung bestimmter Innovationsaufgaben. Wie diese Innovationsaufgaben von den Organisationseinheiten effizient zu bewältigen sind, wurde über Gestaltungsempfehlungen für die organisatorische Rahmen- und Detailstruktur aufgezeigt. Mit der Rahmenstrukturierung wurde die Art der inter- und intraorganisatorischen Konstituierung der Organisationseinheiten beschrieben. Mit der

[818] Vgl. Teil D, Abschn. 2.2.

[819] Vgl. Teil D, Kapitel 3.

Detailstrukturierung konnte das Zusammenwirken der Handlungsträger in den Organisationseinheiten zur Aufgabenerfüllung dargestellt werden. Da die einzelnen Organisationseinheiten über verschiedene Schnittstellen miteinander verzahnt sind und zur gezielten Ausschöpfung des Innovationspotentials baulicher Gesamtlösungen ihr Zusammenspiel zu koordinieren ist, wurden ebenfalls Aussagen zu den Aufgaben und der Institutionalisierung eines baubetrieblichen Innovationsmanagements gegeben.[820]

Die Antworten auf die Forschungsfragen bzw. das entwickelte organisatorische Gestaltungsmodell konnten durch die Bezugnahme auf die bauliche Gesamtlösung Handlungsempfehlungen für Bauunternehmen, die traditionell Leistungen für die Bauwerkserstellung anbieten, und für systemleistungsanbietende Bauunternehmen bereitstellen. Gleichzeitig tragen sie den beiden dynamischen Aspekten Rechnung, dass sich Bauunternehmen über die Einflussnahme auf Innovationsbedingungen und über ihr eigenes Innovationshandeln den Spielraum für die Generierung innovativer baulicher Gesamtlösungen vergrössern können.

2 Ansätze für weitere Forschungsbemühungen

Aufgrund des geringen Erkenntnisstands um die baubetriebliche Innovationsproblematik erforderte der Forschungsprozess, der dieser Arbeit zugrunde liegt, ein stark iteratives und exploratives Vorgehen. Die Durchdringung des Ausgangsproblems und die Beantwortung der aufgeworfenen Forschungsfragen waren gekennzeichnet von einer schrittweisen Detaillierung, die neue Perspektiven eröffnete und neue Teilprobleme und -fragen hervorbrachte. Im Rahmen dieser Arbeit konnten nicht alle dieser Teilprobleme und -fragen weiterverfolgt werden. Sie liefern die Ansatzpunkte, denen sich zukünftige Forschungsbemühungen annehmen sollten, um der wachsenden Bedeutung innovativen Handelns in der Bauwirtschaft durch wissenschaftlich gestützte Handlungsempfehlungen gerecht zu werden.

Die offen gebliebenen Fragen gehen primär vom hier betrachteten Problem der Innovationsorganisation zur Generierung innovativer baulicher Gesamtlösungen aus. Da das Problem aber im Gesamtzusammenhang eines baubetrieblichen Innovationsmanagements untersucht wurde, sollte dieser Gesamtzusammenhang auch immer die Grundlage für weiterführende Forschungsbemühungen bilden. Entsprechend lässt sich in Bezug auf die Bausteine des baubetrieblichen Innovationsmanagements folgender weiterer Forschungsbedarf formulieren:

[820] Vgl. Teil D, Kapitel 4.

- **Innovationsbedingungen**

  Im Rahmen dieser Arbeit wurden verschiedene interne wie externe Innovationsbedingungen ermittelt und in ihrer Wirkung auf das Innovationsverhalten von Bauunternehmen beschrieben. Da sich diese Bedingungsgrössen aus den technik- und marktbezogenen Eigenschaften des Bauwerks ableiten, ist davon auszugehen, dass zwischen Marktsegmenten, in denen Bauwerke mit voneinander abweichenden Eigenschaften erstellt werden, andere Innovationsbedingungen herrschen. Es wäre folglich zu prüfen, inwieweit die Innovationsbedingungen zwischen verschiedenen Marktsegmenten unterschiedlich ausgeprägt sind und sich entsprechend das Innovationsverhalten der Unternehmen in den Marktsegmenten unterscheidet.

  Neben einer vergleichenden Untersuchung könnten die Innovationsbedingungen auch für ein spezifisches Marktsegment eingehender analysiert werden. Ziel wäre es hier, die bereits angedachte Operationalisierung der Bedingungsgrössen fortzusetzen, die in dieser Arbeit beschriebenen Wirkungen der Bedingungen auf das Innovationsverhalten empirisch breiter abzustützen und mögliche Korrelationen zwischen den Bedingungen zu untersuchen.

- **Innovationsstrategie**

  Die in dieser Arbeit denklogisch hergeleitete Differenzierung des zur Innovationsrealisierung erforderlichen technischen Spezialistenwissens sollte in zukünftigen Forschungsarbeiten aufgegriffen sowie theoretisch und empirisch fundiert werden. Insbesondere ist das Spezialistenwissen in Bezug auf Bauwerk und Leistungserbringungsprozesse weiter zu differenzieren und dieses Wissen in seiner innovationsstrategischen Bedeutung für bestimmte Marktsegmente bzw. Bauunternehmen weiter zu untersuchen.

  Auch die strategisch indentierte Einflussnahme auf innovationshemmende Bedingungen sollte Bestandteil weiterer Untersuchungen sein, denn diesem Aspekt der Innovationsstrategie wurde von der Forschung bislang wenig Aufmerksamkeit geschenkt. Entsprechend sind auch die Handlungsempfehlungen zur Regulierungsbeeinflussung in dieser Arbeit in erster Linie denklogisch entwickelt. Hier sind weitere empirische Untersuchungen gefragt, die vor allem die strategischen Alternativen zur Beeinflussung von Innovationsbedingungen detaillierter herausarbeiten.

- **Innovationsorganisation**

  Mit der Arbeit wurden eine ganze Reihe, z.T. denklogisch hergeleiteter innovationsorganisatorischer Gestaltungsempfehlungen gegeben, um das Innovationspotential baulicher Gesamtlösungen ausschöpfen zu können. Hier wäre eine weitere Präzisierung in Bezug auf die dafür einzusetzenden Organisationseinheiten wünschenswert. Das heisst, dass Bauprojekt, Innovationsprojekt und Innovationsgruppe zum Objekt empirischer Untersuchungen würden. So liessen sich verschiedene Bauprojekte, in denen innovative Lösungen realisiert wurden oder werden, hinsichtlich ihrer inter- wie intraorganisatorischen Gestaltung analysieren. Ebenso könnten Innovationsprojekte Gegenstand der Betrachtung sein, um die Innovationsorganisation für unterschiedlich charakterisierte Innovationsaufgaben weiter zu vertiefen. Strategische wie operative Innovationsgruppen sollten mit Blick auf die mit bestimmten Gruppenzusammensetzungen erreichbaren Ziele und die Gestaltung der Gruppenarbeit eingehender betrachtet werden.

Die Untersuchungsperspektive könnte aber auch auf verschiedene organisatorische Strukturformen gerichtet sein. Interorganisatorisch wäre sich insbesondere den langfristig orientierten kooperativen Arrangements wie der strategischen Allianz mit fokalem Unternehmen zu widmen, da diese die Realisierung von Innovationsaufgaben mit hohen Innovationsgraden und eine längerfristige exklusive Nutzung des erarbeiteten Wissens versprechen. Untersuchungen sollten folglich bestehende strategische Kooperationen dahingehend analysieren, wie sich zum einen die langfristige Zusammenarbeit auf das bauprojektabhängige und bauprojektübergreifende Innovationsverhalten auswirkt und wie zum anderen die Innovationsaufgaben abgewickelt werden. Auch sollte geprüft werden, inwieweit langfristige Kooperationen mit Zulieferern möglich sind und wie diese zu gestalten sind.

- **Innovationsinstrumente**

Mit dem Quality Function Deployment und den Portfolio-Modellen konnte die Arbeit zur Unterstützung der Ideengenerierung bzw. der Ideenbewertung zwei methodische Hilfsmittel vorstellen. Weitere Forschungsbemühungen könnten sich darauf konzentrieren, diese Hilfsmittel für ihre innovationsbezogene Anwendung weiter auszugestalten bzw. detaillierte Handlungsempfehlungen für ihre Anwendung in der betrieblichen Praxis zu erarbeiten. Dazu wären Innovationsvorhaben in Bauunternehmen unter Einsatz der beiden Hilfsmittel durchzuführen bzw. zu betreuen.

Darüber hinaus sollte geprüft werden, welche weiteren Hilfsmittel methodische Unterstützung für die Realisierung von Innovationsaufgaben liefern können und wie ihr Einsatz zu gestalten ist. Zu diesen Hilfsmitteln gehören z.B. verschiedene Kreativitätstechniken oder die Wertanalyse. Aber auch die Methoden der Risikoanalyse und -bewertung zählen dazu, erlauben sie doch Innovationsrisiken besser einzuschätzen und adäquat zu bewältigen.

- **Innovationskultur**

Die Innovationskultur wurde aus der Betrachtung der Arbeit weitgehend ausgeklammert. Dass sie für die Realisierung von Innovationsaufgaben bedeutsam ist, haben die Ausführungen zur Projektabwicklungsform und zum Kooperationsverhalten verdeutlicht. Entsprechend sollten sich auch zukünftige Arbeiten diesem Gestaltungsinstrument der Innovationsmanagements sowohl auf Bauprojekt- als auch auf Unternehmensebene annehmen. Hierzu wird sich verstärkt auf die Beziehungsstrukturen der an der Innovationsrealisierung beteiligten Handlungsträger zu konzentrieren und Fragen der Misserfolgstoleranz, des Hierarchie- und Ressortdenkens, des Informations- und Kommunikationsverhaltens sowie der Streit- und Konfliktfähigkeit zu beantworten sein.

Anhänge

Anhang 1: Übersicht empirische Studien zu Innovationen in der Bauwirtschaft (chronologische Gliederung)

(Anm.: Einige Veröffentlichungen beziehen sich auf dieselben Studien, werten diese jedoch nach anderen Aspekten aus.)

Nr.	Autor(en)	Erhebungseinheit	Erhebungs-methode	Untersuchungsziele	Wesentliche Untersuchungsergebnisse
1.	Fredriksson, G. Larsson, B. (Adoption 1984)	19 Bauführer in schwedischen Bauunternehmen	Strukturierte Interviews	Gestaltung der Innovationseinführung in Bauunternehmen: • Zeitpunkt der Einführung • Informationsquellen • Entscheidung/Kriterien der Einführung	Informationsquellen: • selten Messen, Ausstellungen, Weiterbildung • monatliche Besprechungen mit Kollegen • oft Baumaschinenabteilung Entscheidung: • Bauführer nach Absprache mit Betroffenen Kriterien: • Effizienzsteigerung • Lösung technischer Probleme
2.	Tatum, C. (Innovation 1984)	6 innovative Bautechniken (Kraftwerke) in US Bauprojekten	keine Angabe	Erfolgsfaktoren für Innovationen in Bauprojekten	• Unvoreingenommenheit bei Technikauswahl • frühzeitige Einbindung Betroffener • Informationsfluss Projektteam
3.	Tatum, C. (Process 1987)	4 innovative Bautechniken (Hoch- und Ingenieurbau) in US Bauunternehmen	keine Angabe	Gestaltung Innovationsprozesse in Bauunternehmen	Hauptprozessschritte: • Erkennen Möglichkeiten für Innovationen • Kreieren Klima für Innovationen • Entwickeln notwendiger Fähigkeiten • Bereitstellen neuer Bautechniken • Experimentieren und Verfeinern • Implementieren in Projekt und Unternehmen

Nr.	Autor(en)	Erhebungseinheit	Erhebungs-methode	Untersuchungsziele	Wesentliche Untersuchungsergebnisse
4.	Chang, L. Hancher, D. Napier, T. Kapolnek, R. (Methods 1988)	14 Chefredakteure von Baufachzeitschriften 25 Fachleute von Berufsverbänden, Versuchsanstalten, Normungsinstituten, Produkthersteller-verbänden in den USA	Telefonische Interviews	Identifizierung und Bewertung neuer Bautechniken: • Informationsquelle • Informationsspezifität • Bewertungsmethoden	Informationsquellen: • Normungsinstitute, Versuchsanstalten, Patentanstalten, Experten Informationsspezifität: • am spezifischsten, wenn Informationen direkt über Produkthersteller Bewertungsmethoden: • Kostenrating • Risikoeinschätzung
5.	Tatum, C. (Organizing 1989)	Innovative Unternehmen der US Bauwirtschaft	keine Angabe	Merkmale innovativer Unternehmen	• flexible Gruppen und Bereitstellen von Ressourcen • Ermöglichen intra- und interorganisatorischer Koordination • Ausfüllen von Schlüsselpositionen
6.	Tatum, C. Bauer, M. Meade, A. (Process 1989)	Innovative Bautechnik (Bauwerksgründung) in US Bauprojekt	keine Angabe	Gestaltung Innovationsprozesse in Bauprojekten: • Projekthintergrund • Alternativen • Bewertung/Selektion • Implementierung	Projekthintergrund: • Bauherr mit Bauerfahrung • viele Spezialisten Alternativen: • Randbedingungen wurden sichtbar • früher Einbindung von Spezialbauunternehmen Bewertung / Selektion: • erste Optionen bewertet durch Bauunternehmen • genauere Analysen durch Spezialistenteam Implementierung: • enge Koordinierung Planer, Ausführende

Nr.	Autor(en)	Erhebungseinheit	Erhebungs-methode	Untersuchungsziele	Wesentliche Untersuchungsergebnisse
7.	Nam, C. Tatum, C. (Understanding 1989)	5 Produktinnovationen (Hoch- und Ingenieurbau) in US Bauprojekten	keine Angabe	Produktinnovationsprozess: • Schlüsselaspekte	Schlüsselaspekte: • Kundenanforderungen • Probleme • Technikpool des Planers • Prozesstechnik des Ausführenden
8.	Tatum, C. (Managing 1989)	über 20 Innovationen (Hoch- und Ingenieurbau) in den US Bauunternehmen	keine Angabe	Massnahmen zur Innovationsförderung	Massnahmen: • Innovationsstrategie • breite Risikobetrachtung • gewähren technischer Herausforderungen • kreatives Planen • Integrationsstrategien
9.	Bröchner, J. Grandinson, B. (Cooperation 1992)	6 grosse Bauunternehmen, 5 mittlere Bauunternehmen in der schwedischen Bauwirtschaft	Strukturierte Interviews	F&E Aktivitäten: • Gründe • Kooperationen	Gründe: • Wettbewerbsvorteile • Image • Kundenanforderungen • früher Einbezug in Projekte Kooperationen: • Kunden • Lieferanten Faktoren abhängig von Unternehmensgrösse
10.	Nam, C. Tatum, C. (Cooperation 1992)	Innovative Bautechnik (Schnellerhärtender Beton) in US Bauprojekt	keine Angabe	Erfolgsfaktoren für Innovationen in öffentlichen Bauprojekten	• aggressive Strategie Bauunternehmen • langfristige Beschaffungsstrategie des öffentlichen Bauherrn • Innovationstradition des öffentlichen Bauherrn • Kooperation Bauunternehmen, öffentlicher Bauherr

Nr.	Autor(en)	Erhebungseinheit	Erhebungs-methode	Untersuchungsziele	Wesentliche Untersuchungsergebnisse
11.	Nam, C. Tatum, C. (Strategies 1992)	10 innovative Bauprojekte in der US Bauwirtschaft	Interviews	Innovationsauslöser Ideenquellen Innovationsmuster	Innovationsauslöser: • Kunden und technisches Potential Ideenquellen: • hauptsächlich frühere Projekte oder bestehende Techniken Innovationsmuster: • Anwendung bekannter Techniken in neuem Gebiet • Verbindung verschiedener bekannter Techniken • Erhöhen der Anwendungsbreite bekannter Techniken • Kostenreduzierung bekannter Techniken
12.	Cushman, N. Nam, C. Tatum, C. (Technology 1992)	Innovative Konstruktion (Bauwerk in seismischen Gebiet) in US Bauprojekt	keine Angabe	Gestaltung Innovationseinführung in Bauprojekten: • Einführungsbarrieren • Überwindung Barrieren	Einführungsbarrieren: • Baunormen • Konservatismus • Organisation Überwindung Barrieren: • Technische Expertisen • Überzeugungskraft • Team von Anbeginn
13.	Slaughter, S. (Innovation 1993)	Innovation und 34 Weiterentwicklungen (vorgefertigtes Wandelement) in Unternehmen der US Bauwirtschaft	Strukturierte Interviews Dokumen-tenanalyse	Zusammenhang Innovationseinführung und innovative Weiterentwicklung	• Anwender Quelle innovativer Weiterentwicklungen der Ausgangsinnovation • Anwenderinnovationen beschränken sich nicht auf Ausgangsinnovation • Hersteller der Ausgangsinnovation kommerzialisieren Weiterentwicklungen nicht

Nr.	Autor(en)	Erhebungseinheit	Erhebungs-methode	Untersuchungsziele	Wesentliche Untersuchungsergebnisse
14.	Johnson, K. Tatum, C. (Technology 1993)	Unternehmen des Wasser- und Seehafenbaus in der US Bauwirtschaft	Interviews	Möglichkeiten und Barrieren für neue Bautechniken	Möglichkeiten: • Beispiele für Kostenführerschaft und Differenzierung Barrieren: • kurzfristige Sichtweise • Wettbewerbssystem • Konservatismus • fehlendes Management der Bautechnik
15.	Laborde, S. Sanvido, V. (Introducing 1994)	6 Innovationen in Bauunternehmen der US Bauwirtschaft	Interviews	Gestaltung Einführung von Prozessinnovationen in Bauunternehmen: • Einflussfaktoren • Prozessmodell	Einflussfaktoren: • Unternehmensgrösse • Innovationstyp • Anwendungsbreite Prozessmodell: • Identifizierung • Bewertung • Implementierung • Feedback Modellanwendung für Klein- und Grossunternehmen
16.	Pries, F. Janszen, F. (Innovation 1995)	290 Innovation in der Niederländischen Bauwirtschaft	Dokumen-tenanalyse	Innovationstätigkeit der Bauwirtschaft: • Innovationsarten • Innovatoren • Einführungsrate • Änderung Innovationsverhalten	Innovationsarten/Innovatoren: • 72% aller Innovationen durch Zulieferer • 40% aller Innovationen aus anderen Industrien • inkrementale Innovationen überwiegen Einführungsrate: • Rate inkrementaler Innovationen variiert nicht Änderung Innovationsverhalten: • früher Innovationen Einzelleistungen heute zunehmend durch kooperative Leistungen

Nr.	Autor(en)	Erhebungseinheit	Erhebungs-methode	Untersuchungsziele	Wesentliche Untersuchungsergebnisse
17.	Etter, R. (Innovations-tätigkeit 1995)	32 Unternehmen der Schweizer Bauwirtschaft	Standar-disierte schriftliche Befragung	Innovationstätigkeit in der Bauwirtschaft: • Umfang • Quellen • Imitationsschutz • Barrieren	Umfang: • ca. 65% Innovatoren • ca. 67% Produkt-, ca. 62% Prozessinnovationen • ca. 70% Weiterentwicklungen, ca. 28% neu für Branche Quellen: • geringe F&E • Produktion als Hauptquelle Imitationsschutz: • über Zeitvorsprung • wenig über Geheimhaltung/Markenschutz Barrieren: • Mangel geeignetes Personal • Raumplanung • Umwelt
18.	o.V. (Innovation 1996)	108 Unternehmen (Architektur- u. Ingenieurbüros, Bauunternehmen, Zulieferer) der Australischen Bauwirtschaft	Schriftliche Befragung	Vergleich innovativer Unternehmen der stationären Industrie mit Unternehmen der Bauwirtschaft	• Im Vergleich zur stationären Industrie ist die Bauwirtschaft projekt- und nicht strategisch orientiert • Kosteneffizienz und weniger Innovation wird als Wettbewerbsinstrument angesehen • Innovationen werden durch starre organisatorische Strukturen gebremst
19.	o.V. (Innovation 1997)	3 Bauprojekte (Hoch- und Ingenieurbau) der Australischen Bauwirtschaft	Interviews	Rolle des Kunden bei bauwirtschaftlichen Innovationen	Innovationsintensität ist beeinflusst durch: • Erkennen der Notwendigkeit für Innovationen durch den Kunden • vertraglichen Anreizen für Innovationen • einer symbiotischen Lernumgebung • einer offenen Kommunikation auf allen Ebenen

Nr.	Autor(en)	Erhebungseinheit	Erhebungs-methode	Untersuchungsziele	Wesentliche Untersuchungsergebnisse
20.	Hampson, K. Tatum, C. (Strategy 1997)	5 Bauunternehmen (Brückenbau) der US Bauwirtschaft	Halbstruk-turierte Interviews Dokumen-tenanalyse	Zusammenhang Technikstrategie und Wettbewerbsleistung in Bauunternehmen	Wettbewerbsleistung steigt: • bei Betonung der Technik in der Geschäftsstrategie • bei Erhöhung von F&E, Tiefe der technische Fähigkeiten und Zahl der Spezialisten • bei Zusammenspiel technische Ziele und Informationsfluss in der Organisation
21.	Arditi, D. Serdar, K. Tangkar,M. (Innovation 1997)	8 Erdbaugeräte	Dokumen-tenanalyse	Innovationsrate von Baumaschinen über 30 Jahre	• Innovationsrate stieg im betrachteten Zeitraum • Innovationen sind aber inkremental • Innovationen erklären teilweise Produktivitätssteigerung, Sicherheitsverbesserungen und Wettbewerbsfähigkeit von Bauunternehmen
22.	Nam, C. Tatum, C. (Leaders 1997)	10 Bauprojekte (Hoch- und Ingenieurbau) in der US Bauwirtschaft	Interviews	Rollen in Innovationsprozessen	• Promotoren sind essentiell für Innovationen • technische Kompetenz ist Voraussetzung für Promotorenrolle • technische Promotorenrolle nur bei überzähligen Ressourcen und ausreichender Macht
23.	Toole, M. (Uncertainty 1998)	100 Bauunternehmen (Einfamilienhausbau) der US Bauwirtschaft	Telefonische Interviews	Erfolgsfaktoren frühe Innovationseinführung in Bauunternehmen	• andere Unternehmen, In-house Tests und Subunternehmer als Informationsquellen • Reduzierung Unsicherheit durch Einbezug Architekt, Lieferant, Subunternehmer • Personen mit Verkaufserfahrung reduzieren Unsicherheit • regionale Lage bestimmt Adoptionsverhalten

Nr.	Autor(en)	Erhebungseinheit	Erhebungs-methode	Untersuchungsziele	Wesentliche Untersuchungsergebnisse
24.	Gann, D. Wang, Y. Hawkins, R. (Regulations 1998)	21 Organisationen (Normungsinstitute, Produkthersteller, Planungs-, Beratungsfirmen, Hausverbände) in UK Bauwirtschaft	Halbstrukturierte Interviews Gruppendiskussionen	Auswirkung Baunormen auf Innovationen im Niedrigenergiehausbau	• Leistungsnormen fördern Innovationen • Voraussetzung ist Klarheit und Einfachheit der Normung • strikte Vorgaben als Zwang für Innovationen • flexible Vorgaben als Anreiz für Innovationen
25.	Egbu, C. Henry, J. Kaye, G. Quintas, P. Schumacher, T. Young, B. (Managing 1998)	4 Unternehmen (Bauunternehmen, Beratungsfirma, Produkthersteller) in UK Bauwirtschaft	Ethnographische Interviews Dokumentenanalyse	Innovationsklima in Unternehmen der Bauwirtschaft • Vorgehen Kulturveränderung • Einflussfaktoren	Vorgehen Kulturveränderung: • Analyse existierende Kultur • Integration Mitarbeiter • Installieren neue Kultur, modifizieren alte • Pflege Kultur, laufende Bewertung Einflussfaktoren: • Krisen in der Organisation • Führungswechsel, Dominanz Führungsstil • Ergebnisorientierung • Subkulturen • Organisationsgrösse • Lebensphasen Produkte, Prozesse
26.	Arvanitis, S. Donzé, L. Hollenstein, H. Lenz, St. (Innovations-tätigkeit 1998)	194 Unternehmen der Schweizer Bauwirtschaft	Standardisierte schriftliche Befragung	Innovationstätigkeit in der Bauwirtschaft: • Umfang • Barrieren	Umfang: • ca. 45% Innovatoren • ca. 28% Produkt-, ca. 38% Prozessinnovationen • ca. 12% Neu für Branche Barrieren: • Bauvorschriften • Kopierbarkeit • Umwelt

Nr.	Autor(en)	Erhebungseinheit	Erhebungs-methode	Untersuchungsziele	Wesentliche Untersuchungsergebnisse
27.	Atkin, B. (Innovation 1999)	17 Organisationen der Europäischen Bauwirtschaft (Baustoff- und Baumaschinenhersteller, Planungs-, Bau-, Subunternehmen, Forschungsinstitute, prof. Kunde)	Interviews	Erfolgsfaktoren für Innovationen in der Bauwirtschaft	• Innovationsstrategien • stärkere Einbindung von Subunternehmen und Zulieferern • stärkere Berücksichtigung von Innovationen in der Planungsphase • neue Beschaffungsstrategien der Kunden • verbesserter Zugriff zu F&E Ergebnissen • Konzeptpräsentationen • bessere Führung von KMU für Innovationen
28.	Egbu, Ch. (Mechanism 1999)	4 Unternehmen (Bauunternehmen, Beratungsfirma, Produkthersteller) in UK Bauwirtschaft	Ethno-graphische Interviews Dokumen-tenanalyse	Strategien zur Nutzung von Innovationen im Wettbewerb	• Zusammenarbeit • Aufbauen von Fähigkeiten • Erhöhen der Eintrittsbarrieren • Bereitstellen komplexer Techniken • Konzentration auf Nischen • Wissensmanagement
29.	Seaden,G. Guolla, M. Doutriax J Nash, J. (Innovation 1999)	1739 Unternehmen der Kanadischen Bauwirtschaft	Standar-disierte schriftliche Befragung	Innovationstätigkeit in der Bauwirtschaft: • Umwelt • Strategie • Barrieren • Quellen	Umwelt: • stärkere Innovationstätigkeit bei sich schnell ändernden Technik • weniger Innovationstätigkeit bei Wettbewerbsbedrohungen • stärkere Innovationstätigkeit bei grösseren Firmen mit vielen Zulieferern Strategie: • starke Innovationstätigkeit bei kleinen Firmen und Marktwachstum • starke Innovationstätigkeit bei grossen Firmen und Produkterweiterung Barrieren: • hohe Kosten • Mangel an ausgebildetem Personal • fehlendes Interesse bei Kunden

Nr.	Autor(en)	Erhebungseinheit	Erhebungs-methode	Untersuchungsziele	Wesentliche Untersuchungsergebnisse
30.	Mitropoulos, P. Tatum, C. (Decision 1999)	8 Innovationen (CAD / EDM Systeme) in US Bauunternehmen	Interviews	Entscheidungsprozess bei Innovationseinführung in Bauunternehmen	• rationaler Entscheidungsprozess im Rahmen der Strategie auf Unternehmensebene • verhaltensorientierter Entscheidungsprozess auf Projektebene • Unsicherheiten über Technikauswahl und Kosten • Implementierung mit Kostenminimierung oder Erfolgsmaximierung
31.	Mitropoulos, P. Tatum, C. (Forces 2000)	8 Innovationen (CAD / EDM Systeme) in US Bauunternehmen	Interviews	Auslöser für Innovationseinführung in Bauunternehmen	• Wettbewerbsvorteile • Prozessprobleme • Technische Möglichkeiten • Externe Anforderungen
32.	Slaughter, S. Shimizu, H. (Innovations 2000)	11 Brückenbauprojekte	Dokumen-tenanalyse Halbstruk-turierte Interviews	Identifizieren von Innovationen in grossen Bauwerken Interaktion der Innovationen untereinander	• 200 Innovationen konnten gefunden werden • betrafen sowohl Bauwerk als auch Bauprozess • ca. die Hälfte der Innovationen waren miteinander verknüpft
33.	Gann, D. Salter, A. (Innovation 2000)	Bauprojekte (komplexe Bauwerke) der UK Bauwirtschaft	Interviews	Innovationsverständnis in projektbasierten Unternehmen	• Unternehmensressourcen in Projekt und Unternehmen eingebunden • Integration Projekt-, Unternehmensressourcen erlaubt Wettbewerbsvorteile • Unternehmensprozesse wiederholend, Projektprozesse einmalig • Erfahrungen aus Projekt muss in kontinuierliche Unternehmensprozesse einfliessen • Unternehmensressourcen unterstützen Projekte

Nr.	Autor(en)	Erhebungseinheit	Erhebungs-methode	Untersuchungsziele	Wesentliche Untersuchungsergebnisse
34.	Hiley, A. Kalogerakis, M. (Implementation 2000)	9 Architekten und Ingenieure der Griechischen Bauwirtschaft	Interviews	Innovationstätigkeit in der Bauwirtschaft: • Anreize • Barrieren	Anreize: • Kostenreduzierung • Qualitätssteigerung Barrieren: • Einschätzung Risiken • Fehlende Erfahrung • Mangel an ausgebildetem Personal
35.	Winch, G. (Innovativness 2000)	Bauprojekt (Kanaltunnel) der UK und Französischen Bauwirtschaft	Standar-disierte schriftliche Befragung mit offenen Fragen	Zusammenhang Bauprojektorganisation und Innovation: • Hierarchie • Rollen • Arbeitszerlegung • Motivation	Hierarchie: • starke Spezialisierung bremst Innovationen Rollen: • Personen mit grösserem Fähigkeits- und Verantwortungsbereich fördern Innovationen Arbeitszerlegung: • Autonomie fördert Innovationen Motivation: • Teamarbeit fördert Innovationen • Effekt hebt sich auf, bei zu hoher Spezialisierung
36.	Barlow, J. (Innovation 2000)	38 Unternehmen (Hochseebau) der UK Bauwirtschaft	Halbstruk-turierte Interviews	Gestaltung von Kooperationen zur Innovationsförderung in Bauprojekten	• Teambildung • keine hierarchischen Kommunikationsstrukturen • Verteilungsschlüssel für Risiken • Vertrauen
37.	London, K. (Evolution 2001)	80 Unternehmen (u.a. Kunden, Planungs-, Bauunternehmen, Lieferanten)	Strukturierte Interviews Standar-disierte schriftliche Befragung	Beschreiben der Entwicklung von strategischen Allianzen (am Beispiel Wohnungsbau)	• Kernunternehmen umgeben von Firmencluster • Einführung eines innovativen Produktes bedeutet ein neues Firmencluster • KMUs wichtige Rolle bei innovativen Produkten

Nr.	Autor(en)	Erhebungseinheit	Erhebungs-methode	Untersuchungsziele	Wesentliche Untersuchungsergebnisse
38.	Lenard, D. (Promoting 2001)	28 Unternehmen der stationären UK Industrie 108 Unternehmen (u.a. Planungs-, Bauunternehmen, Lieferanten) der UK Bauwirtschaft	Standar-disierte schriftliche Befragung Interviews	Vergleich stationäre Industrie und Bauwirtschaft in Bezug auf Fertigungstechnik und Innovationen	• Stationäre Industrie wendet mehr moderne Fertigungstechniken an • Bauwirtschaft betont Kosteneffizienz mehr • Stationäre Industrie optimiert Kosten und Qualität • Stationäre Industrie investiert mehr Ressourcen in Innovationen • Bauwirtschaft plant nicht strategisch • Organisation in Bauwirtschaft sind bürokratischer • Organisationen in stationären Industrie haben offenere Kommunikation, mehr Zusammenarbeit zwischen Abteilungen, mehr Einsatz von Kreativitätstechniken
39.	Serpell, A. Ocaranza, R. (Innovation 2001)	44 Unternehmen der Chilenischen Bauwirtschaft, 9 Öffentliche Organisationen, 7 Universitäten	Standar-disierte schriftliche Befragung	Innovationstätigkeit in der Bauwirtschaft: • Umfang • Innovationsarten • Innovationsziele • Barrieren • Anreize	Umfang: • geringe F&E Aufwendungen Innovationsarten: • Bauunternehmen Prozess- und organisatorische Innovationen • Zulieferer Produkt- und Prozessinnovationen Ziele: • Produktionseffizienz, Produktqualität Barrieren: • Marktunsicherheit • Mangel an qualifiziertem Personal Anreize: • Kundenanforderungen • Wettbewerb

Nr.	Autor(en)	Erhebungseinheit	Erhebungs-methode	Untersuchungsziele	Wesentliche Untersuchungsergebnisse
40.	Glass, J. Baiche, B. Jenks, M. Woodhead, R. (Assessing 2001)	Personen (u.a. Architetkten, Kunden Bauunternehmer) der UK Bauwirtschaft	Standar-disierte schriftliche Befragung	Innovationstätigkeit in der Bauwirtschaft (am Beispiel Betontechnik): • Nutzen • Barrieren • Bewertungskriterien • zukünftige Bedeutung	Nutzen: • Kostenreduzierung • Geschwindigkeit • Qualität • Wettbewerbsvorteil Barrieren: • Konservatismus • Kosten • Fähigkeiten • Normen Bewertungskriterien: • Anwendungsleistung • Nutzen/Kosten Verhältnis • Erfüllen Kundenanforderungen
41.	Manseau, A. Seaden, G. (Hrsg.) (Innovation 2001)	15 Länder (Argentinien, Australien, Brasilien, Kanada, Chile, Dänemark, Frankreich, Finnland, Deutschland, Japan, Niederlande, Portugal, Südafrika, Grossbritannien, USA)	Dokumen-tenanalyse	Identifizieren staatlicher Förderprogramme für die Bauwirtschaft und Ihrer Innovationswirkung	Merkmale Förderung in den meisten Ländern: • nationale Regierungen zeigen Wunsch nach verstärkter Zusammenarbeit zwischen Unternehmen der Bauwirtschaft • staatliche Unterstützung vor allem von F&E an Universitäten • Verschiebung der staatlichen Förderung von Produkt- zur Prozessforschung • vielfach staatliche Förderung durch anteilige Übernahme von Forschungskosten oder durch Steuervergünstigungen

Nr.	Autor(en)	Erhebungseinheit	Erhebungs-methode	Untersuchungsziele	Wesentliche Untersuchungsergebnisse
42.	Barrett, P. Sexton, M. Leho, E. Miozzo, M. Wharton, A. (Innovation 2001)	7 Unternehmen (Bauunternehmen, Beratungsfirmen) der UK Bauwirtschaft	keine Angabe	Innovationstätigkeit kleiner Unternehmen der Bauwirtschaft: • Bedeutung • Innovationstypen • Einflussfaktoren • Vorgehen	Bedeutung: • Steigerung der gesamten unternehmerischen Leistung Innovationstypen: • Technisch-strukturelle Innovationen • Marktinnovationen • Netzwerkinnovationen Einflussfaktoren: • Geschäftsstrategie • Technik • Personen • Organisation Vorgehen: • nicht systematisch • reaktiv • unbewusst
43.	Miozzo, M. Dewick, P. (Building 2002)	17 grosse europäische Bauunternehmen	Interviews	Zusammenhang zwischen Firmenstruktur und Innovation	Entwicklung strategischer Innovationen abhängig von: • der Eigentums- und der Managementstruktur • internen Institutionen, die sich der Verbreitung von Neuerungen im Unternehmen annehmen • langfristig orientierte Beziehungen zu anderen Unternehmen und anderen Wissensquellen

Nr.	Autor(en)	Erhebungseinheit	Erhebungsmethode	Untersuchungsziele	Wesentliche Untersuchungsergebnisse
44.	Sidwell, T. Budiawan, D. (Impact 2002)	44 Bauprojekte der Australischen Bauwirtschaft	Halbstrukturierte Interviews Standardisierte schriftliche Befragung	Einflussfaktoren auf die Adoption von Innovationen in Projekten	Einflussfaktoren sind: • Projektteammanagement (Rollenverteilung, Ausrichtung auf Projektziele, Kommunikation, u.a.) • Dokumentenqualität (Angemessenheit der Vertragsbedingungen, Klarheit der Spezifikationen, u.a.) • Charakteristik Bauunternehmen (Innovationsbereitschaft, Risikoverhalten, Erfahrung, u.a.) • Charakteristik Kunde (Einbezug in Projekt, Innovationsbereitschaft) • Baumanagement (Verfahrensplanung, Analyse Ressourcenbereitstellung, u.a.) • Projektkomplexität • Projektcharakteristik (Teamkohäsion, Kundenorientierung, Vertrauensverhältnis, u.a.) • Vertragsstrategie (Anwendung leistungsorientierter Spezifikationen, früher Einbezug des Bauunternemens)
45.	Dulaimi, M. Ling, F. Bajracharya, A. (Motivation 2003)	58 Unternehmen der Bauwirtschaft in Singapur (Kunden, Consultants, Bauunternehmen)	Standardisierte schriftliche Befragung	• Unternehmensmotivation zur Innovationseinführung • Beziehungen zwischen Unternehmen bei Innovationseinführung	• Zustimmung zu Innovation ist hoch, wenn erwartete Innovationsziele auch hoch sind • Motivation bei Unternehmen höher durch realisierten als erwarteten Nutzen • Unterstützung der Innovationseinführung durch beteiligte Unternehmen höher, wenn einführendes Unternehmen konkrete Anstrengungen und Kooperation zeigt • bei gleichzeitig hohen Anstrengungen aller Projektbeteiligten werden günstige Resultate erreicht

Anhang 2: Interviewleitfaden Bauunternehmen A/B

1. **Wie lange und in welchem Bereich arbeiten Sie in Bauunternehmen A/B?**

2. **Beschreiben Sie bitte kurz Ihre Tätigkeit?**

3. **Welche Neuerungen gab es im Laufe Ihrer Tätigkeit?**
   - Neuerungen bei der Bauwerkserstellung
   - Neuerungen beim Bauwerkssystem
   - andere (neue) Leistungsangebote
   - Beispiele

4. **Was löst aus Ihrem Blickwinkel Neuerungen aus?**
   - Aktuelle/zukünftige Probleme
   - alte/neue Probleme
   - Problemsuche
   - geplant/zufällig
   - Beispiele

5. **Wie entstehen Ideen für Neuerungen?**
   - Quellen
   - Ideen in der Offertphase
   - Ideen in der AVOR und Ausführung
   - Ideensuche (Organisation, Instrumente)
   - Suche nach vorhandenen Lösungen (Informationen wo und wie)

6. **Was unterscheidet neue von konventionellen Lösungen?**
   - Bewertungskriterien
   - Instrumente der Bewertung
   - ausgeschiedene Ideen

7. **Wie wird bei der Einführung von Neuerungen vorgegangen?**
   - Entscheid über Realisierung
   - Realisierung in ARGE
   - Akzeptanz- und Erfolgskontrolle
   - Dokumentation

8. **Was fördert, was bremst nach Ihrer Meinung Innovationen in Bauunternehmen A/B?**
   - Mitarbeiter
   - Vorgesetzte
   - Unternehmenspersönlichkeiten/Vorbilder
   - Anreize/Würdigung innovativen Verhaltens

- Risikobereitschaft
- Fehlertoleranz
- Projektbezogene Verantwortung
- Kommunikation
- Projektbeteiligte (Kunden, Architekt/Ingenieur)
- Anforderungen an Mitarbeiter
- Anforderungen an Unternehmensleistung
- Wettbewerbsdruck

9. Wie könnten aus Ihrer Sicht Innovationen stärker gefördert werden?

Anhang 3: Fragebogen Bauunternehmen B

Begleitschreiben zum Fragebogen

Sehr geehrte Damen und Herren

Neue Ideen zur Verbesserung der organisatorischen Abläufe und Strukturen sowie zur Entwicklung und Einführung neuer Bauverfahren, Baustoffe, Maschinen und Geräte tragen in entscheidendem Masse zum Erfolg unseres Unternehmens bei. Die Geschäftsleitung sieht vor allem in der Kreativität und Leistungsbereitschaft jeden einzelnen Mitarbeiters eine Quelle für neue Ideen.

Aufgrund der Wichtigkeit Ihrer Ideen für die Zukunft unseres Unternehmens, möchten wir von Ihnen wissen, ob, wie häufig und mit welchem Erfolg neue Ideen in Ihrem Geschäftsbereich umgesetzt werden und wie aus Ihrer Sicht mit neuen Ideen umgegangen wird.

Wir möchten Sie daher bitten, ihre entsprechenden Erfahrungen und Meinungen durch Ausfüllen des beigefügten Fragebogens zu äussern. Gleichzeitig möchten wir Sie ermutigen, Vorschläge zu machen, wie neue Ideen stärker gefördert werden können.

Ihre Teilnahme an der Befragung ermöglicht es uns, ein aussagekräftiges Bild über den Stellenwert neuer Ideen in unserem Unternehmen zu erhalten, etwaige Hemmnisse zu entdecken und Massnahmen zur Förderung neuer Ideen zu ergreifen. Bitte nehmen Sie sich die Zeit (ca. 1 Stunde), um die Fragen sorgfältig, offen und ehrlich zu beantworten. Wir versichern Ihnen, dass sämtliche Angaben vertraulich behandelt werden und keine Rückschlüsse auf Ihre Person zulassen.

Bitte füllen Sie den Fragebogen bis zum 01. Oktober 2001 aus, und senden Sie ihn mit dem beiliegenden Antwortkuvert zurück an das Institut für Bauplanung und Baubetrieb der ETH Zürich, von dem die anonyme Auswertung der Befragung erfolgt.

Wir bedanken uns recht herzlich für Ihre Teilnahme an der Befragung, mit der Sie einen wesentlichen Beitrag zur Stärkung unseres Unternehmens leisten.

Mit freundlichen Grüssen

Geschäftsleitung

Bauunternehmen B

Erläuterungen zum Ausfüllen des Fragebogens

Bei den meisten Fragen oder Aussagen sind Ihnen bereits verschiedene Antworten oder Aussagen vorgegeben. Zu jeder Antwort oder Aussage stehen Ihnen verschiedene Möglichkeiten der Stellungnahme (z.B. von sehr oft bis nie) zur Verfügung. Bitte wählen Sie zu jeder Antwort oder Aussage die Stellungnahme aus, die Ihrer Meinung am besten entspricht und kreuzen Sie das entsprechende Feld an. Wenn nicht anders vermerkt, benutzen Sie bitte jeweils nur ein Kreuz.

Beispiel:

Was ist Anstoss für neue Ideen in Ihrem Arbeitsbereich?

	sehr oft	oft	manch-mal	selten	nie	weiss nicht
1. unvollständige oder fehlerhafte Ausschreibungsunterlagen....................................	☐	☐	☒	☐	☐	☐
2. Preis- und Termindruck im Bauprojekt.................	☒	☐	☐	☐	☐	☐
3. Störungen im Arbeitsablauf auf der Baustelle.......	☐	☐	☐	☐	☐	☒

Möglicherweise enthält der Fragebogen Antworten oder Aussagen, die für Sie nicht zutreffen. Bitte kreuzen Sie dann die Antwortmöglichkeit „weiss nicht' an. Auf jeden Fall bitten wir Sie jedoch, soviel Fragen wie möglich zu beantworten.

Halten Sie zu den bereits vorgegebenen Antworten und Aussagen noch weitere Antworten und Aussagen für zutreffend, finden Sie am Ende jeder Frage Felder, in die Sie Ihre Ergänzungen eintragen können.

Falls bei der Beantwortung der Fragen Schwierigkeiten oder Unklarheiten auftreten, steht Ihnen für Auskünfte gerne zur Verfügung:

Herr Andreas Hartmann
Institut für Bauplanung und Baubetrieb
ETH Zürich
Tel. 01 / 633 38 35
Fax 01 / 633 10 88
e-mail hartmann@ibb.baug.ethz.ch

1. Angaben zur Person

Die Angaben zu Ihrer Person ermöglichen uns, alters- und hierarchiebezogene Auswertungen vorzunehmen. Sie werden absolut vertraulich behandelt und lassen keine Rückschlüsse auf einzelne Personen zu.

Bitte Zutreffendes ankreuzen

1.1 In welchem Alter sind Sie?

20- bis 35jährig ☐
36- bis 50jährig ☐
51- bis 65jährig ☐

1.2 Welche Ausbildung haben Sie?

Ingenieur ☐
Baumeister ☐
Facharbeiter ☐
andere ....

1.3 Welche Funktion haben Sie zurzeit?

Projektleiter ☐
Kalkulator ☐
Bauführer ☐
Polier ☐
andere ....

1.4 In welcher Abteilung/ Geschäftsbereich sind Sie tätig ?

Allg. Hochbau ☐
Allg. Tiefbau ☐
Spez. Tiefbau ☐
Tunnelbau ☐
Strassenbau ☐
Renovation ☐
andere ....

2. Aufgaben

2.1 Welche Klarheit herrscht über die Ziele, die Sie mit der Erfüllung Ihrer Aufgaben anstreben?	**sehr oft**	**oft**	**manch-mal**	**selten**	**nie**
1. Ziele sind zu Beginn klar und ändern sich nicht.	☐	☐	☐	☐	☐
2. Ziele sind zu Beginn klar, ändern sich aber.......	☐	☐	☐	☐	☐
3. Ziele sind zu Beginn unklar..............................	☐	☐	☐	☐	☐

2.2 Wie gehen Sie vor, um Ihre Aufgaben zu erfüllen?	**sehr oft**	**oft**	**manch-mal**	**selten**	**nie**
1. Ich wähle eine von verschiedenen, mir bekannten Vorgehensweisen / Lösungen aus.............	☐	☐	☐	☐	☐
2. Ich passe eine von verschiedenen, mir bekannten Vorgehensweisen / Lösungen an........	☐	☐	☐	☐	☐
3. Ich suche eine neue Vorgehensweise / Lösung, da keine mir bekannte Vorgehensweise / Lösung anwendbar ist.........	☐	☐	☐	☐	☐
4. Ich orientiere mich an vorhandenen Formularen, Handbüchern etc..........................	☐	☐	☐	☐	☐

3. Innovative Ideen

3.1 Welche innovativen Ideen wurden in den letzten 3 Jahren in Ihrer Abteilung/ Geschäftsbereich verwirklicht?	oft	manch-mal	nie	Wenn ja, nennen Sie bitte ein Beispiel
1. neue Bauverfahren				
a) eingesetzt	☐	☐	☐	....
b) weiterentwickelt/angepasst	☐	☐	☐	....
c) selbst entwickelt	☐	☐	☐	....
2. neue Maschinen und Geräte				
a) eingesetzt	☐	☐	☐	....
b) weiterentwickelt/angepasst	☐	☐	☐	....
c) selbst entwickelt	☐	☐	☐	....
3. neue Baustoffe und Bauteile				
a) eingesetzt	☐	☐	☐	....
b) weiterentwickelt/angepasst	☐	☐	☐	....
c) selbst entwickelt	☐	☐	☐	....
4. neue Hilfskonstruktionen (z.B. Schalungen, Gerüste)				
a) eingesetzt	☐	☐	☐	....
b) weiterentwickelt/angepasst	☐	☐	☐	....
c) selbst entwickelt	☐	☐	☐	....
5. neue Bauwerkskonstruktionen				
a) eingesetzt	☐	☐	☐	....
b) weiterentwickelt/angepasst	☐	☐	☐	....
c) selbst entwickelt	☐	☐	☐	....
6. neue Leistungen am Markt angeboten	☐	☐	☐	....
7. den Arbeitsablauf auf der Baustelle verbessert.	☐	☐	☐	....
8. neue Sozialleistungen eingeführt	☐	☐	☐	....
9. anderes (bitte nennen):				
....	☐	☐	☐	

Falls keine neuen Ideen realisiert wurden, weiter mit Frage 4.

3.2 Charakterisieren Sie bitte die in den letzten 3 Jahren verwirklichten Ideen Ihrer Abteilung/Geschäftsbereich mit den folgenden 7 Gegensatzpaaren!

Die verwirklichten Ideen waren...	**sehr**	**ziemlich**	**teils, teils**	**ziemlich**	**sehr**	
grundlegend neu	☐	☐	☐	☐	☐	neu im Detail
risikoreich	☐	☐	☐	☐	☐	risikoarm
konfliktreich	☐	☐	☐	☐	☐	konfliktarm
wirtschaftlich erfolgreich	☐	☐	☐	☐	☐	wirtschaftlich erfolglos
technisch erfolgreich	☐	☐	☐	☐	☐	technisch erfolglos
bauprojektunabhängig	☐	☐	☐	☐	☐	bauprojektabhängig
einmal anwendbar	☐	☐	☐	☐	☐	mehrmals anwendbar

3.3 Was ist Anstoss für neue Ideen in Ihrem Arbeitsbereich?

	sehr oft	oft	manchmal	selten	nie	weiss nicht
1. unvollständige oder fehlerhafte Ausschreibungsunterlagen	☐	☐	☐	☐	☐	☐
2. Preis- und Termindruck im Bauprojekt	☐	☐	☐	☐	☐	☐
3. Störungen im Arbeitsablauf auf der Baustelle	☐	☐	☐	☐	☐	☐
4. Schwierigkeiten bei der Realisierung der Bauwerkskonstruktion, wie sie in den Plänen dargestellt ist	☐	☐	☐	☐	☐	☐
5. ungenügende Qualität und Leistung der eingesetzten Maschinen, Baustoffe und Hilfskonstruktionen	☐	☐	☐	☐	☐	☐
6. besondere Anforderungen des Bauherrn an das Bauwerk	☐	☐	☐	☐	☐	☐
7. nachträgliche Projektänderungen durch den Bauherren	☐	☐	☐	☐	☐	☐
8. besondere Projektauflagen	☐	☐	☐	☐	☐	☐
9. geringe Arbeitsauslastung	☐	☐	☐	☐	☐	☐
10. Tätigkeit der Konkurrenz	☐	☐	☐	☐	☐	☐
11. notwendiger Ersatz von Maschinen	☐	☐	☐	☐	☐	☐
12. Neuentwicklungen der Maschinen- und Baustoffhersteller	☐	☐	☐	☐	☐	☐
13. anderes (bitte nennen):						
a)..	☐	☐	☐	☐	☐	☐
b)..	☐	☐	☐	☐	☐	☐

3.4 *Wie entstehen neue Ideen in Ihrem Arbeitsbereich?*

	sehr oft	oft	manch-mal	selten	nie	weiss nicht
1. Einsatz von Kreativitätstechniken (z.B. Brainstorming, Reizwortanalyse, etc.)........................	☐	☐	☐	☐	☐	☐
2. Sitzungen in der Abteilung................................	☐	☐	☐	☐	☐	☐
3. Pausengespräche mit Arbeitskollegen..............	☐	☐	☐	☐	☐	☐
4. Kontakt/Diskussion mit						
a) Mitarbeitern aus anderen Abteilungen/Geschäftsbereiche.................................	☐	☐	☐	☐	☐	☐
b) Bauherr, Architekt oder Ingenieur...............	☐	☐	☐	☐	☐	☐
c) Subunternehmer..	☐	☐	☐	☐	☐	☐
d) Maschinen- oder Baustofflieferant..............	☐	☐	☐	☐	☐	☐
5. Besuch von Fachausstellungen, Messen, Konferenzen, Seminaren..	☐	☐	☐	☐	☐	☐
6. betriebliche Weiterbildung................................	☐	☐	☐	☐	☐	☐
7. Lesen von Fachzeitschriften.............................	☐	☐	☐	☐	☐	☐
8. Internet..	☐	☐	☐	☐	☐	☐
9. Aktivitäten nach Arbeitsschluss........................	☐	☐	☐	☐	☐	☐
10. anderes (bitte nennen):						
a)..	☐	☐	☐	☐	☐	☐
b)..	☐	☐	☐	☐	☐	☐

3.5 *Wer entscheidet über die Verwirklichung einer neuen Idee aus Ihrem Arbeitsbereich, wenn die Idee...*

	Geschäftsführer	Ihr Vorgesetzter	Bauherr	Architekt / Ingenieur	Sie selbst	weiss nicht
1. Baumaschinen oder Bauablauf betrifft.............	☐	☐	☐	☐	☐	☐
2. Baustoffe oder Konstruktion betrifft...................	☐	☐	☐	☐	☐	☐
3. im Rahmen der Kosten des Bauprojektes liegt..	☐	☐	☐	☐	☐	☐
4. über die Kosten des Bauprojektes hinausgeht..	☐	☐	☐	☐	☐	☐

3.6 *Wer wird in die Entscheidungsfindung mit einbezogen, wenn die Idee...*
(Mehrfachantworten möglich)

	Geschäftsführer	Ihr Vorgesetzter	Bauherr	Architekt / Ingenieur	Sie selbst	weiss nicht
1. Baumaschinen oder Bauablauf betrifft.............	☐	☐	☐	☐	☐	☐
2. Baustoffe oder Konstruktion betrifft...................	☐	☐	☐	☐	☐	☐
3. im Rahmen der Kosten des Bauprojektes liegt..	☐	☐	☐	☐	☐	☐
4. über die Kosten des Bauprojektes hinausgeht..	☐	☐	☐	☐	☐	☐

3.7 Wann werden neue Ideen aus Ihrem Arbeitsbereich verwirklicht?

	sehr oft	oft	manch-mal	selten	nie	weiss nicht
1. im selben Bauprojekt, in dem die Idee entstanden ist	☐	☐	☐	☐	☐	☐
2. in einem späteren Bauprojekt	☐	☐	☐	☐	☐	☐
3. unabhängig von einem Bauprojekt	☐	☐	☐	☐	☐	☐
4. anderes (bitte nennen):						
a)........	☐	☐	☐	☐	☐	☐

3.8 Wer verwirklicht neue Ideen aus Ihrem Arbeitsbereich?

	sehr oft	oft	manch-mal	selten	nie	weiss nicht
1. Arbeitskollegen aus der Abteilung	☐	☐	☐	☐	☐	☐
2. Arbeitskollegen aus anderen Abteilungen	☐	☐	☐	☐	☐	☐
3. Architekt oder Ingenieur	☐	☐	☐	☐	☐	☐
4. Maschinen- oder Baustofflieferant	☐	☐	☐	☐	☐	☐
5. Sie selbst	☐	☐	☐	☐	☐	☐
6. andere (bitte nennen):						
a)........	☐	☐	☐	☐	☐	☐

3.9 Wer wird in die Verwirklichung neuer Ideen aus Ihrem Arbeitsbereich mit einbezogen?

	sehr oft	oft	manch-mal	selten	nie	weiss nicht
1. Arbeitskollegen aus der Abteilung	☐	☐	☐	☐	☐	☐
2. Arbeitskollegen aus anderen Abteilungen	☐	☐	☐	☐	☐	☐
3. Architekt oder Ingenieur	☐	☐	☐	☐	☐	☐
4. Bauherr	☐	☐	☐	☐	☐	☐
5. Maschinen- oder Baustofflieferant	☐	☐	☐	☐	☐	☐
6. andere (bitte nennen):						
a)........	☐	☐	☐	☐	☐	☐

3.10 Was geschieht mit einer neuen Idee, die in Ihrem Arbeitsbereich erfolgreich verwirklicht wurde?

	sehr oft	oft	manch-mal	selten	nie	weiss nicht
1. Informieren über die Idee durch						
a) Abteilungssitzungen....................................	☐	☐	☐	☐	☐	☐
b) Gespräche mit Arbeitskollegen in der Pause oder nach der Arbeit.........................	☐	☐	☐	☐	☐	☐
c) Hauszeitung, Mitteilungsblatt, etc..............	☐	☐	☐	☐	☐	☐
d) Möglichkeit, vor Ort anzuschauen..............	☐	☐	☐	☐	☐	☐
2. Informieren anderer Abteilungen/Geschäftsbereiche...	☐	☐	☐	☐	☐	☐
3. Informieren anderer Niederlassungen..............	☐	☐	☐	☐	☐	☐
4. keine Information, da Wichtigkeit der Idee für andere Arbeitskollegen bzw. Abteilungen nicht bekannt...	☐	☐	☐	☐	☐	☐
5. Anwendung der Idee unverändert in anderen Bauprojekten...	☐	☐	☐	☐	☐	☐
6. Anwendung der Idee verändert in anderen Bauprojekten...	☐	☐	☐	☐	☐	☐
7. weiteres (bitte nennen):						
a)..	☐	☐	☐	☐	☐	☐
b)..	☐	☐	☐	☐	☐	☐

4. Motivation

4.1 Welche Anreize bewegen Sie zur Suche und Verwirklichung neuer Ideen?

	trifft voll zu	trifft überwiegend zu	trifft teilweise zu	trifft kaum zu	trifft nicht zu	weiss nicht
1. Aus- und Weiterbildungsmöglichkeiten	☐	☐	☐	☐	☐	☐
2. eine herausfordernde Arbeit	☐	☐	☐	☐	☐	☐
3. eine abwechslungsreiche Aufgabenstellung	☐	☐	☐	☐	☐	☐
4. ein grosser Spielraum für selbständiges Handeln und Entscheiden	☐	☐	☐	☐	☐	☐
5. interessante Arbeitspartner	☐	☐	☐	☐	☐	☐
6. Aufstiegsmöglichkeiten	☐	☐	☐	☐	☐	☐
7. Anerkennung durch Vorgesetzten	☐	☐	☐	☐	☐	☐
8. Anerkennung durch Arbeitskollegen	☐	☐	☐	☐	☐	☐
9. Lohn/Gehalt	☐	☐	☐	☐	☐	☐
10. Beteiligung am Projektgewinn	☐	☐	☐	☐	☐	☐
11. Prämien	☐	☐	☐	☐	☐	☐
12. Sozialleistungen	☐	☐	☐	☐	☐	☐
13. Sicherheit des Arbeitsplatzes	☐	☐	☐	☐	☐	☐
14. weiteres (bitte nennen):						
a)........	☐	☐	☐	☐	☐	☐
b)........	☐	☐	☐	☐	☐	☐

4.2 Was fördert neue Ideen in Ihrer Abteilung/Geschäftsbereich?

	trifft voll zu	trifft überwiegend zu	trifft teilweise zu	trifft kaum zu	trifft nicht zu	weiss nicht
1. zeitliche Freiräume, um neue Ideen entwickeln zu können	☐	☐	☐	☐	☐	☐
2. Teamarbeit in der Abteilung/Geschäftsbereich	☐	☐	☐	☐	☐	☐
3. kooperative Zusammenarbeit mit						
a) anderen Abteilungen/Geschäftsbereichen	☐	☐	☐	☐	☐	☐
b) anderen Bauunternehmen	☐	☐	☐	☐	☐	☐
c) Subunternehmern	☐	☐	☐	☐	☐	☐
d) Architekt/Ingenieur	☐	☐	☐	☐	☐	☐
4. Offenheit des						
a) Bauherrn für neue Ideen	☐	☐	☐	☐	☐	☐
b) Architekten/Ingenieurs für neue Ideen	☐	☐	☐	☐	☐	☐
5. Einbezug des						
a) Bauherrn in die Ideenentwicklung	☐	☐	☐	☐	☐	☐
b) Architekt/Ingenieur in die Ideenentwicklung.	☐	☐	☐	☐	☐	☐
6. weitgehende Entscheidungsfreiheit	☐	☐	☐	☐	☐	☐
7. Toleranz der Vorgesetzten gegenüber Fehlern.	☐	☐	☐	☐	☐	☐
8. Unterstützung der Vorgesetzten bei der Umsetzung neuer Ideen	☐	☐	☐	☐	☐	☐
9. Austausch von Gedanken mit Arbeitskollegen						
a) anderer Aufgabenbereiche der gleichen Niederlassung	☐	☐	☐	☐	☐	☐
b) gleicher Aufgabenbereiche aus anderen Niederlassungen	☐	☐	☐	☐	☐	☐
10. Aus- und Weiterbildungsangebote	☐	☐	☐	☐	☐	☐
11. Anwendung von Kreativitätstechniken	☐	☐	☐	☐	☐	☐
12. anderes (bitte nennen):						
a)..	☐	☐	☐	☐	☐	☐
b)..	☐	☐	☐	☐	☐	☐

4.3 Was bremst neue Ideen in Ihrer Abteilung/Geschäftsbereich?	trifft voll zu	trifft überwiegend zu	trifft teilweise zu	trifft kaum zu	trifft nicht zu	weiss nicht
1. fehlende finanzielle Mittel	☐	☐	☐	☐	☐	☐
2. mangelnder Austausch von Projektinformationen zwischen Arbeitskollegen der Abteilung/Geschäftsbereiche	☐	☐	☐	☐	☐	☐
3. unzureichender Zugang zu wichtigen Projektinformationen aus anderen Abteilungen/Geschäftsbereichen	☐	☐	☐	☐	☐	☐
4. unzureichender Einbezug von Mitarbeitern in Projektentscheidungen	☐	☐	☐	☐	☐	☐
5. zu wenig Zeit durch gleichzeitige Bearbeitung mehrerer Projekte	☐	☐	☐	☐	☐	☐
6. zu wenig Zeit in der Angebotsphase	☐	☐	☐	☐	☐	☐
7. zu wenig Zeit zwischen Submission und Auftragsbeginn	☐	☐	☐	☐	☐	☐
8. Gefahr, Architekt/Ingenieur in Misskredit zu bringen	☐	☐	☐	☐	☐	☐
9. mangelnde Kooperationsbereitschaft						
a) des Bauherrn/Architekt/Ingenieur	☐	☐	☐	☐	☐	☐
b) anderer Abteilungen/Geschäftsbereiche	☐	☐	☐	☐	☐	☐
c) anderer Unternehmen	☐	☐	☐	☐	☐	☐
10. mangelnde Risikobereitschaft						
a) des Vorgesetzten	☐	☐	☐	☐	☐	☐
b) des Bauherrn/Architekt/Ingenieur	☐	☐	☐	☐	☐	☐
c) anderer Abteilungen/Geschäftsbereiche	☐	☐	☐	☐	☐	☐
11. mangelnde Unterstützung durch den Vorgesetzten	☐	☐	☐	☐	☐	☐
12. einseitig und zu eng abgegrenzte Aufgaben	☐	☐	☐	☐	☐	☐
13. ungenügender Einbezug von Mitarbeitern, die von der Idee betroffen sind	☐	☐	☐	☐	☐	☐
14. technische Normen, Gesetze, Vorschriften	☐	☐	☐	☐	☐	☐
15. anderes (bitte nennen):						
a)..	☐	☐	☐	☐	☐	☐
b)..	☐	☐	☐	☐	☐	☐

5. Ihre Vorschläge

5.1 An dieser Stelle möchten wir Ihnen Gelegenheit für Vorschläge geben, wie in Ihrer Abteilung / Geschäftsbereich neue Ideen stärker gefördert werden könnten.

In meiner Abteilung/Geschäftsbereich könnten neue Ideen stärker gefördert werden durch...
1.
2.
3.
4.
5.

Anhang 4: Interviewleitfaden Zulieferer

(Anm.: Hier ist lediglich der Interviewleitfaden für das erste geführte Interview zu den grundlegenden Aspekten des untersuchten Innovationsprozesses aufgeführt. Da die anschliessend geführten Interviews auf der Analyse der Projektdokumente beruhen, werden sie hier nicht aufgeführt.)

1. **Bitte beschreiben Sie Tätigkeit und Organisation des Unternehmens?**
   - Branche
   - Unternehmensform
   - Unternehmensgrösse (Mitarbeiter, Umsatz)
   - Standorte
   - Produkte/Märkte
   - Wettbewerb (Intensität, Anzahl Mitbewerber)
   - Gliederung des Unternehmens
   - Segmentierungskriterien
   - Vor- und Nachteile
   - F&E Budget (Umfang, Verteilung)
   - Innovationsrate (Umsatz neuer Produkte am Gesamtumsatz)
   - Patente

2. **Welche Aufgaben nimmt Ihre Unternehmenseinheit/Abteilung innerhalb des Unternehmens wahr und wie ist sie organisiert?**
   - Einbindung in Gesamtstruktur
   - projekt-, produkt-, funktionsbezogen
   - Standortwahl
   - Vor- und Nachteile
   - Umfang der F&E Tätigkeit (Grundlagenforschung, angewandte Forschung, Entwicklung)
   - Risikobewertung
   - Erforderlichkeit eigener F&E
   - Betreuung der Produkte

3. **Gibt es Besonderheiten der Baubranche gegenüber den anderen Branchen, in denen das Unternehmen tätig ist?**
   - **Projektabhängigkeit**
   - Lebensdauer Bauwerke
   - Komplexität
   - Projektorganisation

4. **Wie wirken sich diese Besonderheiten auf die Tätigkeit und Organisation Ihrer Abteilung aus?**

5. **Warum kann aus Ihrer Sicht das von Ihnen entwickelte Produkt als Innovation bezeichnet werden?**
   - **Neuartigkeit**
   - Komplexität
   - Risiko
   - Wirtschaftliche Relevanz

6. Welche Ziele verfolgen Sie mit diesem neuen Produkt?
- Anwendungsbereich/Markt
- neue Eigenschaften
- Produktgruppe/Systembestandteil
- Vorgängerprodukt
- Konkurrenzprodukt
- Zeitpunkt Markteintritt
- Zielgruppen
- Wettbewerbsstrategie
- angestrebte Lebensdauer

7. Welche Ressourcen standen Ihnen dafür zur Verfügung?
- finanziell
- personell
- Sachmittel
- Zeit
- Know-how

8. Wie wirkte sich die Ressourcenverfügbarkeit auf die Projektplanung aus?
- Projektbewertung
- Projektabwicklung (sequentiell, parallel)
- Ablaufplanung (mögliche Einzelaktivitäten, Wahrscheinlichkeiten verschiedener Projektabschlussmöglichkeiten, erwartete Dauer, erwartete Aufwendungen, Kapazitätsbeanspruchungen)
- Lasten-, Pflichtenheft
- Projektabbruch

9. Was lief aus Ihrer Sicht bei diesem Projekt gut, was lief weniger gut?

Anhang 5: Interviewleitfaden Kunde

1. **Bitte beschreiben Sie Tätigkeit und Organisation des Unternehmens und Ihrer Abteilung?**
   - Branche
   - Unternehmensform
   - Unternehmensgrösse (Mitarbeiter, Umsatz)
   - Standorte
   - Produkte/Märkte
   - Wettbewerb (Intensität, Anzahl Mitbewerber)
   - Gliederung des Unternehmens
   - Immobilienbestand
   - Umfang Bauinvestitionen
   - Umfang interne Bauleistungen (Gründe)

2. **Welche Anforderungen stellen Sie heute an Bauwerke?**
   - Qualität
   - Termine
   - Kosten
   - Lebenszyklusorientierung
   - Nutzungsflexibilität
   - Veränderung der Anforderungen

3. **Welche Rolle spielen innovative Lösungen bei der Umsetzung der Anforderungen?**
   - Produktinnovationen
   - Prozessinnovationen
   - Innovationsverständnis

4. **Welche Projektabwicklungsformen unterstützen die erfolgreiche Umsetzung innovativer baulicher Lösungen?**
   - Synergiebarrieren
   - Kommunikation
   - langfristige Partnerschaften
   - Erwartungen von Unternehmen
   - eigene Rolle im Bauprozess
   - GU/TU/Systemanbieter

5. **Nach welchen Kriterien bewerten Sie eine innovative bauliche Lösung?**
   - Mehrwert der Lösung
   - Wirtschaftlichkeit/Funktionalität
   - Einfluss Veränderungsumfang
   - Ansehen

6. Wie gehen Sie mit dem Risiko innovativer baulicher Lösungen um?
- Umgang mit technischen Risiken
- Umgang mit finanziellen Risiken
- Rolle von Expertisen/Gutachten
- Einflüsse auf Risikobereitschaft

7. Was fördert und was bremst die Realisierung innovativer baulicher Lösungen?
- Anreize für Unternehmen
- Vertrauen in Unternehmen

Literaturverzeichnis

Abernathy, W.; Utterback, J. (Dynamic 1975):
A dynamic model of process and product innovation. In: OMEGA, The International Journal of Management, 6/1975, S. 639-656.

Afuah, A.; Bahram, N. (Hypercube 1995):
The hypercube of innovation. In: Research Policy 24, 1995, S. 51-76.

Akao, Y. (QFD 1992):
QFD – Quality Function Deployment. Verlag Moderne Industrie, Landsberg/Lech, 1992.

Albers, S.; Eggers, S. (Gestaltungen 1991):
Organisatorische Gestaltungen von Produktinnovations-Prozessen: Führt der Wechsel des Organisationsgrades zum Innovationserfolg? In: Zeitschrift für betriebswirtschaftliche Forschung, 1/1991, S. 44-64.

Albers, S. (Marktdurchsetzung 2001):
Marktdurchsetzung von Innovationen. In: Technologie und Innovationsmanagement: Leistungsbilanz des Kieler Graduiertenkollegs, hrsg. von S. Albers, Deutscher Universitäts-Verlag, Wiesbaden, 2001, S. 79-116.

Atkin, B. (Innovation 1999):
Innovation in the construction sector. hrsg. von European Council for Construction Research, Development and Innovation (ECCREDI), 1999.

Atkin, B. (Construction 2000):
Construction strategies and management: the contribution of innovation to project and corporate success. In: Proceedings of the International Conference on Technology Watch and Innovation in the Construction Industry, hrsg. von C. de Pauw, BBRI Belgium, 2000, S. 43-48.

Arditi, D.; Serdar, K.; Tangkar, M. (Innovation 1997):
Innovation in construction equipment and its flow into the construction industry. In: Journal of Construction Engineering and Management, 4/1997, S. 371-378.

Arvanitis, S.; Donzé, L.; Hollenstein, H.; Lenz, St. (Innovationstätigkeit 1998):
Innovationstätigkeit in der Schweizer Wirtschaft - Teil II: Bauwirtschaft und Dienstleistungssektor. Strukturberichterstattung, hrsg. von Bundesamt für Wirtschaft und Arbeit, Bern, 1998.

Arvanitis, S.; Bezzola, M.; Donzé, L.; Hollenstein, H.; Marmet, D. (Innovationsaktivitäten 2001):
Innovationsaktivitäten in der Schweizer Wirtschaft. Strukturberichterstattung, hrsg. von Bundesamt für Wirtschaft und Arbeit, Bern, 2001.

Ashe, B.; Balch, M. (Client 2001):
Client focused research to aid regulatory reform. In: Proceedings of the 15th CIB World Building Congress 2001, Neuseeland, 2001.

Ball, M. (Chasing 1999):
Chasing a snail: innovation and housebuilding firm's strategies. In: Housing Studies, 1/1999, S. 9-22.

Barlow, J. (Production 1999):
From craft production to mass customisation: innovation requirements for the UK housebuilding industry. In: Housing Studies, 1/1999, S. 23-42.

Barlow, J. (Innovation 2000):
Innovation and learning in complex offshore construction projects. In: Research Policy 29, 2000, S. 973-989.

Barnard, C. (Function 1938):
The function of the executive. Harvard University Press, Cambridge, 1938.

Barrett, P.; Sexton, M.; Leho, E.; Miozzo, M.; Wharton, A. (Innovation 2001):
Innovation: Does size matter? Evidence from small construction companies. In: Proceedings of the 1st International Conference on Innovation in Architecture, Engineering and Construction, hrsg. von C. Anumba, C. Egbu, A. Thorpe, Loughborough University, Loughborough, UK, 2001, S. 421-431.

Bärthel, J. (Bauen 2002):
Industrielles Bauen: Leitfaden für KMU-Geschäftsführer. vdf Hochschulverlag, Zürich, 2002.

Beller, D.; Foliente, G.; Meacham, B. (Aspects 2001):
Qualitative versus quantitative aspects of performance-based regulations. In: Proceedings of the 15th CIB World Building Congress 2001, Neuseeland, 2001.

Bennett, J.; Jayes, S. (Pillars 1998):
The seven pillars of partnering: a guide to second generation partnering. Thomas Telford Publishing, London, 1998.

Bennis, W. (Leadership 1959):
Leadership theory and administrative behaviour. In: Administrative Science Quarterly, Vol. 4, 1959, S. 259-301.

Berger, U.; Bernhard-Mehlich, I. (Entscheidungstheorie 1999):
Die Verhaltenswissenschaftliche Entscheidungstheorie. In: Organisatinstheorien, hrsg. von A. Kieser, 3. Aufl., Kohlhammer Verlag, Stuttgart, 1999, S. 133-168.

Beriger, P. (Quality 1986):
Quality Circle und Kreativität: Das Quality Circle-Konzept im Rahmen der Kreativitätsförderung in der Unternehmung. Haupt Verlag, Bern, 1986.

Bertalanffy, L. von (Systems 1951):
General systems theory: a new approach to unity of science. In: Human Biology, Vol. 23, 1951, S. 306-361.

Bierfelder, W. (Innovationsmanagement 1994):
Innovationsmanagement: prozessorientierte Einführung. 3. Aufl., Oldenbourg Verlag, München, 1994.

Black, C.; Akintoye, A.; Fitzgerald, E. (Analysis 2000):
An analysis of success factors and benefits of partnering in construction. In: International Journal of Project Management, 2000, S. 423-434.

Bleicher, K. (Organisation 1991):
Organisation: Strategien - Strukturen - Kulturen. 2. Aufl., Gabler Verlag, Wiesbaden, 1991.

Bleicher, K. (Konzept 1992):
Das Konzept Integriertes Management. 2. Aufl., Campus Verlag, Frankfurt am Main, 1992.

Blessin, B. (Innovationskultur 2001):
Innovationskultur oder Kulturinnovation – Voraussetzungen eines erfolgreichen Innovationsmanagements in KMU. In: Innovationsmanagement in kleinen und mittleren Unternehmen, hrsg. von J.-A. Meyer, Verlag Franz Vahlen, München, 2001, S. 11-24.

Bock, J. (Diffusion 1987):
Die innerbetriebliche Diffusion neuer Technologien: Einflussfaktoren bei Innovationsprozessen auf der Grundlage der Mikroelektronik im Investitionsgüterbereich. Erich Schmidt Verlag, Berlin, 1987.

Bortz, J.; Döring, N. (Forschungsmethoden 1995):
Forschungsmethoden und Evaluation. 2. Aufl., Springer Verlag, Berlin, 1995.

Bosetzky, E. (Grundzüge 1970):
Grundzüge einer Soziologie der Industrieverwaltung: Möglichkeiten und Grenzen der Betrachtung des industriellen Grossbetriebes als bürokratische Organisation. Ferdinand Enke Verlag, Stuttgart, 1970.

Bowley, M. (Building 1966):
The British building industry: four studies in response and resistance to change. Cambridge University Press, London, 1966.

Brand, M. (Projektmanagement 1974):
Projektmanagement. Diss., Hochschule St. Gallen, 1974.

Braun, C.-F. v. (Innovationskrieg 1994):
Der Innovationskrieg: Ziele und Grenzen der wissenschaftlichen Forschung und Entwicklung. Verlag Carl Hanser, München, 1994.

Bröchner, J.; Grandinson, B. (Cooperation 1992):
R&D cooperation by Swedish contractors. In: Journal of Construction Engineering and Management, 1/1992, S. 3-16.

Brockhoff, K. (Forschung 1989):
Forschung und Entwicklung. 3. Auflage, München, 1989.

Buck, M. (Gestaltungsmöglichkeiten 1991):
Gestaltungsmöglichkeiten für ein mitarbeiterorientiertes Innovationsmanagement: Empirische Analyse der Bedingungen freiwilliger Neuerungsbeiträge in Industriebetrieben mit mehr als tausend Mitarbeitern. Verlag Peter Lang, Frankfurt am Main, 1992.

Bullinger, H.-J. (Einführung 1994):
Einführung in das Technologiemanagement. Teubner Verlag, Stuttgart, 1994.

Burns, T.; Stalker, G. (Management 1994):
The management of innovation. über. Aufl., Oxford University Press, New York, 1994.

Chandler, A. (Strategy 1973):
Strategy and structure. 4th paperback printing, The M.I.T. Press, Cambridge, 1973.

Chang, L.-M.; Hancher, D.; Napier, T.; Kapolnek, R. (Methods 1988):
Methods to identify and asses new building technology. In: Journal of Construction Engineering and Management, 3/1988, S. 408-425.

Chesbrough, H.; Teece, D. (Innovation 1996):
Innovation richtig organisieren – aber ist virtuell auch virtuos?. In: Harvard Business Manager, 3/1996, S. 63-70.

Clark, K.; Fujimoto, T. (Automobilentwicklung 1992):
Automobilentwicklung mit System: Strategie, Organisation und Management in Europa, Japan und USA. Übers. und hrsg. von Stotko, E., Campus Verlag, Frankfurt/Main, 1992.

Cleff, Th.; Rudolph-Cleff, A. (Innovation 2001):
Innovation and innovation policy in the German construction sector. In: Innovation in construction: an international review of public policies, hrsg. von A. Manseau; G. Seaden, Spon Press, London, 2001, S. 201-234.

Corsten, H. (Innovationsmanagement 1989):
Überlegungen zu einem Innovationsmanagement - Organisationale und personelle Aspekte. In: Die Gestaltung von Innovationsprozessen: Hindernisse und Erfolgsfaktoren im Organisations-, Finanz- und Informationsbereich, hrsg. von H. Corsten, Erich Schmidt Verlag, Berlin, 1989, S. 1-56.

Coase, R. (Nature 1937):
The nature of the firm. In: Economica, 4/1937, S. 386-405.

Craig, R. (Law 1999):
How innovative is the common law of tendering? In: Journal of Construction Procurement, 1/1999, S. 15-26.

Cushman, N.; Nam, C.; Tatum, C. (Technology transfer 1992):
Technology transfer in building construction – case of seismic design. In: Journal of Construction Engineering and Management, 1/1992, S. 129-141.

Deppe, J. (Quality 1990):
Quality Circle und Lernstatt: Ein integrativer Ansatz. 2. erw. Aufl., Gabler Verlag, Wiesbaden, 1990.

Di Renzo, St. (Diagnose 2000):
Diagnose und Beeinflussung des Innovationsklimas: Entwicklung eines Diagnoseinstrumentariums und Fallstudien. Lang Verlag, Bern, 2000.

Drazin, R.; Schoonhoven, C. (Community 1996):
Community, population and organizational effects on innovation: a multilevel perspective. In: Academy of Management Journal, 5/1996, S. 1065-1083.

Drucker, P. (Management 1974):
Management: tasks, responsibilities, practices. Heinemann, London, 1974.

Dougherty, D.; Hardy, C. (Product 1996):
Sustained product innovation in large, mature organizations: overcoming innovation-to-organization problems. In: Academy of Management Journal, 5/1996, S. 1120-1153.

Dulaimi, M.; Ling, F.; Bajracharya, A. (Motivation 2003):
Organizational motivation and inter-organizational interaction in construction innovation in Singapore. In: Construction Management and Economics, 3/2003, S. 307-318.

Duncan, R. (Characteristics 1972):
Characteristics of organizational environments and perceived environmental uncertainty. In: Administrative Science Quarterly, 3/1972, S. 313-327.

Ebers, M.; Gotsch, W. (Theorien 1999):
Institutionenökonomische Theorien der Organisation. In: Organisatinstheorien, hrsg. von A. Kieser, 3. Aufl., Kohlhammer Verlag, Stuttgart, 1999, S. 199-251.

Egbu, C.; Henry, J.; Kaye, G.; Quintas, P.; Schumacher, T.; Young, B. (Managing 1998):
Managing organizational innovations in construction. In: 14th Annual Conference of Association of Researchers in Construction Management (ARCOM), 1998, S. 605-614.

Egbu, C. (Mechanism 1999):
Mechanism for exploiting construction innovations to gain competitive advantage. In: 15th Annual Conference of Association of Researchers in Construction Management (ARCOM), 1999, S. 115-123.

Ettler, R. (Innovationstätigkeit 1995):
Innovationstätigkeit im Bau- und Dienstleistungssektor - Vorbereitung, Durchführung und Resultate einer Pilotumfrage. Strukturberichterstattung, hrsg. von Bundesamt für Wirtschaft und Arbeit, Bern, 1995.

Ettlie, J.; Bridges, W.; O'Keefe, R. (Organization Strategy 1984):
Organization strategy and structural differences for radical versus incremental innovations. In: Management Science, 1984, S. 682-695.

Falk, P.; Larsson, B. (Performance 2002):
The performance concept in road construction: a follow-up of a real project. In: Proceedings of the CIB W92 Procurement Systems Symposium, hrsg. von T. Lewis, University of the West Indies, Trinidad & Tobago, 2002, S. 101-110.

Fiedler, K.; et al. (Grundlagen 1991):
Grundlagen der Technologie im Baubetriebswesen. Verlag für Bauwesen, Berlin, 1991.

Flick, U. (Forschung 1995):
Qualitative Forschung. Rowohlt Verlag, Reinbek bei Hamburg, 1995.

Flohrer, C. (Bauwerksprüfung 1998):
Bauwerksprüfung mit dem Radar-Echo. In: F&E Forum, Hochtief AG, 1998.

Fredriksson, G.; Larsson, B. (Adoption 1984):
Adoption of new technology in the construction firm. In: Proceedings of the 4th International Symposium on Organization Management of Construction (CIB W65), hrsg. von V. K. Handa, University of Waterloo, Canada, 1984, Vol. 3, S. 939-950.

Frese, E. (Grundlagen 1993):
Grundlagen der Organisation: Konzept - Prinzipien - Strukturen. 5. Aufl., Gabler Verlag, Wiesbaden, 1993.

Friese, M. (Kooperationen 1998):
Kooperationen als Wettbewerbsstrategie für Dienstleistungsunternehmen. Gabler Verlag, Wiesbaden, 1998.

Fritz, W. (Determinanten 1986):
Determinanten der Produktinnovation. In: Die Unternehmung, 2/1986, S. 134-147.

Gaitanides, M. (Strategie 1985):
Strategie und Kultur: Zur Bedeutung ihres Verhältnisses für die Unternehmungsentwicklung. In: Zeitschrift für Führung und Organisation, 2/1985, S. 115-122.

Gaitanides, M. (Umfang 1995):
Je mehr desto besser? Zu Umfang und Intensität des Wandels bei Vorhaben des Business Reengineering. In: Technologie & Management, 2/1995, S. 69-76.

Gann, D. (Building innovation 2000):
Building innovation: complex constructs in a changing world. Thomas Telford Publishing, London, 2000.

Gann, D.; Salter, A. (Innovation 2000):
Innovation in project-based, service-enhanced firms: the construction of complex products and systems. In: Research Policy 29, 2000, S. 955-972.

Gann, D.; Wang, Y.; Hawkins, R. (Regulations 1998):
Do regulations encourage innovation?: the case of energy efficiency in housing. In: Building Research and Information, 4/1998, S. 280-296.

Gebert, D. (Innovation 1979):
Innovation: organisationsstrukturelle Bedingungen innovatorischen Verhaltens. In: Zeitschrift für Führung und Organisation, 5/1979, S. 283-292.

Geraedts, R. (Flexibility 2001):
Upgrading the flexibility of buildings. In: Proceedings of the 15th CIB World Building Congress 2001, Neuseeland, 2001.

Gerpott, T. (Innovationsmanagement 1999):
Strategisches Technologie- und Innovationsmanagement: Eine konzentrierte Einführung. Schäffer-Poeschel Verlag, Stuttgart, 1999.

Giddens, A. (Konstitution 1995):
Die Konstitution der Gesellschaft: Grundzüge einer Theorie der Strukturierung. 2. Aufl. d. Übers., Campus Verlag, Frankfurt, 1995.

Girmscheid, G. (Entwurfswahl 1991):
Schwimmend hergestellte Pumpstation: Entwurfswahl und Entwurfsplanung. In: Bautechnik, 4/1991, S. 118-128.

Girmscheid, G. (Bauausführung 1991):
Schwimmend hergestellte Pumpstation: Bauausführung. In: Bautechnik, 7/1991, S. 217-225.

Girmscheid, G. (Spannbeton 1993):
Spannbeton-Hochstrasse in Bangkok - Planung der Ausführung. In: Beton- und Stahlbetonbau, 6/1993, S. 161-166.

Girmscheid, G. (Entwurf 1994):
Entwurfs- und Konstruktionsprinzipien von extern vorgespannten Strassenbrücken in Segmentbauweise dargestellt am Bangkok Expressway, Thailand. Beton- und Stahlbetonbau, 3/1993, S. 70-75

Girmscheid, G. (Bauinventarmanagement 1999):
Bauhof- und Bauinventarmanagement als Schlüssel zur Ergebnis- und Liquiditätssteigerung. Institut für Bauplanung und Betrieb ETH Zürich, Zürich, 1999.

Girmscheid, G. (Baubetrieb 2000):
Baubetrieb und Bauverfahren im Tunnelbau. Ernst & Sohn Verlag, Berlin, 2000.

Girmscheid, G. (Baumanagement 2000):
Baumanagement der Zukunft - Neue Chancen nutzen oder auf alte Rezepte bauen? In: Bauingenieur, 8/2000, S. 573-580.

Girmscheid, G. (Wettbewerbsvorteile 2000):
Wettbewerbsvorteile durch kundenorientierte Lösungen - Das Konzept des Systemanbieters Bau (SysBau). In: Bauingenieur, 1/2000, S. 1-6.

Girmscheid, G. (Hochleistungsvortrieb 2002):
Hochleistungsvortrieb im Tunnelbau - Industrialisierungstendenz im Sprengvortrieb. In: Bauingenieur, 6/2002, S. 266-276.

Girmscheid, G. (Forschungsmethodik 2003):
Forschungsmethodik der Baubetriebswissenschaften: Unterlagen zum Forschungsseminar der Professur für Bauverfahrenstechnik und Baubetriebswissenschaften ETH Zürich. unveröffentlicht, 2003.

Girmscheid, G. (Projektabwicklungsformen 2003):
Projektabwicklungsformen in der Bauwirtschaft. Springer Verlag, Berlin, 2003.

Girmscheid, G. (Wettbewerbsvorteile 2003):
Wettbewerbsvorteile nutzen – Chancen für Bauunternehmen. hep-Verlag, Bern, 2003.

Girmscheid, G.; Borner, R. (Einsatz 2002):
Einsatz und Potentiale von Wissensmanagement in Unternehmen der Bauwirtschaft. In: Bauingenieur, 5/2001, S. 256-260.

Girmscheid, G.; Briner, H.; Glättli, M. (Nachtragsmanagement 2003):
Faires Nachtragsmanagement - Leitfaden für Bauunternehmer und Bauherren. hep-Verlag, Bern, 2003.

Girmscheid, G.; Hartmann, A. (Fast Track 1999):
Fast track projects im Brückenbau - Anwendung und Bauprozess der Segmentbauweise mit externer Vorspannung. In: Bauingenieur, 7/8/1999, S. 332-344.

Girmscheid, G.; Moser, St. (Felssicherung 2001):
Roboterisierte Felssicherung mit Spritzbeton - Entwicklung der Prozesssteuerung des vollautom. Applikationsprozesses. In: Bauingenieur, 3/2001, S. 135-145.

Girmscheid, G.; Schexnayder, C. (Drill 2002):
Drill and Blast Tunneling Practices. In: ASCE Practice Periodical on Structural Design and Construction, 3/2002, S. 125-133.

Girmscheid, G.; Schmidle, Ch. (Prozessmodell 2003):
Prozessmodell für ereignisorientiertes Wissensmanagement in Bauunternehmen. In: Bauingenieur, 6/2001.

Glass, J.; Baiche, B.; Jenks, M.; Woodhead, R. (Assessing 2001):
Assessing concrete technology innovation using value engineering (ACTIVE). In: Proceedings of the 15th CIB World Building Congress 2001, Neuseeland, 2001.

Gomez, P.; Zimmermann, T. (Unternehmensorganisation 1992):
Unternehmensorganisation: Profile, Dynamik, Methodik. Campus Verlag, Frankfurt/Main, 1992.

Gralla, M. (Vertragsformen 1999):
Neue Wettbewerbs- und Vertragsformen für die deutsche Bauwirtschaft. Diss., Universität Bochum, 1999.

Grochla, E. (Organisationstheorie 1978):
Einführung in die Organisationstheorie. Poeschel Verlag, Stuttgart, 1978.

Grochla, E. (Grundlagen 1995):
Grundlagen der organisatorischen Gestaltung. Schäffer-Poeschel Verlag, Stuttgart, 1995.

Gussmann, B. (Unternehmenskultur 1988):
Innovationsfördernde Unternehmenskultur. Schmidt Verlag, Berlin, 1988.

Haberfellner, R; et al. (Engineering 1997):
Systems Engineering: Methodik und Praxis. Verlag Industrielle Organisation, Zürich, 1997.

Hampson, K.; Tatum, C. (Strategy 1997):
Technology strategy an competitive performance in bridge construction. In: Journal of Construction Engineering and Management, 2/1997, S. 153-159.

Hartmann, A. (Instrumente 2003):
Instrumente zur Innovationsförderung in Bauunternehmen – Entwicklung, Implementierung, Anwendung. Eigenverlag Institut für Bauplanung und Baubetrieb, Zürich, 2003.

Harvey, R.; Ashworth, A. (Construction 1999):
The construction industry of Great Britain. 2nd edition, Butterworth-Heinemann, Oxford, 1999.

Hauschildt, J. (Innovationsstrategien 1991):
Innovatonsstrategien und ihre organisatorischen Konsequenzen. In: Strategieentwicklung: Konzepte und Erfahrungen, hrsg. von H.-C. Riekhof, Poeschel Verlag, Stuttgart, 1991, S. 255-270.

Hauschildt, J. (Determinaten 1993):
Innovationsmanagement – Determinanten des Innovationserfolges. In: Ergebnisse empirischer betriebswirtschaftlicher Forschung: Zu einer Realtheorie der Unternehmung, hrsg. von J. Hauschildt, O. Grün, Schäfer-Poeschel, Stuttgart, 1993, S. 297-326.

Hauschildt, J. (Innovationsmanagement 1993):
Innovationsmanagement. Verlag Franz Vahlen, München, 1993

Hauschildt, J. (Prozesse 2001):
Prozesse und Strukturen des Innovationsmanagements. In: Technologie- und Innovationsmanagement: Leistungsbilanz des Kieler Graduiertenkollegs, hrsg. von S. Albers, Deutscher Universitäts-Verlag, Wiesbaden, 2001, S. 163-207.

Hauschildt, J.; Chakrabarti, A. (Arbeitsteilung 1999):
Arbeitsteilung im Innovationsmanagement. In: Promotoren - Champions der Innovation, hrsg. von J. Hauschildt, H. G. Gemünden, 2. Aufl., Gabler Verlag, Wiesbaden, 1999, S. 69-87.

Heerwagen, J. (Buildings 2000):
Green buildings, organizational success and occupant productivity. In: Building Research & Information, 5/6/2000, S. 353-367.

Heideloff, F.; Radel, T. (Innovation 1998):
Innovation in Organisationen: Ein Eindruck vom Stand der Forschung. In: Organisation von Innovationen: Strukturen, Prozesse, Interventionen, hrsg. von Heideloff, F.; Radel, T., 2. Aufl., Rainer Hampp Verlag, München, 1998, S. 7-39.

Henderson, R.; Clark; K. (Innovation 1990):
Architectural innovation: The reconfiguration of existing product technologies and the failure of established firms. In: Administrative Science Quarterly 35, 1990, S. 9-30.

Hewlett, P. (Assessment 1997):
The role of assessment and certification in transposing innovation into practise. In: Innovation in Civil and Construction Engineering, hrsg. von M. Leeming, B. Topping, Civil-Comp Press, Edinburgh, 1997, S. 55-60.

Hiley, A.; Kalogerakis, M. (Implementation 2000):
The implementation of innovative technologies in the development of a sustainable built environment. In: Proceedings of the International Conference on Technology Watch and Innovation in the Construction Industry, Belgien, 2000, S. 67-72.

Hill, W.; Fehlbaum, R.; Ulrich, P. (Organisationslehre 1994):
Organisationslehre 1. 5. Aufl., Paul Haupt Verlag, Bern, 1994.

Hill, W.; Fehlbaum, R.; Ulrich, P. (Organisationslehre 1992):
Organisationslehre 2. 4. Aufl., Paul Haupt Verlag, Bern, 1992.

Hippel von, E. (Users 1986):
Lead users: a source of novel product concepts. In: Management Science, 7/1986, S. 791-805.

Hirschfeld, M. (Forschung 1996):
Forschung und Entwicklung (F+E). In: Handbuch der strategischen und taktischen Bauunternehmensführung, hrsg. von C.J. Diederichs, Bauverlag, Wiesbaden, 1996, S. 445-462.

Hobday, M. (Product complexity 1998):
Product complexity, innovation and industrial organisation. In: Research Policy 26, 1998, S. 689-710.

Hobday, M. (Organisation 2000):
The project-based organisation: an ideal form for managing complex products and systems? In: Research Policy 29, 2000, S. 871-893.

Hoffmann, F. (Entwicklung 1973):
Entwicklung der Organisationsforschung. In: Das Organisationssystem der Unternehmung, Schriftenreihe Universität Augsburg, hrsg. von F. Hoffmann, Band 1, Gabler Verlag, Wiesbaden, 1973.

Högl, M. (Teamarbeit 1998):
Teamarbeit in innovativen Projekten: Einflussgrössen und Wirkungen. Gabler Verlag, Wiesbaden, 1998.

Hülskötter, E. (Spielregeln 1999):
Die Spielregeln des Marktes haben sich geändert – neue Wege für die Bauwirtschaft. In: Bauwirtschaft, 7/1999; S. 19-21.

Huovila, P.; Nieminen, J. (QFD 2001):
QFD as a trade-off tool in the performance approach. In: Proceedings of the 15th CIB World Building Congress 2001, Neuseeland, 2001.

Irsch, N. (Innovationen 1991):
Innovationen mittelständischer Unternehmen im produzierenden Gewerbe. In: Jahrbuch für Nationalökonomie und Statistik, Band 208/2, Stuttgart, 1991.

Jacob, M. (Unternehmensplanung 1995):
Strategische Unternehmensplanung in Bauunternehmen. Diss., Universität Dortmund, 1995.

Jacobs, F. (Produktinnovationen 1988):
Produktinnovationen bei komplexer Technologie: organisationstheoretische Analyse der Bedingungen und Prozesse von Produktinnovationen auf der Grundlage einer empirischen Untersuchung der Branche „Bürokommunikation". Verlag Peter Lang GmbH, Frankfurt am Main, 1988.

Jelinek, M.; Schoonhoven, C. (Innovation 1990):
The innovation marathon: lessons from high technology firms. Basil Blackwell Ltd., Oxford, UK, 1990.

Jergeas, G.; Van de Put, J. (Benefits 2001):
Benefits of constructability on construction projects. In: Journal of Construction Engineering and Management, 4/2001, S. 281-290.

Johnson, K.; Tatum, C. (Technology 1993):
Technology in marine construction firms. In: Journal of Construction Engineering and Management, 1/1993, S. 148-163.

Kabel, D.; Durst, R.; Mühlfelder, M. (Voraussetzungen 1999):
Voraussetzungen für unternehmensübergreifende Kooperationen. In: Kooperationen in Theorie und Praxis, Fortschritts-Berichte VDI Reihe 16 Nr. 104, hrsg. von H. Luczak; M. Schenk, VDI Verlag, Düsseldorf, 1999, S. 92-105.

Kadefors, A. (Problems 2002):
Problems of trust and control in client-contractor relations. In: Proceedings of the CIB W92 Procurement Systems Symposium, hrsg. von T. Lewis, University of the West Indies, Trinidad & Tobago, 2002, S. 451-459.

Kamp, E.; May, E. (Unternehmen 1981):
Kleine und mittlere Unternehmen im Forschungs- und Entwicklungsprozess. In: Zeitschrift für Betriebswirtschaft, 4/1981, S. 347-369.

Kangari, R.; Miyatake, Y. (Developing 1997):
Developing and managing innovativ construction technologies in Japan. in: Journal of Construction Engineering and Management, 1/1997, S.72-80.

Kashiwagi, D. (Difficulty 2002):
The difficulty in implementing performance specifications in the construction industry. In: Proceedings of the CIB W92 Procurement Systems Symposium, hrsg. von T. Lewis, University of the West Indies, Trinidad & Tobago, 2002, S. 275-287.

Kasper, H. (Innovation 1982):
Innovation und Organisation: Konzeptionelle Arbeit mit empirischen Befunden. Literas Verlag, Wien, 1982.

Kaufer, E. (Industrieökonomik 1980):
Industrieökonomik: Einführung in die Wettbewerbstheorie. Verlag Franz Vahlen, München, 1980.

Kelly, J.; Male, S. (Management 1993):
Value mangement in design and construction. E & FN Spon, London, 1993.

Kibert, Ch.; Chini, A.; Languell, J. (Deconstruction 2001):
Deconstruction as an essential component of sustainable construction. In: Proceedings of the 15th CIB World Building Congress 2001, Neuseeland, 2001.

Kieser, A. (Unternehmenskultur 1986):
Unternehmenskultur und Innovation. In: Management von Innovationen, hrsg. von E. Staudt, Frankfurter Allgemeine Zeitung, Frankfurt, 1986, S. 42-50.

Kieser, A. (Ansatz 1999):
Der situative Ansatz. In: Organisationstheorien, hrsg. von A. Kieser, 3. Aufl., Kohlhammer Verlag, Stuttgart, 1999, S. 169-198.

Kieser, A.; Kubicek, H. (Organisation 1992):
Organisation. 3. Aufl., de Gruyter, Berlin, 1992.

Kirsch, W. (Entscheidungsprozess 1971):
Entscheidungsverhalten. Band 2, Gabler Verlag, Wiesbaden, 1971.

Klemmer, J. (Neustrukturierung 1998):
Neustrukturierung bauwirtschaftlicher Wertschöpfungsketten: Leistungstiefenoptimierung als strategisches Problemfeld. Gabler Verlag, Wiesbaden, 1998.

Knechtel, E. (Bauwirtschaft 1992):
Die Bauwirtschaft in der EG: Unternehmen im internationalen Vergleich; Daten, Fakten, Kommentare. Bauverlag, Wiesbaden, 1992.

Kosiol, E. (Organisation 1962):
Organisation der Unternehmung. Gabler Verlag, Wiesbaden, 1962.

Kotler, Ph.; Bliemel, F. (Marketing 1995):
Marketing-Management: Analyse, Planung, Umsetzung und Steuerung. 8. Aufl., Schäffer-Poeschel Verlag, Stuttgart, 1995.

Kruck, R. (Bauwirtschaft 1998):
Bauwirtschaft - Eine problemorientierte Einführung. Unterlagen zur Vorlesung Bauwirtschaft, ETH Zürich, 1998.

Krüger, W. (Konfliktsteuerung 1973):
Konfliktsteuerung als Führungsaufgabe: Positive und negative Aspektes von Konfliktsituationen. Verlag Moderne Industrie, München, 1973.

Kubicek, H. (Organisationsforschung 1975):
Empirische Organisationsforschung: Konzeption und Methodik. Poeschel Verlag, Stuttgart, 1975.

Kubicek, H. (Bezugsrahmen 1977):
Heuristische Bezugsrahmen und heuristisch angelegte Forschungsdesigns als Elemente einer Konstruktionsstrategie empirischer Forschung. In: Empirische und handlungstheoretische Forschungskonzeptionen in der Betriebswirtschaftslehre, hrsg. von R. Köhler, Poeschel Verlag, Stuttgart, 1977.

Laborde, M.; Sanvido, V. (Introducing 1994):
Introducing new process technologies into construction companies. In: Journal of Construction Engineering and Management, 3/1994, S. 488-509.

Lamnek, S. (Sozialforschung 1988):
Qualitative Sozialforschung. Psychologie Verlag, München, 1988.

Larson, E.; Gobeli, D. (Project 1989):
Significance of project management structure on development success. In: IEEE Transaction on Engineering Management, 2/1989, S. 119-125.

Leder, M. (Innovationsmanagement 1990):
Innovationsmanagement – Ein Überblick. In: Innovationsmanagement: Theorie und Praxis im Kulturvergleich, hrsg. von H. Albach, Gabler Verlag, Wiesbaden, 1990, S. 1-54.

Lenard, D. (Promoting 2001):
Promoting the development of an innovative culture through the strategic adoption of advanced manufacturing technology in construction. In: Proceedings of the 15th CIB World Building Congress 2001, Neuseeland, 2001.

Lenfert, W. (Einzelentwicklungen 1997):
Von maschinentechnischen Einzelentwicklungen zu vernetzten Bauprozessen, In: Bauwirtschaft, 12/1997, S. 47-52.

Liestmann, V.; Gill, Ch.; Reddemann, A.; Sontow, K. (Kooperationen 1999):
Kooperationen industrieller Dienstleistungen. In: Kooperationen in Theorie und Praxis, Fortschritts-Berichte VDI Reihe 16 Nr. 104, hrsg. von H. Luczak; M. Schenk, VDI Verlag, Düsseldorf, 1999, S. 1-36.

Maas, Ch. (Determinanten 1990):
Determinanten betrieblichen Innovationsverhaltens: Theorie und Empirie. Duncker und Humblot, Berlin, 1990.

Macharzina, K. (Unternehmensführung 1999):
Unternehmensführung: das internationale Managementwissen - Konzepte - Methoden - Praxis. 3. Aufl., Gabler Verlag, Wiesbaden, 1999.

Maier, H.-D. (Kooperationsmodelle 2002):
Marketingorientierte Kooperationsmodelle für kleine und mittelständische Unternehmen der Bauwirtschaft. Diss., Universität St. Gallen, 2002.

Manseau, A; Seaden, G. (Innovation 2001):
Innovation in construction – an international review of public policies. Spon Press, London, 2001.

March, J; Simon, H. (Organisation 1976):
Organisation und Individuum: Menschliches Verhalten in Organisationen. In: Führung-Strategie-Organisation, Schriftenreihe des interdisziplinären Instituts für Unternehmensführung an der Wirtschaftsuniversität Wien, Band 3, hrsg. von M. Hofmann, Gabler Verlag, Wiesbaden, 1976.

Marr, R. (Innovation 1980):
Innovation. In: Handwörterbuch der Organisation (HWO) hrsg. von E. Grochla, 2. Aufl., Poeschel Verlag, Stuttgart, 1980, Sp. 947-959.

Marr, R. (Innovationsmanagement 1993):
Innovationsmanagement. In: Handwörterbuch der Betriebswirtschaft (HWB) hrsg. von W. Wittmann, W. Kern, R. Köhler, H.-U. Küpper, K. Wysocki, Band 2, 5. Aufl., Verlag Schäffer-Poeschel, Stuttgart, 1993, S. 1796-1812.

Mayring, Ph. (Einführung 1999):
Einführung in die qualitative Sozialforschung. 4. Aufl., Psychologie Verlags Union, Weinheim, 1999.

Meier, B. (Bedeutung 1982):
Die Bedeutung der Organisationsstruktur für Innovationsprozesse. In: Innovation und Technologietransfer, hrsg. von H.-J. Engeleiter, H. Corsten, Verlag Duncker & Humblot, Berlin, 1982, S. 173-199.

Meier, U. (Werkstoffsysteme 1999):
Werkstoffsysteme mit Multifunktionalität im modernen Brückenbau. In: Werkstoffe der Zukunft, hrsg. von Schweizerische Akademie der Technischen Wissenschaften (SATW), Zürich, 1999, S. 29-38.

Meier, U.; Stöcklin, I. (CFK-Bänder 2000):
Gradiert gespannte CFK-Bänder. In: Schweizer Baublatt, 100/2000, S. 37-38.

Meisert, G. (Organisationsform 1988):
Der Einfluss der Organisationsform einer Bauunternehmung auf den Angebotserfolg. Diss., Universität Gesamthochschule Essen, 1988.

Meissner, W. (Innovation 1989):
Innovation und Organisation: Die Initiierung von Innovationsprozessen in Organisationen. Verlag für Angewandte Psychologie, Stuttgart, 1989.

Meyer, J.-A. (Bekanntheit 2001):
Bekanntheit und Einsatz von Innovationsmethoden in jungen KMU. In: Innovationsmanagement in kleineren und mittleren Unternehmen, hrsg. von J.-A. Meyer, Verlag Franz Vahlen, München, 2001, S. 171-190.

Michel, K. (Technlogie 1990):
Technologie im strategischen Management: Ein Portfolio-Ansatz zur integrierten Technologie und Marktplanung. 2. Auflage, Erich Schmidt Verlag, Berlin, 1990.

Miozzo, M.; Dewick, P. (Building 2002):
Building competitive advantage: innovation and corporate governance in European construction. In: Research Policy 31, 2002, S. 989-1008.

Mitropoulos, P.; Tatum, C. (Technology adoption 1999):
Technology adoption decisions in construction organizations. In: Journal of Construction Engineering and Management, 5/1999, S. 330-338.

Mitropoulos, P.; Tatum, C. (Forces 2000):
Forces driving adoption of new information technologies. In: Journal of Construction Engineering and Management, 5/2000, S. 340-348.

Morner, M. (Organisation 1997):
Organisation der Innovation im Konzern: Gestaltung von Konzernstrukturen zur Hervorbringung von Produktinnovationen. Gabler Verlag, Wiesbaden, 1997.

Nagel, R. (User 1993):
Lead-User-Innovationen: Entwicklungskooperationen am Beispiel der Industrie elektronischer Leiterlatten. Deutscher Universitäts-Verlag, Wiesbaden, 1993.

Nam, C. (Process 1990):
The process of product innovation in the building and heavy sectors of the U.S. construction industry. Diss., Stanford University, 1990.

Nam, C.; Tatum, C. (Characteristics 1988):
Major characteristics of constructed products and resulting limitations of construction technology. In: Construction Management and Economics, 6/1988, S. 133-148.

Nam, C.; Tatum, C. (Understanding 1989):
Towards understanding of product innovation process in contruction. In: Journal of Construction Engineering and Management, 4/1989, S. 517-534.

Nam, C.; Tatum, C. (Government 1992):
Government-industry cooperation: fast-track concrete innovation. In: Journal of Construction Engineering and Management, 3/1992, S. 454-471.

Nam, C.; Tatum, C. (Strategies 1992):
Strategies for technology push: Lessons from construction innovations. In: Journal of Construction Engineering and Management, 3/1992, S. 507-525.

Nam, C.; Tatum, C. (Leaders 1997):
Leaders and champions for construction innovation. In: Construction Management and Economics, 1997, S. 259-270.

Nebe, R. (Gestaltungsmöglichkeiten 2000):
Gestaltungsmöglichkeiten einer innovationsfreundlichen Organisationsstruktur. In: Innovationsmanagement: Handbuch für mittelständische Betriebe, hrsg. von E. Dold; P. Gentsch, Hermann Luchterhand Verlag, Neuwied, 2000, S. 1-26.

Newhouse, K. (Building Code 2001):
A performance-based building code in use. In: Proceedings of the 15th CIB World Building Congress 2001, Neuseeland, 2001.

Nicolini, D.; Holti, R.; Smalley, M. (Integrating 2001):
Integrating project activities: the theory and practise of managing the supply chain through cluster. In: Construction Management and Economics, 1/2000, S. 37-47.

Nieschlag, R.; Dichtl, E.; Hörschgen, H. (Marketing 1994):
Marketing. 17. Auflage, Verlag Duncker und Hunblot, Berlin, 1994.

Nigtingale, P. (Relationship 2000):
The product-process-organisation relationship in complex development projects. In: Research Policy, 2000, S. 913-930.

Nordsieck, F. (Betriebsorganisation 1961):
Betriebsorganisation: Betriebsaufbau und Betriebsablauf. Poeschel Verlag, Stuttgart, 1961.

Olschowy, W. (Einflussfaktoren 1990):
Externe Einflussfaktoren im strategischen Innovationsmanagement. Erich Schmidt Verlag, Berlin, 1990.

Ortmann, G.; Sydow, J.; Windeler, A. (Organisation 1997):
Organisation als reflexive Strukturation. In: Theorien der Organisation: Die Rückkehr der Gesellschaft, hrsg. von G. Ortmann; J. Sydow; K. Türk, Westdeutscher Verlag Opladen, 1997, S. 315-354.

Osterloh, M. (Innovation 1993):
Innovation und Routine: Das organisatorische Dilemma in klassischer und neuer Sicht. In: Zeitschrift Führung + Organisation, 4/1993, S. 214-218.

o.V. (Search 1991):
In search of partnering excellence. hrsg. von Construction Industry Institute (CII), Special Publication 17-1, 1991.

o.V. (Entwicklungsperspektiven 1995):
Technologische Entwicklungsperspektiven im Hochbau. hrsg. von Schweizerische Akademie der Technischen Wissenschaften (SATW), 1995.

o.V. (Innovation 1996):
Innovation: the key to competitive advantage. hrsg. von Construction Industry Institute (CII) Australia, Research Report 9, 1996.

o.V. (Innovation 1997):
Driving innovation: the role of the client and the contractor. hrsg. von Construction Industry Institute (CII) Australia, Research Report 11, 1997.

o.V. (Facility-Management 1997):
Die aktuelle Situation des Facility Managements in Deutschland. hrsg. von GEFMA Deutscher Verband für Facility Management e.V. Bonn, 1997.

o.V. (Prinzipien 1997):
Europäische Prinzipien für den Generalunternehmervertrag. hrsg. von Internationaler Europäischer Verband der Bauwirtschaft (FIEC), Brüssel, 1997.

o.V. (Thesen 1998):
15 Thesen zur Stärkung der Wettbewerbsfähigkeit und der Zusammenarbeit in der Bauwirtschaft. UBS Outlook Bauwirtschaft, 1998.

o.V. (Guidebook 1999):
Guidebook to highway contracting for innovation: the role o procurement and contracting approaches in facilitating the implementation of research findings. National Cooperative Highway Research Program, Report 428, National Academy Press, Washington, 1999.

o.V. (Forschungsprogramm 2000):
Forschungsprogramm des Bundesministeriums für Bildung und Forschung: „Bauen und Wohnen". hrsg. von Bundesministerium für Forschung und Bildung, 2000.

o.V. (Magazin 2001):
einszueins – Das Magazin des KompetenzZentrum Bau Neumarkt. hrsg. von KompetenzZentrum Bau Neumarkt, 2001.

o.V. (Magazin 2002):
einszueins – Das Magazin des KompetenzZentrum Bau Neumarkt. hrsg. von KompetenzZentrum Bau Neumarkt, Herbst, 2002.

Pfarr, K. (Kostenrechnung 1977):
Die Kostenrechnung in der Bauwirtschaft unter Berücksichtigung der dabei sich ergebenden branchenspezifischen Probleme. In: Einsatz der Kostenrechnung, Schriften zur Unternehmensführung, Band 23, Gabler Verlag, Wiesbaden, 1977, S. 35-76.

Pfarr, K. (Grundlagen 1984):
Grundlagen der Bauwirtschaft. Deutscher Consulting Verlag, Essen, 1984.

Pfeiffer, W.; Amler, R.; Schäffner, G.; Schneider, W. (Technologie 1983):
Technologie-Portfolio-Methode des strategischen Innovationsmanagements. In: Zeitschrift Führung + Organisation, 5-6/1983, S. 252-261.

Phua, F. (Effects 2002):
Effects of cultural differences on project participants' co-operative behaviour in construction projects. In: Proceedings of the CIB W92 Procurement Systems Symposium, hrsg. von T. Lewis, University of the West Indies, Trinidad & Tobago, 2002, S. 497-511.

Picot, A. (Ansatz 1991):
Ein neuer Ansatz zur Gestaltung der Leistungstiefe. In: Zeitschrift für betriebswirtschaftliche Forschung, 1991, S. 336-357.

Picot, A.; Reichwald, R. (Auflösung 1994):
Auflösung der Unternehmung?: Vom Einfluss der IuK-Technik auf Organisationsstrukturen und Kooperationsformen. In: Zeitschrift für Betriebswirtschaft, 1994, S. 547-570.

Picot, A.; Dietl, H.; Franck, E. (Organisation 1999):
Organisation: Eine ökonomische Perspektive. 2. Aufl., Schäffer-Poeschel Verlag, Stuttgart, 1999.

Plötz, M. (Kundenwunsch 1993):
Kundenwunsch im Vorderung: Quality-Function-Deployment erstmals in der Baubranche, In: Schweizer Handelszeitung, 17/1999.

Popper, K. (Logik 1989):
Logik der Forschung. 9. Aufl., Mohr Verlag, Tübingen, 1989.

Porter, M. (Wettbewerbsstrategien 1992):
Wettbewerbsstrategien: Methoden zur Analyse von Branchen und Konkurrenten. 7. Aufl., Campus Verlag, Frankfurt a. Main, 1992.

Porter, M. (Wettbewerbsvorteile 1992):
Wettbewerbsvorteile: Spitzenleistungen erreichen und behaupten. 3. Aufl., Campus Verlag, Frankfurt a. Main, 1992.

Porter, M. (Wettbewerbsvorteile 1993):
Nationale Wettbewerbsvorteile: Erfolgreich konkurrieren auf dem Weltmarkt. Wirtschaftsverlag Ueberreuter, Wien, 1993.

Pleschak, F.; Sabisch, H. (Innovationsmanagement 1996):
Innovationsmanagement. Schäffer-Poeschel, Stuttgart, 1996.

Prahalad, C.; Hamel, G. (Kernkompetenzen 1991):
Nur Kernkompetenzen sichern das Überleben. In: Harvard Business Manager, 2/1991, S. 66-78.

Pries, F.; Janszen, F. (Innovation 1995):
Innovation in the construction industry: the dominant role of the environment. In: Construction Management and Economics, 13/1995, S. 43-51.

Pugh, D.; Hickson, D.; Hinnings, C.; Turner, C. (Context 1969):
The context of organization structures. In: Administrative Science Quarterly, Vol. 14, 1969, S. 91-114.

Rath, Ch.; Brendle, U. (Zukunft 1997):
Die Zukunft der Normung im Bauwesen: Analyse und Reformvorschläge. In: BauR, 4/1997, S. 575-590.

Refisch, B.; Paulsen, E. (Bauwirtschaft 1997):
Die Bauwirtschaft in der 2. Hälfte des 20. Jahrhunderts: Vom Bauunternehmen hin zum Dienstleister. In: Bauwirtschaft, 10/1997, S. 17-22.

Riekhof, H.-C. (Management 1991):
Das Management des Innovationsprozesses. In: Strategieentwicklung: Konzepte und Erfahrungen, hrsg. von H.-C. Riekhof, Poeschel Verlag, Stuttgart, 1991, S. 239-254.

Rogers, E. (Diffusion 1995):
Diffusion of innovations. 4th ed., The Free Press, New York, 1999.

Ropohl, G. (Technologie 1999):
Allgemeine Technologie - Eine Systemtheorie der Technik. 2. Aufl., Hanser Verlag, München, 1999.

Rosenheinrich, G. (Einführung 1977):
Einführung in die Bauproduktionsverfahren. Schriftenreihe Baubetrieb-Bauökonomie-Baurecht, hrsg. von H. Schmidt, Bauverlag, Wiesbaden, 1977.

Rössner, K. (Vertragsformen 2001):
Alternative Vertragsformen am Beispiel des „guarenteed maximum“ -Preises. In: Handbuch Baubetriebswirtschaft, hrsg. von H. Mayrzedt, H. Fissenewert, Werner Verlag, Düsseldorf, 2001, S. 185-198.

Savioz, P., Birkenmeier, B.; Brodbeck, H.; Lichtenthaler, E. (Organisation 2002):
Organisation der frühen Phasen des radikalen Innovationsprozesses. In: Die Unternehmung, 6/2002, S. 393-408.

Schiller, W. (Einfluss 1973):
Der Einfluss der Technologie auf die Organisation industrieller Unternehmen. Schriftenreihe des Instituts für betriebswirtschaftliche Forschung an der Universität Zürich Bd. 9, hrsg. von E. Rühl, Paul Haupt Verlag, Bern, 1973.

Schmalen, H. (Diffusionsprozesse 1993):
Diffusionsprozesse und Diffusionstheorie. In: Handwörterbuch der Betriebswirtschaft Bd. 1, hrsg. von W. Wittmann, 5. Aufl., Schäffer-Poeschel Verlag, Stuttgart, 1993, Sp. 776-787.

Scholz, Ch. (Effektivität 1992):
Organisatorische Effektivität und Effizienz. In: Handwörterbuch der Organisation, hrsg. von E. Frese, 3. Aufl., Schäffer-Poeschel Verlag, 1992, Sp. 533-552.

Schub, A. (Wechselwirkung 1999):
Wechselwirkung zwischen Entwurf und Ausführung. In: Baumanagement im Lebenszyklus von Gebäuden - Vom Bauentwurf bis zum Abbruch, Schriften der Bauhaus-Universität-Weimar, 1999, S. 169-176.

Schumpeter, J. A. (Theorie 1912):
Theorie der wirtschaftlichen Entwicklung. Verlag Duncker & Humblot, Leipzig, 1912.

Schulte, M. (Beitrag 2003):
Ein Beitrag zum Business-to-Business-Marketing für life-cycle-orientierte Sys-Bau-Leistungen im Schweizer Hochbau. vdf Hochschulverlag, Zürich, 2003.

Schulte, M.; Girmscheid, G. (Lösungsansätze 1998):
Marktorientierte Lösungsansätze für Bauunternehmen. Institut für Bauplanung und Baubetrieb, ETH Zürich, 1998.

Schultmann, F.; Rentz, O. (Models 2001):
Sophisticated planning models for construction site management. In: Proceedings of the 15th CIB World Building Congress 2001, Neuseeland, 2001.

Seaden, G. (Economics 1996):
Economics of technology development for the construction industry. CIB Report, Publication 202, Rotterdam, 1996.

Seaden, G.; Guolla, M.; Doutriax, J.; Nash, J. (Innovation 1999):
Analysis on the survey on innovation, advanced technologies and practices in the construction and related industries, 1999. Science, Innovation and Electronic Information Division, Statistics Canada, Canada, 1999.

Seibert, S. (Management 1998):
Technisches Management: Innovationsmanagement, Projektmanagement, Qualitätsmanagement. Teubner Verlag, Stuttgart, 1998.

Serpell, A.; Ocaranza, R. (Innovation 2001):
Technology innovation in the Chilean construction industry: a diagnose of the current situation. In: Proceedings of the 1st International Conference on Innovation in Architecture, Engineering and Construction, hrsg. von C. Anumba, C. Egbu, A. Thorpe, Loughborough University, Loughborough, UK, 2001, S 299-308.

Sidwell, T.; Budiawan, D. (Impact 2002):
The impact of the tendering contract on the opportunities for contractor innovation. In: Proceedings of the CIB W92 Procurement System Symposium, hrsg. von T. Lewis, University of West Indies, Trinidad & Tobago, 2002, S. 427-439.

Simon, H. (Behavior 1965):
Administrative behavior: a study of decision-making processes in administrative organization. 2nd edition, The Free Press, New York, 1965.

Simon, H. (Entscheidungsverhalten 1981):
Entscheidungsverhalten in Organisationen: Eine Untersuchung von Entscheidungsprozessen in Management und Verwaltung. Übers. d. 3. Auflage, Verlag Moderne Industrie, Landsberg am Lech, 1981.

Slaughter, S. (Builders 1993):
Builders as sources of construction innovation. In: Journal of Construction Engineering and Management, 3/1993, S. 532-549.

Slaughter, S. (Innovation 1993):
Innovation and learning during implementation: a comparison of user and manufacturer innovations. In: Research Policy, Vol. 22, 1993, S. 81-95.

Slaughter, S. (Models 1998):
Models of construction innovation. In: Journal of Construction Engineering and Management, 3/1998, S. 226-231.

Slaughter, S. (Implementation 2000):
Implementation of construction innovations. In: Building Research & Information, 1/2000, S. 2-17.

Slaughter, S. (Design 2001):
Design strategies to increase building flexibility. In: Building Research & Information, 3/2001, S. 208-217.

Slaughter, S.; Shimizu, H. (Innovations 2000):
'Clusters' of innovations in recent long span and multi-segmental bridges. In: Construction Management and Economics 18, 2000 S. 269-280.

Staehle, W. (Management 1994):
Management: eine verhaltenswissenschaftliche Perspektive. 7. Aufl., Verlag Vahlen, München, 1994.

Staudt, E. (Forschung 1993):
Forschung und Entwicklung. In: Handwörterbuch der Betriebswirtschaft (HWB) hrsg. von W. Wittmann, W. Kern, R. Köhler, H.-U. Küpper, K. Wysocki, Band 2, 5. Aufl., Verlag Schäffer-Poeschel, Stuttgart, 1993, S. 1185-1196.

Staudt, E.; Kriegesmann, B. (Kompetenz 2001):
Kompetenz und Innovation. In: Berichte aus der angewandten Innovationsforschung hrsg. von Institut für Angewandte Innovationsforschung E.V., Nr. 199, Ruhr-Universität Bochum, 2001.

Staudt, E.; Kriegesmann, B.; Thomzik, M. (Facility 1999):
Facility Management: der Kampf um Marktanteile beginnt. Frankfurter Allgemeine Zeitung, Frankfurt am Main, 1999.

Strauss, A. (Grounded Theory 1996):
Grounded Theory: Grundlagen Qualitativer Sozialforschung. Psychologie Verlags Union, Weinheim, 1996.

Strauss, A. (Grundlagen 1998):
Grundlagen qualitativer Sozialforschung: Datenanalyse und Theoriebildung in der empirischen und soziologischen Forschung. 2. Aufl., Wilhelm Fink Verlag, München, 1998.

Sydow, J. (Netzwerke 1999):
Strategische Netzwerke: Evolution und Organisation. 4. Nachdruck, Gabler Verlag, Wiesbaden, 1999.

Syben, G. (Baustelle 1999):
Die Baustelle der Bauwirtschaft: Unternehmensentwicklung und Arbeitskräftepolitik auf dem Weg ins 21. Jahrhundert. Rainer Bohn Verlag, Berlin, 1999.

Tatum, C. (Innovation 1984):
What prompts construction innovation? In: Journal of Construction Engineering and Management, 3/1984, S. 311-323.

Tatum, C. (Mechanism 1985):
Potential mechanism for construction innovation. In: Journal of Construction Engineering and Management, 2/1985, S. 178-191.

Tatum, C. (Process 1987):
Process of innovation in construction firm. In: Journal of Construction Engineering and Management, 4/1987, S. 648-663.

Tatum, C. (Organizing 1989):
Organizing to increase innovation in construction firms. In: Journal of Management in Engineering, 4/1989, S. 602-617.

Tatum, C. (Managing 1989):
Managing for increased design and construction innovation. In: Journal of Construction Engineering and Management, 4/1989, S. 385-399.

Tatum, C.; Bauer, M.; Meade, A. (Process 1989):
Process of innovation for up/down construction at Rowes Wharf. In: Journal of Construction Engineering and Management, 2/1989, S. 179-195.

Tatum, C.; Funke, A. (Grading 1988):
Partially automated grading: construction process innovation. In: Journal of Construction Engineering and Management, 1/1988, S. 19-35.

Tebbe, K. (Organisation 1990):
Die Organisation von Produktinnovationsprozessen. Poeschel Verlag, Stuttgart, 1990.

Theler, Ch. (Analyse 2001):
Analyse des Adoptionsprozesses von Innovationen in der Schweizer Landwirtschaft: Folgerungen für das Innovationsmanagement. Diss., ETH Zürich, 2001.

Thom, N. (Grundlagen 1980):
Grundlagen des betrieblichen Innovationsmanagement. 2. Aufl., Hanstein Verlag, Königstein, 1980.

Thom, N. (Innovationsmanagement 1992):
Innovationsmanagement. In: Die Orientierung, Heft 100, Schweizerische Volksbank, Bern, 1992.

Thomas, H. (Finanzierung 1989):
Die Finanzierung von Innovationen und die Bedeutung der Beteiligungsgesellschaften. In: Gestaltung von Innovationsprozessen: Hindernisse un Erfolgsfaktoren im Organisations-, Finanz- und Informationsbereich, hrsg. von H. Corsten, Schmidt Verlag, Berlin, 1989, S. 82-102.

Thompson, J. (Organizations 1967):
Organizations in action. Mc Graw-Hill Book Company, New York, 1967.

Tomczak, T.; Reinecke, S. (Basis 1999):
Der aufgabenorientierte Ansatz als Basis eines marktorientierten Wertmanagements. In: Strategisches Management und Marketing, hrsg. von R. Grünig; M. Pasquier, Bern, 1999, S. 293-327.

Toole, M. (Uncertainty 1998):
Uncertainty and home builders' adoption of technological innovations. In: Journal of Construction Engineering and Management, 4/1998, S. 323-332.

Trommsdorff, V. (Innovationsmanagement 1990):
Innovationsmanagement in kleinen und mittleren Unternehmen. Verlag Franz Vahlen, München, 1990.

Trommsdorff, V. (Erfolgsfaktorenforschung 1993):
Erfolgsfaktorenforschung über Produktinnovationen. In: Innovationsökonomie und Technologiepolitik: Forschungsansätze und politische Konsequenzen, hrsg. von F. Meyer-Krahmer, Physica-Verlag, Heidelberg, 1993, S. 135-150.

Tschirky, H. (Konzept 1998):
Konzept und Aufgaben des Integrierten Technologie-Managements. In: Technologie-Management: Idee und Praxis, hrsg. von H. Tschirky, St. Koruna, Orell Füssli Verlag, Zürich, 1998, S. 194-394.

UBS Outlook Bauwirtschaft (Thesen 1999):
15 Thesen zur Stärkung der Wettbewerbsfähigkeit und der Zusammenarbeit in der Bauwirtschaft. UBS AG, Zürich, 1999.

Uhlmann, L. (Innovationsprozess 1978):
Der Innovationsprozess in westeuropäischen Industrieländern. Band 2: der Ablauf industrieller Investitionsprozesse, Duncker & Humblot, Berlin, 1978.

Ulrich, H. (Management 1984):
Management. hrsg. von Th. Dyllick und G. Probst, Verlag Paul Haupt, Bern, 1984.

Ulrich, H. (Management 2001):
Systemorientiertes: Das Werk von Hans Ulrich. Studienausgabe, Verlag Paul Haupt, Bern, 2001.

Ulrich, H.; Probst, G. (Anleitung 1991):
Anleitung zum ganzheitlichen Denken und Handeln: ein Brevier für Führungskräfte. 3. Aufl., Verlag Paul Haupt, Bern, 1991.

Ulrich, P.; Hill, W. (Grundlagen I 1976):
Wissenschaftstheoretische Grundlagen der Betriebswirtschaftslehre (Teil I). In: Wirtschaftwissenschaftliches Studium, 7/1976, S. 304-309.

Ulrich, P.; Hill, W. (Grundlagen II 1976):
Wissenschaftstheoretische Grundlagen der Betriebswirtschaftslehre (Teil II). In: Wirtschaftwissenschaftliches Studium, 8/1976, S. 345-350.

Utterback, J. (Dynamics 1994):
Mastering the dynamics of innovation: how companies can seize opportunities in the face of technological change. Harvard Business School Pres, Boston, 1994.

Vahs, D.; Burmester, R. (Innovationsmanagement 1999):
Innovationsmanagement: Von der Produktidee zur erfolgreichen Vermarktung. Schäffer-Poeschel Verlag, Stuttgart, 1999.

Vahs, D.; Trautwein, H. (Innovationskultur 2000):
Innovationskultur als Erfolgsfaktor des Innovationsmanagements. In: io-management, 7/8/2000, S. 20-26.

van Gassel, F.; Benschop, A. (Waste 2001):
Controlling waste on building sites by developing a waste disposal plan. In: Proceedings of the 15th CIB World Building Congress 2001, Neuseeland, 2001.

van Wartburg, I. (Management 2000):
Wissensbasiertes Management technologischer Innovationen. Diss., Universität Zürich, 2000.

Walgenbach, P. (Strukturierung 1999):
Giddens' Theorie der Strukturierung. In: Organisationstheorien, hrsg. von A. Kieser, 3. Aufl., Kohlhammer Verlag, Stuttgart, 1999, S. 355-375.

Wagner, P. (Know-how I 2000):
Know-how schaffen und schützen: Forschung und Entwicklung im Bauunternehmen Teil 1. In: Bautechnik 11/2000, S. 848-864.

Wagner, P. (Know-how II 2000):
Know-how schaffen und schützen: Forschung und Entwicklung im Bauunternehmen Teil 2. In: Bautechnik 12/2000, S. 951-960.

Warschat, J.; Ganz, W. (Gestaltung 2000):
Gestaltung und Management von F&E-Kooperationen: Wie Wissen in Forschung und Entwicklung zielgerichtet genutzt wird. In: io-management, 10/2000, S. 53-58.

Wheelwright, S.; Clark, K. (Revolution 1994):
Revolution der Produktentwicklung: Spitzenleistungen in Schnelligkeit, Effizienz und Qualität durch dynamische Teams. Verlag Neue Zürcher Zeitung, Zürich, 1994.

Weng, E. (Strategie 1995):
Entwicklung von Strategien für das zielgruppen-orientierte Absatzmarktverhalten mittelständischer Bauunternehmen: Ein am Beschaffungsverhalten von Bauherren-Organisationen orientierter Ansatz. DVP-Verlag, Wuppertal, 1995.

Wicher, H. (Innovationsmanagement 1991):
Prozess, Struktur, Umwelt, Erfolg - Stand der empirischen Innovationsforschung. In: Betriebliches Innovationsmanagement: die Gestaltung von Innovationsprozessen; Grundlagen, Konzepte, Erfahrungen, hrsg. von H. Wicher, Verlag an der Lottbek Jensen, Ammersbek bei Hamburg, 1991, S. 27-124.

Wicher, H.; Deubet, W. (Bewertung 1991):
Bewertung und Auswahl von Produktideen – Zur Relevanz qualitativer und quantitativer Beurteilungsinstrumente. In: Betriebliches Innovationsmanagement: die Gestaltung von Innovationsprozessen; Grundlagen, Konzepte, Erfahrungen, hrsg. von H. Wicher, Verlag an der Lottbek Jensen, Ammersbek bei Hamburg, 1991, S. 125-136.

Widmer, A. (Innovationsmanagement 1986):
Innovationsmanagement in Banken. Diss., Universität St. Gallen, 1986.

Will, L. (Rolle 1983):
Die Rolle des Bauherren im Planungs- und Bauprozess. Europäische Hochschulschriften: Reihe 5, Volks- und Betriebswirtschaft, Bd. 436, Verlag Peter Lang, Frankfurt am Main, 1983.

Williamson, O. (Markets 1975):
Markets and hierarchies: analysis and antitrust implications. Free Press, New York, 1975.

Winch, G. (Zephyrs 1998):
Zephyrs of creative destruction: understanding the management of innovation in construction. In: Building Research & Information, 4/1998, S. 268-279.

Winch, G. (Construction 2000):
Construction business systems in the European Union. In: Building Research & Information, 2/2000, S. 88-97.

Winch, G. (Innovativeness 2000):
Innovativeness in British and French construction: the evidence from transmanche-link. In: Construction Management and Economics, 7/2000, S. 807-817.

Winch, G. (Reform 2000):
Institutional reform in British construction: partnering and private finance. In: Building Research & Information, 2/2000, S. 141-155.

Witte, E. (Organisation 1973):
Innovationsfähige Organisation. In: Zeitschrift für Organisation, 1/1973, S. 17-24.

Witte, E. (Modell 1999):
Das Promotoren-Modell. In: Promotoren - Champions der Innovation., hrsg. von J. Hauschildt, H. G. Gemünden, 2. Aufl., Gabler Verlag, Wiesbaden, 1999, S. 11-41.

Wolfrum, B. (Technologiemanagement 1994):
Strategisches Technologiemanagement, 2. Aufl., Gabler Verlag, Wiesbaden, 1994.

Wong, A. (Partnering 1997):
Partnering in construction industry: Hong Kong context. In: Total Quality Management, 2/3/1997, S. 324-328.

Woodward, J. (Management 1958):
Management and technology. Her Majesty's Stationery Office, London, 1958.

Yates, D. (Reducing 2002):
Reducing the incidence of claims and disputes in construction contracts. In: Proceedings of the CIB W92 Procurement System Symposium, hrsg. von T. Lewis, University of West Indies, Trinidad & Tobago, 2002, S. 221-234.

Yin, R. (Case study 1994):
Case study research: design and methods. 2nd ed., Sage Publication, 1994.

Zimmer, M. (Wege 2001):
Wege rekursiver Regulation – Eine Aufgabe des strategischen Managements. In: Strategie und Strukturation, hrsg. von G. Ortmann, J. Sydow, Gabler Verlag, Wiesbaden, 2001, S. 377-418.

Zimmer, M.; Ortmann, G. (Management 2001):
Strategisches Management, strukturationstheoretisch betrachtet. In: Strategie und Strukturation, hrsg. von G. Ortmann, J. Sydow, Gabler Verlag, Wiesbaden, 2001, S. 27-55.

Zörgiebel, W. (Technologie 1983):
Technologie in der Wettbewerbsstrategie: Strategische Auswirkungen technologischer Entscheidungen untersucht am Beispiel der Werkzeugmaschinenindustrie. Erich Schmidt Verlag, Berlin, 1983.